지구화시대 맑스의 현재성 1

맑스코뮤날레 조직위원회

상임대표: 김수행

집행위원장: 김세균

- 주소 150-863) 서울시 영등포구 양평동 1가 147번지 무지개빌딩(2층)
- 전화 02) 2679-9711 / 011-9700-9964
- 홈페이지 http://communnale.jinbo.net
- E-mail marxcomm@jinbo.net

지구화시대 맑스의 현재성 1

엮은이/ 맑스코뮤날레 조직위원회

초판발행일/ 2003년 5월 22일
재판발행일/ 2003년 6월 5일

발행인/ 손자희
발행처/ 문화과학사
주소/ 120-012 서울시 서대문구 충정로2가 5-15 서일빌딩
전화/ 335-0461   팩스/ 313-0465
e-mail: transics@chollian.net
homepage: http: //www.jinbo.net/~moonkwa

출판등록/ 제1-1902 (1995. 6. 12)

값/17,000원

ISBN 89-86598-48-5 93300
ISBN 89-86598-49-3 93300(세트)

문화과학 이론신서 38

지구화시대 맑스의 현재성 1

맑스코뮤날레 조직위원회 엮음

문화과학사

맑스코뮤날레를 결성하며

전지구적 세계체제로 발돋움한 자본주의는 계급모순을 전지구적 수준으로 확대시키면서 전세계 민중에 대한 억압과 착취를 강화하고 있고, 환경·여성·인종 문제를 전지구적 차원에서 더욱 악화시키고 있다. 특히 지난 20여년간 노동자와 전 민중의 생존조건 악화와 함께 반민주적 성격을 노골화해온 신자유주의 세계화의 야만성은 이제 전세계 좌파들에게 신자유주의 반대와 대안적 지구화를 위한 저항과 투쟁의 연대를 강력히 촉구하고 있다. 이러한 시대적 요청에 부응하여 한국의 진보세력이 다시 한 자리에 모였다. 그 이름이 "맑스코뮤날레"이다. 맑스코뮤날레는 동구권 붕괴 이후 급속히 잊혀져 온 맑스와 맑스주의 이론의 정신과 방법을 오늘의 시대상황에 되비추어 계승 및 혁신하여 신자유주의적 자본주의의 지구화와 전면 대결하는 강력한 이론적·실천적 공간을 창출하기 위한 새로운 모색이다. 노동자, 대학생, 교사, 여성, 문화예술가, 실천활동가, 학술연구자 등 우리사회의 진보와 현실 변혁을 추구하는 모든 이들에게 맑스코뮤날레에 적극 동참해 줄 것을 호소한다.

맑스코뮤날레 조직위원회

차례

제1부
맑스와 정치경제학 비판

맑스 잉여가치론의 재해석*

류동민(충남대, 경제학)

1. 문제제기

맑스는 자본주의 경제에서의 이윤의 원천을 잉여노동의 착취, 즉 자본에 의한 잉여가치의 생산으로부터 찾았다.『자본론』의 서술순서나 논리구조로 부터도 쉽게 확인할 수 있듯이, 이윤의 원천에 대한 설명은 가치실체의 도출 및 가치형태(따라서, 화폐)에 관한 논의와 자본축적의 이론적·역사적 경향(따라서, 대안적 체제)에 관한 논의를 연결하는 매개고리의 역할을 수행하고 있다. 그러므로, 잉여가치를 어떻게 개념화하는가는 맑스에 기초한 정치경제학체계의 구축에 있어서 결정적인 문제일 것이다.

『자본론』제1권에 제시된 바와 같이, 노동력의 가치를 초과하는 노동이 불가피하다는 현실을 들어 착취를 설명하는 방식은 맑스 이후 지금까지 대부분의 논의에서 반복되고 있다. 이른바 '맑스의 기본정리'(Fundamental Marxian Theorem)는 사실상 이러한 전통적인 논의가 도달할 수 있는 최고의 수준을 보여 준다. 이는 신고전학파 효용가치론의 전개과정과 노동가치론의 그것을 상사성(homology)을 지닌 구조로 파악할 때 더욱 분명하게 확인될 수 있다. 상당히 일반화된 비판과는 달리, 이 정리는 착취의 자본주의적 특수성을 밝히는 것이 가장 중요한 문제임에는 틀림이 없지만, 그것이

* 이 논문은 2002년도 한국학술진흥재단의 지원에 의하여 연구되었음(KRF-2002-074-BM1001).

초역사적으로 규정되는 물질적 잉여에 기반하고 있음을 간과해서는 안된다
는 점을 강조한다는 맥락에서 좀더 적극적으로 평가될 필요가 있다. 즉, 자
본주의적 의미의 착취가 사라진다 하더라도, 물질적 잉여를 유지·처분하
는 문제는 여전히 중요하다는 것이다.

　　물론 맑스의 기본정리로 대표되는 기존의 논의는 착취를 설명함에 있어
몇 가지 난점을 야기할 수밖에 없다는 점에서 분명한 이론적 한계를 지니
며, 우리의 출발점은 바로 거기에서부터이다. 그러므로, 이 글에서는 잉여
가치 및 착취의 대안적인 설명방식에 주목하고자 한다. 특히, 좁은 의미의
경제학적 논의는 아니지만, 가라타니 고진의 논의를 실마리로 삼아 잉여가
치 개념을 새로운 각도에서 설명하기 위한 몇 가지 논점을 제시할 것이다.
물론 이러한 주장은 완전히 새로운 해석은 아니며, 이미 맑스 자신에 의해
여러 가지 방식으로 표현된 바 있는 것임을 지적하여 둔다.

2. 맑스의 기본정리: 의의 및 한계

　　맑스는『자본론』제1권에서 착취의 문제를 양적으로 측정될 수 있으며
따라서 논증가능한 것으로 취급하였다. 그의 논증과정에서 핵심적인 역할
을 수행하는 두 가지 조건은 다음의 인용문에 잘 나타나 있다.

　　〔A〕살아 있는 개인은 자기 생활을 유지하기 위해 일정한 양의 생활수단을 필
　　요로 한다. 그러므로 노동력의 생산에 필요한 노동시간은 결국 이 생활수단의
　　생산에 필요한 노동시간으로 귀착된다. 다시 말하면, 노동력의 가치는 노동력
　　소유자의 생활을 유지하는 데 필요한 생활수단의 가치다. 1)

　　〔B〕노동력은 하루종일 활동하고 노동할 수 있음에도 불구하고 노동력을 하루
　　동안 유지하는 데는 ½노동일밖에 걸리지 않는다는 사정, 따라서 노동력의 하
　　루의 사용에 의해 창조되는 가치가 노동력의 하루의 가치의 2배가 된다는 사정

---

1) K. 마르크스(1867),『자본론』I, 김수행 역, 비봉출판사, 1989, 215쪽.

은, 구매자에게는 물론 특별한 행운이기는 하지만 결코 판매자를 부당하게 대우하는 것은 아니다.[2]

인용문 〔A〕의 핵심은 노동력 가치를 생활수단의 가치로 환원하는 규정에 있는 것은 아니다. 실제로 임금을 임금재의 물량으로 환산하는 것은 고전학파 경제학의 상식이었으며, 맑스가 그들과 근본적으로 다른 지점은 노동력의 가치와 사용가치, 즉 노동력과 노동을 구별함으로써 이윤의 원천을 설명하려 한 데에 있는 것이기 때문이다. 따라서, 적어도 착취의 논증과 관련되는 한, 인용문 〔A〕가 궁극적으로 의도하는 것은 노동력 가치의 크기가 생산과정이 개시되기 전에 논리적으로 먼저 결정된다는 점을 제시하는 데에 있다. 한편 인용문 〔B〕의 핵심은, 개념적으로 대립관계에 놓인 노동력의 가치와 사용가치가 실제로는 동질적인 노동지출의 두 가지 구성부분이므로, 착취는 양자간의 시간차이에 의해 설명될 수 있다는 점이다.

그런데, 이러한 설명방식을 가장 충실하게 재현한 것은 오키시오의 '이윤의 존재조건'에 관한 논의(이른바 '맑스의 기본정리')라고 할 수 있다. 이 정리에 대해서는 특히, 그것이 신리카도학파적(또는 신고전학파적) 연립방정식체계를 채택함으로 말미암아 결과적으로 가치개념의 필요성을 부정하는 파괴적인 결과를 가져왔다는 비판이 맑스 경제학의 입장으로부터 여러 차례 제출되었다. 그러나, 필자가 보기에는, 그러한 비판의 대부분은 적어도 그 대상이 오키시오가 아니라 맑스에게까지 겨누어져야 한다는 사실을 외면한다는 의미에서 부당한 것들이다. '맑스의 기본정리'는 분명히 『자본론』 제1권에 등장하는 설명방식에 기초하고 있기 때문이다.

먼저 여기에서는 가장 단순한 2부문 모형을 이용한 오키시오의 논의를 옮겨와 보자.[3] 모형의 구조는 〈그림 1〉과 같이 표현된다. a_1, a_2는 생산재 및 소비재 한 단위 생산에 필요한 생산재의 양, τ_i는 부문별 직접노동의 양, w는 화폐임금률, R은 실질임금률이다.

---

2) 같은 책, 246쪽.
3) 置鹽信雄,『蓄積論』, 筑摩書房, 1976.

<그림 1>

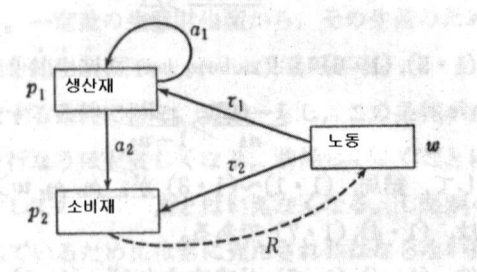

이때 가치(t) 및 가격(p)의 계산식은 각각 다음과 같다.

$$t1 = a1t1 + \tau1 \qquad t2 = a2t1 + \tau2 \qquad \text{[1]}$$
$$p1 > a1p1 + \tau1w \qquad p2 > a2p1 + \tau2w \quad (단, \ w = Rp2) \qquad \text{[2]}$$

[2]의 첫 번째 식과 두 번째 식으로부터 각각 다음을 얻는다.

$$p1/p2 > \tau1R/(1-a1) \qquad\qquad p1/p2 < (1-\tau2R)/a2$$

따라서, $\tau_1 R/(1-a_1) < (1-\tau_2 R)/a_2$ 이고 $1-a_1$과 a_2는 모두 양수이므로,

$$1 - R[a2\tau1/(1-a1) + \tau2] > 0$$

한편, [1]식으로부터 $t_2 = a_2\tau_1/(1-a_1) + \tau_2$ 임을 이용하면, 결국 이윤이 존재하기 위해서는 아래와 같은 조건이 필요함을 알 수 있다.

$$1 - Rt2 > 0 \qquad\qquad\qquad \text{[3]}$$

[3]식의 양변에 1일 노동시간(T)를 곱해주고 임금재 바스켓을 B라 놓으면,

$$T - Bt2 > 0 \quad (단, \ R = B/T) \qquad\qquad \text{[3]}'$$

〔3〕′식은 "1일의 **노동시간** T가, 1일당 노동자가 수취하는 소비재의 가치 Bt_2 이상으로 **연장**되지 않으면, 이윤은 존재할 수 없음을 보여주고 있다."[4]

그런데, 이상의 설명은 스라파적인 의미에서의 모든 기초재는 착취당한다는 역설적인 결론으로 이어질 수 있기 때문에(이른바 '땅콩가치론'), 맑스의 진의를 왜곡하였다는 혐의를 받게 된다. 즉, 그것은 이윤의 원천이 잉여노동임은 보이고 있지만, 잉여가치임은 보이지 못한다는 것이다. 그렇지만, 〔1〕식은 가치를 정의하는 표준적인 방식이며, 〔2〕식은 이윤이 존재하기 위해서는 생산물의 판매가격이 적어도 생산비용보다는 커야 한다는 자명한 조건을 표현하고 있을 따름이다. 그러므로, 가치개념을 완전히 새롭게 정의하지 않는 한, 〔1〕식과 〔2〕식 그 자체는 잘못된 것으로 볼 수 없다. 바꾸어 말하면, 자본주의적 착취의 특수성을 구명하는 것은 철학적이고 방법론적인 차원의 문제이므로, 수식을 어떻게 해석하는가의 문제일 뿐 수식 그 자체가 모든 것을 설명해주지는 않는다는 것이다.

오히려 '맑스의 기본정리'가 『자본론』의 서술순서와는 반대방향으로 논의를 전개함으로써, 현실의 가격 및 이윤에서 출발하여 이윤의 존재조건이 잉여노동이라는 것을 귀납적으로 보이고자 시도한 점[5]은 적극적으로 평가될 필요가 있을 것이다. 즉, 전자가 '발표의 방법'이라면, 후자는 '조사의 방법'이라 할 수 있다. 이는 현실적으로 관측가능한 수요체계의 배후에 효용함수가 존재하는 것으로 상정할 수 있는 조건은 무엇인가를 검토하는 주류 미시경제학의 이른바 '적분가능성' 문제[6]와 유사한 논리구조를 갖고 있다. 즉, 잘 정의된 효용함수의 존재를 먼저 상정하고 그것의 극대화문제를 풂으로써 수요함수를 도출하는 것이 '발표의 방법'이라면, 역으로 실존하는 수요함수로부터 출발하여 그 배후에 존재하는 효용함수를 찾아낼 수 있는가라는 문제의식은 '조사의 방법'에 대응되는 셈이다.[7] 실제로 1980년대 이후

---

4) 같은 책, 49쪽. 강조는 원문.
5) 中谷武, 『價値, 價格と利潤の經濟學』, 勁草書房, 1994, 88쪽.
6) 정기준, 『미시경제이론』, 경문사, 1986, 146쪽.
7) '맑스의 기본정리'가 적어도 전통적인 문제설정에서의 최고 수준의 도달점이라는 것은 오히려 이러한 논리구조로 말미암아, 그것이 노동가치개념의 본질적 필연성을 논증하기보다는 자본주의의 분석도구로서의 노동가치개념에 근접할 수 있도록 해주기 때문이다.

맑스 가치론의 전개과정에서 등장하는 폴리[8] 등의 이른바 '신해석'(New Interpretation)이 잉여가치의 존재를 사실상 주어진 전제로 취급한 상태에서 그 사후적 측정의 문제에만 집중하고 있는 것에 비하면, '맑스의 기본정리'가 갖는 의의는 결코 작지 않다. 즉, '신해석'도 궁극적으로는 '맑스의 기본정리'와 같은 논리구조에 의거할 수밖에 없기 때문이다.

필자는 오히려 이러한 설명방식의 진정한 문제는 다음과 같은 것들이라 생각한다.

첫째, 가치방정식에 등장하는 노동과 가격방정식에 등장하는 노동은 동질적이지 않다는 점이다.[9] 즉, 〔1〕식의 τ는 이질노동의 동질노동으로의 환원을 거친 것을 전제한 상태에서 비로소 확정되는 직접노동의 양이다. 그러나, 〔2〕식의 τ는 시간당 임금(w)이 곱해져 있는 것으로부터 알 수 있듯이, 노동자의 노동시간을 시계로 측정한 것에 다름 아니다. 즉, 〔1〕식과 〔2〕식의 τ가 같은 것이기 위해서는, 가치실체인 추상노동은 시계의 시간으로 측정될 수 있는 투명한 개념이어야 한다. 그렇지만, 맑스 자신을 비롯한 거의 모든 논의에서 이 문제는 단지 "하나의 사회적 과정에 의해 생산자들의 배후에서 결정"[10]되며 이미 해결된 것으로 가정될 따름이다.[11] 더구나, 추상노동이 시계로 측정가능한 투명한 개념이라면, 노동시간과 가치는 완전히 동일한 범주가 되므로 가치개념 자체가 불필요해지는 결과를 낳게 된다. 아울러, 노동가치론이 다양한 구체노동을 시계바늘의 움직임에 의해 동질화시키는 근대적 시간개념에 기초하고 있다는 비판적 지적[12] 또한 모면하기

---

8) Duncan K. Foley, *Understanding Capital* (Harvard University Press, 1986).
9) 류동민, 「가치와 가격의 양적 연관에 대한 검토」, 서울대학교 경제연구소 편, 『경제논집』 제33권 제3호, 1994; 三野村暢喜, 「搾取の數學的證明と剩餘價値論」, 大石雄爾 編, 『勞働價値論の挑戰』, 大月書店, 2000.
10) Karl Marx, 앞의 책, 55쪽.
11) 차원(dimension)의 문제에 대해 매우 귀중한 논의를 제공하고 있는 오키시오도 막상 가치의 차원에 대해서는 별다른 설명 없이 "시간으로 측정한 노동량"(the amount of labor in terms of hours)으로 표현한다(Nobuo Okishio, "Dimensional Analysis in Economics," in M. Krüger & P. Flaschel, eds., *Nobuo Okishio—Essays on Political Economy* 〔Verlag Peter Lang, 1993(1982)〕, p. 15). 위의 설명에서 T와 Bt_2를 직접 양적으로 비교할 수 있는 것도 이 때문이다.
12) "노동가치론에서 가치의 개념은 노동이라는 질적인 과정을 양으로 환원함으로써 만들

어렵다.

둘째, 모든 잉여가치의 생산은 일정 지점을 넘어서는 노동시간의 연장을 전제할 수밖에 없다는 의미에서 기본적으로 절대적인 형태에 다름 아니게 된다.[13] 그러므로, 착취의 궁극적인 원인은 결국 힘의 문제로 귀착된다.

따라서 여기에서는 하나의 이율배반이 일어나고 있다. 즉, 쌍방이 모두 동등하게 상품교환의 법칙에 의해 보증되고 있는 권리를 주장하고 있다. 동등한 권리와 권리가 서로 맞서 있을 때에는 힘이 문제를 해결한다.[14]

물론, 자본가계급과 노동자계급간에 힘이 비대칭적으로 분포되어 있다는 것은 자본주의사회의 기본적인 조건임에는 틀림이 없다. 그렇지만, 자본주의가 경제외적 폭력에 의존하는 시스템이 아니라는 점을 감안할 때, 그러한 비대칭성이 잉여가치 생산과정 속에서 매순간 가시적인 형태로 관철된다고 보기는 어렵다. 그러므로, 일종의 대표적 노동자와 대표적 자본가를 설정하고, 필요노동시간을 넘어서는 초과노동의 불가피성을 들어 착취를 설명하는 것은 직관적인 이해를 가능하게 해주는 교육적 효과는 있지만 엄밀한 논리는 아니며 일종의 동어반복으로 생각된다. 아울러, 기술적으로도 집합노동내에서 개별 노동자의 기여분을 분리해서 파악하는 것은 사실상 불가

_____

어질 수 있는 것인 한, 이처럼 시계적인 시간, 직선적인 시간 개념을 사용하는 것은 불가피한 것이다. 노동이라는 질은 노동시간으로 환원된다. 그것은 서로 더해질 수 있으며, 따라서 축적(누적)될 수 있다. 축적/누적은 가치량의 증가이고, 따라서 진화이고 진보라는 생각이 이러한 시간 개념과 밀접하게 결부되어 있음을 아는 것은 그리 어렵지 않다"(이진경, 「노동가치론의 몇 가지 전제에 관하여」, 『경제와 사회』 39호, 1998, 144쪽). 그러나, 한편으로는 맑스도 이러한 문제를 잘 알고 있었다. 즉, "…마르크스 자신이 충분히 더 밀고 나가진 못했지만, 동질성과 선형성을 갖는 근대적 시간 개념에 대한 비판의 요소를 담고 있다는 것은 분명하다"(같은 글, 145쪽). 실제로 이러한 문제가 구체적인 가치논쟁에서 나타난 대표적인 예는 결합생산에 있어서 가치개념의 가법성(additivity)을 둘러싼 혼동이었다. 즉, 상품 A와 B의 가치크기가 각각 a, b시간이라고 할 때, 전통적으로 가지고 있던 직선적인 시간관념에 따르면 두 상품의 가치합계는 $a + b$시간이어야 한다. 그렇지만, 두 상품이 결합생산되는 경우에는 가치합계가 그보다 작아지게 되는 문제가 발생하는 것이다.
13) "상대적 잉여가치는 절대적 잉여가치이다. 왜냐하면 전자는 노동자 자신의 생존에 필요한 노동시간을 넘는 노동일의 절대적 연장을 강요하기 때문이다"(Karl Marx, 앞의 책, 642쪽).
14) 같은 책, 296쪽.

능하다는 문제에 부딪히게 된다. 15)

한편, 논리적 비약의 위험을 무릅쓰고 말한다면, 이러한 문제점들로 말미암아 자본주의의 역사적 경향 및 대안적 체제의 모습과 관련하여 잘못된 견해로 이어질 가능성도 있다. 예를 들어, 자본주의의 독점화가 진행되면서 그 효율성이 점점 떨어지게 되고 자본가의 진보적 성격도 소멸되며, 따라서 노동에 의한 권력의 획득, 즉 자본-노동의 세력관계를 전도시키는 것만으로 새로운 체제를 정의할 수 있다는 생각 등이 그것이다. 16)

3. 대안적 해석

이제 전통적인 논의와는 다른 방식으로 이윤의 원천, 즉 잉여가치의 발생메커니즘에 관해 설명하고 있는 논의를 검토해보자.

잉여가치의 생산문제에 대해 매우 독특한 해석을 제시한 가라타니 고진의 논의는, 인문학분야에서의 열광에도 불구하고, 경제학계에서는 거의 검토되지 않았다. 그러나, 잉여가치(및 가치)에 대한 그의 입론은 이미 1970년대부터 일관되게 다듬어져 왔던 것으로서, 맑스 경제학 내부에서는 1980년대 이후에야 본격화하는 형태론적 이해의 흐름을 오히려 한발 앞서 제기하고 있다는 점에서 주목할 만하다. 그의 해석의 개요는 다음 인용문에 잘 요약되어 있다.

우리는 상인자본이 이른바 **공간적**인 두 개의 가치체계…의 차액에 의해 발생

---

15) 여기에서 다시 신고전학파 경제학의 역사를 살펴보는 것은 유용할 것이다. 즉, 모든 생산요소에 대해 한계생산물만큼 분배할 때 생산물이 완전소진되는가라는 문제는 오일러정리(Euler′s Theorem)가 보여주듯이 매우 제한적인 조건하에서만 성립하며, 나아가 윤리적 판단을 요하는 문제로 간주되면서 이론체계내에서 주변적인 지위로 밀려나게 된다(홍기현, 「미국 한계주의자에 대한 연구: 클라크와 피셔를 중심으로」, 한국경제학사학회 편,『경제학의 역사와 사상』창간호, 1998). 그런데, 적어도『자본론』의 맑스에게 있어서 잉여가치의 착취라는 문제는 윤리적인 문제라기보다는 실증적 문제에 가까웠던 것으로 이해할 수 있다.

16) 이러한 생각은 이른바 '생산의 사회화론'을 특징짓는 요소들이다. 이에 대해서는 다음을 참조하라. 신정완, 「사회주의의 어제, 오늘, 그리고 내일」, 김수행·신정완 편, 『현대 마르크스경제학의 쟁점들』, 서울대학교 출판부, 2002.

했음을 분명히 밝혔지만, 산업자본은 그런 의미에서 노동생산성을 높여 **시간적**으로 상이한 가치체계를 만들어내는 데 기초하고 있다고 말할 수 있다. 맑스가 말한 바와 같이 개개의 노동자는 '결합'에 의해 생겨나는 것을 그 이전부터 요구할 수는 없다. 여기에는 시간적인 전후관계에서 생기는 불가피한 불투명성이 있다. 따라서 산업자본에서 발생하는 잉여가치는 폭력이나 사취에 의한 것이 아니라 이러한 불가피한 '무의식'에 의해 생기는 것이다. 노동생산성의 향상은 기존 시스템 안에 잠재적인 시스템을 만들어낸다. 그러므로 등가교환이라는 겉모습을 취하고 있음에도 불구하고 차액이 생기는 것이다. [17]

즉, 마치 상인자본이 서로 다른 공동체 사이의 틈새에서 양도차익을 실현하는 것과 유사하게, 산업자본은 서로 다른 두 시점의 시스템간의 차이로부터 이윤을 창출해낸다는 것이다. 가라타니 고진의 주장을 이단적으로 만드는 것은, 그것이 등가교환에 기초하여 착취를 설명해야 한다는 『자본론』의 방법에서 벗어나고 있을 뿐만 아니라, 생산에 비해 유통을 중시하는 관점을 취하고 있기 때문이다.

여기에서 주의할 것은, 마르크스주의자 중에는 잉여가치를 가치체계간의 차이에서 찾는 대신에, 그것을 생산과정에 있어서 「착취」에서만 찾는다는 생각이 지배적이라는 것이다…그것은…자본제에 있어서 잉여가치의 비밀을 분명히 하는 것은 아니다. 그것에 의해 설명가능한 것은, 기껏해야 절대적 잉여가치이며, 산업자본주의의 특징인 상대적 잉여가치는 아니다. [18]

확실히 위의 서술은 그가 "생산지상주의 및 착취론을 해체"[19] 하려는 의도를 가지고 있음을 보여준다. 특히, 잉여가치를 생산과정 안에서의 착취가 아니라 유통과정에서 찾아야 한다는 주장은 분명히 맑스의 것은 아니다. 그렇지만, 가라타니 고진 스스로도 여러 차례에 걸쳐 밝히고 있듯이, 그

---

17) 가라타니 고진(1990), 『마르크스 그 가능성의 중심』, 김경원 옮김, 이산, 1999, 69쪽. 강조는 원문.
18) 柄谷行人, 『トランスクリティーク: カントとマルクス』, 批評空間, 2001, 27-28쪽.
19) 박종현, 「목숨을 건 도약과 새로운 (잉여)가치론의 가능성」, 『smog』, 2001년 겨울호, 247쪽.

의 주장은 순전히 창작의 산물은 결코 아니며 나름대로 맑스의 서술에 기초한 부분이 있다. 이 글에서는, 그의 논의가 착취를 사회적 생산력의 자본의 생산력으로의 전환으로 설명하는 관점과 연결될 수 있다는 점에 주목하고자 한다. 즉, 『자본론』 제1권 제4편 제13장 「협업」에서 맑스는 개별노동이 결합노동으로 융합됨으로써 그 자체가 하나의 "새로운…생산력이 창조되는 것"[20]임을 강조한다. 그런데, 이와 같은 "결합된 노동일의 특수한 생산력은 어떤 경우라도 노동의 사회적 생산력 또는 사회적 노동의 생산력"[21]이지만, 자본주의체제하에서는 자본의 생산력으로 전환되어 자본가에게 귀속된다는 것이다. 이러한 설명은 착취를 개별노동과 개별자본 사이의 형식적 고용계약과 생산과정에서 작용하는 실질적 강제 사이의 차이로 설명하는 『자본론』 제1권 앞부분과는 다른 각도에서 착취를 조명하고 있는 셈이다. 이를 가라타니 고진의 주장과 결합시켜 보면, 개별노동이 서로 고립된 상태(시점 t_0)와 결합노동을 이룬 상태(시점 t_1)의 "시간적 차이"에서 잉여가치가 발생하는 것으로 이해할 수 있다. 그런데, 이것은 단순히 동질적이고 연속적으로 파악되는 시간 위에서의 선후관계라기보다는, 이미 이질적이며 불가역적인 시간의 흐름을 의미한다.[22] 즉, "개개의 노동자는 '결합'에 의해 생겨나는 것을 그 이전부터 요구할 수는 없"으며, 마찬가지로 자본가가 결합 이전의 상태와 결합 이후의 상태를 비교하여 자신에게 유리한 쪽을 선택할 수 있는 것도 아니다. 더욱이, 맑스에게 있어서 착취는 단지 결합 이전과 결합 이후 사이의 격차로 정의되는 것이 아님에 주의할 필요가 있다. 즉, 자본가가 수행하는 감독·관리노동은 "어떠한 결합된 생산방식에서도 수행되어야만 하는 생산적 노동"[23]으로서의 측면도 가지고 있기 때문에, 감독·관리노동의 적어도 일부분은 정당한 대가로 취급되어야 한다.

---

20) Karl Marx, 앞의 책, 416쪽.
21) 같은 책, 420쪽.
22) 정운영은 가라타니 고진의 해석을 "오늘 100원짜리 물건을 내일 80원에 만든다면 역시 20원의 잉여가치가 생긴다는 설명"(정운영, 「헌기증 나는 '유식'과 구제불능의 '무식'」, 『출판저널』, 1999. 7. 20)으로 이해하는데, 이는 그가 모든 노동한 시간은 그 구체적인 형태와 무관하게 한 시간으로 간주되어야 한다는 전형적인 근대적 시간개념에 입각하고 있기 때문이다.
23) Karl Marx(1894), 『자본론』 III, 김수행 역, 비봉출판사, 1990, 466쪽.

사실 이 부분은 다소 논란의 소지가 있다. 마이클 레보위츠는 잉여가치의 문제를 이 글에서와 유사한 방식으로 보는 것이 중요함을 강조하면서, "생산자들이 착취되는 정도는 현존하는 상태에서 그들이 받는 사회적 생산물의 몫과 그들이 낯선 매개자〔자본가-인용자〕에 의해 분리되지 **않는** 대안적인…상태에서 받을 몫간의 차이에 의해 측정된다"[24]라고 말한다. 그렇지만, 잘 알려져 있는 바와 같이, 맑스는 그 대안적인 상태가 구체적으로 어떤 것인지에 대해서는 설명하지 않았다. 예를 들어, "공동소유의 생산수단으로써 일하며 또 자기들의 각종의 개인적 노동력을 하나의 사회적 노동력으로서 의식적으로 지출하는 자유인들의 결합체"에서는 "노동생산물과 관련하여 맺게 되는 사회적 관계는…생산이나 분배에서 명료하고 단순"[25]하다는 식의 규정뿐이다. 이것은 일종의 지복점(bliss point)을 설정하고 그것과 현실간의 비교를 통해 착취를 정의하는 접근으로 보이기도 한다. 그러나, 자본주의 생산양식의 문제점을 분석하는 데에서 출발하여 그것을 지양하려는 현실적 운동을 강조한다는 맑스 본연의 입장에서 보면, 잉여가치의 문제도 더욱 동태적인 맥락에서 파악될 필요가 있다. 즉, 일종의 진공상태에서라면 노동자계급의 몫으로 되었을 부분이 현실에서는 자본가계급에 의해 착취된다는 식의 접근보다는, 잉여생산물의 처분에 관한 민주적 결정절차의 부재=착취라는 식으로 접근하는 것이 바람직하다.

한편, 잉여가치의 문제를 이와 같이 해석한다면, 거래비용경제학에서 제기하는 "기업은 왜 존재하는가?"라는 질문은 "자본주의적 착취가 왜(또는 어떻게) 존재하는가?"라는 맑스의 질문과 실질적으로 동일한 논리적 구조를 갖는다는 것도 매우 흥미로운 점이다. 가령 단순상품생산에서 착취가 발생하지 않는 것과 1인 기업이 존재할 수 없는 것은 매우 비슷한 논리에 의해 설명가능하다. 예를 들어, 팀생산과 관련하여 각 성원의 한계생산력 측정이 곤란하다는 점을 강조하는 초기 논의[26]를 비판하면서, 아오키 등은 그

---

24) M. Lebowitz, *Beyond Capital: Marx′s Political Economy of the Working Class* (Macmillan, 1992), p. 70의 주) 36. 강조는 원문.
25) K. 마르크스, 『자본론』 I (상), 99쪽.
26) A. Alchian & H. Demsetz, "Production, Information Costs, and Economic Organization," *American Economic Review,* Vol. 62 (1972).

것이 단순한 측정의 문제가 아니라 어떤 질적 변화를 수반하는 것임을 강조하였다.

> 그들〔Alchian & Demsetz-인용자〕의 분석틀에 있어서 팀생산이란, 단지 그 생산물이 각각의 노동의 분리가능한 단순생산물의 합으로서는 얻어질 수 없는 경우로서 파악되고 있다. 그러나, 각각의 멤버의 한계생산물은, 가령 그것을 측정하는 데에 비용이 들더라도, 원칙적으로는 측정불가능한 것은 아니다. 그에 대해 우리가…강조한 것은, 기능이 본질적으로 개인적으로는 취득불가능하다는 것이었다.[27]

윌리엄슨 또한 맑스가 이와 같은 불가분성(nonseparability)의 문제를 인식하고 있었음을 지적하면서, 그러나 그것이 대규모 조직의 등장과 효율성을 설명해주는 것은 아니라고 주장한다.[28] 결국 이는 현대적인 맥락에서 맑스를 어떻게 해석할 것인가의 문제이겠지만, 분업에 기초한 협업을 통해 새로운 사회적 생산력이 생겨난다는 명제는 단순히 불가분성의 문제만을 지적하고 있는 것은 아니라고 생각된다.

한편, 사회적 생산력의 자본의 생산력으로의 전환이라는 논리는 이미 『정치경제학비판요강』이나 『독일 이데올로기』에서도 여러 차례에 걸쳐 제시되고 있다.[29] 그런데, 맑스가 이러한 저작들에서 강조하고 있는 것은 분업에 의해 이루어지는 생산력 증대효과였다. 『정치경제학비판요강』에서 맑스는 도로공사의 예를 들어 다음과 같이 말한다.

> 우선 사회, 집합된 개별자들은 도로를 건설하기 위한 잉여시간을 가질 수 있으나 그것은 집합되어 있을 때에만 가능하다. 집합(Vereinigung)은…단지 합산에 **불과한 것은 아니다.** 그들 힘의 집합이 그들의 **생산력**을 증대시킨다고 할 때, 그것은—그들이 **협업**하지 않는다면, 즉 그들의 노동능력의 합계에 그들의 **집**

---

27) 青木昌彦・伊丹敬之, 『企業の經濟學』, 岩波書店, 1985, 147쪽.
28) Oliver E. Williamson, *The Economic Institutions of Capitalism: Firms, Markets, Relational Contracting* (The Free Press, 1985), p. 88.
29) M. Lebowitz, op. cit., pp. 67-70.

합된, 결합된 노동에 의해서만…실존하는 잉여가 추가되지 않는다면—그들이 수적으로 모두를 합한 노동능력을 가질 것이라는 것을 결코 의미하지 않는다.[30]

'협업에 기초한 분업'이 생산성증가의 원천이라는 것은 이미 아담 스미스 이래 고전학파의 발견이자 이론적 공헌이기 때문에, 굳이 새삼스러운 주장은 아니라고 할 수 있다. 더구나 맑스가 위의 인용문 바로 뒷부분에서 고대 이집트의 예를 함께 거론하는 것으로부터도 알 수 있듯이, 분업에 따른 생산력 증대효과는 자본주의에만 고유한 것도 아니었다.[31]

어쨌든 착취를 이와 같이 설명하게 되면, 착취의 극복 및 그 대안 또한 기존의 이해방식에서 상대적으로 소홀하게 다루어졌던 측면을 부각시킬 수 있을 것이다. 특히, 가치론의 구성요소 중에서 노동력 가치 개념에 대한 이해는 새롭게 정립될 필요가 있다. 즉, 노동력의 가치는 그 자체로 존재하는 독립적인 실체로서보다는 일반적인 상품 전체에 대해 정의되는 상대적 비율로서의 의미를 가진다.[32]

한편, 착취의 철폐 또는 극복이라는 문제와 관련해서도 다음과 같은 두 가지 점에 주의할 필요가 있을 것이다.

첫째, 초역사적으로 발생하는 물질적 잉여를 민주적으로 통제할 수 있는 메커니즘을 확보하는 것이 필요하다. 소유권을 노동자 또는 국가로 이전하는 것만으로 자동적으로 착취가 극복되는 것은 아니기 때문이다.

둘째, 자본의 매개를 거치지 않고서도 생산력증대 효과를 사회적으로 인

---

30) Karl Marx(1857-8), 『정치경제학비판요강』제2권, 김호균 옮김, 백의, 2000, 162쪽. 강조는 원문.
31) 그렇다면, 오키시오의 논의는 오히려 잉여가치와 물질적 잉여간의 대응관계를 지적한다는 점에서 의의를 갖는다고 할 수 있다.
32) 이것은 이미 '신해석'의 발전방향이 필연적으로 내포하고 있는 바이다(류동민, 앞의 글). 다음과 같은 가라타니 고진의 주장도 이러한 의미에서 이해될 수 있다. 다만, 그는 이러한 관점을 가치개념 일반에 대해 적용함으로써 사실상 절대적 가치 개념을 부정한다는 점에서 한 걸음 더 나아가고 있는 셈이다.
"노동력의 가치가 낮아진다는 것은 임금이 낮아진다든지 궁핍해진다든지 하는 일과는 아무런 관계도 없다. 그것은 다만 기존의 가치체계에 대해 '상대적으로 하락할' 뿐이다"(가라타니 고진, 앞의 책, 69-70쪽).

정받을 수 있는 방법에 대한 적극적인 논의가 이루어져야 할 것이다. 여기에는 전통적 논쟁거리인 가사노동은 물론, 더욱 일반적으로 자본에 의해서는 인정되지 않지만 노동자계급의 관점에서 유용한 의미를 갖는 노동의 사회적 인정문제가 포함된다.[33]

4. 맺음말

이 글에서는 이윤의 원천을 여전히 착취로 설명하되, 그 메커니즘을 다른 방식으로 설명함으로써 생겨나는 이론적 효과에 주목하였다. 또는 역으로 다음과 같은 이론적 효과를 염두에 두면서 착취의 설명방식을 바꾸어 보고자 하였다.

먼저, 맑스가 일찍이 『공산당선언』에서부터 강조해마지 않았던, 자본주의의 진보적 성격에 관한 인식[34]이다. 제로섬게임의 상황하에서 노동자로부터 자본가로의 잉여가치의 착취를 논증하는 방식으로부터 자본주의 자체의 부후성, 그리고 파국론적 인식, 정치권력의 탈취를 통한 착취의 즉각적 폐지 등의 견해가 도출되는 것은 매우 쉬운 일이다. 그렇지만, 사회적 생산력의 자본의 생산력으로의 전환으로 착취를 설명하는 것은 일종의 포지티브섬게임을 상정하고 있다. 즉, 개별노동으로 분산되어 존재하던 노동력이 집합노동으로 결합될 때 발생하는 생산력 증대효과는 한편으로는 착취이면서, 다른 한편으로는 발전의 의미도 지니는 것이다.[35] 이러한 이중성으로부터 비로소 착취의 철폐를 위해서는 물질적 잉여의 민주적 통제를 위한 노

---

33) 이 글의 초고에 대한 논평에서 신정완은 결합노동을 통해 새로운 사용가치가 탄생되는 것으로 본다면, 이를 효용이란 차원에서 자본가가 이윤을 취득하는 것의 근거로 볼 수 있을 것이라 지적하였다. 이러한 주장이, 그 승인 여부는 차치하더라도, 자본의 논리를 뒷받침하고 있는 것이라면, 본문에서의 지적은 '노동의 논리'를 뒷받침하는 것일 터이다. 이에 대해서는 예를 들어 자본논리에 포섭된 '노동시간' 개념 대신 '노동자시간'(worker time)을 적극적으로 제기하는 최근의 논의(이상헌, 「노동시간의 정치경제학: 노동시간에서 '노동자시간'으로」, 김수행·신정완 편, 앞의 책)로부터 시사를 얻을 수 있다.

34) Meghnad Desai, *Marx's Revenge* (Verso, 2002).

35) "상대적 잉여가치는 이중의 의미에서 exploitation(개발=착취)이다"(柄谷行人, 앞의 책, 357쪽).

력이 지속적으로 이루어져야 한다는 인식이 도출된다. 특히, 착취가 완전히 소멸되는 이념형으로서의 '새로운 사회'를 상정하고 그것과의 비교를 통해 착취를 정의하는 방식이 필연적으로 내포할 수밖에 없는 정태적인 관점에서 벗어나, 착취를 자본주의 자체의 현실로부터 정의하고 그 극복은 끊임없이 이루어져야 하는 동태적 과정임을 인식하는 데 도움이 될 것이다.

다음으로, 추상노동이 시계로 측정가능한 투명한 개념인가라는 물음은 궁극적으로 가치량의 시점간 비교가 가능한가라는 문제로 연결된다. 즉, 시점 t_0와 t_1의 두 시스템은 질적으로 상이한 것으로서 직접 비교가능한 것은 아니다. 이것은 잉여가치 개념 자체가 기본적으로 불투명하다는 것을 의미한다. 그러나, 자본은 현실에서 끊임없는 기술혁신을 통해 이러한 불투명성의 돌파구를 찾아낸다. 이론의 역할은 그 불투명성의 구조와 자본에 의한 극복과정을 밝혀내는 데에 있을 것이다. 즉, 명증하게 파악되는 노동시간이 먼저 존재하고 그로부터 착취가 설명되는 것이 아니라, 오히려 분업에 의한 협업이라는 현실이 존재하고 여기에 자본의 생산력이라는 관념이 덧씌워지면서 착취가 정당화되는 것이다. 결국 그것을 극복하기 위해 제시되는 것이 사회적 생산력의 논리＝착취극복의 논리라 할 수 있다.

공황이론의 재검토

김수행(서울대, 경제학)

1. 머리말

이 글은 맑스의 공황이론을 '세계시장 공황'에 관한 이론으로 구체화시키는 작업에 관한 것이다. 물론 맑스는 자기의 공황이론을 어느 특정한 저서나 저서의 특정한 부분에서 상세히 서술한 적이 없다. 또한 자기의 주저인 『자본론』에서도 공황의 원인에 관해 다양한 의견을 제시하고 있다. 이러한 의미에서 맑스의 공황이론은 '미완성'이라고 평가할 수 있을 것이다.

그러나 그동안의 연구과정에서 '자본주의 생산양식 차원의 공황'에 관해서는 상당한 의견의 합의가 이루어졌다. 예컨대 맑스는 공황이 일어나는 환경, 공황의 원인, 공황의 발발을 촉진하거나 지체시키는 요소 등등을 분명히 구별했다는 점이다. 공황이 발생하는 '환경'은 자본주의의 '역사적 특수성'을 가리키는데, 예컨대 대부분의 재화와 서비스가 '상품'으로 거래되고 있다는 점, 화폐가 유통수단과 지불수단으로 사용되고 있다는 점, 상품들이 사회 전체로 볼 때 무계획적으로 그리고 경쟁적으로 생산되고 있다는 점, 생산의 목적이 주민들의 욕구를 충족시키는 것이 아니라 자본가들의 이윤 획득에 있다는 점, 자본가들은 이윤을 증가시키기 위해 노동자들의 임금을 될수록 인하하려고 한다는 점 등등이다. 공황의 발발을 촉진하는 요소는 신용제도의 갑작스런 붕괴인데, 이로 말미암아 '현금'을 구하지 못한 채무자들이 대규모로 도산하기 때문이다. 그리고 공황의 발발을 지체시키는 요소는 국가가 개입해 현금을 대규모로 공급하는 것이다. 물론 공황의 원인에 관해서는 과소소비설, 임금상승-이윤압박설, 이윤율 저하설 등등이 있지만,『자본론』제3권 제3편('이윤율 저하경향의 법칙')에 의거한 공황이론이 최근 가장 큰 영향력을 행사하고 있다.

그렇지만『자본론』의 공황이론은 '자본주의 생산양식'이라는 추상수준에서 제시한 것이므로, 매우 구체적인 '세계시장 공황'을 설명하는 데 필요한 개념들을 지니고 있지 않다. 예컨대 이윤율 저하경향의 법칙에는 해외무역도 없고 세계시장도 없으며 국제금융거래도 없고 다양한 국민경제도 없다. 따라서『자본론』의 추상적인 공황이론을 어떻게 '세계시장 공황이론'으로 구체화하는가가 긴급한 연구과제로 등장하고 있다.

이 과제를 해명하기 위해, 이 글에서는 맑스가 '정치경제학 연구계획'에서 밝힌 '세계시장과 세계시장 공황'은 어떤 개념으로 구성되었을까를 우선 구명하고, 이러한 재구성된 '세계시장'에서 공황은 어떻게 발생하게 되는가를『자본론』의 공황이론에 의거해 재구성하려고 한다.

2. '정치경제학 연구계획(Plan)'에 따른 '세계시장과 공황'

『정치경제학비판 요강』(*Grundrisse*)에서 맑스는 자기의 경제학체계에 관해 다음과 같이 말하고 있다.

책의 순서는 분명히 다음과 같아야 한다. (1) 대체로 모든 형태의 사회에서 볼 수 있는 일반적이고 추상적인 규정들. (2) 부르주아사회의 내부구조를 이루는 범주들로서 기본계급들의 존립조건을 가리키는 범주들. 자본, 임노동, 토지재산. 이들의 상호관계. 도시와 농촌. 거대한 세 사회계급들. 이들 사이의 교환·유통. (사적) 신용제도. (3) 부르주아사회를 총괄하는 형태로서 국가. 국가 그 자체의 고찰. '비생산적' 계급들. 조세. 국가채무. 공적 신용. 인구. 식민지. 국외이주. (4) 생산의 국제적 관계. 국제분업. 국제적 교환. 수출과 수입. 환율. (5) **세계시장과 공황**[1] (강조는 인용자의 것).

1) Marx(1857-8), *Grundrisse: Foundations of the Critique of Political Economy (Rough*

교환가치, 화폐, 가격을 고찰하는 제1부에서는 상품은 항상 이미 있는 것으로 나타난다…그러나 상품세계는 스스로 자기자신을 넘어서서 '생산관계들'이라고 규정되는 경제적 관계들로 나아갈 것을 지시한다. 따라서 생산의 내부구조가 제2부를 이룬다. 전체가 국가로 총괄되는 것이 제3부를, 국제관계가 제4부를, 그리고 세계시장이 종결을 이룬다. 세계시장에서 생산은 자기의 모든 계기들을 지닌 총체로서 정립되지만, 동시에 모든 모순들이 작동한다. 이리하여 세계시장은 이제 전체의 전제이면서 전체의 담지자가 된다. 이때 **공황**은 이 전제를 넘어서라는 전반적인 지시이고, 새로운 역사적 형태를 취하라는 촉구이다.[2] (강조는 인용자의 것).

I. (1) 자본의 일반 개념. - (2) 자본의 특수성: 유동자본과 고정자본. (생활수단으로서, 원료로서, 노동도구로서 자본.) (3) 화폐로서 자본. II. (1) **자본의 양. 축적.** (2) **자기 자신으로 측정한 자본. 이윤. 이자. 자본의 가치: 즉, 이자와 이윤처럼 자기 자신과 구별되는 자본.** (3) **자본들의 유통.** (가) 자본과 자본의 교환. 자본과 수입의 교환. 자본과 **가격들.** (나) **자본들의 경쟁.** (다) **자본들의 집중.** III. 신용으로서 자본. IV. 주식자본으로서 자본. V. **화폐시장으로서 자본.** VI. 부의 원천으로서 자본. 자본가. 자본 다음으로 토지재산을 다룰 것이다. 토지재산 다음으로는 임노동을 다룰 것이다. 이 세 가지(자본, 토지재산, 임노동)가 전제된 위에서, 이제 내적 총체성에서 정의된 유통으로서 **가격들의 운동.** 다른 한편으로, 생산이 위의 세 가지 기본형태들과 유통의 전제들에 의해 정립되는 것으로서 세 개의 계급들. 다음으로 **국가.** (국가와 부르주아사회. -조세, 또는 비생산적 계급들의 존재. -국채. -인구. -대외적 국가: 식민지. 해외무역. 환율. 국제주화로서 화폐. -끝으로 세계시장. 부르주아사회가 국가를 넘어 확대. 공황. 교환가치에 의거한 생산양식과 사회형태의 해체. 개인적 노동을 사회적 노동으로, 그리고 사회적 노동을 개인적 노동으로 실제로 정립하는 것[3] (강조는 맑스의 것).

그 뒤 1859년에 출판한 『정치경제학비판을 위하여』의 '서문'(Preface)에서 다음과 같이 매우 분명하게 말한다.

Draft) (London: Penguin Books, 1973), p. 108.
2) Ibid., p. 227.
3) Ibid., p. 264.

나는 부르주아 경제체제를 다음과 같은 순서로 연구한다. **자본, 토지재산, 임노동 ; 국가, 해외무역, 세계시장.** 근대 부르주아사회를 구성하는 3대 계급의 경제적 존립조건이 첫 세 주제에서 분석되며, 나머지 세 주제의 상호관련은 자명하다. **자본**을 다루는 첫 번째 책의 첫 부분은 다음과 같은 장들로 구성된다: 1. 상품 ; 2. 화폐 또는 단순한 유통 ; 3. 자본일반. 지금 이 책은 처음 두 장들로 구성된다4) (강조는 맑스의 것).

위의 연구계획에 따르면, 맑스는 1867년『자본론』제1권을 출판하기 이전에는 여섯 권의 책을 쓸 계획을 가지고 있었던 것처럼 보인다. 흔히들 지적하는 바와 같이, '자본, 토지재산, 임노동'이 전반부의 세 주제이고, '국가, 해외무역, 세계시장(과 공황)'이 후반부의 세 주제이다. 그러나 '국가'에 관해서, 맑스는 한편으로는 '부르주아사회를 총괄하는 형태' 또는 '국가와 부르주아사회'를 이야기하고, 다른 한편으로는 '대외적 국가'를 이야기하고 있다. 따라서 엄밀하게 말하면, '국가'는 전반부를 종결하는 주제일 뿐 아니라 후반부를 개시하는 주제라는 의미를 지니게 된다. 그 이유는 다음과 같다. 첫째로, '부르주아사회를 총괄하는 형태'로서 국가는, 부르주아사회의 3대 계급인 자본가계급 · 토지소유자계급 · 임금노동자계급 사이의 갈등과 투쟁이 국가에 집중하고 국가를 통해 매개된다는 것을 의미하기 때문에, 국가가 사실상 전반부를 종결하게 된다. 둘째로, 후반부의 해외무역과 세계시장(과 세계시장 공황)은 '대외적 국가' 또는 '국민국가' 나아가서는 '국민경제'를 전제해야만 논의가 가능하기 때문에, '국가'가 후반부의 출발점이 되지 않을 수 없다.

그런데 지금 문제로 되는 것은 맑스가 '국가, 해외무역, 세계시장(과 공황)'에 관해서는 어디에서도 체계적으로 연구하지 않았지만, 그는 자본주의를 '일국자본주의'로 생각하지 않고 항상 '세계자본주의'로 생각했다는 점이다. 예컨대 그는 다음과 같이 말한다.

---

4) Marx (1859), *A Contribution to the Critique of Political Economy* (Moscow : Progress Publishers, 1970), p. 19.

상품유통은 자본의 출발점이다. 상품생산과 상품유통, 그리고 상품유통의 발달된 형태인 상업은 자본이 성립하기 위한 역사적 전제조건을 이룬다. 16세기에 세계무역과 세계시장이 형성된 때로부터 현대적인 자본의 역사가 시작된다.[5)]

문제를 애매하게 하는 모든 부차적인 사정들을 떠나 연구대상을 순수한 형태로 고찰하기 위해서는, 상업세계 전체를 한 나라로 보며, 또 자본주의적 생산이 모든 곳에서 확립되어 모든 산업부문들을 지배하고 있다고 가정해야 한다.[6)]

또한 맑스는 자본주의의 공황에 관해서도 '세계시장 공황'이라는 점을 분명히 밝히고 있다.

다음과 같은 일들이 일어난 뒤에만, 자기영속적인 반복되는 순환(순차적인 국면들이 몇 년을 포괄하며, 순환은 항상 일반적 공황에서 그 정점에 도달하는데, 일반적 공황은 하나의 순환의 종점일 뿐 아니라 다른 하나의 순환의 출발점이기도 하다)이 시작될 수 있다. 즉, 기계공업이 확립되어 국내의 생산 전체에 지배적인 영향을 미치게 되었을 것, 기계공업의 덕택으로 해외무역이 국내상업을 추월하기 시작했을 것, 세계시장이 신대륙·아시아·오스트레일리아의 광대한 영역을 차례차례 포섭해버렸을 것, 그리고 끝으로 다수의 공업국들이 세계시장에서 경쟁에 참가했을 것 등이다.[7)]

'자본·토지재산·임노동·국가·해외무역·세계시장(과 공황)' 중 전반부의 세 주제는 대체로 『자본론』 세 권에서 '자본의 지배가 관철된다는 전제하에서'[8)] 다루고 있지만, 후반부의 세 주제에 관해서 맑스는 어디에서도 체계적으로 연구하지 않았다. 이 때문에 힐퍼딩의 『금융자본』(1911)과 레닌의 『제국주의』(1917)가 맑스주의에서 크게 주목받은 것이다.

---

5) 마르크스(1867), 『자본론』 I, 비봉출판사, 2001, 189쪽.
6) 같은 책, 791쪽의 주.
7) 같은 책, 864쪽의 주.
8) M. Lebowitz, *Beyond Capital*, 2nd ed. (London: Macmillan, 2003) 참조.

그런데 우리가 주목해야 할 것은, 연구계획의 후반부를 총괄하는 것은 '세계시장 공황'인데, 이에 대해 맑스는 '교환가치에 의거한 생산양식과 사회형태의 해체'라고 해설하고 있다는 점이다. 이러한 언급은 세계시장 공황이 '자본주의적 세계경제'의 역사적 반동성과 변혁 필요성을 폭로함으로써 세계혁명의 큰 계기가 된다는 것을 가리키고 있는 것처럼 보인다. 맑스에 의하면, 자본주의는 처음부터 '일국자본주의'가 아니라 '세계자본주의'이기 때문에, '세계혁명'을 통해 '세계사회주의'를 건설해야만 자본주의체제를 타도할 수 있는데, 세계시장 공황이 바로 세계혁명의 큰 계기가 된다고 파악한 것 같다.

3. 후반부의 재구성

'국가·해외무역·세계시장'이라는 후반체계는 '부르주아사회를 총괄하는 국가'가 여러 지역 (또는 공간)에 다수 존재한다는 것, 그리고 각 국가가 일정한 공간에서 3대 계급을 총괄하면서 '국민경제'를 이루고 있다는 것을 전제해야만 한다. 각각의 국민경제는 자연조건의 차이, 역사적 발전의 차이, 정치적·경제적·문화적 발전의 차이 등등으로 말미암아 노동의 생산성과 강도가 다르고 비교우위의 산업도 다르다. 여기에서 국제적 분업이 생기고 해외무역이 발생하며 세계화폐와 국제신용이 발달하고 환율과 국제수지가 문제로 등장하게 된다. 이리하여 각각의 국민경제는 세계시장의 상품 거래와 금융거래에서 독특한 위치를 차지하면서 세계시장을 구성할 뿐 아니라 세계시장에 의해 규제받게 된다. 물론 세계시장은 각국 출신의 자본들이 경쟁하는 장소이고, 자본들은 자기 나라의 국가에게 자기들을 유리하게 할 대외경제정책을 채택할 것을 요구한다. 이리하여 국가들 사이의 갈등, 지배와 종속이 뒤따르며, 세계시장의 특징이 드러난다. 이렇게 세계시장을 이론적으로 구성한 뒤에는, 뒤돌아와 국민경제를 세계시장 속에서 '다시금' 조명해야만 국민경제를 확실하게 파악할 수 있을 것이다.

예컨대 힐퍼딩은『금융자본』에서 금융자본의 발생과 특징을 논의한 뒤 마지막 제5편에서 금융자본의 대외경제정책을 다루고 있다. 더욱이 제5편에서는 금융자본을 대내적으로 그리고 대외적으로 분석한 것을 종합함으로써, '금융자본과 계급', '노동협약을 둘러싼 투쟁', '프롤레타리아와 제국주의'를 논의하고 있는 것이다. 레닌도 『제국주의』에서 마찬가지의 연구방법을 따르고 있다. 즉, 먼저 선진자본주의 국내에서 진전되는 '생산의 집중과 독점', 은행의 새로운 역할, 금융자본을 논의한 뒤, '자본의 수출', '세계가 자본가연합들에 의해 분할', '세계가 열강들에 의해 분할', '자본주의의 특수한 단계로서 제국주의'를 대외적인 측면으로 분석하고, 마지막으로 대내적인 것과 대외적인 것을 종합함으로써 '자본주의의 기생성과 쇠퇴', '제국주의 비판', '제국주의의 역사상의 위치'를 다루고 있는 것이다.

그런데 여기에서 문제로 되는 것은, 국민국가와 국민경제가 어떤 한 나라의 국민 '전체'를 위해 존재한다고 말할 수 있는가이다. 국민국가가 일정한 영토 안에서 주권을 행사함으로써 대외적으로 국민 전체의 이익을 대표하는 것처럼 보이지만, 국가의 대외경제정책이 국내의 다양한 이익단체와 정치집단들의 '의견'을 수렴한 뒤에 결정되기 때문에, 국가의 대외경제정책은 국내에서 지배적인 지위를 차지하고 있는 자본가계급 분파의 이익을 대변한다고 보아야 할 것이다. 이런 관점에 입각할 때, 제국주의 전쟁은 선진국들의 대자본가들 사이의 국제적인 갈등과 투쟁이 국가들 사이의 무력 충돌을 야기한 것으로 파악할 수 있으며, "대자본가들을 위한 대포밥이 되지 말자"는 프롤레타리아 국제주의도 의미를 가지게 되는 것이다. 물론 각국의 대자본가들은 세계시장을 확보하기 위해 협력하거나 제휴할 수도 있고, 각국 출신의 다국적자본은 국제기구들(예: IMF, WTO)이 무역·외환거래·자본이동의 자유화를 세계 전체에 강요하도록 자국 정부에게 압력을 가할 수 있다.

4. 세계시장 공황의 이론적 재구성

맑스는 어디에서도 세계시장 공황을 '이론적'으로 취급하지 않았다. 다만 『자본론』에는 세계시장 공황을 매우 구체적으로 그 당시의 상황에 의해 설명하는 부분이 몇 군데 있다.

영국의 수출상(갑)이 영국의 면사생산자로부터 면사를 사서 인도에 수출한다고 하자. 인도의 수입상(을)은 이 면사 대금으로 영국의 자기 채무자(병) 앞으로 발행한 3개월 짜리 환어음을 주었다. 만약 3개월만에 '병'이 환어음을 결제하지 않는다면, '을'은 자금을 구하려고 인도의 은행들에게 대출을 요구하게 될 것이므로 인도의 화폐시장이 경색되고, '갑'은 '병'으로부터 돈을 받지 못하기 때문에 영국의 은행들로부터 대출을 요구하지 않을 수 없다. 만약 '을'이나 '병'이 '갑'에게 대금을 상환하지 못한다면, 모두가 파산함으로써 인도와 영국에 공황이 발생한다.[9]

일반적 공황의 시기에는 모든 나라(적어도 상업이 발달한 모든 나라)의 국제수지는 적자인데, 그러나 항상 각각의 나라가 차례차례 자기의 지불순서가 될 때—마치 일제가격과 같이—국지수지 적자에 빠지게 된다…. 그러므로 모든 나라들이 동시적으로 과잉수출(과잉생산)하고 과잉수입(과잉무역)했다는 것, 그리고 모든 나라들에서 가격이 등귀했고 신용이 과도하게 팽창했다는 것이 명백해진다. 각국에서 동일한 붕괴가 일어난다. 금 유출현상은 각국을 차례차례 엄습하는데, 그것의 일반성 때문에 다음과 같은 것이 밝혀진다. (1) 금 유출은 공황의 단순한 현상이며 원인은 아니라는 점, (2) 금 유출이 각국을 엄습하는 순서는 다만 총결산의 시기가 언제 각국에 오게 되는가, 공황의 시기가 언제 오게 되며, 공황의 잠재적 요소들이 각국에서 언제 폭발하는가를 가리켜줄 뿐이라는 점.[10]

이러한 언급은 국민경제에서 발생한 공황이 어떻게 세계시장 공황으로 발전하는가를 보여주고 있다. 국제신용, 해외무역, 국제수지, 금 유출, 환율 등등이 세계시장 공황을 설명하기 위해 새롭게 도입한 개념들이다. 그렇다면 세계시장 공황에 관한 이론은, 국민경제 차원이나 자본주의 생산양식 차원의 공황이론에서 출발하여 이 공황의 국제적 파급과정을 연구하는 것으로 충분한가? 아니면 세계시장 전체를 독자적인 연구대상으로 삼아야 할 것인가? 맑스는 자본주의 생산양식 차원의 매우 추상적인 공황이론을 제시하고 있기 때문에, 세계시장에서 중요한 위치를 차지하는 몇 개의 나라에서

---

9) 마르크스(1885), 『자본론』 II, 비봉출판사, 1989, 367-369쪽.
10) 마르크스(1894), 『자본론』 III, 비봉출판사, 1990, 603쪽.

공황이 발생하면 이것이 세계시장 공황을 야기하게 된다고 말할 수 있지 않을까? 아니면 세계시장에서 큰 비중을 차지하는 몇 개의 산업이 과잉생산 상태에 빠지고, 이에 따라 이 산업들과 전후방 연쇄를 맺는 여러 산업들이 과잉생산에 빠짐으로써 세계시장 공황이 발생한다고 말해야 할 것인가? 이런 여러 가지 의문이 생기게 된다.

이런 의문을 해소하기 위해, 예컨대 이윤율〔잉여가치/(불변자본＋가변자본)〕의 저하경향에 의거해 세계시장 공황을 재구성해 보자. 이윤율은 자본의 가치구성(불변자본/가변자본)과 잉여가치율(잉여가치/가변자본)로 구성되는데, 자본의 가치구성의 상승률이 잉여가치율의 증가율을 초과한다면 이윤율은 저하하게 된다. 이윤율의 저하가 특정한 국민경제의 특정한 산업에서 발생한다면, 세계시장 공황은 어떤 경로를 거쳐 발발할 것인가? 몇 가지 경로를 생각할 수 있을 것이다. 첫째, 이윤율이 저하한 특정한 산업이 자기의 국제적 채무를 갚지 못해 도산한다면, 이 도산이 세계시장 공황의 방아쇠를 잡아당길 수 있다. 둘째, 이윤율이 저하한 산업이 재투자에 사용할 자금이 부족하거나 재투자할 유인을 잃어버린다면, 이 산업에게 기계나 원료를 공급하는 외국의 수출산업들은 상품을 판매할 수 없게 되어 세계적인 규모의 과잉생산이 발생하게 된다. 셋째, 생산부문의 이윤율이 저하하면, 유휴화폐자본은 생산부문에 투자되지 않고 유통부문에서 주식이나 증권 또는 외환의 투기적 거래에 종사함으로써 세계적 규모의 투기가 발생하게 된다. 그런데 투기적 이득의 원천은 결국 생산부문의 잉여가치이기 때문에 생산부문의 확대를 동반하지 않는 투기적 거래는 얼마 있지 않아 붕괴하게 마련이고, 이것이 세계시장 공황을 야기하게 된다.

이렇게 세계시장 공황을 이론적으로 재구성한다면, 자본주의 생산양식 차원의 공황이론과 별다른 차이가 없다. 물론 세계시장 공황을 구체적으로 실증적으로 분석하기 위해서는 세계 전체의 산업·금융·환율·이윤율·임금의 동향과 노자관계의 변화 등등을 밝혀야 할 것이다. 그러나 세계시장 공황을 연구하는 출발점은 세계시장에서 중요한 위치를 차지하는 국민경제 또는 산업에서 가치증식활동을 벌이는 자본들의 이윤율 동향이다. 이 자본들의 이윤율은 매우 추상적인 수준에서는 자본의 가치구성과 잉여가치율에 의해 영향받지만, 구체적인 수준에서는 이자율·환율·무역규제 등등에 의해서도 영향받는다. 물론 각국 자본들 사이의 상품가격 인하 경쟁에 의해 이윤율이 저하[11]할 수도 있지만, 상품가격의 인하는 노동력의 가치를 인하함으로써 상대적 잉여가치를 만들 수 있다는 점을 상기해야 할 것이다.

그런데 세계시장 공황은 이윤율의 저하를 야기한 요인들을 일시적으로 해소하는 효과를 지닌다. 예컨대 과잉설비를 폐기 처분하게 강제함으로써 자본의 가치구성을 저하시킨다거나, 실업의 거대한 창출을 통해 노동에 대한 착취율을 증대시키는 것이 그것이다. 따라서 세계시장 공황 그 자체는 자본주의체제를 전복하는 메커니즘이 아니라 오히려 자본주의체제를 유지하는 메커니즘이다. 그러나 세계시장 공황이 야기하는 실업과 빈곤 및 거대한 생산력의 파괴가 노동자계급의 각성을 촉구함으로써 자본주의체제의 타도에 기여할 수 있을 것이다. 더욱이 공황에서는 지배계급의 각 분파들이 손해를 덜 보기 위해 서로서로 투쟁함으로써 지배계급의 통일성이 지리멸렬하게 되기 때문에, 노동자계급은 어느 때보다 쉽게 정치적·경제적·이데올로기적 헤게모니를 잡을 수 있을 것이다.

---

11) 로버트 브레너, 『붐 앤 버블: 호황 그 이후, 세계경제의 그늘과 미래』, 아침이슬, 2002 참조.

맑스, 리카도, 왈라스의 가치 및 가격이론 비교

송태복(한남대, 경제학)

1. 노동과 상품생산관계

상품이 교환의 대상물로 제공될 수 있는 것은 사용가치의 담지물이기 때문이다. 사용가치는 상품이 지닌 자연적 속성과 용도에 의해 규정된 것이며, 인간이 자연과 교류할 수 있는 신진대사를 매개하는 수단이다. 상품이 지닌 사용가치는 순수하게 질적인 속성이며, 얼마만큼 다양한 사용가치의 상품들이 생산되는가는 발달한 사회적 생산력 수준에 의해 결정된다. 사회적 생산이 발달할수록 상품생산은 확대되며, 이처럼 다양한 사용가치의 속성을 지닌 상품생산은 사회적 분업체계의 틀 속에서 유기적 관련을 맺게 된다. 상품의 교환가치는 상품이 교환에서 지배할 수 있는 대상상품의 일정량으로 표현되는데, 교환가치는 상품이 지닌 사용가치에 근거한다. 그러나 상품이 사용가치를 지녔다고 하여 항상 교환가치를 갖는 것은 아니다. 상품의 사용가치는 상품이 교환되기 위한 필요조건에 불과할 뿐이며, 교환의 대상물로 제공되기 위한 기반이 된다. 상품이 지닌 질적인 속성은 이 상품이 다른 상품들과는 차별되며, 인간이 자연적인 신진대사 과정을 매개하는 데 필요한 수단의 일 요소라는 것을 보여준다.

상품의 사용가치가 순수하게 질적인 속성이라면 교환가치는 양적인 속성인데, 이것은 실제 교환되는 상품들의 수량관계에서 나타난다. 이 교환의 비율관계는 어떠한 상품이 다른 상품들과 교환될 수 있는 양적관계를 표현하며, 순수하게 양적인 속성이고 각자의 상품들에 공통적으로 존재하는 교환의 성질에 근거한다. 즉, 어떠한 상품이 다른 상품들과 교환될 수 있다는 것은, 이미 상품들이 교환에 앞서 교환의 대상물이 되기 위한 조건을 갖추었다는 데 근거한다. 상품들은 교환에 앞서 교환될 수 있는 공통된 성질을 지니며, 이 성질들은 이미 일정한 양적관계로 표현된다는 것을 전제로 한다. 사회적 생산력이 발달할수록 교환의 양적관계에서는 우연적인 요소들이 소멸되며, 생산조건과 일상적인 관습에 의해 규칙적인 현상으로 자리잡게 된다. 교환가치가 갖는 양적인 성질은 사용가치가 갖는 질적인 성질과는 전혀 상관이 없다.

상품의 교환가치의 실체는 상품생산에 투입된 노동시간이며, 노동가치설은 노동량만이 유일하게 상품가치를 구성한다는 주장에 근거한다. 상품생산에 더 많은 노동량이 투입될수록 상품의 가치는 커지며, 반대로 노동량이 감소하면 상품의 가치는 적어진다. 이때의 노동은 각 생산부문에서 갖는 구체적인 성질을 사상한 추상적 노동 또는 사회적 일반노동이다. 그러나 이처럼 노동만이 가치를 생산한다는 단순 명료한 사실은 사회적 생산양식에 따라 그 드러내는 모습을 달리한다. 농민 또는 수공업자 등 직접 생산자가 주축이었던 소생산자의 시기에는 노동이 가치의 원천이라는 것을 보다 쉽게 확인할 수 있다. 생산자는 자신이 소유하는 도구와 생산수단을 사용하면서 투입된 원료에 자신의 노동력을 가하고, 이처럼 투하된 노동량만큼을 상품의 가치에 부가한다. 생산자는 상품의 종류에 따라 값비싼 기계설비를 사용하거나 또는 값비싼 원료를 사용할 수도 있지만, 그가 상품에 부가한 가치는 기계나 원료의 가치에 상관없이 자신의 노동시간에 비례하여 결정된다. 생산자는 상품을 판매하면 우선적으로 상품가치에서 기계의 가치를 회수하고 다음으로 자신의 노동력의 가치를 회수하는데, 기계의 가치가 값비쌀 경우 그는 상대적으로 기계가치의 회수에 더욱 관심을 갖게 된다는 데에서 차이가 있을 뿐이다. 이처럼 소생산자가 상품의 가치에서 생산수단의 가치와 자신의 노동력의 가치를 순차적으로 공제하는 것은, 그 자신이 생산수단의 소유자이고 동시에 상품의 소유자이기 때문이다. 그가 판매하는 것은 자신의 노동력이 아니라 자신이 생산한 상품이며, 그는 판매된 상품가치에서 노동력의 가치를 회수한다. 사회적으로 그가 상품의 판매자로 존재하기 위해서는 여러 가지 제도와 사회적 관습이 뒤따라야 하는데, 중세의 동업자조합은 수공업자가 지속적으로 상품 생산자로 존재할 수 있는 보호막 역할을 하였다.

근대사회에 들어서 기계제생산이 일반화되고 자본이 사회적 생산을 지배하게 되면 노동이 가치를 생산하는 관계는 다른 모습을 띠고 등장한다. 생산을 담당하는 대부분의 생산자는 자신이 생산한 상품을 판매하는 대신, 자본가에게 노동력을 판매하게 된다. 자본가는 노동자들이 판매한 노동력을 기계나 원료와 같이 시장에서 구매하며, 생산의 한 질료로서 다른 생산요소들과 결합하게 된다. 자본주의사회에서 노동자는 이제는 상품의 소유자도 아니며 자신이 상품에 부가한 가치를 직접 회수할 수 있는 위치에 놓이지도 않는다. 그가 자본가에게 판매하는 노동력의 가치는 자본가가 상품을 판매하였을 때 비로소 자신에게 돌아오며, 자신이 부가한 가치 중 일부만을 받게 된다. 이처럼 상품이 노동자의 소유로서가 아니라 자본가의 소유로서 시장에 판매되고, 노동자는 그 가치 중 일부만을 보상으로 받게 되면서 노동가치설의 명제도 수공업 생산단계와는 전혀 다른 외관을 띠게 된다. 수공업 생산단계에서도 생산자는 상품을 판매하여 회수한 가치를 생계를 유지하는 데 필요한 필요노동부분과 잉여노동부분으로 구분한다. 그렇지만 이러한 구분은 자신의 필요에 따른 구별이며, 사회적 관습에 따른 일상적 소비를 위한 구별이다. 그러나 자본주의에서는 노동력에 지불되는 가치는 자본의 생산비용을 이루며, 자본가가 지속적으로 존재하기 위해서는 우선적으로 회수되어야 할 비용이라는 면에서 수공업 생산단계와는 그 성격을 달리한다.

자본주의사회에서는 외관상 노동력에 지불되는 가치는 자본의 일부를 이루면서 다른 생산수단과 원료의 구매에 지불된 가치와 동등한 성격으로 간주된다. 생산수단의 구매에 지불된 가치가 상품판매에서 등가의 가치로 회수되어야 하듯이, 노동력에 지불된 가치도 상품가치에서 등가로 회수되는 가치로 간주된다. 이처럼 생산수단과 노동력의 가치가 각각 상품의 가치에서 등가의 가치에 의해 대표되면, 노동력이 가치생산의 원천으로서 갖는 의미는 더 이상 찾을 수 없게 된다. 노동력도 모든 다른 상품들과 마찬가지로 간주되며, 임금이 그 가치를 대표하게 된다. 그러나 노동력의 가치가 대표하는 것은 노동력에 지불된 자본가치일 뿐 노동력이 생산한 가치가 아니다. 노동력의 가치는 다만 노동력이 생산한 가치의 일부를 이룰 뿐이다. 그럼에도 불구하고 노동력의 가치가 마치 노동력이 생산한 가치를 대표하는 것처럼 나타나는 것은 노동력이 시장에서 상품으로 등장하기 때문이다. 자본주의에서 노동력의 가치와 노동력이 생산한 가치와의 관계는 노동자가 자신의 노동력이 아니라 생산물만을 상품으로 판매하는 수공업 생산단계와 비교하면 분명하게 나타난다. 수공업 생산단계에서 생산자는 필요노동뿐만이 아니라 잉여노동까지도 자신의 몫으로 소유하기 때문에 이것들을 자본주의에서처럼 비용과 잉여로 엄격히 구별할 필요가 없다. 비용과 잉여 사이에서의 구별은 어느 정도 자신의 자의적인 의지를 반영하게 된다. 따라서 노동력이 생산한 가치 중 필요노동에 해당하는 부분이 상품가치에서 회수되어야 하지만, 이 부분이 자본주의에서처럼 반드시 생산수단의 가치를 포함하여 투하자본이 증식한 가치증식을 측정하는 기준이 되지는 않는다. 그러나 자본주의에서는 필요노동에 지불된 가치는 반드시 회수되어야 할뿐 아니라, 자본의 가치증식을 측정하는 기준으로 작용한다.

자본주의에서 노동자가 자본가에게 판매하는 것은 노동력의 가치가 아니라, 노동력의 사용가치를 처분할 수 있는 권한이다. 자본가가 노동자에게서 구매한 노동력으로 얼마의 가치를 생산할 수 있는가는 생산수단의 생산력에 의해 좌우된다. 생산수단의 생산력이 높다면 동일한 노동시간이라 하더라도 더 큰 가치를 생산하게 된다. 대체로 자본주의의 생산력이 발달함에 따라 노동력이 생산한 상품량은 단위시간당 증가하게 된다. 그러나 사회적 생산력이 일정 수준에서 유지된다면, 노동일반이 생산한 가치는 노동의 각 구체적인 형태의 차별에도 불구하고 일정한 크기로 나타나며, 이 크기는 노동과 결합되는 생산수단 일반의 생산력에 의해 결정된다. 노동력에 지불되는 가치는 이처럼 일정 크기로 나타나는 노동력이 생산한 가치의 일부이며,

필요노동에 대해 지불되는 가치이다. 노동자는 자본가에게 그 사용가치를 처분할 수 있는 산노동을 판매하지만, 자본가는 이 산노동을 노동력에 지불되는 임금, 노동력의 가치가 대표하는 죽은 노동으로 구매하게 된다.

자본주의에서는 노동력이 상품으로 유통되기 때문에 노동자는 산노동을 자본가가 지불하는 죽은 노동으로 교환하게 된다. 수공업 생산단계에서는 생산자는 자신의 산노동을 판매하지 않을 뿐 아니라, 상품을 소유하기 때문에 상품에 대상화된 죽은 노동에 대한 처분권한을 갖게 된다. 따라서 생산자는 상품의 소유자로서 각자에게 동등한 관계를 맺게 되며, 상품생산관계는 노동의 사회적 관계를 곧바로 표현하게 된다. 수공업자는 동업조합에서 규정한 도제제도를 준수하고, 일정 수로 직공을 제한하며, 시장에 출하할 수 있는 상품량을 제한하여야 한다는 규칙을 따르는데, 이것은 생산자에게 가해진 규제임과 동시에 각자가 맺고 있는 직접적인 사회적 관계를 표현한다. 그러나 자본주의에서 상품은 자본가의 소유로 유통되기 때문에 상품생산관계는 더 이상 노동자들의 사회적 관계를 대표하지 않는다. 그렇다고 하여 상품생산관계가 자본가들의 인격적 구성으로 이루어지는 사회적 관계를 대표하지도 않는다. 그 이유는 자본가는 잉여가치 생산을 추구하는 자본행위의 대리인이며, 그가 자본의 사회적 관계에서 인격체로서 행동할 수 있는 여지는 극히 제한되기 때문이다.

자본주의에서 상품생산관계는 잉여가치 생산을 추구하는 자본의 물신성에 의해 규정된다. 잉여가치 생산은 자본이 존재하는 목적이며, 자본이 관성적으로 자기확장을 추구하는 가치증식의 수단이다. 자본가의 인격적 요소는 이처럼 자기증식을 목적으로 하는 자본의 사회적 관계에 의해 매몰되며, 더 이상 노동자가 생산과정에서 인격체로서 서로간에 맺는 사회적 관계를 대표할 수 없게 된다. 자본은 노동의 사회적 관계를 잉여가치 생산을 위한 목적에 종속시키며, 잉여가치 생산관계에 의해 규정한다. 따라서 수공업 생산단계에서는 직접적인 형태로 발견될 수 있었던 생산자의 사회적 관계는 자본주의에서는 더 이상 직접적인 형태로 드러나지 않는다. 자본주의에서는 노동의 사회적 관계는 잉여가치 생산관계에 의해 가리워지고 은폐되기 때문에, 이제 이 은막들을 거둬낼 때 비로소 드러나게 된다.[1] 가치에 대한 분석이 체계적이고 과학적일 때 비로소 노동의 사회적 관계를 통찰할 수 있는 이유는 여기에 있으며, 노동가치설이 과학적 분석으로서 의미를 갖게 된다.

2. 가치의 생산과 유통

자본주의에서도 가치는 투하된 산노동량에 의해 결정되지만, 가치의 대상물인 상품은 자본가의 소유로 유통되기 때문에 가치생산관계는 왜곡된다. 만일 상품이 노동자의 소유로 유통된다면 산노동이 대상화된 상품의 가치는 자립적인 표현을 갖게 된다. 즉, 생산과정에서 산노동력이 생산한 가치는 여전히 유통과정에서도 같은 크기로 유통되며, 상품의 가치는 그 생산에 투하된 노동량이라는 실체를 곧바로 나타낸다. 상품이 생산과정에서 획득한 가치량은 여전히 유통과정에서도 동일한 크기로서 자립적인 실체로 나타난다. 그러나 상품이 자본의 소유물로 유통되면서 가치는 자립적인 실체를 갖지 못한다. 그 대신에 상품가치는 자본이 자신의 소유가치를 표현하는 방식인 등가에 의한 가치형태로 전환된다. 잉여가치는 노동자 개개인에 의해 생산되기 때문에 자본이 수취하는 잉여가치는 고용한 노동자 수에 비례한다. 그러나 자본이 유통에서 실현하는 잉여가치는 노동이 생산하는 잉여가치의 일부만을 또는 다른 자본에서 양도받은 잉여가치의 일부를 추가로 실현하는데, 이것은 유통에서는 투하자본에 비례하여 잉여가치가 보상되기 때문이다.

생산과정에서는 노동력에 비례하여 잉여가치가 생산되지만, 유통과정에서는 투하된 자본에 비례하여 잉여가치가 분배되는데, 이 과정들은 자본 순

---

1) G. Carchedi, "Time and Equilibrium in Neoclassical Price Theory and Volume III of Capital," in R. Bellofiore, ed., *Marxian Economics* (St. Martin's Press, Inc. 1998), p. 112. "사회는 균형에 의해서가 아니라, 사회적 관계에 의해, 어떠한 특수한 개인이 그러한 관계의 실행자가 되는가와는 독립적으로 그들 자신을 재생산하는 인간들 사이에서의 관계에 의해 유지된다. 이러한 관계, 즉 사회의 재생산에서 균형이라는 관념은 어디에서도 위치를 갖지 못한다. 이러한 이데올로기적 제약을 거둬낼 때에만, 우리는 가격형성 과정의 동태성과 그 핵심에 놓여있는 전형과정을 이해하기를 바랄 수 있을 것이다."

환운동의 각 단면들을 형성한다. 자본은 생산과정에서 상품에 대상화된 잉여가치를 자신의 소유가치에 대응하는 등가의 크기로 유통과정에서 실현하는데, 이것들은 자본이 순차적으로 통과하는 운동과정의 각 단면들을 이룬다. 이처럼 자본운동의 각 단면들인 생산과정과 유통과정은 잉여가치의 생산과 유통에서 질적으로 다른 대조를 이루는데, 그 이유는 생산과정에서는 노동력이 상품이 되지만 유통과정에서는 생산물이 상품이 되기 때문이다. 즉, 자본가는 시장에서 노동력을 상품으로 구매하여 생산과정에서 그 사용가치를 생산수단과 결합시키지만, 유통과정에서는 상품에 대상화된 가치를 판매하기 때문이다. 노동자는 자본가에게 이미 자신의 노동력의 사용가치에 대한 처분권을 판매하였기 때문에, 자신의 노동력의 사용가치가 얼마의 가치크기로 생산되든 또는 유통에서 얼마의 가치크기로 실현되든 자신과는 직접적으로 관계가 없다. 반면에 자본가는 최종적인 상품의 소유자로 유통에 등장하기 때문에, 유통과정에서 자신이 투하한 자본가치에 등가의 잉여가치가 실현된다면 자본들간에 상호 양도되는 잉여가치의 크기에 대해서는 직접적인 관심을 갖지 않는다.

외관상으로 보아 모순되게 나타나는 잉여가치의 생산과 유통은 생산과정과 유통과정이 자본운동에 순차적으로 결합되어 있음을 감안한다면 문제가 되지 않는다. 자본의 생산과정은 노동력을 상품으로 구매하는 데에서 시작되지만, 유통과정은 생산물에 대상화된 상품을 판매하는 데에서 완결된다. 이 두 과정은 자본운동이 순차적으로 통과하는 과정들이며, 자본의 순환운동에 의해 계기적으로 결합되어 왔다. 따라서 경제분석이 과학적인 분석이 되기 위해서는 이처럼 가치의 생산과 유통으로 연결되는 결합관계를 대상으로 하여야 하며, 이 과정들을 계기적 결합관계로 포함하고 있는 자본운동의 성격을 규명하여야 한다. 『자본론』은 이러한 관점에서 상품에 대한 분석을 출발점으로 하며, 가치와 가치의 형태적 전환을 주요 분석대상으로 한다. 가치의 생산과 유통의 결합관계를 조명함으로써 노동의 사회적 관계를 규명하는 데 역점을 두고 있다. 노동의 사회적 관계는 자본의 상품생산관계에 의해 은폐되기 때문에 자본운동의 일관된 성격을 규명할 때에만 밝혀지게 된다. 이에 비해 리카도는 비록 노동가치설에 기반을 두지만, 분석에서 잉여가치의 분배를 이자율과 같은 경제현상들과 결합시킴으로써 분배의 문제로 관점을 옮겨간다. 반면에 왈라스는 가치보다는 가치의 실현형태인 가격만을 분석대상으로 삼기 때문에 그의 분석은 유통영역에 머무르며 유통영역의 경쟁에 관심을 갖게 된다.

3. 맑스, 리카도, 왈라스의 가치 및 가격

1) 맑스의 가치론

『자본론』제1권에서는 노동 일반이 생산한 가치의 양적인 속성을 추상적이고 보편적인 수준에서 접근하며, 자본과 노동간의 가치분할을 둘러싼 모순적 대립관계를 분석하고 있다. 제3권에서는 가치의 교환가격으로의 전형과, 잉여가치 분배를 둘러싼 자본 분파간의 대립적 관계를 밝히고 있다. 제1권에서의 분석과 제3권에서의 분석은 흔히 추상적 수준에서의 분석과 구체적인 현상수준으로서의 분석으로 대조되는데, 가치에서의 가격으로의 전형은 추상에서 구체로, 일반에서 특수성으로 분석이 전환되는 과정을 연결한다. 전형에서는 사회적 총잉여가치가 사회적 평균이윤으로 전환되는 과정과 생산가치가 판매가격으로 전환되는 관계가 다루어져 있다. 전형문제는 한편으로 생산영역에서 잉여가치 생산을 둘러싼 자본과 노동간의 모순적 대립관계를, 다른 한편으로는 유통영역에서 잉여가치 실현을 둘러싼 자본가들간의 경쟁적 관계의 특성을 자본주의 생산양식이라는 특수성하에서 분석하고 있다.

근대경제학은 공급과 수요라는 두 힘의 작용에 의해 생산영역과 유통영역이 직접적인 대립관계를 통해 균형으로 수렴한다고 시장분석을 가정하는 데 비해, 전형은 잉여가치가 생산되는 생산영역과 이를 실현하는 유통영역의 제경쟁 조건들을 분리하여 자본주의 생산양식의 역동적 관계가 어떻게 진행되는가를 보여주고 있다. 가치는 유통에서의 경쟁을 지배하는 제조건에 의해 가격으로 전형되며, 역으로 유통영역에서의 생산가격 실현조건이 가치의 생산관계를 규정하지는 않는다. 유통은 이처럼 잉여가치의 실현조건을 규정하며, 생산영역에 다만 계기적으로 결합되어 있을 뿐이다. 따라서 맑스의 분석에서 전형은 가치에서 가격으로의 실현조건을 규정하고 있을 뿐 아니라, 자본주의 생산양식에서 가치의 생산과 실현의 계기적 결합관계를 명확하게 파악하고 있다. 이처럼 전형에서 제기된 문제는 다만 균형 가격방정식 체계가 존재하는가 또는 분배의 모순적 갈등이 시장의 가격경쟁 조건과 양립할 수 있는가라는 문제제기에 그치지 않고, 잉여가치 생산관계에 대한 생산영역과 분배영역과의 관계를 규정하고 있다. 전형에서 제기된 문제는 맑스의 전형을 비판하는 논쟁에서도 여전히 마찬가지 관점에서 적용된다.

분배영역에서 전형문제를 제기한 분석은 자본과 노동 사이의 분배를 둘러싼 모순적 대립이 가치에서 가격으로의 전형을 결정하는 것으로 접근한다. 그러나 분배의 모순적 대립에 대한 관점은 분배영역에 갇혀 있으므로, 잉여가치 생산관계를 파악하기가 어렵다. 분배영역에서의 전형은 자본의 생산력이 일정한 크기의 잉여생산물을 생산하고, 이 잉여생산물의 크기를 대표하는 가치가 자본과 노동간의 분배 몫이 변함에도 불구하고 불변일 수 있는 조건을 찾는 데로 향하게 된다. 이 때문에 문제에 대한 접근이 잉여가치 생산관계가 아니라 분배에 중립적일 수 있는 가격체계를 선택하는 데로 나아가게 된다. 여기에 대해 유통영역에서 접근하는 관점은 유통에서의 경쟁조건이 가치생산관계를 규정하는 것으로 나타난다. 정치경제학의 분석들은 이처럼 생산, 분배, 유통영역에서의 각각의 경쟁관계를 전형에 대한 조건으로 인식함에 따라, 전형에 대한 상이한 관점들로 인해 자본주의 생산양식의 모순을 각 영역의 특성에 따라 다르게 드러낼 뿐 아니라, 자본주의의 역동적 관계와 그 모순을 내적으로 규제하는 제력과의 관계도 다르게 규정하거나 또는 전도된 모습으로 접근하게 된다. 뿐만 아니라 경제현상들을 분석하는 제범주들을 설정하는 데에도 각각 독자적인 견해의 차이를 보이며, 가치, 비용가격, 경쟁 등과 같은 현상들에 대한 개념적 분석에서도 상당한 차이를 보이게 된다.

생산, 분배, 유통영역에서의 전형에 따른 이러한 관점의 차이를 비교하기 위해, 잉여가치의 생산과 분배관계를 표현하는 공통된 분석틀을 사용하여 보자. 맑스는 불변자본은 가치를 생산하지 않으며, 다만 가변자본만이 가치를 생산한다고 하였다. w를 상품의 가치, c를 불변자본의 가치, v를 가변자본의 가치, s를 잉여가치라 하면, 생산된 상품의 가치는 w=c+v+s라는 식으로 표현된다. 자본가에게 c+v는 비용가격(k)이기도 하기 때문에 상품의 가치는 비용가격+잉여가치로 표현되어 w=c+v+s=k+s라는 식으로 나타난다. 그러나 생산영역에서 생산된 잉여가치는 유통에서 이윤으로 전환되기 때문에, 생산가치는 판매가격으로 변태의 과정을 거친다. 불변자본이 비내구적이라고 할 때, 사회적 평균이윤율은 사회적 총자본이 생산한 잉여가치를 투입한 총자본으로 나눈 것이므로 $r=\Sigma s/\Sigma(c+v)$로 나타난다. 상품의 판매가격 p는 p=k+rk로 비용가격에다 투하된 자본에 평균이윤율에 따라 분배되는 이윤의 크기를 합한 것이다. 이 식에서 $\Sigma s=r\Sigma(c+v)$이므로, rk는 생산영역에서 생산된 잉여가치를 단지 분배하는 방정식이 될 뿐이다.[2]

자본의 유기적 구성이 사회적 평균에 놓인 자본이 생산한 상품만이 생산가치와 판매가격이 일치하게 된다. 유기적 구성이 높거나 낮은 자본이 생산한 상품은 잉여가치의 일부를 양도받거나 양도하면서 변태의 과정을 거치게 된다. 맑스가 전형을 통해 실천적 과제로서 관찰하는 바는 두 가지이다. 첫째는 자본의 소유자는 상품을 판매하면서 개별적으로 가치에서 가격으로의 변태를 경험하며, 가치법칙은 이러한 변태의 과정을 이면에서 규제한다. 둘째는 가격으로의 변태는 단순히 각 부문간의 평균이윤율이 균등화되도록 가격변동을 야기하는 데 그치지 않고, 평균이윤율의 회복을 위해 사회적 노동의 재배치를 부단히 야기한다는 것이다. 이때 수요는 자본가층내에서 소득의 격차와 선호의 차이 때문에 가치의 변태과정에 탄력적으로 대응하며, 평균이윤율을 균등화하는 데 기여하지만 평균이윤율을 지배하지는 않는다.[3] 이처럼 평균이윤율은 유통영역에서의 자본가들 사이의 잉여가치

---

2) K. 마르크스, 『자본론』 III, 김수행 역, 비봉출판사, 1990, 183쪽.
3) 같은 책, 227쪽. "수요와 공급은 가치가 시장가치로 전환하는 것을 내포한다. 수요 공급이 자본주의적 바탕 위에서 작용하고 상품들이 자본의 생산물인 한, 수요와 공급은 자본주의적 생산과정─상품의 단순한 구매와 판매보다는 훨씬 더 복잡한 조건들─을 내포하고 있다. 따라서 여기에서 문제로 되는 것은, 상품가치의 가격으로의 형식적 전환─단순한 형태변화─이 아니라, 시장가치로부터의 (더 나아가서는 생산가격으로부터의) 시장가격의

의 분배의 결과이며, 유통은 단지 판매가격으로의 변태를 통해 평균이윤율의 균등화에 기여할 뿐이다.

맑스의 전형에 비교하여 분배영역에서의 전형은 이러한 자본운동의 관성적 속성을 임금과 이윤이 모순적으로 대립하는 소득의 분배영역에 가둬두게 된다. 리카도는 $w=c+v+s$에서 상품의 가치는 불변자본을 제외하였을 때 임금 v와 이윤 s로 분배되는 것으로 보았다. v와 s는 대립적 관계에 놓이기 때문에 임금의 변화 또는 이윤의 변화는 다른 한편의 이윤의 변화 또는 임금의 변화를 야기한다. 그러나 리카도의 관점에서는 임금의 변화 때문에 발생하는 이윤의 변화는 불변자본의 가치를 변화시키며 내구성을 통해 상품가치에 필연적인 변화를 가져오는데, 이러한 상품가치의 변화는 노동만이 잉여가치를 생산한다는 잉여가치설의 이론적 기반을 허물어뜨리게 된다. 그러므로 리카도는 상품의 가치변동이 소득의 분배에 중립적일 수 있는 적절한 표준단위를 발견할 수 있다면 문제해결이 가능할 것으로 기대하였으며, 스라파는 표준상품에서 그러한 척도를 발견하게 된다. 그러나 이러한 접근은 전형의 문제를 생산영역에서 분배영역으로 옮겨 놓았을 뿐 아니라, 전형을 통해 자본주의에서 부단히 발생하는 사회적 노동의 분배과정을 관찰할 수 있는 대신 반대로 소득분배의 형평성으로 관심을 옮겨 놓았다.

왈라스의 가격이론은 유통에서의 상품들의 교환비율을 곧바로 가격으로 파악하기 때문에 가치이론을 별도로 갖지 않는다. 노동력의 가치가 가격이론의 전제조건이 되지도 않으며, 가치와 가격간의 내적관련도 필요하지 않다. 왈라스의 가격이론은 이전의 뵘바베르크에서 주장된 관점을 계승하는데, 뵘바베르크는 맑스의 가치이론을 비판하면서 자신의 독자적 견해를 분명히 하였다. 뵘바베르크는 전형을 유통영역의 경쟁에서 접근한다. 상품의 가치는 여전히 $w=c+v+s=k+s$로 비용가격과 잉여가치의 합계로 나타난다. 상품이 판매되면서 생산가치가 판매가격으로 변태되는데, 이윤은 평

특정한 양적(量的) 괴리이다. 단순한 구매와 판매에서는 상품생산자들이 서로 만나기만 하면 된다. 수요와 공급은 더 자세히 분석하면 각종의 상이한 계급들과 계급분파들―이들은 사회적 총소득을 자기들 사이에서 분배하여 소득으로서 소비하며 이리하여 소득에 의해 창조되는 수요를 형성한다―의 존재를 내포하고 있다."

균이윤율에 상응하는 크기로 분배된다. 그러나 맑스의 분석과는 달리 총자본 $\Sigma(c+v)$가 평균이윤율을 결정하는 기준이 되는 것이 아니라 총불변자본 Σc가 기준이 된다. 뵘바베르크의 이론이 맑스의 가치이론과 다른 것은 단순히 이처럼 분모의 크기로 사용되는 변수의 차이에서 그치지 않으며, 궁극적으로는 이 변수의 값의 존재에 대한 관점이다. Σc의 크기는 생산영역에서 맑스에서처럼 가치의 생산관계에 따라 결정되지 않고, 유통영역에서 자본의 한계생산력을 대표하게 된다. $r=\Sigma s/\Sigma c$라 할 때 Σc의 가격은 상품이 유통영역에서 수요의 경쟁조건에 직면하기까지는 결정되지 않는다. 그렇게되면 Σs도 상품이 판매되기까지는 확정된 가격의 값을 갖지 못한다. 그러므로 생산영역에서는 자본은 생산력을 지닌 실물 자본으로서만 존재하고, 그 가치는 유통에서 상품수요에 대한 균형이 성립하였을 때 비로소 결정된다. 뵘바베르크의 분석에서 생산영역에서는 불변자본은 우회적 생산방식의 이점을 지닌 자본의 생산력으로만 존재할 뿐이며, 그 가치는 유통에서의 수요의 경쟁저 조건에 의해 결정되기 때문에 사실상 가격뿐만이 아니라 가치 생산관계도 유통영역의 경쟁에 의해 규정된다. 따라서 맑스의 분석에서 유통영역은 생산영역에 계기적으로 결합되어 다만 가치의 가격으로의 변태 과정만을 규제할 뿐이었으나, 뵘바베르크의 이론에서는 유통의 경쟁이 생산영역을 규제하기 때문에 가격이 가치를 역으로 규정하든가 또는 가치에 대한 인식이 무의미하다는 결론에 도달하게 된다. 그러므로 맑스의 분석에서는 생산영역에서의 잉여가치 생산을 위한 제반의 경쟁적 조건이 가치에서 가격으로 전형되는 과정에서 유통영역의 경쟁의 제조건들을 규정하면서 역동적 관계로 발전하지만, 뵘바베르크의 분석에서는 반대로 유통경쟁의 제조건들이 생산영역의 경쟁을 규정함으로써 유통영역은 생산영역에서 가치생산관계를 제약하는 결과를 가져온다.

2) 리카도

리카도는 "가치에 관하여"라는 연구에서 상품의 가치는 노동의 투입량에 의해 결정된다라고 함으로써 노동이 가치생산의 원천임을 분석의 출발점으로 삼았다. 리카도는 상품의 가치는 임금이 많거나 또는 적거나 따라서 이윤이 적거나 또는 많거나에 영향을 받지 않고 다만 노동량의 크기에 의해서만 결정된다고 하여 노동이 유일한 상품가치의 척도임을 분명히 하였다. [4] 그러나 노동이 가치의 유일한 척도라는 명제에서 출발하였던 분석은, 실제로 생산이 생산수단과 노동력의 결합으로 이루어지는 현실에 접근함에 따라 수정된다. 분석은 생산수단이 실제적으로 투입됨에 따라 생산수단의 내구적 특성을 고려할 수 있도록 보다 구체화된다. 리카도의 분석에서 독특한 것은 생산수단과 노동력의 결합이 불변가치와 가변자본, 또는 고정자본과 유동자본의 결합으로 곧바로 표현되지 않고 죽은 노동과 죽은 노동과의 결합으로 나타난다. 노동자가 받는 가변자본으로서의 임금은 가치를 생산하지 않는 불변자본인 생산수단의 가치와 대립하는 것이 아니라, 임금이 지배할 수 있는 임금재로서 불변자본의 투입요소들과 대립하게 된다. 따라서 임금의 변화는 산노동에 지급되는 필요노동의 가치로서가 아니라, 임금재에 대상화된 죽은 노동의 가치로서 불변자본에서 대표되는 죽은 노동의 가치와 대립하게 된다.

노동만이 가치를 생산한다는 명제가 가치는 생산수단의 내구성에 의해서도 영향을 받는다는 명제로 바뀜에 따라, 상품의 가치에 임금의 상승이나 하락이 영향을 미칠 수 있는 여지가 자연스럽게 마련된다. 그러한 여지는 생산수단의 내구성의 정도나 자본의 회전기간의 차이가 가치가 회수되는 방식에 변화를 가져오기 때문에 발생한다. [5] 고정자본의 내구성이 상품가치에 어떻게 영향을 미치는가는, 내구성의 정도에 따라 상품에 이전되는 가치와 잔존하는 가치의 분배관계에서 나타난다. 고정자본은 덜 내구적일수록 그 가치는 그만큼 유동적이 되는데, 상품의 일회적인 생산에 고정자본은 더 많은 가치를 이전하면서 유동화되는 부분이 상대적으로 커지게 된다. 이처럼 유동화되는 부분이 상대적으로 큰 고정자본이 상품생산에 투입되면

---

4) D. Ricardo, *On the Principles of Political Economy and Taxation, in The Works and Correspondence of David Ricardo*, Vol. I (Cambridge: Cambridge University Press, 1981), p. 11. "상품의 가치, 또는 그것과 교환되는 여타 다른 상품의 양은 생산에 필요한 노동의 상대적 양에 의존하며 노동에 지불되는 많거나 적은 보상에 의존하지 않는다."
5) Ibid., p. 38. "가치가 임금의 상승이나 하락에 따라 변동하지 않는다는 원리는 자본의 불균등한 내구성이나 또는 고용주에게 회수되는 불균등한 속도에 의해서 수정된다."

이 상품가격은 임금이 상승하면 상대적으로 상승하게 된다. 반대로 유동화되는 부분이 적고 고정부분이 큰 자본이 투입된 상품은 상대적으로 가격이 하락하게 된다. 임금이 변화하면 고정자본의 내구성은 영향을 받지 않지만, 잔존하는 상태로 남아있는 고정자본의 가치부분은 영향을 받기 때문에 간접적으로 상품의 가치에 변화를 가져온다.[6]

고정자본의 잔존가치가 상품가치를 수정하는 데 미치는 영향은 상품이 유동자본으로서 상대적으로 회전하는 기간에 따라 달라진다. 유동자본은 상품에서 일회의 회전으로 가치 전체가 회수되지만, 고정자본의 잔존가치는 그 기간 동안 유보되며 유보기간에 대해 일정한 이윤율의 보상을 요구한다. 고정자본의 잔존가치에 대한 보상은 유동자본의 일회전을 단위로 하여, 유보되는 회전수만큼 이윤율은 누적적으로 산출된다. 리카도의 분석에서 임금이 변화하면서 평균이윤율의 변화를 가져오면, 고정자본은 잔존가치의 변화를 통해 상품의 가치에 영향을 미치게 된다. 따라서 고정자본에서 유동부분이 클수록 평균이윤율의 변화가 고정자본의 잔존가치를 변화시킬 가능성은 그만큼 낮아지기 때문에, 임금의 변화는 직접적으로 상품가치에 영향을 미치게 된다. 여기에서 리카도의 분석은 혼란에 마주치는데, 노동만이 가치를 생산한다는 출발점에서 생산수단의 내구성이 가치에 영향을 미친다는 현실적인 분석으로 접근하면서 두 이론적 체계간의 모순에 봉착하게 된다.

리카도 분석의 혼란은 무엇보다도 불변자본과 가변자본과의 관계와 고정자본과 유동자본과의 관계를 혼돈한 데에서 비롯된다. 생산수단은 다만 가치를 이전할 뿐인 데 비해, 노동력은 가치를 생산하며 자본가에게 잉여가치를 제공하기 때문에 가변자본이다. 이에 비해 노동력은 상품에 매순간 지출되어 유동화되며, 상품이 판매됨에 따라 가치 전체가 회수된다. 따라서 노

---

6) Ibid., p. 39. "노동임금의 상승은 빠르게 소모되는 기계로 생산된 상품과 느리게 소모되는 기계로 생산된 상품에 똑같이 영향을 미치지는 않는다. 전자의 생산에서는 많은 양의 노동이 지속적으로 생산된 상품으로 이전될 것이다—후자에서는 매우 적은 양만이 이전된다. 그러므로 모든 임금상승 또는 같은 말이지만 모든 이윤하락은 내구적 속성을 지닌 자본으로 생산된 상품의 상대적 가치를 하락시키며 비례하여 보다 소멸적인 자본으로 생산되는 상품을 상승시킬 것이다. 임금의 하락은 정확히 반대의 효과를 가져올 것이다."

동력을 한편으로는 가변자본으로 다른 한편으로는 유동자본으로 볼 수 있는 것은, 가변자본은 가치생산의 원천이라는 관점에서 유동자본은 가치가 회수되는 관점에서 서로 본질적인 차이를 내포한다. 이러한 차이는 잉여가치와 이윤에 대한 차이에서도 나타나며, 노동력을 유동자본으로만 취급할 경우 가치의 생산관계는 소멸되고 만다. 리카도는 분석에서 자본을 때로는 고정자본과 유동자본으로 나누고 내구성의 정도에 따라 구분하였는데, 이러한 분류를 자본의 회전에 관해서만 한정하지 않고 노동과 자본간에 가치의 분배관계에도 적용하였다.

리카도는 이처럼 자본을 고정자본과 유동자본으로 분류하고 노동력의 가치를 임금이 지배할 수 있는 상품의 가치로 대체함으로써, 생산수단과 노동력을 다 같이 죽은 노동으로 환원하려고 했는데, 이 노력은 현실적으로 생산수단이 노동력과 결합한다는 기술적 특성을 가치적으로 접근하면서 겪는 고심의 흔적이다. 임금을 화폐자본에서 임금이 지배할 수 있는 상품자본으로 전환시킴에 따라 생산수단과 임금재가 동질적으로 상품세계에서 표현되지만, 그렇다고 하여 리카도가 의도했던 것처럼 기술적 체계가 순수하게 가치체계로 표현될 수 있는 것은 아니다. 특히 기술적 체계를 근거로 하여 임금의 변화에 관계없이 중립적일 수 있는 가치체계를 도출할 수 있다는 리카도의 분석은 자본주의 생산양식이 갖는 다양한 개념들의 특수성을 희생시키지 않을 수 없다. 불변자본과 가변자본에 대한 관점을 폐기하면서 고정자본과 유동자본으로 관심을 옮기게 되면, 현실적으로 자본의 형태적인 특성을 보다 충실하게 반영할 수 있다 하더라도, 자본주의의 잉여가치 생산관계는 불분명하면서 혼돈에 빠지지 않을 수 없게 된다.[7]

고정자본의 자본가치가 임금의 변화에 따라 변한다는 현실적인 수정은, 생산자본뿐만이 아니라 유통자본에도 영향을 미칠 수 있다는 명제로 확대

---

7) K. 마르크스, 『자본론』 II, 김수행 역, 비봉출판사, 1989, 256쪽. "만약 노동력에 투하된 자본부분이 그것의 재생산기간, 따라서 그것의 유통기간에 의해서만 노동수단에 투하된 자본부분과 구별된다면, 그리고 자본의 한 부분은 생활수단으로써 구성되고 다른 부분은 노동수단으로 구성되어 전자가 다만 내구성에 의해서만 후자와 구별되며, 거기에다 또 전자가 내구성이 상이한 각종의 물건을 포괄하고 있다면, 노동력에 투하된 자본과 생산수단에 투하된 자본 사이의 일체의 특징적인 구별이 말살되어 버리는 것은 자연스런 일이다."

된다. 그러한 영향은 임금의 변화가 초래하는 평균이윤율의 변화 때문인데, 일단 산출된 평균이윤율은 자립적인 표현을 갖고 다른 자본의 가치에도 영향을 미치게 된다. 이처럼 자본의 가치에 평균이윤율이 미치는 영향이 자본 회전기간을 통해 나타난다면, 회전기간이 길수록 상품가격은 영향을 받게 된다. 이제 자본은 고정자본의 잔존가치에서뿐만 아니라 자본일반에서 스스로의 보상의 기준을 결정할 수 있는 자립적인 표현을 갖게 되고, 그러한 표현은 평균이윤율로 나타난다. 즉 평균이윤율은 잉여가치에서 유도되었지만, 자본의 내구성이나 회전기간의 장단을 통해 스스로의 가치에 영향을 미치는 자립적인 지표가 된다.

리카도는 분석을 상품의 가치에서 출발하였지만, 임금과 가격과의 관계에서 분석의 중심은 분배영역으로 옮겨갔다. 상품가격은 유동화된 자본에서 이전되는 가치 일체와 고정자본의 잔존가치와 이들 자본에 보상되는 이윤의 합으로 나타난다. 노동에 지급되는 임금은 임금재라는 상품을 통해 유동자본으로 전환되며, 다른 일체의 유동자본과 마찬가지로 가치 이전방식에서 다를 바가 없다. 노동에 지급되는 임금은 유동자본에 불과할 뿐이며, 원재료나 또는 고정자본에서 유동화되는 자본부분과 다를 바 없다. 다만 노동력이라는 상품이 다른 유동자본과 다른 것은 자본가에게 잉여가치를 제공하며, 자본가는 무상으로 잉여가치를 수취한다는 데 있다. 그러나 이처럼 다른 유동자본에 비해 잉여가치를 낳는 상품으로서의 노동력이 지닌 특수성이 잉여가치 생산관계에서 자본의 제경쟁조건에 미치는 영향은 분배영역에서는 거의 드러나지 않는다. 다만 임금의 크기가 사회적으로 평균이윤율을 결정하고, 자본가들이 이러한 평균이윤율에서 자본의 보상기준이라는 자립적인 표현을 얻을 때 비로소 가능하다. 즉 평균이윤율이 그들의 의식을 직접적으로 지배하고 자본 일반에 귀속되는 보상이라는 자립적인 인식으로 전환될 때에만, 자본가들은 잉여가치 수취관계를 받아들이게 된다. 리카도의 분석은 이처럼 분배영역에서 일어나는 잉여가치 수취관계를 상품의 가격체계로 나타내고 있다는 면에서 정치경제학의 발전에 기여하고 있다. 그러나 리카도의 기여는 가치법칙에 분석의 계기를 제공하였지만, 또한 가치법칙에 대한 혼란도 함께 가져왔다.

리카도가 이처럼 혼란을 가져온 것은 생산영역에서의 가치의 생산관계를 일관되게 시도하지 않았기 때문이다. 리카도는 가치는 노동만이 생산한다는 가치법칙에서 출발하였으나 유통의 상품가격에서 임금과 이윤의 구성에 주목함으로써 가치의 가격으로의 실제적인 전환에 접근하려고 하였다. 그러나 이러한 과정에서 가치생산의 실체로서의 노동의 본 모습은 은폐되고, 다만 가치의 분배를 둘러싼 노동과 자본간의 모순적 대립에 대한 관찰로 대체될 뿐이다. 소유를 매개로 한 가치의 분배가 잉여가치 생산의 본질적 관계를 대신하게 된다. 이것은 자본주의 생산양식에 고유한 가치생산관계를 유통에서부터 전도된 형태로 끌어내고 분배영역에 귀착시키는 결과를 가져온다. 자본주의에서 유통은 다만 가치를 실현하는 계기일 뿐이며, 분배는 대립적인 모순이 직접적으로 표현되는 곳이다. 그러나 리카도의 분석에서처럼 소유를 매개로 한 분배가 역으로 가치생산관계를 규정하지는 않으며, 분배에서 드러나는 자본주의 생산양식의 모순은 자본주의에 특수한 역동성의 한 부분에 불과할 뿐이다. 맑스가 리카도에 대한 비판에서 지적하였듯이 리카도는 생산양식의 가치생산관계를 분배영역으로 추방하여 버렸기 때문에 도출되는 결과이다. 즉 유통영역에서의 상품가격에 대한 인식을 통해 자본의 경쟁적 관계를 밝히고 노동의 가치 생산관계를 밝히는 대신, 소유를 매개로 한 분배의 모순적 관계로 대체함으로써 리카도의 분석은 분배영역에 귀결되게 된다.[8]

3) 왈라스

왈라스는 시장의 교환현상에 대한 관찰에서 상품가격에 대한 분석을 시작한다. 그러나 왈라스의 관심은 상품생산관계가 은폐하고 있는 노동의 사회적 관계가 아니라 상품이 교환되는 양적 관계이다. 어떠한 상품이 다른

---

8) 같은 책, 459쪽. "리카도가 스미스에 반대하는 점은 다음과 같다. (1) 잉여가치의 구성부분과 관련하여 리카도는 지대를 잉여가치의 필연적인 요소로 인정하지 않는다. (2) 리카도는 상품가격을 이 구성부분들로 분할한다. 따라서 가치의 크기가 앞서고 있다. 리카도에게 있어서는 상품가격의 구성부분들의 합계가 주어진 크기로서 전제되어 있으며, 그 크기의 출발점으로 되고 있지만, 스미스는 자주 그리고 자기 자신의 심오한 견해와도 어긋나게 상품가치의 크기를 구성부분들의 합산에 의하여 도출하고 있다."

상품들과 일정 비율로 교환되고, 이 비율이 시장경쟁에 의해 유지되는 데에 관심을 갖는다.[9] 그가 분석대상으로 삼고 있는 것은 시장의 교환현상이며, 이 교환관계가 수요와 공급에 의해 어떻게 균형에 이를 수 있는가이다. 공급측에서 시장에 제공될 수 있는 상품량은 상품생산의 비용조건에 의해 결정된다. 반면에 수요측에서 상품을 구매할 수 있는 양은 상품의 사용가치와 이것을 구매할 수 있는 소득능력 또는 예산에 의해 제약된다. 공급과 수요가 상호 균형을 이룰 수 있는 것은 점차 생산량을 늘려가면 한계생산비용은 상승하는 반면 상품의 한계사용가치는 하락하기 때문이다. 시장경쟁은 공급측에서의 비용상승과 수요측에서의 한계효용의 체감이 어떠한 생산수준에서 균형을 이루도록 조절한다.

노동력도 일반 상품들과 마찬가지로 시장의 공급과 수요에 의해 그 가치가 결정되는 것으로 간주된다. 다만 노동력은 다른 상품들과는 달리 가계가 공급자이고 생산자가 수요자란 면에서 다를 뿐이다. 따라서 노동력은 잉여가치 생산의 원천이지도 않을 뿐 아니라, 시장에서 지불되는 가치 이상으로 생산하지도 않는다. 노동력은 다른 생산요소들과 마찬가지로 생산비용을 구성하는 한 요소에 불과할 뿐이며, 그 가치 전체가 생산된 상품에 전체가 이전된다는 의미에서 유동자본에 불과하게 된다. 노동력이 생산한 가치가 자신에게 지불되는 시장가치를 상회하지 않으므로 자연히 노동의 가치생산 관계에 대한 더 이상의 분석은 의미를 상실하게 된다. 가격은 가치이며, 가치는 시장에서 상품의 교환비율이 표현하는 양적관계 이상을 나타내지 않는다. 따라서 가격변동의 중심에 놓인 가치를 전제로 하여 분석을 심화시키거나 또는 가치법칙의 실체를 규명할 필요가 없게 된다. 왈라스의 이러한 결론은 그가 임금노동에 대해 갖는 관점과도 일치한다.

왈라스는 임금노동은 일정한 역사적 생산양식의 발달 위에서 등장한 노동의 사회적 관계를 대표한다기보다는, 자연스럽게 진화한 역사적 산물이

---

9) L. Walas, *Elements of Pure Political Economics*, tr. W. Jaffé (George Allen and Unwin LTD., 1953), p. 83. "가치가 있고 교환될 수 있는 사물들이 상품으로 인식된다. 시장은 상품들이 교환되는 장소이다. 그러므로 교환가치 현상은 스스로를 시장에서 실현하며, 우리는 교환가치를 연구하기 위해 시장으로 가야 한다."

라는 관점이다. 인간은 자신의 앞에 놓인 것을 선택할 수 있는 이성을 지녔으며, 인간의 역사는 이성이 실현되고 창의와 진보로 결합된 역사임을 전제로 하고 있다. 교환의 역사가 길드의 인적 및 물적 규제에서 점차 자유방임체제로 옮겨가면서 진보하듯이, 노동의 역사도 노예에서 농노로 그리고 농노에서 임금노동으로의 진보가 대응한다는 관점이다. 따라서 자유방임체제에서의 경쟁이 미덕이듯이, 시장경쟁은 노동을 노예의 조건에서 임금노동으로 이끌어내게 된다. 10) 왈라스의 이러한 관점에서는 노동이 시장에서 다른 상품들과 차별되어야 할 이유가 없으며, 자신의 자유의사에 의해 그 가치를 실현하는 상품으로 간주된다. 그러나 노동력이라는 상품이 갖는 속성은 일반 상품들이 갖는 속성과는 다르다. 그러한 차이는 우선적으로 노동력이 사용가치로서 갖는 특성과 상품들이 사용가치로서 갖는 특성의 차이에서 나타난다.

상품이 구매자의 욕구와 목적에 봉사할 때 사용가치로서의 속성이 인지되듯이, 사용가치는 상품의 가치가 대상물에 존재하기 위한 전제이며 수요가 경쟁할 수 있는 조건을 형성한다. 따라서 유통에서 상품가격이 실현되게 하는 경쟁의 한 축을 이루는 수요는 직접 사용가치에 대한 욕구경쟁에서 유발되는 것이 아니라, 다만 사용가치로 인해 상품의 가격이 '자연가격'11) 으로 실현되도록 조건을 형성하는 범위에서 경쟁을 유발할 뿐이다. 즉 수요가 유발하는 경쟁은 자연가격을 변화시키기보다는 상품가격을 끊임없이 자연가격에 근접시키는 다양한 작용들로 이루어지며, 수요를 구성하는 힘들이 경쟁적으로 작용할 수 있는 정도는 공급이 유통에 상품을 제공할 수 있는

---

10) Ibid. , p. 55. "인간은 이성과 자유를 갖춘 창조물이며, 창의와 진보 능력을 지니고 있다. 부의 생산과 분배에서, 그리고 일반적으로 사회조직에 관한 모든 사건들에서 인간은 좋고 나쁨 사이에서 선택하며 점차 더 나은 것들을 택하는 경향을 지닌다. 그러므로 인간은 길드와 무역규제, 가격규제의 체제에서 산업과 무역의 자유체제, 즉 자유방임체제, 자유통과체제로 진보하였다; 그는 노예에서 농노로, 농노에서 임금체제로 진보하였다. 이전 형태에 대한 후자의 조직형태의 우월성은 그들의 더 위대한 본성에 있는 것이 아니라(과거와 새것도 다 같이 인위적이며, 새로운 형태가 과거의 것보다 더욱 그러한데, 왜냐하면 새로운 것들은 과거의 것들을 구축함으로써만 존재하게 되기 때문이다) ; 오히려 물질적 부와 정의에 보다 가깝게 부합되기 때문이다."
11) Smith와 Ricardo의 이론에서 이윤율 균등화를 지향하는 가격을 '자연가격'이라고 규정하는데, 맑스의 분석에서도 이 자연가격의 개념은 존재한다.

비용조건에 의해 제약된다. 수요에 작용하는 경쟁적 조건들이 이처럼 생산의 제조건에 의해 규제되기 때문에, 수요조건은 생산조건에 의해 규정된다. 반면에 노동력이 사용가치를 갖는 것은 그 자체로서 소비되기 때문이 아니라, 사회적 관계를 통해 자본가에게 그 사용가치의 처분권을 양도하기 때문이다. 또한 노동력이 갖는 사용가치가 얼마만큼의 가치의 크기로 생산될 것인가는 자본의 생산력에 의존한다. 노동자는 다만 자신의 노동력이 생산한 가치 중 일부만을 임금으로 보상받게 될 뿐이다.

4. 맺는말

맑스, 리카도, 왈라스의 가치 및 가격관계 분석에 대한 차이는 단순히 교환가치에 대한 관점의 차이에 그치지 않는다. 맑스는 교환현상에 대한 인식을 통해 상품생산관계에 의해 은폐된 노동의 사회적 관계를 드러내는 데 목적이 있다. 그는 생산과정에서 상품에 대상화된 가치가 유통영역에서 겪게 되는 변태과정을 분석함으로써 노동만이 유일하게 가치생산의 원천임을 파악하였다. 반면에 리카도는 가치분석을 분배영역에서 접근하며, 노동과 자본간의 가치분배관계를 분석하였다. 생산수단의 자연적 생산력이 허용하는 잉여생산물의 크기를 가치로 표현하고, 이 가치표현이 임금과 이윤의 분배 몫의 변화에 중립적일 수 있는 교환체계에 관심을 가졌다. 왈라스는 직접적으로 교환현상을 대상으로 하여 가격이 형성되는 과정을 다루었기 때문에, 가치와 가격은 별도로 구별되지 않으며 가격의 결정과정이 곧바로 가치현상으로 나타난다. 이처럼 교환현상을 통해 각자가 접근하고자 하는 관점은 전혀 상이하며, 서로 대조적이다. 그러므로 이들 이론체계간의 비교는 단순히 교환현상에 대한 관점의 차이에 그치는 것이 아니라 노동의 사회적 관계에 대한 관념의 차이에서 나타난다.

제2부

맑스주의와 정치, 사회이론

초기사회주의와 '사회주의적 유토피아'

최갑수(서울대, 서양사학)

머리말

동구혁명(1989-91년)과 소련의 해체(1991-92년)로 '현실사회주의'가 사라진 지도 어느덧 10년이 넘었다. 그간 공산주의 체제의 소멸은 단지 해당 나라의 주민들만이 아니라 전세계인들의 삶의 기본구조에 지각변동을 초래하였으며, 그래서 그 사건은 '짧은 20세기'의 폐막을 알리는 시대구분의 결정적인 분수령의 위치를 차지하게 되었다. 21세기의 문턱을 방금 넘은 우리로서 그것의 역사적 파장을 제대로 가늠하기는 아직 이르지만, 새 세기의 문명사적 윤곽을 어슴푸레하게나마 드러내줄 만한 몇 가지 징후가 나타나고 있다.

우선 최근 이라크 전쟁을 통해 드러난 미국의 노골화된 패권주의는 21세기의 전도가 그렇게 밝지만은 않으리라는 불길한 전망을 주면서도, 아울러 20세기 후반부에 '사회주의 소련'의 존재가 제1세계나 제3세계에 가졌던 역할과 의미는 21세기의 세계 지정학이 어떻게 편성될 것인가에 대해 일정한 시사점을 던져준다. 딱히 진보적이라고 보기 어려운 이들이 소련의 소멸을 아쉬워하는 까닭은 바로 여기에 있으며, 이는 21세기의 국제질서가 유일 초강대국이 주도하는 세계정부체제가 아니라 여전히 국민국가군의 상호견제와 유일 강대국에 대한 공동대처에 의해 유지될 것임을 암시한다.

그렇다면 21세기는 인류에게 어떠한 전망을 제시할 것인가? 20세기는 지역간의 엄청난 불균형에도 불구하고 인류에게 물질적 풍요를 현실화하는 동시에 그것을 대안적 체제를 통해 넘어설 수 있는 우회로를 보여주었다. 그 실험이 결국 일단 실패로 끝나기는 했지만 그것만으로도 20세기는 역사를 폐쇄회로에 가두었다는 비난을 최소한 면할 수 있었다. '계몽사상의 기획'에 대한 우리의 반성이 청산주의로 귀결될 수 없는 것도 이 때문이다. 제2세계가 사실상 사라진 후 구미의 일부 보수논객들은 이제 세계사가 '자유주의적 자본주의'를 향한 일방통행로로 접어들었음을 강조하면서 서구문명의 최종적 승리를 축성하였다. 하지만 그 푸닥거리는 망자(亡者)에게 결례를 범했음은 물론이고 불과 10년 앞을 내다보지 못하는 상상력의 절대적 빈곤을 드러냈다. 현실의 한 경향을 이상화하여 그것을 미래로 투사하는 행위야말로 보수주의 이데올로기의 요체이지만, 자유민주주의체제의 차안성(此岸性)을 부정하는 것은 분명 그들이 전제하는 인간 및 사회관의 편협성을 말해주는 것이다.

하지만 그렇더라도 과연 우리는 자본주의(사회구성)나 자유민주주의(정치체제)를 넘어설 수 있는 대안적 현실과 이념에 대해 무엇을 말할 수 있는가? 물론 사회주의 건설의 실험은 일단 실패로 끝났지만 사회주의자들이 꿈꾸었던 이상 그 자체는 옳은 것이며 그 이상은 영원하다고 하면서 스스로 위안을 삼을 수는 있을 것이다. 그러나 변화하는 현실 속에서 그 이상을 어떻게 구체화하느냐 하는 문제는 언제나 새 세대가 짊어져야 할 몫이지만, 장기적인 전망의 기본 추세가 명확하게 드러나지 않는 세기적 전환기일수록 불확실성 속에서 온갖 사상들이 난무하게 마련이며 그만큼 기존체제의 수호 및 비판 세력 양편 모두에서 오판과 시행착오, 전선의 동요와 이합집산이 반복되어 나타나곤 하는 법이다. 중요한 것은 바로 이 암중모색의 시기에 다가오는 새로운 시대를 위한 거시적 전망의 토대가 마련된다는 점이다. 전환기일수록 의견의 불일치가 구체적인 강령이 아니라 최소한 보다 근본적인 인간관이나 사회관의 수준에서 나타나기 십상이며, 그러기에 보다 심원한 차원에서의 발상의 전환이 이렇게 해서 마련되는 것이다.

이 점에서 19세기 전반기의 유럽에서 사회주의가 탄생하는 과정은 대안적 전망을 일구어내야 하는 세기적 전환기의 우리에게 하나의 역사적 선례가 될 수 있을 것이다. 주지하다시피 사회주의는 서구에서 왕정복고에서 2월혁명에 이르는 시기(1815-48)에 탄생하였다. 그런데 엄격한 의미의 사회주의는 근대 부르주아사회가 등장한 뒤에야 나타날 수 있었고 이 점에서 프랑스혁명과 산업혁명, 즉 '이중혁명'의 충격이야말로 사회주의를 성립시킨 결정적 계기이기는 하지만, 위의 시기, 특히 7월혁명(1830) 이전의 왕정복고기에는 근대성의 징후들이 남김없이 드러나기는커녕 전통적인 요소들과 뒤섞여 그 기본적인 경향조차 명확하게 인식하기가 쉽지 않았다. 바로 그러한 불확실성 속에서 이를테면 생시몽(Henri de Saint-Simon, 1760-1825), 푸리에(Charles Fourier, 1772-1837), 오언(Robert Owen, 1771-1858) 등은 그야말로 암중모색의 고투를 통해 사회주의의 토대를 놓았다. 흥미롭게도 그리고 당연하게도 이들은 사회주의라는 대안적 사상체계의 구축을 자신들의 의식적인 작업목표로 추구하지 않았다. 그것의 형성에 기여했지만 그것의 존재를 알 수 없었던 그들로서 어찌 그럴 수 있었겠는가! 예컨대 생시몽은 당시 영국에 비해 상대적으로 후진적이었던 프랑스의 경제발전을 촉구하기 위한 선전활동을 벌이는 가운데 당시의 야당세력이었던 자유주의자들의 미온적인 태도를 비판하고 산업주의를 주창하는 가운데 결국 부르주아질서를 넘어서는 '신기독교론'을 제안하기에 이르렀던 것이다.[1] 이들은 기존 질서의 이러저러한 폐단과 문제점을 날카롭게 포착하고 그 해결책을 그들 나름으로는 과학적으로, 그러나 후학들이 볼 때는 다소간 공상적인 방식으로 제시하는 가운데 막 대두하는 시민사회의 원리를 근본적으로 극복할 수 있는 사상적 밑천을 장만할 수 있었던 것이다. 1840년대 중반에 이르면 이제 이들이 남긴 유산은 보다 의식적이고 조직적인 후배들에 의해 체계적인 강령의 기본자산이 되었던 것이다.

이 글은 이 '초기'사회주의가 이룩한 바를 소개하기 위한 것이다. 그간 이 일련의 사회이론은 거의 언제나 후대의 역사발전이라는 관점에서 평가를 받아왔으며, 그리하여 늘상 '맑스 이전의' 사회주의, '48년 이전의' 사회주의, 보다 일반적으로 '공상적' 사회주의 등의 형용구를 달고 다녔다. 이러한

---

1) 최갑수, 「생시몽의 사회사상: 자유주의에서 사회주의로의 이행」, 서울대학교 박사학위 논문, 1991, 특히 259-274쪽 참조.

목적론적이거나 환원론적인 접근방식이 운동주체의 입장에서 볼 때는 그 나름의 정당성이 없지 않았으나 아무래도 초기사회주의의 역사적 성격을 제대로 드러내준다고 보기는 어렵다고 하겠다. 따라서 이 글은 초기사회주의를 시대적 맥락 속에서 되살리고자 한다. 사회주의가 '이중혁명'의 충격의 산물인 만큼 초기사회주의는 적어도 영국, 프랑스, 독일, 이탈리아 등에 걸치는 비교적 광범위한 현상이었지만 필자는 주로 프랑스의 사회주의자들에 집중하고자 한다. 이는 필자의 제한된 지식 탓도 있지만 무엇보다도 프랑스의 초기사회주의가 그 깊이나 넓이에서뿐만 아니라 다양성에서도 단연 빼어나기 때문이다. 먼저 초기사회주의에 대한 가장 일반적인 규정인 공상적 사회주의에 대한 맑스(Karl Marx)와 엥겔스(Friedrich Engels)의 견해를 살펴보고 이어서 초기사회주의의 복원을 시도하고 마지막으로 그것이 갖는 역사적 의미를 짚어보고자 한다.

맑스와 엥겔스 그리고 '공상적' 사회주의

'공상적'이라는 표현이 풍기는 어감은 무엇보다도 경멸적이다. '공상'이란 "이루어질 수 없는 헛된 생각"(이희승 편, 『국어대사전』), "현실적이지 못하거나 실현될 가망이 없는 것을 막연히 그리어 봄, 또는 그런 생각"(국립국어연구원 편, 『표준국어대사전』)을 가리킨다. 하지만 'utopian'의 번역어로 쓰이는 이 말이 'utopia'가 함축하는 의미를 충분히 전달하고 있는지는 의문이다. 그래서인지 『국어대사전』은 'utopian socialism'의 우리말 번역어인 '공상적 사회주의'라는 항목을 갖고 있으면서도 'utopia'는 '공상'으로 옮기지 않고 따로 '유토피아'란 항목을 설정하고 있다. 그리고 이러한 용례는 맑스와 엥겔스의 6권짜리 『저작선집』(박종철출판사, 1991-97; 이하 『선집』)에서도 그대로 나타나고 있다. 수식어로 사용될 때는 "공상주의적"(『공산주의자당 선언』, 『선집』 1권, 428쪽; 이하 『공산당선언』)으로 옮기면서도 명사는 그냥 "유토피아"(『유토피아에서 과학으로의 사회주의의 발전』, 『선집』, 5권; 이하 『유토피아에서 과학으로』)로 쓰고 있는 것이다. 『국어대사전』에 따르면 '유토피아'는 세 가지 뜻을 갖는다. "① 무가유향(無可有鄕), 곧 어느 곳에도 없는 장소라는 뜻 ② 공상적인 이상사회, 이상향(理想鄕) ③ 실현 불가능한 공상, 실현성이 없는 계획." 이 용례는 모어(Thomas More)의 신조어가 갖는 두 어원인 그리스어의 'ou-topos(no-place)'와 'eu-topos(good-place)'에 잘 부합한다. 그에게 유토피아란 "바람직하기는 하지만 당장에는 실현할 수 없는 이상사회"였던 것이다.[2]

그렇다면 그러한 의미의 '공상적'이라는 수식어를 19세기 전반기의 사회주의자들에게 덧붙이는 것은 아무래도 어색하다. 왜냐하면 그들은 이상사회를 '지금 그리고 여기에서' 실현할 수 있다고 믿었기 때문이다. 그러기에 그들은 지금 보자면 다소 엉뚱할 정도로 매우 자세하고 구체적인 계획안을 제출하였다. 엥겔스의 평가에 따르면, "오언의 최종 미래 계획에서는 이처럼 전문지식으로 개별적인 것이 평면도, 정면도, 조감도에 이르기까지 기술적으로 완성되어 있어서, 일단 오언의 사회개량 방법을 승인한다면 전문가의 관점에서조차 세부 장치에 대해서 별로 반대의견을 내놓을 수 없을 정도였다"(『유토피아에서 과학으로』, 444-445쪽). 따라서 그러한 수식어가 모어에게는 자기규정이었다면, 초기사회주의자들에게는 논적이나 경쟁자에 대해 부여한 것이었다. 그들은 모두 자신들의 사상체계가 '과학적'이라고 여겼으며, 예컨대 푸리에는 생시몽이나 오언의 그것이 '공상적'임을 일말의 망설임도 없이 단언했던 것이다.

맑스와 엥겔스의 규정도 기본적으로 자기 이론의 우월성과 정체성을 부각시키려는 푸리에의 의도와 궤를 같이 하는 것이었다. 그들은 『공산당선언』에서 자신들의 '공산주의'가 갖는 정치적 독자성과 차별성을 강조하기 위해 '반동적 사회주의', '보수적 혹은 부르주아 사회주의'와 더불어 '비판적·공상적 사회주의 및 공산주의'를 거론했으며, 엥겔스는 『오이겐 뒤링씨의 과학변혁』(『선집』, 5권; 이하 『반(反) 뒤링론』)에서 "공상(유토피아)주의자들의 아류, 최신의 공상주의자에 지나지 않는"(294쪽) 뒤링(Eugen Dühring)의 '절충적 사회주의'를 비판하기 위해 '공상적/과학적 사회주의'의 구분을 제시하였던 것이다. 이 구분은 이후의 사회주의 운동에 불행한 결과

---

2) Michèle Riot-Sarcey, etc., *Dictionnaire des utopies* (Paris: Larousse, 2002), 'Utopia' 항목, pp. 233-237 참조.

를 가져다 주었다. 우선 그것이 변증법적인 사고에 낯선 것이라는 점을 차치하고서라도, 그것은 예컨대 제2인터내셔널의 지도적인 이론가들에게 공상주의를 일종의 도덕적인 죄악으로 간주하게 할 수 있는 근거를 제공하였던 것이다.

하지만 실제로 공상적 사회주의에 대한 과학적 사회주의의 창건자들의 평가와 태도는 다분히 복합적이었고 최소한 이중적이었다. 우선 지적할 것은 맑스와 엥겔스가 앞서 언급한 정치적 동기로 말미암아 초기사회주의자들에게(이들은 대부분 그들로 보자면 선배이자 논적이기도 했는데) 마땅히 그러해야 할 바에 비해 훨씬 덜 공정하게 대했으리라는 점을 고려한다면 특히 생시몽, 푸리에, 오언의 "3현인"에게 내린 평가는 퍽 호의적이었다는 점이다. "독일의 이론적 사회주의는 자신이 생시몽, 푸리에, 오언의 어깨를 딛고 올라서 있음을 결코 잊지 않을 것이다. 이 3인은 그들의 교리가 갖는 환상적인 관념과 공상주의에도 불구하고 전시기를 통하여 가장 위대한 정신이며 우리가 오늘날 과학적으로 그 타당성을 입증할 수 있는 수많은 것들을 천재적으로 예상하였다"(엥겔스, 『독일농민전쟁』 서문의 1874년도 부가분, 『선집』 3권, 168쪽).[3] 실제 여러 연구자들은 맑스와 엥겔스에 대한 그 세 사람의 사상적 영향을 거의 축자적으로 확인시켜주고 있다.

여기에서 "천재적"이란 무슨 의미인가? 도대체 그들이 선천적으로 타고난 뛰어난 재주란 무엇인가? 그것은 "새로운 사회의 요소들이 낡은 사회 자체에서는 아직 누구나 볼 수 있을 만큼 뚜렷하게 나타나 있지 않았던" 시기에 그들이 그것들을 "머리 속에서" 구성해냈다는 뜻이다. 즉 그들은 "자본주의적 생산이 아직 그렇게 발전하지 못했던 시대에" "이성에 호소하여" "새로운 구축물의 기초를 놓았다"는 것이다(엥겔스, 『반뒤링론』, 『선집』, 5권, 294쪽). 『공산당선언』은 그 새로운 구축물의 기초가 되는, 그들이 "천재적으로 예상했던 이념으로" "도시와 농촌간의 대립, 가족, 사적 영리, 임금노동 등의 폐기, 사회적 조화의 선포, 국가의 단순한 생산관리기구로의 전화" 등의 명제를 제시하였다. 이러한 지적은 초기사회주의에 대한 맑스와 엥겔스

---

3) 필자가 영어본을 우리말로 직접 옮겼음. 영어본은 http://www.marxists.org/archive/marx/works/1850/peasant-war-germany/ch0b.htm 참조.

의 평가를 올바로 이해하는 데 요긴하다. 왜냐하면 맑스의 사회주의는 보다 높은 단계의 공산주의라는 목표를 초기사회주의자들과 공유하였기 때문이다. 화폐, 계급, 분업, 도시와 농촌간의 모순, 국가 등의 폐지라는 인류의 그러한 최종적인 발전에 대해 양자간의 기본적인 차이는 없는 것이다. "미래사회에 대한 이러한 환상적 묘사는…사회의 전반적 변혁에 대한 그들의 예감에 가득한 최초의 충동에서 생겨났다." 맑스와 엥겔스가 보기에 그 직관이 공상주의가 지닌 모든 환상에 비해 훨씬 중요했던 것이다(『선집』, 1권, 430쪽).

따라서 초기사회주의에 대한 그들의 비판적인 자세는 그러한 최종적 목표 자체가 아니라 그것과 초기사회주의자들이 지녔던 실제적 개혁안 사이의 모순을 겨냥한 것이었다. 바로 이것이 맑스와 엥겔스가 공상적인 것이라고 규정했던 바이다. 『공산당선언』에 제시된 설명방식을 요약하면 다음과 같다: 1) 공상적 사회주의는 "프롤레타리아와 부르주아지 사이의 투쟁이 발전하지 못한 초기시기에 출현하였다". 2) 비록 "이러한 체계들의 발명자들"이 "계급들의 대립과 지배적 사회 자체 내부에서의 와해적 요소들의 작용을" 알고 있기는 했지만, "프롤레타리아 쪽을 보고서 아무런 역사적 자발성도, 프롤레타리아 고유의 정치운동도 보지" 못했고, 그들에게 프롤레타리아는 단지 "가장 고통받는 계급"일 뿐이었다. 3) 따라서 "사회적 활동 대신에 그들의 개인적 발명 활동이, 해방의 역사적 조건들 대신에 환상적 조건들이, 점진적으로 이루어지고 있는 프롤레타리아의 계급으로의 조직화 대신에 특별히 고안된 사회조직이 나타나지 않을 수 없었다." 4) 그러나 그들은 "계급투쟁의 발전되지 않은 형태와 그들 자신의 생활 처지로 말미암아 당연하게도…계급대립을 완전히 초월해 있다고 믿었고" 전 인류의 대변자로 자처하였다. 5) "그러므로 그들은 아무런 차별도 두지 않고 사회 전체에, 아니 그 중에서도 특히 지배계급에게 호소하며", "모든 정치적 행동, 특히 모든 혁명적 행동을 거부하고" 본보기와 설득에 입각한 "평화적인 방법으로 자신들의 목적을 달성하려고" 하였다. 이처럼 공상적 사회주의는 자본주의의 초기 단계에서 근대사의 "진정한 운동"과 유리된, 전산업사회가 지닌 후진적인 조건의 조잡한 이데올로기적 반영에 불과한 것이다(『선집』,

1권, 428-431쪽).

보기에 따라서 이러한 평가는 역설적으로 초기사회주의자들에 대한 변론일 수 있다. 왜냐하면 그들의 오류는 비판받아 마땅하지만, 그것은 그들의 미필적 고의로 말미암은 것이라기보다는 시대적 제약에 따른 불가피한 것이기 때문이다. 그러한 점에서 맑스와 엥겔스가 무엇보다도 비난의 대상으로 삼았던 것은 사회주의적인 미래를 향한 공상적인 노력 자체가 아니라, 공상적 사고방식이 근대 자본주의와 그 사회적 산물인 근대 프롤레타리아가 역사무대를 지배하게 된 시기에까지 지속하고 있다는 점이었다. "비판적·공상주의적 사회주의 및 공산주의의 의의는 역사적 발전에 반비례한다. 계급투쟁이 발전하여 형태를 갖춰나가는 것과 같은 정도로, 계급투쟁을 이렇게 환상적으로 초월하고, 계급투쟁과 이렇게 환상적으로 싸우는 것은 모든 실천적 가치, 모든 이론적 정당성을 상실하게 된다. 그러므로 이 체계의 창시자들이 많은 점에서 혁명적이었다 할지라도, 그 제자들은 매번 반동적 종파를 형성한다. 그들은 프롤레타리아의 계속적인 역사적 발전을 마주 보고서도 그 스승들의 낡은 견해를 고수한다. 그러므로 그들은 시종일관 계급투쟁을 다시 무디게 하려고 하며 계급대립을 중재하려고 한다"(『공산당선언』, 『선집』 1권, 430-431쪽).

이렇듯 맑스와 엥겔스는 생시몽, 푸리에, 오언을 이들의 후계자들과 구분하고, 그 3인이 지녔던 "위대한 공상적 전망"을 공산주의적 목표로서 적극적으로 평가하였다. 하지만 사회주의에 "현실적 토대"를 제공하여 그것을 "하나의 과학"으로 만들고자 했던 그들은 초기사회주의를 규정하는 역사적 상황과 그로 말미암은 한계를 지적하는 데 또한 주저하지 않았다. 예컨대 엥겔스는 『반뒤링론』에서 "사회주의의 건설자들"의 사상체계에서 맑스의 사회주의를 예시하는 요소들을 부각시키는 한편 범주적 개념으로서 '공상적 사회주의'가 "자본주의 생산의 조잡한 조건과 조잡한 계급조건에 상응하는 조잡한 이론임"을 명백히 하였던 것이다. 그리고 이렇게 초기사회주의를 맑스주의의 일종의 '세례자 요한'으로, 프롤레타리아 계급의식의 초보적인 단계로 파악하는 시각은 여전히 사회주의사 서술에서 지배적이라고 할 수 있다.

초기사회주의의 다양성과 공통의 전제

맑스와 엥겔스의 그러한 파악방식 자체를 갖고 그것이 초기사회주의를 공정하게 대접한 것이냐고 따지는 일은 분명 과녁을 벗어난 행위가 될 것이다. 왜냐하면 그들은 운동가로서 자신들의 사상이 갖는 역사적 위치를 정확하게 설정하려고 했고 그 과정에서 선배 사상가들의 역할과 기여를 규정하고 재단할 수밖에 없었기 때문이다. 하지만 그들을 체제건설자의 원조로 모셨던 '현실사회주의'가 삶의 한 주기를 완전히 끝냈음을 목격한 우리로서는 그들의 평가를 마냥 정당한 것이라고 받아들이기가 어렵게 되었다.

우선 지적할 것은 공산주의적 미래의 전망('자유의 왕국')에 대해 맑스와 엥겔스가 초기사회주의자들에 비해 더 폭넓거나 진전된 견해를 제시한 바가 거의 없다는 점이다. 물론 이는 그들이 역사발전의 결과는 사전에 예측할 수 없고 오직 그 과정의 내적 역동성을 통해서만이 드러난다고 보았던 변증법적 사고방식을 지녔기 때문이며, 그러기에 맑스는 무엇보다도 자본주의의 발전법칙을 추구하였던 것이다. 하지만 설사 초기사회주의에 대한 그들의 규정을 받아들인다고 하더라도 공상(유토피아)주의로서 초기사회주의는 당시 막 등장하던 근대 부르주아 질서의 한계를 돌파하고자 했던 새로운 사회운동의 열망과 이상 그리고 가치체계를 반영한 것이었다. 그것은 지배저 현실과 '현실적 운동'의 괴리를 날카롭게 인식케 함으로써 현실 그 자체를 문제삼았으며, 이 점에서 그것은 '시기상조의 진리'를 표현한 것이라기보다는 초월과 극복을 통해 '불온한 현실'(차라리 '반反현실')을 표상했던 것이다. 즉 초기사회주의자들의 유토피아는 관념의 산물에 그치기는커녕 보다 나은 삶을 바라는 이들의 비판정신이 강하게 표출된 것이었다. 여기에서 초기사회주의자들의 이러한 면모를 부연할 자리는 아니지만 그들이 제시한 풍요로운 미래상은 2세기나 가까이 지난 오늘날에도 여전히 현재적 의미를 갖고 있다고 생각된다.

다른 하나는 초기사회주의의 역사적 성과의 문제이다. 이것이 바로 이하에서 다루고자 하는 바인데, 맑스와 엥겔스의 '과학적 사회주의'는 바로 초기사회주의자들의 지적 청산작업이 있었기에 가능했다고 해도 과언은 아닐 것이다. 중요한 점은 그것이 그들이 스스로 "어깨를 딛고 올라서 있다"고 자인했던 것보다는 훨씬 심층적인 차원의 것이었다는 점이다. 맑스 자신은 부르주아 인간학을 경멸했고 그러기에 이른바 보편적인 인간관에 기반하여 사회 및 국가에 관한 정치적 견해를 이끌어냈던 자연권 이론을 추상적이고 비역사적이라고 비판하고 그것의 이데올로기적 속성을 강조하였다. 그는 인간의 유적 본질이란 나변(那邊)에 있는 것이 아니라 바로 인간들 사이의 관계에 있음을 지적하고 결국 그들 사이의 교류망을 사회구성이라는 특정의 역사적 형성물의 일환('사회적 관계의 총체')으로 파악하였다. 그렇지만 이러한 맑스의 인간관과는 별도로 대안적 전망이 가능하기 위해서는 지배적인 사고의 준거틀을 바꾸는 것이 무엇보다도 요긴했고 사회주의로 보자면 바로 이런 과업을 이룩해내는 것이 초기사회주의자들이었던 것이다.

　서구의 초기사회주의는 고사하고 프랑스의 그것도 하나의 범주나 집단으로 포괄하기에는 너무도 다양하고 이질적이었다. 왕정복고기에 생시몽과 푸리에가 서로 상대방의 존재를 모른 채 고독하게 암중모색을 벌였다면, 7월혁명 이후 '새로운 사회교리'는 비록 소수이기는 하지만 식자층과 극히 일부의 수공업 노동자층에 퍼지기 시작하였고 여러 사회이론가들이 족출하였다. 생시몽과 푸리에 이외에 중요한 인물들만 꼽아도 스승의 유지를 계승한다는 생시몽주의자들(바자르Bazard, 앙팡탱Enfantin)과 푸리에주의자들(콩시데랑Considérant), 절충적 사회주의자들(르루Pierre Leroux, 페케르Pecqueur), 기독교 사회주의자들(라므네Lamennais, 뷔쉐Buchez), 민주사회주의자들(루이 블랑Louis Blanc), 생시몽과 푸리에의 영향이 미미하고 독자적인 이론 전통을 지닌 공산주의자들(한편으로 카베Cabet. 다른 한편으로 블랑키Auguste Blanqui, 데자미Dézamy), 생시몽과 푸리에의 영향권 밖에 위치한 프루동(Proudhon) 등의 면면이 쉽게 떠오른다. 4) 이것이 이른바 '부르주아 군주제'('7월왕조')의 등장을 반영한 것임은 물론이다. 또한 부르주아 질서의 확립은 이들의 이념에 영향을 미쳐, 예컨대 생시몽의 제자들은 스승과는

---

4) 이들에 관한 가장 훌륭한 전기로는 Jean Dautry, dir., *Dictionnaire biographique du mouvement ouvrier français, 1789-1864*, 3 tomes (Paris: Editions ouvrières, 1964-66)이 있음.

달리 사적 소유권의 폐지에까지 이를 수 있었으며, 또한 여러 사회주의 이론들은 신생 노동운동과의 일정한 접맥을 통해 특히 소생산자층의 '노동세계'와 그들의 열망을 반영하기에 이르렀다.

초기사회주의는 크게 당대적인 의미의 '사회주의'와 '공산주의'로 양분할 수 있으나 그 각각의 진영도 결코 동질적인 것이 아니었다. 대체적으로 전자가 산업화에 보다 순응적이고 부르주아 사회질서의 규범을 상당 정도 내면화하고 있었다면, 후자는 보다 투쟁적이며 노동운동에 보다 근접하여 있었다. 사실 양자가 본질적으로 다른 것이 아니었음에도 불구하고 20대의 맑스와 엥겔스가 의도적으로 '공산주의'를 기치로 내걸었던 데는 이러한 미묘한 차이가 적지 않게 작용하였다. 그러나 양진영을 통하여 초기사회주의자들은 다음과 같은 6쌍의 이분법에 따른 무수한 조합을 만들어내면서 사실상 그 체계적인 분류가 불가능할 정도의 엄청난 변이의 폭을 드러내었다: ① 산업화의 수용 여부: 산업주의/반(反)산업주의. ② 기존 소유제의 개편의 방향: 사적 소유권의 보편화/소유의 공동체. ③ 종교에 대한 태도: 유신론/이신론(理神論)/무신론, 또는 유심론/유물론. ④ 새로운 사회로의 이행의 과정: 혁명주의/점진주의. ⑤ 새로운 사회에서의 변혁의 주체 및 사회구성의 기본단위: 국가주의/공동체주의. ⑥ 정치관행과 체제: 민주제/권위주의. 그 결과 우리가 이제껏 구상해낼 수 있는 온갖 사회경제정치체제의 총목록이 제시된 셈이었다: 폭력/비폭력, 혁명/평화적 개혁, 연방주의/자코뱅주의, 무정부적 자율성(아나키)/혁명적 독재, 공유제/소생산자층의 공화국, 무신론/신비주의, 보편적 연합(생시몽주의)/팔랑스테르(Phalanstère, 푸리에주의)/상호부조주의(Mutuellisme, 프루동)/사회작업장(Atelier social, 루이 블랑)/이카리아(Icarie, 카베). 이리하여 초기사회주의자들이 제시한 체제는 대부분이 이후에 사회주의를 규정하게 될 다음과 같은 특징 가운데 단지 한두 조건만을 충족시킬 뿐이었다: 생산수단의 사회적 소유에 입각한 체제; 소득의 일정한 평등; 만인의 욕구를 만족시키기 위한 계획생산체제; 경제와 정부의 민주적 운용. 하지만 전체로 볼 때, 이 다양성이 이후에 나타날 여러 사회주의의 공동의 유산이자 착상의 원천임을 부정하기는 어렵다고 하겠다.

그러나 과연 개별적인 초기사회주의자들의 차원에서 그들을 하나의 범주로 묶을 수 있는 가능성은 없는 것일까? 이러한 탐색은 강령이나 그것을 실현하기 위한 전략 및 전술에 대한 분석과는 그 차원이 다른 작업방식을 요구한다. 왜냐하면 그것은 '담론'(la discours)의 내용 분석에 그치는 것이 아니라 그것의 구조와 특히 그것에 명시적으로 나타나지 않은 사고의 전제를 드러내는 일이기 때문이다. 이렇게 볼 때, 초기사회주의자들은 상술한 엄청난 다양성에도 불구하고 크게 볼 때 기본적으로 동일한 인간관과 사회관을 공유하는 놀라운 면모를 보여준다.

모든 정치적 교의(예컨대 보수주의, 자유주의, 사회주의의 3대 이데올로기는 말할 나위도 없이)는 그 이론적 구성에서 대개 3중의 구조를 갖는다. 우선 그 근저에 세계관과 우주관으로 이루어지는 형이상학적 토대가 자리한다. 이것은 그 교리가 지닐 인간·사회관에 철학적 정당화를 제공한다. 그리고 그 위에 특정의 인간관 및 사회관이 놓이고, 마지막으로 인간과 사회에 관한 그 특정의 견해를 어떻게 구체화할 것인가 하는 문제에 대한 답변의 형식으로 전략과 전술을 둘러싼 강령적 내용이 제시된다. 이 세 번째 차원을 어떤 정치적 교의의 '상부구조'라고 한다면, 인간관 및 사회관의 문제는 형이상학적인 '하부구조'와 강령적인 '상부구조'의 '중간구조'라고 할 수 있다. 일반적으로 이론가들이 진술하는 내용은 사실상 상부구조에 관한 것이며, 중간구조는 드물게, 상부구조는 예외적으로 언급될 뿐이다. 따라서 이 두 차원에 대한 분석은 그야말로 주의 깊은 '읽기'를 통해서만이 가능하다.

위의 3대 이데올로기를 놓고 비교해보면, 보수주의를 한편으로 하고 자유주의 및 사회주의를 다른 한편으로 하여 양 진영은 가장 심층적인 하부구조에서 차이를 보인다. 전자와는 달리 후자는 기본적으로 근대적인 세계관을 공유하는 것이다. 그런가 하면 후자의 자유주의와 사회주의의 차이가 드러나는 곳은 인간관 및 사회관의 차원이며, 종종 부르주아적 인간관 및 사회관에 대한 공격에서 보수주의와 사회주의는 공통점을 보이며 그러기에 이 양자는 중간구조에서 일견 공동전선을 모색하는 듯이 보인다. 흔히 '극우와 극좌는 통한다'고 하는데, 이는 상부구조의 차원에서 그렇다는 말이며 그럼에도 불구하고 양 극단적인 정치적 태도의 심층구조는 근본적으로 상이한 것이다.

일반적으로 정치적 행태 및 선택에 관한 무수한 담론들은 기껏해야 상부구조의 차원에 머문다. 중간구조의 차원까지 파고드는 것은 드물며 하부라는 최심층구조의 문제에 직핍(直逼)하는 저술은 더욱 드물다. 다만 사고의 근본적인 전환이 일어나는 시기에는 이 두 차원에서 논지를 전개하는 지적 탐색의 고투가 벌어질 수 있다. 데카르트(Descartes)로부터 홉스(Hobbes)를 거쳐 로크(Locke)에 이르기 전에 이미 근대적 세계관의 토대가 놓이며, 그 기반 위에서 로크로부터 루소에 이르면서 부르주아 인간관 및 사회관이 형성되었다. 초기사회주의자들이 근대 부르주아질서가 확고하게 정착하기 전에 이미 그것의 극복을 고민할 수 있었던 것은 이렇듯 부르주아 인간학이 이미 정초되어 있었기 때문이며, 그들은 산업혁명이라기보다는 차라리 프랑스혁명의 경험을 통하여 그 인간학의 문제점을 포착하였다.

중요한 점은 초기사회주의자들이 새로운 인간관과 사회관의 구축을 그들의 작업목표로 의식적으로 설정했다는 것이다. 이것은 당연하게도 새로운 교리의 형성기에는 종종 있을 수 있는 현상이다. 즉 그들은 인간의 '자연' (nature), 즉 '인간성'(human nature)에 대한 새로운 과학을 추구함으로써 이후 사회주의의 공동자산이 될 '사회주의적 인간관'이라는 모태를 만들어냈던 것이다. 비록 그것을 위한 철학적인 정당화작업은 맑스가 떠맡을 것이지만, 그가 1843년 가을에 파리에 도착했을 때, 그것은 이미 기지의 사실로 간주되고 있었다. 바꿔 말하면, 그들에 뒤이은 후배 사회주의자들은 이제 적어도 새로운 인간형을 제시하는 작업으로부터는 해방될 수 있게 된 것이었다. 그렇다고 그것이 논리적이고 체계적으로 제기되었다고 말하려는 것은 아니다. 암중모색의 시기에는 늘상 그렇듯이 그것은 여러 이질적으로 보이는 요소들의 혼합물이요, 그 외연이 명확하지 못한 어떤 무정형적인 실체였다. 하지만 그것은 초기사회주의자들의 선전활동을 통해 진보적인 식자층과 노동세계에 하나의 '정서적 공감대'를 조성하였고, 그리하여 '48년의 정신'의 핵심적인 요소가 되었던 것이다

초기사회주의자들이 새로운 인간학을 추구했던 것은, 흔히 지적되듯이 그들이 이상주의자라기보다는, 오히려 기존질서에 대한 문제제기가 당시

자본주의의 정치적 교리인 자유주의의 '상부구조'가 아니라 보다 본질적으로 '중간구조'의 차원에서 행해져야 한다는 그들의 믿음 때문이었다. 다만 그들이 문제삼았던 것이 부르주아 질서 자체가 아니라 그것의 인간학 및 사회관이었기 때문에 일견 도덕적이고 이상적인 면모를 보이게 되는 것은 지극히 당연하였다. 사실상 그들 가운데는 사적 유물론에 근접했던 인물도 있으며, 상당수는 인간의 '자연'을 매개로 하여 자연과학과 사회과학을 하나로 묶는 '인간과학'(la science de l'Homme)의 수립을 시도하였다. 그들은 그 것을 예측 가능한 정밀과학의 수준으로 끌어올리려고 하였고, 그런 가운데 인간 그리고 사회를 무기물에서 유기체, 극미의 세계에서 전우주에 이르는 '존재의 커다란 사슬'(the Great Chain of Beings)의 연속선상에 위치시켰다. 이것은 혹자의 비판대로 '과학주의'의 과잉노출이라기보다는 근대분과 학문체제가 본격적으로 나타나기 이전에 통합적인 지식체계를 구축한다는 계몽사상의 이상을 그들이 공유하였기 때문일 것이다. 그것은 인간을, 그를 뛰어넘는 보다 커다란 존재, 예컨대 공동체나 초월적인 존재에 연결시킴으로써, 고립적인 개인을 지식과 행동의 절대적 원천으로 간주하는 개인주의를 비판하고 극복하기 위한 시도였던 것이다.

이렇듯 사회주의가 무엇보다도 개인주의에 대한 비판자로 출발했음은 초기사회주의를 적절하게 자리매김하는 데 반드시 고려해야 할 기본적인 사실이다. 그것이 18세기 말-19세기 초 서구 최초의 산업화가 빚어낸 사회경제적 결과, 즉 한편으로 주기적인 경제적 위기와 다른 한편으로 생산력의 미증유의 발전과 '절대적 빈곤'의 극적인 대조, 그리고 그로 말미암은 '사회문제'에 대한 도덕적 분노에서 비롯된 것임은 분명하다. 그러나 초기사회주의자들은 대부분 그 원인이 자본주의 자체라기보다는 오히려 당시 그것의 사회적 원리인 '자유방임주의'와 그 정치교리인 '자유주의', 특히 이 양자가 갖는 개인주의적인 면모에 있다고 생각하였다. 그들은 개인주의를 이기주의로 단죄하고, 인간이 남과 더불어 살 수 있는 '사회적 능력'(la sociabilité; 사회성)을 갖는다고 인식하였다. 바로 이것이 1830년대 초에 '**사회**주의'라는 신조어가 **개인**주의에 대한 반대개념으로 사용되기 시작하였을 때에 지녔던 첫 번째 의미이다. 초기사회주의자들에게 그 '사회적 능력'이 인간의

'자연'의 본질적인 속성인 만큼, 그것은 '자연적 사회성'이었다. 따라서 그들에게 개인과 사회는 대립적 개념이 아니라 사실상 동일한 것이었다. 그 자연적 사회성이 완전하게 발현될 수 있는 사회, 바로 이것이 그들이 약속했던 새로운 세계의 모습이었다. 그러므로 그들이 거부했던 것은 자유주의적 유토피아의 이상 자체가 아니라 소수의 이기주의를 만족시킬 뿐인 그것의 파행상이었다. 그들이 사적 소유제를 그 이기주의의 물적 토대로 간주하여 그것을 거부했던 것도 이러한 이유에서였다.

이처럼 초기사회주의가 자유주의를 비판적으로 수용, 극복하였음은 합리적 인간관에서도 나타나고 있다. 사실상 당시 보수주의 또한 사회주의 못지않게 인간의 사회성을 강조하였고 개인의 자발성이 사회의 요구와 논리에 종속되어야 한다고 주장하였다. 하지만 보수주의자들에게 사회가 전통의 담지자였다면, 초기사회주의자들에게 그것은 이성의 담지자였다. 즉 그들은 자유주의자들이 지녔던 제한적 합리성, 사적 합리성을 보편적 합리성, 공적 합리성으로 끌어올렸다. 자유주의자들이 보기에 오직 교육받은 소수(사실은 재산 있는 소수지만)만이 이성을 발휘할 수 있는 존재였다면, 초기사회주의자들에게 그것은 인간성 자체를 부정하는 일종의 형용모순이었다. 인간이 합리적인 존재요, 합리성이 곧 자신의 삶을 계획할 수 있는 능력이라면, 인간이 자신의 삶을 집단적이 아니라 개별적으로 계획해야만 하는 것은 명백한 모순이며, 합리적 계획은 의당 각 개인을 뛰어넘는 보다 큰 실체에도 적용될 수 있는 것이었다.

이렇듯 초기사회주의자들은 단지 비판자로 행세하려고 했을 뿐만 아니라 새로운 사회의 건설자가 되려고 하였다. 따라서 사회주의는 동시에 새로운 **사회조직의 교리**였다. 그리고 이것이 당시 사회주의라는 용어가 지녔던 두 번째 의미이다. 그것은 프랑스혁명의 충격을 반영한다. 1789년 이후 혁명의 과정에서 헌법 및 정치체제의 잦은 개폐와 교체에도 불구하고 사회의 지배세력은 거의 그대로 유지되었고 그 변화가 삶의 기본적인 조건에 거의 아무런 영향을 주지 못하지 않았던가. 그렇다면 군주제를 공화정으로, 심지어 제한선거제를 보통선거제로 바꾸는 것도 기껏해야 부차적인 중요성만을 지니지 않겠는가. 이러한 '비(非)정치주의'가 맑스가 비판했듯이 시민사회와 국가권력의 관계에 대한 역동적인 관념을 결여하고 있음은 사실이다. 하지만 그러한 부정적인 면모에 못지 않게, 아니 그것보다 더욱 중요한 것은 초기사회주의가 자유주의 내지 대의제 민주주의의 제도적 형식주의를 뛰어넘어 삶의 실질적이고 본질적인 계기에 도달하고자 하는 강한 충동을 지녔다는 점이다. 공동체와의 유기적 결합을 통한 총체적인 행복의 획득, 바로 이것이 초기사회주의자들이 설파했던 가르침이었다. 참으로 그것은 인간의 근원적 고독감을, 갈등보다는 화해, 대립보다는 조화, 분열보다는 우애에 입각한 보편도덕을 통해 극복하려는 "위대한 현세적 교의"였다. 그것은 인간성의 그 어떤 기본적인 열망도 무시하지 않고 그 어떤 사회계급도 희생시키려고 하지 않았던 종합적인 교리였던 것이다. 이것을 어떻게 구현하는가 하는 문제는 이제 초기사회주의자들이 아니라 차후 세대의 몫이 되었다.

초기사회주의자들은 이렇듯 사회적 조화의 회복 내지 구축을 가장 중요한 사상적 계기로 제시했고 그것을 신생 프롤레타리아의 힘과 조직이 아니라 지배층과 부르주아지의 선의와 협력을 통해 이룩할 수 있다고 생각했다. 그러기에 그들은 인간 행동의 결정 요인으로서 도덕이나 이념의 중요성을 강조했고, 이 도덕주의를 구체화하기 위한 방략으로서 인간학/사회과학/자연과학을 아우르면서 그것들을 넘어서는 종합과학을 추구하였다. 이러한 그들의 강령이 기본적으로 계급화해적이라고 재단할 수 있으며, 또 이는 노동자들의 창발성을 발견하기 힘들었던 당시의 상황을 고려하면 공정하지는 않지만 그래도 역시 정확한 지적이다. 하지만 우리는 초기사회주의의 그러한 면모를 다른 방식으로 평가할 수 있다. 초기사회주의자들은 이론과 실천에 대한 역동적인 사고를 결여하고 있기는 했지만, 바로 그렇기 때문에 빈약한 실천에 비한다면 그야말로 비할 데 없을 정도로 풍요로운 사상적 실험을 벌일 수 있었다. 그것은 인간의 잠재적 능력을 총체적으로 계발하고자 하는 온갖 발상들을 빚어냈으며, 그런 과정을 통해 부르주아 인간학으로는 도저히 포착할 수 없는 유연하고 복합적인 인간학을 그려낼 수 있었다. 이 인간학은 이후 사회주의 인간학의 원천이 되기도 했지만 그것이 형해화된 오늘날 21세기의 불확실성 앞에서 다시금 우리의 존재성을 되돌아봐야 하는 준거로서의 가치를 갖고 있다고 생각된다.

맺음말

1848년 2월혁명은 특히 1840년 이래 노동세계에 꾸준히 확산되고 있던 각종 사회주의에게 최초의 본격적인 실험무대를 제공하였다. 그러나 '6월봉기'는 전인류의 이름 아래 계급대립보다는 화해를 강조하였던 초기사회주의가 얼마나 그 현실적 근거가 박약한지를 결정적으로 폭로하였다. 그리고 1851년의 쿠데타는 환상의 시대에 종언을 고하였다. 이후 '48년 이전 세대의 사회주의자들은 정치활동을 포기하거나 일부 소공동체 실험으로 숨어든 경우를 제외하고는 아예 침묵으로 일관하였다. 프루동주의의 활력에도 불구하구 혹자가 1854년에 "사회주의는 죽었다"고 선언할 수 있었던 것도 바로 그런 연유에서였다.

하지만 역사는 그것이 사회주의 자체가 아니라 특정 사회주의, 곧 초기사회주의의 죽음임을 웅변한다. 이 글의 논지와 관련하여 첨언한다면, 그것은 초기사회주의 자체가 아니라 그것이 지녔던 특정 형태의 강령과 방안의 죽음이었다. 초기사회주의자들이 제시했던 '사회주의적 유토피아'는 그 시련을 넘어 사회주의의 기본자산이 되었으며, 이제 새로운 대안적 전망을 모색하고 있는 21세기의 벽두에도 여전히 반성적 사고의 원천이 되고 있는 것이 아닌가 생각되는 것이다.

맑스의 '시민사회'론

1. 들어가며

'현존사회주의' 체제의 붕괴를 전후해 활발하게 전개되기 시작한 시민사회에 대한 논의는 적어도 세 개의 서로 구별되는 해석방향에서 이루어져 왔다. 80년대 동구 '현존사회주의'에 대항하던 체제비판가들의 정치적 구상으로서 시민사회에 대한 논의를 우선 들 수 있고 다음으로 그람시의 시민사회론을, 그리고 마지막으로 자유주의적 시민사회론을 각각 들 수 있겠다. 이 것들 중 그 영향력을 지속적으로 확대할 수 있었던 것은 세 번째의 자유주의적 시민사회론인 것 같다.

다양한 자유주의적 시민사회(civil society)론에 공통적인 것은 우선 시민사회(bürgerliche Gesellschaft)의[1] 내적인 분열의 현실에 대해, 그 근본적 원인을 더 이상 묻지 않고 그것을 그저 **주어진** 것으로 설명함으로써, **긍정적** 태도를 취하고 있다는 점이다. 해결해야 할 과제는 오직, 불가피한 "이해관계상의 갈등들"을 문명화시키거나 논의를 통해(diskursiv) 그것들을 다루는 일이라는 것이다.[2] 여기서 이러한 갈등들은, 문명화된 방식으로 치러

---

1) 앞으로 영미 전통의 시민사회(=civil society)와 구분하여 헤겔-맑스 전통의 시민사회(= die bürgerliche Gesellschaft)를 명시할 필요가 있을 때에는 '시민사회'(b. G.)로 표기한다.
2) Albrecht Wellmer, *Endspiele: Die unversöhnliche Moderne*, (Frankfurt/M.: Suhrkamp, 1993), pp. 68-80.

진다는 전제하에, 사회적 통합과 정치적 권력순환에 있어 순기능을 발휘하고 있는 것으로 간주된다.[3] 시민사회(b. G.)의 내적 분열은 그리하여 한편으로는 사회존재론적으로 마치 벗어날 수 없는 운명으로서 받아들여지며 다른 한편으로는 "공론장에서의 견해 및 이해싸움이 열려있고 종결될 수 없다는 사실"[4]로서 무해한 것으로 되어버린다. 따라서 자율적인 시민사회의 자기창출은 "갈등이 제거된 그 어떤 목표도"[5] 포기해야 한다. "현명함의 시작"은 "모순들을 발견하는 것인데 우리는 이것들을 해소하려는 시도를 하지 말고 이것들과 영구적인 긴장관계 속에서 살아야만 한다."[6] 갈등이나 모순들이 개인들의 '특수성'으로부터 설명될 경우에, 그러한 갈등이나 모순들은 근대가 안고 있는 마치 자연법칙과 같은 숙명이 된다. 왜냐하면 근대를 특징짓는 것은, 나중에 헤겔에게서 볼 수 있듯, 바로 '특수성의 권리'이기 때문이다.[7] 이에 따라 사회적 분열과 모순적 관계들의 지양을 향해 전사회영역을 포괄하는 해방의 기획은 전체주의의 의혹을 받게 된다. 예컨대 벨머(Wellmer)가 보기에 "화해를 이룬 전체"라는 이념은 "전체주의적 경향을 갖게 된다. …그렇다면 '연합(Vereinigung)의 욕구'는, 사회 전체를 놓고 볼 때, 오직 모든 사람이 다양한 단계의 사회적 결정과정들과 의사소통과정들에 민주적으로 참여하는 것을 통해서만 충족될 수 있을 것이다." 여기서 벨머는 "하버마스가 묘사한, 자율적 공론들과 그것들에 '포위당한' 주요 정치제도들 사이에서 벌어지는 상호작용"을 그 예로 들고 있다.[8] 그런데 하버마스에게 있어 이러한 상호작용은 '연합의 욕구'가 아니라 이해관계의 대립

3) Ulrich Rödel, "Einleitung," in Id. ed., *Autonome Gesellschaft und libertäre Demokratie* (Frankfurt/M: Suhrkamp, 1990), p. 16.
4) Ulrich Rödel, Günter Frankenberg, and Helmut Dubiel, *Die demokratische Frage* (Frankfurt/M: Suhrkamp, 1989), p. 188.
5) Ulrich Rödel, op. cit., p. 16
6) André Gorz, *Abschied vom Proletariat* (Frankfurt/M. : Europäische Verlagsanstalt, 1980) p. 108.
7) 왜 '특수성의 권리'가 "근대의 조건하에서" 필연적으로 갈등과 모순들을 야기할 수밖에 없는가라는 문제야말로 우리가 '근대'의 특수성을 적절히 이해하기 위해서, 또한 갈등을 안이하게 인간에게 고유한 속성으로 파악하지 않기 위해서 무엇보다 우선적으로 답해야 하는 질문일 것이다. Wellmer, op. cit., p. 69 참조.
8) Ibid., pp. 68-69.

이 지배하는 경제체계의 기능논리를 온존시키는 것을 전제로 하고 있다. 사회적 분열과 모순관계의 원천인 경제체계의 작동논리를 근본적으로 온존시킬 경우 '자율적 공론들'에게 기대되는 것은 결국 무엇보다도 공식적 정치를 위해 정당성을 공급해주거나, 점점 더 증가할 것으로 예측되는 사회통합의 문제들을 공식적 정치가 해결하려 할 때 이를 보조해주는 역할이다. 9) 하버마스와 마찬가지로 벨머의 '민주적 참여'도 '경제체계'에서의 그것을 도외시하고 있다. 생산의 철저한 민주화도 포괄하는, 아니 이것이야말로 다른 부문들의 민주화의 토대가 된다고 여기는 포괄적 해방의 기획에 대해 하버마스와 마찬가지로 벨머도 그 위험성을 경고하고 있다. 10)

본 논문에서는 이러한 자유주의적 시민사회론과 달리 생산과 교환의 사회적 관계를 그 본질적 내용으로 하는 시민사회(b. G.)에 대한 비판적 성찰을 통해 '화해를 이룬 전체'의 전망을 시도한 헤겔과 맑스의 시민사회론을 살펴보고자 한다. 이들의 이러한 전망은 시민사회에서 개인들의 '무한한' 발전을 전제로 하고 있다는 점에서 '전체주의적 경향'을 애당초 배제하는 것임이 드러날 것이다.

2. 헤겔의 '시민사회'론

1) '고대' 그리스적 세계와 '근대' 기독교적 세계

---

9) Jürgen Habermas, *Faktizität und Geltung* (Frankfurt/M: Suhrkamp, 1992), pp. 399-467.

10) 잘 알려진 바와 같이 '전체주의'는 매우 논란의 여지가 있는 개념으로서 이론적 해명보다는, 정치적 입장에 따라 서로 다른 정치체제나 이념들, 사고방식 등을 비난하는 용도로 많이 사용되어 왔다. 벨머가 발하는 경고음이 '전체주의적'이라는 규정을 통해 전달되고 있는 것은 경고의 대상들을 신중히 구분하지 않고 무차별적으로 재단한다는 점에서 그 자체가 '전체주의적'이라는 의혹을 살 수 있겠다. 이론적인 것은 차치하고 역사적 경험을 통해 '화해를 이룬 전체'라는 이념이 전체주의적이라는 점은 전혀 입증되지 않았다. 전체주의적 체제라고 흔히 일컬어지는 나치 독일이나 스탈린의 소련, 김일성 부자의 북한에서 이루어진 것은 강압적인 수단과 이데올로기적인 기만을 통한 가상의 조화이지 개인의 자율성을 전제로 한 진정으로 '화해를 이룬 전체'는 아니다. 무엇보다도 벨머 자신이 서있는 프랑크푸르트학파의 전통은 위로부터의 강압적인 통합(Einheit)과 아래로부터의 자율적인 연합(Vereinigung)의 사회적 관계를 본질적으로 구분함으로써 벨머식의 단순논리에 빠지지 않게 해주고 있다.

헤겔은 근대를 특징짓는 '특수성의 권리의 원칙'이 낳은 결과를 바탕으로 그 '지양'을 모색한 최초의 사상가라고 할 수 있을 것이다. 근대에 대한 그의 논의는 고대 그리스 세계에 대한 비판적 성찰을 배경으로 하고 있다. 그에 따르면 고대 그리스에서 정신은 아직 '자연적인' 또는 "본질적인(substantiell) 인륜성"의 형태 속에서 살고 있으며 그러한 의미에서 "신은 폴리스 자체이다." 폴리스는 "자연적 혈연관계"에 근거한 "윤리적-정치적 공동체"로서 신은 이러한 공동체의 "의인화된 총체"를 의미한다. 여기에서는 "현세와 초현세의 분열"이나 "개인과 공동체, 공적인 삶과 사적인 삶, 사회와 국가의 **분리**"가 아직 없다. 여기에서는 개인과 공동체의 의지가 "**매개됨이 없이** 일치"한다. 11) 왜냐하면 "정신의 객관성"인 법을 따르는 의지만이 "자유롭기" 때문이다. "국가, 즉 조국이 존재의 공통성을 이룸으로써, 인간의 주관적 의지가 법에 복종함으로써 자유와 필연성의 대립은 사라진다. 이성적인 것은 본질적인 것으로서 필연적이며, 우리는 그것을 법으로 인정하고 우리 자신의 존재의 본질로서 그것에 따름으로써 자유롭다. 객관적 의지와 주관적 의지는 그렇게 될 때 화해를 이루며 하나의 순수한 전체가 된다." 그리하여 "아테네 시민은 자신에게 주어진 것을 마치 본능적으로 그러는 것처럼 행할" 정도였다. 12) 헤겔은 이러한 상태가 '자연스런 인륜성'으로서 개인적인 확신이 무엇보다 중요한 '도덕성'에 아직 도달하지 못한 단계라고 바라본다. 이러한 유의 "단지 본질적인 자유에 있어서 계율들과 법들은 절대적으로(an und für sich) 확고한 것으로서 그에 대해 주체들은 완전히 복무하는 관계에 놓여 있다. 이러한 법들은 자신의 의지에 부합될 필요가 전혀 없다. 그럼으로써 주체들은 스스로의 의지가 없이, 스스로의 통찰이 없이 부모를 따르는 아이들과 똑같은 상태에 놓여있다."13) 혈연공동체이기도 한 윤리적-정치적 공동체로서의 국가는 여기서 개인들에게 "신적인 '자연력'의 성격"을 지닌 것으로 나타난다. 14) 아리스토텔레스에게 "국가가 자연적으로 성립하고 개

11) Lucio Colletti, *Hegel und der Marxismus*. (Frankfurt/M. -Berlin-Wien: Ullstein, 1976), p. 231.
12) G. W. F. Hegel, *Die Vernunft in der Geschichte* (Hamburg: Felix Meiner, 1955), p. 115.
13) Ibid. , p. 243.

인보다 본원적이라는 것은 명백한 일"이었다. 15) 헤겔 또한, 비판적 시각에 서이긴 하지만, 비슷한 생각이었다. 고대 그리스에서 "주관적 목적은 국가의 의지와 전적으로 하나"였는데 "궁극적인 것"은 "국가의지"였다. 16) 폴리스는 '자연적인', '신적인' 존재로서 개인은 이와 분리되지 않은, 이에 종속된 관계에 놓여 있었다.

이러한 관계는 근대와 더불어 근본적으로 바뀌게 된다. "새로운 국가의 본질은 보편적인 것이 특수성의 완전한 자유 및 개인들의 안녕과 결합되어 있으며, …목적의 일반성은 자신의 권리를 지녀야만 하는 특수성 스스로가 그것을 알고 의도하지 않는 한 앞으로 나아갈 수 없다는 점이다."17) 이러한 "특수성의 자립적 발전은 고대 국가들에서 도덕적 타락이 밀어닥치는 것으로, 몰락의 궁극적 원인으로" 여겨진다. 그리하여 예컨대 플라톤은 "자립적 특수성의 원칙"에 대해 "자신의 단지 본질적이기만 한 국가를 대립시킬" 뿐이었다. 18) 그러나 헤겔에게는 바로 이러한 **"주관적인 자유**의 권리"야말로

---

14) Lucio Colletti, op. cit., p. 232.

15) Aristoteles, *Politik* (Reinbek: Rowohlt, 1965), p. 11.

16) G. W. F. Hegel, *Grundlinien der Philosophie des Rechts*. Werkausgabe no. 7. (Frankfurt/M.: Suhrkamp, 1970), p. 410. (이후 본문이나 각주에서 괄호 안에 §와 더불어 2개의 숫자가 나올 경우 이 저서를 의미하며 § 바로 뒤의 숫자는 원문의 절수를, 쉼표 뒤의 숫자는 원문의 쪽수를 나타낸다)

17) Ibid., p. 407.

18) 포퍼는 헤겔이 『법철학』에서 플라톤을 비판할 때 "플라톤의 이론을 자신과 똑같이, 즉 전체주의론으로 해석했다"고 전제하면서도 헤겔 스스로가 프랑스 혁명에 맞서는 프로이센의 "반동적 정파"에게 "플라톤적인 국가숭배"의 이데올로기를 제공했다고 주장한다. 문맥과 유리된 인용문들에 의존하는 이러한 주장은 헤겔이 프랑스 혁명을 거치며 전개되는 근대의 가장 주요한 특징으로 바로 "자립적 특수성의 원칙"을 반복적으로 강조하고 있다는 사실을 간과하는 것이다. 포퍼는 "보편적인 것은 국가에 있다', '…국가는 지상에 존재하는 바의 신적인 이념이다'"는 등의 헤겔의 표현을 **일면적으로** 인용하며 "얼마나 그가 개인적 인륜성과 양심을 완전히 경시하는 국가의 절대적이고 인륜적인 권위를 완고하게 주장하는가"를 보여주고자 한다(Karl R. Popper, *Die offene Gesellschaft und ihre Feinde* 2 [Bern: A. Francke, 1958], pp. 40-42). 그러나 헤겔에게 있어 "보편적인 것은 작용해야 하는 것이지만, 다른 한편으로 주체성이 완전히 그리고 활기차게 발전되어야만 한다. 두 계기가 모두 강력하게 존재할 때에만 국가는…진정으로 조직화된 것으로 간주될 수 있다'(§260, 407). 헤겔의 이러한 논지가 그의 저작 속에서 끊임없이 반복된다는 점을 감안할 때 "국가가 모든 것이고 개인은 아무 것도 아니다'(Popper, op. cit., p. 41)는 식의 헤겔 해석은 '열린 사회'를 주장하는 포퍼의 시각이, 이 문제에 관한 한 얼마나 폐쇄적인가를 드러내준다.

"고대와 근대의 차이에 있어 전환점이자 중심점"을 이루는 것이었다. "이 권리는 그 무한성에 있어서 기독교 속에서 완전히 표현되고 있으며 새로운 형태의 세계의 일반적인 실제 원칙으로 되었다"(§124, 233). 기독교 속에서 인간은, 아테네인이나 스파르타인이라는 일정한—자연적, 종족적—공동체의 성원으로서가 아니라, 인간 그 자체로서 자유로워진다. 그는 인종이나, 종교, 민족을 불문하고 그 자체로서 가치를 지닌다. 인간이 이렇게 자신의 보편성과 평등을 의식하게 되는 과정은 전통적인 "특수한 공동체의 종족적-자연적 결합의 해체"와 더불어 진행되는 것이었다. "화폐와 상업의 작용하에서 이러한 본원적이고 응집된, 그렇지만 제한적인 구조는 해체된다." 이렇게 진행되는 '인간의 보편화'는 결국 고대에 인간을 "현세적이고 순전히 인간적인" 정치적 공동체와 묶어줬던 "특수하지만 실제적인" 유대 대신 "현세 바깥에 세워진" 신이라는 '보편적이지만 실제적이지 않은' 유대 위에 입각한 것이다. [19] 헤겔이 포착한 근대의 이러한 '보편화'는 인간이 보편적 신—정신—에 대한 인식을 매개로 자신의 평등하고 보편적인 본질을 인식하는 과정으로 해석될 수 있는데 이는 '현세'에서 개인들이 '자연적' 공동체로부터 분리되어 '원자화된' 개체로 해체되는 것을 전제로 하고 있다. 홉스, 로크와 같이 자연권 사상에 입각한 계약론자들에게 이러한 개체는 본원적이고 절대적인 자연권을 지닌다. 아리스토텔레스에게 인간은 국가 속에서 살도록 태어났다면, 자연권 사상가들에게 개인들 사이의 계약을 토대로 성립한 사회는 "단지 상호 분리와 경쟁의 조건들을 (국가로서) 보장하고 확립하기 위한 수단"으로서만 기능한다. 고대 그리스적 세계에서 국가가 개인보다 본원적인 것이었다면 근대 이후 기독교적 세계에서는 "개인이 공동체보다 상위이고 더 가치있는 것으로, 부분이 전체보다 더 큰 것으로 나타난다."[20] 여기서는 개인의 제반 권리가 사회 또는 국가 자체로부터 비롯되는 게 아니라 신으로부터 직접 주어지는 것이어서 그러한 권리들은 절대로 침해될 수 없는 것이기 때문이다.

---

19) Colletti, op. cit., pp. 236-237.
20) Ibid., pp. 241-242.

2) 시민사회의 전개와 '도야'

헤겔은 이처럼 근대와 함께 과거의 본원적 통일체가 개체들로 해체되고 주관적 의식이 해방되는 한편 "신적인 보편자가 자연 위에, 따라서 종족적 공동체 위에" 서게 되는 것을 역사의 "진보"로 바라본다. 그러나 자연권 사상가들과 달리 "신, 신적인 것을 한쪽으로 하고, 특수자로서 주체를 다른 한쪽으로 하는 이러한 대립"은 양자의 '화해'를 통해 지양되어야 하는 것이었다.21) 헤겔은 "구체적 자유의 현실"(§ 260, 406)로서 국가를 통해 양자의 진정한 화해가 이루어진다고 본다. "세계사에 있어서 관건이 되는 것은 다름이 아니라 이 두 측면이 절대적 합일, 진정한 화해 속에 놓이는 관계를 만들어내는 데 있다. 이러한 화해 속에서 자유로운 주체는 정신의 객관적 방식 속에 함몰하지 않고 자립적인 권리를 갖게 되는데 그와 똑같이 절대적 정신, 즉 객관적이고 확고한 합일은 그 절대적 권리에 도달하게 된다."22) 그런데 여기서 중요한 사항은 헤겔이 "이념"으로서 파악한 '구체적 자유의 현실'로서 국가는 '자유로운 주체'의 '자립적인 권리'가 실현되기 위해 '시민사회'의 완전한 발전을 **전제**로 하고 있다는 사실이다. 이러한 시민사회는 각 개인들이 스스로의 욕구충족을 위해 노동하는 '욕구와 노동의 체계'이다. 헤겔은 여기서 시민사회의 개인들을 무엇보다 "주관적인 욕구"(§189, 346)로 규정하는데, 이는 개인들이 철저히 이기적인 존재임을 의미한다. 그러나 과거의 신분적 제약으로부터 해방돼 자유롭게 욕구충족을 추구하는 개인들은 분업과 생산물의 세분화가 갈수록 진행되는 시민사회에서 오로지 다른 개인들을 매개로 해서만 자신의 욕구를 충족시킬 수 있다. 즉 모든 개인들은 자신들의 욕구충족의 수단을 오직 다른 개인들로부터만 얻을 수 있으며 동시에 자신들의 노동을 통하여 다른 개인들의 욕구충족 수단을 제공하지 않으면 안 된다. 이리하여 시민사회에서는 "욕구의 충족을 위한 인간의 **의존과 상호관계**가 완전한 필연성으로 된다"(§198, 352). 이기적이며 서로 내적 연관을 갖지 않는 원자화된 개인들로 이루어짐으로써 "인륜성의 상실"(§181, 338)로 나타나는 시민사회는 이처럼 개인들이 고유의 욕구 충

---

21) G. W. F. Hegel, *Die Vernunft in der Geschichte*, p. 244.
22) Ibid., p. 244.

족을 위해 완전한 사회적 연관 속에 놓이게 됨으로써 그 자체가 보편성을 창출하는 계기가 된다. 개인의 욕구 충족이라는 자연적 요소를 출발점으로 하는 시민사회는 욕구와 욕구충족을 위한 노동이 지닌 보편성을 통해 자신의 '자연성'을 지양할 수 있는 가능성을 내재한다. 즉 보편적 상호의존의 체계로서 시민사회는 이기적 개인들이 각각의 고유한 목적을 달성하기 위해 자신의 행위를 보편적인 방식으로 만들도록 강요하며, 노동과정 속에서 자신의 직접적인 욕구를 극복하게 만든다. 이는 이기적 개인들이 자신의 '직접적' 자연성을 극복하도록 강요하는 "도야"의 과정이다. 도야는 **"자연의 단순함**, 즉 수동적 몰아성이거나 지식과 의지의 조야함, 즉 정신이 함몰해 있는 **직접성과 개별성**"을 극복하는 과정이다. 이는 "한층 더 높은 해방의 작업"으로서 "주체에게 있어 단순히 주관적인 행동에, 욕구의 직접성에, 또한 감정의 주관적인 허영과 임의의 자의성에 반하는 **혹독한 작업**이다"(§187, 344-345). 원자화된 개인의 자연적 성격을 기반으로 한 시민사회는 그것이 개인들에게 강요하는 '도야'를 통해, 이러한 '자연적 성격'을 지양하는 과정으로 된다.

3) 시민사회와 국가

이러한 시민사회적 과정을 필연적 전제로 하는 '이념'으로서의 국가는 더이상 '직접적'이고 '자연적'인 의식이 아니라 "그 자신의 보편성으로 고양된 특수한 자기의식"(§258, 399)에 근거하고 있다. 헤겔에 있어 이러한 국가는 근대 자연권 사상가들에게서와 달리 형식적인 상호인정에 입각한 "다양한 인격들의, 단순히 공통적인 것일 뿐인 통일"(§182, 339)을 의미하는 것이 아니다. 이러한 통일은 아직 그 '자연성'을 탈피하지 못한 이기적 개인들을 근거로 한 것으로서 외적인 형식에 불과한 것이다. 이처럼 외적이고 형식적인 통일로서 국가는 오직 '강제'를 통해서만 개인들을 결합하는 추상성에 머물러 있다. 이러한 국가는 "소유와 개인적인 자유의 안전과 수호"를 목적으로 하고 있으며, 그러한 것으로서 "개별자들 자체의 이익이 궁극적 목적"인 결합이다(§258, 399). 헤겔에게 있어 이러한 국가는 "개별자와 보편자의 절대적 통일"[23]인 '인륜성'의 최고단계로서 "인륜적 이념의 현실"(§257)을 의

미하는 것이 아니라, 그것에 도달하기 위한 "절대적인 통과점"(§187, 344)
으로서 시민사회적 단계를 의미한다. 앞서 보았듯 시민사회는 개인들이 각
자의 이기적인 욕구를 충족하기 위해 상호의존할 수밖에 없게 됨으로써 형
성되는 "전반에 걸친 의존의 체계"이다. 그것은 오직 자신의 고유한 이해에
만 관심이 있는 개인들에게 "내용이나 목적"(§258, 399)이 아니라 단지 "형
식"(§186)과 "수단"(§187, 343)에 불과하지만 동시에 개인들이 자신의 욕구
를 충족시키기 위해 그 존재를 인정하고 순응하지 않으면 안 되는 외부적
"강제"이기도 하다. 여기서 개인과 시민사회, 나아가 국가의 결합은 "자유로
서가 아니라 특수자가 보편성의 형태로 자신을 고양시키지 않으면 안 되는
필연성"일 뿐이다(§186). 시민사회의 주체인 개인의 "특수성 자체는 방종하
고 한도를 모르는 것"으로서 각 개인은 "그 상상과 성찰을 통해 자신의 욕구
를 확대"하고 이것을 "악무한으로" 빠져들게 한다(§185, 342-343). 이러한
특수성은 방치될 경우 자기파괴의 위험을 안고 있으므로 시민사회의 존재
이유인 개인의 특수한 권리를 상호간에 보호하기 위해서 외부적인 제약이
필요하게 된다. 헤겔에 있어 시민사회는 단순히 개인들 사이의 시장관계만
을 의미하는 것이 아니라, 이를 가능하게 하는 제도적 보호체계도 포함하는
개념이다. 이러한 맥락에서 헤겔은 "개별자의 생계와 복지, 그리고 법적 실
존이 만인의 생계와 복지, 법과 얽혀 있으며 그 위에 근거하고 있고 오직
이러한 연관 속에서만 실제적이고 보장된 것이라"는 의미의 "전면적 종속의
체계"를 "외적인 국가, 즉 강제—, 그리고 오성국가"로 규정한다(§183). 이
는 그가 '구체적 자유의 현실'로 파악하는 '국가'를 위한 필수적 전제를 이루
지만 그 자체를 의미하지는 않는다. 24)

---

23) G. W. F. Hegel, *Enzyklopädie der philosophischen Wissenschaften* III. Werkausgabe
no. 10 (Frankfurt/M. : Suhrkamp, 1970), p. 318.
24) 헤겔의 '국가' 개념은 그의 철학을 둘러싼 논쟁에 있어 아마도 가장 잦은 공격의 대상이
었던 것 같다. 대부분의 공격은 그 '현실 합리화'의 논리에 초점이 맞추어져 있다. 법철학
등에 나오는 헤겔 자신의 표현이 이러한 비판에 근거를 제공하는 듯하지만 그의 '국가' 개념
은 '당시 프로이센의 절대주의 국가를 옹호하기 위한 것이라'는 식의 단순한 이해를 허용하
지 않는다. 여기서 상세히 논할 수는 없지만 필자는 그의 국가 '이념'이 역사적으로 존재하
는 현실의 국가형태 그 자체를 의미하는 것이 아니라 현실 속에서 이미 부분적으로 모습을
드러내고 있으나 앞으로 완전히 실현되어야 할 **개인과 공동체의 이성적 관계**를 의미하는

시민사회는 기독교와 더불어 인류역사에 대두한 '개인의 자립 및 주관적 자유'의 원칙이 발현되는 곳으로서 이를 위해 형성된 '전면적 종속의 체계'는 외적 강제력을 행사하는 방식으로 각 개인의 주관적 욕구 충족과 자유로운 발전을 가능하게 해준다. 시민사회에서는 개인들의 "등 뒤에서" **무의식적으로** 형성되고 이들에게 '강요'로서 작용하는 "보편성"과 자신의 욕구충족을 절대적 목적으로 간주하는 개인의 "특수성"이 참된 통일을 이루지 못하고 "분화"(Differenz)(§181)와 대립의 관계 속에 놓여 있다. '구체적 자유의 현실'로서 국가에서는 이 두 계기가 진정한 통일을 이룸으로써 서로를 **의식적으로** 요구하며 서로를 통해 완전히 실현될 수 있는 관계를 갖게 된다.[25] 이러한 국가 속에서 앞서 살펴본 바 '개인과 공동체, 공적인 삶과 사적인 삶, 사회와 국가의 분리'가 아직 존재하지 않던 '자연적' 공동체의 '유기체적' 성격과 이들 사이의 '분화'와 '대립'에 입각한 근대 시민사회의 '개인적 자율성의 원칙'은 '절대적 합일, 진정한 화해'에 도달하게 된다.

다른 한편 헤겔은 시민사회에 '내재하는' 근본적 문제점에 주목했다. 시민사회에서는 전면적 상호연관의 분업체계를 통해 한편으로 막대한 부가 축적되지만 다른 한편으로 "특수한 노동의 **개별화**와 **제한성**을, 그럼으로써 이러한 노동에 얽매인 계급의 **종속성**과 궁핍(Not)"이 증가한다(§243). 또한 "소수의 손에 과도한 부가 집중"되기 쉬운 한편 "커다란 다수"가 최저 생계수준 이하로 "전락"하는 양극화현상이 생겨난다. 이들은 이를 통해 "자신의 활동과 노동을 통해 살아간다는 자긍심"과 정의감을 "상실"하게 되며 "천민"화된다(§244, 389). 결국 시민사회는 "과도한 부"에도 불구하고 "과도한 빈곤과 천민의 발생을 제어할 수 있을 만큼 충분히 부유하지 못하다"는 사실이 드러난다(§245). 시민사회에서 한편으로 개인적 욕구가 "무한히" 발전

것이라고 이해하는 입장에 서있다.
25) 헤겔에 있어 '시민사회'와 '국가'는 미묘한 관계에 놓여 있다. 한편으로 시민사회는 '절대적 인륜성'으로서 국가에 도달하기 위한 필수적 전제조건이라는 차원에서 국가의 하위적 계기이다. 다른 한편 헤겔은 추상적 보편성만이 지배하는 시민사회에 대해 구체적 보편성이 실현된 국가를 대립시키고 있다. 이러한 관계의 문제점에 대한 좀더 상세한 논의로는 Jürgen Behre, "Demokratie: Politische Form oder Verfassungsprinzip," in Diethard Behrens, ed., *Politik und Soziale Praxis* (Freiburg: ça ira, 1997), pp. 57-75 참조.

하지만, 다른 한편으로 그 충족은 "우연적"이고 "보편성이 지닌 힘"에 "철저히 종속"됨으로써 "방탕과 궁핍, 그리고 양자에 공통적인 물질적·인륜적 타락의 장면이 연출된다"(§185, 341). 시민사회에 '내재한', 즉 본질적인 이러한 모순들은, 그것을 온존시키는 한 해결될 수 없는 것이다. 시민사회 '지양'의 일관된 논리는 맑스의 몫으로 남는다.

3. 맑스의 '시민사회'론

1) 시민사회와 국가의 이원화

맑스는 근대의 시민혁명을 통해 시민사회가 구래의 정치적 제약들로부터 완전히 해방되었으며 여기서 이루어지는, 경제적 활동을 본질적 내용으로 하는 사적 생활은 더 이상 공동체에 대해 고려할 필요가 없게 되었다고 바라본다. 이리하여 인간생활의 사적 영역과 공적 영역은 각각 시민사회와 국가로서 양분되고, 경제활동이 삶의 본질적 목적이 됨으로써 인간은 그 보편적 삶의 내용으로부터 소외된다는 것이다. 시민사회와 국가의 이러한 대립은 이미 헤겔에게 있어 개인들의 인격의 이중화로 표현된다. 즉, 각 개인은 시민사회의 일원(=bourgeois)이자 동시에 국가의 일원(=citoyen: 공민)이기도 하다. 시민사회에서 "시민들은 부르주아들이지 공민들이 아니다."[26] 맑스는 헤겔과 이러한 인식을 공유한다.

『독일 이데올로기』는 시민사회를 다음과 같이 규정하고 있다. "시민사회는 생산력들의 일정한 발전단계내에서 이루어지는 개인들의 모든 물질적 교류를 포괄한다. 그것은 한 단계의 모든 상업적 그리고 산업적 삶을 포괄하는데 그러한 한, 비록 그것이 다른 한편으로는 외부에 대해 일민족성(Nationalität)으로서 자신을 관철시키며 내부적으로 국가로서 조직되어야 하지만, 국가와 민족을 넘어선다. 시민사회(b. G)라는 말은 소유관계가 이미 고대적 그리고 중세적 공동체로부터 해방되었던 18세기에 대두하였다.

---

26) G. W. F. Hegel, *Die Vorlesung über Rechtsphilosophie* I (Heidelberg 1817/1818: 하이델베르크대학 1817년 겨울학기 법철학강의) in Karl-Heinz Ilting, ed. , *Die Philosophie des Rechts* (Stuttgart: frommann-holzboog, 1983), p. 108.

순수한 의미에서의 시민사회(die bürgerliche Gesellschaft als solche)는 부르주아계급과 더불어 비로소 발전한다. 다른 한편, 생산과 교류로부터 직접적으로 발전하는 사회조직은 모든 시대에 국가와 여타 관념적인 상부구조의 토대를 이루는데, 이러한 사회조직을 사람들은 번번이 동일한 이름(시민사회-역자)으로 명명했다."27) '순수한' 의미에서의, 그리하여 맑스의 **정치경제학비판**을 통한 분석대상으로서의 시민사회는 앞서 언급했듯 근대의 "정치적 혁명"을 통해 역사적 현실로 된다. 봉건시대에 이르기까지 "시민사회의 이기적 정신"은 정치적으로 속박받고 있었다. 정치적 혁명을 통해 "봉건사회는 그 근본으로 즉, 인간으로 해체되었다. 그러나 이 인간은 그 실제 근본이었던 이기적 인간이다. 시민사회의 성원인 이 인간은 이제 정치적 국가의 토대 즉, 전제이다. 그는 정치적 국가에 의해 인권이 보장됨으로써 그러한 것(정치적 국가의 토대-필자)으로서 인정되고 있다. …정치적 국가의 성립과 시민사회의 독립된 개인들—이들 사이의 관계가 법이다…—로의 해체는 동일한 행위로서 수행된다. …정치적 혁명과 시민사회 즉, 욕구와 노동, 개인적 이해, 사법(私法)의 세계는 후자가 전자의 존재의 토대가 되는, 즉 더 이상 근거가 제시되지 않는 전제가 되는, 따라서 전자의 자연적 토대가 되는 관계를 갖는다."28) 맑스에게 있어 이기적 개인들로 구성된 시민사회가 이렇듯 정치적 혁명, 그리고 이를 통해 성립한 근대국가의 토대 또는 전제를 이루는 것이었다면 국가는 역으로 시민사회에 대해 기능적으로 반드시 필요한 존재였다. 시민사회에서의 실질적인 이해대립과 모순관계는 국가의 중재와 이상적 해소를 요구한다. 근대의 국가는 시민사회 성원들의 사회적 차이 즉, "출신, 계급, 교육, 직업상의 차이"를 고려치 않고 이들 모두를 "인민주권에의 동등한 참여자로 선언한다." 이처럼 엄존하는 사회적 분열과 대립을 사상하면서 "완성된 정치적 국가"는 이상적으로만 존재하는 보편성의 영역이 된다.29) "그러나 국가의 이상주의의 완성은 동시에 시민사회의 물질주의의 완성이었다."30) "이 이기적인 삶의 모든 전제들은

---

27) Marx/Engels, *Die deutsche Ideologie*, in MEW 3 (Berlin: Dietz, 1958), p. 36.
28) Karl Marx, "Zur Judenfrage," in MEW 1 (Berlin: Dietz, 1956), p. 369.
29) Ibid., p. 354.
30) Ibid., p. 369.

국가영역 바깥에 시민사회에서 존속한다. 그것들은 그러나 시민사회의 속성들로서 존속한다. 정치적 국가가 진정으로 완성된 곳에서 인간은 사고 속에서, 의식 속에서뿐만 아니라 현실 속에서, 삶 속에서 이중적 삶 즉, 천상의 삶과 지상의 삶을 영위한다. 즉, 정치적 공동체 속에서 그는 스스로를 공동체적 존재로 자각하며 사는데, 시민사회에서 그는 사인(私人)으로 활동하며 타인을 수단으로 간주하고 자기 스스로를 수단으로 전락시키며 낯선 힘의 노리개가 되는 삶을 산다. 정치적 국가는 천상이 지상에 대해 그런 것과 똑같이 시민사회에 대해 영적으로 관계한다. 정치적 국가는 시민사회에 대해 똑같은 대립관계 속에 있다. 정치적 국가는 종교가 세속의 제한된 삶을 극복하는 것과 똑같은 방식으로 시민사회를 극복한다. 즉, 정치적 국가는 시민사회를 마찬가지로 다시 인정하고 산출하며 시민사회로 하여금 그 스스로(정치적 국가-역자)를 지배하게끔 만들 수밖에 없다."[31]

맑스는 헤겔이 시민사회와 국가의 현실적 대립을 입헌군주제와 "신분제"(Stände)라는 중세적 방식을 통해 해소하려 한다고 비판한다. "정치적인 것이 모든 사적 영역에 침투되어 있었"던 고대와는 정반대로 "중세에는 사적영역, 즉 시민사회가 정치적 지위를 획득한다." 봉건시대야말로 "정치가 사회-경제적 관계를 자동적으로 반영했던 시기"이다. 그러나 국가와 시민사회의 이러한 "중세적 통일"을 바탕으로 한 "신분제"에 기대어 근대의 문제를 해결하고자 하는 것은 "시대착오적" 시도에 불과하다는 것이다.[32] 맑스는 국가와 시민사회를 매개하려는 헤겔의 시도에 대해 그러한 매개의 '화신'과도 같은 "보편적 신분"(§205)으로서 "관료"를 비판함으로써 그 허구성을 명백히 드러내고자 한다. 헤겔에 있어 관료는 시민사회를 구성하는 한 신분이지만 다른 한편으로 "일반적 이익"을 위해 복무한다. 그러나 맑스는 관료

31) Ibid., pp. 354-355.
32) 쉴로모 아비네리, 『칼 마르크스의 사회사상과 정치사상』, 이홍구 옮김, 까치, 1983, 39-41쪽. 물론 헤겔이 이처럼 신분제에 의지하려는 것이 과거의 신분제로 단순히 회귀하는 것을 의미하지는 않는다. 리델이 지적하듯 헤겔은 시민사회라는 "정치경제학의 체계가 '국민'의 내부에 공통성과 상호종속의 체계를 이룸으로써 그것을 '다루기' 위해서는 신분제적 '분리'와 구분과는 다른 수단이 필요하다는 사실을 인식하고" 있었다. Manfred Riedel, *Studien zu Hegels Rechtsphilosophie* (Frankfurt/M. : Suhrkamp, 1969), p. 88.

제의 외면적 '이상주의' 뒤에 실제로는 "극도의 물질주의"가 숨어있다고 본다.[33] 즉 관료들은 "공공복지라는 미명하에 그들의 특수이익을 신장할 뿐"이라는 것이다.[34] "관료제는 자기 스스로에게 국가의 궁극적 목적으로 간주된다." 그리하여 "관료제에서는 국익과 특수한 사적 목적이 동일한 것으로 됨으로써 **국익**은 다른 사적 목적들에 대해서 하나의 **특수한** 사적 목적으로 된다."[35] 이처럼 맑스는 헤겔이 시민사회와 국가를 매개하려는 시도를 허구적인 것으로 신랄하게 비판했지만 그의 시민사회론은 헤겔의 선행작업에 적지 않은 빚을 지고 있는 것 같다. 이는 맑스가 시민사회를 규정하는 중요한 개념들 중 일부를 헤겔로부터 그대로 물려받고 있다는 데에서뿐만 아니라 특히 시민사회가 인류사의 발전에서 갖는 역사적 의의를 규정하는 데에서 뚜렷이 드러난다. 여기서는 이러한 점을 염두에 두면서 맑스의 시민사회론을 조명해보고자 한다.

2) 시민사회에서의 인격적 자유와 물적 종속

『정치경제학비판 요강』에서 맑스는 인류사의 발전과정을 그 사회형태에 따라 크게 세 단계로 구분하고 있다. 우선 첫 번째로 전자본주의적 사회형태는 "인격적 종속관계"를 통해 규정된다. 그것은 전자본주의적 토지소유형태들을 기반으로 하고 있으며 교환가치의 사회관계가 아직 발달하지 않았고 "개인들을 결합하는 공동체"가, 즉 "가부장적 관계, 고대적 공동체, 봉건제, 쭌프트 조직"이 "사회적 힘"을 발휘한다.[36] 여기서 개인과 공동체는 "편협한 속성들과 편협한 생산력 발전" 수준에 놓여 있으며 공동체와 개인의 목적은 이러한 편협한 "생산조건들과 개인들"을 재생산하는 데 있다(Gr. 439). 두 번째 사회형태는 '물적 종속에 기초한 인격적 자유'를 통해 규정되

---

33) Karl Marx, "Kritik des Hegelschen Staatsrechts," in MEW 1 (Berlin: Dietz, 1956), p. 249.
34) 아비네리, 앞의 책, 43쪽.
35) Karl Marx, "Kritik des Hegelschen Staatsrechts," pp. 248-250.
36) Karl Marx, Grundrisse der Kritik der politischen Ökonomie (Berlin: Dietz, 1953), p. 75. 이후 본문이나 각주에서 괄호 안에 Gr. 과 더불어 숫자가 나올 경우 이 저서를 의미하며 숫자는 원문의 쪽수를 나타낸다.

는데 바로 교환가치가 지배하는 자본주의적 생산양식의 사회형태를 의미한
다. 이 사회형태에서 개인들의 사적인 삶, 즉 시민사회는 구래의 공동체가
발휘하던 '사회적 힘'의 고삐로부터 풀려난다. "화폐관계, 즉 발전된 교환관
계…에서는 실제로 인격적 종속의 속박이 분쇄, 파열되었다. 혈통차이, 교
육차이 등. …개인들은 자립적으로 (이러한 자립성은 단지 환상일 뿐이며―
무관심이라는 의미에서―차라리 냉담이라고 하는 게 더 나을 것이다), 자
유롭게 서로 마주치며 이러한 자유 속에서 교환하는 것처럼 보인다"(Gr.
81). 그러나 개인들은 실제로 "단지 교환가치를 생산하는 자로서 존재할
뿐"(Gr. 159)이며 분업과 상품관계의 일반화를 통해 전면적인 상호의존의
사회관계가―궁극적으로는 세계시장의 형태로서―개인들 외부의 낯선 힘
으로 자립화함으로써 이러한 '사물화'된 연관에 철저히 종속되는 신세가 된
다. 스미스(Adam Smith)를 필두로 한 자유주의자들은 보편적인 상호의존
과 상호연관의 체계를, 개인들이 "자신의 이기주의"와 "자신의 이익"[37] 만을
추구하는 가운데 애당초 의도하지는 않았지만 서로에게 도움과 이익을 안
겨줌으로써 "개별이익들의 총합, 즉 일반이익"(Gr. 74)에 봉사하는 것으로
해석한다. 이러한 개인들의 '사회적' 관계는 각자의 이익추구와 이를 위한
상호간의 경쟁에 기반한 것이다. 여기서 인간들을 결합시키는 것은, 앞에
서 헤겔이 시민사회의 인간관계를 규정한 바와 같이, 상호간의 협력이나 인
간적 배려가 아니라 정반대로 서로가 서로를 자신의 욕구를 충족시키기 위
한 수단으로 삼는다는 사실이다. 맑스는 이처럼 "비사회적 특수이익을 통해
사회의 근거를 제시"하는 "모순"[38]을 꼬집으며―이러한 모순을 "자연법적
공리주의의 형이상학"에 의지해 "철학적으로" 해결한[39]―스미스의 조화론
이 주장하는 바와는 달리 시민사회의 인간관계는 서로가 서로의 이익관철
을 방해하는 "만인의 만인에 대한 투쟁"의 성격을 갖고 있다고 지적한다
(Gr. 74). 공리주의적 사유는 "자유, 평등, 사유재산"과 같은 "천부인권의

---

37) Adam Smith, *Der Wohlstand der Nationen* (München: dtv, 1978), p. 17.
38) Karl Marx, *Ökonomisch-philosophische Manuskripte* (1844), in MEW, Ergänzungs-
band, Erster Teil (Berlin: Dietz, 1973), p. 562.
39) Lucio Colletti, *Marxismus und Dialektik* (Frankfurt/M.-Berlin-Wien: Ullstein, 1977),
p. 96.

진정한 낙원"인 "유통 또는 상품교환의 영역"에 고유한 이데올로기 형태이다. 40) 서로가 서로를 수단화함으로써 형성되는 시민사회의 사회적 관계는 공리주의적 조화론이 주장하듯 아무도 희생시키지 않고 모두를 부유하게 만드는 것이 아니라 한 쪽의 성공이 다른 쪽의 파멸을 의미할 수 있는 경쟁의 관계이다. 물론 여기서 가장 큰 희생을 치르는 것은 스미스도 지적했듯 노동자이다. 41)

맑스는 **정치경제학 비판**에서 상품교환영역의 개인들이 평등하고 자유로운 법적 주체로서 상호인정관계에 놓이게 된 것을 헤겔과 마찬가지로 '역사적 진보'라고 이해한다. 42) 또한 개인들의 "상호 자립과 상호 무관심"을 기반으로 하는 사회관계가 그들의 "지식과 의지로부터 자립화된" "객관적 연관"으로서 "개인들 사이의 연관이 부재한 상태" 또는 혈연과 지연에 근거한 '자연적이고' 협소한 "지역적 연관"보다 선호될 수 있다고 바라본다(Gr. 79). 그러나 자유와 평등, 법이 지배하는 상품교환관계는 그 배후에 놓여있는 착취—및 지배관계로서 자본의 생산관계와 불가분하게 결합되어 있다. 나아가 이러한 생산—및 교환관계의 '사물화'된 '객관적 연관'은, 비록 그것이 개인들의 '자유로운' 활동을 통해 형성된 것임에도 불구하고, 개인들 외부의 낯선 힘으로서 이들을 철저히 지배한다는 의미에서 시민사회의 개인적 자유는 "모든 개인적인 자유의 완전한 지양이며…사회적인 조건들에 대한 개별성의 완전한 종속"으로 파악된다(Gr. 545). 이렇게 개인들의 의식적 행위가 그들의 "등 뒤에서" 의도하지 않은 외부적 힘으로 자립화하는 현상은 '사

---

40) Karl Marx, *Das Kapital.* Erster Band, in MEW 23 (Berlin: Dietz, 1962), pp. 189-190. 꼴레티는 루쏘가 이러한 사유에 대한 비판을 통해 일찌감치 시민사회에 예리한 비판의 칼날을 들이대고 있음을 보여준다. Lucio Colletti, *Marxismus und Dialektik, ,* p. 99 참조.

41) 스미스는 오늘날의 신자유주의자들과 달리 고임금 정책을 옹호한다. 모두에게 의식주를 제공하는 노동대중이 스스로 의식주생활을 제대로 한다는 것은 그에게 "지극히 당연한 일에 불과하다." 스미스에게는 고임금이 "국가 번영의 필연적인 결과이자 원인"이었다. 신자유주의의 세례를 받은 '현대적' 사민주의자들에 비해 스미스의 주장은 전통적 사민주의자의 것으로 보이기에 충분하다. 노동자들의 삶이 윤택해지면 노동의욕이 감퇴한다는 주장에 대해 그는 그같은 일이 소수에게만 해당되며 오히려 그들의 삶이 궁색해지면 생산성이 저하된다고 반박한다. Adam Smith, op. cit. , pp. 68-72.

42) Karl Marx, *Das Kapital.* Erster Band, pp. 181-191 참조.

물화', '소외', '전도' 등의 개념을 통해 **정치경제학 비판**의 핵심적인 주제로 다루어진다.

3) 역사의 필연적 '통과점'으로서 시민사회

한편 자본관계에 고유한 잉여가치 생산방식은 '낭만적' 시민사회 비판론자들이 간과한 인간발전의 동역학을 전개하는데, 그 과정과 역사적 의의를 파악함에 있어 맑스는 헤겔의 선행작업에 적지 않게 의존하고 있다. 헤겔에게서와 마찬가지로 맑스도 분업과 교환에 근거한 시민사회의 개인들이 맺는 관계를 보편적인 상호의존의 관계로 파악하며 이것이 낳는 욕구와 그 충족수단의 분화와 다양성을 논한다. 맑스는 한 걸음 더 나아가 전반적인 상품교환관계는 자본관계를 전제로 하고 있으며, 자본으로서의 가치는 '한도를 모르는'(maßlos) 자기증식의 경향을 갖는다는 사실을 밝히면서 이로부터 사회적 개인의 발전경향을 분석하고 있다. 자본으로서 가치가 갖는 '무한성'은 사회적 소비력을 통해 규정되는 사용가치의 '한도'와 모순되면서 자본에게는 소비의 범위를 끊임없이 확장하는 것이 가치증식이라는 자신의 궁극적 목적을 이루기 위한 본질적 조건으로 된다. 이는 "현존하는 소비의 양적인 확장"만이 아니라, "새로운 욕구의 생산과 새로운 사용가치의 발견 및 창조"(Gr. 312)도 의미한다. 이리하여 "노동은 더욱더 풍부한 형태로 세분화"되고(Gr. 317), "가능한 한 풍부한 속성들과 풍부한 관계들을 갖는, 따라서 풍부한 욕구를 갖는 사회적 개인들이 생산"된다. 이렇게 자본에 내재하는 '문명화시키는 경향'은 생산물들과 "정신적인 힘들"의 교류를 보편화시키고 개인을 "가능한 한 전면적이고 보편적인 사회적 산물로" 만들어가는 경향을 보인다. 즉 자본은 "사회의 성원들이 자연과 사회적 연관 자체를 보편적으로 취득(Aneignen)"하는 경향을 낳는다(Gr. 312-313). 이러한 **생산력의 보편적 발전**은 그러나 **협소한 생산관계**의 토대 위에서 오직 "대립적인 형태"(Gr. 440) 속에서만 관철되고 있다. 그리하여 자본은 "생산력들을 무한하게 증대"시키지만, 동시에 "최대의 생산력인 인간 자신을 일면적으로 만들고 제한하는 등"(Gr. 325) 생산력의 발전을 가로막는 모순적 발전을 보인다. 다른 한편 가치의 자기증식운동이 갖는 무한한 경향과 사회적 소비력의 한도 사이의 모순을 소비범위의 지속적인 확장을 통해 극복하고자 하는 자본의 노력은 "1) 유통의 범위를 지속적으로 확장시키고, 2) 그것(생산-역자)을 모든 지점에서 자본에 의한 생산으로 전환시키려는", 즉 자본주의적 생산방식을 보편화시키는 경향을 낳는다(Gr. 312). 시민사회의 고유한 생산관계는 이처럼 스스로를 보편화시키는 속성을 내재함으로써 세계시민사회(bürgerliche Gesellschaft), 즉 전지구적 자본주의의 형성을 낳게 된다.

이렇게 보편화된 시민사회는 그러나 여전히 인간의 **진정한 사회적 삶**을 실현하지 못한다. 여기서 "개인들 상호간의 사회적 관계는 자연적 힘, 우연, 또는 다른 어떤 형태로 상상되건 그들 위에 자립된 힘으로" 나타나는데 이는 "출발점이 **자유로운** 사회적 개인이 아니라는 사실의 필연적 결과"이다(Gr. 111). 개인들(주체)의 활동의 산물(객체)이 외부의 독립된 힘으로 개인들을 지배하게 된다는 주-객 전도가 '최고조'에 달하는 시민사회는 맑스에게 있어 바로 인간의 진정한 사회적 삶의 **본질적** 조건들이 준비되는 역사의 "필연적 통과점"이다. 맑스는 "부 자체의 창출, 즉 사회적 노동의 무차별적인 생산력의 창출만이 자유로운 인간적 사회의 물적 토대를 형성할 수 있다"고 보았는데 바로 시민사회에서 이러한 '부 자체'가 "다수를 희생으로" 창출된다는 것이었다. 43) 이러한 "역사적 경제적 과정"을 통해 개인의 진정한 사회적 삶을 위한 "객관적 및 주관적 조건들"(Gr. 716)이 창출된다. 44) 그것은 시민사회가 헤겔에게서와 마찬가지로 인간이 진정한 의미에서 '사회적 개인'으로 고양되기 위한 '도야'가 이루어지는 곳임을 의미하기도 한다. 헤겔에 있어서와 마찬가지로 그것은 '혹독한 작업'을 의미한다. 그것은 시민사회의 인간관계를 규정하는 '자유경쟁'을 통해서 서로에게 강요되는 것이다. "한편으로 잉여노동…그 자체가 일반적 욕구일 정도로, 그것이 개인적 욕구 자체로부터 생겨날 정도로 욕구가 발전했을 때, 다른 한편으로 수세대가 잇달아 통과한 자본의 엄격한 규율을 통해 일반적 근면성이 새로운 세대의

---

43) Karl Marx, *Resultate des unmittelbaren Produktionsprozesses* (Frankfurt/M. : Neue Kritik KG, 1969), p. 18.

44) 이러한 주관적 및 객관적 조건들은 "동일한 조건들의 두 상이한 형태들일 뿐이다"(Gr. 716).

일반적 자산으로 발전되었을 때, 자본이 그 무제한적인 축재욕 속에서…끊임없이 채찍질하며 촉진하는 노동 생산력의 발전을 통해 일반적 근면성이 발달함으로써 일반적 부의 소유와 유지가 한편으로 전체 사회에 대해 단지 보다 적은 시간만을 요구하며 노동하는 사회가 더욱더 진척되는, 끊임없이 더욱더 풍부해지는 재생산과정에 대해 과학적으로 관계할 때, 그러니까 인간이 사물로 하여금 자기 대신 하도록 할 수 있는 것을 자기가 하고 있는, 그러한 노동이 종료될 때"(Gr. 231), 바로 그때 생산력 발전에 "외부적인 박차"(Gr. 318)를 가하는, 그럼으로써 개인들에게 '도야'를 '강요'하는 자본의 "역사적 사명은 완수된다"(Gr. 231).[45] 그렇게 될 때 개인들은 "특정성 속에서 자신을 재생산하는 것이 아니라 자신의 총체성을 생산"하며 "무언가 되어버린 것에 머무르려 하는 것이 아니라 되어가는 절대적인 운동 속에" 있게 된다(Gr. 387). 이로써 인류사의 발전은 그 세 번째 사회형태에 도달하게 된다. 여기에서 "개인들의 실제적 발전"은 그 "한계를 끊임없이 지양"(Gr. 440)하는 것으로서, "풍부한 개인성의 발전"(Gr. 231), "개인성의 자유로운 발전"(Gr. 593)이 될 것이다. 이러한 개인성은 "그 생산과 소비에서 전면적이며, 따라서 그 노동도 더 이상 노동이 아니라 활동의 풍부한 발전 자체로 나타난다…"(Gr. 231). 여기에서야 비로소 맑스가 일찍이 근대 자본주의사회의 본질적 특징으로 간파한 "천상의 삶과 현세의 삶이라는 이중적 삶"이, 즉 공동체적 삶이 추구되는 "정치적 국가"와 이기적인 삶이 추구되는 "시민사회" 사이의 "분열"과 "모순"이, 그리하여 "일반 이익과 사적

---

45) 시민사회가 경쟁관계를 통해 개인들로 하여금 자신의 능력을 발전시키도록 '강요'함으로써 역사적 진보와 인류의 문명화를 이룬다는 사유는 이미 칸트에게서 발견된다. "우리는 부조화, 시기하며 경쟁하는 허영심, 소유 또는 지배에 대한 충족될 수 없는 욕구에 대해 자연에 감사해야 한다! 그것들이 없다면 인류가 지닌 모든 훌륭한 자연적 소질들이 영원히 발전되지 않은 채 잠들어 있을 것이다. 인간은 조화를 원한다. 그러나 자연은 인류에게 무엇이 좋은지에 대해 더 잘 알고 있다. 자연은 불화를 원한다." Immanuel Kant, "Idee zu einer allgemeinen Geschichte in weltbürgerlicher Absicht," in Wilhelm Weischedel," ed., Werke in zwölf Bänden XI (Frankfurt/M.: Insel, 1964), pp. 38-39. 물론 칸트는 시민사회의 경쟁관계 속에서 개인들이 서로를 수단화하며 전개하는 이러한 '문명화' 과정이 별다른 모순 없이 진행되는 것처럼 묘사하며 이 점에서 그 조화로운 진행을 주장한 스미스에 가깝다고 할 수 있겠다. 이에 대한 좀더 상세한 논의로는 Lucio Colletti, Marxismus und Dialektik, pp. 92-102 참조.

이익 사이의 모순"이 지양될 것이다.[46] 여기에서 "개인적 소유"는 "사회적" 소유가 되며[47] "인간에게 최대의 부, 즉 타인"[48]의 "자유로운 발전"은 인간의 "자유로운 발전의 조건"[49]이 될 것이다.

4. 맺는 말

헤겔은 기독교의 도래와 함께 인간적 본성의 평등과 보편성이 인정받게 되었으며 "주관적인 자유의 권리"가 "그 무한성에 있어서" 완전한 표현을 얻게 되었다고 바라본다. 헤겔이 포착한 근대의 이러한 '보편화'는 앞서 보았듯 '현세에서' 전통적 공동체가 해체되는 한편, "현세 바깥에 세워진" 신이라는 '보편적이지만 실제적이지 않은' 유대가 형성되는 과정으로 해석될 수 있는 것이었다. 맑스는 "인간이 자신의 정신적 힘들을 우선 종교를 통해 독자적 힘으로서 자신에 대해 형성해야만 하는 것과 똑같이", 자신의 생산적 힘을 자신의 외부에 소외된 형태로 독자화시키는 역사적 단계를 '통과'할 수밖에 없다고 보았다.[50] 그것은 개인들이 "자기 자신의 사회적 연관을 자신에게 종속시킬 수 있기" 이전에 그것을 우선 "창출"하는 과정이 요구되기 때문이다(Gr. 79). 헤겔과 맑스는 바로 근대의 시민사회가—비록 '이성의 간지'를 통해 무의식적으로, 또는 '대립적 형태' 속에서이긴 하나—보편적인 사회적 연관을 창출한다고 봄으로써 시민사회를 인간의 실제적인 **사회적 삶**이 실현되기 위한 필연적 "통과점"이라고 파악했다.

맑스에게 이 '통과점'은 어디까지나 "단지 **역사적** 필연성일 뿐"이며 "생산의 **절대적** 필연성"(Gr. 716)은 결코 아니다. 헤겔과 맑스 모두에게 있어 이 '통과점'을 거친 개인과 사회는 '진정한 화해'에 도달하게 될 것이다. 헤겔에게 그것은 시민사회에서 오직 '강제'를 통해서만 개인들을 결합하는 추상성

---

46) Karl Marx, "Zur Judenfrage," pp. 354-355.
47) Karl Marx, *Das Kapital*. Erster Band, p. 791.
48) Karl Marx, *Ökonomisch-philosophische Manuskripte* (1844), p. 544.
49) 칼 맑스, 프리드리히 엥겔스, 『공산주의 선언』, 김태호 옮김, 박종철 출판사, 1998, 37쪽.
50) Karl Marx, *Resultate des unmittelbaren Produktionsprozesses*, p. 18.

에 머물러 있던 '외적이고 형식적인 통일로서 국가'로부터 '구체적 자유의 현실로서 국가'로 이행하는 것을 의미한다. 여기서 '자연적' 공동체의 **유기체적** 성격과 근대 시민사회의 개인적 자율성의 원칙은 "절대적 합일, 진정한 화해"에 도달한다는 것이다. 맑스에게 그것은 정치적 삶의 영역에서 이상적으로 "주권적 존재, 지고의 존재"라 간주되는 인간이 실제로는 "우리사회의 전조직을 통해 타락하고 자신을 상실하고 소외되고 비인간적 관계와 요소들의 지배하에 들어간"[51] 상태로부터 "보편적으로 발전된 개인들"의 '자유로운 연합'이 자신들의 사회적 관계들을 "자신의 공동의 통제"(Gr. 79) 하에 놓게 되는 상태로 이행하는 것을 의미한다. 양자 모두에게—옛 '현존사회주의' 국가들 및 중국의 '시장사회'로의 전환을 포함하여—목하 전지구적 차원에서 진행중인 '시민사회'적 과정은 저 필연적 '통과점'을 거쳐 이러한 '이행'을 준비하는 과정으로 나타날 것이다.

---

51) Karl Marx, "Zur Judenfrage," p. 360.

지구화와 맑스주의 국가론

남구현(한신대, 사회복지학)

지금 시기 강화되고 있는 지구화(globalization) 경향은 다음과 같은 변화를 그 배경으로 하고 있다. 1) 자본의 운동 자체가 전지구적으로 전일화되었다. 즉 한편에서는 현존 사회주의의 몰락과 함께 자본주의와 대립하던 진영이—그것의 의미가 단순한 체제 경쟁이든지 아니면 서로 다른 발전 단계를 의미하든지 간에—사실상 사라짐으로써, 자본주의체제에 대한 위협 요소가 사라지게 되었으며,[1] 다른 한편에서는 주변부의 자본주의적 발전의 결과 주변부에서도 자본주의적 생산이 주도적인 생산으로 바뀌고, 말 그대로 자본 관계를 매개로 한 제국주의 관계의 재생산이 명실공히 가능하게 되었다. 2) 이와 함께 지구적 차원에서의 경쟁이 격화되었다. 경쟁이 격화된 근본적인 원인은 자본에 내재적인 이윤율 저하 경향이라고 하겠다. 자본의 집적 및 집중의 결과 점차 대규모화되어 가는 자본의 축적 규모에 걸맞는 신규투자 기회가 감소하여, 자본의 금융투기화 경향이 강화되고 있다. 3) 팍스 아메리카나 체제의 이완, 해체 경향. 이미 이는 70년대 달러화의 세계화폐로서의 역할 중단으로 표현되었다. 이차대전 이후 미국의 헤게모니가 세계 자본주의체제내에서 뚜렷하게 관철되어 왔다면, 이러한 팍스아메리카

---

1) 공산주의 진영의 존재는 서구의 노동자들도 사회적으로 보장되어 있다는 것을 보여주어야만 하는 요소로 작용했는데, 소련과 동구의 몰락과 함께 이와 같은 체제 경쟁이라는 의미에서의 사회보장에 대한 강박이 사라졌다. Leo Panitch, "Jenseits neoliberaler und sozialdemokratischer Globalisierung," in Michael Heinrich/Dirk Messner, eds., *Globalisierung und Perspektiven linker Politik* (Münster: 1998), p. 152.

체제는 이제 미국, 일본, 독일 등이 각기 아메리카, 아시아, 유럽의 지역권에 기반을 두고 세계시장에서의 헤게모니를 다투는 삼두체제로 바뀌었다. 세계정치의 다극화와 함께 80년대 말 90년대 초를 경유하면서 본격화된 유럽연합과 관련된 논의는 이러한 변화의 한 축이다.

이러한 변화를 배경으로 지구화가 진행되면서 민족 국가의 존속 유무, 역할 변화 등을 둘러싸고 국가론과 관련하여 논쟁이 벌어지고 있다. 여기에서는 지구화에 대해 다루기 전에 일단 지난 시기의 국가론 논쟁의 의미를 살펴본 후 이를 바탕으로 지구화와 관련하여 국가론적 쟁점을 평가해보기로 한다.

1. 국가론의 재검토

국가론 논쟁은 정치학적 분석 대상 가운데 가장 추상 수준이 높은 '국가'가 논의의 대상이 되어왔다. 즉, 자본주의국가의 계급성과 그것이 취하고 있는 계급 중립적인 외양을 어떻게 볼 것인가, 자본주의사회의 모순을 지양하는 문제와 관련하여 국가를 어떻게 볼 것인가, 나아가서는 이러한 문제의식 속에서 자본주의국가의 기능과 역할, 민주주의의 의미는 무엇인가 하는 문제를 둘러싸고 논쟁이 벌어져왔던 것이다. 이러한 문제에 답하기 위해서는 보통 정치학에서 다루는 주제들, 즉 자본주의국가 및 부르주아적인 틀내에서의 의회/선거정치를 전제한 상태에서 단순히 정당, 정치 행태 또는 투표 성향 등을 분석하는 수준을 넘어서 자본주의국가의 본질 규정 및 역사 사회적 형태 규정성, 국가 자체의 소멸까지 논의의 대상이 된다. 요컨대, 국가론 논쟁의 핵심은 자본주의국가의 자본주의적 형태 규정성과 정치와 경제의 관계를 어떻게 보아야 하는가, 자본주의적 모순의 재생산/지양과 관련하여 국가와 정치권력의 역할을 어떻게 이해해야 하는가 하는 문제라고 할 수 있다.

이와 같은 이유에서 국가론 논쟁은 국가 '그 자체'가 본질적으로 문제되는 시기, 그리고 자본주의국가의 지양의 문제가 질문의 대상이 되는 혁명적인 정세와 맞물려 있다. 우리는 고전적인 국가론 논쟁이라고 할 수 있는 레닌의 '국가와 혁명'이 러시아혁명의 급박한 정세 속에 쓰여졌다는 것을 상기할 필요가 있다. 물론 레닌의 논점의 기초가 되는 맑스의 정치적 저작들 역시 1848년 2월 혁명과 분리되어 사고되어질 수 없다. 이같은 사정은 60년대 말 70년대 초에 걸쳐 진행되었던 국가론 논쟁에서도 마찬가지여서 68년 학생혁명은 국가론 논쟁이 벌어지던 당시의 현실 운동적 배경이었다.

주지하다시피 맑스주의의 고전가들에게 있어서는 자본주의국가의 계급적 성격과 혁명적 이행과정에서 국가의 성격이 그 주제였다. 맑스는 1848년의 프롤레타리아혁명과 왕정 복고를 분석하면서 급변하는 혁명적 정세 아래 각 계급들의 움직임과 그들의 정치적 구호에 담겨진 계급적 내용을 밝혀내는 것과 1870년의 파리 코뮌의 경험에서는 프롤레타리아트가 수립하였던 국가의 분석을 통해 이행기 국가의 성격을 구명하려고 하였다.[2] 레닌은 이와 같은 맥락 속에 러시아의 혁명 과정에서 사회주의 이행과정의 국가에 대해 맑스의 저작들을 분석하여 제시함으로써 당시 논쟁관계에 있었던 무정부주의와 개량주의적 사회주의에 대해 논박하려고 시도하였다.[3] 그람시는 계급지배의 재생산이 단순한 억압뿐만이 아니라 동의에 의해 헤게모니적으로 확보되는 측면이 있으며, 노동자계급의 헤게모니를 강화하기 위해서는 사회 문화적인 영역에서의 진지전적인 전략의 구사가 요구된다고 역설하였는 바, 자본주의적 계급관계의 시민사회 영역에서의 재생산양식에 대한 그의 관심 역시 '현대 군주'로 대비되는 노동자계급 정당의 건설과 노동자 헤게모니의 강화를 통한 자본주의 모순의 지양이었다.[4] 로자는 혁명적 정세 속에서 대중적 노동자운동의 혁명적 역동성을 강조하면서, 이를 통제하고

---

2) Karl Marx, *Der achtzehnte Brumaire des Louis Bonaparte*, Marx Engels Werke 8, 1852; *Der Bürgerkrieg in Frankreich*, Marx Engels Werke 17, 1871.
3) V. I. Lenin, *Staat und Revolution*, Lenin Werke 25, 1917; *Die nächsten Aufgaben der Sowietmacht*, Lenin Werke 27, 1918
4) Antonio Gramsci, "The Concept of Passive Revolution," in Hoare Quintin/Smith Geoffrey Nowell, eds., tr., *Selections from the Prison Notebooks of Antonio Gramsci* (London: 1971); Antonio Gramsci, "The Political Party," in Hoare, Quintin/Smith, Geoffrey Nowell, op. cit. 아이러니칼하게도 그람시의 시민사회 영역과 문화에 대한 관심은 종종 노동자계급 정당론을 부정하는 시민사회론자들에 의해 노동자계급이 아닌 시민 주체, 정당운동이 아닌 시민운동을 제기하는 과정에 곡해된 형태로 원용되고 있다.

적정한 수준에서 정치적으로 수렴하려는 당 관료주의, 개량주의적 지도부를 비판하였다.[5] 맑스주의 고전가들은 비록 혁명론 및 이행론적 관점에서 각기 착목하고 있는 지점과 강조점을 달리하고는 있다고 하더라도, 부르주아 국가의 혁명적인 전복과 이를 위한 노동자계급 정치라는 문제의식, 즉 자본주의 모순의 지양과 새로운 사회로의 이행을 위한 전략 전술의 개발이라는 점에서는 일치하고 있다.

70년대의 국가론 논쟁은 국가의 자율성, 경제와 정치의 관계, 개량주의적 정치의 가능성을 중심으로 전개되었다.

도구주의와 구조주의 사이의 논쟁으로 널리 알려진 밀리반드-풀란차스 논쟁의 경우에는 자본주의국가의 '자율성'을 어떻게 이해해야 하는 것인가 하는 문제가 핵심에 놓여져 있다. 밀리반드는 경제 엘리트와 정치 엘리트간의 인적 연관을 근거로 자본주의국가가 자본가계급의 정치적 도구라는 측면을 강조하고 있다. 국가 엘리트가 대부분 경제 엘리트로 충원되는 한편 정책결정과정에 경제 엘리트들이 깊숙이 개입한다는 사실에 근거해 자본주의사회에서의 정치와 경제의 밀접한 연관을 입증하려 시도한 것이다. 반면에 풀란차스의 경우에는 정치와 경제는 서로 다른 심급으로서 '구조적'으로 자율적이다. 그렇다고 해서 국가는 경제로부터 완전히 자율적인 것은 아니고, 최종 심급이 '경제적인 것'인 한에서 국가의 자율성은 '상대적'이라는 것이다. 이 논쟁을 거치면서 경제와 정치와의 관계는 흔히 '상대적 자율성'이라는 다소 모호한 테제로 설명된다.[6]

경제와 정치 사이의 관계를 해명하는 과제는 명확히 해결되지 않은 채 독일의 논쟁에서 다시 나타난다. 독일 국가도출논쟁에서는 자본주의사회로부터 국가의 특수화(Besonderung)를 어떻게 설명할 것인가, 즉 자본주의국가

---

5) Rosa Luxemburg, *Der politische Massenstreik*, Rosa Luxemburg Gesammelte Werke 3, 1913; Rosa Luxemburg, *Massenstreik, Partei und Gewerkschaften*, Rosa Luxemburg Gesammelte Werke 2, 1906.
6) Ralf Miliband, *The State in Capitalist Society* (London: 1969); "State Power and Class Interests," *New Left Review*, No. 138 (1983); Nicos Poulantzas, "The Problem of the Capitalist State," *New Left Review*, Nr. 58 (1969); *Zum marxistischen Klassenbegriff* (Berlin, 1973); *Politische Macht und gesellschaftliche Klassen* (Frankfurt am Main, 1975); "Towards a Democratic Socialism," *New Left Review*, Nr. 109 (1978).

의 부르주아사회로부터의 형태적인 분리를 어떻게 설명할 것인가 하는 점이 논쟁의 중심이었다. 일단의 독일의 맑시스트들이 이러한 논쟁에 가담하게 된 저변에는 당시 사민당 정권의 출범 등과 맞물려 이전의 단순한 계급국가적인 규정이 사민주의적인 개량주의 정치를 비판하는 데 한계를 드러낸 것이 그 출발점이었다. 각 논자들은 맑스의 자본주의사회 분석에 등장하는 다양한 범주들로부터 출발하여 국가를 도출함으로써 경제와 정치의 관계를 해명하고, 이에 기반하여 자본주의사회에서의 개량주의/사회주의 정치의 가능성과 한계를 분석하고자 하였다.

예컨대, 알트파터는 개별자본가들의 경쟁관계에서 국가를 도출한다. 개별자본들은 각자의 특수한 이해만을 추구하므로 자본의 평균적 이해관계를 표현해주는 형식으로서 국가가 필요하게 된다는 것이다. [7] 히르쉬는 사회적 재생산을 규제하는 가치법칙은 자유로운 상품유통과 장애받지 않는 경쟁에 의해 이루어지므로 물리적인 계급폭력은 경제로부터 분리되어 국가에 독점된다고 보았다. [8] 이들의 경우 외에도 자본주의사회의 화폐관계, 법관계 등에서 국가를 도출해낸 학자들도 있었으나, 공통적으로 부르주아 국가의 법치국가/사회국가/개입국가적 성격을 설명하기 위해 순환관계에 속하는 경제적 범주에 근거하여 국가를 도출해냈기 때문에 주로 부르주아 국가가 취하고 있는 경제로부터의 분리된 형식이 문제되었을 뿐 국가의 계급적 내용은 간과되었다.

우리는 여기에서 고전적인 국가론과 70년대의 국가론 논쟁이 문제영역을 달리 설정하고 있는 것을 확인할 수 있다. 고전적인 국가론이 혁명운동과 국가의 관계를 해명하고자 하였으며, 자본주의국가의 계급성을 분명히 하면서 개량주의, 아나키즘과 논쟁하였고, 자본주의의 모순을 지양하고 새로운 사회로 이행하는 전략을 중심으로 전개되었다면, 70년대에는 자본주의

---

7) Elmar Altvater, "Zu einigen Problemen des Staatsinterventionismus," *Prokla*, Nr. 3 (1972).
8) Hirsch Joachim, "Elemente einer materialistischen Staatstheorie," in Claudia von Braunmühl, ed., *Probleme einer materialistischen Staatstheorie* (Frankfurt am Main, 1973); *Sraatsapparat und Reproduktion des Kapitals* (Frankfurt am Main, 1974); Hirsch Joachim, "Zur Analyse des politischen Systems," *Gesellschaft* 1 (1974).

지구화와 맑스주의 국가론 97

사회에서의 국가의 개입 여지, 사회정책적 개입의 가능성과 한계를 해명하는 것을 중심으로 전개되고 있다는 것을 주목할 필요가 있다. 이는 이차대전 이후의 장기 호황에 기초하여 수십년간 복지국가/사회국가적인 발전이 가능했던 시기가 논쟁의 배경을 이루고 있다는 사실을 생각할 때 당연한 일이라고 할 수 있다.

70년대의 논쟁을 거치면서 자본주의국가를 설명하는 데 있어서 계급 범주를 내적 상관관계 속에서 엄밀히 배치시키지 못함으로써 계급적 내용과 계급중립적 형식, 경제와 정치 사이의 내용적 통일과 형식적 분리를 제대로 구명하지 못하게 되었다는 것을 확인할 수 있다. 그리하여 단순한 계급국가적 규정에 머무는 것을 극복하려고 시도하기는 하였지만, 상대적 자율성 테제를 가지고는 소위 복지국가/사회국가적 발전을 이론적으로 분명히 하지는 못하였다. 이러한 한계는 80년대 이후 신보수주의/신자유주의 공세에 대해 제대로 대응하지 못한 채, 고작해야 신자유주의 논리를 노동의 입장에서 내면화한 제3의길, 신노동, 신중도류로 귀결하는 결과를 낳았다고 할 수 있다.

우리는 앞에서 국가론 논쟁의 배경에는 혁명적 정세가 놓여져 있다고 지적한 바 있다. 70년대에 제기되었던 본질적인 국가론 논쟁은 70년대 초를 경과하면서 사그러들었고, 그 이후에는 이에 비견할만한 논쟁이 존재하지 않았다는 점은 이를 반증하고 있다. 주지하다시피 80년대 이래 전세계를 풍미하는 신보수주의/신자유주의는 2차대전 이래 장기간 지속되었던 호황이 70년대의 경제위기에 의해 중단된 후 세계적인 차원에서 악화된 자본의 축적조건에 적합한 형태로 등장한 새로운 축적전략이라고 볼 수 있다. 노동과 복지는 공격을 당하였고, 복지국가/사회국가적인 발전은 제동이 걸렸다. 이후 90년대를 넘어서면서 노동자대중의 생존권적 저항은 지구적인 차원에서 사상 유례없는 규모로 전개되었으며, 이러한 운동들은 의회/선거정치를 넘어서는 공장/가두정치를 광범위하게 보여주고 있다. 지구화반대투쟁, 반전평화운동 등 나라와 국경을 넘어서 지구적으로 벌어지고 있는 이러한 운동이 국가 그 자체, 나아가서는 착취적 지배 질서 그 자체의 근거가 문제로 등장하는 '혁명적 운동'으로까지 발전해나갈 수 있을지 여부에 따라 국가론 논쟁 역시 재규정될 것이다.

2. 지구화와 국가

이제까지의 논의들이 민족국가를 전제로 하고 있었다면 최근의 논의들은 지구화와 함께 자본의 축적 조건의 변화에 따른 국가의 위상 및 역할 변화를 반영하고 있다.

지금은 무엇보다도 자본의 운동과 그에 따른 모순은 지구적으로 확장되고 있는 데 반해 노동은 지구적 자본운동이 야기한 모순을 극복하기 위한 운동과 함께—대부분은 민족국가의 틀에 가두어진 상태에서—아직 민족적 성격을 벗어나지 못하고 있는 것에 의해 특징지어지는 시기이다.[9] 지난 시기의 국가론 논쟁은 일단 민족국가적인 틀을 전제로 한 것이었으며—비록 유럽연합 등의 지역화에 따라 민족국가가 해체되더라도 자본관계 및 자본주의적 계급관계가 사라지지 않는 한 국가의 본질 규정은 변하지 않는다고 하더라도—국가론은 이제 변화된 조건에 맞추어 재구성되어질 필요가 있을 것이다. 물론 이러한 경우에도 역시 국가를 둘러싼 이론적인 논쟁은 이전과 마찬가지로 현실운동에 의해 조성되는 계급투쟁의 지형 변화에 의해 규정될 것이다. 무엇보다도 현실 모순의 첨예화, 새로운 군국주의, 지구적 파시즘의 등장, 새로운 전략 전술의 개발이 시급히 요청되며, 국가에 대한 새로

---

9) 여기서는 지구적 '자본'과 민족국가의 틀에 가두어진 '노동' 사이의 모순을 의도적으로 강조하였다. 그러나 이 모순은 흔히 지구적 '시장'과 민족적 '국가' 사이의 대립으로 인식되고 있다. (이러한 입장의 예로서 Elmar Altvater/Birgit Mahnkopf, *Grenzen der Globalisierung. Ökonomie, Ökologie und Politik in der Weltgesellschaft* [Münster, 1997]; Leo Panitch, "Jenseits neoliberaler und sozialdemokratischer Globalisierung," in Michael Heinrich, Dirk Messner, eds., *Globalisierung und Perspektiven linker Politik* [Münster, Westfälisches Dampfboot, 1998]를 참조할 것.) 이와 같은 관점은 그러나 일국적 수준에서의 노동과 자본 사이의 모순 그리고 이 모순적인 시민사회의 대립에 기초하고 있는 자본주의국가와의 내적인 상관관계를 도외시하고 단순히 '국가'와 '시장' 사이의 대립으로 보는 잘못된 대당 논리를 지구적 차원에서 반복하고 있는 것으로 볼 수 있다. 실제로 민족적 국가를 대표하는 정상들의 회의체인 G7은 지구적 '시장'과 대립하기는커녕 그 입장을 대변하고 있으며, 지구화를 추동하는 중심부 자본과 이를 대변하는 정치적 지배계급은 하나의 블록을 형성해서 지구화를 반대하는 각국의 노동자민중운동세력들과 대립하고 있다. 시민사회는 그 자체가 모순적이며, 이러한 모순은 국가에 정치적으로 표현되어 있다. 물론 시민사회와 국가, 경제와 정치 사이의 불일치, 부조응은 존재할 수 있지만, 이러한 균열은 대체로 적대적이지 않은 방식으로 조율되어 왔다.

운 논의는 무엇보다도 이와 같은 현실운동의 급박성이라는 맥락에서 요구된다고 하겠다.

지구화가 야기한 문제에 대해서는 이미 많이 알려져 있다.10) 그 모순에 대한 반대 운동 역시 널리 퍼져 있으며, 위력적이다. 흔히 지구화 반대투쟁(anti-globalization movement)으로 알려져 있는 운동이 그것이다.11) 그러나 그것의 원인, 동력, 대응책 등에 대해서는 여러 가지 혼재된 인식들이 존재한다.

여기서는 무엇보다도 일단은 지구적 자본 운동의 전면화, 즉 자본 관계의 지구화 테제에서 출발하고자 한다. 다국적 및 초국적기업의 등장 이래 보다 값싼 노동력, 원료 및 상품 판매지를 향한 자본의 운동은 나라와 국경을 넘어 전면화되었고, 이제 생산 자체가 지구적인 수준에서 펼쳐지면서 생산 단위의 국제적인 연계, 생산기지의 현지화 등 세계 경제의 지구화는 이제까지의 민족국가적 틀에 바탕을 둔 국제무역의 기존 질서의 변화를 강제하였다. 이러한 경향이 강화되면서 자유무역주의와 다자간 협상에 기초하여 관세 및 상품교역뿐만 아니라 자본투자 및 자본의 재생산 과정에 등장하는 각국의 정치적 개입전략까지 강제력을 가지고 규율하려는 새로운 국제질서가 등장하게 되었다. (GATT에서 WTO로) 이렇게 된 근본적인 원인으로서는 자본의 과잉축적/생산으로 전세계적인 차원에서 진행된 자본의 경향적인 이윤율 저하를 들 수 있다. 자본의 운동장은 이제 전지구적 규모로 확장되어, 자본은 이제 민족국가적인 틀을 넘어서서 말 그대로 전지구적 차원에서 새로운 투자처를 찾아 움직이고 있다. 물론 이전에도 자본 도피, 자본

---

10) 세계적인 차원에서의 경제 위기, IMF 개입, 신자유주의 구조조정, 외채, 대량실업, 고용불안, 사회적 양극화, 20대 80의 사회 등이 그것이다. 이에 대한 풍부한 사례들에 대해서는 한스 피터 마르틴/하랄드 슈만, 『세계화의 덫』, 강수돌 옮김, 1997, 영림카디널; 미셸 초스도프스키, 『빈곤의 세계화』, 이대훈 옮김, 1998, 당대 등을 참조할 것.

11) 지구화 반대투쟁은 엄밀히 말하자면 자본 주도의 지구화에 대한 반대 투쟁을 의미할 것이다. 자본 주도의 지구화가 진행되면서 지구화 반대 투쟁도 지구적으로 전개되고 있다. 노동자운동에서 이전부터 표방되어 오던 국제주의의 연장선상에서 노동자민중운동의 지구화는 긍정적 함의를 가지고 있는 바, 이와 같은 지구적 운동의 전개도 지구화의 결과로 볼 때, 지구화 반대 투쟁이 이를 반대하는 것은 아니라는 점에서 지구화 반대 투쟁은 모든 종류의 지구화에 반대하는 투쟁이 아니라 자본 주도의 지구화 반대 투쟁, 즉 반자본 투쟁으로 보아야 할 것이다.

의 해외 유출과 같이 내부 모순의 외화가 일어났으나, 이제는 자본이 민족국가의 틀을 넘어서 항상적으로 지구적인 수준에서 움직이고 있는 것이다.

자본운동의 지구화경향은 이제까지 민족국가적 단위로 조직된 세계정치질서 안에서의 국가주권의 약화를 동반하고 있다. 무엇보다도 경제영역에서 이는 두드러지게 나타난다. WTO의 경우 구제금융, 정부보조금과 같은 국가의 개입주의적 경제정책을 규제한다든지, 경제위기시에 IMF의 구조조정 원칙에 따라 일국의 경제 주권, 즉 국가의 경제정책 결정권이 박탈당하는 것이 그 예이다. 이와 함께 노동정책 및 사회정책적인 국가 개입전략의 변화가 나타나고 있다. 민족국가의 틀을 넘어서 유럽연합, NAFTA와 같이 권역화가 진행되는 한편, 민족국가의 약화와 함께 일국내의 민족분쟁이 격화되고, 이제까지의 국가가 해체 및 분화하는 사례가 나타난다.

교통 및 통신수단의 발달에 따라 사회문화적인 차원에서도 나타나고 있는 지구화는 이와 같은 배경 속에서 이해되어져야 할 것이다(지구는 하나, 지구촌, 인터넷, 정보 고속도로). 정보소통에 있어서 지구적인 차원에서 공간의 축약과 동시성을 가능케 해준 것 등은 19세기의 교통통신혁명에 비견될 수 있으며, 지구화의 가장 확실한 징표로 제시되고 있다. 그러나 정보영역에서 벌어지는 혁명적 변화 역시 앞에서의 정치경제적 영역에서의 지구화 경향과의 내적 상관관계 속에서 분석되어져야 한다. 예컨대 얼핏 보기에는 단지 지구적인 정보 인프라로서 기능하는 물화된 공간인 것처럼 보이는 인터넷의 경우에도 정보 민주주의를 둘러싸고 각국가 내부의 계급 관계와 지구적인 제국주의 관계를 매개로 투쟁이 벌어지고 있다. 또한 지금의 자본주의 위기를 타개하고 새로운 미래를 건설할 수 있을 것처럼 칭송되어오던 미국의 벤처산업의 경우 거품이 거두어지면서 새로운 경제위기의 주된 원인 제공자가 되고, 이같은 자본의 축적위기는 다시 군사적 제국주의를 배태하는 계기가 된 것이 이같은 사실을 입증하고 있다.

우리는 여기에서 자본운동의 지구화와 그에 따른 세계 정치질서의 변화, 그리고 그것의 사회문화적인 영향을 중심으로 지구화를 분석하였다. 이와 같은 관점은 이론적으로 다음과 같은 점을 시사하고 있다.

지금의 지구화가 자본의 자기축적운동 과정에 자본 주도로 나타난 것이라면, 그것은 '모순적'인 과정일 수밖에 없다. 지난 90년대 초반 이래의 지구적 차원에서의 축적 조건의 변화의 결과라는 점에서 신자유주의라는 사상 신조와 결합되어 있는 것은 우연이 아니다. 1970년대 양차에 걸친 오일쇼크로 온세계를 강타한 경제위기에 대한 자본의 대응책으로서 1980년대를 넘어서면서 서구 자본주의국가들에서 전면적으로 등장한 신자유주의/신보수주의 공세는 일국적 차원에서 자본의 위기를 노동의 위기로 전화하면서 내부적인 쥐어짜기로 경제위기를 극복하고자 하는 자본의 축적 전략으로 본다면, 1990년대의 지구화는 이와 같은 내부적 군살빼기가 노동자민중의 저항에 의해 사실상 무력화된 조건 아래 모순을 외화시켜 지구적 차원에서의 쥐어짜기를 시도한 것으로 볼 수 있을 것이다. 지구화는 신자유주의/신보수주의의 세계화인 것으로 필연적으로 지구적인 차원에서의 모순의 격화와 이에 저항하는 노동자민중의 투쟁을 불러일으킬 수밖에 없다. 이와 같은 관점에서 볼 때, 90년대 초반 이래 자본주의의 전일화와 함께 선언된 역사의 종언에도 불구하고 현실에서는 보다 거대한 지구적 차원에서의 재앙이 시작되었다. 지구는 하나, 지구촌 등과 같은 목가적인 표현들은 지구적 차원에서 심화되고 있는 모순과 그 결과 터져 나오고 있는 노동자민중 투쟁을 도외시하고 있다.

지금의 지구화 경향은 '제국주의 테제'와의 관련성 속에서 전개해야 한다. 사실 자본은 그 출생기에서부터 세계적이었으며, 자본관계의 확장은 바로 전지구적 차원에서의 제국주의관계의 확장이었다. 지금의 지구화 역시 자본의 지구적 운동에 의해 추동되고 있다는 점에서 자본 주도의 제국주의적 지구화이다. 그러나 지금 지구화로 불리는 경향은 이제까지의 제국주의와 관련하여 새로운 양상을 보이고 있다. 자본주의 자체가 전일화되었다는 점에서 명실공히 지구적 자본주의로 불리워질 수 있으며, 이제 상품, 화폐의 매개 없이 자본 그 자체의 운동에 의해 특징지어지고 있다.

한편 악화되는 축적 조건 아래 자본의 투기적 성격은 강화되고 있다. 물론 여기에서 자본이 투기화하는 경향의 근저에는 자본의 과잉 축적/과잉 생산과 이윤율의 경향적 저하가 그 원인으로 놓여져 있다. 이와 같은 점에서 금융자본의 투기적 성격을 생산적으로 바꾸는 것이 해답이 될 수는 없다.12) 자본 자체의 축적위기가 본질이고, 투기화가 그것의 현상이라면, 지금 자본 지구화의 특성으로 극명히 드러나는 지구적 금융자본의 투기화가 야기시키는 문제를 해결하기 위해서는 자본 자체의 지양이 관건이 될 수밖에 없다는 것이다.

미국 주도로 제국주의의 중심부에서 전개되고 있는 최근의 군국주의화는 이제 자본의 금융 투기화를 통해서도 축적위기를 극복할 수 없다는 것을 거꾸로 반증하고 있다. 반미, 반전이 반제, 반자본의 성격을 취할 수밖에 없는 이유는 우리가 자본관계/제국주의관계를 분명히 함으로써 해명할 수 있을 것이다. 경제적 제국주의와 군사적 제국주의는 자본주의적 모순이 외화되면서 세계적 차원에서의 제국주의/식민지 관계가 형성되는 과정에 제국주의가 취할 수 있는 다양한 '형태'들로서, 미국 주도의 지구화추종론, 즉 영어학습, 아메리칸 웨이 오브 라이프, 코카콜라, 맥도날드, 할리우드 등의 물신 숭배는 제국주의 전쟁을 지지하는 것과 본질에 있어서는 같은 맥락이라고 할 수 있다.

지구화 및 국가 역할의 재설정과 관련하여 제출되고 있는 민족적 경쟁국가, 신자유주의적 국가, 슘페터리안 근로국가 등의 테제는 이전에 안전(보장)국가, 케인즈주의적 개입국가 등의 용어로 불리어지던 복지국가/사회국가가 80년대를 거치면서 보여주는 변화를 표현하고 있다. 이러한 논의들은 이전의 국가론 논쟁이 국가의 본질 규정과 관련된 문제들을 주로 대상으로 했던 것과 달리 신보수주의/신자유주의의 등장, 지구화와 함께 축적조건의 변화에 따른 국가의 성격 변화를 포착하기 위한 시도들로 보아야 할 것이다.13)

---

12) 예를 들어 Bischoff는 지구화와 함께 증대하는 화폐 및 금융자본의 문제를 제기하면서 맑스의 허구적 자본(fiktives Kapital)과 실질적 자본(reales Kapital)에 관한 논의를 적절하게 적용하고 있다(Joachim Bischoff, "Globalisierung," *Supplement der Zeitschrift Sozialismus* 1/96, pp. 1, 6-8). 그러나 이 문제의 해답을 실질적 자본과 허구적 자본 간의 간극을 조정하는 데에서 찾는다거나, 국제적인 금융자본의 운동을 토빈세와 같은 장벽 또는 민족국가적인— 분배 및 관세 장치를 통해—조절 메커니즘으로 제한하는 데에서 찾았을 때(ibid., pp. 12-13), 이 문제의 근본적 원인으로부터 멀어지게 되었다. 이러한 방책은 자본의 지구화 경향이 발생하게 된 근본적인 원인을 해결하는 것이 아니기 때문에 일시적인 미봉책에 그칠 수밖에 없다.

우리가 지구화 문제를 근본적으로 고찰한다고 한다면, 지구화의 경향에 따라 민족국가의 틀이 무너질 것인가 아닌가—그리고 이러한 질문이 묵시적으로 저변에 깔고 있는 신자유주의적인 시장 맹신주의에 대해 (민족) 국가의 개입주의를 지지해야 하지 않는가—하는 문제제기는 여기에서는 오히려 부차적이다. 분명한 것은 일단 지구화에도 불구하고 그것이 중심부 자본의 헤게모니 아래 진행되고 있는 한 모순이 심화되고 있으며, 이러한 변화된 조건 아래서 계급관계의 재생산을 위한 공적 폭력의 독점으로서 국가는 절대적으로 필요하고, 그것의 형태가 어떠하든지 간에 존속될 것이라는 점이다. 예컨대 유럽연합의 경우 민족국가가 해체된다고 하더라도 유럽'국가'와 같은 더 큰 울타리 안에서 계급관계는 재생산될 것이다. 이러한 관점에서 본다면 지구화 경향은 일국적/지구적인 수준에서 계급투쟁의 새로운 조건 변화를 의미할 따름이다. 자본/제국주의 관계의 재생산이 민족국가에 의해 매개되고 있는 한, 노동자민중의 새로운 정치도 민족에 의해 매개되어질 수밖에 없다고 하더라도, 국가 물신주의의 함정에 빠져서 민족국가의 틀 안에서 담장쌓기/성과물 지키기 식의 결론은 근본적인 답이 될 수 없다.

3. 새로운 기회?

지구화와 함께 나라와 국경을 넘어서 신자유주의적인 축적전략이 구사되면서 지구적 차원에서의 노동자민중운동의 저항이 터져 나오고 있으며, 이는 이미 지구적으로 전개되고 있다. 중심부에서의 지구화 반대투쟁 전선의 강화는 우리의 주목을 끌고 있으며, 선진 각국에서의 좌파정권의 등장에 이어서 주변부에서도 좌파들의 집권이 이어지면서 새로운 정치의 가능성이 점쳐지고 있다. 이러한 변화들은 이제까지의 중심부 역사의 주변부에서의 반복인가 새로운 반격의 시작인가?

---

13) Joachim Hirsch, *Der nationale Wettbewerbsstaat. Staat, Demokratie und Politik im globalen Kapitalismus* (Berlin, 1995); B. Jessop, ″From the Keynesian Welfare to the Schumpetarian Workfare State,″ in F. Burrows/ B. Loader, eds., *Towards a Post-Fordist Welfare State* (London, 1994). 다양한 입장들에 대한 소개와 평가는 이해영, 「지구화와 민족국가」(국제정치경제포럼 토론회 '신자유주의와 그 대안' 발표문, 2000. 10. 5.)를 볼 것.

우리는 지난 시기 소위 문민정부, 국민의 정부 아래 한편에서는 민주화 과정이 진행되면서 신자유주의 구조조정이 전면화한 것을 경험하였다. 그리하여 노동 조건이 악화되고, 비정규직이 양산되면서, 빈곤이 전면화되는 과정을 겪었다. 생산적 복지의 이름 아래 신자유주의 구조조정의 모순은 은폐, 완충되었다. 이와 같은 경향은 급진 좌파(?)의 정부라는 참여 정부에 와서도 계속되고 있다. 집단소송제 등 소액주주 강화를 통해 재벌의 독점적 지배구조를 민주화시킨다고는 하지만 재벌개혁은 시장 개혁이라는 관점 속에 제한되어졌고, 정치개혁은 근대적 정당정치를 확립하는 방식으로 진행되고 있다. 이로써 구시대 정치를 청산하고, 건강한 자본주의적 합리성을 제고할 수는 있겠으나 이러한 개혁은 중간계급의 이해 관계에 복무하는 데 그칠 뿐이다. 중간계급 헤게모니의 강화만이 추구된다면 이는 필경 노동자 민중의 착취 강화를 통해 떡고물 얻어먹기 식으로 갈 것이다. 예컨대 재벌개혁과 정치개혁은 중간계급의 영향력을 증대하는 데 기여하는 한에서 지속적으로 진행시키면서, 노동자계급에 대한 신자유주의 구조조정에 대해서도 그것의 떡고물을 중간 계급이 얻어먹을 수 있다는 점에서 지지할 수가 있는 것이다.

주변부에서의 민주화와 좌파의 등장이 노동자계급의 관점에서 볼 때 근본적인 한계를 보여주고 있다면, 주로 서구에서 등장하고 있는 신자유주의적 지구화에 대해 사민주의적 지구화를 대비시키는 방식 역시 근본적인 해결책이 될 수 없다. 신노선, 신중도, 신노동 등의 이름 아래 사회주의를 현대화하는 것을 표방하고는 있지만, 기본적으로 신자유주의 논리를 내면화하고, 지구적 무한 경쟁을 용인하고 있는 이와 같은 입장들은 지금의 모순을 해결할 수 없다.14) 단지 '사회적 유럽' 개념에서 드러나고 있듯이 보다 인간적인 자본주의를 추구하면서 이전의 모순들을 좀더 넓은 규모인 유럽 수준에서 재생산하는 데에 그칠 것이다.

이 글에서는 지구화를 자본, 계급, 제국주의 등의 범주들과의 내적인 상관관계 속에서, 그것들의 범주적 발전(kategoriale Entwicklung)이라는 맥

---

14) Leo Panitch, op. cit., pp. 153-154.

락 속에서 포착하고자 시도하였다. 이는 지구화와 새로운 정치의 가능성을 계급적 관점, 자본/제국주의 관계의 지양의 관점에서 바라보아야 한다는 것을 의미한다. 우리의 대안은 단순히 지구화를 반대하는 투쟁을 넘어서서 자본/제국주의를 지양하기 위한 운동으로 발전해나가야 할 것이다. 그렇지 않으면 과거로 회귀하던가 아니면 고작해야 단지 운동장이 커졌을 뿐 지금 까지 민족국가적인 틀 속에서 재생산되어 오던 방식으로 모순은 지양되는 것이 아니라 다시 보다 큰 규모로 재생산될 것이다. 결국은 자본/제국주의의 문제가 관건이 될 것이며, 지역적, 민족적, 지구적 차원에서 자본/제국주의 관계를 지양할 수 있는 전략 전술의 개발과 새로운 사회적 주체의 형성이 필연적이다.

이때 궁극적으로는 진정한 해방적 보편성 속에서 지구적 연대 투쟁을 발전시켜 나가야 할 것이다. 반제, 반자본 투쟁을 통한 모순의 지양과 새로운 세계의 건설, 지구적 차원의 해방 프로젝트, 노동자민중적 연대를 통한 정치적 주체의 형성은 먼 미래의 일이 아니다. 자본 주도의 지구화는 모순을 지구적 차원에서 보편화시킴으로써 모순을 해결하기 위한 보편적 해방 운동의 필연성 역시 증대시키는 한편 자본 자신의 내적 필연성에 의해 스스로의 지양 조건을 형성해나가고 있다.

공간유물론: 자본주의 역사지리의 공간생산론을 위해

김용창(세종사이버대, 도시지리학)

1. 머리말

공간분야에서 자본주의적 세계화라는 미리 여러 개 달린 히드라에 대한 맑시스트 비판의 쟁점은 다양한 사회공간적 규모(scales)에서 전개되는 차별화, 공간적 분절 및 수렴의 동시적 과정을 어떻게 분석할 것인가이다. [1]

공간문제에 대한 정치경제학적 접근(또는 급진주의 및 맑스주의 지리학)은 1960년대 말과 1970년대 초 서구사회의 사회경제적 위기를 배경으로 출현하였다. 1971년 미국지리학회의 보스딘 모임을 계기로 공간문제에 대한 실증주의적 · 사회공학적 접근(spatial science)을 비판하면서 대안적 접근을 모색한 이래 약 30여 년이 흘렀고, 이를 기념하면서 최근 『환경과 계획』 (Environment & Planning A)은 공간정치경제학 30년의 성과와 전망에 대한 특집호를 마련한 바 있다. 이처럼 30여년의 성과를 회고하고 성찰할 수 있을 정도로 많은 연구성과들이 축적되었고, 비록 미국을 중심으로 한 주류지리학계에서 그 위상에 대한 공식적 인정에는 인색하지만 실제 교과과정 및 연구성과에서 정치경제학적 접근은 하나의 뚜렷한 흐름을 형성할 정도

---

1) S. Chari, "The Vicissitudes of Marxism in 'Postmodern' Times," *Antipode* 35 (2003), p. 178.

로 성장하였다. [2]

반면에 다른 한편에서는 태동시기에 어떻게 하면 공간문제를 철저하게 맑스주의 방법론으로 연구할 것인가를 고민하던 흐름에서 이제는 1980년대 중후반 이래 포스트돌풍(rush to the 'post')을 겪으면서 '지나치게 새로운 것을 좋아하는 병'에 걸렸다고 비판받을 정도로 연구주제와 접근방법에서 다양한 분화를 경험하고 있다.

본 논문에서는 지난 30년간의 공간정치경제학 연구성과와 변화를 검토하고, 지구적 공간생산이 더욱 심화되는 현 시점에서 포스트주의 공간분석에서 놓치고 있는 공간생산론을 어떻게 전개할 것인가를 제시하고자 한다. [3]

2. 공간정치경제학의 정립과 변화

1) 정치경제학적 접근방법의 정립

서구사회에서 공간문제에 대한 비판적 접근의 모색은 크게 북미적 전통과 유럽적 전통으로 구별할 수 있고, 특히 유럽과는 달리 사회과학에서 맑스주의 전통이 취약했던 미국의 경우 매우 다양한 경로를 거쳐 왔다. 1960년대 이전의 공간연구에서 비판적 접근은 제한적이나마 환경결정론과 지역의 특이성에 대한 상세한 기술과 묘사를 중시하는 개성기술적(idiographic) 접근에 대한 비판이 주를 이루었다. 사회적 진화론(Darwinism)과 그 지리적 내용인 환경결정론에 대해 러시아 무정부주의 지리학자인 크로포토킨(Kropotokin)과 맑시스트이자 지리적 유물론자인 비트포겔(Wittfogel)이 제국주의적 팽창의 이데올로기로 간주하면서 비판한 바 있으나 계승되지 못하였다.

---

2) R. Johnston, "Intellectual Respectability and Disciplinary Transformation? Radical Geography and the Institutionalisation of Geography in the USA since 1945," *Environment and Planning A*, vol. 27 (2000), pp. 971-973.
3) 여기서 검토 대상으로 삼고 있는 정치경제학적 접근은 맑스주의 방법론에 입각한 것만이 아니라 1960년대 말 이래 실증주의적 접근에 대한 대안을 모색하는 다양한 분파들을 포함하고 있으며, 맑스주의 방법론을 선택하였던 경우도 그 자체가 또다른 전통적 접근이 되어가는 추세이기도 하기 때문에 여기서 말하는 정치경제학적 접근은 넓은 의미에서 비판적 공간연구 정도로 정리할 수 있다.

한편 개성기술적 접근에 대해서는 래티모어(Lattimore) 사건에서 보이는 것처럼 냉전시기의 반공산주의 광풍(매카시 광풍)으로 인해 급진적 접근으로 성장하지 못하고,[4] 대안으로서 1950년대 말과 1960년대 초 계량혁명을 계기로 사회공학적 접근으로 귀결되어 공간연구의 주류가 되었다. 이후 사회학에서 도시생태학적 접근에 대한 비판으로서 정치경제학적 접근이 출현한 것처럼 공간과학은 지리학에서 극복해야 할 주된 대상이 되었다.

이러한 연유로 해서 북미적 전통에서 공간문제에 대한 정치경제학적 접근은 맑시즘에 이론적 토대를 갖고서 출발한 것은 아니었고, 이후에도 상당기간 이러한 경향은 계속되었다. 결국 북미 급진 지리학의 초기단계에서는 자본주의의 본질과 관련하여 사회문제를 연구한 것이 아니라 표면적 원인에 주목하였고, 따라서 자본주의가 손상되지 않는 범위내에서 개선계획을 제시하는 데 만족해야 했다.[5]

그러나 1972년 무렵부터는 맑스주의 틀을 도시연구에 철저하게 적용하기 시작하였고, 1974년 좌파교수진과 학생으로 구성된 사회주의지리학자연합(USG: Union of Socialist Geographers)이 결성되기도 하는 등 1970년대로 접어들면서 급진지리학은 1960년대식의 급진주의와는 확연하게 색깔이 구분되었다.

이러한 지리학 중심의 북미적 상황과는 달리 프랑스를 중심으로 하는 유럽의 경우 1960년대 말 도시사회운동과 신좌파운동의 폭발적 증가라는 시대적 상황과 맞물려서 맑스주의 공간 연구작업이 폭발적으로 증가하는 동시에 실천이론으로서 맑스주의 위기론이 대두 및 증폭되었다.[6]

이렇게 다양한 전통과 경로를 거쳐 1970년대 말 무렵에 이르면 어느 정도 체계화된 정치경제학적 접근으로 자리를 잡는다. 이 당시의 정치경제학적

---

4) 중국지역사가인 래티모어는 19세기 말 미국 대외정책가들이 중국에 대한 제국주의적 요구를 제시하지 못했다고 말하는데 얼마 뒤 매카시 상원의원에 의해 미국 최고의 러시아 스파이라는 혐의를 받는다.

5) 이러한 연구경향에 대해 드라이스데일과 와츠(Drysdale & Watts)는 "때때로 지리학자들은 전장이 내려다보이는 언덕에 앉아 연기 구름이 불어가는 방향에 넋을 잃고 있는 구경꾼 같다"라는 자조적 표현을 한 바 있다.

6) A. S. Milicevic, "Radical Intellectuals: What Happened to the New Urban Sociology?", *International Journal of Urban and Regional Research* 25 (2001), pp. 759-783.

접근은 기본적으로 공간문제를 자본주의의 사회공간적 논리라는 차원에서 해석하는 접근으로 정리할 수 있다. 여기서 사회공간적 논리는 이윤추구를 둘러싼 기업간 경쟁, 잉여생산물의 전유를 둘러싼 계급간 갈등, 생산력 발전과 그 실현에서 계급모순, 국가개입의 갈등과 모순 등을 통해서 구체적으로 구현되는 것으로 보았다.

초창기 공간정치경제학은 이중적 과제를 안고 있었다. 첫째는 기존의 전통적인 공간과학과 생태학적 접근의 공간개념을 극복하고, 공간분석에서 유물론적 개념화를 정립하는 것이었다. 두 번째는 기존의 정통 맑시즘이 갖고 있던 공간에 대한 편견을 극복하는 것이었다. 사회와 공간 사이 관계를 어떻게 설정할 것인가의 문제로 모아진다.

이러한 공간정치경제학의 이중적 과제를 해결하기 위한 전략으로서 그동안의 공간연구가 '사회적인 것'의 부재에서 오는 사회과학적 열등감을 극복하기 위해 돌파구로 삼았던 일종의 '공간의 종속'을 넘어서 사회적인 것과 공간적인 것 사이 대등한 관계를 설정하려는 노력(이른바 '공간변증법')이 나타난다. 예컨대 매시(D. Massey)는 자본주의 공간발전은 일국내 공간차별화 과정이며, 따라서 분석적 관심사는 자본축적 과정이 불균등 공간발전을 창출하는 메커니즘과 일국 사회구성체와 특정 지역발전에 이러한 불균등성이 미치는 영향에 대한 연구가 되어야 한다고 규정한다.[7]

2) 공간의 재인식과 공간정치경제학의 분화

자본주의체제의 변화는 그에 상응하는 지리적 변화를 수반한다. 1980년대 이후 새로운 공간현상의 출현, 사회주의권의 붕괴 등과 같은 변동상황이 맑스주의적 이론과 현실 사이의 괴리를 더욱 증폭시켰다. 아울러 사회과학계에서 '차이의 토대'로서 공간을 주목하면서 공간정치경제학에 다양한 철학 및 방법론들이 도입되었고, 80년대 이래의 이러한 상황을 워커(R. Walker)는 다음과 같이 표현하고 있다. 그 결과 1980대 초까지의 확고한 맑스주의 공간정치경제학을 구성하려는 합의점은 깨졌다.

---

7) D. Massey, "Regionalism," *Capital & Class* 6 (1978), p. 106.

몇 가지 유행되는 움직임을 쉽게 떠올릴 수 있다. 기든스와 구조화이론, 헤거슈트란트와 시간지리학, 푸코와 탈구조주의, 뢰머와 합리적 선택맑시즘, 크리스테바와 해체주의, 바스카와 리얼리즘, 하버마스와 의사소통이론, 제임슨과 포스트모더니즘, 알튀세르와 구조주의 맑시즘, 세이블과 유연적 생산. 이러한 목록은 쉽사리 더 많이 열거할 수 있다. 8)

자본주의사회 경제의 재구조화와 사회주의권의 붕괴에 따른 공간정치경제학의 분화과정에서 나타나는 쟁점과 전개방향은 크게 세 가지로 구분할 수 있다. 먼저 지리상에 서로 다르게 펼쳐져 있는 공간형태들과 공간적 속성들을 자본주의의 일반법칙으로 설명하려는 논의, 인간 개인의 주관성으로 설명하려는 논의들은 모두 극단적인 설명양식이기 때문에 부적합하다는 것이다. 이러한 분위기를 타고 인문지리학에서 '주체와 경험이라는 단어가 모든 액을 물리치는 부적으로 통용'되었으며, 양극단을 비껴갈 수 있는 방법으로 구조와 현상(행위)을 다리놓을 수 있는 '매개개념'을 찾게 된다. 행위주체(agent, actor)이론이 대안으로 대두되었다. 9) 맑시즘은 자본주의에 대한 존재론적 해체(ontological deconstruction)를 수반할 수 있는 미시분석방법을 개발하고 구체적 현실을 분석할 수 있는 과학적 분석개념을 장착하는 데 실패했다는 것이다. 10) 이와 관련하여 비판적 리얼리즘(critical realism)은 공간이 다양한 추상수준에서 위치하고 있기 때문에 추상과 구체 사이의 방법론적 연계를 위해서는 비판적 리얼리즘, 맑시즘, 지리적 현상 사이 관계를 탐구함으로써 유사 공간추상방법, 경제주의적 환원론을 피하면서 공간해석의 추상과 구체의 문제를 해결할 수 있다고 주장한다. 11)

8) R. Walker, "What's Left to Do?", *Antipode* 21 (1989), p. 156.
9) R. G. Smith, "World City Actor-networks," *Progress in Human Geography* 27 (2003), pp. 36, 38-39; H. Ernste, "Transgressing Borders with Human Geography," Inaugural Speech held at Thursday, June 27, 2002, Nijmegen University, pp. 1-18; N. Thrift, "On the Determination of Social Action in Space and Time," *Environment and Planning D: Society and Space* 1 (1983), pp. 23-57.
10) M. Storper, "The Poverty of Radical Theory Today: from the False Promises of Marxism to the Mirage of the Cultural Turn," *International Journal of Urban and Regional Research* 25 (2001), p. 159.

두 번째 방향은 공간을 이러저러한 모습으로 드러나게 만드는 원천을 새로이 찾는 노력이다. 구체적인 공간형성 또는 공간생산의 다원적 경로를 찾는 문제이며, 실천적으로는 공간을 둘러싼 새로운 갈등관계를 확인·재발견하는 문제이다. 자본과 계급, 생산의 관점을 비판하면서 그동안 맑스주의 공간연구에서 소홀히 취급해왔던 성, 인종(민족), 문화, 소비 등의 새로운 주체인식과 관점이 특히 강력하게 대두하였다. 공간형성에서 경제적 논리 외의 다른 원천을 찾는 이러한 노력은 곧 공간상에서 작용하는 착취 외의 또다른 억압원천을 찾는 것에 해당한다.

이른바 공간정치경제학에서 '문화적 전환'(cultural turn)이라는 흐름이 대대적으로 형성되었으며, 다양성과 차이(diversity and difference)의 문제로 귀결되고 있다. 이러한 흐름에서는 '지구촌시대 생활양식에서 다양성의 찬미'라는 슬로건의 이데올로기적 배경인 자유주의적 다문화주의(multi-culturalism)론을 비판하는 '비판적 다문화주의론'을 토대로 하고 있다. 자유주의적 접근이 탈정치적 지향을 통해서 차이의 상품화(commodification of difference)에 쉽게 굴복한다고 비판한다. 이에 비해 비판적 다문화주의론은 문화적 차이가 구체적인 사회적 실천을 통해 생산되는 방식에 초점을 맞춘다. 즉 전체 사회구성체의 실천과 제도화를 포괄함으로써 사회에서 권력과 그 차별적 배분, 자원과 권리, 재현의 문제에 중점을 둔다. 이러한 접근방법을 통해서 다양성의 지도화(geographies of diversity)를 넘어서 차이의 정치와 그러한 차이의 정치를 생산하는 공간구조를 탐구하는 것이다. 12)

세 번째는 그간의 다양한 논의들이 상당수는 맑스주의에 동조적 비판이라는 입장을 취했지만 포스트모더니즘 논의의 등장은 전면적인 재평가를 요구했다. 이러한 주장의 급진성은 현실세계의 변화가 지금까지의 맑스주의, 리얼리즘, 구조화이론 등의 관점으로는 제대로 이해할 수 없기 때문에 사유양식의 근본적 전환이라는 방향에서 포스트모더니즘을 받아들이는 것

---

11) J. M. Roberts, "Realistic Spatial Abstraction? Marxist Observations of a Claim within Critical Realist Geography," *Progress in Human Geography* 25 (2001), pp. 546-547.
12) P. Jackson, "Geographies of Diversity and Difference," Keynote Lecture presented at the Geographical Association Annual Conference (2002), pp. 1-8.

이다. 이러한 방향은 근본주의, 본질주의, 거대이야기, 총체화이론을 버리고 무질서, 비일관성, (모든 것을 결정하는) 중심성의 해체라는 관점에서 사고할 것을 촉구하며, 현상들의 동일함(sameness)을 강조하지 말고 현상들 사이에 존재하는 차이(difference)에 좀더 민감할 것을 촉구한다.

포스트모더니즘이 다른 비판과 달리 또다른 급진적인 면은 실재와 가상의 의미구분이다. 맑스주의 공간연구 비판 대부분이 실재하는 것(the real) 자체에 대한 부정보다는 그것을 재현하는 방법, 존재형태, 재현을 둘러싼 갈등에 초점을 맞추었던 데 비해 포스트모더니즘의 주장은 실재하는 것 자체에 대한 회의이며, 현실적인 사회공간에 대한 준거를 갖지 않고 무정형적 담론과 담론들의 접합상태만이 존재한다는 것이다. 이미지와 의미 및 실제세계 사이 조응관계가 붕괴되고, 나아가 실제 생활(real life)이 이미지나 미디어가 묘사하는 이미지들을 닮기 시작하였다는 것이다. '종국에는 진실의 세계가 거짓의 세계가 된다'는 니체의 예언이 실현된다는 것이다. 13)

3. 자본주의 역사지리와 공간생산론

1) 자본주의 역사지리의 추상과 구체

앞에서 살펴본 것처럼 맑스주의 공간론은 다양한 철학 및 방법론을 도입하면서 급격하게 분화되고 있고, 새로운 주제를 찾아 나서고 있다. 그러나 이 과정에서 놓치고 있는 것이 공간 자체의 자본주의적 생산과정에 대한 비판이다.

사회문제에 대한 공간적 사유방법(spatial perspectives)은 맑시스트 전통에서 볼 때 계급투쟁을 신비화시키는 허위의식을 만들어낸다고 오랜 동안 뒷전에 밀려나 있던 사유양식이다. 1970년대 중반 이래 서구에서 맑스의 부

---

13) T. W. Luke, "Placing Power/Siting Space: the Politics of Global and Local in the New World Order," *Environment and Planning D: Society and Space* 12 (1994), pp. 620-621; L. McDowell, "The Transformation of Cultural Geography," in D. Gregory, R. Martin & G. Smith, eds., *Human Geography: Society, Space and Social Science* (Minneapolis: Univ. of Minnesota Press, 1994), pp. 166.

활과 더불어 공간문제에 맑스적 해석을 통합하는 데 주도적인 역할을 한 사람이 바로 하비(D. Harvey)이다.[14]

그는 그동안 정통 맑시스트의 논의 속에서 역사유물론과는 달리 인간이 투쟁을 매개로 자신의 지리(공간)를 만들어간다는 '공간유물론'이 무시되어 온 것을 사회과학에 통합시키려고 노력해왔으며, 그래야만 진정한 맑스주의적 실천이 이루어질 수 있다고 본다. 즉 자본주의 역사지리가 올바른 이론적 구성이자 실천의 장이라는 것이다.

최근 세계화, 신체(body), 유토피아 등과 같은 현재적 문제와 관련하여 맑스가 논의하지 않았다는 사실 또는 맑스 당대에 없던 새로운 문제들이 출현하고 있다는 사실이 맑스 접근방법의 유효성을 부정하는 근거가 되지 못한다는 것이다(166). 따라서 "포스트주의가 제공하는 렌즈를 통해 읽는 것"은 무모한 짓이라고 비판한다(34). "일상생활의 유기체적 조건에 다시 뿌리를 두고…맑스와 맑스주의자가 우리에게 유산으로 전해준 추상방법을 폐기하는 것이 아니라…다양한 공간적 스케일(spatial scale)에서 전개되는 다양한 투쟁을 통해 추상과정을 재입증·재평가"하는 방법을 선택하자는 것이 하비의 방법론적 주장이다(123).

그래서 『희망의 공간』에서 세계화, 신체, 유토피아의 문제 등 현재적인 문제들을 해석하는 방법으로서 제시하고 있는 방법은 자본주의적 노동의 문제(구체적 노동과 추상적 노동)에 초점을 두고, 보편성과 특수성 및 추상과 구체의 변증법적 논리를 적용하자는 것이다. 후자의 문제를 맑스나 맑스주의의 핵심문제에 대한 교란 없이 해결하기 위해서 역사지리적 유물론이라는 시각을 통합하는 것이 올바르다는 것이 하비의 또다른 주장이다. 그러나 들뢰즈, 가타리, 푸코 등의 논의에 기반하여 최근 사회과학에 급격하게 도입되고 있는 공간적 관점은 때로는 맑스와 급진적 단절의 대가로 이루어지고 있다는 것이다(89, 93).

---

14) 현재의 공간문제 및 그 해석과 관련하여 하비의 자본주의 역사지리에 대한 맑스주의적 분석이 잘 제시된 저작이 다음의 저작이다. 이하에서는 이 저작을 중심으로 자본주의 역사지리에서 추상과 구체의 문제를 살펴보겠다. 본문에 표시된 쪽수는 최병두 외의 번역본이다. D. Harvey, *Spaces of Hope* (Edinburgh Univ. Press, 2000), 최병두 외 옮김, 『희망의 공간』, 한울, 2001.

세계화는 역사의 종말이 아니라 투쟁에 따라 향방이 달라지는 진행형일 뿐이라는 것이다. 세계화는 전형적인 가치법칙의 영향 속에서 출현한 것이며, 자본주의는 그 모순을 세계화를 통해서 절대 해결할 수 없다는 것이다. 이러한 점에서 헤겔이 성숙한 시민사회의 문제해결책으로 새로운 공간의 창출(제국주의와 식민지)을 제시했지만 이는 자본주의적 공간생산과정의 모순을 무시했을 때만 가능하다라는 것이다(52). 맑스가 간파한 것처럼 특정한 장소와 시간 속에서 이루어진 물질적 활동의 특수성(구체적 노동)과 상품교환의 확대에 따른 가치의 보편성(추상적 노동) 간의 변증법적 관계가 지리적 불균등발전(공간의 파괴를 통한 공간생산)을 가져오며, 세계화과정도 여기서 예외일 수는 없는 것이다(64, 93). 현재 이러한 세계화는 발전의 끝이 아니라 구체적 노동과 추상적 노동의 관계에 기반하여 상이한 공간적 차원과 장소에서 발생하는 거대한 내적파괴, 가치하락, 파산을 수반하고, 전세계 인구를 해고, 실업, 서비스제공시스템의 붕괴, 생활수준의 하락, 자원 및 환경파괴의 소용돌이로 몰아넣고 있는 '진행중인 과정'인 것이다 (121-122).

신체의 문제는 비록 맑스가 구체적으로 논의하지는 않았지만 '노동하는 신체'의 관점에서 역사지리적으로 구체적인 자본순환 과정과 연계시켜야 하며, 완성되지 않은 진행형의 프로젝트로 출발할 것을 제시한다. 하비가 제시하는 방법이 바로 가변자본의 순환이라는 틀 속에서 신체의 문제를 보자는 것이다. 여기서 성, 인종, 나이 등의 구체적인 문제들이 가치실현의 기여도라는 평가수단으로 판단된다. 이러한 구체적인 지역의 구체적 노동은 가변자본의 교환과정에서 잉여가치 실현을 위해 추상적 노동이라는 규율을 적용받는다. 이 지점에서 노동하는 신체는 세계 각 지역의 국지적인 구체성과 세계시장의 보편성을 매개하는 한 가운데에 서있는 것이다(158-159). 결국 신체는 가치법칙에 근거한 자본주의 시공간의 압축된 기호로서 이용되고 있기 때문에 자본주의 시공간 모순의 응축체로서 신체를 바라보아야 한다는 것이다.

마지막으로 스토퍼(M. Storper)의 말처럼 급진정치경제학의 위기는 대규모 변혁프로그램을 갖지 못하는 것에 기인하는 바가 큰데, 하비는 맑스주의 지리학이 이러한 유토피아의 문제에 정면으로 대응할 것을 주문한다. 맑스는 아담 스미드의 보이지 않는 손이 제시하는 유토피아를 철저하게 배격하기 위해 노력하였고, 그 어떤 유토피아의 논의도 철저하게 배격하였다 (240). 그러나 하비에게 좌파들이 유토피아에 관한 모든 논의를 폐기하는 것은 온당치 못하다는 것이다. 유토피아의 전망이 없이 우리가 항해하기를 원하는 항구를 결정할 방법이 없기 때문이다. 그리고 보수주의적 도덕주의의 손에 유토피아 논의를 방치하지 말 것을 주문하고 있다. 유토피아의 문제설정 방식에 대한 담론 투쟁을 전개하자는 주장을 제시하고 있는 것이다 (258-259). 헤겔과 맑스는 사회적 과정으로서 유토피아를 제시한 형태이지만 궁극적인 공간적 형태를 제시하지 못했다고 본다(238). 그러나 맑스주의적 유토피아는 실천적인 구체성의 확보를 위해서 공간적 틀잡기와 장소 구축, 즉 공간성과 장소의 지리와 통합시켜야 한다고 주장한다(244-246). 왜냐하면 앞서 말한 바와 같이 자본주의 역사는 구체적인 역사지리, 즉 모순을 내재하고 있는 공간불균등 발전을 내부화하고 있기 때문이다. 이러한 점에서 푸코가 제시한 헤테로토피아(heterotopia)는 과거의 정통 맑스주에 비해 공간의 이질성을 잘 이해할 수 있는 계기를 제공하지만 공간의 역사성과 발전과정을 보지 못하는 단점을 안고 있는 셈이다(253).

이제 우리는 최근 사회과학에서 차이의 토대로서 공간적 관점을 도입하는 것에 대해 동일하게 비판할 수 있을 것이다. 예컨대 라클라우(E. Laclau)와 제임슨(F. Jameson)의 공간과 시간개념은 다음과 같은 오류에 빠진 것이다. 자기완결적 폐쇄체계, 즉 정체성(stasis)으로 보는 라클라우의 공간관, 혼돈 상태에 빠진 천박함과 재현불가능성(즉 일목요연한 인식의 지도를 작성해야 할 대상)으로 보는 제임슨의 공간관은 결국 자본주의 역사지리에 근거한 공간의 지속적 생산과정과 그에 기반한 공간의 정치성(진보)을 무시하는 것이다. 15)

2) 위치이점의 생산을 통한 공간의 차별적 재생산

자본주의 역사지리의 숙명은 결국은 자본주의적 공간생산과정의 차별적

---

15) D. Massey, "Politics and Space/Time," *New Left Review* 196 (1992), pp. 67, 79-84.

재생산과 모순을 내재하고 있다는 것이다. 현재 우리는 지구적 공간생산과 그 차별성으로서 신산업공간의 출현을 목도하고 있으며, 이와 관련하여 기존의 맑스주의 접근방법으로는 해명이 되지 않는다고 보고 다양한 해석들이 유행을 타고 있다. 먼저 경제공간과 관련하여 규모의 경제 및 수확체증의 법칙이 지리적으로 한정된 지역에서 형성되고 지속성을 갖는 것에 대해 크루그먼(P. Krugman) 등의 경제학자가 주목을 하면서 공간적 이질성(spatial heterogeneity)이 중요하게 부각되고 있다. 최근 '신경제의 경제지리'에서는 기업간 연계, 기업과 공급업자 및 고객연계, 사회적 관계망, 거래되지 않는 지식의 국지적 창출 등이 2차자연의 이점(second-nature advantages)으로 개념화되고 있다. 16)

특히 공간경제발전론에서 제도학파 경제학의 도입은 신고전파경제학과 맑시스트 정치경제학 사이 제3의 길을 열었다고 평가받고 있다. 그러나 공간적 집적경제의 해석에 중점을 두는 이러한 해석은 전체 불균등발전 및 정치경제적 규제(조절) 과정에 의해 공간발전경로가 어떻게 구조화되는가를 놓치고 있다는 비판을 받는다. 이러한 문제는 권력, 자본에 의한 실질적 공간포섭범역(scales) 및 그 불균등성(공간의 차별적 재생산과정)의 문제에 좀더 민감할 필요가 있다. 17)

다음으로 문화적 전환의 입장에서, 공간생산(또는 개발)에서 개발의 의미가 규정되고, 그에 대한 갈등이 전개되며 사회적 가치가 중성화되어 하나의 합의사항(common sense)이 구성되는 것은 문화정치(cultural politics)를 통해서 해명할 수 있다는 견해가 있다. 공간생산의 문화정치는 의미형성 및 장소형성이 공간경제의 미래를 둘러싼 갈등과 투쟁 속에서 동시적으로 형성된다는 것을 의미하기 때문에 공간연구에서 문화와 경제 사이 구별을 극

16) R. Lee, "Radical and Postmodern? Power, Social Relations, and Regimes of Truth in the Social Construction of Alternative Economic Geographies," *Environment and Planning A* 32 (2000), pp. 992-993.

17) A. Cumbers, D. MacKinnon, R. McMaster, "Institutions, Social Relations and Space: The Limits to Institutionalism in Economic Geography," Draft published by the Dep. of Geography & Topographic Science, Univ. of Glasgow (2002), pp. 1-28; A. Schmutzler, "The New Economic Geography," *Journal of Economic Surveys* 13 (1999), pp. 354-379.

복할 수 있는 방법론으로 제시된다.[18]

마지막으로 부르디외(P. Bourdieu)의 아비투스 개념을 원용하여 생산과정의 계급 아비투스가 아닌 시공간지리적 구체성에 근거한 사회구조화를 주목한다. 즉 시간과 공간의 상징적 질서를 재구성함으로써 공간의 상징적 중요성을 재부각시키고, 이를 통해서 다른 계급과 구별짓기를 시도한다는 것이다.[19]

이러한 견해들은 기본적으로 생산된 공간에 대한 사후적 해석에 치중하고 있으며, 그 때문에 해당공간의 독특성에 주목하게 된다. 따라서 내재된 모순적 과정을 규명하지 못하면서 가치중립적인 중성적 결론으로 귀결되고 있고, '공간자체'의 차별적 생산메커니즘을 규명하고 있지는 않다. 자본주의적 공간생산 비판은 모순개념을 내재할 수 있는 미시적 분석개념을 정립하고 그에 기반한 공간 자체의 차별적 재생산과정을 해명할 필요가 있다. 이는 자본주의체제에서 위치이점의 창출을 통한 공간생산과정이라는 전략으로 해결의 실마리를 찾을 수 있다.

우선 공간차별화의 계기 및 토대로서 위치이점의 형태와 변화과정, 위치이점의 모순적 생산과정을 살펴볼 필요가 있다. 위치의 문제는 토지속성의 구체성에서 찾아야 한다 이와 관련하여 물질로서 토지는 영원한 범주이지만 그 자본주의적 특수성은 결국 자본주의 사회관계 속에서 찾아야 한다. 맑스는 다음과 같이 푸르동을 비판하면서 토지소유를 구체적인 사회적 관계로서, 즉 자본주의적 토지소유를 구체적으로 분석해야 함을 주장한다.

> 각 역사적 시기마다 소유는 각각 다르게 발전해왔고, 일련의 전혀 다른 사회적 관계하에서 전혀 다른 모습을 보여준다…. 소유를 독립된 관계, 고립된 범주, 영속적인 관념으로 정의하는 것은 단지 형이상학이나 법률학의 환상일 뿐이다.[20]

---

18) E. J. McCann, "The Cultural Politics of Local Economic Development: Meaning-making, Place-making, and the Urban Policy Process", *Geoforum* 33 (2002), pp. 388-389.
19) G. Bridge, "Bourdieu, Rational Action and the Time-space Strategy of Gentrification," *Trans. Inst. Br. Geogra. NS* 26 (2001), pp. 205-216.
20) K. Marx, *Das Elend der Philosophie*, Dietz, 강민철·김진영 옮김, 『철학의 빈곤』, 아침, 1988, 155쪽.

맑스는『잉여가치학설사』에서 토지가 갖고 있는 기본적 속성을 생산이 이루어지는 요소(농경지), 사용가치를 함유하고 있는 저장소(광산), 생산 조건의 하나(건물부지) 등 세 가지 유형으로 범주화하고 있다.[21] 그러나 맑스는 농업에만 영향을 미치는 비옥도의 차별성에만 집중함으로써 위치이 점의 생산을 통한 공간의 차별적 재생산문제를 본격적으로 다루지 않게 되었다. 위치문제와 관련해서는 자신의 여러 저작 속에서 산발적으로 논의하고 있다. 위치문제는 자본유통(자본실현 시간의 단축)에 필수적이며, 위치의 변경은 잉여가치를 생산하는 과정이라는 것이 기본 논리이다.[22]

"자본이 자신을 실현하는 데 필요한 시간이 긴 것은 생산과정 이후 이동해야 할 공간적 거리가 먼 것에 기인한다". **시장으로 운송(유통의 공간적 조건)은 생산과정에 속한다…유통은 공간과 시간 속에서 전개된다.** 경제적으로 생각할 때 공간적 조건, 즉 시장으로 생산물의 이동은 생산과정 자체에 속한다. 생산물은 그것이 시장에 있을 때 비로소 완성된다…공간상에서 이러한 실질적 유통비용의 절감은 자본에 의한 생산력의 발전에 속하며 실현비용의 설감에 해당한다…. 이러한 입지(위치)적 계기는 생산물을 상품으로 전환시키는 것으로서 좀더 엄밀하게 간주할 수 있다. 생산물은 시장에 있을 때만 하나의 상품이다"(강조는 저자). "따라서 유통시간은 노동생산성의 장벽=필요노동시간의 증가=잉여노동시간의 감소=잉여가치의 감소=자본의 자기실현과정의 장벽으로 나타난다. 이리하여 자본은 한 걸음에 거래, 즉 교환에 대한 모든 공간적 장벽을 없애고 전 지구를 자신의 시장으로 정복하려고 노력하는 동시에 또다른 측면에서는 이러한 공간을 시간으로 극복하려고 노력한다. 즉 서로 다른 장소를 옮겨다니는 데 소모되는 시간을 최소로 만들려고 노력한다." "자본은 본성상 모든 공간적 장벽을 벗어나려고 한다. 따라서 교환의 물리적 조건(커뮤니케이션과 운송 수단-시간에 의한 공간의 극복)의 생산은 아주 중요한 것이다." 이러한 부문을 전담하는 것이 운수산업이며, "생산비는 직접적인 생산과정에 대상화(구현)된 노동시간과 운송에 포함된 노동시간으로 분해된다."[23]

---

21) K. Marx, *Theories of Surplus-Value*, Part II (Progress Publishers, 1968), p. 245, 『잉여가치학설사』, 이성과 현실, 1989, 276쪽.
22) 맑스를 비롯한 대부분의 위치이점에 대한 논의는 주로 운송비의 감소로 파악하는 단순한 비용개념에 입각해 있지만 거래비용 개념의 발견과 산업입지론에서 이 개념의 도입은 위치가 갖는 새로운 속성, 즉 네트워크형 집적이점을 새로이 만들어낼 수 있다.

"채취산업, 농업, 제조업에 더해서 제4의 물질생산 영역이 존재한다. …이것이 운수산업이다. 여기서 자본에 대한 생산적 노동 즉 임금 노동자의 관계는 다른 물질생산 영역과 똑 같다. 게다가 여기서 노동의 대상이 공간적 이동, 장소의 이동이라는 의미에서 일정한 물질적 변화를 가져온다."24) "사람이든 재화든 운송되는 결과는 이들의 위치변동이다…. 운수산업이 판매하는 것은 위치 변경이다. 그 유용성은 운송과정, 즉 운수산업의 생산적 과정과 불가분의 관계를 맺고 있다."25)

여기서 주목해야 할 것은 위치문제는 원활한 생산을 위해서 근본적으로 중요한 문제이며, 위치이점은 시간·교통비용의 관점에서 결정되는 위치변경으로 파악할 수 있고, 이러한 위치이점의 생산은 새로운 잉여가치 생산을 가져온다는 것이다. 이러한 위치의 경제적 효과 때문에 자본은 끊임없이 새로운 위치의 변경을 추구(시간에 의한 공간의 극복)하게 되는데 이러한 노력이 가져오는 결과가 새로운 형태의 위치이점이다. 이러한 위치이점의 재생산을 통한 절대적 공간의 확장은 신고전파 도시경제학의 초석을 놓은 알론소(W. Alonso)도 마찬가지로 주목하고 있다.

도심으로부터 일정한 거리에 있는 토지공급은 고정되어 있지만 총토지공급은 어떤 실질적 목적만을 놓고 본다면 무한정하다고 간주할 수 있다. 따라서 토지공급은 고정되어 있는 것으로 간주될 수 없고 토지위치별로 분화된 토지재고의 총합으로 간주해야 한다. 26)

토지의 물리적 한정성은 자본간 경쟁을 전제로 하는 자본의 위치차별화 전략(공간생산)으로 얼마든지 극복할 수 있다는 것이며, 위치의 이러한 측

23) K. Marx, *Grundrisse: Foundations of the Critique of Political Economy* (Vintage Books, 1973), pp. 521, 533-534, 524, 522.
24) K. Marx, *Theories of Surplus-Value*, Part I (Progress Publishers), p. 412, 『잉여가치학설사 ①』, 도서출판 아침, 1989, 460-461쪽.
25) K. Marx, *Capital*, vol. 2 (Progress Publishers, 1954), p. 54, 김수행 역, 『자본론』 II, 비봉출판사, 1989, 60쪽.
26) W. Alonso, *Location and Land Use: toward a General Theory of Land Rent* (East-West Center Press, 1964), p. 37.

면이 공간상에 거대한 자본축적을 가능케 해주는 것이다. 그 한 가지 방식이 생산의 일반적 조건들을 공간적으로 집중시킴으로써 생산시간과 자본의 유통시간을 줄이는 것이다.

> 도로, 운하 등과 같은 생산의 일반적 조건들은 이들이 유통을 촉진·가능케 하든 생산력의 증가(관개노력처럼)를 가져오든 공동체를 대표하는 정부 대신에 자본이 수행하기 위해서는 자본의 입장에서는 최고의 생산발전을 전제한다…. 그러나 생산을 위해 이들로부터 발생하는 직접적인 이점은 투자하기에는 너무 작아 단지 매몰자본(sunk capital)으로밖에 비춰질 수도 있다…. 따라서 자본은 이 짐을 국가의 어깨로 옮긴다. [27]

따라서 자본주의적 도시공간은 생산의 일반적 조건의 사회화, 공간의 사회화에 따른 산물로 규정할 수 있게 되며, 이러한 결과가 가져오는 전반적 효과를 도시집적 효과라고 부른다. 그 내용으로는 도시에 집중된 유통수단과 소비수단이 창출하는 유용한 효과, 생산 또는 재생산 수단의 배치가 가져오는 간접적 산물인 집적효과(개별적인 도시의 행위주체들의 사회적 결합)를 들 수 있다.

이처럼 특별 잉여가치 창출의 토대가 되는 것들은 과거로부터 논의되던 독점가능한 자연적 요소들 외에 사회적으로 생산된 교통통신망, 교육과 연구센터, 시장조직, 기업네트워크, 다양한 제도적 장치, 영역적 거점 등등 다양하며, 일종의 지역의 사회경제적 앙상블로까지 확장할 수 있다.

그런데 특정 입지에서 이루어진 노동성과물을 사회적 노동으로 인정받기 위한 '목숨을 건 도약'은 말 그대로 그 실패의 참담함을 당연히 해당 상품을 생산한 입지에만 한정해서 돌려준다. "자본의 가치저하는 항상 일정 장소에 한정되며, 항상 입지마다 특이한 것이다"라는 하비의 이 말은 자본간 경쟁을 전제로 할 때 가치증식을 위한 새로운 위치의 생산은 항상 또다른 위치의 가치저하를 전제로 한다는 것이다. 자본주의에서 공간(위치) 생산 논리는 "문제를 해결하는 것만큼 문제를 만드는 데 기여한다". [28] 맑스가 말하는

---

27) K. Marx, *Grundrisse: Foundations of the Critique of Political Economy*, pp. 530-531.

'시간에 의한 공간극복' 노력은 이처럼 새로운 위치와 공간을 생산함으로써
만 가능한 것이고, 이는 동시에 기존 입지의 위치이점 상실을 초래하는 과
정이다. 즉 위치의 항상적인 차별적 재생산이다.

이처럼 위치이점의 차별적 생산과 공간적 고착은 곧 공간의 차별적 생산
과정이며, 자본주의는 이러한 공간생산을 통해서 위기를 극복하고 있다.
일찍이 르페브르(H. Lefebvre)는 부동산 부문(투기, 건설, 부동산 개발)
과 산업부문을 구분하고 공황시기에 자본은 부동산부문으로 유입한다고
제시하였다. 그는 프랑스에서 벌어지는 신도시 건설을 과거와 다른 자본
주의 능력으로 생각하고 자본축적에서 공간의 역할(공간생산)을 주목한
다. 맑스의 경우 그가 살았던 시대적 한계 때문에 산업자본의 순환만을 주
목할 수밖에 없었다고 보고 자본축적에서 도시일반이 갖는 의미를 재조명
한다. 즉 자본축적위기시 자본의 1차 순환에서 2차 순환으로의 전환이 일
어나는데 이러한 전환과정을 통해 물리적 자본축적 환경이 생산된다는 주
장이다. 29)

산업에서 형성·실현된 총잉여가치율이 감소함에 따라 투기와 물리적 자본축
적 환경에서 형성·실현된 잉여가치율이 증가한다. 2차 순환이 1차 순환을 대
체한다. 2차 순환이 부수적인 것에서 필연적인 것으로 바뀐다. 30)

자본주의는 한 세기에 걸쳐 자신의 내적 모순을 해결하지는 못하더라도 완화시
킬 수 있음을 알았다. 결과적으로 자본론이 쓰여지고도 100년이 지나도록 '성
장'을 계속 이루어 왔다. 우리는 그 대가를 계산할 수는 없지만 그 수단들은 알
고 있다. 바로 공간을 점유하고, 공간을 생산함으로써 이룰 수 있었다. 31)

한편 이러한 새로운 위치이점 및 공간생산의 이점은 개별 자본가의 투자

---

28) D. Harvey, *The Limits to Capital* (Blackwell, 1982), pp. 378, 429, 최병두 옮김, 『자
본의 한계』, 한울, 1995, 497, 563쪽.
29) D. Gregory, *Geographical Imaginations* (Blackwell, 1994), p. 377.
30) H. Lefebvre, *La Révolution Urbaine* (Paris: Gallimard, 1970), p. 212; D. Gregory,
Geographical Imaginations, p. 377에서 재인용.
31) H. Lefebvre, *The Survival of Capitalism* (Allison & Busby, 1976), p. 21.

효과를 분리할 수 없기 때문에 개별 자본에게는 기본적으로 외부성이라는 속성으로 다가오며, 효과는 집단적인 데 비해 토지는 사적으로 소유되기 때문에 개별자본의 투자가 어려워 사회적 생산력의 발전에 장애가 된다. 또한 이러한 이점들은 위치상에 고정되기 때문에 이점을 향유하기 위해서는 자본이 해당 토지에 고정되며, 자본은 토지의 사적소유와 임차를 통해 이러한 특성을 독점하려고 한다. 그래서 위치이점을 위한 자본투자가 더욱 가속화된다. 1980년대 들어 부동산 시장과 금융시장이 급속히 결합하고 있는 현상은 기본적으로 이러한 이점을 향유하기 위한 것이다.

1970년대 중반 이후 가장 두드러진 현상은 금융자본의 세계화이며 카지노자본주의라고 일컬어질 정도로 급속히 확대되고 있다. 그만큼 금융자본의 고유한 운동에 대한 정확한 인식 없이는 오늘날의 공간변화를 이해하기는 불가능하다는 것이다. 따라서 금융자본이 공간개발 프로젝트의 위험-수익관계(risk-return)와 해당 프로젝트의 현금흐름(cash flow)을 어떻게 인식하고 판단하는가에 따라 개발입지와 규모, 개발방식, 개발공간의 성격이 규정받을 수밖에 없게 된 것이다.

공간생산에 대한 금융자본의 관계는 다음과 같이 정리할 수 있다. 먼저 금융면에서 증권화(securitization)는 중요한 혁신을 이룬 것이며, 이러한 수단을 통해 국가적·국제적 자본시장에서 공간(또는 부동산)개발 자금을 조달할 수 있게 해주었고, 잠재적 투자가들의 범위를 확대하였으며, 중개금융기관의 역할 증대와 대규모개발회사의 자본시장 진출을 가져왔다. 두 번째는 금융기관, 부동산회사 사이 다양한 형태의 수평적 형태의 통합을 동반하여 개발업자와 금융업자 사이의 전통적인 구분이 모호해졌고, 개발부문의 세계화를 가져왔다. 세 번째는 증권화가 투자가들의 위험을 완전히 제거하지 못하기에 개발공간(부동산)의 상품화와 시장에서 이들의 거래는 일정한 시점에서 붕괴를 면치 못한다는 것이다.

이러한 금융자본의 개입증가는 신보수주의라는 정치경제적 역학관계에서 기업가주의적 도시개발 및 지배체제 구축으로 더욱 강화되었다. 1980년대 이래 공간 및 도시개발은 금융자본이 연계된 민간 부동산 주도의 기업주의적 공간개발이라는 성격으로 포장하고 있다. 이를 위해 문화정치적 해석에서 제시하는 바와 같은 지배양식의 변화에 따른 합의과정, 도시정체성의 확보, 적극적인 홍보와 마케팅 등이 필요하기 때문에 장소마케팅(place marketing)과 같은 문화주의적 전략을 중시하고 있다.

그러나 정보통신기술의 발전에 근거한 신경제(weightless economy)에서는 거리의 소멸이 부각되고 있더라도 결국은 실물공간의 차별적 재생산 없이는 자본주의는 존재할 수 없다는 것이다. 실리콘 앨리(Silicon Alley)와 같은 최신의 산업공간도 결국은 기업가주의적 지방정부와 루딘(Rudins)이라는 가문의 부동산개발업자의 부동산개발상품에 근거하고 있다는 것이 현실이다.32)

4. 맺음말

지금까지 공간정치경제학의 분화과정 및 자본주의 역사지리로서 공간의 차별적 재생산 과정의 의미를 살펴보았다. 최근의 다양한 분화과정에서 일부는 비판지리학(critical geography)이라는 포괄적 의미가 갖는 실천력의 퇴색을 지적하고 있고, 일부는 급진정치경제학의 갱신(updated radical political economy)을 위해 철학적 자유주의 및 규범적 윤리학의 일정요소도 공개적으로 포괄하는 것을 두려워하지 않는 비판적 실용주의(critical pragmatism) 노선이 필요하다고 주장한다.33) 그러나 불균등이 아닌 차이, 다양성의 문제로 해석하든, 중요한 것은 생산된 공간의 다양한 해석의 문제가 아니라 공간 자체가 어떻게 차별적으로 생산되는가를 미시적 분석개념을 통해서 구체적으로 분석하고 차별적 공간재생산, 곧 자본주의 역사지리에 기반한 실천전략을 도출하는 것이다. 이를 위해 자본주의적 위치이점의 지속적 재생산을 통한 공간의 차별적 생산이라는 접근방법이 전기를 마련할 수 있다. 신자유주의의 경제성장 논리를 모두가 합의한 사항인 것처럼

---

32) A. C. Pratt, "New Media, the New Economy and New Spaces," *Geoforum* 31 (2001), pp. 425-436.
33) M. Storper, "The Poverty of Radical Theory Today: from the False Promises of Marxism to the Mirage of the Cultural Turn," *International Journal of Urban and Regional Research* 25 (2001), pp. 155-156.

나타내는 공간개발 이데올로기의 홍수시대에서 직접적인 실천론과 실천행동을 생산하지는 못할지라도 '자본주의 공간생산 비판'을 통한 공간생산의 자본주의적 성격과 그 비밀을 밝혀주는 것도 현시점에서 또다른 한 임무가 될 것이다.

제3부
맑스와 철학

철학의 실천 실천의 철학

박영균(한국철학사상연구회)

1. 맑스주의의 위기와 철학의 도래

현실사회주의의 몰락과 함께 '맑스주의의 위기'는 현실화되었다. 현대성 비판은 주체 형이상학과 이성 중심주의를 '해체'하였다. 맑스주의에서도 '해체'는 '과학'과 '주체'의 해체를 동반하였다. 더 이상 맑스주의의 '과학'적 사회주의와 그 실현 주체로서 노동자계급은 존재하지 않는다. '이론과 실천의 괴리', '과학적 사회주의와 노동운동의 분리'는 더욱더 증폭되어 왔으며 마침내 '위기'는 '해체'로 폭발하였다. 자신의 철학을 '실천'하는 담지자를 잃어 버린 '맑스'에게 가능한 길은 '철학의 실천'으로 다시 돌아가는 것이다. 맑스의 부재, 공백이 사고되기 시작했다.

노동자계급에 대한 선험적이고 존재론적인 가정, 즉 '주체'의 부당 전제를 통해서 결합된 인간주의, 역사주의라는 '맑스'의 '근대성', 그것의 해체는 맑스의 부재, 이데올로기론의 공백 위에서 사고되어야 한다. 맑스의 목적론과 경제결정론(진화론)은 그것의 부재가 낳은 효과이다. '새로운 철학의 실천'으로서 이데올로기론의 등장! 하지만 이것은 분명 맑스가 걸었던 길과는 전혀 다른 경로였다. '새로운 철학의 실천'으로서 과학으로의 지반 변경을 꾀했던 맑스와 달리 우리는 '새로운 철학의 실천'으로서 이데올로기와 문화, 언어로의 지반 변경을 꾀하고 있다.

하지만 그럼에도 불구하고 양자가 공유하고 있는 '새로운 철학의 실천'이

의미하는 '실천'은 명료하지 않다. 물론 '맑스'가 읽어내지 못하는 공백의 지점(국가론과 조직론, 변혁론 등등에서 나타나는 이데올로기론의 부재와 이데올로기와 과학의 불분명한 연계에도 불구하고 주어지는 철학에서의 '과학'의 부당 특권화)에서 '해체'는 시작되었다. '맑스주의의 확장'(사회권력의 문제와 이데올로기론의 정립→주체형성과 근본변혁에서 사회권력의 문제 설정)은 가능하다. 하지만 애초 '맑스'가 철학의 한계를 '초월'하기 위해 사유했던 '실천'은 더 이상 사유되지 않는다. 따라서 맑스의 '실천' 그 자체가 의문시된다. '철학의 외부'로서 '실천'이 없는 무수한 '맑스들'에게서 '철학'은 철학에 대한, 철학의 환상들을 생산한다. '철학적 개념들의 난무'와 '딱지들', 그리고 '징후적 독해'는 철학의 과잉 속에서 '철학 그 자체의 환상들'을 생산한다.

'철학'은 근본적으로 '모호'하다. '과학'과 '이데올로기', 그리고 '정치'와의 관계에서 철학의 '실천'은 모호하다. '실천'은 '철학'의 실천으로 축소되고 철학 밖의 '실천'은 사유되지 않는다. 철학의 외부에 과학과 이데올로기는 존재한다! 하지만 그것은 여전히 철학의 한계, 즉 철학의 지형 안에서 철학과 관계를 맺는 철학의 타자들일 뿐이다. 반면 '맑스'는 철학의 한계를 '초월'하기 위해 철학의 외부로서 '실천'을 사유한다. '철학의 외부로서 실천' 없는 '맑스', '맑스 없는 맑스'의 시대! 하지만 그 효과는 '철학 자체의 환상'과 이론적·이데올로기적 장 안에서 이루어지는 '관념의 학'으로서 실천일 뿐이다. 따라서 '새로운 철학의 실천'으로 되돌아온 현재의 지형에서 문제의 핵심은 '실천'을 중심으로 배치되어 있는 '철학'과 '과학', '이데올로기', 그리고 최종적으로 정치와의 관계를 다시 규명해야 하는 것이다.

2. 청년 맑스와 새로운 철학의 실천, 실천의 철학

청년 맑스에게 비판의 대상은 '관념의 학'[1]으로서 이데올로기[2]이다. 이

---

1) 이데올로기는 말 그대로 '관념의 학' 또는 '이념의 학'이다. 앙투안 데스튀트 드 트라시는 다른 모든 과학의 지평이 되는 새로운 관념(이념)들의 과학으로서 '이데올로기'를 연구하고자 했다. 그가 보기에 관념(이념)의 기초는 육체적 감각(콩디악)이었다. 여기에 두 가지

데올로기는 관념 안에서 순환적인 폐쇄성을 생산한다. 따라서 "문구들 자체에 문구들로서밖에 맞서고 있지 않"으며 "실제 현존하는 세계와는 결코 투쟁하지 않고 있다는 것을 망각하고 있"다.[3] 이데올로기는 "문제들에 대한 답변들뿐만 아니라 이미 문제들 그 자체 속에 하나의 기만이 놓여 있었다."[4] 이데올로기는 '관념의 영역'에서 현실을 망각하도록 하면서 자기를 기만한다. 현실에 대한 물음은 봉쇄되고 진리의 피안에 머문다. 따라서 맑스는 천상에서 지상으로 향하는 비판, 즉 "차안의 진리를 확립"하기 위해 행해지는 '비판'을 철학적 임무라고 규정한다.[5]

철학의 부정은 다음의 두 가지 방향에서 나타난다. 하나는 과학의 길을 여는 역할을 하는 것으로서 철학, 즉 이데올로기에 의해 닫혀 있거나 봉쇄되고 있는 질문들을 해체함으로써 현실을 실천적으로 인식하도록 하는 것이다. 여기서 철학은 이데올로기를 해체함으로써 '봉쇄된 물음'을 풀어놓고 과학의 길을 열어 놓음으로써 사라진다. 즉, "사변이 멈추는 곳, 즉 현실적 생활에서, 현실적이고 실증적인 과학, 즉 인간들의 실천적 실행 및 실천적 발전 과정의 서술이 시작된다. 의식에 대한 공문구들이 중단되고, 현실적인 앎이 그 자리를 대신하지 않을 수 없다. 자립적인 철학은 현실의 서술과 더불어 그 존재 매개를 상실한다."[6]

함축적 의미가 있는데 하나는 이데올로기가 '학'의 생산성을 제공해준다는 것과 이데올로기가 인식 주체의 상태나 감정과 근본적인 관련을 맺고 있다는 것이다.

2) 라라인은 '일련의 왜곡된 사고를 지시하는' 부정적 이데올로기 개념과 '사회적 의식형태의 총체나 사회계급들의 정치사상을 지시하는' 긍정적 이데올로기 개념을 나누고 있다. 하지만 그는 맑스와 엥겔스의 이데올로기 개념을 '부정적 이데올로기 개념'으로, 레닌 이후부터 '긍정적 이데올로기 개념'이 본격화한 것으로 설정하고 있다. 이것은 그가 일관되게 이데올로기를 "전도된 세계에 상응하는 전도된 세계에 대한 의식"으로 규정하면서 자본주의의 산물로 파악하고 있기 때문이다(호르헤 라라인, 『맑스주의와 이데올로기』, 백의신서, 1998 참조). 하지만 '이데올로기'는 주어진 세계에 대한 집단적인 '상상적 동일화'의 산물로서, '시멘트', '접착제'와 같은 역할을 수행하면서 실천적 의지를 창출하기 때문에 긍정적 측면과 부정적 측면을 함께 가지고 있다.

3) 칼 맑스, 「독일 이데올로기」, 『칼 맑스 프리드리히 엥겔스 저작 선집』1권, 박종철 출판사, 1995, 196쪽. (이하 인용문은 원문과 대조하여 필요에 따라 바꾸었음.)

4) 같은 책, 194쪽.

5) 칼 맑스, 「헤겔 법철학의 비판을 위하여」, 『칼 맑스 프리드리히 엥겔스 저작 선집』1권, 2쪽.

6) 칼 맑스, 「독일 이데올로기」, 『칼 맑스 프리드리히 엥겔스 저작 선집』1권, 203쪽.

다른 하나는 철학의 자기선언을 실질적으로 구현할 수 있는 담지자를 현실에서 발견해냄으로써 철학을 현실로 실현시키고자 하는 것이다. 여기서 철학은 자기를 실현함으로써 소멸한다. 철학은 지양된다. "독일인의 해방은 인간의 해방이다. 이 해방의 머리는 철학이요, 그 심장은 프롤레타리아트이다. 프롤레타리아트의 지양 없이 철학은 자기를 실현할 수 없으며 철학의 실현 없이 프롤레타리아트는 자신을 지양할 수 없다."[7] 따라서 철학과 프롤레타리아트와의 결합은 '당파적' 실천을 의미했다. 그는 선언한다. ; "철학자들은 세계를 단지 다양하게 해석해왔을 뿐이다. 그러나 중요한 것은 세계를 변혁하는 것이다."[8] 따라서 맑스의 철학은 위와 같은 '선언'으로부터 시작된다. 이것은 맑스가 본 '철학'의 결론이자 새로운 '철학의 실천'을 위한 출발점이다. 그가 '독일 이데올로기들'을 다룰 때, 그는 '관념의 학'으로서의 '철학'에 대한 비판과 한계를 명백히 했으며 대신에 '이론과 실천의 통일', '노동운동과 과학적 사회주의 결합'이라는 테제를 제출했다.

청년 맑스의 이데올로기 비판이 발견한 과학의 대륙은 '사회적 제관계의 총체'라는 정의였다. 이 지반 위에서 맑스는 '실천적 휴머니즘'의 관점을 폐기하고 역사과학으로서의 '역사유물론'을 정립한다. '철학의 새로운 실천'은 '과학'에게 자리를 양보한다. 이후 맑스는 『자본』과 정치적 개입을 통해서 프롤레타리아의 과학을 정립하는 데 일생을 바쳤다. 엥겔스는 '철학의 종말'을 선언한다.[9] 하지만 이렇게 됨으로써 나타난 결과는 1. 계급투쟁의 당파적 이데올로기로서 철학=이데올로기에 대한 긍정적 정의(노동자계급의 철학)가 등장했다는 점이며, 2. 과학에 의한 철학의 부재와 철학의 종말이 등장하기 시작했다는 점이다. 따라서 맑스 후기로 갈수록 '과학'은 특권화되고 이데올로기투쟁은 부르주아와의 투쟁으로 축소되었다.

이데올로기투쟁에도 불구하고 맑스에게서 이데올로기론은 부재하게 된

---

7) 칼 맑스, 「헤겔 법철학의 비판을 위하여」, 『칼 맑스 프리드리히 엥겔스 저작 선집』 1권, 15쪽.
8) 칼 맑스, 「포이에르바하에 관한 테제들」, 『칼 맑스 프리드리히 엥겔스 저작 선집』 1권, 189쪽.
9) 프리드리히 엥겔스, 「루드비히 포이에르바하 그리고 독일 고전 철학의 종말」, 『칼 맑스 프리드리히 엥겔스 저작 선집』 6권, 박종철 출판사, 1995, 288쪽.

다. 이데올로기가 과학과의 관계에서 가지는 생산적인 힘은 '과학'의 특권화 속에서 철학의 부재와 더불어 부재하게 된다. 대신에 철학은 유물변증법과 역사유물론이라는 '방법론'[10]으로 특권화되거나 존재론의 영역 안에서 자기 확장(적용)만을 꾀하게 되었다. '허구적'이라는 부정적 의미에서의 이데올 로기 개념과 계급투쟁에서 프롤레타리아의 이데올로기라는 사상적 집단성 은 이데올로기의 부재를 가능케 하는 또 하나의 이데올로기, 즉 과학과 은 밀하게 결합된 철학='이성의 화신=당'의 신화를 낳았다.[11] '과학의 과잉 설정'! 따라서 초기 '인간의 감성적 활동'의 의미는 축소되고 '당의 이성 중 심적 특권화'=스탈린주의가 나타났다. 하지만 '마침내 맑스주의의 위기가!' 도래했으며 더 이상 이와 같은 엥겔스의 선언은 지탱할 수 없게 되었다. '과 학의 과잉결정', '과학의 과잉 특권화'는 '이성의 화신으로서 선언된 당'(= 스탈린주의)의 신화와 함께 운명을 같이 할 수밖에 없었다.

하지만 맑스는 자신을 '철학'으로 선언하지 않았다. 오히려 그는 '철학' 너 머, 철학적 실천 속에서 소멸해가는 '비철학'으로서 자신을 선언했다. 그것 은 '과학'의 자리를 마련하는 작업 속에서, 그리고 '프롤레타리아의 실천' 안 에서 소멸해가는 것이었다. '세계를 변화시키는', '실천'으로서 새로운 '철학' 은 혁명적인 것이었다. 그것은 철학이 아닌 것, 비철학적인 것들, 즉 '과학' 의 자리를 만들고 자신은 그 안에서 소멸되는 운명을 지닌 것이었다. 그리 고 과학은 '실천'의 새로운 양식을 창출하는 '프롤레타리아의 실천'에 의해 다시 소멸되는 운명을 지닌 것이었다. '실천의 철학'! 이런 의미에서 맑스의

---

10) 여기에는 중요한 쟁점이 있다. 변증법을 단순한 '방법론'으로 볼 것인가, 아니면 존재 론적인 것으로 볼 것인가의 문제, 즉 사유의 양식인가 아니면 존재와 사유 양자에 걸쳐 있 는 양식인가의 문제가 있다. 엥겔스는 비교적 명료하게 변증법을 존재론에 속한 것으로 보 는 반면 맑스와 레닌은 명료하지 않다. 소련의 공식철학은 존재론적인 것으로 보는 반면 루 카치나 알튀세르, 꼴레티는 존재론적인 것을 보지 않는다. 그러나 그람시는 존재론적이면 서도 인간을 가정한다는 면에서 다르다.
11) 즈다노프주의나 뤼셍코주의(당파성='프롤레타리아의 과학')는 이것의 폐해를 드러낸 다. 스탈린은 자연변증법이 사회·역사로 확장된 것이 역사유물론이라고 규정함으로써 '이 미 주어진 세계관의 과학=철학'으로 파악한다. '당=이성의 화신'은 이와 같은 정식화에 근거한다. 따라서 당파성은 당독재의 관료지배이데올로기로 작동한다. 알튀세르는 이것을 해체하고자 한다. 이를 위해 그는 이론과 정치를 분리하고 이론적 지도부와 정치적 지도부 를 나눈다.

'과학'은 철학에서의 지반 변경을 함축하며 다시 이런 철학의 지반 변경은 '실천'이라는 테마 위에 놓여져 있었다. '철학의 실천'에서 '실천의 철학'이라는 '실천'을 중심으로 한 전환!

3. 알튀세르의 '철학의 실천'과 그람시의 '실천의 철학'

아마도 '철학의 실천'과 '실천의 철학'을 가장 대비적으로 보여준 사람은 루이 알튀세르와 안토니오 그람시일 것이다. 알튀세르는 맑시즘을 철학의 실천으로 파악한다. " 맑스주의 이론의 핵심에 과학이 존재한다. 매우 독특하긴 하지만 과학은 과학이다. 맑시즘이 철학에 기여한 것 중에서 새로운 것은 철학의 새로운 실천이다. 맑시즘은 실천의 (새로운) 철학이 아니라 철학의 (새로운) 실천이다. "12)

반면 그람시는 맑시즘을 실천의 철학이라고 정의한다. "실천 철학은 상식에 기초를 둔 원시적 철학에 사로잡혀 있는 '순진한' 대중을 떠나려고 하기보다는 그들을 한층 높은 세계관으로 이끌어 올리고자 한다. 실천 철학이 지식인과 대중이 연결될 필요성을 강조하는 이유는 과학적 활동을 제한하여 사회를 대중적인 저차원의 단계에 묶어두기 위해서가 아니다. 오히려 소수의 지식인 집단뿐 아니라 대중의 지적 진보까지도 정치적으로 가능하게 해주는 지적·도덕적 동맹을 결연코 형성하기 위해서이다. "13)

따라서 알튀세르는 과학과 철학의 관계에서 과학의 길을 열고 사라지는 철학의 역할 속에서 철학의 실천을 보는 반면 그람시는 철학이 역사 속에서 실현됨으로써 소멸해가야 하는 실천의 관점에서 철학을 본다. 알튀세르에게 핵심은 이데올로기와 과학의 인식론적 단절을 형성해내는 것14)인 반면

---

12) 루이 알튀세르, 「레닌과 철학」, 『레닌과 철학』, 백의, 1991, 75쪽.
13) 안토니오 그람시, 『옥중수고』 II, 거름, 1993, 173쪽.
14) 초기 알튀세르의 이데올로기/과학의 구획(『맑스를 위하여』와 『자본을 읽자』)은 성공적이지 못했다. 이데올로기는 끊임없이 철학의 곁에서, 그리고 과학을 통해서 소생했다. 이론적 실천의 이론으로서 철학은 이론적 실천들과 이데올로기의 연계를 벗어나게 할 수 없었다. 알튀세르는 '자기 비판'을 경유하면서 70년대에 '정치'로 중심점을 옮겨간다. 하지만 그럼에도 일관되게 유지되는 것은 '이론적 실천'이라는 개념이다. 따라서 철학의 외부로서 '실천'은 여전히 존재하지 않는다.

그람시에게 핵심은 대중의 상식을 '양식'(good sense)으로 정립해 내는 것15)에 있다. 따라서 알튀세르에게 이데올로기는 과학과의 관계에서 부정적인 의미를 함축하는 반면 그람시에게 이데올로기는 부르주아 이데올로기에 대항하는 집단의지를 형성해내는 긍정적인 의미16)를 함축하는 것으로 나타난다.

알튀세르는 이데올로기를 상상적 동일화의 산물로 규정하고 이에 대항한다. 특히 헤겔의 변증법, 대립물의 통일이라는 동일성 개념은 맑시즘에서 이데올로기를 끊임없이 재생산한다고 본다.17) 따라서 알튀세르는 스피노자를 통해서 이론을 이론내적 자기근거로 설정하고 '물질적인 힘'이 행사되는 '실천'이 없는 '이론적 실천'을 정립한다. 철학은 이론적 실천의 이론이며 과학은 이론적 실천이다. 여기서 이론은 다른 실천들, 정치, 경제, 이데올로기와 동일한 구조와 형태, 독립성을 지닌다. 이론은 실천의 이면이 아니라 그 자체가 바로 구체적이고 물질적인 실천-이론적 실천이다.18) 따라서 초기에 그는 '문제틀'과 '인식론적 단절'을 가지고 '이론적 실천의 이론'으로 철학을 규정하고 이후에는 '이론에서의 정치', '최종심급에서는 이론에서의 계급투쟁'으로 정정하지만 '지식의 대상'과 '실제의 대상'이라는 구분과 이론의 독립성을 지속적으로 유지한다.

반면 그람시에게는 이런 문제는 애초부터 자명했다. 그람시는 '지식의 대상'과 '실재의 대상'을 구분하지 않는다. 오히려 그는 '인간'을 통해서 지식의 대상과 실재의 대상은 통일되어 있다고 보았으며 인간 없는 실재에 대한 인식은 없다고 주장한다.19) '실천'은 여기서 매개의 역할을 한다. 다만 이때 문제가 되는 것은 인간의 존재성이다. 모든 인식은 인간이 존재하는 사회적

---

15) 안토니오 그람시, 『옥중수고』 II, 170-174쪽.
16) "우리는 역사적으로 볼 때 유기적 이데올로기들, 즉 어떤 구조에 필연적인 이데올로기와, 단지 자의적이고 합리주의적이며 심지어 '의지의 산물'일 뿐인 이데올로기를 구별할 필요가 있다. …이런 유기적 이데올로기는 대중을 '조직해'주고, 또 대중활동의 발판을 마련해주며 나아가 대중으로 하여금 자신의 위치와 투쟁을 의식하게 하는 지반을 창출해 준다"(같은 책, 230쪽).
17) 루이 알튀세르, 『맑스를 위하여』, 백의, 1997, 218쪽.
18) 루이 알튀세르, 『자본론을 읽는다』, 두레, 1991, 74쪽.
19) 안토니오 그람시, 『옥중수고』 II, 거름, 1993, 317쪽.

상태에서 '상대'적이다. 따라서 지배(부르주아) 이데올로기와 결합되어 있는 전통적 지식인과 피지배(프롤레타리아) 이데올로기와 결합되어 있는 유기적 지식인을 생산하는 것이 문제될 뿐이다. 심지어 그는 변증법적 유물론이라는 말 대신에 '실천적 유물론'을 선호한다.[20] 따라서 그람시에게서 철학적 범주로서 '물질'에 대한 질문은 형이상학적인 것으로 치부되는 반면 알튀세르에게 '물질'은 이데올로기 비판을 통해서 과학적 실천을 개방하는 기착지 역할을 할뿐이다.

그람시에게서 이데올로기는 철학의 내부에 자리잡는 반면 알튀세르에게 이데올로기는 비록 철학적 실천의 주대상이 됨에도 불구하고 여전히 철학의 밖에서 과학과의 구획 대상으로 존재한다.[21] 그럼에도 불구하고 그람시와 알튀세르 양자는 동일하게 '철학의 근본 문제'라고 엥겔스(사유와 존재)와 레닌에 의해 규정되어 왔던 '물질과 의식의 관계'에 대한 전통적인 관념을 해체한다. 그람시는 '실천'을 통해서 의식 밖에 존재하는 객관적 대상이라는 의미에서 철학적 범주인 '물질'을 '해체'하는 반면, 알튀세르는 '객관성'이라는 유물론적 명제만을 과학적 실천을 위한 철학의 요청으로 보존[22] 할 뿐 물질과 의식 사이의 모순과 괴리를 매개하는 '모사', '반영'은 해체한다. 따라서 그람시는 철학이 세계관을 산출하고 특정한 세계관을 선택할 수밖에 없다[23]고 보는 반면 알튀세르는 철학이 세계관을 산출해서는 안 되며 '진리'를 내세우는 철학은 '이데올로기적 철학'에 불과하다고 규정한다.[24]

하지만 그렇기 때문에 등장하는 맑스주의 철학에 자기부정, 또는 철학의 해체는 다음의 두 가지 난제에 봉착할 수밖에 없다. 하나는 이데올로기와 철학의 관계에서 철학은 본질적으로 이데올로기적인가 아닌가의 문제이며 다른 하나는 철학과 과학의 관계에서 철학은 '진리'를 의욕할 수 있는가의

---

20) 같은 책, 329-330쪽. 하지만 이것은 부적절한 평가이다. 비록 맑스가 유물변증법이라는 개념(플레하노프가 처음 사용함)을 사용하지 않았지만 맑스는 『신성가족』에서 프랑스 유물론에 호의적이었으며 유물론의 전통 속에 자신을 위치지우고 있기 때문이다.
21) 루이 알튀세르, 「레닌과 철학」, 『레닌과 철학』, 73쪽. 철학은 정치의 장에서 부여되는 이데올로기투쟁 속에서 끊임없이 관념적인 것과 과학적인 것을 구분하는 구획선 긋기를 한다.
22) 같은 책, 60쪽.
23) 안토니오 그람시, 『옥중수고』 II, 165쪽.
24) 루이 알튀세르, 「레닌과 철학」, 65쪽.

문제이다. 만일 우리가 철학은 이데올로기적이라고 한다면 철학은 '진리'를 이데올로기적으로만 생산해낼 수 있을 뿐이다(이데올로기의 긍정성→세계 관으로서 철학). 여기서는 '과학'이 문제된다. 이것이 그람시가 남긴 문제이다. 그러나 만일 우리가 철학은 과학의 길을 안내하는 역할만을 한다고 한다면 철학은 '진리'에 직접 관여할 수 없다. (이데올로기의 부정성→과학적 실천의 안내자로서 철학) 여기서는 '철학'이 문제된다. 이것이 알튀세르가 남긴 문제이다. 따라서 문제의 핵심은 다시 철학 그 자체이다. 이데올로기/ 철학/과학의 관계설정에서 핵심은 철학 자체이다. 여기서 모호한 것은 철학이다. 철학의 고유한 대상, 즉 철학의 근본 문제에서 철학은 어떤 것인가 하는 점이 문제되는 것이다.

4. 철학의 근본 문제와 철학의 한계

철학의 범주인 물질은, 알튀세르가 말했듯이 과학이 다루는 물질과 다르다.[25] 이것은 엥겔스와 레닌에게도 그러했다.[26] 레닌은 물질을 '객관적 실재'라고 정의했다. 하지만 이때, 물질은 의식과의 관계하에서 정의되는 인식론적 개념[27]이다. 따라서 이것은 우리의 의식 밖에, 의식 외부에 독립적으로 존재하는 대상이 있다는 것과 그것이 우리 의식의 근거라는 점에서 정의된다. 하지만 이것은 이미 일정한 '세계관', '세계를 바라보는 특정한 입장'의 선택(=유물론)을 함축한다. 물론 우리는 의식과 관련하여 세계, 특정한 대상이 존재한다는 것을 '귀류법'과 '가추적' 방식으로 보여줄 수는 있다. 만일 우리 외부에 '객관적 실재'가 없다면 우리가 역사적으로, 사회적으로 행해온 수많은 의식들(일상적인 의식에서부터 과학적 인식들에까지)의 근원과 이에 기반한 실천의 결과들은 허구일 수밖에 없기 때문이다. 따라서

---

25) 같은 책, 57-58쪽.
26) 프리드리히 엥겔스, 『자연변증법』, 중원문화, 1989, 241쪽.
27) '물질'에 대한 정의를 받아들이는 이상, 그것은 결코 인식론적 범주로만 수용된 것이 아니다. 그것은 이미 존재론적 범주로서 선택되고 있는 것이다. 이런 의미에서 엥겔스가 '세계의 물질적 통일성'이라는 정의를 내린 것은 꼴레띠나 알튀세르가 주장하듯이 결코 그가 존재론의 덫에 걸려들었기 때문이 아니다. 이미 그것은 인식론적이면서 존재론적이다.

우리는 의식의 **기반**으로서 어떤 대상, 객관적으로 실재하는 대상이 있다는 점을 가정할 수 있다.

하지만 철학사에 나타나는 철학의 근본 문제는 이와 같은 실재의 존재 여부에서 주어진 것이 아니다. 문제는 그와 같은 의식들, 특히 개념들은 보편성을 가지고 있는 **반면** 우리의 경험은 가변적이고 개별적이라는 점에서 비롯되었다. 따라서 보편성을 담지하는 특별한 존재, 즉 보편성 그 자체를 자기 속성으로 하는 보편자를 가정하는 존재론-형이상학이 나타났다.[28] 의식과 정신의 자립화와 신의 가정은 이런 보편의 실재론으로부터 추상되었다. 그람시가 말했듯이 "대중들은 외부 세계가 객관적으로 존재하느냐 아니냐 따위의 문제는 제기조차 할 수 없다고 생각한다. 이러한 문제를 제기한다면 대중들은 조소를 금치 못할 것이다. 대중은 외부 세계가 객관적으로 실재한다고 '믿는다.'" 하지만 의문은 "이러한 '믿음'의 기원은 무엇이고 이 '믿음'은 도대체 어떠한 비판적인 가치를 '객관적으로' 갖고 있는가?"이다.[29] 여기서 종교적인 감정과 신학적 사고, 그리고 관념론이 발생하는 것이다.

따라서 문제는 우리 밖에 대상이 실재하는가 아닌가에 주어져 있지 않다. 문제는 그 대상이 무엇인가에 있다. 하지만 여기에는 근본적인 '난점'이 있다. 왜냐하면 여전히 문제는 그것이 우리에게 알려질 수 있는가 하는 문제이기 때문이다. 알려지지 않는다면 그것은 정의될 수 없다. 이것이 철학자들이 의식 밖의 대상 자체를 정의하지 않으려 했던 이유이다. 하지만 관념론에서 이 '난점'은 난점이 아니다. 개념의 보편성은 곧 개념 그 자체의 실재로부터 주어지기 때문이다. 신의 보편성은 우리 정신 안에 개념의 보편성을 낳는 실체이다. 플라톤의 이데아는 모든 실재의 원형이다. 따라서 세계를 정신으로 보는 입장에서 세계와 정신간에 간극은 없다. 양자의 소통은

---

28) 파르메니데스의 '있음'과 플라톤의 이데아론은 결국 잡다성의 형식을 갖고 있는 경험적 대상들에 대한 부정과 보편적 사유의 대상에 대한 긍정을 의미한다. 경험적 대상과 사유의 대상을 조화시키고자 했던 아리스토텔레스는 논리학과 존재론의 관계를 역전시킨다. '소크라테스는 인간이다'에서 '소크라테스'는 제일실체인 반면 '인간'은 제이실체이다. 인식은 항상 감각적으로 알려지는 구체적 개별자인 제일실체로부터 시작된다. 하지만 존재론적으로 제일실체는 제이실체 없이 존재할 수 없다. 따라서 존재론에서 제이실체는 제일실체에 앞선다. 형이상학이 모든 학문의 근본이 되는 것은 이와 같은 이유에서이다.
29) 안토니오 그람시, 『옥중수고』 II, 311쪽.

존재가 일치하기 때문에 논리적으로 정합적이다.

반면 유물론은 그렇지 않다. 세계 또는 물질과 그것을 인식하고 그려내는 우리의 작업간에는 '학'을 통해서 넘어설 수 없는 '간극'이 있다. 왜냐하면 언어·논리의 존재방식과 세계 또는 물질의 존재방식은 다르기 때문이다. 따라서 세계 또는 물질과 우리의 정신 사이에는 가교가 없다. 양자는 서로를 입증할 수도 없으며 상호 교통할 수도 없다. 그런데 그것을 어떻게 물질이라고 규정할 수 있는가? 여기에 유물론의 부당 전제, 형이상학적 전제가 있다는 의심을 불러일으킨다.[30] 그것이 무엇인가를 가정할 수 있을 뿐 우리는 그것을 논리적으로 정의할 수는 없다. 따라서 '난점'은 오직 유물론의 입장에서만 주어지는 것이다. 반면 관념론은 세계를 이원화하는 '난점'에 봉착한다. 관념론은 'physics' 너머의 'meta', 즉 형이상학적 실재를 가정할 수밖에 없기 때문이다. 그래서 결과적으로 관념론 또한 'physics'를 '보편' 안으로 끌어안는 문제에 봉착한다. 물질을 전제하든 아니든 'physics' 자체가 문제시된다.[31] 철학은 필연적으로 자기의 영역을 벗어나지 못한다.

하지만 철학은 여기서 멈추지 않는다. 철학은 '세계'를 자기의 범주, 인식의 대상으로 가지고 있는 이상, 이것으로 나아가고자 한다. '세계'를 전유하고자 한다. 비록 '목숨을 건 도약'이기는 하지만 철학은 필연적으로 '세계로의 도약'이다. 따라서 철학은 '세계'를 선택한다. 철학이 물질 범주와 관련하여 '진리'와 '세계'를 표상하는 이상 철학은 이데올로기적이다. 철학은 알튀세르가 보았듯이 이데올로기 비판을 통해서 과학의 길을 열고 다시 자기

---

30) '물질'을 가정하는 것은 관념론과 동일하게 '형이상학'적이라는 비판이 제기되어 왔다. 하지만 이것은 physics 너머의 meta가 아니다. 오히려 이 비판은 관념론에만 적용될 뿐이다. 왜냐하면 관념론은 physics 이면에 존재하는 참 실재로서의 관념, 정신적인 것, 개념적인 것을 전제해야 하기 때문이다. 여기서 세계는 두 개다. 반면 유물론에서 세계는 physics 자체일 뿐이다. 따라서 이원론적 세계가 아니다. 그럼에도 불구하고 양자에게 동일하게 물질-의식간의 관계 문제에서 '난관'을 가지고 있다. 유물론은 물질로부터 의식이 주어진다는 가정에, 관념론은 의식의 자립성에도 불구하고 '물질'을 배제할 수 없다는 측면에서 그러하다.
31) 관념론이 부정할 수 없는 것은 실재 세계의 경험, 또는 실재 경험의 대상들이다. 따라서 칸트의 '물자체', 그리고 후설의 '판단중지', '괄호로 묶기'는 이와 같은 세계를 부정하지 않으면서도 개념, 논리의 보편성을 추구하고자 하는 사정을 반영한다. 하지만 이것이 낳는 효과는 이념의 자기규제, 의식의 선험성, 의식작용의 문제로 돌아간다는 점이다. 따라서 그것은 결국 물질의 객관적 존재 여부와 무관하게 학을 의식 내재적인 것으로 구성한다.

에게로 돌아온다. 철학은 '초월의 의지' 안에서 다시 개념의 독단성과 추상성에 빠져들 수밖에 없다. 이런 의미에서 철학은 필연적으로 자기지시적 논증과 순환의 고리 안으로 빨려들 수밖에 없다. 알튀세르는 이것을 넘어서고자 했지만 그 또한 '떨어져 다칠' 수밖에 없었다.[32]

그러나 그람시는 이 철학의 한계를 인정한다. 비록 '보편적인 추상으로서 인간의 역사'라는 개념에 의존하기는 했지만 '물질과 정신의 모순과 통일'이라는 개념을 '실천'을 통해 붙잡고 있었다. ; "'세계의 통일성은, 철학과 자연과학의 길고 꾸준한 발전에 의해 증명된 세계의 물질성에 있다'는 엥겔스의 정식은, 객관적 실재를 입증하기 위해 역사와 인간에 의존했다는 점에서 올바른 세계관의 싹을 포함하고 있다. 객관적이라는 것은 항상 '인간적으로 객관적임'을 의미하며, 인간적으로 객관적이라는 것은 '역사적으로 주관적임'에 정확히 상응한다고 할 수 있다. 다른 말로 표현하면, 객관적이라고 하는 것은 '주관적 보편'(universale soggettivo)을 의미한다."[33]

하지만 그 또한 이런 '난점'이 개방하고 있는 것이 무엇인가를 사유하지 않았다. 그것은 세계에 대한 초월의 의지가 논증될 수 없고 따라서 추상적인 인간도, 철학의 영역도 아니라는 점이다. 그것은 철학이 아닌 비철학적인 어떤 것, 철학의 외부가 사고되어야만 한다. 물질은 물질과 동일한 존재 형태에 의해서만 상호 교환될 수 있다. 의식의 보편성이 비물질적인 정신적 존재를 상정하듯이 말이다. 따라서 물질과 동일한 존재 형태가 제시되어야 한다. 그런데 'physical', 그것은 물질적이면서도 육체적인 것이다. 육체를 통해서 교통은 가능하다. 레닌이 '의식을 물질의 최고 산물'이며 '인간 뇌의 복잡한 물질적 기능'이라고 정의했던 것은 바로 이것을 보여준다.[34] 그러

---

32) 이 표현은 철학의 한계와 그럼에도 불구하고 넘어서려는 '자가당착적' 의지를 보여준다. 『철학과 과학자들의 자생적 철학』에서 알튀세르는 철학자들을 '떨어져 다치는' 사람들이라고 정의한다. 철학자들은 자신들이 떨어져 다치지 않는다는 것을 증명하기 위해 이론, 즉 테제를 내놓지만 그것으로 인해 오히려 떨어져 다치는 존재라는 것이다. 철학자들은 결코 틀리지 않는다고, 철학적인 오류란 없다고 하는 그 도그마 속에서 떨어져 다치는 존재들인 셈이다.
33) 안토니오 그람시, 『옥중수고』 II, 316쪽.
34) 루카치는 "사유란 두뇌의 한 산물이며 그렇기 때문에 경험적 대상들과 일치한다는 식의 파악은 플라톤의 상기설이나 이데아 세계론과 하등의 차이가 없는 신화학"(게오로그 루카

나 이것은 '의식'='물질'이라는 것을 의미하는 것은 아니다. 의식은 새로운 물질을 생산하는 실천을 가능하게 하기 때문이다. 이것은 단지 '육체'를 통해서 물질과 의식의 상호 교통이 가능할 수 있다는 점을 보여줄 뿐이다. [35]

그런데 이렇게 '육체'라는 테마를 가져오게 되면 애초 문제로 제기되었던 '물질과 의식'간의 상호소통 문제는 잘못된 문제제기였음이 또한 드러난다. 관념론과 달리 유물론에서만 그것이 '난점'으로 제기되었던 것은 바로 '개념의 보편성'이라는 '논리' 자체의 환상에 근거한 것이었기 때문이다. 따라서 관념론에서는 쉽게 소통의 문제를 해결해버렸지만 대신에 '경험'의 배제, 물질적 세계의 부정이라는 문제를 낳음으로써 여전히 실재 대상과 인식의 간극을 좁혀가는 작업을 해야 했다. [36] 하지만 반대로 유물론은 '육체'를 물리적 소재들과 동일시함으로써 '간극' 자체를 부정하고 경험 대상과 '물질'을 동일화함으로써 경험론으로 빠져드는 위험을 감수해야 했다. 하지만 '육체'는 물질과 존재 형태는 동일하지만 물질과 동일한 것이 아니다. '육체'는 그것이 '물질'에 가하는 힘이라는 의미에서 '비의식적인 것'이며 의식을 담지하고 의식을 실천적으로 물질화한다는 측면에서 '비물질적인 것'이다. 따라서 정신은 의식과 물질의 소통에서 '육체'의 '실천'적 산물로 규정되어야 한다.

치, 『역사와 계급의식』, 거름, 1986, 303쪽)이라고 규정하면서 모사설을 비판한다. 하지만 우리가 보기에 루카치는 '육체'라는 관점에서 파악하고 있지 못하고 있다. 사실, 두뇌=뇌 하수체의 활동으로만 파악하는 것은 또다른 이성중심주의의 유물론적 변용에 불과하다. 18세기 프랑스 유물론의 한계는 이것이다.

35) 스피노자의 핵심 중에 하나가 바로 '육체'를 통한 사유와 존재의 통일성을 제기했다는 점이다. 스피노자는 사유와 연장이 서로 다른 두 실체가 아니라 동일한 실체의 두 속성이라고 파악함으로써 데카르트 이래로 문제가 되어온 사유와 존재의 대립이라는 이원론을 벗어난다. 그는 사유하는 것은 신에 의해 인간의 육체 속에 자리잡고 있는 '정신'이 아니라 오히려 육체 자체라고 하면서 데카르트가 가정한 '신'이라는 제3의 것을 부정한다. 그리고 연장이 육체의 속성이고 존재 양태이듯이 사유도 육체의 속성이고 존재 양태로서 실체의 두 가지 속성으로 대립적이지 않다고 본다(E. V. 일렌코프, 『변증법적 논리학의 역사와 이론』, 연구사, 1991, 34-36쪽).

36) 애초 여기에 가정되어 있는 것은 물질-경험-운동-변화-우연성/의식(정신)-개념-고정-불변-필연성이라는 전제이다. 이런 측면에서 '난점'을 해소하는 방식은 두 가지이다. 하나는 전자와 후자의 관계를 독특한 '차이', 개별적 특성으로 규정함으로써 양자의 우월을 '해체'해버리거나 아니면 전자와 후자의 관계를 보편과 특수의 관계로 규정함으로써 우월 관계 안에서 '물질'의 세계를 보존하는 방식이다. 앞의 입장은 푸코와 데리다, 그리고 들뢰즈가, 뒤의 입장은 헤겔과 맑스-엥겔스가 그러하다.

다음과 같은 결론이 나온다.; 1. 세계에 대한 특정한 정의, 예를 들어 유물론이든 관념론이든 아니면 괄호 안에 들어 있는 〔존재〕이든 간에 세계를 특정한 방식으로 '선택'하는 것은 철학의 한계이자 철학 자체의 '초월적 의지'이다. 이런 의미에서 모든 철학은 필연적으로 존재론37)을 함축하고 이데올로기적인 한계(자기논증적 순환성)를 벗어날 수 없다. 철학이 표방하는 세계관은 철학의 한계내에서 이루어지는 철학적 실천으로 승인되어야 한다. 2. 의식은 항상 물질을 '의식적 형태'(개념)로 전유한다. 의식은 물질의 추상화, 사상의 형태로 물질적 형태를 그대로 전유할 수 없다. 이것은 곧 물질과 의식 사이의 일대일 대응관계가 성립하지 않는다는 것을 의미한다. 하지만 의식은 물질이 제공하는 기반을 벗어날 수 없다. 따라서 물질은 의식과의 관계하에서 단지 '중심성'(boundary) 또는 한계(limit) 규정으로만 정의될 수 있다.38) 3. 물질과 의식 사이의 소통은 '육체'39)를 통해서만 가능하다. 따라서 세계 또는 물질에 대한 이성적 사유의 힘을 부당하게 특권화했던 근대의 주체형이상학은 폐기되어야 한다. 오히려 물질과 의식 사이를 교통짓는 육체의 자기생산 능력으로서 감성과 에네르기의 투여로서 '실

37) 존재론과 형이상학은 같은 개념이 아니다. 그러나 존재론을 형이상학과 같은 개념으로 사용하는 경우가 많다. 이것은 무엇보다도 이 개념이 특정한 존재론, 즉 아리스토텔레스의 존재론을 지칭하기 때문이다. meta＋physica(물리적인 것의 배후, 근거)이라는 뜻의 형이상학은 아리스토텔레스의 존재론, 즉 '존재자에 관한 탐구를 목표로 삼는 학문'인데 아리스토텔레스에게 그것은 '물질 세계 저편', '감각 경험의 세계 저편', '모든 존재자의 기초를 놓는 참된 존재에 관한 철학'이다. 따라서 존재론 하면 형이상학을 떠올리는데 형이상학적 입장을 취하지 않고도 '존재 일반에 관한 이론'으로서의 존재론은 가능하며 실제로 모든 학은 존재에 대한 특정한 방식의 가정을 의식적이든 무의식적이든 암묵적으로 전제하고 있다.
38) 일대일의 대응, 상응이라는 경험론적 관점은 기각된다. 하지만 물질의 중심성, 한계 규정은 두 가지의 의미를 함축한다. 첫째는 의식 전체가 물질의 한계 안에 놓여 있다는 점(＝전체로서의 상응성)과 둘째, 의식의 최종적 한계는 물질이라는 점(＝물질의 의식에 대한 시간적인 선차성이 아니라 존재론적 선차성)이다.
39) 우리가 말하는 '육체'와 동일한 역할을 하는 것이 들뢰즈와 가타리에게 '욕망'이다. 욕망은 "의미 작용 이전의 기호들의 체계"이며 "의미 효과를 산출하지 않으며 그들의 지시물과의 직접적 관계로 들어갈 수 있다"고 본다. 하지만 들뢰즈와 가타리는 이 전제를 논증하지 않고 단지 전제하고 있을 뿐이다. 우리가 보기에 이 전제는 부당하다. 욕망은 육체의 일부이며 육체 안에서 감성과 오성, 이성은 욕망과 결합되어 있으며 '욕망'을 산출하는 것처럼 보이기 때문이다. 정신분열은 이념과 현실의 관계에서도, 이성과 현실, 의지와 현실의 괴리에서도 주어진다. 따라서 정신분열을 만들어내는 것은 현실과의 '실천'적으로 관계 맺는 육체 안에서 발생하는 것처럼 보인다.

천'이 복권되어야 한다.

5. 실천의 철학과 감성적 실천, 계급투쟁

근대성의 '주체' 형이상학은 폐기되었다. 이성은 물질의 세계로 초월해갈 수 없기 때문이다. 그러나 이런 이성의 한계는 사유 자체의 한계로서 언어 자체, 철학 자체의 한계이기도 하다. 따라서 '담론의 해체 전략' 또한 동일한 딜레마에 봉착할 수밖에 없다. '물질'을 형이상학적인 것으로 규정하거나 아니면 존재론적이라고 규정한 이후, 우리 밖에 있는 [대상]에 대해 괄호를 치는 방식으로, 주어진 담론에 전제되어 있는 가정들을 해체하는 것은 자기 모순적일 뿐이다. 비록 그것이 온전히 텍스트에 대한 '해석'들로, 다른 방식의 '읽기'로 정의된다 할지라도 그것이 세계를 표상하는 이상, 세계에 대한 특정한 존재를 가정할 수밖에 없기 때문이다. [40] 따라서 그것은 철학의 한계이다. 이 한계를 넘어서려 할 때, 철학은 필연적으로 철학의 외부를 제기해야 한다. 철학이 필연적으로 '외부'와 관계를 가질 수밖에 없는 한 그것의 한계는 철학의 한계로 수용되어야 한다.

들뢰즈의 '은유'와 데리다의 '텍스트'는 이런 측면에서 세계와 단절하고 철학의 한계를 철학 내적 한계로 설정함으로써 철학의 내부만을 생산할 뿐이다. 철학의 외부를 자기의 한계로 수용하지 않을 때, 철학은 '과학'이 아니라 미적 양식, 문학과 관계를 맺을 수밖에 없으며 진리 대신에 '미학화'가 추구될 수밖에 없다. 따라서 알튀세르의 읽기, 이론적 실천의 이론은 다른 포스트적 입장들과 마찬가지로 이 지점에서 맑스 자체의 해체를 생산해낸다. 철학은 철학의 생산이 철학 내부 즉, 이론 내적 과정 또는 해석적 과정 자체로부터 주어질 수 없으며 비철학과의 관계에서만 주어질 수 있다는 점

---

40) 예를 들어 포스트적 조류들과 '불확정적 유물론' 등이 공격하는 변증법은 차이와 대립에도 불구하고 동일성이라는 형식을 취하는 반면 이들은 '차이'='생성'을 위해 변증법을 해체하고 동일성을 근거 없는 존재론적 가정으로 비판한다. 하지만 니체는 '권력의지'를 가정하며 들뢰즈는 '끊임없는 생성의 힘으로서 욕망'을 가정한다. 반면 푸코와 데리다, 그리고 알튀세르의 '불확정적 유물론'도 유명론(실재하는 것은 개체이다)적 전제를 가지고 있다. 철학은 존재론적 가정을 벗어날 수 없다. 문제는 그것이 형이상학인가 아닌가이다.

을 승인해야 한다. 인식과 사유의 매개 고리는 육체에 있다. 그렇게 되면 철학의 생명력은 이론이 직접적으로 '육체화'하고 육체적인 활동으로부터 '이론화'를 수행하는 '실천'일 수밖에 없으며 이 '실천'의 중심에서 획득되는 특정한 문제들일 수밖에 없다. '실천의 철학'! 맑스의 철학은 '유물론'에서 철학적 혁명을 수행한 것이 아니라 '실천'에서 확보한다. "대상적 진리가 인간의 사유에 들어오는가 않는가의 문제는─이론의 문제가 아니라 실천적 문제이다."[41]

철학은 자신을 '물질적인 힘'으로 실현함으로써 자기를 지양해간다. 그러기 위해 철학은 이데올로기의 상상적 동일화, 자기폐쇄성을 파괴하고 알튀세르가 말했듯이 '물질'로 향하게 하는 자기 반성적이고 자기해체적 작업을 수행한다. 철학의 새로운 실천! 하지만 이후 철학은 다시 자신에게로 돌아오지 않는가? 철학은 두 가지 측면에서 이데올로기로 회귀한다. 하나는 그것이 세계로의 도약을 통해서 '월권'을 수행한다는 측면에서 그러하며, 다른 하나는 철학이 실현되는 정치의 장에서 '시멘트'로서 이데올로기와 직접적인 연계를 가진다는 측면에서 그러하다. 따라서 철학은 이데올로기적 동력을 통해서 문제를 '문제'로 인식하며 '역사'와 철학적 인식을 수행하는 존재의 문제, 존재들이 충돌하는 '정치의 장'과 관계를 가진다. 그람시는 "철학의 구체적인 역사화"와 "철학의 역사에의 동화"를 말하고[42] 알튀세르는 여전히 '최종심급에서는 이론에서의 계급투쟁'이지만 '정치의 새로운 실천'을 말한다.[43]

---

41) 칼 맑스, 「헤겔 법철학의 비판을 위하여」, 『칼 맑스 프리드리히 엥겔스 저작 선집』 1권, 185쪽.

42) 안토니오 그람시, 『옥중수고』 II, 305쪽.

43) 알튀세르는 '정치의 사회화'에 대항하여 "정치로부터 대중으로가 아니라 대중으로부터 정치로, 그리고 정치의 새로운 실천으로"(루이 알튀세르, 「로산나 로산다와의 대담: 맑스주의 이론에서 국가문제」, 『당내에 더 이상 지속되어선 안 될 것』, 86쪽)을 주장하고 있다. 하지만 이것은 이후 "당을 단호하게 대중운동에 종사하도록 하기 위해, 투쟁 속에서 당의 영향력을 확대하며 대중에 대해 개방된 투쟁 속에서 당의 진정한 기초를 찾기 위해 후퇴를 거부하고 요새를 포기"(루이 알튀세르, 「당내에 더 이상 지속되어선 안 될 것」, 『당내에 더 이상 지속되어선 안 될 것』, 새길, 1992, 86쪽) 해야 한다는 주장으로 발전하며 이후 발리바르에게서는 '대중으로의 복귀'와 '주체화양식'(에티엔 발리바르, 「스피노자, 그의 반근대적 정치학: 대중의 공포」, 『마키아벨리의 고독』, 새길, 1992 참조)으로 정식화된다.

'철학의 구체적인 역사화'를 매개하는 것은 '정치에서의 철학의 실천'이다. 하지만 정치의 새로운 실천은 그 실천의 담지자를 필요로 한다. 이제, 문제가 되는 것은 이데올로기가 '객관성'을 획득하려는 투쟁44) 속에서 철학적 보편화를 수행할 수 있는 집단이 있는가의 여부이다. 맑스와 그람시의 당파성은 이로부터 나온다. 루카치는 이 당파성을 헤겔식의 주객 변증법으로 처리했다. 하지만 루카치는 주관과 객관의 상호 교통이 아니라 불일치를 가정하며 변증법의 실재론을 거부했다. 따라서 그는 사유와 존재의 일치를 순전히 사회·역사적인 것으로, 즉 프롤레타리아의 의식과 사회적 현실의 일치로 이해했다. 여기서 노동자계급은 보편성의 구현체＝절대 정신으로 제시된다. 하지만 변증법을 자연과 물질에 선재하는 실재론의 관점에서 파악한다면 문제는 그런 선재성을 선점해 들어가면서 '객관성'을 획득해 들어갈 수 있는 집단의 '실천'이 중요해진다.

맑스는 초기에 자기 해방이 보편적인 해방이 되는 존재로서, 후기에는 자본의 한계에 근거해서 노동자계급의 해방 주체45)를 논증한다. 『자본』은 '이윤율의 경향적 저하 법칙'이라는 자본의 한계를 보여준다. 그런데 이후 문제가 되었던 것은 이와 같은 '경향'을 필연성으로 파악하면서 나타나는 결정론적이고 목적론적인 함의이다. 하지만 '의식에 대한 물질의 중심성'과 동일하게 그것은 운동의 '중심성'과 자본의 한계를 그려내는 것이지 운동 자체의 직접적 결정을 의미하는 것은 아니다. 여기서 '결정'된 것은 '자본운동의 궁극적 한계, 영역의 극한치'로서 사회주의이며 이때 사회주의는 '이념'으로 작동한다.46) 따라서 실제로 운동의 경향을 결정하는 것은 구체적인 계기이

---

44) "우리가 객관적으로 인식한다는 것은, 하나의 인식이 단일한 문화 체계 속에 역사적으로 통일되어 있는 전인류에게 실재하는 경우에 한해서이다. 그런데 이러한 역사적 통일은, 인간 사회를 분열시키는 내적 모순이 사라지는 과정을 거쳐 이루어진다. 그러나 이러한 모순 자체가 집단들의 형성과 이데올로기들의 탄생의 조건이며, 이때의 이데올로기들은 구체적으로 볼 때 보편적인 것이 아니라 그 실천적 기원상 일시적인 것들이다. 그렇기 때문에 객관성을 얻기 위한 투쟁이 존재하며, 이 투쟁은 인류가 문화적 통일을 획득하려는 투쟁과 똑같은 것이다. 관념론자들이 '정신'이라고 부르는 것은 출발점이 아니라 종착점이며, 또한 구체적인 것과 객관적으로 보편적인 통일을 향해 나아가는 상부구조들의 총화이지, 어떤 단일한 전제가 아니다"(안토니오 그람시, 『옥중수고』 II, 316쪽).
45) 노동자계급을 '주체'로 설정할 때의 의미에 대한 논의는 졸고, 「맑스주의의 '주체'와 포스트적 전화의 담론들」, 『문예미학』 10, 문예미학회, 2002 참조.

며 이 운동의 모순을 담지하고 있는 집단의 실천이다.

맑스는 이와 같은 '담지자', '사회적 실천 집단'을 노동자계급이라고 규정한다. 노동자계급은 자본과의 대립 속에서 모순의 운동을 체화하고 있다. 노동력 상품이라는 규정은 이와 같은 모순을 보여준다. 상품교환은 등가 교환이다. 반면 노동력과 자본간의 등가교환은 부등가교환이라는 모순을 함축한다. 생산수단의 사적 소유와 생산의 사회화는 노/자간의 계급투쟁이 필연적이라는 점을 함축한다. 따라서 노동자계급의 존재 자체가 모순의 담지자이며 들뢰즈식으로 '정신분열'자이다. 하지만 이것은 사회·역사적 구조 변동의 모순만을 함축하는 것은 아니다. 오히려 이와 같은 모순은 노동자계급 자신의 존재와 의식간의 모순을 함축한다. '사회적 존재가 사회적 의식을 결정한다'는 테제와 '한 시대의 지배적 사상은 지배계급의 이데올로기'라는 테제간의 모순이다. 따라서 노동자계급은 객관적으로 존재하는 자본운동의 모순을 자신의 육체 안에서 사유와 존재간의 모순으로 보존하고 있는 담지자이다.

이 모순은 노동자계급의 육체, 감성적 실천 안에서 발현한다. 따라서 맑스는 특정한 상황으로부터 유발되는 특정 존재의 '감성'으로부터 이데올로기 비판은 시작될 수밖에 없다고 본다.[47] 맑스는 "지금까지의 모든 유물론의 주요한 결함은 대상, 현실, 감성이 오직 객체의 혹은 관조의 형식 아래에서만 파악되고 있다는 것; 그리고 인간의 감성적 활동(menschliche sinnliche Tätigkeit)으로서, 실천으로서 파악되지 않고 주체적으로 파악되지 않는다는 것"[48] 라고 비판하고 '혁명적', '실천적·비판적' 활동으로 파악해야 한다

---

46) 이와 관련하여 우리는 기존 맑스주의에서의 필연성은 중심성, 한계 개념으로 대치되어야 하며 현실 운동에서의 '실천'의 과학은 '가능성'의 계기를 파악하고 구현하는 실천적 행위들로 규정되어야 한다고 본다.

47) 그람시도 이와 유사한 이야기를 하면서 이론 내적으로 문제를 해결하려는 합리주의적 경향을 비판하고 있다. "대중적 요소는 '느낌'(feeling)인 반면 항상 앎(knowing)이나 이해는 아니다. 이에 반해 지식인적 요소는 '앎'이지만, 항상 이해는 아니며 특히 느낌은 더더욱 아니다. 그러므로 이 두 극단은 한편으로 현학성과 무교양을, 다른 한편으로 맹목적 열정과 분파주의를 대표한다. …지식인의 오류는 이해나 심지어 느낌 및 열정 없이도 알 수 있다고 믿는 데 있다"(안토니오 그람시, 『옥중수고』 II, 283-284쪽).

48) 칼 맑스, 「포이에르바하에 관한 테제들」, 『칼 맑스 프리드리히 엥겔스 저작 선집』 1권, 185쪽.

고 주장한다. 따라서 "비판은 두뇌의 열정이 아니라 열정의 두뇌"[49]이며 "비판의 본질적 파토스는 분노이며 비판의 본질적 작업은 폭로Denunziation"[50]이다. 이데올로기 비판의 출발은 '감성'이며 그 목적은 '자기'가 아니라 대상을 변혁하고자 하는 '수단'일 뿐인 것이다.

감성은 일반적으로 에토스(ethos)와 파토스(pathos), 두 가지 영역으로 나누어진다. 맑스의 상품 물신성에 근거해서 보자면 자본주의의 물적 토대로부터 발생하는 가장 물질적인 힘을 가진 이데올로기는 '상품＝계약의 주체＝정치・경제적 주체＝자유롭고 평등한 법적 개인들'이라는 이데올로기이다. 자본주의에서의 자유-평등의 관념은 정확히 이것에 상응한다. 그런데 발리바르는 최근 이데올로기(스피노자)/경제(맑스)의 결합→스피노자 맑스주의: '생산양식론과 주체화양식론의 접합' 테제→'인권의 정치': '불확정적 유물론'과 '과학'의 폐기-민주주의적 에토스(자유-평등 테제)에 기반하는 투쟁의 양식을 제출하고 있다. 하지만 이것은 이데올로기 담론 구조에 익해 에토스적 수인이 되어 있는 현대인의 존재 양식을 특권화하는 관점이다. 물론 포스트적 '해체'는 오히려 '수인'이 되어버린 현대성의 역리를 발견한다. 하지만 전자의 경우에는 자본의 보편화 양식→상품 물신성으로의 포획을 의미하며 후자의 경우에는 에토스적 양식이 지닌 '투쟁, 저항의 가능성'을 착목하지 못하는 결과를 낳는다. 양자는 동일하게 경제결정론, 또는 역사의 목적론과 '이론'적으로 단절하고 이데올로기적 담론의 해체 안으로 회귀한다. 물질의 중심성이 기각되고 이어 사회적 존재들에 대한 존재성 규명이 기각된다. 곧 철학의 실현 주체, 노동자계급의 중심성이 기각된다.

그러나 그렇게 되면 에토스의 영역 안으로 회귀하여 자본 지배가 생산해내는 이데올로기의 보편화를 벗어나지 못하거나 아니면 '저항, 탈주의 가능성'을 현실로부터 추상해내지 못한다. 에토스는 분명 '저항'을 생산해낸다. 이런 의미에서 포스트적 '해체', 특히 푸코는 '에토스의 수인들'만을 볼 뿐 이것을 보지 못했다. 이것은 자본의 사회화하는 생산력과 사적 소유간의 모

---

49) 칼 맑스, 「헤겔 법철학의 비판을 위하여」, 『칼 맑스 프리드리히 엥겔스 저작 선집』 1권, 3쪽.
50) 같은 글, 4쪽.

순이 정치와 경제의 괴리를 낳고 자유-평등 테제를 부단히 파괴하기 때문이다. 하지만 에토스는 여전히 자본 지배 안에서의 '역능성'을 가지고 있을 뿐이다. 따라서 근본적인 단절의 지점을 구획하는 감성적 영역이 사고되어야 한다. 그것은 파토스의 영역이다. 자본의 한계에서 파토스적 감성과의 '만남'이 있다. 따라서 자본의 한계를 향한 비판은 노동자계급의 파토스를 보듬고 '사회주의'라는 이념 안에 배치해 들어가는 것이다.

그런데 이때, 파토스와 에토스의 작용 방향은 상반되게 작동한다. 에토스는 보편화의 가능성＝상식의 일반화를 최대한 추구하여 상품의 '보편성'을 일관되게 밀고나가는 반면 파토스는 보편화의 가능성＝상식의 일반화가 지닌 이데올로기를 끊임없이 해체하고 파괴하고자 하기 때문이다. 그것을 사회주의라는 이념하에서 보편화하고 '객관화'하는 것은 다름 아닌 계급투쟁 안에서의 철학의 '반성적 성찰'이다. 그람시는 '객관성의 획득'이라는 양 계급간의 투쟁, 노동자계급의 이데올로기투쟁을 포착하기는 했지만 이것이 결국 어떤 것을 전제해야 하는가를 이론화하지는 못했다.[51] 에토스는 탈계급적 민주 변혁의 실천적 기반을 제공하지만 그 '함정'을 벗어나지 못한다. 반면 파토스는 계급 중심적이기는 하지만 '해방 주체로서 노동자계급'이라는 '주체＝시멘트적 동일화'를 생산한다. 따라서 철학은 끊임없이 이 '동일성'을 파괴하고 '과학'의 길을 열어야 한다. 하지만 이 '철학의 실천'은 결코 철학 내부의 이론적 작업, 이데올로기와의 단절을 통해서 획득되는 것이 아니다. 오히려 그것은 '정치'의 장에서 계급투쟁을 수행하는 '실천' 속에서 제공되어야 한다. 그런 의미에서 주체화양식은 '실천의 철학', 철학의 외부를 통해서만 주어진다.

알튀세르-발리바르는 철학의 외부를 사고하지 못한다. 따라서 주체화양

---

51) 이것이 그람시로 하여금 전통적 지식인과 유기적 지식인의 구분, 그리고 유기적 지식인과 대중의 결합으로서 역사적 블록의 형성, 마지막으로 당의 강력한 의지와 지성을 강조한 이유이다. 그러나 지식인-당에 대한 강조는 당의 지도권력의 위험을 내포한다. 따라서 당의 이론적·윤리적 지도력의 형성보다 더 중시되어야 할 것은 당이 계급투쟁에 의해 형성되는 노동자계급과 피억압 대중들의 '감성'을 그들 스스로의 실천과 '반성' 안에서 '성찰'하고 이론화하는 것이다. 따라서 문제의 핵심은 오히려 당조직의 민주적 소통, '실천'적 창조 에너지의 접목장치를 형성하는 것이다.

식은 이데올로기투쟁의 수준에서만 제공될 뿐이다. 하지만 이런 주체화양식은 '실천' 없는 윤리적 양식화에 불과할 뿐이며 '부르주아적 물질성'을 벗어날 수 없다. 오히려 그것은 계급투쟁의 장에서 '육체화'를 수행할 수밖에 없는 '실천'으로부터 새로운 주체화의 양식을 제공받아야 한다. 이런 의미에서 '철학의 실천'을 생산해내는 '샘'은 '정치적 실천', 그 자체이다. 따라서 양자의 이데올로기를 벗어나는 '철학의 실천'은 '실천의 철학', 즉 당파적 활동으로부터 제공되어야 한다. 비록 그것이 여전히 또한 이데올로기와의 결합을 생산해낼지라도 그것은 '한계'이다. 철학은 단지 이 '한계'를 끊임없이 '실천' 속에서 해체하고 새로운 정치에 개입해 들어갈 뿐이다. '주체'는 결국 이데올로기-철학-과학-정치의 장이 계급투쟁의 '실천' 속에서 '샘'을 제공받음으로써 형성될 뿐이다. 특히, 이론적 분석과 이데올로기 개입으로 이루어지는 것이 아니라 '실천'을 수행하는 집단 자체의 반성, 성찰을 통해서 이루어지는 것이다.

이런 의미에서 '주체화양식'은 궁극적으로 모순을 담지하고 있는 행위자가 정치적 계급투쟁의 장에서 수행하는 반성 작용, 자신의 대상화, 보편화 작용을 수행하는 정치조직을 전제하는 것이다. 맑스주의적 관점에서 '이데올로기와의 분절, 이데올로기로부터 과학의 재전유'는 '노동자계급과의 정치적 결합'의 테제에 놓여져 있다. '결합'의 테제는 계급적 실천을 통해서 얻어진 경험을 조직적 반성을 통해서 이론적 발전으로 승화시킨다는 관점에서 '실천에 근거한 철학'이면서 노동계급운동의 실천을 '집단적 계급의 정치적 실천'으로 조직화한다는 관점에서 노동자계급의 정치조직을 기반으로 하는 '당파성의 철학'이다. 또, 이렇게 얻어진 이론-의식적 결집을 다시 현실로 구현해간다는 측면에서 '철학의 실천' 철학이며 해방의 철학이다.

이데올로기의 종말과 종말의 이데올로기

김범춘(한국철학사상연구회)

1. 맑스의 이데올로기[1]

이데올로기 연구는 '어떤 방식으로든' 거의 맑스나 맑스주의의 전통과 관계된 사람들의 문제영역이 되었다. 하지만 맑스가 달리 이데올로기론을 정리해 내놓지 않았고, 이후 맑스주의의 흐름 속에서도 이데올로기에 대한 일반적인 정의가 없기 때문에 이데올로기 연구는 어려운 작업이다. 무엇보다도 맑스의 이론이 일반적으로 승인되는 진리체계가 아니라는 사실이 맑스 이데올로기론의 처지를 더욱 궁지로 몰게 된다.

비록 맑스 이데올로기론이 체계적이지 못하고, 또한 그것이 맑스주의와 그 반대편 또는 다른 여러 갈래의 이론가들의 이론적이고 현실적인 갈등의 역사 속에서 확장되고 변질되었다고는 하지만, 맑스를 이런 혼란스러운 흐름 속에서 건져내어 따라가 본다면, 그 길 끝에서 우리는 분명히 그의 이데올로기론이 지니고 있는 이치에 맞는 알맹이를 찾아낼 수 있을 것이다. 그러한 길을 통해 우리가 발견하는 맑스의 이데올로기론은 우선 현실에 기초하지 않은 관념에 대한 비판이며, 다음으로는 그러한 관념이 만들어내는 사

---

1) 이데올로기라는 용어를 드 트라시(Destutt de Tracy)가 처음 사용했다고 널리 알려져 있는데, 정작 그는 자신의 책 『관념학의 원리』(Eléments d'Idéologie)에서 이 용어가 꽁디악(E. B. Condillacs)의 것이라고 밝히고 있다(Destutt de Tracy, Eléments d'Idéologie, S. XVI/Natur und Wissenskulturen, s. 59 참고).

회적 기만에 대한 폭로이다. 뿐만 아니라 그것은 그러한 관념과 기만적 효과가 무엇에서 기인하는지를 밝히는 작업이며, 더불어 그러한 잘못된 현실을 바로잡아 올바로 세우는 실천이다. 그리고 바로 이러한 내용들에 대해 각각 '사회적 존재가 의식을 규정한다', '자신들의 사상에 보편성의 형식을 부여하고, 그것을 유일하게 합리적이고 보편적 타당성을 지닌 것으로 표현해야 한다', '사회의 물질적 힘을 지배하는 계급은 사회의 정신적인 힘도 지배한다', '철학자들은 단지 세계를 여러 가지로 해석해왔을 뿐이다. 중요한 것은 세계를 변혁하는 것이다'[2]는 맑스의 간명한 핵심주장들이 연결될 수 있을 것이다. 이러한 연결을 통해 우리는 맑스가 이데올로기를 관념적 이론, 은폐와 대체를 통한 자기이해의 정당화로 보고 있음을 알 수 있다. 현실에 기초하지 않은 이러한 관념의 허구성을 맑스는 전도(顚倒)라는 개념으로, 그리고 엥겔스는 허위의식이라는 개념[3]으로 설명하는데, 이를 간단히 인식론적 이데올로기관이라고 할 수 있다. 이러한 이데올로기관은 급진적인 계몽주의자들과 포이어바흐에게서도 발견된다. 맑스는 포이어바흐에게서 전도라는 모델을 이어받았으나, 이것이 의식 속에서 존재하는 것은 단지 전도된 현실의 반영으로서만 그렇다는 점을 보여주려고 하였다.[4] 엥겔스 역시 맑스와 마찬가지 방식으로 역사적이고 현실적인 전제를 벗어난 관념적 논의를 허위의식이라고 규정하였다.

이런 관념적 태도에 대한 비판 외에 맑스의 이데올로기론에는 일종의 실용적 측면이 존재하는데, 그것은 바로 역사적 삶의 과정에 의해서 생성되는 환상들이 계급사회의 모순들을 덮어 은폐함으로써 지배계급의 이익에 봉사한다는 것이다. 이 환상들이 그럴 수 있는 것은 지배계급의 사상이 지배적인 사상[5]이기 때문이다. 그러나 이 진술은 이데올로기적 담론의 진위와는 관계가 없고 오히려 계급권력의 제도화와 관계되는 용어로 정당화된다. 즉

---

2) 차례대로 MEW 13, 9/『정치경제학 비판을 위하여』(중원문화), 7쪽; MEW 3, 47/『독일 이데올로기』(도서출판 두레), 94쪽; MEW 3, 46/91-92; MEW 3, vi/41. 이하 표기방식은 MEW Bd, S/번역본 쪽수로 함.
3) 각각 MEW 3, 26/65(MEW 39, 492 참고), MEW 39, 97.
4) A. Callinicos, 『현대철학의 두 가지 전통과 마르크스주의』, 정남영 옮김, 갈무리, 1995, 199-200쪽 참고.
5) MEW 3, 46/91.

물질적인 생산의 수단을 통제하고 있는 계급은 그러한 통제에 기초하여 정신적인 생산의 수단도 통제하게 된다. 그에 따라 정신적인 생산수단을 따로 갖지 못하는 계급의 사상은 대체로 그러한 수단을 지니고 있는 계급의 사상에 종속될 수밖에 없다는 것을 설명하는 것일 따름이다. 이 실용적 측면은 기능적 측면으로 해석되기도 하는데, 이 경우에도 그것은, 적어도 맑스에게서는 이데올로기의 진위를 가리는 기준이나 정의가 아니라 이데올로기의 효과에 관련되는 그런 기능일 뿐이다.

맑스의 이데올로기론에 다가갈 수 있는 다른 길은 이데올로기의 부정적인 측면에 강조점을 두는 것인데, 여기서 얻는 결과물도 앞의 길에서 얻는 것과 크게 다르지 않다. 맑스가 다루는 이데올로기는 사회적 의식의 총체나 사회적 계급들의 사상 전부를 가리키는 긍정적 이데올로기가 아니라 왜곡된 사고를 가리키는 부정적인 이데올로기이다. 현실적인 모순을 은폐하고 그 빈자리를 계급적 이해관계의 정당화로 메우는 이러한 부정적 이데올로기 개념에서는 흔히 이 부정을 '왜곡'[6]이라고 이해하기도 하는데, 부정을 별다른 설명 없이 간단히 왜곡과 등치시키는 것은 이데올로기의 맑스적 함의를 정확히 드러내는 데에는 적절하지 않다. 왜냐하면 모든 이데올로기가 왜곡된 것이기는 하지만 모든 왜곡들이 항상 이데올로기적인 것은 아니기 때문이다. 우리가 경험하는 인지적 오류, 예를 들어 물 속에 잠긴 막대를 굽은 것으로 감각하는 것, 자연과학 이론에서의 오류, 일상에서의 실수나 착오는 사실에 대한 왜곡이기는 하지만 그것을 이데올로기라고 부르지는 않는다. 이데올로기는 사회적 모순을 감추고, 그 모순을 다른 어떤 것으로 바꿈으로써 지배계급의 이익이나 다른 계급의 이익을 돕는 그런 왜곡을 말한다. 그러므로 이데올로기는 의식이나 감각의 모든 착오를 망라하는 것이 아니라 은폐와 대체[7]를 수반하는 그러한 제한된 종류의 왜곡을 뜻하는 것이다.

이에 반해 긍정적이고 포괄적인 이데올로기 개념을 맑스 자신에게서 찾아내고자 하는 노력들은 1859년 「서문」의 '법률적, 정치적, 종교적, 예술적

---

6) MEW 1, 378/『헤겔 법철학 비판』(도서출판 아침), 187-188쪽 참고.
7) MEW 3, 268 참고.

또는 철학적, 간단히 말해 이데올로기적 형태들'8) 이라는 표현을 자신들의 주장의 근거로 제시한다. 만약 이 표현이 맑스가 이데올로기를 정의하고자 하는 바로 그런 맥락에서 분명히 나타나는 것이라면, 그것은 틀림없이 다양한 사회계급의 사상과 이론들을 포함하는 모든 사회적 의식을 맑스가 이데올로기라고 규정했다고 하는 주장도 올바른 것일 수밖에 없다는 것을 의미한다. 하지만 그가 이 말을 통해 실제로 밝히고자 한 것은 그런 포괄적이고 긍정적인 의미의 이데올로기 개념이나 정의가 아니었다. 맑스는 사회의 변혁들을 고찰함에 있어서는 항상 물질적이고 자연과학적으로 엄정하게 확인될 수 있는 경제적 생산조건들의 변혁과, 인간들이 그 안에서 갈등을 의식하게 되고 싸움으로 해결하게 되는 법률적, 정치적, 종교적, 예술적 또는 철학적, 간단히 말해 이데올로기적 형태들의 변혁을 구분해야만 한다고 주장한다. 이 말은 그 자체로 사회변혁을 고찰하는 올바른 방법에 관한 것이지 이데올로기를 이야기하는 것이 아니다. 뿐만 아니라 한 개인이 어떤 사람인가를 그 자신이 무엇을 생각하느냐에 따라 판단하지 않듯이, 그러한 변혁기를 그 시기의 의식으로부터 판단할 수는 없으며 오히려 그 의식을 물질적 생활의 모순들로부터, 사회적 생산력과 생산관계 사이의 주어진 갈등으로부터 설명해야 한다9)는 이어지는 주장 역시 이데올로기를 정의하려는 것이 아니라 사회변혁에 있어서 의식적인 것의 변혁보다는 물질적인 것의 변혁이 결정적이라는 사실을 드러내고자 하는 것이다. 따라서 모든 사상과 이론을 이데올로기로 이해하는 것은 그릇된 것이며 그것은 맑스의 이데올로기 개념도 아니다.

이밖에도 맑스는 『독일 이데올로기』에서 자신의 방식을 사변적인 것, 이데올로기적인 것과 구별한다. 먼저 사변이 끝나는 곳, 즉 현실적인 생활에서 현실적인 실증과학, 인간의 실천적 활동 및 실천적 발전과정에 대한 기술이 시작된다는 말로써 자신의 연구가 어디에서 출발하는지를 밝힌다. 이어지는 글에서 자신의 이론적 추상이 근거하는 전제들과 자신의 논증에 관해, 나의 전제들은 현실적인 생활과정과 각 시대의 개인들의 행위에 관한

---

8) MEW 13, 9/7.
9) MEW 13, 9/7 참고.

연구를 통해서 비로소 밝혀지는 것이다[10] 라고 말한다. 그리고 나서 앞서 보았듯이 이데올로기와는 대조적인 의미로 사용하는 이 추상들 가운데 몇 가지를 끄집어내어 이것을 인간적 실존, 물질적 생활 자체의 생산, 새로운 욕구의 창출과 충족, 인간 종(種) 자체의 번식, 자연적이고 사회적인 관계와 같은 역사적 사례를 통해 논증하고 있다.[11] 이렇게 함으로써 그는 두 가지 소득을 얻게 되는데, 그 하나는 맑스 자신이 그렇게 하지는 않았지만 그렇게 했다고 오해받는 일, 즉 모든 사회사상을 이데올로기로 정의함으로써 자신의 사상마저도 이데올로기로 전락하는 것을 차단할 수 있게 된다는 점이며, 다른 하나는 이데올로기와 비이데올로기를, 이데올로기와 자신의 이론을 구분하는 기준점을 갖게 된다는 것이다. 사실 맑스는 자본주의사회, 부르주아사회라는 새로운 현실사회의 상황에 대한 경험적 분석을 통해 새로운 사회이론을 역사적이고 경험적이고 현실적인 방식으로 제시하고자 했다. 그는 이러한 자신의 방법을 강조하는 뜻에서 과학이라는 용어를 사용하고 있다. 이를 통해 우리는 맑스가 과학이라고 말하는 바의 의미, 그리고 이데올로기의 의미에 다가갈 수 있다. 그것은 다름 아닌 사회와 역사를 파악하는 태도에서 현실적인 생활과 생존, 사회관계를 택한다는 것이다. 반면에 사변적인 역사파악 태도는 후대의 역사가 전대의 역사의 목적으로, 예컨대 아메리카의 발견이 기본적으로 프랑스혁명의 발발에 도움을 줄 목적이 있었다는 식으로 여긴다. 하지만 전대의 역사의 사명, 목적, 맹아, 이념이라는 말로 불리는 것은 역사에 대한 하나의 추상화, 전대의 역사가 후대의 역사에 미치는 능동적 영향에 대한 하나의 추상화 이외의 아무 것도 아니다.[12] 말하자면 맑스는 추상적인 목적이나 이념이 역사를 움직여가는 동력인 양 생각하는 사변적 태도에 반대하고 있는 것이며, 그런 의미에서 사변적 역사파악은 과학이 아니라 특정한 계급이나 집단, 민족의 이익을 위해 왜곡된 이데올로기인 것이다.

　이런 모든 측면에서 보자면 맑스의 이데올로기론은 모든 이데올로기적

---

10) MEW 3, 27/66 참고.
11) MEW 3, 28-30/67-70 참고.
12) MEW 3, 45/91 참고.

요소를 특정한 계급에 귀속시키는 것이 아니며, 특정계급의 사상을 이데올로기에서 풀어놓고자 하는 것도 아니다. 의식적이든 무의식적이든 사상이나 이론을 사회현실과 계급적 이해관계의 제약이라는 조건에서 벗어나게 하여 그것을 일반화하는 것이 문제인 것이다. 사회적 의식형태들은 그것이 사회적 현실의 생산과정에서 만들어졌다는 점에서뿐만 아니라, 그것이 동시에 그것들의 범위와 타당성이 바로 현실에 가차없이 종속된다는 점에서도 사회적 존재에 의해서 결정되는 것처럼, 이러한 사상의 사회 · 역사성과 존재결정성이 맑스 이데올로기론의 입지이며, 맑스에게서 이데올로기는 결국 사회적이고 역사적인 현실존재를 벗어난 관념적 논의나 자신의 역사성이나 계급적 존재를 초역사적이고 보편적인 것으로 만드는 이론적 태도를 가리키는 것이다. 그러한 태도가 정당하지 않은 까닭은 맑스의 말대로 '정신은 애초부터 물질에 붙들려 있다는 저주스런 운명을 짊어지고 있다'[13] 는 것을 부정하기 때문이다.

그러나 맑스의 이론이 사회 · 역사적 결정성에 바탕을 두고 있다고 해서, 이데올로기가 만하임(K. Mannheim)에게서처럼 단순히 역사적 배경을 밝힌다거나 이데올로기를 생산하거나 받아들이는 사람들의 사회적 지위로 돌아가는 것을 통해서 진의가 밝혀지는 그런 것은 아니다. 이는 어떤 이론이나 예술작품의 성격이 그것들의 사회적 기원에 대한 탐구만으로는 온전하게 파악될 수 없으며, 동시에 그 시대의 사회적 의식형태들과 사회적 배경으로 환원해서 파악될 수 있는 것도 아닌 것과 마찬가지이다. 왜냐하면 인간은 스스로가 선택한 환경 속에서가 아니라 이미 존재하는 주어진 환경, 물려받은 환경 속에서 역사를 만들어가기 때문이다. 그리고 모든 죽은 세대들의 전통은 사라지지 않고 악몽과도 같이 살아있는 세대들의 두뇌를 짓누르기 때문에,[14] 인간의 사상과 행위 속에는 그만의 독특한 것 외에도 그 이전 사람들의 사상과 행위가 녹아들어 있다. 말하자면 사회적 기원과 의식형태들, 배경들을 어느 세대에, 어느 집단이나 개인에 정확히 할당하는가 하는 문제는 그리 간단히 해결되는 문제가 아니다. 다시 말하면 이데올

---

13) MEW 3, 30/71.
14) MEW 8, 115/『프랑스혁명 3부작』(도서출판 소나무), 162쪽 참고.

로기의 보다 분명한 맑스적인 특징은 이데올로기가 기원하는 계급과의 발생적인 관계에서보다는 지배계급과 그것이 맺는 관계, 즉 지배계급이 이데올로기를 활용하여 자신의 이익을 보편화하는 것과 같은 그러한 관계에 의해서 주어진다. 이데올로기는 비록 그것이 지배계급에 의해 만들어지지 않았다고 할지라도 지배계급의 이익에 복무할 수 있고, 지배적인 사상이 됨으로써 이러한 지배적인 이해관계를 은폐하게 된다. 그리고 '지배계급의 사상이 지배적인 사상'이라고 하는 맑스의 명제는 지배계급의 모든 사상이 항상 이데올로기적이라고 주장하는 것이 아니다. 이런 고찰들은 '지배계급의 사상이 지배적인 사상'이라는 원리 자체로는 맑스 이데올로기의 특성을 해명해주지 못한다는 것을 의미한다. 그러므로 '지배계급의 사상이 지배적인 사상이다'는 말은 이데올로기의 물질적인 힘과의 연관성을 해명하는 도구가 되기는 하지만, 맑스의 이데올로기를 정의하는 유용한 도구가 되지는 못한다. 이런 논증에 비춰보더라도 맑스의 이데올로기론은 이데올로기를 시대적 기원이나 계급적 의식, 시대적 배경에 환원해서 설명하는 역사적 환원주의가 아니라, 각각의 사상과 이론이 갖는 사회적 효과와 그러한 효과가 가져오는 현실의 변화에 주목하는 것이며, 그러한 효과를 가져오는 사회구조를 분석하고 현실의 참된 모습을 드러내고자 하는 사회적이고 역사적이며 무엇보다도 경험적인 접근을 강조하는 유물론적 사회·역사관의 일부로 받아들여야 한다. 이러한 사회·역사적이고 경험적인 접근은 계급이해의 은폐와 대체로 특징지어지는 맑스의 이데올로기론에서 방법론의 핵심이다.

2. 이데올로기의 종말

벨(D. Bell)과 후쿠야마(F. Fukuyama)에게서도 볼 수 있듯이 이데올로기의 종말은 대부분 맑스이론의 종말 또는 그 실험의 실패를 가리키는 것으로 받아들여지고 있다. 서구 자유주의자들뿐만이 아니라 1950년대 말에 이미 유고슬라비아의 맑스주의자 마르코비치(M. Markovic)는 『독일 이데올로기』가 씌어진 지 백여 년이 지난 오늘날 분명해진 것은, 맑스주의 역시

하나의 이데올로기라는 사실이다고 확언하고 있다. 15) 하지만 이같은 견해
는 사회과학의 영역에서 비이데올로기적인 이론을 찾아내려는 지금까지의
숱한 시도를 모두 무의미한 것으로 만들고 마는데, 왜냐하면 사회과학의 모
든 이론은 그 자체로 이데올로기적이기 때문이다. 따라서 모든 차이와 대립
을 무화하면서 이론 전체를 파괴할지도 모를 이러한 평면적인 상대주의에
빠지는 것을 타당하다고 할 수는 없다. 맑스는 관념론적 태도에서 생생한
현실을 허구적인 가상과 맞바꾸는 사회현실에 대한 왜곡된 이해를 경험적
이고 실질적인 이론으로 비판하고 극복하고자 하였다. 이런 이론적 태도마
저 만하임류의 상대주의에 기초하여 이데올로기로 비하하는 것은 또다른
사실의 왜곡이며, 이데올로기일 수밖에 없다. 무엇보다 맑스이론의 현실적
실험의 실패를 맑스이론 자체의 실패로 몰아가고, 더 나아가 그의 이론 전
체를 폐기하려는 것은 정당하지 않다.

　　우리는 여전히 자신의 이해관심에서 상대방의 이론을 이데올로기로 규정
하고 그것의 종말을 주장하고 있다. 아마 맑스가 오늘날 이런 우리들을 바
라본다면, 유토피아 또는 이데올로기라는 말을 다시 사용할지도 모른다.
왜냐하면 역사는 한순간에 끝나거나 언제고 다시 시작할 수 있는 그런 것이
아니라 늘 얽히고 엮여 있고 그 얽힘과 엮임 속에서 진행되는 그런 것이기
때문이다. 만약 오늘날 삶의 진실된 모습을 들추어내고, 새로운 삶의 전망
을 제시하는 모든 것이, 그것이 유토피아든 이데올로기든 간에, 현저히 쇠
퇴하고 사라지고 있다면 그것은 이데올로기의 종말이 아니라 인간적 삶의
힘과 의지의 종말을 예고하는 것일 수도 있다. 역사적 현실은 사실 선택에
의해 이끌어지는 것이다. 말하자면 오늘의 현실과는 다른 미래에 대한 선택
이 봉쇄되어 있다는 것은 현실 자체의 본질이 아니라 개인의 특성과 관련된
것이다. 미래에 관한 한 우리는 잠재적으로 본다면 물론이고 단지 개연성에
만 비추어 보더라도 거의 모든 것이 우리 자신의 욕구에 의해 좌우된다고
할 수 있으며 또한 그 중에서도 우리가 무엇을 선택할 것인가 하는 것은 궁
극적으로 우리에게 달린 문제이다. 우리들의 지향이 유토피아적이든 이데

---

15) P. Zima, 『이데올로기와 이론』, 허창운 외 옮김, 문학과 지성사, 1996, 38쪽 재인용.

올로기적이든 또다른 무엇이든 간에 그것은 맑스 시대와 다름없이 여전히 결단과 선택, 즉 실천의 문제로 남아 있는 것이다. 바로 이런 측면에서 캘리니코스는 실천을 맑스사상의 핵심으로 간주하면서, 만약 맑스주의가 옳은 것이라면, 우리는 그것에 기초하여 행동해야만 한다고 힘주어 말한다.[16] 결국 맑스 이데올로기의 종말이든 종말 이데올로기의 종말이든 간에 그것은 이론의 영역에 그치는 것이 아니라 현실의 문제이며, 우리를 둘러싼 현실에서 직접적으로 판단해야 하는 문제이다.

이데올로기와 관련해서 종말이라는 용어가 처음으로 사용된 경우를 살펴보면, 편견을 과학으로 또는 합리적 지식으로 대체하려는 초기 관념론자들의 구상으로까지 거슬러 올라간다. 이데올로기는 원래 비합리적이거나 비정형적인 신념형태의 해체, 비이성의 종언, 후일 잘못된 지식체계로서의 이데올로기 자체의 해체와 동일시되어온 그런 관점을 의미했다. 맑스와 관련해서 이데올로기의 종말은 다음과 같은 두 가지 흐름 중 각각의 관점에서 상정되고 있다. 먼저 지배로서의 이데올로기가 계급지배와 동일시되는 한, 계급초월은 사실상 이데올로기의 소멸을 수반한다. 즉 이때의 이데올로기의 종말은 특정계급의 이해관계를 지지하는 지배이데올로기의 종말을 의미한다.[17] 두 번째는 이와는 달리 보다 일반적인 것으로서, 이데올로기라는 용어가 갖는 경멸적인 의미를 다시금 맑스주의에 되돌리려고 노력해온 최근의 이데올로기 종말론자들 사이에서 이데올로기의 종말 또는 해체가 주로 과학과 이데올로기의 분화체계내에서 이해되어 왔다. 이런 흐름의 선구자인 벨에 의하면, 이데올로기는 삶의 방식 전체를 변화시키려는 정열로 고취된 일련의 신념들이며 세속종교이다. 이데올로기는 사물의 기존질서에서 진보적이거나 반동적인 근본변화의 필요성을 주장하는 어떤 신념체계이다. 이데올로기가 이러한 맥락에서 사용되었듯이, 이데올로기의 종말이라는 주장도 그 자체 이데올로기라는 사실이 종종 주장되었다. 맑스적 관점에 사용되는 이데올로기라는 용어에 입각한다면, 그러한 평가를 수용하는 데에는 별다른 어려움이 없다. 그 이유는 이데올로기의 종말론의 결과가 기존의 지

---

16) A. Callinicos, 『마르크스의 사상』, 정성진 외 옮김, 북막스, 2000, 271쪽 참고.
17) MEW 3, 48/94-95 참고.

배관계를 정당화하는 데 도움을 주는 것이라는 점이 주장되기 때문이다. 이러한 입장이 내포한 요점은 다음과 같은 일반화의 가능성을 제공해주기 때문에 중요하다. 즉 이데올로기의 종말을 예견하는 어떠한 형태의 정치적 담론도, 나아가 맑스의 이론 자체도 이데올로기적인 것이 될 가능성을 지니고 있다.[18]

벨은 1959년에 쓰고 1960년에 출간한 『이데올로기의 종언』에서 미국의 번영이 모든 사회문제를 해결하는 만능열쇠가 아니며, 소련과 동구사회주의 역시 문제해결에서의 설득력을 상실했다고 주장한다. 그리고 그는 마치 비판이론가들처럼 산업화나 근대화와 같은 새로운 이데올로기가 신생국가에서 등장하고 있으며 일부 국가에서는 교조적인 사회주의 이데올로기가 지배하고 있음을 경계하고 비판한다. 하지만 이런 나름대로의 비판의 균형은 이데올로기의 종언이란 사상적으로 말하면 획기적인 시대에 대하여 썼던 저서, 즉 사회변동에 관해 안이한 좌익적인 서적의 공식화를 끝장낸다는 뜻이다는 그의 언급에서 깨지게 된다.[19] 이런 사정으로 인해 그의 경계와 비판은 정치적 의도에 따라 맑스이론과 맑스주의를 일방적으로 폄하하는 것으로 해석되었으며, 그 결과 이데올로기의 종언은 맑스이론과 맑스주의의 종언으로 고정되었다.

이후 꼭 30년 만에 후쿠야마는 벨에서 한걸음 더 나아가 이데올로기의 종언뿐만 아니라 맑스가 '전사(前史)의 종결'을 떠올리는 '역사의 종언'을 말한다. 1989년 여름에 출간한 논문「역사의 종언?」은 즉각적인 논쟁을 유발하였고, 마치 이에 화답이라도 하듯 벌어진 동구공산권 국가와 소련의 붕괴는 그를 한순간에 유명인사로 만들었다. 이런 시대적 변화를 등에 업고 작은 논문을 보완해서 1992년에 출간한 『역사의 종언과 최후의 인간』은 모든 경쟁자들에 대한 경제적, 정치적 자유주의의 거침없는 승리는 냉전의 종식이라든가 역사에서의 특정시기가 소멸했다는 것을 의미하는 게 아니라, 역사 그 자체의 종언을 선언한다. 즉 인류의 이데올로기적 진화의 종점이며, 서구자유민주주의가 최종적인 정부형태로 보편화되었음을 의미한다고 대담하

---

18) A. Giddens, 『사회이론의 주요쟁점』, 윤병철 옮김, 문예출판, 1991, 265-266쪽 참고.
19) D. Bell, 『이데올로기의 종언』, 이상두 옮김, 범우사, 1984, 268쪽 참고.

게 주장한다. 후쿠야마의 이 주장은 역사에는 근저에 흐르는 진화방향이 있다는 것, 그리고 역사는 인간본성에 내재한 인정투쟁이 마침내 충족되는 최종상태에 도달했다는 것이며, 이런 충족의 틀이 자유민주주의에 기반한 자본주의사회에서 제공된다는 것이다. 그는 맑스를 밟고 거슬러 올라가 헤겔에게 구원의 길을 청하고 있는 셈인데, 하지만 헤겔의 올빼미는 그리 사정이 좋지 않은 듯하다. 그는 전세계의 이데올로기투쟁은 경제적 계산, 기술적 문제들의 무한한 해결, 환경에 대한 염려, 소비자의 복잡한 요구를 만족시키는 것으로 대체될 것이라고 주장하면서도 미래를 낙관하지 못한다. 즉 후기 역사시대에는 예술도 철학도 없을 것이며, 오직 인간정신의 박물관에 대한 관리만이 존재할 것이기 때문에, 미네르바의 올빼미는 회색바탕에 회색을 덧칠한다고 덧붙이고 있기 때문이다. 20) 이처럼 그의 태도는 자유주의의 승리를 이야기하면서도 저널리즘이 만들어준 명성에 걸맞지 않게 모호하고 양면적이며 그리 낙관적이지도 않다.

더욱이 후쿠야마는 자신이 제기한 물음, 즉 경제적 계산, 기술적 문제, 환경에 대한 염려, 복잡한 욕구가 여전히 서구의 경제적, 정치적 자유주의 속에서 왜 제기되고 있는지, 또한 왜 해결되고 있지 않는가 하는 물음으로 주의만을 환기시킨 채 현실적인 해결책을 내놓지 않는다. 사실 그의 주장은 맑스뿐만 아니라 엥겔스의 말을 번안한 듯한데, 엥겔스는 "억압해야 할 어떤 사회적 계급도 없게 될 때, 계급지배와 함께 오늘날의 생산의 무정부성에서 기인하는 개체생존투쟁과 함께 이 투쟁에서 생겨나는 충돌과 폭행이 없어지게 될 때 사람에 대한 관리 대신에 사물에 대한 관리와 생산과정에 대한 지도가 나타난다"21)고 한다. 그리고 그러한 충돌과 폭행을 없애기 위해서 자본주의 자체의 극복이 필요하다고 말한다. 반면에 후쿠야마는 자본주의에 매수되지 않은 과학의 구실을 강조한다. 하지만 그러한 과학의 가능성에 대해서는 회의적이다. 그는 만약 우리가 지금 우리 자신의 시대와 실질적으로 다른 세계를 상상할 수 없는 지점, 미래가 현재의 질서를 근본적으로 개혁할 수 있는 명백하고도 확실한 방식도 없는 그런 지점에 와 있다

---

20) F. Fukuyama, "The End of History?", p. 18, 『이데올로기』, 도서출판 이후, 138쪽.
21) MEW 19, 224/『공상에서 과학으로』(도서출판 새날), 70-71쪽.

면, 우리는 역사 그 자체가 종말에 이르렀을지 모른다는 가능성을 숙고해 보아야 한다고 주장한다.[22] 그의 이러한 대담함과 우울함은 세기말의 불안과 열광 사이에서 줄타기하는 인기있는 광대의 모습으로 비춰지는데, 그나마 그 인기마저 곧 사그라지고 만다. 이런 사정을 만회하려는 듯 후쿠야마는 10년만에 새로운 논문을 내놓았는데, 그 내용 역시 자기주장을 반박하는 것으로 해석될 수 있다. 후쿠야마는 「역사는 다시 시작됐는가?」라는 논문에서 공동체를 지향하는 유럽과 패권주의 미국과의 충돌을 이야기한다. 유럽인들이 역사의 종착지에서 살고 있는 것은 확실하지만, 그리고 그렇기 때문에 공동체적 이상을 내세울 수 있지만, 문제는 나머지 세계가 여전히 경제성장과 안정된 민주주의 그리고 평화에 있어서 역사의 진창에 빠져 있다는 것이다. 여기서 그는 근본원리상의 쟁점들은 본질적으로 해결될 수 없는데, 그 까닭은 지구적 차원에서 '민주주의의 결여'를 문제로 제기할 어떤 실질적인 방법이 궁극적으로는 없기 때문이라고 한다. 결론적으로 다른 주권국가들에 대한 미국의 온건한 대응을 강조하는 이 글도 앞의 글과 마찬가지로, '역사의 종언'이라는 그의 주장과 달리, 역사가 엄연히 진행 중인 어떤 과정의 것임을 보여준다. 또한 후쿠야마는 서구와 급진이슬람주의의 문명의 충돌을 다루면서, 서구자유민주주의와 이슬람파시즘의 갈등은 서로 다른 문화체계 사이의 갈등이 아니라고 말한다. 두 체계 모두는 현대과학과 기술에 정통하고 현대사회의 사실상의 다양성을 통해 부를 창출하고 살아가고 있다고 말한다. 그리고 모든 측면에서 서구가 대부분 카드를 쥐고 있으며, 바로 이 이유 때문에 결국에는 서구적인 것이 전지구적으로 확산될 것이라고 전망한다. 다만 결국에 승리하기 위해서는 지금 살아남는 것이 중요하다는 충고를 내놓는다. 하지만 역사의 필연적인 과정은 없으며, 그렇기에 현대민주주의 사회를 가능하게 한 가치들을 위해 투쟁하고자 하는 지도력과 용기와 결단이 필요하다고 강조한다.[23]

이를 통해서 알 수 있듯이 역사는 여전히 진행되고 있으며, 그가 생각하듯이 자유주의의 승리라는 필연적 종말도 없다. 물론 그에게서 역사의 종말

---

22) F. Fukuyama, *The End of History and the Last Man*, p. 51/『이데올로기』, 139쪽.
23) F. Fukuyama, "Has History Started Again?", *Policy* (Winter 2002).

은 여전히 서구적인 가치의 승리를 뜻할 뿐이다. 이런 논의에도 불구하고 많은 사람들의 지적처럼 특정한 이데올로기의 종언에, 보다 분명하게는 맑스이론과 맑스주의 이데올로기의 종언에 일상적으로 동의하는 것이 오늘날의 분명한 하나의 지적인 흐름이다. 하지만 벨이나 후쿠야마의 편향되고 허약한 주장에 주목한다면, 무엇보다 여전히 작동하고 있는 자본주의 경제체제의 억압적 힘과 정치적 권력의 분쟁을 염두에 둔다면, 이 시대에도 이데올로기라는 껄끄러운 주제를 다시 이론과 실천의 장으로 끌어내야 하는 충분한 이유가 있다는 점에는 동의하게 될 것이다.

이런 주고받는 논쟁에도 불구하고 모든 사유에 부착된 유토피아적 내지 이데올로기적 성격은 언제나 당파적 입장에서만 다루어져 왔던 까닭에, 즉 오로지 상대방의 사유에만 이데올로기를 국한하려는 태도 때문에 지금까지는 쌍방 모두가 자기의 입장만은 공정하다는 듯이 감싸왔던 것이 사실이다.24) 그리고 부르주아적인 것을 그것의 이데올로기적 성격에 비추어 관찰한다는 것은 이미 더 이상 사회주의 사상가만의 특권일 수 없으며, 그 어느 진영을 막론하고 모두가 이러한 방법을 적용함으로써 마침내 이데올로기론은 새로운 단계에 접어들게 된 것이다. 이와 같은 방향으로의 효시를 이룬 사람이 바로 독일의 막스 베버(M. Weber)인데, 그야말로 유물론적 역사관이란 누구나 자기마음 내키는 대로 이리저리 조종할 수 있는 삯마차와 같은 것이 아니어서 그것은 결국 혁명의 담당자들 앞에서도 사정없이 질주하면서 화살을 거꾸로 겨냥할 수도 있다고 한 그의 말은 이제 더욱더 그 진가를 인정받게 되었다. 다시 말해서 이데올로기문제는 언제까지나 맑스나 맑스주의와 같은 어떤 개별적 파벌의 전유물일 수는 없을 정도로 너무나 광범한 원칙적 문제로 등장함으로써, 바야흐로 그의 새로운 반대세력이 맑스이론과 맑스주의 자체를 놓고 그것들의 이데올로기적 성격을 분석하려는 데 대하여 그 누구도 더 이상 거부할 수 없게 되었다.25)

이를 통해 모든 주장을 무화시키는 에피메니데스(Epimenides)의 '거짓말쟁이의 오류'라는 상대주의가 발목을 잡게 되는 것이다.

---

24) K. Mannheim, 『이데올로기와 유토피아』, 임석진 옮김, 청아출판, 1990, 99쪽 참고.
25) 같은 책, 124쪽 참고.

하지만 맑스는 자신의 저서들이 이데올로기적인 것이라는 비난을 받기 쉽다는 점을 고려하지 않았는데, 이는 그의 저서들이 사회맥락에서 산출되었다는 점을 그가 인식하지 못했기 때문은 아니었다. 그에게서 관념의 맥락성은 사고양식을 이데올로기적인 것으로, 하다못해 일반화된 명제로 동일시하는 기반은 아니었다. 맑스의 경우, 사고양식이 사물을 있는 그대로 묘사하지 않거나, 그러한 그릇된 설명이 어떤 분파적인 이해관계에 봉사하는 한 그러한 사고양식이 이데올로기적인 것이다. 그는 사물이 실제로 어떻게 존재하는가를 증명하는 데 사용되어야 하는 기준이나 타당성의 형식에 관해서는 전혀 상세히 언급하지 않았다. 맑스는 경험에 기반하는 자연과학적 절차의 적용이 우리들로 하여금 이데올로기적인 외관을 식별할 수 있게 해줄 것이라고 믿었다는 것이 가장 그럴 듯한 견해일 것이다. 그러나 하나의 대안적인 관점을 암시하는 것 이상의 그 무엇이 그에게는 있다. 즉 이론은 실천 속에서 증명되어야 한다는 것이 바로 그것이다.26)

이처럼 진리가 역사적 실천으로 결정된다면, 특정시대의 이데올로기는 종말이 가능하지 않을까? 맑스가 이데올로기를 사회적 모순과의 연관성 속에서 정의하였던 한에서, 실천을 통한 모순의 극복이 이데올로기의 사멸을 수반한다는 것에는 아무런 의문의 여지가 없다. 공산주의 생산양식에 근거해 있고, 맑스에 의해서 예고되었던 무계급사회는 필연적으로 이데올로기의 종언을 가정한다. 그리고 맑스에게서 이데올로기의 종언이 이전의 모순적인 사회적 관계에 의해서 만들어진 '특수한' 왜곡으로부터 인간을 해방시킴으로써 이루어진다는 것은 두말할 필요가 없다.27) 맑스는 『독일 이데올로기』에서 이데올로기의 종말의 가능성에 대해 언급한다. 그러나 그것은 어디까지나 계급지배의 폐절을 통해서 가능한 것이다. 즉 지배계급의 종말은 이데올로기의 종말의 신호가 되는데, 한 특정계급의 지배가 어떤 사상의 지배에 불과한 것처럼 보이는, 이 모든 가상은 당연히 모든 계급지배가 사회조직의 형태가 되기를 그침과 동시에, 다시 말해서 그것이 더 이상 특수한 이익을 일반적인 것으로 혹은 일반이익을 지배적인 것으로 나타낼 필요

---

26) A. Giddens, 『사회이론의 주요쟁점』, 윤병철 옮김, 문예출판, 1991, 237쪽 참고.
27) J. Larrain, 『맑스주의와 이데올로기』, 신희영 옮김, 백의, 1998, 293쪽 참고.

가 없게 되자마자 저절로 사라지게 되는 것이다. [28]

이데올로기의 종언과 관련해서 맑스가 예견하는 사회상은 이후 논란거리가 되는데, 이 경우에도 맑스는 언제나 현실적인 전제를 벗어나지 않았다. 맑스 이전에 루이 블랑(L. Blanc)은 '각자는 능력으로부터, 각자에게는 필요에 따라'라는 원리를 내세웠다. [29] 하지만 맑스는 『고타강령 비판』에서 이런 원칙이 성급한 생각이라고 비판한다. 평등한 권리에 따라 모든 사회구성원이 필요에 따라 분배받는 일은 공산주의사회의 더 높은 단계에서 가능한 것이기 때문이다. 즉 맑스는 "공산주의사회의 더 높은 단계에서, 즉 개인이 분업에 종사하는 예속적 상태가 사라지고 이와 함께 정신노동과 육체노동 사이의 대립도 사라진 후에, 노동이 생활을 위한 수단일 뿐만 아니라 그 자체가 일차적인 생활욕구로 된 후에, 개인들의 전면적인 발전과 더불어 생산력도 성장하고, 조합적 부의 모든 원천이 흘러넘치고 난 후에, 그때 비로소 부르주아적 권리의 편협한 한계가 완전히 극복되고, 사회는 자신의 깃발에 다음과 같이 쓸 수 있게 된다. 각자는 능력에 따라, 각자에게는 필요에 따라!"[30] 말하자면 우리 자신이 생산한 것이 우리의 통제를 벗어나고 우리의 기대를 뒤집어엎고, 우리의 계산을 수포로 만드는, 우리를 넘어서는 물질적 폭력으로 뿌리내린 그런 역사적 현실을 극복하게 되면 맑스는 『독일이데올로기』에서 말한 이상적 사회, 즉 아무도 배타적인 영역을 갖지 않고 각자가 원하는 어떤 분야에서나 스스로를 도야할 수 있는 공산주의사회에서는 사회가 가능할 것이라고 생각했다. [31] 물론 이런 사회로의 이행을 위해서는 물질적 폭력과 이데올로기에 기초하여 특정계급의 이해관계를 관철시키는 현존하는 사회구조의 실질적인 변혁이 불가피하다. 그리고 이 사회체제의 실질적인 변혁이 맑스를 다른 비판적 사회이론과 구분하는 구획점이기도 하다.

사실 역사는 아무 것도 하지 않으며, 어떤 막대한 부를 소유하지도 않는다. 더구나 그 자신은 어떠한 투쟁도 벌이지 않는다. 이 모든 것을 행하고

---

28) MEW 3, 48/94-95 참고.
29) A. Callinicos, 『마르크스의 사상』, 72쪽 참고.
30) MEW 19(Kritik des Gothaer Programms), 21.
31) MEW 3, 33/74 참고.

소유하고 투쟁하는 것은 현실적이고 살아있는 인간이다. 그리고 종교에서처럼 역사가 마치 특별한 인물인 듯이 자체의 목적을 위해 인간을 수단으로 사용하는 것은 아니다. 역사는 자신들의 목적을 추구하는 인간들의 활동 이외의 아무 것도 아니다.32) 이 말에 기대면 역사는 인간의 활동이 지속되는 한, 인간이 살아가는 한, 결코 끝나지 않는 그런 것이다. 더불어 이데올로기도 이러한 역사의 한 측면이라면, 이데올로기는 역사와 함께 지속할 것이다. 그러므로 이데올로기의 실질적인 종언이나 이데올로기로부터의 해방은 정신적인 비판이 아니라 현실적 사회관계의 실천적인 전복에 의해서 가능한 것이며, 역사는 정신에 대한 정신으로서의 자기의식으로 해소됨으로써 끝나는 그런 것이 아니다.33) 이데올로기의 종언을 둘러싼 논의에서 맑스가 사회적 실천을 강조하는 까닭은 자본주의의 이데올로기적 왜곡으로부터의 확정적인 탈출이 오직 그러한 실천, 즉 혁명으로서만 가능하다고 보기 때문이다. 그리고 그러한 혁명적 실천은 다른 어떤 방법으로도 지배계급이 타도되지 않으며, 그것을 타도하는 계급이 오직 혁명을 통해서만 과거의 모든 낡은 오물을 말끔히 씻어버리고 새로운 사회의 기초를 세울 수 있는 역량을 비로소 갖출 수 있기 때문에 필요한 것이다. 따라서 현실적인 모순들이 극복되었다거나 이데올로기로부터 자유롭다고 주장하는 사회주의적 견해든 이데올로기가 소멸하였다고 주장하는 자유주의적 견해든 간에 이와 관련되는 모든 견해들을 평가하기 위해서 이러한 맑스의 주장을 염두에 두는 것은 아주 중요한 일이다.

3. 맑스 이데올로기론과 진보

니스벳(R. Nisbet)은 『진보관념의 역사』에서 오늘날 맑스를 19세기의 진화주의적이고 진보주의적인 전통으로부터 구출해내려고 하는 서양 맑스주의자들의 생각만큼이나 믿을 수 없는 생각은 거의 없다고 말한다. 단지 맑스에게는 진보가 근대성이 아니었고 자유주의가 아니었으며 더욱이 자본주

---

32) MEW 2, 98/『신성가족』(도서출판 이웃), 154쪽 참고.
33) MEW 3, 38/81 참고.

의가 아니었을 뿐이며, 변증법적으로 진보는 사회주의를 불가피하게 만드는 한에서의 자본주의이고 역으로 진보는 자본주의의 모순들을 해결하는 한에서의 사회주의라는 것이다. 이런 진보에 대한 분석은 분명 맑스의 이름이 결부되어 있는 유물론적 역사인식이 당면하고 있는 철학적 불신의 원인들 중의 하나이다. 우리는 사실 진보관념이 쇠퇴하고 있음을 체험하고 있다. 진보에 대한 집단적인 신화 같은 어떤 것이 있었다고 한다면, 그것은 본질적으로 맑스의 덕택이다. 아래에 있는 사람들이 위를 향하여 스스로 전진하고 또 역사를 전진시킴으로써 역사 속에서 능동적 역할을 수행한다는 생각을 갖게 한 것은 그 누구보다도 맑스이다. 진보관념은 예상된 확실성 이상의 것을 꿈꾸게 하는 그런 희망을 내포하는 것이었고, 이것은 맑스에게도 해당되는 것이며, 무엇보다 이러한 진보관념을 제거하고는 근현대사를 이해하기 어렵다. 특히 세계전쟁의 시련 이후에 문명들은 자신들이 사멸할 수 있음을 알게 되고 진보의 자연발생성은 글자 그대로 거짓말 같게 된다. 따라서 진보는 그들 자신의 해방을 열망하는 대중들에 의해서 혁명적으로 또는 개량적으로 달성된다는 생각만이 신뢰를 얻을 수 있게 되었다. 이것이 바로 맑스가 기여했던 것이며, 이후의 맑스주의의 진보에 대한 상대적인 우위를 강화하는 전거였다는 것이 사실이다. 사회적 진보의 불가피성, 그것의 실정성의 테제는 분명히 유토피아적 조류뿐만 아니라 과학적 조류를 포함하는 사회주의의 전통 전체의 구성요소이다. [34]

벤야민(W. Benjamin) 역시 『역사철학에 대한 테제들』에서, 물이 흐르는 방향으로 헤엄치고 있음을 확신하는 지배자들 또는 정복자들을 특징짓는 연속적이며 누적적인 전망을 피억압자들을 위해 재탈환하려는 본래 헛된 시도였던 맑스와 맑스주의의 역사주의에 대해서 말한다. 이러한 묘사가 대체로 정당하다는 것은 이론의 여지가 없다. 특히 사회주의적 발전의 이데올로기는 저발전으로부터의 탈출이라는 국가주의적이고 합리주의적이며 동시에 인민주의적 이데올로기였다. 하지만 바로 이 사실이 우리로 하여금 유럽 이후에, 더 일반적으로 말하자면 세계사의 중심 이후에 진보

---

34) 에티엔느 발리바르, 『마르크스의 철학, 마르크스의 정치』, 윤소영 옮김, 문화과학사, 1995, 117-119쪽 참고.

의 환상들이 끝났음을 경솔하게 예고하지 못하도록 해준다. 마치 우리가 한 번 더 합리성, 생산성, 번영이 어디서, 언제, 누구에 의해 추구되어야 하는지를 결정해야 하는 것 같다. 뿐만 아니라 인류의 전진이라는 이미지와 개인적인 성취와 집단적인 구원이 일치하는 날을 보고자 하는 희망이 노동운동의 역사 속에서 수행한 기능들 또한 상세한 분석을 기다리고 있다.[35] 유럽과 선진국의 입장에서는 진보가 더 이상 믿을 수 없는 단어로 추락하였지만, 여전히 수많은 저개발 지역의 국가들에서는 진보는 현실이자 희망의 이름으로 작동하고 있다. 이런 측면에서 진보는 여전히 우리시대의 용어이다. 맑스이론에 비판적인 벨도 맑스의 이론을 역사에 대한 진보관으로 해석한다. 그는 헤겔의 경우와 마찬가지로 맑스에게도 역사는 진보를 향하여 전개되는 이성인 것으로, 이렇게 함으로써 인간에 의한 자연의 정복과 일체의 신화나 미신의 파괴가 이루어지며, 이것으로 보다 높은 단계로 나아가게 된다. 그래서 교의의 진로는 역사발전의 전진에 밀접하고 적당한 정도로 기여하느냐, 않느냐에 의해서 진리와 결합된다고 볼 수 있다고 말한다.[36] 이 말에 따르면 맑스의 역사이론은 진리의 기준을 역사의 진보에서 찾고 있는 것인데, 이는 틀리지 않았다. 다만 벨이나 맑스에게서 무엇이 역사의 진보이며, 그러한 진보를 어떻게 이룩할 것인가 하는 문제가 다를 뿐이다.

진보주의 또는 진화주의는 근현대의 탁월한 과학적 이데올로기이다. 그러므로 과학에 대해 신학적 대안을 또다시 제안하지 않고서는 진화주의자가 되지 않는 것은 실천적으로 불가능하다. 그러나 이것은 또한 진화주의가 체제순응주의와 기존질서에 대한 공격이 대결하는 지적이며 현실적인 요소라는 것을 의미하기도 한다. 모든 진화주의자들을 동일한 수준에 놓는 것은 관념들의 역사 속에서 억지로 서로 다른 색깔을 구분하지 않고 그들의 그림자만으로 동일한 색깔로 묶는 것과 같다. 맑스가 진화도식을 적용했던 특수한 대상은 그 생산양식에 의해 결정되는 것으로 간주되는 사회구성체들의 역사이다. 그에게는 생산양식들의 전진적인 진화의 선이 있다. 그 선은 하

---

35) 같은 책, 122쪽 참고.
36) 다니엘 벨, 『이데올로기의 종언』, 259쪽 참고.

나의 내재적인 기준인 사회화, 즉 개인들이 그들 자신의 존재조건들을 집단적으로 통제하는 능력에 따라 모든 사회들을 분류한다. 그리고 그 선은 유일한 것인데, 이는 그것이 전진과 퇴보를 결정할 수 있게 해줄 뿐만 아니라 또한 비록 공산주의가 전사(前史)의 종말이자 새로운 역사의 시작으로 인식되는 것이기는 하지만, 역사의 시작들과 종말 사이의 필연적인 관계를 설정함을 의미한다. 진보적 진화의 관념이 맑스에게서는 역사의 합리성 또는 말하자면 역사의 형태들, 경향들, 정세들의 인식가능성에 대한 테제와 분리될 수 없음이 분명하다. 그런데 이런 세부주제들에서 맑스를 곤혹스럽게 만드는 것은 이른바 생산양식의 인과성도식인데, 여기서 이 인과성도식은 거의 유지될 수 없는 것으로 나타난다. 왜냐하면 인과성도식은 역사적 과정을 기존의 목적론에 전적으로 종속시키는 반면, 진화의 동력은 과학적으로 확인할 수 있는 물질적 생활의 모순들과 다름 아님을 동시에 주장하기 때문이다.[37] 이를 달리 표현하자면 목적을 향해 나아가는 모든 현실이 이미 목적론적으로 결정되어 있다는 것이 되며, 그렇다면 현실에서의 실천이니 변혁이니 하는 것의 모든 생생한 의미가 사멸할 수밖에 없게 된다.

이런 비판에 직면하여 맑스가 실제로 주장하는 것은 진보가 아니라 진보를 이루어내는 '과정'인데, 그는 그것을 탁월한 변증법적 개념으로 만든다. 진보는 주어지는 것이 아니며 계획되는 것이 아니다. 그것은 과정을 구성하는 적대들의 전개로부터 귀결될 수 있을 뿐이며, 따라서 적대들에 대해서 항상 상대적인 것이다. 이 때문에 진보의 과정에 계급투쟁과 사회·역사적 상황이 들어선다. 맑스는 인과성도식에 대해서 상이한 역사적 환경들 속에서 발생한 사건들은 전혀 다양한 결과들을 야기하기 때문에 그런 도식의 일반적인 적용은 가능하지 않다고 말한다. 여러 진화들을 각각 개별적으로 연구하고 이어서 그것들을 비교함으로써 그러한 현상의 열쇠를 쉽게 발견할 수는 있지만, 그러나 일반적인 역사철학적 이론이라는 만능의 열쇠로는 결코 그렇게 할 수 없다고 분명히 한다.[38] 자본주의 일반이 아니라 구체적인

---

37) 에티엔느 발리바르, 『마르크스의 철학, 마르크스의 정치』, 126-128쪽 참고.
38) MEW 19, 112 참고.

자본주의들의 해후와 갈등으로 이루어진 역사적인 자본주의만이 있는 것처럼 보편사가 아니라 단지 독자적인 역사성들만이 있는 것이다.[39] 그러나 이러한 맑스의 설명 역시 설득력을 갖지 못하는 임시방편술이라는 비판에서 완전히 벗어나 있지 못한 것이 사실이다. 그렇다고 해서 철학자나 경제학자로서의 맑스를 송두리째 폐기할 이유는 없다. 말하자면 사상가로서의 맑스는 역사의 예언자나 노동계급의 수호자로서의 맑스와 구별될 때 정당하게 평가될 수 있다. 그는 자본주의사회, 부르주아사회라는 새로운 현실사회의 상황에 대한 경험적 분석을 통해 새로운 사회이론을 제시하고자 했지, 역사의 길을 예언하거나 특정한 인간만을 해방하고자 한 것은 아니라는 말이다. 사회를 분석하는 현실적인 길, 역사를 읽어내는 사회적인 길, 인간이 자유로운 인간으로 살아가기 위한 생존의 조건, 맑스가 밟고 서있는 지점은 바로 여기인 것이다.

4. 맑스 이데올로기론의 전망

맑스 이데올로기론의 현실성과 연관하여, 우리가 맑스 이데올로기론의 핵심을 무엇보다도 은폐와 대체라고 한다면, 그리고 이런 이데올로기 개념을 따르게 되면, 오늘날의 이데올로기의 종말이나 종말의 이데올로기와 관련해서 맑스의 주장은 다음과 같이 정리될 수 있다.

어떤 이론이나 사상이 특정한 이해관계를 은폐하고 정당화하는 한 그것이 자유주의 사회이든 사회주의사회이든 간에 이데올로기는 존재할 수밖에 없다. 따라서 이데올로기는 역사의 일탈이나 우연히 생긴 혹이 아니며, 이데올로기는 지배적인 계급관계를 극복하지 못한 다양한 사회들의 역사적 삶에 본질적인 것이다. 더욱이 이러한 이데올로기가 삶 속에 존재할 수밖에 없다는 사실에서 그것에 대한 인식이 있어야만 우리가 이데올로기에 작용할 수 있으며, 이데올로기를 역사 위에 반영되는 행동의 도구로써 변형시킬 수 있다고 말한다.[40]

---

39) 에티엔 발리바르, 앞의 책, 148-149쪽 참고.
40) 루이 알튀세르, 『마르크스를 위하여』, 고길환 외 옮김, 백의, 1990, 265-266쪽 참고.

물론 이데올로기가 실제로 삶 전반을 휩싸고 있을 뿐만 아니라 우리가 늘 이데올로기의 도움을 받아서 세계를 인식하게 되는가 하는 물음이 제기될 수는 있다. 하지만 은폐와 정당화라는 기제가 존재한다는 것이 분명한 현실이고, 이런 의미에서 우리는 이데올로기에 얽매여 있을 수밖에 없다고 한다면, 그러한 이데올로기가 은폐하고 정당화하는 것을 찾아내야만 하고, 그리고 그것을 실천적으로 변혁해야 하기 때문에 이데올로기에 대한 맑스적인 이해가 필요하다고 할 수 있다.

무엇보다도 우리시대의 변혁과 실천을 방해하는 이데올로기가 구체적으로 어떤 내용을 가지고서 어떻게 작동하고 있는지를 규명하고, 그것을 극복할 수 있는 대안을 제시하는 것이 이데올로기론의 참된 역할일 것이다. 이를 위해서는 맑스와 다른 우리시대, 말하자면 자본의 세계화와 민족국가의 쇠퇴, 노동자계급의 경제적 삶의 향상, 새로운 계급의 출현, 문화산업의 약진과 같은 변화 속에서 은폐되는 것과 대체되는 것이 무엇인지 밝혀내야 할 것이다. 그렇지만 이처럼 급격히 변화된 사회현실에도 불구하고 우리사회의 수많은 구성원들이 최소한 근대적인 의미에서의 노동조건이나 삶의 환경도 누리지 못하고 있는 현실은 변화된 세계까지를 망라하는 내실있는 새로운 이데올로기론의 등장을 방해한다. 지적이고 이론적인 영역에서 늘 앞서가고자 하는 충동을 지닌 지식인들이, 그 지적인 앞서감에 쫓긴 나머지 현실을 뛰어넘어 버리는 잘못을 저지르는 것은 그리 어려운 일이 아니다. 실제로 근대적인 가치도 제대로 실현되지도 않은 시점에서 탈근대를 말하고, 생존의 문제가 해결되지도 않은 상황에서 선진시민의식을 떠들어대는 일이 과거의 일만은 아니다. 뿐만 아니라 우리에게는 사회적 평등이니 자유로운 비판이니 하는 근대적인 가치가 다시 우리의 과제로 주어진다고 말하는 반성의 목소리나 특정국가의 이해관계에 따라 움직이는 세계화에 반대해야 한다는 목소리는 역시 새로운 것이 없다. 41) 이런 사정을 냉정하게 짚

---

41) 『이코노미스트』지(誌)는 "정치체제로서의 공산주의는 몰락했거나 몰락 중이지만 세계화, 국제시장, 경기순환에 대한 맑스의 사상들은 오늘날까지 살아있으며, 공산주의국가는 부정하되 맑스를 저버려서는 안 된다"는 생각이 힘을 얻고 있다고 전하면서, 새로운 세계경제질서에 대한 반세계화운동이 이런 경향을 가장 잘 나타내고 있다고 분석하고 있다. "Marx after Communism," the Economist, 2002. 12. 19.

어보면, 그것이 어느 쪽이든 간에 앞선 이야기를 하는 쪽이든 내 앞가림을 이야기하는 쪽이든 분명 현실을 왜곡하는 거짓이 숨어 있을 수 있다는 점을 부정할 수 없다. 물론 그러한 거짓이 제한된 자신의 사회적 위치에서 나온 의도하지 않은 잘못일지라도, 거짓에 대해서는 변명의 여지가 없다. 최근에는 지식인들 사이에서 너나할것없이 과거 자신이 서있던 자리나 이념에 대해서 잘못을 고백하는 것이 무슨 자랑처럼 번지고 있지만, 이런 사회적 경향은 이데올로기론에서 보더라도 바람직하지 않은 것이다. 왜냐하면 그런 지식인들은 지금 생각해보니 그때 그렇게 한 것은 잘못이었다고 하면서도, 그렇다면 그때 옳았던 것이 무엇인지 제시하지 않고 있기 때문이다. 그리고 자신의 주관적인 반성을 확장하여 과거와 오늘의 모든 것을 이데올로기화하는 잘못을 저지르고 있기 때문이다. 우리가 이데올로기를 벗어나거나 이데올로기를 극복하기 위해서는 적어도 과거의 경험 속에서 무엇이 잘못된 의식이었고, 어떤 것이 바른 의식이었는지를 알 수 있어야만 하고, 그러한 교훈을 오늘날에 적용할 수 있어야 한다. 이렇게 하기 위해서는 자기가 참이 아니었음을 고백하는 것을 넘어서, 왜 그것이 참이 아니었는지, 그렇게 참과 거짓을 나누는 것이 어떻게 가능한지도 밝히는 것이 필요하다. 특히 자신의 이론이나 사상, 신념으로 무엇인가를 은폐하고 대체한 것이 있다면 그것을 분명히 해야 하고, 자신이 당시에 어떤 은폐된 것과 거짓된 것을 들추어내려고 했는지도 마찬가지이다. 다시 말해 도대체 당시 현실의 무엇이 어떻게 어긋났기 때문에 자신이 그러한 신념을 지니게 되었는지, 그러한 신념이 그릇된 것이었다면 왜 그런지를 세세히 논증해야 한다. 더 나아가 그러한 잘못을 반복하는 이론이나 사상, 신념이 여전히 있다면 바로 그 이유 때문에, 그것은 이데올로기라고 당당히 지적하는 태도가 필요하다. 이데올로기와 관련해서 지금 우리사회가 요구하는 지식인의 모습은, 변화된 사회상황에 적응해야 하는 도전의 시대이든 지난날의 잘못을 고백하는 반성의 시대이든 간에 여전히 은폐되고 있는 무엇을 찾아나서고, 그것을 들추어내서 왜 그것이 은폐된 채로 현실에서 버젓이 작동하는지를 설명하는 그런 실천적인 지식인일 것이다. 어떤 경우에든 이데올로기는 관념적이고 이론적인 반성으로 극복되는 것이 아니며, 더불어 이데올로기에 대한 비판

역시 양심적인 자기반성이나 이론적 성실함에서 끝나는 것도 아니기 때문이다. 이 지점에서 은폐와 대체를 통한 정당화를 비판하고, 현실적 분석과 실천적 변혁을 강조하는 맑스의 이데올로기론은 다시 시작될 수밖에 없는 것이다.

리좀변증법의 구상: 맑스와 들뢰즈[*]

김경수(고려대, 철학)

들어가는 말

들뢰즈의 철학적 출발과 그 전개과정, 결말을 변증법과 관련하여 일관되게 서술하기란 어렵다. 왜냐하면 그는 초기의 이론철학적인 문제영역에 머물고 있었던 '방법'에 대한 탐구에서 한 걸음 더 나아가, 후기에는『안티 외디푸스』,『천개의 고원』등, 개별과학들과 철학과의 새로운 협동연관의 가능성을 가늠해주는 실천철학적 경향의 작업에 몰두하고 있었기 때문이다. 따라서 우리는 이 문제를 다룸에 있어서 변증법의 논의와 관련하여 참조하지 않으면 안될 직접적인 부분들만을 다루며, 후기에서도 그가 하나의 '현상을 서술'하기 위해 사용하고 있는 '방법'만을 추출하여 다시 한번 헤겔의 사변 변증법과 구별되는 저 맑스의 감각적-대상적 매개의 변증법과 대비하고, 후자의 변증법이 들뢰즈의 반변증법적 방법에서 무엇을 배울 수 있을 것인가를 추적하여 보려고 한다. 1) 우리는 '반변증법적인 들뢰즈'를 '올바른' 변증법으로 읽어내어 그의 철학을 내부로부터 해체시키려고 시도하지 않는

---

* 본 논문은 한국철학회 편,『철학』제71집, 2002년 여름호에「지형학적 시간과 공간에서의 변증법의 작동방식: 들뢰즈 독해」란 제목으로 실렸으며, 이것에 내용의 변화를 발생시키지 않는 미세한 수정이 가해졌다.
1) 들뢰즈에 관련하여 변증법을 다루고 있는 국내외의 문헌들은 대부분 변증법 일반을 들뢰즈와 마찬가지로 헤겔변증법과 동일시하는 가운데 단지 들뢰즈가 행한 이에 대한 논의를 반복하고 있다. 본 논문에서 이들 연구는 별도로 다루지 않을 것이다.

다. 그보다 변증법의 작동방식과 그 서술형태를 현대에 와서 심화된 다른 시간과 공간개념에 걸맞게 세련화할 수 있는 가능성을 들뢰즈에 대한 논의를 통해 탐색하고자 한다. 서로 현격하게 대립하고 있는 양자—들뢰즈 자신의 방법과 변증법—를 서로 가늠하여 보는 이 불가능해 보이는 기획을 순조롭게 하기 위해 들뢰즈의 텍스트에 우리는 변증법에 대한 비판과 관련하여 개념사적으로 접근하면서, 역사적(historisch)으로보다는 체계적으로, 내재적으로보다는 외재적으로 접근한다.

들뢰즈에게서 변증법은 일반적으로, 니체를 빌어 이야기할 때, 긍정을 특징으로 하는 귀족에 대비하여 "평민의 사색"이요, 부정을 일삼는 "노예의 사고방식"[2](니철, 32)이다. 또한 변증법에서 운동의 제형태를 기술하기 위해 사용하는 기본 범주들인 동일성, 상이성, 대립, 모순들도 그에게 있어서는 '노예의 부정적 노동'을 보증하는 도구로, "차이의 거짓된 이미지를 반영"(니철, 334)하고 있는 것이었다. 이렇다면 양자, 니체-들뢰즈, 헤겔 사이에는 상호간의 불일치를 조정해줄 수 있는 "어떠한 타협도 불가능하다"(니철, 334). 이런 불일치는 도대체 어디에서 온 것일까? 본질적으로 그것은 '현재'를 파악하는 시간관의 차이에서 오는 것으로, 사변적 시간에 근거를 둔 동일성의 체계[3]로서의 헤겔철학에서 논의되는 절대적 현재(die absolute Gegenwart) 개념과, 차이의 반복에 근거를 둔, 간단없이 반복, 생성되는 영원한 현재(die ewgie Gegenwart)란 니체-들뢰즈의 개념틀 사이의 차이에 있다. 시간관의 차이로 요약되는 이런 차이는 단지 시간관의 차이 자체에만 머물지 않고, 궁극적으로는 철학 전체의 구조에까지 이르는 광범위한 영향을 미친다. 이를 향한 첫걸음을 들뢰즈는 그의 초기작품『베르그송주의』[4]에서 내딛는다. 우리의 논의와 관련하여 볼 때 그가 베르그송에서

---

2) G. Deleuze, *Nietzsche et la Philosophie* (Paris: PUF, 1962); 국역: 이경신 옮김, 『니체와 철학』, 민음사, 1998; 독역: *Nietzsche und die Philosophie* (Hamburg: aus der Französischen von Bernd Schwibs, 1991). 일반적으로 들뢰즈의 저작을 인용할 경우, 국역이 있을 경우, 국역을 사용하였으며, 본문에서 인용할 때에는 최초의 경우에만 주에서 서지적 전거를 밝힌 다음, 이후에는 인용문 다음에 '(제목의 약어, 쪽수)'로 줄여 표기하였다.
3) 일단 여기서는 '동일성의 체계'란 표현으로 헤겔을 정의한다. 그럼에도 이 체계가 한낱 단순한 구제할 수 없는 '동일성체계'로 치부될 수는 없다. 이 동일성체계에서 작동하는 차이의 변증법의 구조와 한계에 대해서는 다른 기회에 상세히 논의할 것이다.

얻어낸 중요 개념은 바로 일과 다의 변증법적 파악에 대비되는 **다양성** (**multiplicity**) 개념과, 가능성 개념에 대비되는 **잠재성**(**virtuality**)의 실현 개념이다. 물론 이런 개념의 근저에 가로놓여 있는 것은 시간개념으로, 베르그송의 언어로 말하자면 **지속**의 개념이다. 우선 그는 이 지속의 두 가지 근본 성격으로 연속성과 다질성(heterogenity)을 든다. 그에 의하면 "지속은 체험된 경험일 뿐만 아니라 또한 확장된 경험, 심지어 넘어선 경험"이며, "이미 경험의 조건"(베주, 47)이다. 왜냐하면 그가 보기에 경험이란, 칸트에서 시간-공간 개념이 우리의 직관의 기초를 형성하듯, "공간과 지속의 복합물"(같은 곳)이기 때문이다. 이렇다면 이 혼합물 가운데에서 지속과 공간은 어떻게 관계하고 있을까? 들뢰즈의 해석에 따르면 "공간은 그 혼합물의 외적인 구별의 형식 또는 그것의 '절단들'의 등질적이고 불연속적인 형식을 도입하는 반면, 지속은 그 혼합물의 다질적이고 연속적인 내적 이어짐(연속성)"(베주, 48)을 가능하게 한다. 말하자면 공간적으로 경험물 간의 분절이 생겨난다면, 이 분절된 경험들을 보조공간 내부에 그것들을 병치시켜 일종의 등질적 시간 내부에 위치시킴으로써 이들을 연속으로 지각하게 하는 기능을 바로 지속이 한다는 것이다. 이 가운데에서 지속만이 순수하며, 공간은 이 순수함을 변질시킨다.

여기서 우리의 논의와 관련하여 중요한 것은 이 복합물로서의 경험의 분서을 통해 베르그송이 '다양성'(multiplicitiy)을 두 유형으로 나누고 있다는 점이다: 공간에 의해 표상되는 것 하나와, 다른 하나는 순수 지속 속에서 나타나는 것. 전자는 현실적인 수적 다양성이며, 후자는 본성상의 차이의 다양성으로 내적인, 다질성의 다양성으로, 수로 환원될 수 없는 잠재적이고 연속적인 다양성이다.[5] 전자가 등질적 시간 가운데 위치하고 있는 공간적 다양성이라면, 후자는 근원적인 다질성이 그 안에 그대로 잠재하고 있는

---

4) G. Deleuze, *Le Bergsonisme* (Paris: PUF, 1966) ; 국역본: 질 들뢰즈, 『베르그송주의』, 김재인 옮김, 문학과 지성사, 1996; 독역본: *Henri Bergson zur Einführung*, aus d. Franz. von Martin Weinmann, 2., überarb. Aufl. (Hamburg, 1997). 본문에서의 이 책 인용은 이후부터는 ('베주')로 줄여 표기함.
5) 이상의 베르그송 자신의 다양성에 대한 논의는 질 들뢰즈의 『베르그송주의』, 48-49쪽을 참조.

것으로서의 지속 가운데의 다양성의 현존 그 자체라고 할 것이다. 또 수적 다양성 속에서는 모든 것이 현실적이며, 비수적인 다양성은 순수히 시간적이며, 더 이상 공간적이지 않은 다른 차원에 속해 있다. 즉 "다양성은 잠재적인 것에서 현실화로 나아가며, 그 본성상의 차이에 상응하는 분화의 계열을 창조하면서 현실화된다"(베주, 56). 이렇다면 가능성과 잠재성의 개념을 차별화하여 논의할 수 있게 되었다. 들뢰즈는 베르그송에서 잠재성 개념을 두 가지 관점에서 가능성과 구분한다.[6] 그가 베르그송을 읽어낸 바에 따르면, 가능성은 실재의 반대이며, 실재에 대립하고 있으며, 그것은 이미 완성되어 있지만 아직 실재하지 않고 있는 것으로, '실재 속으로 이행'해야 한다. 잠재성은 이와는 달리, 현실태에 대립하는 개념으로, 이미 완성된 동일성의 '실현'이 될 수는 없고, 아직은 다양성으로 그 내부에 숨어 있는 것이 시간적 진행 가운데 '현실화'되어야 한다. "현실화되기 위해서 잠재성은 제거나 제한에 의해 진행될 수는 없으며, 적극적 행위들 속에서 자신의 고유한 현실화 계열들을 창조"[7]해야만 한다. 이렇다면 베르그송이 가능성의 개념을 거부하고 잠재성의 개념을 선호한 이유가 분명히 드러난다. 그에 의하면 가능성이란 철저히 "미리 형성되어 있는 실존의 총체"에 따라 현재의 실존물을 파악(베주, 20)하는 것으로, 우리가 가능성을 "일단 만들어진 실재로부터 추상"해 내었기에, 그것은 "거짓된 개념이며, 거짓 문제의 원천"이 되지 않을 수 없다. 그렇다면 "이 가능성은 실재로부터 자의적으로 추출해낸 쓸데없는 부본 같은 것"일 따름이다. 이 경우라면 그가 이야기하듯, "차이의 메커니즘"이나, "창조의 메커니즘"[8]은 전혀 고려될 수 없다. 참된 차이나 창조에 대한 관념이 이미 앞서 확고히 규정된 길 가운데에서는 실효성을 갖고 작동되지 않으리라는 것은 충분히 상상할 수 있는 일이다.

이런 것들이—결국 헤겔은 그의 이해에 따르면 '가능성 위에 구축된 철학이다—헤겔에 대한 베르그송의 감추어진 비판에 해당된다면, 들뢰즈는 베

---

6) 같은 책, 135-136쪽 참조.
7) 같은 책, 56, 136 쪽 참조. 이럴 때 그의 잠재성 개념은 아리스토텔레스의 잠재성, 현실성 개념과 유사하다.
8) 이상의 인용은 같은 책, 137쪽 참조.

르그송을 빌어 이번에는 변증법 자체를 분명하게 비판하고 있다. 즉 그가 보기에 헤겔의『논리학』의 일과 다, 존재와 비존재, 그리고 생성의 메커니즘은 추상적 사유의 운동일 뿐이라는 것이다. 포이에르바하의 헤겔에 대한 비판을 연상시키는 어조로 들뢰즈는 베르그송이 "그러한 변증법적 방법에 대해 헐렁거리는 의복과도 같은 너무나 커다란 개념에서 출발"(베주, 58)한다는 인상을 갖고 있다고 말한다. 또한 "우리는 하나의 일반성을 다른 일반성을 가지고서 교정함으로써 특수한 것(singulier)에 이르지는 못한다"면서 "베르그송주의와 헤겔주의는 양립할 수 없"(베주, 59)음을 천명하고 있다. 나아가 "베르그송은 변증법에 대해 거짓운동, 추상적 개념의 운동을 하고 있다고 비판"하는데, "변증법은 많은 부정확함에 의해서만 한 대립물에서 다른 대립물로 나아간다"(베주, 59)는 것이다.[9] 그는 다음과 같이 베르그송의 입장을 일목요연하게 기술하고 있다.

"베르그송이 변증법이나 대립자의 일반 개념('일'과 '다')에 반대하며 주장하는 것은 다양성에 대한 섬세한 지각이며, '무엇'과 '어떻게'에 대한 섬세한 지각이며, 그가 '뉘앙스' 또는 잠재태의 수(nombre en puissance)라고 부르는 것에 대한 섬세한 지각이다"(베주, 61).

이렇다면 변증법의 전통적인 범주운용에 제동이 걸리게 된다. 헤겔에게서나 그에 대한 비판적 계승자인 포이에르바하, 맑스에게서나 똑같이 사태는(die Sache) 언제나 동일성, 상이성, 대립, 모순의 4가지 범주를 통해 서술되어 왔다. 그러나 이러한 범주들은 '다양성에 대한 섬세한 지각'[10]을 위

---

9) 헤겔이 한 범주에서 다음 범주로 이행시킬 때 가끔 눈에 띄는 자의적인 이행은 이미 잘 알려져 있다. 이런 일은 그가 경험의 내부로부터 빚어지는 내재적 필연성보다는 '개념'의 운동에 주목하기에 일어난다.

10) 데리다는 들뢰즈를 위한 추도사에서 다음과 같이 말한다. "들뢰즈는 변증법적 대립에 국한할 수 없는 차이, 모순보다도 더 심오한 차이, 긍정 속에서 환영받음을 참작한 차이에 관련된 학설에 관한 나의 생각과 가장 근접해 있었다." J. Derrida, 「나 혼자 방황해야 할 것이다」,『세계의 문학』, 1996년 봄호, 84쪽. 여기서는, 고병권, 「투시주의와 차이의 정치: 봉합과 승인을 가로지르는 생성의 정치로」, 서울사회과학회 편,『탈주의 공간을 위하여』, 푸른 숲, 1997, 256쪽에서 재인용. 데리다의 들뢰즈의 평이 정당하다고 가정한다면, 우리는 여기서 들뢰즈의 전체철학이 적어도 그 출발점에 있어서 얼마나 베르그송에 크게 힘입고 있는지를 알 수 있다. 베르그송의 헤겔비판의 핵심은 바로 이어지는 그의 니체에 대한 연구『니체와 철학』을 관통하고 있다.

해서는 지나치게 큰 그물코를 갖고 있다는 것이다. 왜냐하면 "철학에서 진정으로 중요한 것은, 추상적인 일과 다보다…어떤 다양성, 어떤 실재성이 인간의 다양한 통일을 이루는지를 아는 것"(베주, 60)이기 때문이다. 지속속에 존재하는 다양성 그 자체를 이토록 중요하게 여긴다면 이 다양성 자체를 무력화시킬 가능성이 있는 모든 시도들은 배제되지 않을 수 없다. 전통적으로 부정에는 두 가지 형식, 단순제한부정과 대립부정이 있다. 단순제한부정은 '유한하다'와 '유한하지 않다'의 관계를 가리키며, 대립부정은 '유한하다'와 '무한하다'와 같이 서로 대립되는 부정관계를 의미한다. 그러나 베르그송은 이 두 개념 모두를 부정한다. 왜냐하면 그에게서는 이런 '두 부정관계'에서 부정되는 개념이 하위개념, "타락의 극한"(베주, 62)으로 여겨지는 사태가 발생하기 때문이다. 사물들 자체에 내재해 있는 본성상의 차이에 주목하고 그 어떤 부정행위에 의해서도 그 상위의 동일성에 포섭시키기를 거부하며, 또 이것에 포섭될 경우, 포섭대상물이 위계질서에서 보아 하위의 것으로 자리매김 될 수밖에 없어 개별물들의 자연적 권리가 침해된다고 주장하는 것으로 베르그송을 읽는다면, 이것이 바로 헤겔의 변증법에 대한 직접적 비판으로 연결될 것이라는 것은 불문가지의 일이다.

1

들뢰즈가 니체의 전저작을 헤겔에 대한 반박으로 읽어낼 때,11) 그의 『니체와 철학』역시 변증법에 대한 반박으로 읽힐 수밖에 없다. 니체를 좇아 헤겔을 암암리에 논적으로 생각하는 들뢰즈12)에게서 변증법은 허무와 노예의 변증법이다. 그 이유를 그는 변증법이 "차이를 긍정하는 힘을 가지고 있지 못한 고갈된 힘"(니철, 32)에 의지하여 작동되고 있기 때문으로 생각한다. 그리하여 "자신이 아닌 모든 것을 부정하고, 그 부정을 자신의 고유한 본질과 자신의 현존의 원리로 만든다"(니철, 32)는 것이다. 마치 피히테의

---

11) 질 들뢰즈, 『니체와 철학』, 284쪽 참조.
12) 들뢰즈는 비록 『니체와 철학』을 니체의 철학에 대한 해설의 형식으로 썼지만 많은 부분에서 니체를 빌어 자신의 입장을 천명하였다.

절대아의 품안에 존재하는 두 대립쌍으로서의 자아(Ich)가 비아(Nicht-Ich)에 대해 가하는 사행(Tathandlung)에 대한 설명을 연상케 하는 이런 해석을 통해 들뢰즈는 헤겔의 변증법을 올바르게 분석하고 있다고 생각한다. 그리하여 그는 니체를 다음과 같이 인용하고 있다. "귀족의 도덕이 자기 자신의 성공적인 긍정에서 생겨나는 반면, 노예의 도덕은 처음부터 자신에게 속하지 않는 것, 자신과는 다른 것, 자신의 비-자아인 것에 대한 부정이다. 그리고 이 부정은 그의 창조적인 행위이다."13) 그는 변증법이 차이를 긍정하지 않고, 이를 부정하는 행위라는 논리학적 규정에 대한 지적을 주인과 노예의 지위에 대한 비평에도 마찬가지로 관철시키고 있는 바, 이 차이를 긍정하지 않고 부정하는 가운데 갖게 되는 감정이 바로 니체를 이어받아, 원한과 가책14)이라는 것이다. 그러나 우리가 이곳에서 간과할 수 없는 것은 노예가 주인과의 관계에서 짊어지고 있는 역사적 구조적 차이를 들뢰즈 자신은 존재론적 차이로 치환하고 있다는 점이다. 그리하여 기묘하게도 후기의 그로 보면 노예가 "다가올 민중", "대중적-민중, 세계적-민중, 두뇌적 민중, 카오스-민중"15)으로 나아가게 되어 있음을 충분히 예상할 수 있을 터인데도, 이곳 『니체와 철학』에서 노예는 단지 그 차이를 긍정할 따름이다. "주인은 자신의 권력이 그 실행에서 긍정되는 것을, 그 결과 노예와 자신의 차이가 긍정되는 것을, 긍정의 긍정을 구한다. 주인은 그 차이를 긍정한다. 그러나 노예는 그 차이를 부정한다. 전자는 차이와 긍정을 통해서 구분을 이루어 나가지만, 후자는 모순과 부정을 통해 그렇게 한다." 따라서 그에게 있어서 "헤겔의 변증법은 바로 차이에 대한 사색이지만, 그것은 차이에 대한 이미지를 뒤집"어 놓아서, "있는 그대로의 차이의 긍정을 차이나는 것으로, 자기 긍정을 타자의 부정으로, 긍정의 긍정을 그 유명한 부정의 부정으로 대체하고 있다"고 본다. 나아가 그것은 "삶을 부정의 노동에 종속시키는 사제의 사유"이어서, 결국 "변증법은 소위 기독교적 이데올로기"요, "그 자

---

13) Nietzsche, *Généalogie de la Morale* I. p. 10; 『니체와 철학』, 32쪽에서 재인용.
14) 이에 대해서는 『니체와 철학』, 201-259쪽을 참조하라.
15) Gilles Deleuze & Félix Guattari, *Qu'est-ce que la philosophie* (Paris: Les Editons de Minuit, 1991), 이정임·윤정임역, 『철학이란 무엇인가?』, 현대미학사, 1995, 314쪽 참조.

체로서의 반동적 삶과 우주의 반동적 생성을 표현하는 노예의 사유"(이상 니체, 334-336 참조)를 의미하게 된다. 이런 비판적 논리를 직접적으로 「주인과 노예의 변증법」에 대입하여 보면, 흥미롭게도 주인과 노예의 간격, 차이는 결코 좁혀지지 않는다. 마치 제논의 역설, 아킬레스와 거북이의 역설을 보는 듯하다. 무엇을 긍정하는가? 결국 이 주인과 노예의 '차이'는 반복되며, 이러한 차이를 긍정함에서 얻어진 영원한 기쁨은 긍정의 지혜 속에서 배가된다는 것이다.

이들의 논의는 특히 헤겔 변증법을 단순 명쾌하게 동일성의 변증법이란 틀로 일괴암적으로 해석할 경우에만 타당한 논의이다. 헤겔은 그의 주인과 노예의 변증법에서 노예가 주인이 되는 그런 변증법을 고안하고 있지 않다. 그보다 그는 "주인과 노예가 상호인정"을 통해 노예의 규정도, 주인의 역사적 규정은 사라졌지만 양자의 존재론적 차이는 투명16) 해진 가운데 행해지는 상호인정을 주장하고 있다. 그것이 헤겔이 말하는 우리의 개념이다. 17)

2

주인과 노예의 변증법에 대한 존재론적 독해를 통해 들뢰즈는 양자가 상위의 동일성에서 통일되지 않을 수 있는, 저 차이가 영원히 반복되는 놀이를 구성할 수 있었다. 이것이 철저하게 논란(Widerstreit)과 역설(Paradox)에 기반을 둘 뿐, 하나가 다른 하나를 제압하는 구조는 아님은 분명하다. 이런 독법이 가능했던 것은 변증법에 관한 한, 들뢰즈가 사변변증법의 발전에 역의 방향으로 사로잡혀 있었기에 가능했다. 그는 일단은 헤겔 이후의 변증법적 사유의 전개과정을 알튀세르와, 메를로퐁티의 『변증법의 모

---

16) G. W. F. Hegel, Werke in 20 Bd. Auf der Grundlage der Werke von 1832-1845 neu editierte Ausg. in *Schriftenreihe, Suhrkamp-Taschenbuch Wissenschaft* (Frankfurt am Main, 1986), Bd. 6, S. 550.
17) 자세하게는 필자의 독일 베를린 자유대학 박사학위청구논문, "Zum Begriff der Philosophie im Vormärz: Untersuchung zu Feuerbach und Marx" (서울: 1998), s. 160-161을 참조. 헤겔에 대해서는 G. W. F. Hegel, *Phänomenologie des Geistes* (Hamburg, 1952), s. 140을 참조하라.

험』18) 에 의지하여 추적해 나간다. 그가 주목하고 있는 것은 존재론적으로 이해된 중립적인 두 개념쌍들이 어떻게 그 차이를 인정하면서 억압적이지 않은 관계를 유지해 나가는가에 있다. 들뢰즈가 보기에 포이에르바하의 잘못은 말하자면 세속화된 헤겔에 있다는 것이다. 즉 그가 고안해낸 개념인 신인론(Anthropotheismus) 이 "단지 다른 우월한 존재만을 표상하기 때문에, 우월한 존재는 결국 단순한 (헤겔의 정신의) 변신일 따름"(니철, 280) 이라는 것이다. 그리하여 그는 슈티르너의 헤겔 비판, 포이에르바하 비판을 수용한다. 슈티르너는 그의 저서 『유일자와 그의 재산』19) 에서 모든 사유의 중심으로서 자아(Ich)를 드는 바, 그것은 모든 것을 전유하는 중심으로서의 자아를 확보한 것이었다. 그러나 이 자아는 모든 것의 척도로, 가장 직접적인 존재이다. 즉 매개되지 않는 직접자로 모든 매개를 거부하는 중심인 한에서 헤겔의 절대정신의 대체물 역할을 한다.20) 이것이야말로 전형적인 유아주의로, 들뢰즈에게 이것은 변증법의 발전의 가능적 극단을 보여주는 상징저 사건이었으며, 변증법이 그 정점에 이르러서는 "완전한 허무주의로 귀결"됨을 의미하는 것이었다. 그는 맑스가 슈티르너의 무매개적 직접성 대신에 '조건지어진 자아'21) 란 개념을 고안해놓고, 운동의 종점 바로 전에 최종단계로 프롤레타리아 단계를 설정한 것 외에는 한 것이 없다고 주장한다. 그러나 맑스의 1844년 초고에서 찾아볼 수 있는 혁명적 열광에 기초하고 있는 헤겔주의-맑스주의적 입장이나 혹은 근본적인 비판 대상으로서의 스탈린주의 변증법을 상대로 형성된 것으로 보이는 들뢰즈의 맑스/맑스주의에 대한 비판은 언제나 '동일성의 폭력' 주변을 맴돌며, 따라서 변증법에 관한 한, 그의 비판은 날이 채 서지 않았다. 그가 니체를 빌어 주장하는 대안구조는 차이의 영원한 반복이다. 즉 다음으로의 이행이 필연적으로 정해져있는 신적인 궁극적 동일성의 자기전개가 아니라 주사위 던지기 놀이처럼 그 다음에 나올 것이 어떤 것도 선행하여 규정되어 있지 않다는 것이다.

---

18) Mauris Merleau-Ponty, *Die Abenteuer der Dialektik* (Frankfurt am Main: 1974) 참조.

19) M. Stirner, *Der Einzige und Sein Eigentum*, Mit einem Nachwort, hrsg. von A. Meyer (Stuttgart, 1972).

20) Vgl. a. a. O., S. 424.

21) 맑스에서는 원래 "사회적으로 조건지어진 일상에서의 개인"이다. 졸고, 182쪽 참조.

이처럼 미래가 우연 그 자체로 규정된다면 우리는 이제 미래의 궁극적 동일성에 전혀 부담을 지지 않고, 현존재에 대한 '무한한 긍정의 기쁨'을 누릴 수 있게 된다. 초인이 등장하는 것은 바로 이때이다. 그는 현재의 인간과 수직적인 관계를 맺고 있어서, 계속 모방해야 할 상위의 '우월한 인간'이 아니고, 구체적 현재에 자리잡고 있는, 이와는 전혀 다른 활동방식, 사유방식을 지닌 존재이다. 즉 초인은 노예의 예속적 변증법을 벗어나, 차이의 영원한 복귀와 반복을 즐기는 가운데 자신의 현존재의 차이자체를 적극적으로 긍정하며, 미래의 결정에 있어 "우연과 그 우연이 필연임을 긍정"(니첼, 332)하는 존재이다. 모순개념은 관련 대립쌍들의 상위의 동일성으로의 포섭을 의미하기에 제거되었고, 모순, 대립 없는 '차이'의 즐김과 '이 차이를 제거하지 않는 차이내의 생성'만이 노예의 수중에 온전히 남게 된다.[22] 그의 노예에 대한 권면의 문귀는 다음과 같다.

다수, 생성, 우연이 순수 긍정의 원리라는 것, 그것이 바로 니체 철학의 의미이다. 다수의 긍정이 사변의 명제인 것처럼, 다양의 기쁨은 실천의 명제이다 (니철, 336).

3

들뢰즈는 헤겔에게서 도달해야 할 '궁극적 동일성'과 과정 가운데 일시적으로 등장하는 '잠정적 동일성'을 구분하지 않고, 동일성 대신에, 항상 되돌아오는 '차이자체'의 확인과 반복을 도입한다. 그에게서는 동일성에 대한 이런 구분이 사실상 필요없을 것이, 왜냐하면 그는 동일성이 무엇으로 정의되던 간에 동일성의 '차이'에 대한 우위는 곧 개별자들의 존재론적 지위의 격하를 의미하는 것으로 해석하기 때문이다. 이것이 베르그송에서 그 기원을 찾아볼 수 있음을 우리는 이미 살펴보았다. 그에게서 "모든 동일성은 가장된 것으로, 보다 심층에 존재하는 유희, 차이와 반복의 유희를 통해 산출된

---

22) 반면 헤겔의 변증법적인 모델에서는 '차이가 투명해진 가운데 행해지는 상호인정'이 바로 종착역이라는 사실은 이미 밝힌 바 있다.

하나의 시각적 '효과'"23)일 따름이다. 이에 반해 그가 근거하고 있는 것은 첫째, 부정 없는 차별이다. 이것은 동일태에 종속되지 않기에 대립과 모순으로 추동되지 않으며, 또 되어서도 안 된다. 두 번째는 반복으로, 이것은 차이 있는 것이 계속 이전되고 반복되는 심층적 구조에 근거한다(DW, 11 참조). 우리는 여기서 그가 헤겔의 과정적 통일과정에서 내용상 그 존재를 유추할 수 있을 어떤 잠정적 동일성도 명백히 거부하고 있음을 알 수 있다. 그리하여 그는 말하기를 "차이의 영원한 수렴과 탈중심화는 반복에서 일어나는 지연(Verschiebung) 및 가장(Verkleidung)과 결부되어 있다."(DW, 11) 이리하여 항상 동일하게 남아 있는 것은 역설적으로 생성자체 일 따름으로, 이것을 그는 차이의 영원한 반복으로 규정한다(DW, 65 참조). 24)

존재의 일의성에 대한 적극적 옹호는 차이 자체를 사유하면서, 그것에 절대적 자립성을 부여하려는 그의 의도를 직접적으로 반영한다. 25) 들뢰즈는 철학사상 스코투스에게서 존재는 "유한, 무한과는 전혀 관계없"는 일의적 존재로 등장하는 한편, 스피노자에게서 이것은 "순수한 긍정의 대상"(DW, 63)으로 나타남을 발견한다. 이들 가운데에서는 모든 수직적인 위계질서와 모든 종류의 우월적 위치가 부정된다. 이 양자가 앞서 길을 열어놓은 저 존재의 일의성 개념을 통해 들뢰즈가 궁극적으로 확보할 수 있었던 것은, 모든 **존재의 동등성**으로, 그 형세는 "왕위에 오른 아나키"(DW, 66)였다. 그에게서 이 일의적 존재는 궁극적으로는 플라톤식의 이데아에 해당되는 것일 수는 없고, 존재하는 것의 참된 형태로서의 환영, 시뮬라크르26)이다. 환영이야말로 참된 세계로, "복사물에 대한 원본의, 이미지에 대한 모델의 우월성을 부정하는 것"(DW, 95)이 이제 그의 과제로 등장한다. 그

---

23) Gilles Deleuze, *Differenz und Wiederholung*, Aus dem Franz. von Joseph Vogl, München, 1992, S. 11. 이하 본문에서의 이 책으로부터의 인용은 (DW, 쪽수)로 줄여 표기.
24) 이하에서의 헤겔변증법에 대한 비판(DW, 69-70)의 근본구조는 이미 우리가 앞에서 살펴본 바와 멀지 않기에 여기서는 별도로 다루지 않는다.
25) 이는 니체에게서는 차이의 긍정으로, 베르그송에서는 지속에서의 이질성에 대한 긍정으로 등장한 바 있다.
26) 헤겔의 경우는 논리학의 용어로 말하면 반성된 직접성(Reflektierte Unmittelbarkeit)의 형태로 수용되어 인식 주체에 부딪히는 부정성의 형태로 대립하여 등장한다. 감각적 대상적 관계가 그에게서는 자기내의 타자관계로 전화된다.

리하여 그는 말하기를 "사물의 동일성이 해소되고, 존재가 풀려 흘러나갈 때, 일의성에 도달하며, 차이가 춤추기 시작한다"(DW, 95).

이 환영으로서의 차이들을 연결시켜 사고하는 방법이 그에게서는 변증법에서의 동일성, 상이성, 대립, 모순이 아니라, 계열적 사고이다.

4

그가 전통적인 범주적 포착방식을 포기하고 나서도 이 차이 자체들이 무리지어 작동하는 방식을 포착하려고 할 때 그가 그럼에도 포기할 수 없는 것은 바로 일정한 방식으로 이들을 구조화하는 것이었다. 이것이 바로 계열적 사고로, 변형된 구조 개념이다.[27] 계열들 일반의 관계와 배분을 설명하는 방식의 특징은 다음 세 가지이다.[28] 먼저, 각 계열의 항들은 상대 계열의 항들에 상대적으로 계속적인 자리 옮김을 한다. 이는 각각의 계열이 상대 계열 안에서 이중화되고, 또 이 이중화 안에서 형성됨으로써 이 변이를 통해서만 상대계열과 관계 맺도록 해주는 필수적인 일차적인 변이다. 그래서 한 계열이 다른 계열의 위로/아래로 미끄러져 들어가는 이중적인 운동이 존재하게 되며, 이 운동은 두 계열 모두를 상호 영구적인 비평형 관계에 배치한다. 우리의 논지에서 보면 여기서 모순, 대립 등의 변증법적 범주가 들어설 자리는 없고, 순수한 차이의 유희만이 가능하다. 둘째로, 이 비평형 자체도 일정한 정향을 취해야 한다. 다시 말해 두 계열 중의 하나, 즉 기표로서 정의되는 계열은 상대계열에 의해 과잉된 것으로서 드러난다. 넘쳐흐르는/혼란스러운 기표의 과잉이 늘 존재하는 것이다. 마지막으로 가장 중요한 특징이다. 두 계열의 상대적인 자리 옮김과 둘 사이의 불균형을 보여주는 것은 계열들의 어떤 항으로도, 이 항들 사이의 어떤 관계로도 환원되지 않는 극히 특수하고 역설적인 심급의 존재이다. 이 역설적인 심급을 통

---

27) 박성수, 「질 들뢰즈의 반변증법 이론의 구조」, 『시대와 철학』 6호, 1993, 68-69쪽 참조. 그는 들뢰즈의 반변증법적 이론의 구조를 특히 라캉 및 칸트와 연관하여 서술하고 있다.
28) Gilles Deleuze, *Logique Du Sens* (Paris, 1969) ; 국역: 이정우 옮김, 『의미와 논리』, 한길사, 1999, 103-104쪽 참조; 독역: G. Deleuze, *Logik des Sinns*, aus d. Franz. Bernhard Dieckmann (Frankfurt am Main, 1993).

해 들뢰즈는 기표계열, 기의계열 모두 상호 끊임없이 순환하게 한다. 여기서 어떤 접합점, 고정점, 통일점이 없는 이유는 바로 이 역설적인 심급이 **절대적이기 때문이다.** 이 심급은 "두 계열을 끊임없이 수렴시키는 동시에 끊임없이 분열"시키며, "서로에 대해 이중적인 미끄러짐이다."[29] 이 역설적 심급을 통해 들뢰즈가 작동시키고 있는 것은 다름 아닌 모든 동일화의 거부로 그는 여기서 비로소 의미의 끊임없는 생성의 가능성을 보고 있었다.

그렇다면 이 계열적 사고의 근간이 될, 매개되지 않는 직접태 중의 또다른 하나일 사건[30] 들 상호간은 어떻게 관계가 맺어지고 있을까?(의논, 290) 들뢰즈는 여기서도 사건들간의 관계에 관한 한, 동일성, 대립 모순의 범주를 사용하지 않는다. 그 이유는 이 범주들이란 오직 "개념들, 술어들, 집합들에만 적용될 뿐이지 사건에 적용되는 것은 아(의논, 291)"니기 때문이다. 이것이 그로 하여금 사건 상호간의 관계를 원인과 결과의 인과관계가 아니라, "비인과적인 상응들의 총체로 이해하게 만든다. 한편 이 총체는 메아리, 재개, 공명의 체계, 기호들의 체계, 다시 말해 결코 필연적 사태를 만들어내는 인과관계가 아니라, 표현적인 준원인을 형성한다"(의논, 290). 들뢰즈가 여기서 분명히 인식하고 있는 것은 모순들이 개념에서는 가능하지만, 사건에서는 불가능하다는 것이다. 왜냐하면 사건은 물리적 차이 그 자체이기 때문이다(의논, 291). 이리하여 그는 라이프니츠를 빌어 이 사건 자체를 사유하려 한다. 그것에서 문제되는 것은 "부정과 배제의 운동으로부터 여전히 분리될 수 없는 한에서의 대립자들의 동일성이 아(의논, 294)니라, "다른 것들의 있는 그대로의 거리"라는 것이다. 즉 "두 대립자들을 동일자와 동일시하는 것이 아니라, 그들을 서로 다른 한에서 관계 맺어 주는 것으로서 그들의 거리를 긍정하는 것"으로 이런 그의 시각에서 볼 때 "모순에까지 나아가야'만 하는 것이 아니라, 바로 자체에 상응하는 거리를 다룸으로써 그 자체의 차이의 본성을 드러내야 하는 것이 모순"(의논, 294)이라는 것이다. 그렇다면 동일성과 더불어 부정을 초래할 그 이상의 모든 심층이나

---

29) 박성수, 「질 들뢰즈의 반변증법 이론의 구조」.
30) 이에 대해서는 이정우, 「들뢰즈와 사건의 존재론」, 『시대와 철학』 16호, 1998, 139-167쪽 참조.

모든 지양은 배제된다(의논, 294). 이것이야말로, 들뢰즈가 분명하게 제기한 헤겔의 사변적 모순론에 대한 다른 해법이 아닐 수 없다. 대립과 모순을 통한 상위 범주로의 이행과는 달리, 관계쌍들의 자립성이 인정되는 가운데 일어나는 이질성의 운동이 바로 그것이다. 이 모든 것들은 "무한한 동일성을 대신하는 부정법의 거리, 모든 것이 이질적인 것들의 공명,31) 관점에 대한 관점, 관점의 이동, 차이의 분화에 의해 이루어질 뿐, 대립자들의 동일성에 의해 이루어지는 것은 아니다"(의논, 298).

　이렇다면 그의 모순에 대한 생각은 일단 사변적 서술구조를 제거한 헤겔의 본질론에서의 모순에 대한 논리로서의 맑스의 것과 상당한 정도의 가족 유사성을 지닌다. 헤겔의 논리학의 맥락에서 모순은 그의 사변적 기획에 포섭되어 언제나 자기관계 하는 동일성 내부에서 작동함으로써 항상 동일성의 마력을 행사하고 있는 것처럼 보이지만 맑스 내부에서는 이것이 현실적 차이 가운데에서 감각적-대상적 매개로 작동하고 있다. 즉 그는 '차이를 지양하지 않는, 물질에서 한계를 지니는 변증법'을 주장하면서 대립되는 개념쌍 간의 차이를 지양하지 않는 그런 변증법을 역설하고 있다. 그들간의 차이는 들뢰즈가 매개되지 않는 직접태 자체를 사유하려는 역설적 상황에 있다. 그리하여 그는 한 존재자의 존재를 서술할 수 있도록 해주는 일자를 거부하면서 "영원히 탈중심화되는 이심적(異心的)인 중심으로부터 방출"되며, "자아, 세계, 신의 정합성을 배제할 뿐인 순수기호"일 뿐인 것으로 사건-의미를 논한다. 그리하여 변증법에서 등장하는 "모든 대립자들 대신…그 모든 선언들을 가로질러 공명함으로써 그 고유한 거리에 의해 스스로 소통하는 대사건들"(의논, 298)만이 남게 된다. 모순에 의한 양 개념쌍의 잠정적 조우조차를 극력 거부하는 들뢰즈가 프로이트로부터 차용해온 공명이란 상호소통도구는 자못 신비롭게 보인다. 그러나 들뢰즈가 이곳에서 모순에 대해 전개한 사고는 흥미롭게도 맑스의 한계의 변증법의 논리와 너무나도 유사하다. 그렇다면 들뢰즈는 이런 비판의 선구자인 맑스와 엥겔스를 이심적(異心的)적으로 반복하고 있는가?

---

31) 이 공명의 메커니즘에 대해서는 서동욱, 「데리다의 '차연'과 들뢰즈의 '차이 자체'—프로이트 '사후성의 논리'의 상속자들」, 『문화과학』 27호, 2001년 가을, 158-166쪽 참조.

『안티외디푸스』[32]에서도 들뢰즈는 부분과 전체의 관계에 대한 주목할 만한 새로운 시각을 제시하는 바, 물론 여기서도 변증법은 고리타분한 것이다. 전체는 더 이상 '지배적 전체', '통일하는 전체'가 아니라, 부분들과 같은 자격만을 지니고 부분 곁에 존재하는 전체로 자리매김 된다.[33] 방법론상 역설의 관철은 통일성과 부분들 위에 군림하는 어떤 전체도 거부하는 것으로 귀결된다.

5

리좀은 탈중심적인 수평적 생성체계이다. 그의 이런 구상이 방대한 틀로 전개되는 것이 『천개의 고원』[34]이다. 여기서 들뢰즈와 가타리는 다양체들이 어떠한 통일도 전제하지 않으며, 결코 총체성으로 복귀하지도 않으며, 또한 절대로 주체로 되돌아가지도 않는다는 것을 보여주려 하였다. 그들에게 있어 이 "총체화, 통일화는 다양체 속에서 생산되고 출현하는 과정들"(천고, 5)일 뿐으로, 그는 복수의 다양체들이 관계 맺는 비수직적 방식들을 검토하였다. 그는 이 관계들을 두 가지로 분류한 바 있다. 먼저 "위계적인 체계로서 의미생성과 주체화의 중심을 포함하고 있"(천고, 38)는 수목모델이다. 이 체계는 상위의 통일성으로부터 정보를 받아들이고, 중심으로부터 도출되어진 체계이다. 들뢰즈가 보기에 이것이 지금까지 "식물학에서 생물학, 해부학 그리고 인식형이상학, 신학, 존재론, 모든 철학…에 이르기까지" "서양의 현실과 모든 사유를 지배"(천고, 41)해온 사유모델이다. 중심화된 체제와 위계적인 이 구조와는 달리, 탈중심적인 수평적 체계가 바로 리

---

32) Deleuze & Guattari, *Anti-Ödipus, Kapitalismus und Schizophrenie*, Übersetzt von Bernd Schwibs (Frankfurt am Main, 1979) ; 국역: 최명관 역, 『앙띠 오이디푸스』, 민음사, 1997. 역설에 의거해서 구성된 들뢰즈-가타리의 정치경제학적 접근의 난점에 대해서는 이를 간략하게 서술한 박성수의 앞의 글을 참조하라.
33) 질 들뢰즈, 『앙띠 오이디푸스』, 69쪽 참조.
34) Gilles Deleuze, Félix Guattari, *A Thousand Plateaus: Capitalism and Schizophrenia* II, tr. Brian Massumi (Minneapolis: University of Minnesota Press, 1987) ; 김재원 옮김, 『천개의 고원』, 새물결, 2001. 이하 본문에서 이 책으로부터의 인용은 괄호 안에 쪽수로 줄여 표기함.

좀의 체계이다. 전체로서의 일자를 비껴감을 표시하는 n-1로서의 다양은 구근이나 덩이줄기처럼 지면을 따라 모든 방향으로 갈라져 생성한다. 따라서 역동적인 수평적 체계를 이룬다. 이것의 원리는 다음과 같다.[35] 1) 연결접속의 원리와 다질성의 원리이다. 리좀은 어떤 지점이건 다른 어떤 지점과도 연결접속될 수 있다. 2) 다양은 사실상 실사로서, 다양체로서 다루어져야 한다. 그것은 따라서 주체나 객체, 자연적 실재나 정신적 실재, 등의 일자와 더 이상 관계를 맺지 않는다. 여기에는 대상 안에서 주축역할을 하는 통일성도 없고, 주체 안에서 나뉘는 통일성도 없다. 말하자면 다양 일반의 지배 없는 수평적 관계이다. 3) 이것은 구조들을 분리시키는 절단, 하나의 구조를 가로지르며 너무 많은 의미를 만들어내는 절단에 대항한다. 리좀을 역동적인 선으로 이해하면, 이 선들에 따라 지층화되고 영토화되고 조직되고 의미화되고 귀속된다. 다른 말로, 이 선들의 움직임에 따라 역동적으로 구조화된다는 것이다. 4) 지도와 전사(轉寫). 리좀은 어떠한 구조적 모델이나 발생적 모델에도 의존하지 않는다. 이것들이 모두 그 뒤의 원본을 전제로 한다면, 리좀 모델은 모든 차원들에 접속될 수 있도록 열려 있다. 이것의 예로 들뢰즈와 가타리가 드는 것이 뒤집으려면 뒤집히고, 수정하려면 수정할 수 있는 **지도**이다. 전체적으로 보아 리좀은 점과 위치로 구획지어져 있는 닫혀진 '구조'의 체계가 아니라, 속도 있는 선 자체로 구성되어 있다. 이리하여 리좀은 어느 방향으로나 접속 가능하도록 되어 있어 중앙집중화될 수 없으며, 위계도 없고, 조직화하는 기억장치나, 중앙자동장치도 없으며, 오로지 상태들이 순환하고 있을 뿐인 열려진 체계이다. 따라서 모든 것들은 중간에 있으며, 모든 종류의 생성(되기)이 여기서 가장 중요하다. 그런 의미에서 리좀은 "사물들 사이에 있고, 사이-존재이고 간주곡이다"(천고, 54).

6

이제 전체 논의를 '분절된 시간과 공간에서 작동하는 변증법'의 형식을 찾

---

35) 같은 책, 19-35쪽 참조.

아보려는 우리의 의도와 관련하여 비판적으로 정리해보고자 한다. 먼저 들뢰즈는 변증법을 비판함에 있어서 헤겔 자신이 뚜렷이 구분하고 있는 사변적인 것(spekulativ)과 변증법적인 것(dialektisch)[36]을 혼동함으로써 사변적인 것을 변증법일반으로 절대화하였다. 이로 인해 맑스의 현실변증법적 구조와 헤겔의 사변적 구조를 구분할 수 없었다. 둘째, 그 귀결로서, 변증법적 운동에서 생겨나는 잠정적 동일성과 변증법적 운동의 종착점으로서의 '궁극적 동일성'이 전혀 구분되지 않음으로써 변증법 일반은 오로지 '상위의 동일성을 향한 부정'을 행하는 노예의 변증법 일반으로 비판되었다. 그러나 포이에르바하와 맑스에게서 변증법은 우선 차이에서 출발하고 있었을 뿐만 아니라, 그 종착점도 헤겔에서나 맑스에게 있어서나 결코 단순한 동일성이 아니다.[37] 개별자들도 최소한 포이에르바하, 맑스에게서는 '유한성의 표지판인 저 **결핍** 가운데에도 이를 자족하며 즐기는 존재 그 자체'였다. 세째로, 들뢰즈가 변증법의 개념틀을 피해 사용한 고유한 개념틀들 중 일부는 상당한 정도로 변증법적 틀과 유사하다. 들뢰즈가 선분들의 운동을 설명하기 위해 도입한 개념인 영토화/탈영토화/도주도 그러하다. 이 개념들은 헤겔이 지적한 바와 같은 변증법적 지양(Aufhebung)의 세 가지 개념틀, 보존, 폐기, 고양들과 비슷하다. 또 그는 두 대립쌍들간의 조우를 표현해야할 경우, 이를 프로이트에서 빌려온 '공명' 등의 개념을 사용하여 헤겔『논리학』외부에서 용어를 빌려왔다. 그러나 우리는 그의 '공명' 개념의 외연이 언급하였던 바, '항상적으로 비껴가는 동일성'과 다르지 않음에 주목할 필요가 있다. 이를 사변변증법이 아닌 '감각적-대상적 매개의 변증법'의 개념틀,

---

36) Hegel, SHW, Bd. 8, Enzyklopädie der philosophischen Wissenschaften im Grundrisse, 1830. - Teil I. Die Wissenschaft der Logik: mit der mündlichen Zusätzen—I. Aufl. —1986, §79-§83 참조.

37) 헤겔에 대해서는 다음을 참조하라: G. W. F. Hegel, Werke, in 20 Bd. Georg Wilhelm Friedrich Hegel. -Auf der Grundlage der Werke von 1832-1845 neu editierte Ausgabe, 8 Bd, *Enzyklopädie der philosophischen Wissenschaften im Grundrisse*: 1830— Teil I. Wissenschaft der Logik: mit der mündlichen Zusätzen. —I. Auflage -, Frankfurt am Main 1986, §82, 178. 마르크스와 포이에르바하에 대해서는 간략하게 쓴 필자의 다음 논문을 참조하라. 김경수, 「마르크스의 변증법은 동일성의 변증법인가: 마르크스를 통한 헤겔철학의 전도」, 『진보평론』 4호, 2000년 여름, 257-271쪽.

그리고 궁극적 동일성 아닌 '부정적 동일성'(negative Identität)의 열려진 변증법적 운동방식38)과 비교하면, 상당한 유사성을 발견할 수 있다. 실제로 들뢰즈는 그의 평생의 동료 가타리와 같이 쓴 마지막 저작, 『철학이란 무엇인가』에서 철학과 자본주의 현실과의 관계를 서술하면서 이러한 견해를 피력한다. 39) 이런 맥락에서 지적해야 할 것이 네 번째, 그의 변증법에 대한 비판이 후기에 들어가서는 흔들리고 있다는 점이다. 들뢰즈가 가타리와 같이 쓴 말년의 대작, 『천개의 고원』에서도 그는 『철학이란 무엇인가』에서와 같이 변증법적 파악을 부분적으로 승인하고 있다. 즉 그들은 사회를 모순에 의해 규정하는 것은 거시적으로는 타당하지만, 미시적으로는 분자적인 탈주의 선으로 정의해야 한다40)고 주장한다. 물론 여기서 그의 논리는 사적 유물론을 구원하는 비판(eine rettende Kritik)이며, 엥겔스, 알튀세르를 이어받아 경제적 결정론을 거부하면서 미시적인 부분의 운동메커니즘을 이해하는 새로운 방식을 제안하고 있는 것으로 이해되어야 한다. 하지만 그의 이런 주장은 변증법과 관련하여 볼 때, 상당히 의외로 들리며, 이에 대한 그의 비판의 내적 일관성조차를 뒤흔들고 있다. 우리가 지금까지 개념발전사적으로 살펴보았던 것처럼, 그는 초기의 『베르그송주의』부터 이미 다양 일반을 포착할 수 없다고 **모든 동일성**을 폐기하는 방향에서 변증법을 비판하고, 바로 그 이유로 이 방법 자체를 폐기하였다. 물론 이렇게 변증법적 사유와 들뢰즈의 방법간에 일부 유사성, 친화성이 존재하고, 들뢰즈가 변증법적 사유를 충분히 비판할 수 없었다 하더라도 우리는 변증법적 사유가 들뢰즈의 사유를 대체할 수 있다고 주장할 수는 없다. 들뢰즈는 매개되지 않은 직접태 자체를, 그의 말대로 하면, **사건을 사유**하고자 했다. 반면, 헤겔41)과 초기 학위논문을 쓸 당시의 포이에르바하42)에 있어서는 이것은

---

38) 이런 방향으로의 변증법 내부의 발전은 아도르노에서 찾아볼 수 있다. Th. W, 아도르노, 『부정변증법』, 홍승용 역, 한길사, 1999, 58쪽 참조.

39) 질 들뢰즈, 펠릭스 가타리, 『철학이란 무엇인가』, 146-147쪽 참조.

40) Deleuze, Guattari, *A Thousand Plateaus: Capitalism and Schizophrenia*, p. 216.

41) G. W. F. Hegel, *Phänomenologie des Geistes*, S. 82.

42) L. Feuerbach, Gesammelte Werke, hg. von W. Schuffenhauer (Berlin 1981), Bd. 1, S. 10-11.

보편성을 지닐 수 없어, 타자와의 의사소통을 저해한다는 이유로 이를 포기한 바 있다. 그의 차이에 대한 사고의 대담함은 바로 범주적 파악을 우회하면서—왜냐하면 범주는 필연적으로 대상의 직접성, 생생한 생명을 제한한다—'미묘한 차이'를 사고하려 한 것에 있다. 문제는 그가 자신의 방법을 전통철학과 관련하여 의식적으로 정식화할 때, 차이 자체를 '현재를 영원화'시킨 가운데 절대화시키고 있는 것에 있다. 그는 이 차이를 물리적, 공간적 차이로, 결국은 존재론적 차이로까지 형상화하면서 그의 주인과 노예의 변증법에 대한 해석에서 발견할 수 있는 것처럼, 모든 역사적 차이마저도 존재론적 차이로 치환시킴으로써 그 스스로 거시적 차원에서와 '개념'에서는 인정하는 '모순'을 그의 방법론적 논의 구도 자체에서는 제외하게 된것이다.

우리는 여기서 맑스의 현실 변증법적 방법을 들뢰즈를 통해 보충할 수있는 이론적 가능성을 본다. 비판과 서술의 방법으로서의 변증법이란 맑스의 입장에서 볼 때, 현실의 서술범주로서 종래 사용해온 동일성, 상이성, 대립; 모순의 4가지 범주 외에도 들뢰즈가 사용한 것을 포함하여 현상을 기술하기 위해 다른 '서술 범주'들을 사용할 수 있는 가능성은 충분하다. 물론 그 전제는 포스트모더니즘 문헌에서 자주 등장하고 있는 것과 같은 종류의 변증법에서의 '동일성'에 대한 일괄암적 비판을 거두어들이고, 사변적 서술을 포기한 현상서술의 변증법을 받아들이는 것에 있다. 맑스가 그의 『독일이데올로기』에서 주장하듯, 역사적인 자료처리를 할 때 쓰이는 도구로서 변증법[43]이 유용하다면, 우리는 들뢰즈가 두 계열의 운동 현상을 서술하기위해 사용한 많은 흥미로운 설명방식을 차용해오는 것에 어떤 부담을 느낄필요가 없다. 왜냐하면 네그리가 이야기하듯[44] 『천의 고원』이 기본적으로본질의 서술이 아니라, 현상의 서술이라면, 변증법 역시 현상 서술의 방법론이기 때문이다. 더구나 사적유물론은 원래 맑스에게서도 분절된 시간과공간에서 작동하는 변증법이었다. 『천의 고원』에서의 시간과 공간은 분절

---

43) Karl Marx, MEW 3, S. 27.
44) A. Negri, "Tausend Plateaus des neun historischen Materialismus," *Karten zu* ⟨*Tausend Plateaus*⟩ (Berlin, 1993), S. 41-65.

리좀변증법의 구상: 맑스와 들뢰즈 189

되고 다층적이며, 비평형적이고, 겹쳐진 가운데 흘러가고 상호이행된다. 이런 복수의 고원-지형에서 작동하는 변증법 역시 다층적이며, 분절된 시간과 공간 가운데에서 존재할 수밖에 없다. 들뢰즈가 자신의 운동체계로서 리좀을 고안할 때 염두에 두었듯, 이 변증법 역시, "미리 선행하여 구성되어 있는 어떤 전체"를 분절된 시간과 공간 가운데에서는 기대할 수 없듯이, 궁극적 동일성으로 직접적으로 연결된 어떤 동일성이 지배하지는 않는다. 서로 비평형적으로 가로지르는 다층적이며, 단층지어지고, 굴곡 지어진 시간과 공간 구조에 걸맞게 다모순의 다층적 네트워크로 구성된다. 그럼에도 미시적인 결정구조는 일단 화용론적으로 그때마다의 힘의 관계에 의해 정세적으로 결정된다. 이렇게 작동되는 모순구조는 니체, 베르그송, 들뢰즈가 염려하듯, '종(種)적 동일성'의 존재로 인해 속(屬)에 해당될 개별자들이 '경시'되지 않으며, 열려진 체계의 자발적 구조로서 작동한다. 왜냐하면 잠정적 동일성으로 나타나는 비-동일성은 마치 헤겔의『정신현상학』의 자연적 의식의 위치에서 발생하고 소멸되는 동일성이나 마찬가지로 하나의 운동의 잠정적 마감을 의미하는 **동시에 오로지 새로운 운동의 시작만**을 의미하기 때문이다. 이 운동이 언제 또 한번 잠정적/궁극적 동일성으로 귀결될지는 기대를 해볼 수는 있겠지만, 누구도 이것의 또다른 동일성으로의 귀결을 보장할 수는 없다. 헤겔의 '우리의 시각'(für uns)에서는 그토록 분명하게 나타나는 것이, 사건에 직면하고 있는 자연적 의식에게는 불행하게도 조금도 확실하지 않다.

맑스와 들뢰즈에 그 기원을 두는 지형학적 시간과 공간에서 작동하는 변증법의 형태는 현상서술을 위해 동일성, 대립, 모순의 범주를 과거에서 지금까지에 이르는 역사의 운동서술을 위한 주요 원천의 목록에 포함하며 지형학적 시간-공간의 복합구조에서 분자적으로, 리좀적으로 작동한다. 물론 이때의 리좀-변증법의 작동방식은 더 이상 들뢰즈적이라 할 수는 없다.

상품개념과 재현의 문제

박성수(한국해양대, 철학)

맑스는 『자본』에서 자본주의를 분석하기 위한 출발 개념으로 상품을 도입한다. 그것은 상품이 자본주의의 운동과 법칙을 파악하기 위한 출발 범주로서의 역할에 적합하기 때문이다. 그리고 맑스가 『자본』 1권에서 보여준, 상품에서 화폐로의 이행을 설명하는 가치형태에 관한 논의는 변증법적 논리의 전형을 보여주는 것으로서 그 해석과 평가에 있어 많은 논란이 있었다. 가치형태의 변증법적 전개를 통해서 귀결된 화폐는 모든 가치를 대표하는, 다시 말해서 모든 가치를 재현하는 궁극의 상품으로 간주된다. 여기서 가치형태의 전개에서 나타난 맑스의 변증법적 논리와 재현의 문제가 일종의 접점을 형성하는 자리로 등장하게 되는 것이다. 물론 이러한 접점의 문제는 기존의 맑스주의적 문제틀에서는 그다지 주목받지 못했던 것이기는 하다. 오히려 푸코나 들뢰즈가 첨예하게 정식화시킨 재현 비판의 논의에 비추어봄으로써, 상품과 재현의 문제가 보다 현실적인 문제로 부각되는 측면이 있다고 말하는 것이 정확할 것이다. 다시 말해서 가치형태의 전개에 관한 맑스의 논의와 재현비판이라는 들뢰즈의 논의 사이의 관련성을 보다 구체적으로 성찰할 수 있는 기회가 마련된다는 것이다. 이는 매우 좁은 범위의 문제의식에 불과할 수도 있지만, 달리 생각한다면 기본적인 개념들의 수준에서 맑스주의와, 그것을 대체할 것으로 주장되기도 하는 들뢰즈 철학 사이의 절합을 사유하기 위한 토대로 기능할 수도 있는 것이다. 한편으로는 가치형태의 변증법적 전개라는 것을 다시 살펴봄으로써, 들뢰즈의 변증법

비판이 갖는 일면성을 주목할 수 있을 것이고 다른 한편으로 들뢰즈의 재현 비판을 검토함으로써『자본』에 나타난 가치형태의 전개를 동일성의 변증법과는 다른 것으로 해석할 수 있는 시점이 주어질 수도 있다. 여기서는 이러한 문제의식에 바탕을 두고 먼저 들뢰즈가 말하고 있는 재현 개념, 그리고 재현에 대한 그의 비판을 '절합'의 관점에서 검토하고 나서 그 결과에 비추어서 가치형태의 전개과정을 그러한 절합의 한 양태로 이해하는 시도를 수행해 보기로 한다.

1. 재현 비판

재현의 문제가 비판적으로 인식되는 맥락은 이데올로기 비판의 맥락이라고 말할 수 있다. 재현의 비판이 되었던 것은 무엇보다도 이미지의 영역에서 그것이 동일성의 강화로 이해되었기 때문이고, 이러한 비판이 가장 첨예화되었던 것은 70년대 맑스주의 논쟁기였다. 이때 재현의 문제는 특별히 이데올로기와 문화, 영화 등의 영역에서 상당한 확장을 보여 주었다. 즉 세계와 사회를 다르게 바라보고, 그러한 현실에 유효한 방식으로 개입하기 위해서 재현의 틀이라는 것을 벗어날 필요가 제기되었고 그에 따라 재현을 대신하는 사유의 문제가 이데올로기 비판이라는 관점에서 진행되었던 것이다. 그러나 그러한 재현 비판이 일정하게 한계에 부딪히고 재현의 비판을 둘러싼 정치적 논의의 철학적 토대가 다시 비판적으로 사유되었던 것은, 바로 재현을 둘러싼 논의가 여전히 동일성에 바탕을 둔 이원론에 근거하고 있었기 때문이었다. 간단히 말해서 재현과 그에 속하는 거짓된 것들, 그리고 재현에서 벗어나있는 진정한 것들이라는 이원적인 도식이 재현 비판을 사로잡고 있었기 때문에, 재현 비판은 실질적인 힘을 잃게 되고 오히려 재현의 논리에 다시 복속되는 결과를 낳게 된 것이다. 즉, 재현이 지배하는 쪽에 부정적인 평가 또는 허위라는 인식론적 가치를 부여하고, 재현을 파괴하고 와해시키는 쪽에 긍정적인 진리의 가치를 부여하는 식으로 논의가 진행됨으로써, 재현 비판은 다시 자기동일성의 논리로 빠져 들었다. 예를 들어서 미적인 영역에서 본다면, "궁극적으로 '관념론적' 재현 형식(예를 들어 관습

적 내러티브) 쪽에 쏠려 있는 그러한 텍스트는 '이데올로기적' 인식형식을
생산한다고 기술되었다. 반대로 '유물론적' 미학의 임무는 사람들이 미학적
인식에 이론적 과정의 흔적을 가져올 수 있을 비판적 관계를 맺도록 함으로
써 그러한 형식들을 부정하는 것이었다."[1] 이러한 재현 비판의 입장이라는
것이 한계를 갖게 되는 이유는, 진리의 자리로서의 자신의 위치라는 자기동
일성을 강화시키는 방향으로 나가지 않을 수 없기 때문이다. 재현을 부정하
는 것 또는 재현의 구조를 허물어뜨리는 입장에 선다는 것만으로 짐짓 자기
보증을 얻을 수 있다는 생각이 현실적으로 일단의 세력을 얻고 있다. 그러
나 현재의 재현비판이 근거하고 있다고 주장되는 들뢰즈의 사상은 바로 그
러한 이원론적 사유를 '재배치'의 대상으로 삼고 있는 것이다. 들뢰즈의 재
현 비판은 정확하게 손쉬운 이원론을 피하려는 것이고, 결코 쉽지 않기에
마법적이라고 불리는 공식을 찾아내려는 것이다.

> 모든 이원론을 통과함으로써 우리 모두가 추구하던 〈다원론=일원론〉이라는
> 마법적인 공식에 도달해야 한다. 우리의 적인, 그러나 반드시 필요한 적인, 우
> 리가 끊임없이 옮겨놓는 가구인 이원론을 통과함으로써.[2]

전체와 부분, 원본과 사본, 진리와 허위, 재현되는 것과 재현하는 것 등
의 이원론을 비판하는 것이 재현 비판의 근저에 놓여 있다. 그러나 그러한
비판의 결과가 다시 재현=나쁨, 재현 비판=좋음의 이원론으로, 즉 '나쁜
이원론과 좋은 〈다원론=일원론〉'이라는 식의 이원론에 빠지지 않아야 한
다고 들뢰즈는 분명하게 밝히고 있다. 그는 그러한 자기동일성의 재등장은
불가피한 것임을 인정한다. 그렇기 때문에 그에게 중요한 것은 재현과 재현
비판을 접속시키는 방법이다. 다시 말해서 이원론을 전도시키는 것, 즉 이
원론에 대해 거꾸로이기는 하지만, 결코 이원론과 대칭을 이루지 않는 접속
의 방법을 찾아내는 것이 중요하다는 것이다.[3]

---

1) 데이비드 노먼 로도윅, 『현대 영화 이론의 궤적, 정치적 모더니즘의 위기』, 김수진 옮
   김, 한나래, 1999, 361쪽.
2) 질 들뢰즈/펠릭스 가타리, 『천개의 고원』, 김재인 옮김, 새물결, 2002, 46쪽.
3) 재현의 모델인 사본을 리즘의 모델인 지도와 접속시키는 방법이 그것이다. "바로 이런

들뢰즈가 철학사적 논의에서 일정한 인물들을 선정해서 자신의 철학을 이야기할 때 사용하는 자유간접화법이라는 것 역시 이러한 방법의 한 시도에 속한다. 말해지는 철학자들과 말하는 철학자(들뢰즈)는 하나의 철학자로 동일화되지(해석, 주석) 않거니와 두 철학자의 분리상태로 남겨지지(논박, 비판)도 않는다. 두 철학자들의 시점의 수렴과 분산이라는 운동을 통해서 상호 접속되고 분리되는 것이다. 그런데 이와는 달리 기존의 맑스주의에 대한 전적인 대체물로 들뢰즈 사상의 일부를 채택하는 손쉽고도 선명한 이원론적 태도가 현실적으로 너무나 빈번하게 일어나고 있는 일임은 분명한 것 같다. 그러한 전면적 대체가 보여주는 간명함은 어디에서도 접속의 방법을 시도하는 흔적을 보여주지 않는다. 그러한 논의들은 여전히 좋음과 나쁨의 이원론에서 힘을 얻고 있기 때문이다. 이러한 논의들에서 이상한 점은 들뢰즈의 철학이 분명 접속 또는 절합을 주요한 방법으로 설정하고 있음에도 불구하고 전적인 배제의 논리를 사용한다는 점이다. 물론 이는 들뢰즈 자신의 일부 태도와 무관하지는 않다. 들뢰즈 자신이 맑스주의나 변증법에 대해서, 특히 후자에 대해서 접속이나 절합의 시도보다는 그것을 전적인 이원론의 화신인 양 배제하는 논의를 여러 군데서 제공하고 있기 때문이다. 그러나 들뢰즈가 사용한 자유간접화법이라는 시점이동의 절합(articulation) 방식을 들뢰즈의 철학 자체에 적용하지 말아야 할 아무런 이유가 없는 한, 들뢰즈가 자신의 논의에서 적으로 상정했던 변증법을 절합의 대상으로 삼는 것은 현실적으로 가능하다.

이러한 근거 말고도 들뢰즈 자신이 재현이라는 사본의 논리를 그와는 전혀 이질적인 지도의 논리에 접속하기 위한 존재론적 근거를 제공하고 있다는 명백한 이유도 있다. 그는 절합의 보편성에 대해서 주장한다. 들뢰즈는 모든 언표작용은 근본적으로 개인적인 것이 아니며 또 그와 대척적인 사회적인 것에 그치는 것도 아니라고 본다. 그것은 집합적 배치물로서 자유간접화법이다. 언표작용은 "선명한 변별적 윤곽"을 갖지 않고, "하나의 목소리에 현존하는 여러 목소리들"의 언표작용이다. 4) 마찬가지로 모든 사유는 근본

___

이유 때문에 거꾸로이긴 하지만 대칭적이지는 않은 다른 조작을 시도해보는 일, 즉 사본을 지도에 다시 연결시키려고 시도해보는 일이 그토록 중요하다." 같은 책, 33쪽.

적으로 지층적 사유이며 지층적 사유에서 이중절합은 벗어날 수 없는 종류의 것이다. 들뢰즈에 있어 지층은 두 가지 절합으로 이루어진다.

첫 번째 절합은 불안정한 입자—흐름들로부터 준—안정적인 분자 단위들 또는 유사 분자 단위들(실체)을 골라내거나 뽑아내며, 여기에 연결들과 이어짐들이라는 통계학적 질서(형식)를 부여한다. 다른 한편 두 번째 절합은 밀집되고 안정된 기능적 구조들(형식)을 세우며, 그와 동시에 이 구조들이 현실화되는 그램분자적 합성물들(실체)을 구성한다. 5)

첫 번째 절합은 안정화되지 않은 분자적 단위들이 지속적인 흐름을 이루면서 분산되고 미분되는 복수성의 체계라고 할 수 있다. 두 번째 절합은 중심화, 총체화, 적분, 위계설정 등을 특징으로 하는 유기적 성격의 배치라고 할 수 있다. 재현의 문제도 역시 이러한 이중절합의 측면에서 고찰된다. 재현은 두 번째 절합에 의해서 생성된다. 그것은 분자단위들이 안정적이고 기능적인 형태를 획득하는 과정의 산물이며 따라서 이미 일정한 중심화가 수행된 것이고 그런 한에서, 차이는 단지 동일성과 관련된 차이로서 인식된다. 반면에 첫 번째 절합은 분자적이고 유사분자적인 단위들의 특이한 결합과 이어짐으로 이루어진다. 그런데 바로 이러한 절합이 두 번째 절합의 토대를 이루는 것이며, 다시 말해서 첫 번째 절합이 재현의 근거가 되는 것이다. 6) 1차 절합에서는 분자적 단위들, 또는 특이성이 미분적 속도에 따라 지층을 해체하고 준안정적 상태를 유지하면서 유기체적 통일성을 분해한다. 반면에 2차절합에서는 배치의 속도가 감소되면서 단위들은 점성을 띠면서 안정적인 유기체적 성격으로 동일화되기 시작하고 이 때문에 전형적인 재현의 성격을 가지게 된다. 이 두 절합은 결코 따로 노는 것이 아니며, 그렇다고 하나로 궁극적인 통일을 보는 것도 아니다. 서로 간의 실재적 구

---

4) 같은 책, 156쪽.
5) 같은 책, 87쪽. 이 책의 "분절"이라는 단어를 이 글에서는 그 의미상 "절합"이라고 바꾸어 사용한다.
6) Dorothea Olkowski, *Gilles Deleuze and the Ruin of Representation* (Berkeley: University of California Press, 1999), pp. 26-27.

별로서 이중성을 그대로 유지하면서도 그것들 사이에는 "매개 상태들, 층위들, 평형상태들, 교환들이 존재하며 지층화된 체계는 이것들을 통과해간다."[7] 재현과 재현불가능은 이런 식으로 서로를 소통한다. 더 나아가 매개되기도 하고 그 사이에 평형상태를 획득하여 유지시키기도 한다. 이것을 다른 식으로 표현한다면 재현의 전적인 부재라는 것은 존재하지 않는다.[8] 재현의 전적인 부재는 완전한 암흑이자, 혼돈이며 파괴에 불과하다. 이중절합은 결코 하나가 다른 하나의 절합을 배제하거나 대체하는 것을 허용하지 않는다. 만일 비재현성의 1차절합에 근거해서 재현의 2차절합이 가능한 것이라면, 그것은 대체와 배제의 선택이 아니라 존재론적 또는 인식론적인 지위의 문제다.

2. 변증법의 위치

들뢰즈가 말하는 두 가지 절합은 서로를 대신할 수 있는 것이 아니다. 그것은 두 가지 질서이며, 서로에 대해 이질적이면서도, 어떤 식으로든 소통을 수행하는 두 가지의 계열이다. 단순화시켜서 말한다면 첫 번째 절합에 해당하는 계열은 특이성의 배치로 이해될 수 있고 그런 의미에서 들뢰즈가 말하는 마주침(encounter)과 관계한다. 반면에 두 번째 절합은 규칙성의 형성이며 따라서 재인(recognition)과 관련되어 있는 것이다. 이 두 계열은 혼동될 수 없는 것이고 따라서 상대방을 지양해버릴 수 있는 것이 아니다. 만일 현재 통상적으로 생각되듯이 재현(동일성) 비판을 재현(동일성)을 파괴하여 무화시키는 것으로 이해한다면, 절합의 사유와는 아주 다른 것을 생각하는 것이며, 그런 한에서 그것은 오류라고 간주되어야 한다. 왜냐하면

---

7) 질 들뢰즈/펠릭스 가타리, 앞의 책, 94쪽. 여기서 재현과 재현불가능 사이의 헤아릴 수 없는 거리와 단절을 무시하려는 것이 아니다. 단지 그것은 이제 거의 관용구가 될 정도로 반복되어온 지점이기 때문에, 그와는 다른 측면, 다시 말해서 재현의 문제를 다른 시점에서 볼 수 있는 틀을 찾기 위해서 재현에 관한 들뢰즈의 생각을 살펴보는 것이다. 수사적으로 표현한다면, 들뢰즈의 사유 중에서, 현재 통용되고 있는 지배적인 이해방식의 '외부'에 머물러 있는 것과의 마주침을 시도해보는 것이다.
8) 어느 정도 과장해서 말한다면, 바로 이것이 대표체 또는 재현물로서의 당이 필요한 존재론적 근거다.

오류라는 것을 들뢰즈는 두 계열의 혼동에서 찾고 있기 때문이다. 재인과 마주침의 계열을 같은 층위에 놓고 논의하거나 서로간의 적대적 소멸을 의도하는 것은, 특이성과 규칙성을, 그리고 진부함과 심오함을 섞어버리는 것으로서 단적인 오류에 속한다.[9] 사유는 오히려 두 계열, 두 절합을 동시에 사유하는 것을 말한다. 하나의 계열은 더욱 연장되어 다른 계열에 가닿고 또 다시 분리된다. 그래서 특이성이 계열을 이루면서 규칙성에, 또는 그 반대의 과정으로 운동이 일어나는 것을 사유하는 일, 즉 두 계열이나 절합을 재배치하는 일이 사유가 맡는 과제라고 들뢰즈는 말하고 있다.[10]

들뢰즈는 규칙성의 계열이 바로 동일성을 중심으로 이루어지기 때문에 여기가 바로 모순이라는 개념이 등장하는 층위이고 변증법의 자리라고 본다. 그런 점에서 변증법이라고 하는 일종의 '차이의 사유방식'은 절멸되거나 폐기되는 것이 아니라, 그 층위보다 더 근본적인 특이성과 전적인 차이의 사유방식을 상대로 해서 어떤 식으로든 소통하고 수렴하는 과정을 거치지 않을 수 없다는 것이다. 이러한 수렴과 소통을 만일 "잠정적 동일성"으로 설정할 수 있다면 변증법적 사유와 차이의 철학은 두 가지 절합의 형태로 간주되어야 하지 결코 양자택일의 대상이 될 수는 없는 것이다.[11] 이 점은 들뢰즈 자신도 수긍하고 있다고 보아야 한다. 동일화와 개체화가 수행되어 있는 영역, 즉 거시적인 영역에서는 변증법의 적용을 시인하고 있다. "사회는 그 사회의 모순들에 의해 규정된다는 주장은 잘못된 것이다. …사태를 거시적으로 보았을 때나 올바른 주장일 뿐이다."[12] 들뢰즈가 진리와 거짓의 대립을 폐기하려고 할 때에 그가 의도하는 것은 바로 그러한 대립을 대신하는 보다 상위의 진리와 하위의 진리다. 전자가 차이의 계열에 해당하는 사유에 의한 것이라면, 후자는 재현이나 변증법처럼 차이의 사유에서 파생된 하위의 진리에 해당한다. 그리고 두 가지 절합들이나 계열들이 서로 수렴하

---

9) Gilles Deleuze, *Différence et répétition* (Paris: Presses Universitaires de France, 1968), pp. 198-199.
10) Ibid., p. 245.
11) 김경수, 「지형학적 시간과 공간에서의 변증법의 작동방식—들뢰즈 독해」, 『철학』 제71집, 2002년 여름, 한국철학회, 114쪽.
12) 질 들뢰즈/펠릭스 가타리, 앞의 책, 412쪽. 이것은 김경수 앞의 글에서 지적되었다.

고 또 분산하는 것처럼, 두 진리의 관계는 진리와 허위처럼 전적인 대척이 아니라, 그 사이에 스펙트럼으로 배치된 정도의 문제인 것이다. 따라서 하위의 진리도 역시 자체적인 실재성을 가진 것이다.[13] 왜냐하면 잠재성, 특이성들의 개체화와 현실화(actualisation)는 그것이 동일성과 재현의 영역에 속하는 것이지만 결코 거짓이 아니기 때문이다.

두 가지 절합의 차이는 시점의 차이다. 시점의 차이들이 공존하면서, 시점이 다른 시점과의 차이를 통해서만 존재하는 경우에 일차 절합이 존립한다. 반면에 여러 다양한 시점들이 중심적이고 통일적인 하나의 시점으로 복속되고 결국 상대적인 차이만을 드러내게 될 때에 이차 절합이 성립한다. 재현 또는 들뢰즈가 동일성의 강박으로 이해하고 있는 변증법은, 말하자면 하나의 시점이 지배적인 힘을 행사하면서 다른 시점들을 약화시키는 경우에 해당하는 것이다. 그러나 잠재적 특이성들 역시, 동일화하는 현실성에 선행하는 것으로서 존재론적인 우위를 가지고 있다고 하더라도 그러한 특이성은 동시에 개체화의 과정 속에 있는 것이기 때문에 존재론적인 서열이라는 것 역시 정도의 문제라고 할 수 있다. 두 가지 절합은 결코 일대일로 대응하거나 일치하는 것이 아니다. 왜냐하면 두 절합 또는 두 계열은 동시에 같이 현실화될 수는 없기 때문이다. 달리 말해서 두 차원은 서로 공가능(compossible)하지 않다. 두 계열 사이의 차이가 정도의 차이라는 것은 두 가지가 동일화될 수 있는 가능성을 가진다는 말이 아니다. 정도의 차이 또는 강도의 차이라는 것은 한 계열의 현실화과정에서 다른 계열을 억압하고 지배하는 것이기 때문이다. 그러나 바로 그 때문에 두 계열은 서로 소통할 수 있는 것이다.

만일 맑스의 변증법이 들뢰즈가 생각하듯이 단순한 동일성 사유가 아니라, 현실의 차이에 근거한 사유라면 그것은 이중절합의 사유에 의해서 일정한 적합성을 보여줄 수 있을 것이다. 그것은 바로 맑스의 "현실 변증법적 방법을 들뢰즈를 통해 보충할 수 있는 이론적 가능성"이 될 것이다. 물론 그것은 들뢰즈적인 입장에서 "변증법에서의 동일성에 대한 일괴암적 비판을 거

---

13) François Zourabichvili, *Deleuze, Une philosophie de l'événement* (Paris: Presses Universitaires de France, 1996), pp. 26-27 참조.

두어들이고…현상서술의 변증법을 받아들"인다는 조건이 필요하다.[14) 따라서 맑스의 변증법적 사유가 결코 일괴암적인 동일성 사유가 아님을 밝힐 필요가 있다. 그것은 헤겔적인 관념화의 논리가 아니라 현실적 차이를 섬세하게 포착하여 이질성에 민감하게 조응하는 사유라는 사실이 주어져야 한다. 그러기 위해서 이 글에서는『자본』에서 상품분석, 즉 사용가치와 교환가치의 이질적인 대립을 전개시키는 가치형태의 논의를 다루어보기로 한다. 그 논의에서 결국 모든 가치의 총체적 재현이 화폐로 귀결되는 결과가 나오는데, 이러한 결과는 결코 변증법적 동일성 또는 모순의 해소에 의해 지배되고 있는 것이 아니다.

3. 상품의 개념

『자본』의 '상품' 장에서의 맑스의 논의는 일반적으로 정치경제학과는 다소 동떨어진 어느 정도 철학적인 성격의 것으로 간주되어온 경향이 있다. 그렇지만 다른 한편으로는 상품에 관한 그의 논의는, 자본주의에 대한 비판적 관점을 위한 정치경제학의 주요한 방법론인 변증법에 대한 핵심적인 규정들의 적용을 살펴볼 수 있는 부분으로 여겨진 것도 사실이다. 맑스는 교환과정에 대한 현실적이고 역사적인 논의로 진행해가기 이전에 상품의 성격을 이론적인 시각에서 고찰함으로써 자본주의적 생산의 전반적인 분석을 위한 초석을 놓으려고 했다. 이러한 상품 장에서 전개되는 논리를 살펴봄으로써 맑스가『자본』에서 생각했던 변증법적 운동과 그 개념화라는 것이 어떤 성격을 가지고 있고 그것이 지금 이 글에서 다루려는 들뢰즈의 이중절합과 변증법의 모순적 운동의 수렴점을 어떤 면에서 보여주고 있는지를 살펴보기로 하자.

맑스는 상품이 사용가치와 가치라는 서로 이질적이고 독립적인 요소로 이루어져 있다고 규정한다. 상품이 이렇게 이질적인 두 가지 요소로 분리되는 것은, 그것이 노동생산물의 '교환'이 전면화된 사회에서 이루어진 것이기

---

14) 김경수, 앞의 글, 121쪽.

때문이다. 시장을 통한 교환을 매개로 상품이 사회적으로 분배된다는 것은, 상품이 직접적인 사용가치로서 생산되는 것이 아니라, 타인을 위한 사용가치로서 생산된다는 것이고, 생산물이 사회적으로 소비되기 위해서는 먼저 그것이 시장을 통하여 교환되어야 함을 뜻한다. 다시 말해서 상품에는 구체적 유용노동에 의해 생산된 사용가치와 사회적 추상노동에 의해서 구현된 가치가 공존하고 있다. 상품은 당연히 자본주의적 생산을 넘어서서 모든 생산양식에 공통된 사용가치 생산이라는 요소를 가지고 있다. 궁극적으로 상품은 자신을 사용가치로서 생산하는 것이기 때문이다. 그러나 다른 한편으로 자본주의적 생산은 사적 생산에 바탕을 두는 생산이기 때문에 일단 상품이 사용가치로 실현되기 위해서는 먼저 교환되어야 하는 가치일 수밖에 없다. 그 까닭은 자본주의적 생산에서 생산물은 직접적인 사회적 성격을 가질 수 없기에 교환을 통해서 사회적 승인을 얻어야 하기 때문이다. 자본주의의 이러한 이중적 성격이 바로 상품에서 사용가치와 가치라는 이중적 특성의 공존으로 나타나는 것이다.

한편에서 그것들은 일정한 유용노동으로서 일정한 사회적 욕망을 충족시켜야 하며, 그리하여 자신을 총노동의 한 부분이자 사회적 분업의 자연발생적 체제의 한 부분으로서 실증하지 않으면 안된다. 다른 한편으로 그것들은 각 특수한 유용한 사적 노동이 다른 종류의 유용한 사적 노동과 교환될 수 있고 또 그것과 동등하다고 인정되는 한에서만 그 노동 생산자들의 다양한 욕망을 충족시킨다. 15)

맑스가 전개시킨 가치형태의 변증법이란 것은 이러한 교환이 가치와 사용가치를 현실적으로 실현시키기 위해서 취하게 되는 논리적 과정을 밝혀 나간 것이다. 즉 상품에 가치와 사용가치가 공존하고 있다면 이 두 가지는

---

15) 칼 맑스, 『자본』 1-1, 김영민 옮김, 이론과 실천, 1987, 92(87)쪽. 이하에서 『자본』 1권의 인용은 이 번역본을 따른다. 단 경우에 따라 필요할 시 번역을 약간 변화시킬 것이고, 이는 *Karl Marx-Friedrich Engels-Werke*, Band 23 (Dietz Verlag, 1968)에 근거한 e-book (http://www.memoware.com/?global_op=download_file&file_id=2185)을 참조하였다. 그리고 이 전집의 페이지를 괄호 안에 병기한다.

서로 이질적인 것으로 철저하게 분리되면서도 현실적인 교환과정이 보여주듯이 상호작용을 수행하여 나간다. 다시 말해서 가치와 사용가치라는 전적인 이질성의 공존이 일으키는 분리와 균열이 현실적인 교환과정에서 일시적인 상호운동형태를 찾아내는 과정을 밝히고 있는 것이다.

보다 전통적으로 표현해서 서로 이질적인, 가치와 사용가치가 하나의 상품 안에 공존하고 있다는 것이 일종의 '모순'이라고 할 수 있다면, 상품에서 가치형태의 변증법이란 것은 그러한 이질성을 하나의 통일성으로 해소시키는 것이 아니라, 맑스 자신이 표현하고 있듯이 이 모순이 작동가능한 형태를 만들어내는 것에 해당한다. 즉 "상품의 발전은, 이들 모순을 지양하는 것이 아니라, 이들 모순이 운동할 수 있는 형태를 만들어낸다. 그것이 일반적으로 현실적 모순이 해결되는 방법이다."16) 맑스의 변증법은 모순을 동일성으로 해소시키는 운동이 아니다. 그것은 현실적으로 이질적인 대립들이 모순적 관계를 맺으면서도 일종의 정지와 소강상태에서 벗어나 운동할 수 있는 형태를 찾아내는 과정이다. 그래서 가치형태의 변증법은 상품에 내재되어 있는, 가치와 사용가치라는 이질성이 잠정적 동일성을 형성하면서 작동할 수 있도록 움직여가는 과정을 말한다.

더군다나 상품에 내재된 가치와 사용가치의 '모순'은 일반적으로 이해되는 관념론적인 모순과는 다른 것이다. 『자본』에서 맑스는 이전의 『그룬트리세』나 『정치경제학 비판을 위하여』에서처럼 명시적으로 상품의 모순에 대해서 말하지 않는다.17) 상품에 내재된 가치와 사용가치는 이전과 같이 상호배타적 모순관계로서 나중에 결국 통일될 어떤 것으로 파악되기보다는, 구체적 유용노동과 추상적 일반노동이라는 노동의 이중성에 근거한 상

---

16) 같은 책, 127쪽(118).
17) 모순에 대해 말하지 않는다는 것이 변증법에 대해서 말하지 않는다는 것을 뜻하는 것은 아니다. 『자본』 제2판 후기에서 헤겔적인 변증법과는 전적으로 구별되는 변증법적 사유에 관해서 말하고 있다. 이처럼 오래되고도, 사소한 지적이 다시 환기될 필요가 있는 것은, 변증법을 동일성과 재현의 극치라고 치부해버리는, "차이"를 가장한 일부의 논의들이 천편일률적인 선정성만을 양산하고 있기 때문이다. 그러한 선정적 논의라는 것은 들뢰즈 자신이 『영화』에서 말하고 있듯이 상투성과 진부함만을 강화시킬 뿐이다. Gilles Deleuze, *Cinema 1*, tr. Hugh Tomlinson et al. (Minneapolis: University of Minnesota Press, 1986), pp. 208-210.

품의 "이중성", 다시 말해서 양적인 것과 질적인 것 사이의 차이로 파악되는 것이다.18) 이처럼 가치와 사용가치가 상호파괴적인 직접적 모순이 아니라, 보다 큰 맥락 안에서 매개적으로 대립되어 있는 것이기 때문에 현실적인 해결로서 가능한 운동형태를 찾아낼 수 있는 것이다. 자본주의사회에서 상품이 이중적 성격을 갖는다는 것은, 그 생산양식에서 노동의 지출형태와 노동의 승인형태가 분리되어 있기 때문이다. 즉 생산자는 사적으로 노동을 지출하지만 그 노동이 승인되는 형태는 사회적 형태를 취한다. 따라서 전적으로 구별되는 두 형태가 상품에 내재해 있는 것이다. 노동의 지출형태는 구체적인 것으로서 일종의 유용성을 생산해낸다. 그러므로 그것은 맑스의 표현을 따르면 "자연적 형태"를 갖게 되는 것이다. 그에 반해서 사회적으로 승인되기 위해서는 추상적인 가치를 지녀야 하고 그것은 자연적인 것이 아니라, 사회적인 것이다. 그러므로 상품은 자신의 사용가치적인 질적 차이라는 측면에서 본다면 감성적이고 가시적인 것이라고 볼 수 있고, 가치라는 사회적 양적 기준에서 본다면 결코 가시성의 영역에 들어올 수 없는 비감성적 또는 초감성적인 형태를 가진다고 말할 수 있다. 상품은 한편으로 사용가치로서의 자연적 대상성을 가지며 다른 한편으로 가치로서 동질적인 인간노동의 응결물에 불과한 "허울만의 대상성"을 갖는다. 후자는 유령같은 공허한 대상성으로서 단지 사회적으로만 인정되는 대상성에 불과하다. 따라서 상품에는 "존재론적 차이"19) 가 내재되어 있다. 이러한 존재론적 차이는 그 자체로서는 단지 차이일 뿐이지 어떤 일정한 방향으로 운동

---

18) Gerhardt Göhler, *Die Reduktion der Dialektik durch Marx: Strukturveränderungen der dialektische Entwicklung in der Kritik der politischen Ökonomie* (Stuttgart: Klett-Cotta, 1980), p. 50. 굉러는 자본주의 분석의 출발범주인 상품이 이처럼 모순이 아니라 일정한 차이의 관계로 파악되기 때문에, 헤겔의 변증법이나 맑스의 이전 서술에서처럼 변증법적 모순이 처음부터 작동하는 것이 아니라, 이후에 가치형태에 관한 논의에 와서야 변증법적 운동이 이루어진다고 보며, 따라서 맑스의 변증법이 강조적인(emphatische) 변증법이 아니라, 약화되고 축소된(reduzierte) 변증법이라고 주장하는 논의의 시초로 삼는다. 여기서 굉러가 말하는 축소된 변증법은 그가 나중에 말하고 있듯이, 현실에 의해 검증되고 현실을 통해 제약되는 변증법으로서 결코 헤겔주의적으로 지양된 변증법 해석과는 거리가 먼 것이다.
19) Riccardo Bellofiore, Marx after Marx or: Do we need a credit theory of exploitation?, http://www.greenwich.ac.uk/files/97Bellofiore

을 일으키는 모순이라고 볼 수 없는 것이다. 그것은 일종의 시점의 문제에 해당한다. 상품이란 한편으로 본다면 가치이며, 다른 한편으로 본다면 사용가치인 것이다. 그렇지만 두 가지가 하나의 상품에 내재되어 있다는 것, 즉 일종의 공속성(Zusammengehörigkeit)을 가지고 있다는 것과 자신의 존재를 위해 이질적인 상대방을 필요로 한다는 것 때문에 일종의 수렴이 없을 수 없고 거기서 시점의 통일에 의한 일정한 모순이, 즉 소통이 성립하는 것이다.

4. 가치형태

상품에 위와 같은 존재론적 차이가 내재되어 있다는 것은, 이미 말했듯이 상품이 사회적으로 승인되기 위해서는 사용가치를 갖고 있어야 하고 또 가치를 갖지 않으면 사용가치가 구체적 유용노동의 형태에 머물러 있을 수밖에 없기 때문이다. 그래서 가치는 사용가치에 의존하고 사용가치가 없다면 가치도 없다는 사실이 등장한다.[20] 사회적 관계 또는 사회적 승인이란 결국 교환이 없다면 불가능한 것이다. 이러한 교환가능성이 바로 하나의 상품에 내재되어 있는 이중적 존재를 두 상품의 관계로 확장시키는 것이다. 존재론적 차이는 이중의 계열로 전화된다. 다시 말해서 모순 또는 차이가 운동할 수 있는 형태를 찾아내는 것이고 그것이 맑스가 말하는 가치형태의 운동이다. 가치가 아무런 실질적 대상성 또는 자연적 형태를 가지고 있지 않기 때문에 가치는 가치형태를 필요로 하게 된다. 그것은 현실의 운동에서 취할 수 있는 일정한 대상성을 필요로 하게 된다는 말이다. 그러나 가치는 원래 실질적인 대상성을 가지고 있지 않다. 그러므로 상품은 자신의 가치에 일정한 대상성을 부여하는 방도로, 또는 가치를 표현하는 대상성을 취하는 방도로, 자신이 아닌 다른 상품을 요구하게 된다. 허깨비 같은 대상성이 아닌 실질적인 대상성은 사용가치의 몫이다. 그러나 하나의 상품에서 가치와 사용가치는 서로에 대해 이질적인 것이기 때문에 하나의 상품이 자신의 가

---

20) Dieter Wolf, *Ware und Geld, Der dialektische Widerspruch im "Kapital"* (Hamburg: VSA-Verlag, 1985), p. 100.

치를 자신의 사용가치로 표현할 수는 없다. 그러므로 다른 상품의 사용가치를 통해서 자신의 가치를 표현해야 한다. 여기서 맑스가 말하는 "단순한 가치형태"가 성립하는 것이다.

$$x\text{량의 상품 } A = y\text{량의 상품 } B$$

위에서 말한 것처럼 "한편으로는", "다른 한편으로는"이라는 식으로 병치되던[21] 가치와 사용가치의 차이가 현실적으로 일정한 절합을 보이게 되고, 차이의 계열들이 수렴하여 일정한 모순의 상태로 진행된다. 단순한 가치형태에서 모순이 현실적으로 등장하게 되는 것은, 먼저 하나의 상품에서 가치와 사용가치가 공존하지 않을 수 없고 또 가치가 실현되기 위해서 사용가치를 담지하지 않을 수 없기 때문이며 그 다음에는 가치가 자신의 대상성을 위해서 다른 상품의 사용가치를 자신의 표현형태를 취하지 않을 수 없기 때문이다.[22] 차이 또는 대립은 일정한 지점에서 서로 수렴하게 되고 거기서 소통의 필요성이 모순의 형태로 출현하게 되는 것이다. 상품 B의 사용가치를 통해서 상품 A의 가치가 표현된다. 상품 A의 가치는 이제 B를 통해서 표현되기에 상대적 가치형태라고 부른다.[23] 그리고 상품 B를 등가형태라고 부르는 것은, 그 상품이 상품 A에 대한 직접적 교환가능성을 구현하고 있기 때문이다. 그렇지만 단순한 가치형태의 이 등식이 좌변과 우변의 동일성 또는 통일을 말하는 것은 아니다. 직접적 교환가능성을 보여주는 이러한 등식은 실제로 복잡한 사회적 매개를 함축하는 것이다. 그러한 매개과정을 눈에서 놓치게 될 때에 마치 모순이 동일성으로 해소되었다는 식의 오해가 발생하는 것이다. 가치가 사용가치가 되었다거나 사용가치가 가치가 된 것이 아니다. 등식은 재현관계를 나타낸다.

---

21) 들뢰즈는 변증법적 모순(contradiction)에 반대하면서 "그리고", "그리고"…또는 "다음에", "그 다음에"라는 식의 병치와 병렬의 관계로서 vicediction을 주장한다. 그러한 그의 논리가 갖는 힘에도 불구하고 병렬은 일정한 현실적 관계 속에서, 비록 잠정적일 지언정 모순의 형태를 띠지 않을 수 없다
22) Dieter Wolf, op. cit., p. 119.
23) 칼 맑스, 앞의 책, 68쪽(67).

그러므로 가치는 어떤 식으로든 결코 사용가치와 동등화될 수 없다. 둘 사이에는 어떤 식으로 구성되든 간에 **존재논리적 동일성**(seinslogische Identität)이란 존재하지 않는다. 오히려 가치형태가 보여주듯이 둘 사이에는, 동등한 인간 노동의 대상적 표현으로서의 가치는 다른 상품의 사용가치로 자신을 나타낸다는 의미에서 일종의 **재현관계**(Representationsverhältnis)가 존재하는 것이다.[24]

재현이 곧 동일화는 아니다. 재현이 요구되는 것은 두 가지의 이질적인 계열들, 즉 시점들의 차이가 일정한 현실적 조건에서 수렴하고 그러한 수렴이 운동을 필요로 하기 때문이다. 가치형태가 보여주는 것은 이질적인 계열들의 차이가 등식의 동일성으로 해소 또는 지양되었다는 것이 아니다. 그것은 오히려 이질성의 계열을 그대로 유지한 채로 현실적인 재현을 통해서 운동의 형태를 얻게 된다는 것을 의미하는 것이다. 재현은 그것이 이질적 계열의 수렴인 한에서 동일화가 아니다. 또는 차이가 존재하는 한에서의 잠정적인 동일화다. 언제나 분산되는 계열들을 드러내는 차이의 시점들은 운동의 가능성(현실적인 직접적 교환가능성) 때문에 하나의 시점으로 수렴한다. 그러나 차이들의 수렴은 불충분하기 때문에, 다시 말해서 이질적 계열의 절합은 잠정적일 수밖에 없기 때문에 현실적으로 보다 더 적절한 운동의 형태가 필요해진다.

5. 가치형태의 전개

직접적 교환가능성을 확대시키기 위해서 두 번째 가치형태 즉 전개된 가치형태에서는 등가형태 쪽에서의 확장이 일어난다. 상품에 공존하는 가치와 사용가치는 서로에 대해 이질적인 것으로서, 즉 질적인 차이로서 존재한다. 그 경우 가치와 사용가치는 서로에 대해 독자적인 것이고 그런 의미에서 들뢰즈가 dx와 dy에 대해 말한 것처럼 비규정적인 것이며 그 사이에는 일종의 단절과 경계가 존재한다. 그러나 dx/dy로 서로에 대해 관계를 맺게 되면 그것은 규정가능한 것이 된다.[25] 그리고 이러한 규정가능성을 단순한

---

24) 같은 책, 142쪽.

가치형태가 표현하고 있는 것이다. 그런데 그렇게 얻어진 규정가능성은 가치가 사회적 형태로서 일반성을 갖는다는 사실과 충돌하게 된다. 그래서 그러한 일반성의 표현으로서 등가형태의 계열이 확장되어 무한계열을 이루는 형태가 나오게 된다. 이러한 무한계열의 출현은 역시 들뢰즈가 전반적 규정 또는 무한한 규정가능성으로서의 규정성이라고 말한 'dx/dy의 값'으로 표현된다. 상품 A는 자신을 제외한 모든 상품들의 무한한 계열로 열거되는 사용가치를 통해서 자신의 가치를 표현하는 것이다. 이러한 전개된 또는 총체적 가치형태에 대해서 맑스는 그것의 결함을 이야기한다. 이러한 형태로는 하나의 상품이 상대적 가치형태의 위치에 올 때마다 매번 다른 등가형태의 무한 계열이 따라오게 된다. 그러므로 통일성이 존재하지 않는다. 다시 말해서 등가형태의 무한계열들 자체가 다시 무한한 계열을 이루게 되는 것이다. 그래서 그 등식의 좌변과 우변을 교환한 새로운 형태가 등장하게 되는 것이다. 즉 두 번째 형태의 전도로서 세 번째의 일반적 또는 보편적 가치형태가 나오게 된다. 하나의 상품이 그 가치를, 자신을 제외한 모든 나머지 상품의 사용가치로 표현하는 것이 아니라, 모든 상품들의 가치가 그로부터 배제된 하나의 상품의 사용가치로 표현된다. 그런데 이러한 전도는 결국 무한계열 또는 무한계열의 무한계열을 제거하는 방식이다. 그렇다면 여기서 무수한 차이들의 계열을 부정성(전도)에 의해 제거한다는 들뢰즈의 변증법 비판이 적용될 수 있는 것일까? 결코 그렇지 않다. 그렇지 않은 까닭으로 두 가지를 들 수 있다. 첫째 들뢰즈가 변증법적 모순에 대비해서 제시하는 차이의 계열로서의 병렬(vicediction)은 실제로 변증법을 대체하는 것이 아니다. 들뢰즈가 미분에 대한 철학적 논의에서 끌어내고 있는 병렬의 관계라는 것은 실상 미세한 영역에서의 모순이라고 정의하는 것이 타당하다. 그것은 미세한 것, 또는 앞서 말한 들뢰즈적 의미에서의 마주침의 출현과 관계된 것이기 때문에 A와 비A라는 식의 대칭적이고 상호적인 관계를 이루지는 않는

---

25) Gilles Deleuze, *Différence et répétition*, p. 222, 들뢰즈는 규정가능성의 원리로 상호규정을 들고 있는데, 상호규정이란 이질적인 두 요소 또는 두 계열의 "절합"(articulation)을 함축한다. Juliette Simont, *Essai sur la quantité, la qualité, la relation chez Kant, Hegel, Deleuze* (Paris: L'Harmattan, 1997), p. 226 참조.

다. 그렇기 때문에 상식적으로 이해되는 변증법적인 모순과는 다르게 파악되는 것이다. 그러나 실질적인 의미에서 변증법이 차이를 극단적으로 가장한 동일성의 논리라는 들뢰즈의 견해는 상당히 편파적인 것일 뿐이다.[26] 그렇기 때문에 예를 들어 들뢰즈가『주름』에서 병렬적 논리로 제시하는 계열들의 수렴과 분산의 형태, 예를 들어, 죄인으로서의 아담과 죄인이 아닌 자로서의 아담이라는 계열들의 관계는 일종의 "국지적이고 형식적인 모순"에 해당한다고 말할 수 있다.[27] 둘째 맑스가 여기서 전도를 수행하는 것은 결코 변증법적 논리에 틀을 맞추기 위한 것이 아니다. 『정치경제학 비판을 위하여』 같은 곳에서 가치형태를 전개시키는 경우에는 엄밀하게 변증법적 서술방식을 취하면서 전도를 변증법 자체의 내적 과정에 의한 것으로 설명하고 있다. 그러나『자본』에서는 그와는 다른 방식으로 되어있는데, 맑스는 이렇게 설명하고 있다.

앞의 두 형태(단순한 가치형태와 전개된 가치형태-필자)는 단 하나의 다른 종류의 상품으로서이든 그 상품과 다른 수많은 상품의 계열로서이든 상품 하나씩의 가치를 표현한다. 어떤 경우이든 모든 개별 상품이 자신에게 한 가치형태를 부여하는 것은 말하자면 개별 상품의 사적인 일이었으며, 개별 상품은 다른 상품의 도움 없이 이 일을 해낸다. …반면 일반적 가치형태는 상품세계의 공동작업으로서만 성립한다. 한 상품은 동시에 다른 모든 상품이 동일한 등가물로 자신들의 가치를 표현하고 새로 등장하는 상품 역시 이것을 따르지 않을 수 없기 때문에 일반적인 가치 표현을 획득하게 된다. 이리하여 모든 상품 가치의 대상성은…모든 상품의 전면적인 사회적 관계를 통해서만 표현될 수 있다는 사실이…명백해지게 된다.[28]

---

26) 이 점에 대해서는, Jean-Michel Salanskis, "Idea and Destination," in Paul Patton, ed., *Deleuze: A Critical Reader* (Blackwell Publishers, 1996), p. 70을 참조. 들뢰즈가 미분에 대한 라이프니츠의 생각에 바탕을 두고 재현의 층위에 속하지 않는 병렬(vicediction)에 대해 말하고 있지만 그것이 실제로 미분에 대한 헤겔의 변증법적 접근과 별로 다를 것이 없다는 것이다. 이 점에 대해 보다 구체적인 논증에 대해서는 Juliette Simont, op. cit., 제5장을 참조할 것.

27) Ibid., p. 268.
28) 칼 맑스, 앞의 책, 84쪽(80-81).

이미 맑스는 교환과정의 전면화라는 사실을 도입하고 있는 것이며, 더 나아가 화폐라는 것을 이론적으로 전제하고 있는 것이다. 다시 말해서 세 번째 형태의 도입은 변증법의 기계적인 논리적 적용에 의한 것이 아니라 자본주의적 현실의 참조와 반영이라는 조건을 전제하고 있는 것이다. "현실의 발전이라는 것이 이미 전제되는 것이고…이러한 발전이 강조적인 의미에서의 변증법적 절차를 막는 쪽으로 무게중심을 옮기는 것이다."[29] 그러므로 맑스의 변증법은 결코 동일화의 논리도, 현실적 차이를 응축시켜 버리는 사유도 아니다. 그것은 온전히 변증법으로서의 힘을 지니면서도 현실의 차이를 사유할 수 있는 주요한 사유방식이다. 현실의 차이를 사유한다는 것은 이미 가치형태의 전개과정의 처음에 그 단서가 주어져 있다. 앞에서도 말한 것처럼 상품의 가치와 사용가치라는 것의 이질성 자체에는 아직 변증법적 모순이라는 것이 주어져 있지 않다. 그것은 단적인 이질성 또는 차이로서의 공존일 뿐이지 모순의 현존이 아니다. 그것은 현실에서의 필요성에 따라, 즉 교환의 필요성에 따라 절합하게 되고 거기서 모순적 규정이 출현, 강화되는 것이다. 따라서 가치형태의 변증법은 시초적 규정에 주어져 있는 모순이 발현되고 전개되는 식의 변증법이 아니다. 변증법적 운동은 현실이 만들어내는 것이다. 그래서 일반적 등가형태의 출현이라는 것도 역시 단순한 가치형태에 주어진 것의 자동적 전개가 아닌 것이다. 이러한 특징은 네 번째 화폐형태에서도 그대로 드러난다. 이전의 저작에서의 서술과 달리 화폐형태의 도출은 어떠한 논리적 필연성에 근거하는 것이 아니다. 일반적 등가형태의 자리에 반드시 금이 들어설 논리적이거나 개념적인 이유는 없다. 그것은 실제의 사회적 교환과정을 반영하는 도출형태인 것이다. 즉 화폐형태라는 것은 맑스 자신이 말하고 있듯이 이미 가격형태이며, 이는 자본주의의 실제적 현실을 표현하는 것이다.

6. 물신성 비판

화폐는 모든 상품에 대한 일반적 등가형태로서 기능하는 특별한 상품이

---

29) Gerhardt Göhler, op. cit., p. 137

다. 그것은 다른 모든 상품과 직접적으로 교환될 수 있는 사회적으로 인정된 사용가치를 대표하는 것이다. 따라서 사용가치와 가치의 차이, 상대적 가치형태의 계열과 등가형태의 계열간의 차이 등은 모두 화폐상품의 등장에 의하여 통일되며 전면적인 교환가능성이 성립하게 되고 일종의 동등화가 차이를 무효화시키는 상태에 도달하게 되는 것이다. 이런 면에서 본다면 화폐형태에 이르러 변증법적 모순은 지양되고 일종의 해소점에 도달되었다고 말할 수 있다. 그러나 맑스의 논의는 그 방향에 있는 것이 아니다. 그는 화폐형태의 도달에 바로 뒤이어 상품의 물신성에 관해 다루고 있다. 상품의 물신성이란 상품에서 가치와 사용가치가 일종의 융합 또는 통일을 이룬 듯이 여겨지는 가상을 말한다. 그것은 가치형태의 도출과정이 보여주고 있는, 사회적 필요와 사회적 매개의 과정이 모두 사라지고 최종적 형태만이 남아서 마치 상품이 원래부터 가치와 사용가치의 통일물인 듯이 간주되는 것을 말한다.

따라서 상품형태의 비밀은 단순히 다음과 같은 점에 있다. 곧 상품형태는 인간에 대하여 가지는 인간 자신의 노동이 갖는 사회적 성격들을 노동생산물 자체의 대상적 성격들로 보이게 만들거나 이 물적 존재들이 사회적인 자연속성으로 비쳐 보이게끔 하며, 따라서 총노동에 대한 생산자들의 사회적 관계도 생산자들 외부에 존재하는 갖가지 대상들의 사회적 관계로 비쳐 보이게끔 한다.[30]

이처럼 사회적 관계와 과정이 다 사라지고 그 결과로서 대상적 존재인 상품만이 가시화될 때에 사회적 속성과 자연적 속성은 하나가 된 듯이 보인다. 즉 그것은 분열과 차이를 지양하여 하나의 통일체가 된 듯이 여겨지는 것이다. 그래서 처음의 상품분석에서 보았던 감성적 존재와 초감성적 존재의 차이와 분열은 하나가 되어, "감성적인 동시에 초감성적인 물적 존재 또는 사회적인 물적 존재"가 된다.[31] 달리 말해서 공허한 가치 대상성과 사용가치의 물적 대상성은 통일을 이룬 듯이 간주되는 것이다. 이러한 경로가

---

30) 칼 맑스, 앞의 책, 90-91쪽(86).
31) 같은 곳.

바로 들뢰즈가 재현을 비판하는 지점이다. 재현은 차이의 미세함을 동일성의 커다란 범주로 묶어버리고 차이의 소멸, 또는 차이의 흔적에 대한 소거를 수행한다. 그것은 일차적인 존재론적 질서인 차이의 계열에 대한 폭력적인 제거를 수행하는 것이다. 그런데 맑스가 가치형태의 전개에서 최종적으로 화폐형태의 출현을 도출한 다음, 상품물신성을 비판하는 것은 바로 이러한 의미에서 들뢰즈의 입장과 일치하는 재현 비판에 해당하는 것이다. 왜냐하면 가치형태의 등식은 원래 동등성이나 동일성을 나타내는 것이 아니라 차이의 계열에 대한 일종의 동등화 과정만을 함축하는 것인데, 이러한 과정이 전면화되어 화폐 형태에까지 이르면, 동등화는 과정적 흔적을 지우고 동일성 자체로 변화하기 때문이다. 그래서 화폐라는 상품은 물신성의 극치로서 모든 상품을 재현하는 지배력을 얻게 된다. 문제는 재현비판이 재현의 소거에 있지 않다는 점이다. 왜냐하면 상품의 물신성, 그리고 화폐의 물신성이 일종의 가상으로서, 결코 동일성으로 환원될 수 없는 것에 대한 동일화과정의 산물이라고 하더라도, 그것이 비현실적이라든지 비실재적인 것은 아니기 때문이다. 그것은 엄연히 존재하는 것이다. 비록 재현의 계열이 들뢰즈에서도 보았듯이 차이의 계열에 비해 존재론적으로 부차적인 것이기는 하지만 단적인 거짓은 아니다. 재현 또는 화폐의 작용은 그것이 차이를 완전히 소거하고 가상을 전면화시킬 경우에 비판의 대상으로서 허위라는 속성을 부여받는 것이기는 하지만, 차이와 병존하는 재현은 현실적 존재를 가지고 있다. 변증법적 매개과정이 실재한다면 그러한 과정을 지우고 전면화된 화폐의 재현적 형태 역시 실재한다.

　…그래서 이러한 매개적 운동의 비가시성을 통해서 출현한 거짓된 가상은 마찬가지로 실제 존재하는 것이다. 예를 들어 등가상품의 사회적 기능, 즉 모든 다른 상품과 직접적으로 교환되는 기능이 실재하는 것만큼이나 등가상품은 구체적이고 가시적인 사물로서 실재한다. 화폐 안에는 실재로 구체적이고 유용한 사물이 존재한다. 그 사물은 그것의 물리적인 속성 외에도 직접적 교환가능성이라는 사회적 속성을 소유하고 있다. [32]

---

32) Dieter Wolf, op. cit., p. 220

재현으로서의 화폐는 가상이지만 그렇다고 전적인 허위로서 비실재를 의미하는 것은 아니다. 맑스에서 가치형태의 도출과정이라는 것은 사용가치와 가치라는 두 계열간의 근본적인 차이와 분산을 다루는 것인 동시에, 그것이 현실적인 사회적 과정을 거쳐서 어떻게 파생적인 질서이지만, 여전히 실재하는 화폐의 재현성에 도달하고 또 총체화되는가를 보여주고 있다. 재현에 대립해서 단순히 차이의 실질성을 강조하는 것에 그치지 않고, 맑스는 차이의 절합과 재현의 절합이 어떤 식으로 현실 속에서 수렴되고 다시 분산되는가를 형태의 도출과정으로 설명하고 있다. 중요한 것이 이점이다. 단지 차이를 역설하고, 동일성에 토대를 두는 재현의 질서를 부정하는 것만으로는 충분하지 않은 것이다. 차이는 재현을 설명할 수 있어야 한다. 왜냐하면 재현이란 단적인 오류와 허위가 아니라, 파생적이고 부차적인 존재론적 질서에 속하는 것이기 때문이다. 재현이 실재성을 가지고 있는 한에서, 그 재현의 발생과 운동을 설명하지 못하는 차이의 논리라는 것은 어쩌면 비현실적인 논의에 불과한 것이 될 수 있다.

예를 들어서 들뢰즈가 화폐를 다루면서 교환화폐와 신용화폐의 차이를 절대화시키는 경우를 보자.[33] 그는 노동자의 임금으로 지급되는 화폐의 흐름과 기업의 회계장부에서의 신용의 흐름은 어떠한 접점도 가질 수 없는 것이라고 단언한다. 그 둘 사이에 어떤 공통된 척도를 설정하려는 노력은 거의 망상에 가까운 것으로 규정짓는다. 이러한 생각이 차이의 계열을 사유하는 것으로서 동일화의 논리를 피하려는 것이라는 의도를 보인다는 점에서 충분한 주목을 받을 수 있다 하더라도, 상품의 교환에 사용되는 화폐가 신용화폐에 대해서 절대적인 차이와 이질성을 보인다는 그의 생각은 현실에서의 자본주의에 대한 정치경제학적 사유 자체에 대한 부정으로 귀결될 수밖에 없다. 아무리 그의 논리가 자극적이고 선명한 것이라 하더라도 그런 식의 논의는 철학적 사유 내부에 칩거하는 수준 이상이 될 수는 없는 것이다. 경제의 탈물질화 경향을 신용화폐에서 절대화시키는 것은 차이와 긴장을 사유하는 것이 아니라, 그러한 문제로부터 그저 고개를 돌리는 것에 불

---

33) Gilles Deleuze/Félix Guattari, *Anti-Oedipus, Capitalism and Schizophrenia*, tr. Robert Hurley et al. (Minneapolis: University of Minnesota Press, 1990), pp. 228-233.

과한 것이다.34) 계열들이 또는 이중적 절합들이 아무리 이질적인 것이고 존재론적으로 동일화될 수 없는 것일지라도, 계열이나 절합은 들뢰즈 자신의 말대로 일정하게 수렴하여 잠정적인 규정성을 얻게 된다. 그리고 여기서 차이에 대한 변증법적 사유가 필요해지는 것이다. 실제로 들뢰즈는『반외디푸스』같은 선정적인 저작이 아닌, 보다 정밀한 논의에서는 역시 이러한 변증법에 대한 인정을 표현하고 있다. 그에 따르면 문제라는 것은 모두 변증법적이다. 거꾸로 변증법적인 것 중에 문제적이 아닌 것은 없다. 물론 여기서 단서는 그 변증법이라는 것이 결코 동일성으로 귀착되지 않아야 한다는 것이다. 그것을 들뢰즈는 "일종의 계열적 변증법"(une dialectique sérielle) 이라고 불렀다.35) 맑스가 후기 저작인『자본』에서 전개시킨 변증법의 방법은 바로, 이처럼 "차이의 역능"을 사유하는 "계열적 변증법"의 한 형태라고 볼 수 있다. 계열적 변증법에 대한 논의는 따라서 단순히 맑스의 서술을 얼마나 들뢰즈적인 틀 안으로 끌어들일 수 있느냐 하는 것에 그치지 않는다. 오히려 보다 적극적인 방향은, 들뢰즈가 말하는 차이와 계열의 논리 또는 이중절합의 사유가 어떻게 맑스의 변증법에 보다 가깝게 접근해가야 하는가라는 문제의 탐구라고 볼 수 있다. 이러한 논의는『자본』에서 다루어지는 주요 문제들, 즉 화폐에서 자본으로의 전화, 잉여가치의 규정, 화폐와 신용, 재생산과정, 가치와 가격 등에 대한 변증법적 서술에서 보다 구체적으로 탐구되어야 할 것이다.

---

34) 개념의 창안은 현실과 유리될 때, 기발한 착상 정도로 전락한다. 실제로 들뢰즈가 자신의 철학을 전개시키기 위해서 끊임없이 만들어내는 그러한 개념들만이 창안의 모범적 사례가 되는 것은 아니다. 신경제정책 이래 노동자 국가와 자본의 축적이라는 상충되고 이질적인 계열들에 대한 절합을 사유하려고 제출되었던, 프레오브라젠스키의 "사회주의적인 본원적 축적법칙"(la loi d´accumulation socialiste primitive) 이나 레닌의 "국가자본주의" 등도─그것을 일단 역사적 대상으로 바라 볼 때에─마찬가지로 개념의 창안의 주요한 사례라고 할 수 있다. L. Trotsky/E. Préobrajensky/N. Boukharine/Lapidus/Ostrovitanov, *Le débat soviétique sur la loi de la valeur* (Paris: François Maspero, 1972) 참조.
35) Gilles Deleuze, *Différence et répétition*, p. 247.

우발적 유물론

진명석(연구공간 클리나멘)

1. 유쾌한 여행

'모든 것에 대한 물질(성), 존재(성)의 우위'가 유물론의 핵심 테제이다. 철학의 역사는 유물론과 관념론의 투쟁의 역사라는 유명한 '맑스주의적' 정식에서 이 양자를 가르는 칼날은 늘 물질의 객관적 존재의 승인과 의식에 대한 물질의 우위성 여부였다. 레닌이 『유물론과 경험비판론』에서 지칠 줄 모르고 반복해서 주장하는 유물론의 근본전제는 "외적 세계, 즉 우리 의식 밖의, 그리고 독립적인 **사물**의 현존에 대한 승인"[1] 과 "물질이 제1차적인 것"[2] 의 승인 여부이다. 물질/의식, 물질/다른 모든 것 사이에 만리장성은 이런 식으로 맑스주의 내부에서 선포되었다. 선포된 이후는? 그것은 흘러 넘나드는 바람조차 호흡을 멈추고 주춤거리게 하는 성역이자 건널 수 없는 강이 되었다. 물질과 의식 사이, 물질과 다른 모든 것 사이에 심연의 장벽이 견고하게 들어선 것이다. 이 거대한 심연과 장벽에 구멍을 내어 소통하려는 모든 시도는 "절충주의라는 거지들의 꿀꿀이 죽"[3] 으로 매도되거나 침묵을 강요당했다. 이렇게 맑스주의에는 공백이 형성되었다. 적어도 맑스주의의 위기가 내적으로 흘러

---

1) V. I. 레닌, 『유물론과 경험비판론』, 정광희 옮김, 아침, 1989, 85쪽.
2) 같은 책, 56쪽.
3) F. 엥겔스, 『포이에르바하와 독일 고전철학의 종말』, 양재혁 옮김, 돌베개, 1987, 12쪽. (번역은 일부 수정)

넘쳐 억압된 것들이 되돌아와 그 공백에 질문을 시작하기 전까지는.

공백 메우기의 다양한 시도들 중에 가히 '충격적인' 것이 알튀세르의 우발적 유물론이다. 그는 철학사를 유물론/관념론의 대립에서 우발적 유물론/나머지 모두의 대립으로 바꾸어놓는다. 그는 '진술되자마자 즉각 반박되고 억압된' 우발적 유물론을 맑스, 엥겔스, 레닌의 것이라고 간주되어온 모든 '검사필의 유물론', '필연성과 목적론의 유물론'에 대립시킨다. "철학사 속에 **거의 완전히 진가를 인정받지 못한 유물론적 전통 하나가 실존한다. 비**의, **편의**의, **마주침**의, 응고의 "유물론" 말이다. …하나의 전혀 유다른 사고로서 이러저러한 모든 검사필의 유물론들에 대립하는 마주침의 유물론, 따라서 우발성과 우연성의 유물론이라고 말이다. 이 검사필의 유물론에는 보통 맑스, 엥겔스, 레닌의 것으로 간주되는 저 유물론이 포함되거니와, 그것은 합리주의적 전통의 모든 유물론과 마찬가지로 필연성과 목적론의 유물론이다. 그것은 다시 말해 관념론의 변형되고 위장된 형태이다."[4] 관념론의 탈을 쓴 유물론(휴머니즘적 주체이론, 목적론, 역사주의)에 대한 비판과, 맑스주의 이론의 혁신과 '공백 메우기'는 알튀세르의 일관된 작업이다. 그러나 1980년의 끔찍한 '사건'이후 "공적으로 말을 되찾"[5] 기 위해 집필한 「마주침의 유물론이라는 은밀한 흐름」에서 개진된 우발적 마주침의 유물론은 초기의 이론주의적 입장과 선명하게 대별되는 알튀세르의 새로운 시도이자 이론적 개입이다.

우발적 유물론은 알튀세르의 다음과 같은 진술, "우발적 유물론은 우발성까지 포함한 모든 것에 대해 물질성의 우위를 주장"[6] 한다는 것으로 미루어볼 때, 이른바 유물론의 '근본 전제'의 폐기가 아니라 확장, 심화이자 '공백 메우기'이다. 상부구조의 물질성, 이데올로기의 물질성 등이 초기 알튀세르의 주요한 작업이었다면, 후기 알튀세르는 우발성의 물질성을 추가해서 주장하는 셈이다. 여기서 눈여겨봐야 할 것은 '물질의 우위성'이 아니라 **'물질성의 우위성'**이라는 테제이다. 물질과 물질성 사이의 거리는 의도적으

루이 알튀세르, 『철학과 맑스주의』, 서관모·백승욱 편역, 새길, 1996, 36쪽.
5) 같은 책, 29쪽. F. 마트롱의 소개글에서 재인용.
6) 같은 책, 44쪽.

로 취해진 거리이자, 알튀세르식으로 물질/의식의 만리장성을 넘어(passing-beyond), 뚫는(passing-through) 소통의 방식이다.

알튀세르는 '기차여행객'의 메타포를 이용하여 유쾌하게 유물론과 관념론(관념론의 위장되고 변형된 형태의 유물론까지 포함해서)을 대비시킨다. 관념론자는 "기차를 탈 때 출발역과 도착역, 즉 여정의 출발점과 종점을 처음부터 알고 있는 사람"[7]인 반면 유물론자는 "그가 자신이 어디에 있는지 모른다는 것, 그리고 어디론가 가고 싶어한다는 것이다. 이 때문에 언제나 그는 미국 서부영화에서 그런 것처럼 달리는 기차를 탄다. 자기가 어디서 와서(기원), 어디로 가는지(목적) 모르면서."[8] 관념론자는 미네르바의 부엉이가 황혼녘에 날개짓을 시작할 때 여행을 떠나거나, 길은 사방으로 뻗어 유혹하나 한 곳에 여장을 풀고 견고한 집을 지어 정착한다. 그러나 유물론자는 어디서 와서(기원) 어디로 가는지(목적)도 모르는 기차를 타고서 유쾌하게 여행한다. 그는 여행 중에 우연히 마주치는 모든 것들과 유쾌하게 공명하며 소통하고, 끌리는 곳에 잠시 텐트를 치고 머물다 곧 떠난다. 그러므로 기원, 목적, 초월적 근거, 제1원인, 맹목적 필연성 등을 거부하며, 경쾌하게 세계와 마주치는 자가 '유쾌한' 유물론자이다.

질식할 듯한 맹목적 필연성의 구조, 혹은 자본주의적 법칙을 넘고, 뚫어, 숨을 쉬고 싶은 욕망(우발적 마주침이 빚어내는 새로운 결합과 연대에 대한 욕망)이 이 글을 쓰는 동력이다. 이 글은 맑스의 저작들(특히 『데모크리토스와 에피쿠로스 자연철학의 차이』[1841]와 『자본론』[1867])에서 우발적 유물론이 뚜렷하게, 때론 은밀하게 작동하는 것을 검토할 것이다.

2. 우발적 마주침: 클리나멘의 돌발

맑스는 자신의 박사학위논문인 『데모크리토스와 에피쿠로스 자연철학의 차이』에서 에피쿠로스를 "그리스적 계몽의 가장 위대한 대표자"[9]로 평가하

---

7) L. 알튀세르, 『철학에 대하여』, 서관모·백승욱 옮김, 동문선, 1997, 73쪽.
8) L. 알튀세르, 『철학과 맑스주의』, 133쪽.
9) K. 맑스, 『데모크리토스와 에피쿠로스 자연철학의 차이』, 고병권 옮김, 그린비, 2001,

고, "세계를 정복하려고 하는 절대적으로 자유로운 심장 안에서 단 한 방울의 피라도 고동치는 한, 철학은 에피쿠로스와 함께 자신의 반대자들에게 계속해서⋯외칠 것"[10] 이라고 하면서 곧바로 프로메테우스와 연관시킨다. 맑스에게 에피쿠로스는 철학에서의 프로메테우스인 셈이다. 청년 맑스가 이성의 이름으로 음탕한 '쾌락주의'로 낙인찍힌 에피쿠로스에 어떤 이유로 그토록 매료되었을까? 어떻게 유물론자가 '쾌락주의자'에게서 저항과 자유의 이미지를 읽었을까? 클리나멘(clinamen) 곧 무한히 작은 편위(Deklination)가 맑스에게 아리아드네(Ariadne)의 실이었다.

맑스의 말을 들어보자. "에피쿠로스는 허공에서 이뤄지는 원자들의 **삼중의** 운동을 가정했다. 첫 번째는 **직선으로 낙하하는 운동**이고, 두 번째는 원자가 **직선에서 벗어나면서 생겨나는 운동**이며, 세 번째는 많은 원자들의 **충돌**을 통해 정립되는 운동이다. 첫 번째와 세 번째 운동에 대해서는 데모크리토스와 에피쿠로스 모두 받아들였다. 그러므로 직선으로부터의 원자의 편위가 이 두 사람의 차이인 셈이다."[11] 이 세계는 허공과 원자로 이뤄져 있다는 점과 원자들의 충돌에 의한 세계의 구성에 관한 데모크리토스의 중심이론에 에피쿠로스는 클리나멘을 추가함으로써 충돌의 우발적 원인, 더 나아가 세계의 우발적 기원과 조성을 설명한다. 그러므로 "직선으로부터의 원자들의 편위는 에피쿠로스 철학에 토대하고 있는 가장 심오하고 핵심적인 결론"[12] 이며 "이러한 원자의 편위가 없다면, 어떤 만남이나 충돌도 일어나지 않을 것이다."[13] 직선으로 떨어지는, 평행으로 낙하하는 원자들의 우발적 마주침은 이 평행을 미세하게 교란하는, 언제, 어디서, 어떻게 일어나는지 모르는 클리나멘의 편위에 의한 우발적 충돌이다. 이 충돌이전에 세계는 무(허공)와 무질서(무한한 원자들의 집합) 속에 '추상적으로' 혹은 '유령적으로' 존재한다. 원자들의 편위와 마주침을 통해 '추상적이고 유령적인' 원자는 밀도와 실존을 갖는 현실성을 부여받고, 세계는 '원자들의 복합체'로

116쪽.
10) 같은 책, 19쪽.
11) 같은 책, 71쪽.
12) 같은 책, 279쪽.
13) 같은 책, 177쪽.

구성된다.

알튀세르는 원자들의 마주침 이후에는 요소들(원자들)에 대한 구조의 우위가 성립한다고 보았다. 원자들(요소들)의 마주침이 '응고하도록' 즉 '(새로운) 형태(들)를 취하도록' 한다는 점에서 '형태(구조)'에 대한 '아무것도 아닌 것(원자의 충돌)'의 우위, 즉 "형식주의에 대한 우발적 유물론의 우위가 성립"[14] 한다. 원자들이 구체적인 신체, 실존의 복합체를 형성하면 법칙과 필연성이 관철된다. 그러므로 필연성과 법칙은 '우연적인 것들의 마주침의 필연적 생성'이자 그 저류에는 원자들의 우발적 마주침이라는 '기원적' 우발성이 억압되어 '은밀하게' 흐르고 있다. 이른바 '철의' 법칙과 필연성의 세계는 이와 같은 우발적 토대에 기초하면서 동시에 억압하고 있는 것이다.

마주침이 빚어내는 이 우발적 복합체의 세계에는 그러므로 세계를 근거짓는 제1원리, 초월적 근거, 기원, 목적은 없다. 우발적 클리나멘의 돌발과 편위에 의한 충돌만이 이 세계의 기원이 된다. 점의 부정으로서 직선, 직선의 부정으로서 편위가 맑스가 보는 '부정의 부정'이다. 따라서 원자의 이러한 '부정의 부정'은 헤겔식의 '긍정과 승인'의 폐쇄적인 '원환 체계'가 아니라, 끊임없는 부정과 이탈의 '편위와 변이'가 된다. (이 지점에서 맑스는 이미 헤겔의 변증법을 넘어선 근본적인 비판의 지점을 확보한 것으로 보인다.) 이러한 부정과 이탈의 편위 속에서 맑스는 "원자의 반항과 고집"[15] 그리고 자유의 가능성을 보았다.

이러한 우발적 마주침의 유물론은 '결과의 철학'이자 "인과성이 표면의 우발적 성질에 종속되는"[16] '표면의 철학'이다. 결과와 표면의 철학은 어떤 초월적 목적과 기원을 거부하는 '내재성의 철학'이다. 서구의 전통적인 인과론은 결과에서 원인을 소급하는 하나의 선을 따라 원인의 원인으로 무한히 소급하여 궁극적 원인인 신에 도달한다. 원인(신)에 의해 규정되는 결과(존재). 이를 내재성의 철학자인 스피노자는 "무지로의 환원" 혹은 "무지의 피

---

14) L. 알튀세르, 『철학과 맑스주의』, 76쪽.

15) 같은 책, 283쪽.

16) A. Negri, "Notes on the Evolution of the Thought of the Later Althusser," in A. Callari and D. F. Ruccio, eds., *Postmodern Materialism and the Future of Marxist Theory* (London: Wesleyan University, 1996), p. 61.

난처에 도피"[17] 라고 불렀다. 내재성의 인과론은 원인이 결과를 한정하는 것이 아니라 결과가 원인을 한정한다. 이는 원인의 선적 단일성이 아니라 다수성에 대한 승인이자, 더 나아가 진리의 복수성에 대한 승인이다. 마찬가지로 우발적이기 때문에 원인이 없는 결과이자, 우발적 마주침이 빚어내는 우연한 원자들의 복합체와 세계의 생성에 대한 긍정이다.

또한 우발적 유물론은 '사건의 철학'이다. 에피쿠로스에게 시간은 "사건의 사건으로, 즉 조성체로 그것들의 사건들로 간주"[18] 됐다. 그리고 곧바로 "에피쿠로스 철학의 실체는 어떤 전제들도 갖지 않고, 자의적이며 우발적이라는 사실과 연관"[19] 된다고 맑스는 쓰고 있다. 여기에는 시간 곧 역사는 사건의 사건이자 조성체(결합체, 복합체)이며, 역사는 우발적 사건의 생성과 연속이라는 '사건의 철학'의 핵심 테제가 언표되어 있다. 알튀세르는 이러한 우발적 유물론의 사건적 논리를 '우발적 미래'에 열려있는 '생성의 역사'로 파악한다. "독일어에서는 **역사**(Geschichte)라는 다른 용어를 사용합니다. 이것은 기성의〔완료된〕역사가 아니라 **현재 속**의 역사를 가리킵니다. 그것은 물론 이미 완료된 과거에 의해 상당부분 결정되어 있지만, 그러나 부분적으로만 결정되어 있습니다. 현존하는, 살아있는 역사는 불확실하고 예견할 수 없는 미래, 아직 완료되지 않았고 따라서 **우발적인 미래**를 향해 열려 있기 때문입니다."[20] 우발적 미래는 어떠한 목적과 유토피아적 투사와의 무관계성과 '표면의 미결정성'을 함축한다. 결과는 표면의 내재성의 결과일 뿐 깊이(본질)와 이쪽 너머-저쪽을 상정하지 않을 뿐더러 초월적 원인으로의 소급과 미래에 대한 목적론적 필연성과도 관계없다.

3. 유령은 어떻게 사는가

두 가지 요소의 우발적 마주침이 『자본론』의 핵심에서 작동하고 있는 자

---

17) B. 스피노자, 『에티카』, 강영계 옮김, 서광사, 1990, 60쪽.
18) K. 맑스, 『데모크리토스와 에피쿠로스 자연철학의 차이』, 216쪽.
19) 같은 책, 217쪽.
20) L. 알튀세르, 『철학에 대하여』, 47쪽. (history의 어원인 그리스어 이스토리아는 〈이야기〉(story, tale)이고, 라틴어 히스토리아는 〈탐구〉·〈역사〉·〈이야기〉인 반면, Geschichte는 〈일어나다〉는 뜻의 동사 geschehen의 명사형이다. - 217쪽의 역주)

본주의적 생산양식의 탄생 배경이다. '돈 많은 자본가'와 '노동력을 제외한 모든 것을 박탈당한 자유로운 노동자' 혹은 "탈영토화된 노동자와 탈코드화 된 화폐"[21]의 우발적 마주침의 갑작스런 응고가 자본주의의 탄생 배경인 것이다. 두 가지 상이한 두 흐름들의 우발적 충돌 이후에 전개되는 자본주의적 법칙과 '공리계'에 대한 분석은 이 글의 진행과는 상당히 다른 분석틀과 지면이 요구되기 때문에 다음 기회로 미루고, 여기서는 자본주의적 생산양식의 탄생 비밀을 고스란히 간직한 '가치형태'에 관한 이론을 검토하겠다.

맑스는 『그룬트리세』에서 정치경제학의 방법은 "추상에서 구체로의 상승"[22]이라고 서술한 후, "추상적 사유의 길을 따르는 한, 단순한 것에서 복잡한 것으로의 상승이 실재 역사과정에 조응할 것이"[23]지만 '반드시 그런 것'은 아니라고 쓰고 있다. 맑스의 이 진술은 추상적 과정과 역사적 과정의 마주침의 응고가 필연적인 것이 아니라, '뜻밖의' 예기치 않은 우발적 응고라는 것을 보여준다. 그러나 일단 마주침의 충돌이 일어나면 그때부터 앞에서 살펴봤듯이, '요소에 대한 구조의', 흐름에 대한 응고의 우위가 개시된다. 물론 응고와 구조의 우발적 토대로 인한 미결정성과 흐름의 잉여는 여전히 남아 있겠지만.

우발적 마주침의 '사건'이 일어나기 전에 존재하는 '추상'은 어떤 실존과 물질성도 갖지 않은 '유령 같은' 추상이다. 그러면 『자본론』 1편에서 맑스가 전개하는 유령이 사는 법, 혹은 유령의 현실적 존재방식을 고찰해보자. 우선 맑스는 이 책에서 가치의 실체(substance)를 누누이 반복해서 강조한다. 그러나 가치는 만지거나 볼 수 있는 물질적인 실재가 아니다. "가치로서의 상품의 객관적 실재에는 단 한 분자의 물질도 들어 있지 않다. 그러므로 사람들이 어떤 하나의 상품을 아무리 돌려가며 만지면서 조사해 보더라도 그

---

21) G. Deleuze and F. Guattari, *Anti-Oedipus* (Minneapolis: University of Minnesota Press, 1983), p. 225. 그들은 이 대목 바로 위에서 "유일한 보편사는 우발성의 역사이다"라고 쓰고 있다. 들뢰즈와 가타리의 우발적 유물론과 알튀세르의 그것과는 상당한 유사점과 차이를 내장하고 있다. 이들의 유사-차이점의 비교, 검토 또한 상당히 흥미있는 주제가 될 것이다.

22) K. Marx, *Grundrisse*, tr. Martin Nicolaus (New York: Vintage Books, 1973), p. 101.

23) Ibid., p. 102.

것이 가치를 가진 물건이라는 것을 알 수 없다."[24] 그러므로 가치는 '추상적'으로, 혹은 유령적으로 존재하지 물질적으로 현존하는 것은 아니다. 가치는 인간 노동력의 단순한 응고물인 "유령적 대상성(phantom-like objectivity, gespenstige Gegenständlichkeit"[25]이다. 여기서 주의해야 할 것은 객체(Objekt)와 대상(Gegenstand)의 구별이다. (영어에서는 둘 다 object로 사용하기 때문에 혼동의 여지가 많다.) 맑스는 이 양자의 구별을 다음과 같이 하고 있다. "추상적 가능성은 실재적인 가능성의 직접적 대척점이다. 후자는 지성(Verstand)이 그렇듯이 날카로운 경계 안에 구속되는 반면 전자는 환상(Phantasie)이 그렇듯이 어디에도 구속되지 않는다. 실재적 가능성은 그 대상(Objekt)의 필연성과 현실성을 기초 지으려 하지만, 추상적 가능성은 설명되는 대상이 아니라 설명하는 주체에 관심을 갖는다. 대상(Gegenstand)은 단지 가능한 것, 사유될 수 있는 것으로 존재할 뿐이다."[26] 요컨대 객체(Objekt)는 실재 대상이고 대상(Gegenstand)은 추상적 대상이다. 맑스는 이런 맥락에서 가치를 추상적인 가능성으로 존재하는 혹은 유령적으로 대상화되어 있는 '대상성'으로 정의하는 것이다. 인간의 노동력 좀더 구체적으로 인간의 '추상적 노동'이 대상화되어 있는 것(그것도 유령적으로)이 '가치의 실체'인 것이다.

가치에 대한 이런 정의를 기반으로 우리는 맑스에게 있어 우발적 마주침의 형태인 '가치형태'의 전개과정을 이해할 수 있다. 맑스가 "화폐형태의 맹아"[27]라고 부른 것은 '단순한 개별적인 또는 우연적인 가치 형태'(20미터의 아마포=1개의 저고리)이다. "아마포는 자기의 가치를 저고리로 **표현(express, ausdrücken)**하며, 저고리는 이러한 가치표현의 재료가 된다."[28] '단순한 개별적인 또는 우연적인'이라는 진술 속에는 우발적 마주침의 유물

---

24) K. 마르크스, 『자본론』 I (상), 김수행 역, 비봉출판사, 2000, 59쪽.
25) 같은 책, 47쪽. 영역판: *Capital*, tr. B. Fowks (Harmonsworth: Penguin Books, 1976), p. 128. 국역판에는 이 부분의 번역이 "형태가 없는 실체"로 되어 있다. 이 글에서 인용은 국역을 따르나, 경우에 따라 번역이 다를 수 있음.
26) K. 맑스, 『데모크리토스와 에피쿠로스 자연철학의 차이』, 46쪽.
27) K. 마르크스, 『자본론』 I (상), 89쪽.
28) 같은 책, 60쪽. 강조는 인용자.

론의 저류가 '뚜렷하게' 흐르고 있다. 단순하게(추상적으로) 존재하는 개별적인 요소들(아마포/저고리, 원자들)의 우연한(우발적인, 예기치 않은, 돌발적인) 마주침의 충돌로[29] 인한 가치의 실존성, 물질성의 현존의 드라마, 표현의 극장이 시작되는 것이다. 자본주의적 화폐형태의 '기원'은 이런 식의 우연한 마주침의 충돌이다. 사건은 발생하고 (자본주의적) 역사의 생성은 이렇게 '우연히' 시작된다. 이렇게 일단 마주침이 일어나면, 연쇄적 충돌이 발생하게 된다.

마주침 이후 연쇄의 형성과 전개과정이 '전개된 가치형태'이다.

20미터의 아마포＝1개의 저고리
또는　　　　＝10그램의 차
또는　　　　＝40그램의 커피
또는　　　　＝1커터의 밀
또는　　　　＝기타 등등.

"어떤 하나의 상품의 가치는 이제 상품세계의 무수한 다른 요소들로 **표현**(express, ausdrücken) 된다."[30] 이제 가치(혹은 유령)는 무수히 많은 다른 요소들(원자들)의 연쇄적 충돌로 인해 다양하게 자신을 '표현'하며, 구체적이고 개별적인 요소들인 상품들을 '숙주삼아' 새로운 세계를 창조하기 시작한다. 한 상품의 가치는 하나의 동일성으로 환원되어 억압되는 것이 아니라 무수히 많은 '다양성' 속에서 자신을 표현한다는 점에서, 들뢰즈와 가타리의 용어를 빌려서 말하자면 "내포적 이접"(inclusive disjunction)[31] 의 종합 혹은 전체이다.

이접적 다양성의 세계가 이제 '이전과는 전혀 상이한' 새로운 형태의 복합

---

29) 맑스는 "상품교환은 공동체의 경계선에서 시작되며…물건들의 양적 비율은 최초에는 우연적이다"(같은 책, 111)라고 쓰고 있다. 경계선에서의 우발적인 마주침으로 인한 교환이라는 문제설정은 우발적 유물론의 가장 기본적인 테제에 상응한다.

30) 같은 책, 79쪽. 강조는 인용자.

31) D. Deleuze/F. Guattari, *Anti-Oedipus*, p. 76. 내포적 이접은 배타택일적 이접(exclusive disjunction)의 "…아니면…"(either/or)가 아닌 "…이거나…이거나…이거나"(either…or…or…)의 긍정적이고 비제한적인 연쇄의 연속이다.

체를 구성하기 시작한다. '일반적 가치형태'와 '화폐형태'로의 전환[32] 이 그 것이다.

1개의 저고리
10그램의 차
40그램의 커피   = 20미터의 아마포(2온스의 금)
1쿼터의 밀
기타 등등의 상품

이제 "여러 가지 상품들은 각각의 가치를 단순하게, 통일적으로 **연출 (present, darstellen)** 한다."[33] 맑스에 따르면 "일반적 상대적 가치는 **상 대적 가치형태로부터** 제외된 등가물 상품인 아마포(혹은 금: 인용자 삽입) 에 일반적 등가물의 성격을 부여한다."[34] 요소들의 우발적 마주침의 연쇄 는 이제 일반적 등가형태에서 굳어져 '응고'되어, 앞에서 살펴본 바와 같이 '요소들에 대한 구조의 우위'가 성립되어 자본주의적 법칙들의 필연성의 구 조 속으로 진입한다(들뢰즈와 가타리식의 표현을 빌자면 '배타택일적 이접 의 관계'). 개별 노동생산물들(요소들의) 질적 위치들의 우발적 마주침의 성격이 여기에서는 양적 흐름의 '추상량'(quantitas)[35] 혹은 (추상적 노동

---

32) 맑스는 일반적 등가형태와 화폐형태 사이에는 '본질적인 변화'가 없다고 서술한다. (『자 본론』 I (상), 88쪽. 물론 분석의 층위가 달라지면 차이점이 '상당히' 많이 존재하지만 이 글 의 논지 전개상 구별할 필요가 없어 함께 묶어 다루겠다.)

33) 같은 책, 82-3쪽. 여기서 번역상의 오류를 지적하지 않을 수 없다. 일반적 등가형태에서 맑스는 단순한 가치형태와 전개된 가치형태에서 사용하던 가치의 '표현하다'(ausdrücken) 라 는 용어를 '연출하다 혹은 상연하다'(darstellen)로 바꾸어 진술한다. 영역에서는 'express'를 쓰다가 'present'라는 용어로 바꾸었어나 독어 원본과는 의미상의 차이가 난다. 그러나 국역 에서는 일관되게 '표현'이라는 개념을 사용하고 있다. 일반적 등가형태에서 본질적으로 일 어나는 형태변화를 이렇게 번역해서는 읽어내기가 여간 어려운 게 아니다.

34) 같은 책, 84쪽. 강조는 인용자. 강조된 부분(상대적 가치형태로부터)은 국역과 영역 모두 '상품세계로부터'라고 번역하고 있으나, 이는 오역으로 보인다. 상품세계에서 제외된 일반적 등가형태로 읽으면, 아마포나 금의 상품적 성격이 완전히 배제되어 읽힌다. 그러나 금이나 아마포 등의 일반적 등가형태는 지폐 등의 순수한 '상징' 화폐가 등장하기 전에는 자 신의 상품적 성격을 '그림자처럼' 지니고 있다. 이런 번역상의 난점으로 인해 상당한 이론적 혼선이 연구자들 사이에 존재한다.

35) 들뢰즈와 가타리는 단순한, 전개된 가치형태에서 추상적 노동단위의 *quanta*와 일반적

의) 추상량의 대수적 체계(들뢰즈와 가타리는 이를 자본주의적 공리계라고 부른다)로 진입한다. 가치가 화폐(순수한 기호인 지폐)로 자립화되면서, 유령은 숙주(등가형태인 상품) 없이 이 세계를 활보하게 된다. 유령이 도처에 '이마'에 차가운 '숫자'와 '기호'를 붙이고 배회하는 세계가 도래한 것이다(이른바 유령의 세계지배, 혹은 화폐의 물신성).

알튀세르는 가치가 이런 식으로 '연출'(Darstellung)[36] 되는 것을 "구조적 인과성"이라는 개념으로 설명한다. **"연출(Darstellung)이라는 개념은 맑스주의 가치이론 전체의 핵심적인 인식론적 개념이며, 그 개념의 대상은 효과들 속에 있는 구조의 현존양식과 구조적 인과성 그 자체를 정확하게 지시한다."**[37] 유령(가치)은 어떤 일정한 구조 밖에서는 현실성과 자립성을 획득하지 못하나, 요소에 대한 구조의 우위가 정립되어 구조가 작동되기 시작하면 자기 실존을 부여받아(효과들 속에 존재함으로써) 자기-운동을 시작한다. 맑스에 따르면, 자본주의적 체계가 정립되면 "인물들은 경제적 관계들의 인격화"[38]에 지나지 않으며, 자본주의적 과정의 주체는 "자동적인 주체"인 "자기 증식하는 가치"[39]이다. 요소들에 대한 구조의 승리이후 조성된 자본주의적 복합체는 이런 식으로 유령적 가치들의 자기증식 운동이 관철되는 법칙의 체계이자 통일성의 체계가 되는 것이다.

알튀세르는 자본주의적 복합체의 통일성을 다음과 같이 서술한다. "마르크스주의에서 말하는 통일성이란 유일한 본질이나 기원적이고 단순한 실체의 단순한 전개는 아닙니다. 그것은 복합성의 조직양식과 절합(articulation)양식이 통일성으로 전환시킨 복합성 그 자체의 통일성입니다. 복잡한 전체

가치형태의 추상적 노동단위의 *quantitas*로 구별한다. *Anti-Oedipus*, p. 226. 들뢰즈는 질적이고 개별적인 우발적 흐름의 관계와 추상적, 양적, 대수적 흐름의 관계를 이런 식으로 구분한다.

36) '연출'은 자본론 전체를 관통하며 끈질기게 반복되는 개념이다. 이 글에서는 생략하지만, 『자본론』에서 맑스가 사용하는 문맥과 연관해서 표현, 표상(vorstellung), 연출의 개념을 가지고 전통 맑스주의의 반영론(표상론)을 평가해보면 상당히 흥미로운 결과가 산출될 것이다.

37) L. Althusser, *Reading Capital*, tr. B. Brewster (London: Verso, 1979), p. 188.

38) K. 맑스, 『자본론』 I(상), 107쪽.

39) 같은 책, 192쪽.

는 지배적인 것이 있도록 절합된 구조의 통일성을 지닙니다."[40] 실체(우리의 논의에서는 가치)가 본질과 기원을 갖지 않고, 다양하고 복잡한 흐름들의 마주침에 의한 복합체라고 하는 것은 '자본주의적 가치 법칙'이 철의 법칙으로서 영원한 것이 아니라 이 법칙을 지탱하는 우발적 토대가 저류에 억압되어 '은밀하게' 흐르고 있음을 뜻한다. 이처럼 억압된 우발적 토대는 어떤 '사건'과 우발적으로 마주치면, 이유 없이 돌발적으로 돌출하여 법칙을 뒤엎는다(억압된 것의 귀환, 혹은 전복의 가능성으로서의 우발적 토대). 그러므로 절합되어 봉합된 통일체를 돌파(passing-through)할 가능성의 한 지점을 자본주의에 '낯설고 이질적인' 것들의 우발적 마주침으로 인한 생성의 흐름들 속에서 찾을 수 있을 것이다. (예컨대 소수자 운동, 여성운동, 동성애 운동, 반-세계화 운동 등등)

4. 떠들썩한 전쟁놀이

우발적 유물론은 이 세계를 하나의 전쟁터("원자들의 떠들썩한 전쟁놀이"[41])로 본다. 그것은 원자들이 편위하며 충돌하는 전쟁으로 인해 내적으로 찢어진 세계이다. "원자들의 조합의 형성, 그리고 반발과 견인은 소란스러운 일이다. 떠들썩한 경쟁, 적대적 긴장이 세계의 작업장과 대장간을 구성한다. 그러한 소란이 있는 그 심장의 깊은 곳에서 세계는 내적으로 찢어진다. 그늘진 곳에 떨어지는 태양광선조차 이러한 영원한 전쟁의 이미지다."[42] 내적으로 찢어져 갈등하는 세계에서 이론적으로 개입한다는 것은 '이론적 전투'를 개시하는 것이다(칸트적 의미에서 철학적 전장〔Kampfplatz〕).

이런 의미에서 알튀세르는 철학은 그것이 취하는 하나의 '입장(테제)'[43]이라고 말한다. 그에 따르면, '맑스'의 유물론적 철학이라 하더라도 배타적으로 유물론적 진리를 점취할 수는 없다. 유물론이 배타적인 진리로 '선포'

40) L. 알튀세르, 『철학에 대하여』, 73쪽.
41) K. 맑스, 『데모크리토스와 에피쿠로스 자연철학의 차이』, 283쪽.
42) 같은 책, 277쪽.
43) L 알튀세르, 『철학에 대하여』, 34쪽. 그리스어 thesi(테제)는 자리, 장소, 위치/입장을 뜻한다. -216쪽의 역주

되는 순간, 관념론이 점취하고 있는 입장과의 전투는 포기되고, 끊임없이 유물론의 '근본 전제'만을 암송하는 유물론 '신자'가 되기 때문이다. 맹목적 진리, 진리의 유일성은 없다. 진리의 순수성 또한 없다. 내적으로 찢겨 갈등하는 세계에서 입장들의 갈등과 마주침을 통해 세계는 진리들의 외연을 넓혀 나간다. 또한 이러한 갈등과 마주침을 통해, 단 하나의 진리에 대한 '병적' 맹신이 아니라, 진리의 복수성에 대한 승인과 우발적 미래의 생성 가능성을 긍정하게 될 것이다. 사건들의 우발적 마주침의 장(field)인 '역사'(Geschichte) 생성의 시끌벅적함 속에서 유물론이 우위를 점할 수 있는 것은 복수의 진리와 가능한 세계의 다수성(multiplicity), 목적론이 배제된 우발적 미래의 가능성에 대한 인정과 승인을 통해서이다. 이와 같은 의미에서 우발적 유물론은 '표상체계'에 사로잡힌 주체 개념과 목적론이 배제된 '과정의 유물론'이다.

맑스에게 클리나멘은 "원자들의 반항이고, 고집이며, 가슴 속에 있는 어떤 것"이자 "원자들의 영혼"[44] 이다. 클리나멘은 에피쿠로스에게뿐만 아니라 맑스에게도 자유의 근거, 세계의 우발적 형성의 '기원'이자 저항과 전복의 근거이다. 그런데 원자들의 '영혼'이라니? 전통적인 유물론의 '근본 전제'에서 보자면, 전형적인 '절충주의의 꿀꿀이 죽'이다. 그러나 맑스에게 애초부터 물질/의식의 만리장성은 없다. 다만 확장된 의미의 물질성의 우위를 주장했을 뿐이다. 유산은 상속받은 자들의 손에 귀속되어 마땅한가? 알튀세르의 말대로 "패를 다시 분배하고 주사위를 빈 탁자 위에 다시 던져야 하는 날이 올 것이다."[45] 유물론의 저류에서 흐르는 원자들의 아우성과 함께. 이론 '외부'의 원자들의 편위적 실천과 함께. 우리에게 떨어지는 사건들의 우발적 마주침의 생성과 함께.

---

44) K. 맑스, 『데모크리토스와 에피쿠로스 자연철학의 차이』, 282-283쪽.
45) L. 알튀세르, 『철학과 맑스주의』, 47쪽.

제4부
맑스주의와 문예, 문화이론

맑스주의 미학에 대한 재성찰과 전망
—'반영'에서 '표현'으로

정남영(경원대, 영문학)

1. 글을 시작하며

  과거 맑스주의 미학이라고 불릴 수 있는 일련의 이론들을 지배하던 핵심
적인 사상은 반영이다. 다시 말해서 작품과 작품 외부의 세계 즉 현실세계
의 관계를 반영으로 보는 것이다. 서구에서 오히려 유명해진 루카치와 루카
치를 비판하는 입장인 동구 미학자들에게 이 점은 공통된다. 예술적 반영의
대상이 무엇인가에서는 간혹 차이가 난다. 어떤 이는 주객의 상호관계라고
하고, 또 어떤 이는 인간이라고 하며 다른 이들은 인간과의 관계 속에 있는
세계, 현실의 미적 속성, 관계의 경험, 존재의 가치 등등이라고 한다. 그러
나 대상을 어떻게 잡든 그 대상과 작품의 관계의 핵심을 반영에서 찾는 데
변함은 없으며, 오로지 그 대상을 넓게 보느냐 좁게 보느냐의 차이일 뿐이
다.
  반영론에 따르면 반영대상에 비하여 예술작품이 수동적이고 이차적인 위
치에 처하는 것은 피할 수가 없다. 반영이 이루어지기 위해서는 우선 그 대
상이 존재해야 하기 때문이다. 작품의 '창조성'에 대하여 아무리 화려한 찬
사를 늘어놓는다 해도 그것이 반영의 창조인 한 이 수동성을 피하지는 못한
다. 그런데 작품과 작품 외부의 관계를 과연 반영이라는 말로 충분하게 정
의 혹은 설명할 수 있는 것일까? 반영이라는 생각에는 그 장점 못지 않게

어떤 중대한 한계가 있는 것은 아닌가? 반영의 한계를 넘어서 있는 어떤 상위의 원리는 없는 것인가? 이 글은 바로 이 문제를 살피기 위해 쓰였다.

2. 토대와 상부구조

반영론의 배후에 자리잡고 있는 것은 토대-상부구조론이다. 토대-상부구조론에서 현실은 우선성이 부여된 부분 즉 토대('경제')와 그것에 보조적이거나 이차적인 부분인 상부구조(정치, 법, 문화·예술 등)로 이분된다. 후자의 전자에 대한 영향력 혹은 이른바 '상대적 자율성'은 무시되지 않으나 (이것을 무시하는 것이 속류 맑스주의의 특성이다) 궁극적 심급에서는 전자가 후자를 결정하는 것으로 간주된다.

인간의 생산활동은 근대 이전에도 존재했다. 그러나 우선성을 갖는 현실 범주로서의 '경제'가 그랬던 것은 아니다. '토대'는 근대에 들어와서 형성되었다. 그것은 자본의 등장의 결과(및 과정)이며 경제학의 성립의 근거이다. 시초 축적에 의하여 형성된 자본이 가장 먼저 포섭한 곳은 공장이다. 공장에서의 생산과 그 생산물이 유통되어 소비자에게 이르기까지의 과정, 다시 말해서 자본의 자기증식이 이루어지는 영역이 바로 '경제'영역이며, 이 영역이 우선성을 갖게 되었다는 것은 자본의 자기증식이 국가의 도움을 통하여 사회 전체를 지배하는 공리로서 작용하기 시작했음을 뜻한다.

토대-상부구조론 혹은 토대의 궁극적 결정론은 바로 이러한 역사적 변화를 포착했음을 의미한다는 점에서 전진적이라고 할 수 있다. 분명히 토대 즉 '경제'영역에서는 사회 전체적인 운명을 결정하는 일이 벌어지고 있었다. 한편으로는 물질적인 부의 생산이 이루어지고 있었으며 다른 한편으로는 사회의 미래의 운명을 결정할, 자본가와 노동자라는 역사적으로 새로운 두 계급의 직접적 대면이 벌어지고 있었던 것이다. 따라서 혁명운동의 관점에서 보더라도 '경제'영역에 대한 이해는 매우 중요할 수밖에 없다. 맑스의 다음 발언은 바로 이런 맥락에서 이해될 수 있다.

혁명 운동 전체가 그 경험적·이론적 토대를 사적 소유의 운동에서, 더 정확히

말하자면 경제의 운동에서 필연적으로 발견한다는 것은 쉽게 알 수 있다. [1]

또한 동일한 이유로 사회 전체를 이해하는 데 있어서도 '경제'영역에 대한 이해가 필수적인 것으로 된다. 엥겔스의 다음 발언은 바로 이 점을 지적한 것이다.

따라서 사람들이 흔히 여기저기에서 그러려니 쉽게 생각하는 것처럼 경제적 상황의 자동적인 결과란 존재하지 않습니다. 인간은 자신의 역사를 스스로 만듭니다. 그러나 그것은 물론 인간들을 제약하는 주어진 환경 속에서, 주어진 사실적인 관계들에 기초해서 그렇다는 말입니다. 바로 이 주어진 관계들 중에서 경제적 관계들이, 비록 여타의 정치적, 이데올로기적 관계들에 의해서 영향을 받기는 하지만, 궁극적인 심급에서는 결정적인 것이고, 유일하게 이성적인 이해로 이끌어주면서 〔전체를〕 관통하는 기본선을 이루는 것입니다.
　　　　　　—엥겔스가 브레슬라우의 보르기우스에게 보낸 편지에서[2]

이렇듯 토대-상부구조론은 '경제' 영역과 기타 영역의 불균형관계—이는 현실적으로 존재하는 불균형이었다—에 대한 인식을 바탕으로 하여 사회를 전체적으로 이해하려는 노력의 표현이었으며 그 자체로 크나큰 성취를 의미했다. 봉건적 관계가 무너지면서 부각된 인식론적 곤경—모든 굳은 것이 사라지는 '파편화'의 상황—은 이런 식으로 타개될 수 있었던 듯하다. [3]
　　그러나 토대-상부구조론은 '경제' 영역의 특권적 위치와 긴밀하게 연결된 것이기에 그 안에 이미 한계를 내포한다. 자본이 이른바 실질적 포섭의 단계 즉 사회적 삶 전체를 포섭하는 단계에 이르면서—역사적으로는 신자유주의단계가 이에 상응한다—'경제'영역이 그 특권을 상실하게 되고 이에 따라 이 한계가 현실화된다. 이제는 도대체 어디가 토대이고 어디가 상부구조인지가 불분명해진다. 자본이 사회를 형식적으로만 포섭한 단계에서는—

---

1) Karl Marx, ″Ökonomisch-philosophische Manuskripte aus dem Jahre 1844,″ in *Marx Engels Werke* Band 40 (Berlin: Dietz Verlag, 1985), p. 536.
2) 만프레드 클림, 『맑스·엥겔스 문학예술론 1』, 조만영·정재경 역, 돌베개, 1990, 90쪽.
3) 루카치가 『역사와 계급의식』의 주관주의를 극복하고 맑스의 변증법적 유물론으로 전진해 나아가는 과정에서 가장 중요하게 생각하는 범주도 '경제'이다.

맑스가 살았던 시대는 우리의 시점(視點)에서 볼 때 명백하게 형식적 포섭의 단계이다—'경제'영역에 집중한 (정치) 경제학과 경제적 관계를 사회적 관계 전체로 확대한 벤담의 공리주의가 유효하게 구분이 될 수 있었다. 4) 5) 그러나 실질적 포섭의 단계에 오면 경제학과 공리주의의 구분이 사라져버린다. 모든 게 경제학이고 모든 게 공리주의이다. 6)

3. 합법칙성의 감옥

'경제'영역의 특권적 위치가 사라진 것은 비교적 최근에 들어와서의 일이다. 그러면 그 전까지는 토대-상부구조론이 (혹은 그것이 함축하는 사고방식이) 맑스주의자들에게 줄곧 유익하기만 했었는가? 그렇지 않다. 전통적 맑스주의자들의 사유와 상상은 그로 인하여 '합법칙성'이라는 이름의 감옥에 갇히게 된다. 그 이유는 '경제'영역의 우선성이 그 법칙적 성격에 기인한다는 데서 찾을 수 있다.

법칙이란 어느 것이 되었든 고도의 보수성을 갖는다. 법칙이란 특수한 관계가 반복되는 것, 즉 기존의 관계가 계속적으로 유지되는 것이기 때문이다. 게다가 '경제'법칙은 자본의 법칙이며 그 보수성은 자본주의적 관계—

---

4) "이전에 정치경제학은 재정가들, 은행가들 그리고 상인들 즉 경제에 직접적으로 관여하고 있는 사람들 혹은 홉스, 로크, 흄처럼 다면적인 교육을 받은 사람들—이들에게 정치경제학은 백과사전적 지식의 한 가지로서 중요하였다—의 탐구주제였다. 정치경제학은 중농주의자들 덕분에 처음으로 특별한 학문의 지위로 끌어올려졌으며, 이후 줄곧 그렇게 대접을 받아왔다. 정치경제학은, 특별한 학문 분야로서, 다른 관계들—정치적, 사법적 등의 관계들—을 흡수하였는데, 그 관계들을 경제적 관계로 환원할 정도였다. 그러나 정치경제학은 이러한 모든 관계들의 경제적 관계로의 종속을 이 관계들의 한 측면으로서만 간주하였으며, 따라서 그밖의 측면들에 대해서는 이 관계들에게 정치경제학 밖에서의 독립적인 의미를 허용하였다. 모든 기존의 관계들의 효용관계로의 완전한 종속 그리고 효용관계를 모든 다른 관계들의 유일한 내용으로 무조건적으로 끌어올리는 일은 벤담의 저작들에서 처음 일어났다. 여기서, 프랑스 혁명과 대규모 산업의 발전 이후에, 부르주아지는 더 이상 특별한 계급으로서 제시되지 않고 그 실존조건이 전사회의 실존조건인 계급으로서 제시된다"(Karl Marx and Frederick Engels, *German Ideology* [Moscow: Progress Publishers, 1976], pp. 436-437). 특별한 언급이 없는 한 이 글에서 번역은 필자의 것이다.
5) 공리주의는 일반화된 효용의 사상 즉 모든 관계를 효용의 관계로 환원한 사상이다.
6) 노동의 자본에의 형식적 포섭과 실질적 포섭에 대해서는 Karl Marx, *Capital* vol. 1, tr. Ben Fowkes (Harmondsworth: Penguin Classics, 1990), pp. 1019-1038 참조.

자본의 축적 혹은 가치증식을 유지하고 확대하는 관계—의 보수성이다. 맑스가 「1844년 경제·철학수고」(이하 「경철수고」로 줄여 표기함)에서 설명하였듯이 자본의 법칙은 주체의 활동성의 소외를 전제로 한 법칙 즉 소외의 법칙이다. 소외는 현실적으로 존재하기에 자본의 법칙에 대한 파악은 필수적이다. (토대-상부구조론의 장점은 여기에서 나온다.) 그러나 이는 주체의 탈법칙적 활동—정신적 활동과 물질적 활동—에 종속되어야 한다. 혁명적 활동이란 합법칙적인 것이 아니라 탈법칙적이기 때문이다.

반영미학 역시 법칙의 감옥에서 자유롭지 못했다. 루카치의 경우 그의 예술론의 핵심개념인 '전형'은 사회에서의 구체적인 지위, 무엇보다도 생산과정에서의 구체적 지위가 객관적이고 필연적으로 불러일으키는 규정들의 구체적인 집합이며, 그리하여 전형 개념은 보편적 법칙성에 종속된다. 7)

사회적·역사적 현실에서 법칙의 발견은 물론 역사상의 큰 성취라고 할 수 있으며, 특히 엥겔스가 이 점을 여기저기서 역설한다. 8) 그러나 법칙의 발견이 탈법칙적 활동에 종속되지 않고 절대화될 때 큰 문제가 발생한다. 이제는 현실의 혁명적 변화 자체를 법칙적인 것으로, 즉 어떤 미리 정해진 길을 따르는 것으로 보는 데 이르게 된다. 현실사회주의국가가 신봉했던 '역사발전법칙'론—이에 따르면 사회주의는 자본주의보다 한 단계 더 진행된 역사단계이다—이 바로 그것이다. 9)

합법칙성의 이데올로기가 반영론과 갖는 친화성은 쉽게 이해될 수 있다. 이제 현실의 합법칙적 움직임을 반영하기만 해도 진리의 파악—이는 법칙의 파악에 다름 아니다—을 이루는 동시에 새로운 사회의 창조에 기여하는 것이 되기 때문이다.

---

7) Georg Lukács, "Über die Besonderheit als Kategorie der Ästhetik," in *Georg Lukács Werke* Band 10 (Neuwied und Berlin: Luchterhand, 1969), p. 757 참조.
8) "…그리하며 역사적인 사건도 역시 대체적으로는 우연성에 의해 지배되는 것으로 현상하게 된다. 그러나 표면상으로 우연성이 작용하는 것처럼 보이는 경우에도 이 우연성 자체는 언제나 그 내부에 숨어 있는 법칙에 지배되고 있는 것이다. 관건은 오직 이 법칙을 발견하는 데에 있는 것이다"(「맑스·엥겔스 문학예술론」, 97쪽).
9) 현실사회주의는 자본주의를 극복하였다는 표면상의 주장에도 불구하고 실제로는 자본주의의 국가주의적 형태에 지나지 않는다. 집단적 자본가인 관료계급이 국가권력을 통하여 '노동을 인민'에게 강요하고 이를 통하여 자본의 증식을 이루었던 것이다.

맑스와 엥겔스의 발언들 중에 반영론의 씨앗을 제공하는 것이 없지는 않지만, 반영론의 철학적 기초를 단단히 세운 이는 레닌이다. 레닌은 인식을 현실의 객관적 반영으로서 정의하였다(이 문제는 그의 『유물론과 경험비판론』에서 집중적으로 다루어진다). 물론 레닌은 반영과정이 결코 수동적이거나 단순한 과정이 아님을 분명히 하였다. "인간의 의식은 객관세계를 반영할 뿐만 아니라 또한 창조한다"는 『철학노트』의 한 구석에 써놓은 통찰은 반영의 수동성을 구원하는 말로서 동구 미학자들에 의해 자주 인용되었다.

그러나 아쉽게도 이 부분에 대한 더 이상의 구체화는 없다. 따라서 의식 혹은 정신의 창조성이 여전히 '반영'의 지평에 가두어진 상태를 벗어나지 못했다. 그런데 여기서 우리의 관심을 끄는 것은 레닌이 이론에서보다 실제 실천에서 반영의 한계를 넘어선 적이 있다는 점이다.[10] 이 점에 주목한 사람은 들뢰즈와 가타리였다. 이들은 언어활동이 단순히 현실을 반영하는 데 머물지 않고 현실보다 앞서간 사례로 레닌을 든다.

우리는 다른 조건에서 일어난 또 하나의 예〔언어적 언표를 통하여 현실을 바꾸는 예-정리자〕로서, 레닌의 "슬로건에 관하여"(1917)라는 텍스트에 기반을 하여, 소비에트 러시아에서의 레닌적 유형의 언표의 형성을 들 수 있다. 이 텍스트는 프롤레타리아가 하나의 집단(몸)으로서 존재할 조건이 생기기 **이전에** 대중으로부터 프롤레타리아 계급을 언표의 아쌍블라주(assemblage)로서 도출해 낸 비물질적 변형을 구성한다. 이는 '만국의 노동자여, 단결하라!'라고 하며 새로운 유형의 계급을 "창안해낸" 제1 인터내셔널의 천재적인 솜씨와 같은 것이다. 사회민주주의자들과의 결별을 유리한 방향으로 활용하면서 레닌은 또 하나의 비물질적 변형을 창안 혹은 포고하였는데, 이 비물질적 변형은 프롤레타리아 계급으로부터 전위를 언표의 아쌍블라주로서 도출한 것이었으며, 군더더

---

10) 레닌은 주지하다시피 구체적 정세에서의 구체적 싸움에서는 현실의 법칙을 추종하는 것과는 정반대로 주체의 활동의 능동적 측면을 살렸다는 점에서 크게 주목할 혁명가이다. 이와 표면적으로 연관된 것은 그의 '정치우선성론'(primacy of the politics)이다. 적어도 이 명제에서만큼은 레닌은 경제결정론—아무리 세련된 형태이든—에서 훌쩍 벗어나 있는 것처럼 보인다. 그러나 레닌의 이러한 성취는 그 한계와 직결되어 있다. 그의 정치우선성 테제의 실천적 핵심은 전위가 대중을 지도하여 국가권력을 장악하는 것이다. 그런데 전위의 특수한 위치는 어디에서 오는가? 기본적으로 현실의 객관적 법칙 혹은 역사의 합법칙성에 대한 독점적 파악이다.

기 관료체제로 전락할 위험을 감수하면서 독특한 집단이자 새로운 유형의 당인 〈당〉에 적용될 것이었다. …그러나 비물질적 변형이, 그것이 적용될 집단 즉 〈당〉 자체가 조직되기 이전인 7월 4일에 언표되었다는 사실은 남아있다. "모든 개별 슬로건은 특정의 정치적 상황의 특수한 측면들의 총체로부터 도출되어야 한다." 만일 이 특수한 측면들이 정치에 속한 것이지 언어학에 속한 것이 아니라는 반대가 나온다면, 정치가 얼마나 철저하게 언어를 안으로부터 작동하는지, 그리하여 어휘뿐만 아니라 구조 및 모든 어구요소들로 하여금 명령어가 변함에 따라 변하게 만드는지를 말해야 할 것이다. 일정 유형의 언표는 그 화용론적 함축의 기능으로서만, 바꾸어 말하면 함축적 전제들, 내재적 행동들 혹은—언표에 의하여 표현되고, 몸들(bodies)의 새로운 배열을 도입하는—비물질적 변형들과의 관계 속에서만 평가될 수 있다. 11)

이는 확실히 혁명적이다! 언어로 하여금 이미 창조된 현실을 뒤쫓으며 반영하도록 하는 것이 아니라 현실보다 앞서가며, 새로운 현실을 창조하도록 하는 것! 현실 속에서 행동하도록 하는 것!

4. 법칙의 부정—자연과학에서의 새로운 성과

반영을 넘어서 존재하는 언표 혹은 표현의 차원에 대한 구체적 논의로 진행하기 전에 자연과학에서의 최근의 성과를 잠깐 살펴보기로 하자. 맑스와 엥겔스는 자신들의 정치사상을 발전시키면서 당시 과학의 발전을 충분히 알고 있었으며 그 성과를 그들의 철학적 사유와 연결시켰다. 엥겔스의 『자연변증법』은 이 점에 집중한 저작이다. 그런데 자연과학분야에서도 그동안 사회주의의 붕괴에 맞먹는 변화가 일어남으로써 일명 과학적 사회주의인 레닌주의를 기초에서부터 허물어뜨릴 수 있는 가능성을 배태하게 되었다. 여기서 다음의 몇 가지 점들이 이 글의 주제와 관련하여 주목할 만하다.

1) '객관적 현실'의 부정

전통적인 과학을 가능하게 했던 것은 양자 역학자인 쉬뢰딩거가 '객관

---

11) Gilles Deleuze and Félix Guattari, *A Thousand Plateaus: Capitalism and Schizophrenia*, tr. Brian Massumi (Minneapolis: University of Minnesota Press, 1987), p. 83.

화'(objectivation)라고 불렀던 원칙이다. 이는 우리가 사는 현실 세계에서 '주체' 혹은 '정신'을 제거하는 것을 의미한다. "우리는 몸을 뒤로 물려서 세계에 속하지 않는 구경꾼의 역할을 한다. 이렇게 우리 자신이 물러난 세계는 객관적 세계가 된다."[12] '객관화'는 피치 못할 과정이었을지도 모르며, 또한 그 자체로 인간의 능력의 어떤 성취를 의미할지도 모른다. 그러나 쉬뢰딩거는 이러한 '객관화'가 이제는 막다른 골목에 도달했으며 안티노미 상태에 놓여 있는 것으로 파악하며, 그 해결을 위해서는 과학적 태도가 새로이 정립되어야 한다고 역설한다.[13]

2) 법칙의 부정과 사건의 긍정

'객관화'는 현실에서 반복되는 관계를 법칙으로 간주하게 해준다. 주체의 영향력은 이미 배제되었기에 반복되는 관계는 (사이비) 영원성을 획득하는 것이다. 따라서 전통적인 과학의 핵심은 곧 객관적 법칙의 파악이었으며, 과학적 세계관을 표방하는 레닌주의가 역사적 법칙의 파악에 골몰한 것은 이에 비추어 보아 당연한 일이었다.

이제 새로운 과학은 이런 법칙은 존재하지 않는다고 본다. 존재하는 것은 '사건'들의 연속이다. '사건'이란 기존의 법칙으로는 파악되지 않는 현상을 말하는데, 이제 과학은 법칙의 과학이 아니라 '사건'의 과학이 되어야 한다는 것이다. 물론 법칙 즉 일정한 관계의 반복적 존속이 존재하지 않는다는 것은 아니다. 그러나 법칙의 존재보다는 기존의 법칙으로 파악되지 않는 '사건'의 등장이 더 일반적이며 따라서 더 상위의 원리라는 것이다.

3) 결정론의 부정과 시간의 창조성

법칙의 일반성이 부정되면 미리 정해져 있는 것은 없다는 말이 된다. 어떤 '사건'이 일어나서 새로운 법칙을 (물론 일시적으로지만) 만들지도 모르

---

12) Erwin Schrödinger (1992), "Mind and Matter," in *What Is Life? with Mind and Matter & Autobiographical Sketches* (Cambridge: Cambridge University Press, 2000), p. 118. "Mind and Matter"는 1958년에 처음 발표되었다.
13) Ibid., p. 112 참조.

기 때문이다. 따라서 결정론은 거부되며, 결정론과 짝을 이루는 시간의 가역성(reversibility of time)도 거부된다. 가역적 시간에서는 일정한 조건이 주어지면 그 미래도 알 수 있고 또 그 과거도 알 수 있다. 새로운 과학이 복원하고자 하는 것은 '시간의 화살' 즉 시간의 비가역성이다. 비가역적인 시간에서는 미래는 정해져 있지 않으며 무슨 사건이 일어나느냐에 따라서 달라진다. [14]

4) '재현'의 부정

인간의 정신(혹은 그것의 표현물인 언어 등)이 외부 현실을 '재현'한다는 것은 원칙적으로 불가능한 환상이라는 인식 역시 과학에서의 새로운 통찰의 일부를 이룬다. 이미 쉬뢰딩거가 이에 대해서 분명한 인식을 보여주고 있다. 그는 과학모델이 재현적이라기보다는 기능적이라고 본다. 그래서 옳고그름은 그 진실성에 대한 기준으로 맞지 않다는 것이다. [15]

인식의 비재현성에 관하여 집중적으로 파고든 이들은 마투라나·바렐라이다. 생물학자들인 이들은 인체에서 인식과 관련되는 부분인 신경체계의 작동방식에 대한 과거의 견해를 뒤집는다. 과거에는 신경체계를 유기체가 환경으로부터 정보를 얻는 도구로 간주하였으며, 이 정보를 사용하여 유기체가 세계에 대한 '재현'을 구축하는 것으로 생각했다. 이에 따르면 환경의 고유한 특징들이 신경체계에 각인되며, 신경체계가 행위를 발생시키기 위하여 다시 그것을 사용하게 된다.

그러나 신경체계는 '재현'의 방식으로 작동하지 않는다는 것이 이들의 주장이다. '재현'에서는 지식의 짐이 세계 속에 있는 미리 주어진 항목들에 지워지며, 살아있는 존재(생명체)의 자율성에 적합한 의의와 의미의 창조가 들어설 여지는 박탈된다. 그런데 생명체는 신경체계뿐만 아니라 그 뿌리인 세포의 자기창조에서부터 이미 자율적이라는 게 이들의 생각인 것이다. [16]

---

14) 이 문제는 Ilya Prigogine, *The End of Certainty: Time, Chaos, and the New Laws of Nature* (New York: The Free Press, 1997)에서 집중적으로 다루어지고 있다.
15) Erwin Schrödinger, "Science and Humanism," in "*Nature and the Creeks*" and "*Science and Humanism*" (Cambridge: Cambridge University Press 1996), p. 128 참조.
16) 이에 대해서는 Humberto Maturana and Francisco Varela, *The Tree of Knowledge:*

5. 맑스의 「1844년 경제·철학수고」

자연과학 분야에서의 이러한 새로운 통찰들은 반영론의 토대를 더욱더 약화시킬 수밖에 없다. 그런데 카오스론으로 통칭되는 새로운 과학이 보여주는 인문학(인간학)적 성격(혹은 그것과의 친화성)은 「경철수고」에서 맑스가 말한 '하나의 과학'―"인간과학이 자연과학을 통합하게 되듯이 자연과학은 조만간 인간과학을 통합하게 될 것이다"―을 상기시킨다. 이것은 결코 우연이 아니다. 이제 맑스의 「경철수고」를 다시 살펴보는 데서부터, 반영을 넘어선 원리에 대한 직접적 논의를 시작하기로 하자.

「경철수고」에서 맑스는 인간이 소외되지 않은 상태, 혹은 소외를 지양하고 났을 때의 상태, 혹은 인간(주체)과 자연(객체)의 소외되지 않은 관계, 즉 삶의 소외되지 않은 표현(Lebensäußerung, expression of life)를 다음과 같이 서술한다. 17)

한편으로는 대상적 현실이 사회 어디에서나 개인에게 인간적 본질력의 현실로 될 때에만―인간적 현실로, 따라서 인간의 특수한 본질력의 현실로 될 때에만―모든 대상은 인간에게 인간 자신의 대상화로, 인간 자신의 개별성을 긍정하고 실현하는 대상으로, 자신의 대상으로 된다. 즉 인간 자신이 대상이 된다. 현실이 인간 자신의 것이 되는 방식은 대상의 성격에 달려있으며 그에 상응하는 본질력의 성격에 달려있다. 왜냐하면, 이 관계의 구체적 특성이 긍정의 특수하고 현실적인 방식을 구성하기 때문이다. 하나의 대상은 눈의 대상이 될 때와 귀의 대상이 될 때가 다르며, 눈의 대상은 귀의 대상과 다르다. 모든 본질력의 특수성은 바로 그 특수한 본질이다. 따라서 또한 그 대상화의 특수한 방식이며 그 대상적으로 현실적인, 생동하는 존재이다. 사유에서만이 아니라 모든 감각에 있어서 인간은 대상적 세계 속에서 긍정되어야 한다. 18)

The Biological Roots of Human Understanding (Revised Edition), tr. Robert Paolucci (Boston & London: Shambhala 1998) 참조.
17) 소외된 경우는 Lebensentäußerung이라고 한다.
18) *Marx Engels Werke* Band 40 (Berlin: Dietz Verlag, 1985), p. 541.

이 구절에서, 그리고 「경철수고」 전반에 걸친 논의에서 인간과 현실의 관계는 다음과 같은 특성을 갖는다.

① 대상세계는 인간의 본질력을 함축한다. 즉 대상은 바로 '인간적 대상' (der menschliche Gegenstand) 이다.

② 인간의 본질력은 대상세계에서 펼쳐진다. 즉 대상세계는 '대상화된 인간' (der vergegenständlichte Mensh) 이다.

③ 인간의 본질력과 그 본질력이 펼쳐지는 대상세계는 어느 하나가 없으면 다른 하나도 없는 관계에 있다. 표현(대상화)되지 않는 본질은 없으며, 인간화된 자연의 경우 본질력을 함축하지 않은 대상도 없다.

④ 본질력의 대상화의 결과인 대상세계와 본질력의 관계는 다수성으로 특징지어진다. 현실이 인간 자신의 것이 되는 방식은 대상의 성격에 달려있으며 그에 상응하는 본질력의 성격에 달려있는데, 대상은 본질력은 무한히 다양하기 때문이다.

⑤ 양자는 재현관계, 지칭관계 혹은 일대일 지시관계에 있지도 않다. 오히려 소외의 물적 표현인 사적 소유의 관계가 바로 이러한 지칭 혹은 지시관계에 가깝다. 이는 인간과 사물의 다양한 관계를 오로지 소유관계로 환원함으로써 이루어진다. "따라서 모든 육체적·정신적 감성 대신에 이 모든 감각의 단순한 소외인 소유의 감각이 들어선다."[19] 이런 의미에서 소유관계란 사람과 사물 사이에 수립된 일대일 혹은 일대다의 단순한 상응관계—두 집합간의 대응관계—이다.[20]

⑥ 양자는 또한 모사, 복사, 재생관계에 있지도 않다. 본질력과 그것이 펼쳐진 대상 사이에는 형태상의 유사성이 필연적으로 존재하는 것이 아니기 때문이다.

⑦ 본질력의 주체적 존재는 이론과 통일된 감각이다.

이러한 이유로 소외의 극복을 지향하는 맑스의 인간해방 프로젝트는 계급이익의 극대화도 아니요 정치권력의 획득도 아니며 오히려 인간의 삶의

---

19) Ibid., p. 540.
20) 소유관계의 이면을 이루는 것은 사물에서 인간의 본질력이 제거되고 그 자연적 효용만 남기는 환원작용이다.

힘 혹은 본질력이 대상세계 속에서 자신을 표현하는 관계의 회복을 노리는 프로젝트, 미적인 동시에 정치적인 프로젝트임이다.

사적 소유의 지양은 따라서 모든 인간적인 감각과 속성의 온전한 해방이다. 그러나 이 해방은 이 감각과 속성이 주체적으로나 대상적으로나 인간적으로 됨으로써 이루어진다. 눈은 그 대상이 사회적이고 인간적인 대상, 인간을 위하여 인간으로부터 발생하는 대상이 됨에 따라 인간적인 눈이 된다. 따라서 감각은 그 실천 속에서 직접적으로 이론가가 된다. 감각은 사물 자체를 위해서 사물과 관계 맺지만, 사물이란 바로 자기자신과 인간에 대하여 대상적이고 인간적으로 관계맺는 것을 본성으로 하며 또한 그 역도 마찬가지다. 21)

「경철수고」에서 맑스가 그리는, 인간과 대상세계 사이의 소외되지 않은 관계는 인간의 본질력의 (대상화를 통한) 자기긍정으로서 이는 자연으로서의 인간 그리고 인간으로서의 자연 외부에, 삶의 표현 외부에 그 어떤 가치나 척도도 설정하지 않는다는 점에서 삶의 자기가치화로 불릴 수 있다. 이에 비해서 소외된 삶, '노동'으로 환원된 삶22) 은 자본의 가치화에 종속된 삶이며, 국가권력의 위로부터의 매개에 종속된 삶이다.

6. '표현'개념 (1)—'감쌈'과 '펼침'

지금까지 「경철수고」에 대한 논의는 삶의 활동 전체를 '표현'의 관점에서 살펴본 것이었다. 미학의 주된 관심사는 물론 삶의 활동의 일부인 예술과 현실의 관계이다. 그러나 이 관계는 삶의 활동 전체라는 더 넓은 맥락 속에서 보지 않는 한 근시안적 고찰에 머물기 쉽다. 여기서 우리는 넓은 의미의 표현과 좁은 의미의 표현—즉 예술작품이나 언어 등—을 연결시킨 대표적 사례인 들뢰즈(그리고 가타리)의 통찰을 살펴보기로 하자.

들뢰즈의 『철학에서의 표현주의: 스피노자』에서 스피노자 철학의 핵심개

---

21) Ibid.
22) 맑스가 보기에 '노동'은 소외의 물적 형태인 사적 소유의 인격화 혹은 주체화에 해당한다. 다시 말해서 '활동하는 사적 소유'이다.

넘으로서 '표현'개념에 집중적으로 파고든다. 논의의 편의를 위하여 들뢰즈의 논지를 단순화하자면, ① 표현관계는 '스스로를 표현하는 것', '표현되는 것', '표현 그 자체'로 구성되는 삼항일조적 관계이다. (일반적으로 반영이 이원적이거나 일대일대응적 관계인 것과 다르다.) ② 표현관계는 '감쌈'(혹은 '포함', involvere)과 '펼침'(혹은 '설명', explicare)이라는 상관개념들로 구체화되는데, 이는 서로 모순되는 것들이 아니라 '표현'의 두 측면들이다.

스피노자에게서 '표현'의 삼항일조적 관계는 여러 층위에서 일어난다. 신과 속성23)의 관계에서 일어나고 속성과 양태의 관계에서 일어난다. 후자의 경우에 대해서 들뢰즈는 이렇게 말한다.

> 속성은 실존하는 양태들 속에서 스스로를 펼치며, 속성들에 담겨있는 양태적 본질들은 관계들 혹은 힘들 속에서 펼쳐진다. 이 관계들은 그것을 구성하는 부분들에 의해 발해진다. 그리고 이 힘들은 다시 그것들을 펼치는 어펙션들[외부의 몸이 우리의 몸에 영향을 가하여 그 결과로 일어난 몸의 변화를 말함-인용자]에 의해 발해진다. 〈자연〉에서의 표현은 결코 상징화가 아니며 항상 그리고 어디서나 인과적 **펼쳐짐**이다. 24)

우리는 「1844년 경제철학수고」에 나타난 맑스의 통찰을 이에 비추어 설명할 수 있다. 개인의 본질력은 유적 본질력을 표현하는 양태들이다. 유적 본질력은 개인의 본질력에서 펼쳐지며 개인의 본질력은 유적 본질력을 감싼다(포함한다). 25) 다시 개별적 본질력들 즉 양태들은 외부 현실 즉 대상들에서 펼쳐지며(대상화되며) 대상세계는 본질력들을 감싼다(포함한다). 이러한 '감쌈' 즉 인간의 활동의 산물에 인간의 본질력이 머금어져 있음을 부정하고 그것을 순전한 물적 존재로서만 대하는 것이 바로 사물화이며 소외이다.

---

23) '사유'와 '연장'(extension), 인간에게 해당되는 두 속성이다.
24) Gilles Deleuze, *Expressionism in Philosophy: Spinoza* (New York: Zone Books, 1990), pp. 233-234.
25) "인간의 개인적 삶과 유적 삶은 상이하지 않다. 개인적 삶의 실존방식이 유적 본질의 더 특수하다거나 아니면 더 일반적인 양태일지라도 그렇다. 혹은 유적 삶이 더 특수하거나 더 일반적인 개인적 삶일지라도 그렇다." Karl Marx, *Marx Engels Werke* Band 40, p. 539.

7. '표현'개념(2)—앎과 진리

주지하다시피, 반영론이 함축하는 진리관은 진리를 '정확한 반영'에서 찾는 데 놓여있다. 이른바 상응진리론이다. 그러나 '표현'의 관점에 서있는 스피노자의 진리관은 '정확한 반영'의 지평에 갇히지 않는다. 스피노자는 상응을 부정하지 않는다. 그는 오히려 모든 생각은 이미 대상과 상응하며 여기서부터 지식이 출발한다고 본다.

> 마지막 질문 즉 대상과 일치하는 생각을 가지고 있는지를 어떻게 확신하는가에 대해서는, 인간의 지식은 대상과 상응하는 생각을 가지고 있다는 단순한 사실에서 생긴다는 것을, 바꾸어 말하면 진리는 그 자신의 기준이라는 것을 나는 충분히 명확하게 지적하였다. (『윤리학』 II부, 정리43 주석)

하지만 생각과 대상의 상응은 진리의 '외적 징표'일 뿐이다((『윤리학』 II부, 정의4 설명 참조). 이는 정신의 활동에 대한 판단기준을 정신의 외부에서 찾는 것이다. 스피노자의 '표현'사상에서 정신의 활동과 몸의 활동은 그것이 동일한 실체(substance)—개인의 경우에는 그의 본질(력)—의 두 속성이면서도 각각 자율적으로 능동적인 활동이다. 따라서 정신적 활동의 기준을 정신적 활동의 외부에서 찾는 것은 정신적 활동의 능동적 자율성을 무시하는 것이 된다.

또한 스피노자는 모든 생각은 이미 현실과 상응한다고 보기 때문에 진실과 거짓의 구분을 상응과 비상응에서 보지 않고 존재와 비존재의 차이 즉 지식이 있느냐 없느냐의 차이로 본다. 예컨대 용기있고 정의로운 미국인이 주인공으로 등장하는 영화가 있다고 하자. 일단 상응의 관점을 전제하고, 이 관점에서 이 영화가 진실한지 아닌지를 알기 위해서는 영화 속에 머물지 말고 현실에서의 미국인이 어떤지를 알아야 한다. ('어떤 미국인?'의 문제가 늘 존재하므로 이것은 실로 어려운 일이며 바로 이것이 현실적으로는 중요하지만 여기서는 논의전개의 편의상 일단 문제가 단순하다고 치기로 하자.) 즉 영화 자체만으로는 진실성 여부를 가릴 수 없다는 것이다. 바로 이런 점에서 진리의 외적징표는 정신적 활동 혹은 생각의 자율적 능동성과 무관하다는 것이다.

앞에서 나는 스피노자에게서는 지식의 출발점이 이미 상응을 담은 생각이라고 했다. (다시 말해서 이는 지식의 결과에 대한 평가가 아니라 지식의 분자적 측면이 갖는 상응적 측면의 원리적 긍정이다.) 그런데 현실은 수많은 사물들이 뒤엉켜 움직이고 흐르는 곳이기에 만일 인간의 정신이 능동적이지 못하고 수동적으로 현실을 따라간다면 인간의 머릿속에는 현실의 각 부분들에 상응하는 생각들의 혼란스럽고 무질서한 연쇄밖에는 존재하지 않게 될 것이다. 즉 진리의 '내적 징표'를 결여하게 된다.

외부의 사물을 원인으로 하지 않고 정신의 능동적 활동만을 원인으로 하는 지식, 즉 진리의 내적 징표를 가진 지식을 스피노자는 '적실한 지식' (adequate knowledge)이라고 한다.

> '적실한 생각'이라는 말로 내가 뜻하는 것은, 대상과 무관하게 그 자체로 고려되는 한에서 진실한 생각의 내적 징표의 모든 속성들을 가진 생각이다. (『윤리학』, 정의4)

이것을 '표현'의 관점에서 조금 더 설명해보자. 앞에서 지식의 출발점으로 잡은 생각 즉 애초부터 외부와 상응하는 생각이란 외부의 몸이 우리의 몸에 영향을 가하여 우리 몸에 생긴 변화에 대한 생각—이것이 바로 이미지 (image)이며, 이에 기반을 두는 사고가 바로 '상상'(imagination)이다—에 다름 아니다. 이것은 현실과 상응함에도 불구하고 적실하지 못한 생각이며 표현적이지 못한 생각이다.

> 어펙션들에 대한 생각들은 물론 자신의 원인—즉 외부의 몸의 객관적 본질—을 "포함"하기는 한다. 그러나 "표현"하거나 "설명"하지는 못한다. 또한 우리의 사유하는 힘을 포함하기는 하지만 그것에 의해서 설명되지 않고 우연에 맡겨진다. **그래서 여기서 "포함한다"는 말은 "설명한다" 혹은 "표현한다"의 상관물이 더 이상 아니며, 그 반대말이 된다**…스피노자는 이것을 보통 '어펙션들에 대한 우리의 생각은 우리의 몸의 상태를 암시하지만 외부의 몸의 본성이나 본

질을 설명하지는 못한다'고 정식화한다. 말하자면, 우리가 가진 생각들은 우리
가 구성한 표현적 생각들이라기보다는 우리에게 각인된 기호들이며 암시적 이
미지들이다. 26)

말하자면 '상응'이란 지식의 원시적 형태(혹은 원료?)인 '이미지'에나 해당
하는 것이며 이 수준을 넘어가면 '상응'이 아니라 '표현'이 지식의 '적실함'을
가늠하는 차원이 되는 것이다.

그런데 '표현'은 이중적이다. 예컨대 이미지는 자신의 원인―자신이 그로
부터 파생된 바의 생각―을, 즉 내용적 원인을 표현하지 못하며 그 형식적
원인 즉 우리의 아는 힘을 표현하지도 못한다. (이 아는 힘은 이미지에 의
해서 설명되지 못함은 물론이고 심지어는 아직 포함되지도 않는다고 할 수
도 있다. 아직 사유의 능동적 활동이 일어나기 전이기 때문이다.) '표현'의
이러한 두 차원―스피노자의 용어로는 실체가 가진 무한한 속성들 중에서
인간과 관련된 두 개의 속성―즉 사유(정신적 활동성)와 연장(몸들의 세계
혹은 물질세계)의 관계를 스피노자는 '동일하다'고 본다. 생각들의 순서와
연결은 사물들의 순서와 연결과 **동일**하며, 사유와 연장은 **동일한** 실체의
두 측면이다(『윤리학』 2부 정리7 참조). 이것이 스피노자의 독특한 평행주
의(parallelism)이다. 즉 사유와 연장은 서로 인과관계에 있지도 않고, 재현
관계나 상응관계에 있지도 않으며 그러면서도 동일한 실체의 두 측면을 이
루는 것이다. 이는 시간과 공간의 관계와 유사하게 느껴지지만, '표현'관계
를 그 핵심으로 한다는 점에서는 차이가 난다. 27) 스피노자에게는 거울이
아니라 빛이 진리의 비유인 이유는 바로 이 때문이다.

> 빛이 빛 자체와 어두움을 모두 보여주듯이, 진리가 자기자신과 거짓 모두의 기
> 준이다. (『윤리학』, 정리 43, 주석)

---

26) Gilles Deleuze, *Expressionism in Philosophy: Spinoza*, p. 147.
27) 맑스는 「경철수고」에서 사유와 존재의 관계에 대하여 "사유와 존재는 실로 상이하다.
그러나 동시에 서로 통일되어 있다"라고 말한다. 이는 비록 헤겔의 어법을 빈 것이기는 하
지만 그 내용에 있어서는 스피노자에 가깝다. 헤겔에서는 모든 것이 〈절대정신〉이라는 〈일
자〉(一者)의 자기전개과정이지만, 맑스에게서는 사유와 존재 모두 인간의 다수적인 본질력
의 표현이며 활동성이기 때문이다.

8. '표현'개념(3)—작품

반영론은 기본적으로 작품을 세계의 이미지(거울상)로 본다. 따라서 아무리 세련된 형태의 반영론일지라도 스피노자가 '이미지'에 대해서 말한 문제점, 즉 사유를 표현성이 없는 고정된 그림으로 보는 것의 문제점을 모면하기는 힘들다. 또 하나, 반영론은 작품과 외부세계를 지극히 협소한 관계로 환원한다. 이는 작품을 구성하는 기호들[28]의 집합과 외부세계에 존재하는 사물들 혹은 사태들의 집합을 단순하게 대응시키는 방식에 의해 이루어진다. 이렇게 작품과 현실의 관계를 단순한 대응관계로 환원하는 사고방식은 작품도 현실의 일부라는 사실, 현실을 구성하는 바로 그 소재인 물질로 이루어져 있다는 사실을 망각한다. 물론 이 사실을 인정하는 것만으로 작품과 현실의 독특한 관계 혹은 작품의 독특한 본성을 파악하는 데 도달하지는 못한다. 작품의 표현적 성격에 대한 파악에 이르러야 비로소 이것이 가능해진다.

실상 앞에서 말했듯이 모든 현실—정신적 활동과 물질적 활동—이 이미 표현적이다. 그것은 자연 속에 존재하는 힘의 표현이며, 서로 상호관계 속에 있는 다른 현실부분들의 표현이다. 그러나 표현의 정도에서는 각 현실부분들('양태')마다 차이가 난다. 앞에서도 지적했듯이 어떤 현실부분은 '표현'의 두 측면 중에서 '함축'만 해당하는 수도 있다. 뿐만 아니라 양태가 무한하기 때문에 표현의 방식 자체도 무한하다.

예술작품은 고도로 복합적인 표현성을 띤 특수한 현실부분이다. 즉 작품과 현실의 관계는 재현, 반영, 상징이 아니라 '표현'이다. 작품은 우선 작가의 창조력—이는 다시 자연의 창조력, 스피노자의 용어를 빌면 신의 힘의 표현이다—의 표현이다. 다른 한편 작품은 버추얼한 현실의 표현이다. 이 버추얼한 현실은 실제적 현실(물질적 현실)은 아니지만 그 자체로 이미 현실이며 우리가 사는 세계의 필수적인 구성부분이다. 레닌에 관한 논의에서 이미 선을 보였지만, 들뢰즈는 버추얼한 현실을 창출하는 이러

---

28) 언어만이 아니라 물감과 소리 등을 포함한 모든 표현소재를 말한다.

한 측면을 언어와 관련하여 '비물질적 변형'(incorporeal transformation)이 라고 부른다.

> 이 행동들〔언어에 내재하는 행동들을 말함 - 인용자〕은 주어진 사회에서 작용하 고 있으며 그 사회의 몸들(bodies)로 **귀속되는 비물질적 변형**들의 집합으로 정의되는 듯하다. 우리는 "몸"이라는 말을 가장 넓은 의미에서 사용할 수 있다 (정신적 몸들이 있다, 영혼들은 몸들이다, 등등). 그러나 우리는 이 몸들에 영 향을 미치는 능동적 행동과 수동적 겪음을 비물질적 속성을 가진 행동들 혹은 진술 속에 "표현된 것"으로부터 구분해야 한다. 29)

들뢰즈·가타리는 이것을 판사의 선고를 예를 들어 설명한다. 이미 일어난 일인 범죄와 나중에 일어날 일인 처형은 몸들에 영향을 미치는 행동 혹은 겪음이다(재산이라는 몸, 피해자의 몸, 범죄자의 몸, 감옥이라는 몸). 그 러나 피의자를 범죄자로 바꾸는 것은 판사의 선고에서 표현된 것(the expressed)으로서 이는 순전히 순간적인 행동 혹은 비물질적 속성이라는 것 이다. 마찬가지로 "너는 더 이상 어린애가 아냐"라는 진술은 그것이 비록 몸 들에 적용되고 몸들의 행동과 겪음 속으로 삽입되지만 비물질적 변형에 관 련된다고 한다. 이제 언어는 (그리고 작품은) 이러한 표현적 속성으로 인하 여 현실을 반영하는 데 국한되는 것이 아니라 현실에 앞서기도 하는, 현실 을 창출하기도 하는 능력을 인정받는다. 물론 이 능력이 작품마다 발휘되는 것은 아니지만 말이다.

버추얼한 현실은 기의가 아니다. 또한 물질적 현실도 기표가 아니다. 그 런데 물질적인 현실이 기표로 코드화(환원)되고, 버추얼한 현실이 기의로 코드화(환원)될 때 재현관계 혹은 상응관계가 들어선다. 그리고 여기서 기 표의 권력이 자라게 되는 것이다. 이렇게 기호작용—즉 기표와 기의의 관 계—으로 환원되지 않은 표현작용을 들뢰즈·가타리는 '언표'(enunciation) 라고 부른다.

---

29) Gilles Deleuze and Félix Guattari, *A Thousand Plateaus*, pp. 80-81.

9. 글을 맺으며—'거울'에서 '뿌리줄기'로

지금까지의 논의에서 보았듯이 반영론과 긴밀하게 연관된 '거울'이라는 전통적인 비유는 '표현'의 소외를 함축한다. 또한 그것은 자본의 법칙을 끊임없이 뒤쫓아가거나, 그보다 더 나아간다고 해도 권력에 권력을 대응시킬 뿐인 전통적 좌파의 슬픈 운명을 함축한다. 들뢰즈가 거울에 맞세우는 더 본격적인 비유는 '뿌리줄기'(rhizome)이다. 이에 대한 자세한 논의는 좀더 넓은 공간을 더 필요로 한다. 따라서 이는 차후의 과제로 돌리고 지금까지의 '표현'에 대한 논의와 관련하여 '뿌리줄기'의 몇 가지 특성을 언급하면서 이 글을 맺고자 한다.

주지하다시피 루카치의 반영론의 특징은 작품의 부분이 현실의 부분을 반영한다는 기계적 반영론을 비판하면서 총체로서의 작품이 역사의 합법칙적 운동을 반영한다고 보는 데 있다. 그러니까 루카치에 따르자면 작품의 각 부분은 일단 외부로 연결되기 전에 그 자체로 하나의 구조를 이루게 되어있고, 그것이 다시 외부로 연결—물론 대응관계에 의한 연결—되는 것이다. 이에 반해서 들뢰즈·가타리의 '뿌리줄기'에서는 그 어느 지점에서라도 다른 그 어떤 것에도 연결될 수 있으며 또 그래야 한다.[30] 따라서 고정된 질서는 없다. 그것은 '흐름'이다. 우리가 흘러가는 강을 놓고 그것이 다른 무엇을 반영한다고 할 수 없는 것과 꼭 마찬가지로 '흐름'으로서의 작품, '뿌리줄기'로서의 작품에 대해서도 그것이 다른 무엇을 반영한다고 할 수 없다. 표현작용은 그 '흐름'내에서, '뿌리줄기'내에서 일어난다. "**언표의 집단적 아쌍블라주는 기계적 아쌍블라주**내에서 직접 기능한다."[31] 양자가 분리가 되지 않기에 재현관계나 상응관계가 해당되지 않는 것이다.

마치 얼굴 근육의 일정한 배열이 우리가 '웃음'이라고 통칭하는 특정의 표현성을 띠듯이 배열된 기호들은 그 배열의 상태에 따라서 표현성을 띠게 되는 것이다. 여기서 배열이 유동적이듯이 그 표현도 유동적이다. 이 유동성은, 배열되는 기호들이 기표나 기의로 코드화된 것들로만 구성된 것이 아니

---

30) Ibid., p. 7 참조.
31) Ibid.

라 다른 코드화들—생물학적, 정치적, 경제적 등등—도 포함하고 있다는 점에도 기인한다. 32) 작품 혹은 '뿌리줄기'를 구성하는 기호들의 연쇄는 이렇 듯 아주 다양한 행동들—언어적일 뿐만 아니라 인식, 모방, 제스처 등과 관련된 여러 층위의 행동들—을 집적한다. 이것은 다수성의 해방이며, 절 대적 민주주의이다. 33)

'뿌리줄기'에서는 기표나 기의로 코드화되는 기호들과 그렇지 않은 기호 들 사이의 경계가 유동적이 됨으로써 그 다양성이 더욱 높아지며, 이에 따 라서 낡은 경계가 무너지고 새로운 경계가 수립될 가능성이, 혁명의 가능성 이 항존한다. 이런 점에서 '뿌리줄기'는 정치적 비유이기도 하다. 과거에 반 영론자들이 '현실의 올바른 반영'에 갇힘으로써 대중의 소외에 다름 아닌 전 위주의를 뒷받침해주었다면, 이제 '뿌리줄기'는 매개도 없고 초월도 없이 '표현'되는 다중의 활력 그 자체이지 않은가.

---

32) 예컨대 우리가 시를 읽을 때는 단어들의 사전적 의미—기표와 기의의 상응관계—만이 아니라 행가름 및 연가름을 포함한 시행의 시각적 배열, 소리이미지, 단어들의 통사구조를 넘어선 연관, 행간에 잠재된 표현내용 등등의 가능한 모든 차원이 고려된다.
33) 이 점에 대해서 가타리는, 언표는 때때로 연주가들에 대한 통제를 잃어버리는 것을 용 인하는 오케스트라 지휘자와 같다고 말한 바 있다. Félix Guattari, "Ritornellos and Existential Affects," in Gary Genosko, ed., *The Guattari Reader* (Cambridge: Blackwell Publishers, 1996), p. 165 참조.

리얼리즘과 생산이론

양종근(문예미학)

1.

2003년에 창간된 한 잡지는 '리얼리즘을 넘어서'라는 표제의 특집을 내걸고 있으며 그 특집 중 한 논문의 제목은 「문제는 리얼리즘이 아니다」였다.[1] 이 잡지의 특집 논문들을 읽으면서 시종일관 드는 생각은, 리얼리즘이 정말이지 여전히 문제로구나 하는 것이었다. 논자에 따라서는 한참이나 과거인 19세기의 문학형식으로 치부해 버리기까지 하는 리얼리즘을 21세기에서도 여전히 '문제가 아니다'라고 새삼 강조하는 이유는 이 새로운 시대에도 여전히 그것이 유효하고 나름대로의 영향력을 행사하고 있기 때문이 아닐까. 문제가 아니란 말은 역설적이게도 아직도 진행중인, '문제적'인 성격을 드러내는 것이기도 하다.

리얼리즘은 서구에서뿐 아니라 우리의 문학 진영에서도 오랫동안 영향력을 행사해왔다. 식민지 시대 카프 작가들이 사회주의리얼리즘을 두고 맹렬한 수용논쟁을 벌였던 때부터 해방 이후 백낙청의 민족문학론과 80년대의 민중문학론과 노동문학론에 이르기까지 리얼리즘은 민족의 해방과 계급투쟁, 그리고 민주주의의 발전이라는 당대의 사회적 염원을 형상화하라는 요구와 충실히 관련 맺어왔다. 그리고 리얼리즘 문학에 형상화하기를 요구했

---

1) 『문학수첩』 창간호, 2003년 봄 참조.

던 사회적 모순과 갈등은 아직도 해결되지 않은 채 남아있다. 그리고 이제 우리는 리얼리즘의 용도폐기를 주장하고 있다. 맑스주의를 우리사회의 운동들과 결별시키고 폐기하려는 주장과 리얼리즘을 초월하자는 주장은 사실 그리 다른 입장에 근거한 것 같지는 않다.

리얼리즘은 맑스주의와 오랫동안 행복한 밀월관계를 유지해왔다. 그런 이유로 맑스주의만큼이나 리얼리즘은 많은 오해와 비판을 받아온 것도 사실이다. 맑스주의 진영 밖으로부터는 말할 것도 없고 내부에서도 맑스주의의 쇄신은 리얼리즘에 대한 비판과 그 괘를 같이했다. 내부 비판의 대표적인 경향 중의 하나가 바로 알튀세르와 그의 철학 이론에 근거한 생산이론이며 비판의 주 대상은 루카치이다. 생산이론을 주장하는 사람들은 루카치 리얼리즘론의 반영과 총체성 개념을 헤겔적인 관념론으로 손쉽게 결론짓고 이를 부르주아 휴머니즘과의 동맹으로 간주한다. 이들과의 단절을 주장하며 자신들의 이론을 차별화함으로써 리얼리즘과 생산이론간의 생산적인 대화의 가능성은 차단되고 선택의 문제만 남겨지게 되어 버렸다.

이 글은 이러한 이론적 난맥에 봉착하여 리얼리즘에 대한 맑스주의 진영 내의 평가를 재고해보는 것을 목적으로 한다. 리얼리즘과 그것이 의존하고 있는 반영 개념, 총체성, 전형 등은 이제 문학 박물관이나 고문서실에서나 유효한 것인지, 혹은 헤겔주의의 딱지를 붙인 채 부르주아 문학이론이라는 혐의 속에 맑스주의와 결별해야 하는 것인지, 아니면 사회적 모순과 투쟁에 있어 여전히 날카로운 무기가 될 수 있을 것인지 생산이론과의 생산적인 대화를 통해 규명해보고자 한다.

2.

리얼리즘 이론의 대표자라고 할 수 있는 루카치는 반영이론을 리얼리즘론의 출발점으로 삼는다. 그에게 반영 개념은 문학을 사회와 무관한 상상력의 작용 혹은 자유로운 창조정신으로 파악하고 형식 실험에만 치중하는 순수문학적 입장과 반영의 변증법적 특성을 이해하지 못하는 기계론적 모사론을 비판하기 위한 것이다. 이러한 비판을 위해 (1) 존재가 의식을 규정한다는 현실의 의식에 대한 우위성과 (2) 부단히 변화하는 현실의 변증법적 과정에 대한 이해를 주장한다. 이러한 주장은 맑스주의자들에게는 이미 고전이 되어버린 다음과 같은 맑스의 명제를 출발점으로 삼고 있다.

인간은 그들 생활의 사회적 생산에서 그들의 물적 생산제력의 일정한 발전수준에 조응하는 일정한, 필연적인, 그들의 의사와는 무관한 제관계, 생산관계를 맺는다. 이 생산 제관계 전체가 사회의 경제적 구조, 현실적 토대를 이루며, 이 위에 법적이고 정치적인 상부구조가 세워지고 일정한 사회적 의식형태들이 그 토대에 조응한다. 물적 생활의 생산양식이 사회적, 정치적, 정신적 생활과정 일체를 조건지운다. 인간의 의식이 그들의 존재를 규정하는 것이 아니라, 반대로 그들의 사회적 존재가 그들의 의식을 규정하는 것이다.[2]

존재의 의식에 대한 '규정력'과 의식의 현실적 토대에 대한 '조응'이라는 기본적인 맑스주의 공식을 루카치는 따르고 있지만 루카치의 반영이론은 반영 대상과 반영물간의 관계에 대한 문제설정에서 관념론으로 낙인찍힌다. 루카치는 부단히 변화하는 현실의 법칙들은 의식 속에 추상화된 법칙들보다 언제나 앞서있고 풍부하다고 생각한다. 이는 의식이 현실에 수동적으로 따라가는 듯한 인상을 심어준다. 즉 '규정된 의식'의 성격에 대한 문제가 제기되는 것이다. 윌리암스의 주장대로 아무리 정교화되었다 할지라도 루가치의 반영 개념에는 '관념적 실체론'의 혐의가 있다는 것이다.

생산이론가들은 관념적 실체론으로 규정되는 이런 반영 개념을 거부한다. 그러나 반영이라는 개념 자체를 거부하지는 않는데, 이들의 반영에 대한 새로운 정식은 다음과 같다. (1) 변증법적 유물론은 반영의 객관성을 확증하며, 따라서 반영으로서의 사유의 객관성도 확증한다. (2) 사유는 사유에 앞서 있으며 사유로 환원될 수 없는 물질적 실재를 통해 결정되며 이와 동시에 사유 자체가 곧 물질적 실재이다.[3] 이러한 정식화에서 '사유 자체가 곧 물질적 실재'라는 주장이 새로운 반영 개념의 핵심이라고 할 수 있는데

2) 칼 맑스, 『정치경제학비판을 위하여』, 김호균 역, 중원문화, 1989, 7쪽.
3) 에티엔느 발리바르, 피에르 마셔레이, 「유물론적 방법에 관한 테제들」, 이승훈 편역, 『유물론 반영론 리얼리즘』, 백의, 1995, 159쪽.

이는 알튀세르의 이데올로기에 대한 일반 이론에서 유래한 것이다. 알튀세르는 자신의 「이데올로기와 이데올로기적 국가장치」에서 다음과 같이 주장한다.

하나의 주체만을 고려하자면 그의 믿음에 대한 사고들의 존재는 물질적이다. 그의 사고들이, 이 사고들이 유래하는 물질적인 이데올로기 장치에 의해 그 자신 규정되는 물질적 관습들에 의해 제한되는 물질적 실천들 속에 삽입된 물질적 행동이라는 면에서 그러하다. 4)

만약 한 개인이 기독교라는 종교적 믿음을 받아들인다면 그것은 단순히 그의 사유내의 관념에 그치는 것이 아니다. 종교는 일요일 오전의 달콤한 휴식을 반납하고 미사 혹은 예배를 위해 몸을 일으키고, 무릎을 꿇고, 성호를 긋고, 두 손을 모아 기도를 하며 일정 금액의 헌금을 내는 등의 그 이데올로기가 요구하는 특정한 양태의 물질적 행위를 포함한다. 이러한 행위들은 물질적 관습들에 의해 제한되며 관습에 의한 물질적 실천들 속에 물질적 행동으로서 삽입된다. 사유를 둘러싼 이데올로기적 실천 영역의 중요성과 사유 자체의 (이데올로기적인) 실천적 함의를 강조하는 생산이론가들의 주장은 분명 올바른 지적이다.

그러나 루카치의 반영이 과연 현실을 수동적으로 수용하는 관념적 실체로서의 의식 정도로 정의될 수 있는지는 여전히 의문이다. 감각적으로 받아들여진 질료에 대한 의식의 추상화 개념화 작업에 반영의 핵심이 있는 것은 아니다. 이것은 객관적 관념론의 주장일 뿐이다. 오히려 반영은 루카치도 설명하고 있듯이 '인식과 실천의 변증법적 과정 전체'로 파악해야 한다. 루카치는 반영의 객관성에 대한 주장에 이어 곧바로 '생동하는 관찰에서 추상적 사유에로 그리고 여기에서 실천적 활동에로'라는 레닌의 말을 인용하면서 인식과 실천의 분리불가능성을 지적한다. "인식론에서의 확고한 객관주의와 그것의 실천과의 밀접한 연관 사이의 이와 같은 관계는 맑스-레닌주의

---

4) 루이 알튀세르, 「이데올로기와 이데올로기적 국가장치」, 『아미엥에서의 주장』, 김동수 역, 솔, 1991, 113-114쪽.

의 유물론적 변증법의 본질적인 계기 가운데 하나이다. 외부세계의 객관성은 인간의 실천을 운명론적으로 결정하는 어떠한 비활성적인 고착된 객관성이 아니다. 그것은 인간의 실천과 가장 밀접하게 상호작용한다."[5] 인식과 실천은 분석의 편의상 구분되는 것이지만 반영에 있어서 절대로 분리될수 없는 계기들이다. 인식과 실천을 구분하는 것은 자연과학적 실험 가설모델 정도로 반영을 격하시키는 것일 뿐이다.

사유의 물질성이란 사유된 것이 사유를 가능하게 하는 객관 세계에 구체적인 효과를 지닌다는 뜻이다. 사유된 것이 그것의 환경에 아무런 영향을 끼치지 않는다면 그리고 그것이 특정한 환경에서의 실천(어떠한 형태이든지)의 결과가 아니라면 그것의 물질성은 불가능하게 된다. 루카치에게도 인식은 이미 실천의 결과물이며 실천은 인식을 가능하게 하는 유일한 것이다. 인식과 실천은 분리될 수 없으며 서로를 규정하는 변증법적인 무한한 과정을 의미한다. 새로운 실천을 가능하게 하는 인식이란 더 이상 관념적 실체가 아니며 인식 주체의 실천을 통해 외화되는 물질적 효과를 지닌다. 인식과 실천의 부단한 과정은 현실이 부단히 변화해가는 과정이며, 인간의 실천 또한 이러한 현실적 과정의 일부를 구성한다.

그래서 루카치의 논의대로 의식이 경험에 작용하여 그것을 진리로 변경시키는 하나의 활동과 실천이라면 '반영'이 무슨 의미를 갖는지는 불분명해진다는 이글턴의 주장도 다소 과장된 것이라 할 수 있다. 앞서 살펴보았듯이 반영이라는 말에는 '현실의 사유에 대한 우선성'이라는 유물론적 의미를 각인시키기 위한 의도가 포함되어 있는 것이다. 주관적 관념론의 다양한 변종들이 여전히 맹위를 떨치고 있는 현실을 감안한다면 반영이라는 용어를 쉽사리 포기할 수는 없을 것이다.

이런 의미에서 반영이라는 용어가 생산이론가들에 의해서 새로이 정식화되는 것은 바람직하다고 할 수 있다. 생산이론가들은 자신들의 정식을 통해 문학 예술 이론에 있어서 형식주의의 문제와 리얼리즘의 비판적 규범적 사용, 텍스트의 자율성을 주장하는 구조주의의 환상 모두를 비판할 수 있다고

---

5) G. 루카치, 「예술과 객관적 진리」, 『리얼리즘 美學의 기초이론』, 이춘길 역, 한길사, 1985, 47쪽.

주장한다. 새로운 역사적 국면에서 새로운 개념 정의는 필수적이다. 객관적 실재와 인간의 사유간의 관계를 부정하는 형식주의나 구조주의를 비판하는 유물론의 입장은 여전히 유효하게 관철된다. 생산이론가들의 역사적 개입국면은 이에 덧붙여 규범적 기능적 도구로 전락한 리얼리즘에 대한 비판의 필요성이 제기된 바로 그 순간이다.

생산 이론가들에게도 문학이 사회의 삶, 물질적 과정의 산물이라는 반영의 유물론적 기본 전제는 여전히 고수된다. "문학은 하늘에서 떨어지지 않는다. 문학은 어떤 신비로운 창조의 산물이 아니라 사회적 실천의 산물이다. 또한 문학은 비록 그것이 상상적 효과를 산출한다 하더라도, 상상적 활동이 아니라 반영의 산물이며, 필연적으로 하나의 주어진 사회의 삶의 물질적 과정의 산물이다."6) 그러나 곧이어 생산이론가들은 "본질적으로 맑스주의 반영범주는 하나의 상, 감각주의적이고 경험주의적인 거울반사상과는 구별된다는 것, 변증법적 유물론의 반영은 '거울없는 반영'"7)이라고 주장한다. '감각주의적이고 경험주의적인 거울반사상', 이것은 곧 문학적 반영을 현실과의 일치여부로 파악하는 기계적 모사론이나 세부적 묘사에 치중하는 자연주의, 혹은 문학을 정치적 선전선동의 도구로 활용하려는 프로파겐다적 기능주의와 도구주의를 비판하는 말로 들린다. 그렇다면 현실의 변화 발전 법칙을 형상화하라는 리얼리즘의 요구도 이러한 비판에서 자유로울 수 없다. 문학을 순전한 허구로 파악하는 순수예술론을 반대하는 리얼리즘은 어떠한 방식으로든지 문학을 현실의 묘사로 보기 때문이다. 그래서 리얼리즘은 어떠한 경우에도 모델과 그것의 재생산을 함께 생각하며 묘사 밖에 존재하면서도 묘사의 규범이 되는 것이다.

리얼리즘의 반영을 현실과 그려진 내용 사이의 일치 여부로 문학의 수준을 가늠하는, 기계적 모사의 재현론쯤으로 폄하하는 것은 아무래도 부당한 것 같다. 이는 리얼리즘에 대한 심각한 오해의 결과인데, 리얼리즘은 '일상적 현실과 전적으로 상이한 질'을 소유한 것으로 '현실과의 외관적 비교불가능성'을 강조한다. "예술작품의 독자성에 대한 규정은 현실의 반영으로서의

---

6) 발리바르, 마셔레이, 앞의 글, 157쪽.
7) 같은 글, 160쪽.

성격을 폐기하는 것이 아닌가. 결코 아니다!…예술작품의 외관적 완결성, 그것의 현실과의 외관적 비교불가능성은 바로 현실의 예술적 반영이라는 토대 위에 기초하는 것이다. 왜냐하면 이러한 비교불가능성은 바로 하나의 가상—비록 필연적인, 예술의 본질에 속하는 가상이긴 하지만—에 지나지 않기 때문이다."8) 이러한 루카치의 주장은 문학을 허구로 파악하는 것이 아니라 현실의 묘사로 본다는 리얼리즘에 대한 생산주의자들의 잘못된 이해에 정면으로 배치된다. 리얼리즘에서도 예술은 현실을 거울처럼 비추지 않는다. 리얼리즘 예술은 독자적인 자신만의 고유한 세계를 구축한다. 고유한 예술 세계는 예술의 현실에 대한 반영적 특성을 망각할 정도로 독자적이다. 반영과 예술적 세계의 고유성을 동시에 강조해야만 하는 것도 모사론과 정치주의를 동시에 경계해야만 하는 루카치의 입장 때문이며, 이는 바로 생산이론가들이 처했던 것과 똑같은 입장이기도 하다.

이렇게 본다면 리얼리즘의 반영 개념과 생산이론의 반영 개념은 그리 상충되지 않는 것 같다. 반영의 객관성과 반영의 실천적 특성 혹은 물질적 고유성이 두 논의에서 모두 인정되고 있기 때문이다. 그러나 문학에 대한 세부적 논의들을 고찰해보면, 생산이론가들은 다양한 각도에서 리얼리즘 논의가 관념론적 특성을 고수하고 있다고 주장한다. 총체성과 전형, 작가와 독자의 관계에 대한 생산이론가들의 불만에서 이 논의를 시작해 보자.

3.

주지하다시피 생산이론은 알튀세르의 이데올로기론을 출발점으로 삼는다. "이데올로기적 형식들은 단순한 관념들이거나 담론 체계가 아니다. 오히려 그것들은 특정한 사회적 관계들 속에서 기능적으로 그리고 특정한 실천 유형들의 역사 속에서 실현된다."9) 생산이론가들에 따르면 문학의 실존은 문학을 필요로 하고 그 속에서 특수한 실천을 행할 수 있는 사회적 이데올로기적 조건에 의해 가능해진다. 이전 시대의 문학 예술작품이 현재에도

---

8) G. 루카치, 앞의 글, 53쪽.
9) 발리바르, 마셔레이, 앞의 글, 163쪽.

여전히 감동을 주는 이유는 그것이 현재에 재진입했기 때문이다. 그 작품이 과거에도 문학 또는 예술로서 수용되었으며 우리와 똑같은 감동을 전달했으리라고 추측하는 것은 우리 시대의 망상일 뿐이다. 문학의 실존은 역사적으로 규정되며 영원한 문학이란 없다. 회고를 통해서 문학 텍스트로 변형될 뿐이다. 다시 말해 회고를 통해서 비로소 이것들이 새로운 이데올로기적 구성체내에서 문학효과를 생산할 수 있게 되는 것이다. 10)

생산이론가들의 이러한 명쾌한 분석은 작품과 당대 사회와의 핍진성으로 예술적 감동을 설명하려 했던 루카치보다 강한 설득력을 가진다. 과거 텍스트의 현재로의 회고를 통한 재기입은 그 취사선택과 활용에 있어서 지배권력의 지배이데올로기 행사라는 이데올로기적인 입장을 반영한다고 볼 수 있다. 과거의 것이든 현재의 것이든 어떤 텍스트를 문학적인 것으로 볼 것인가의 여부는 바로 이러한 이데올로기적 실천 영역에로의 개입을 의미한다. "모든 문학적 사용은 개입과 입장취함이고 모순 내부에서의 당파성이며 따라서 이 모순의 발전에의 능동적인 기여다. 하나의 동일한 언어 속에는 모순적인 언어적 실천유형들이 공존하는 바, 문학의 객관성은 바로 이 모순적인 언어적 실천 유형들의 결정과정과 재생산과정에 필연적으로 개입한다. "11)

맑스주의를 표방하는 이론이라면 문학이 현실에 대한 개입이며 사회적 입장들 중에서 어느 하나의 입장을 취한다는 것, 어떤 입장이든지 간에 현실 변화에 기여한다는 이러한 당연한 주장에 반대할 수 없을 것이다. 이는 당파성에 대한 일반적인 이론이며 사회적 갈등은 언제나 그 구성원들에게 어느 한쪽을 편들 수밖에 없도록 만든다. 이 경우 중립을 표방하는 것은 지배권력을 이롭게 하는 것일 뿐이다. 리얼리즘 논의 또한 이러한 입장을 공유하고 있다. 계급투쟁과 문학적 실천의 상관성을 교조적이다 싶을 만큼 강조해온 것이 리얼리즘의 주장이었다. 교조적 이론이 노동자계급을 형상화하고 그들의 계급의식의 획득과정을 그려야 한다는 식의 특정한 소재와 패턴을 규범적으로 제시하는 오류를 범하기는 했지만, 이는 리얼리즘 논쟁 내

---

10) 같은 글, 163쪽.
11) 같은 글, 169쪽.

부에서 이미 비판된 것이어서 새삼 재론할 여지가 없다.

　루카치에게 문학형식은 예술가의 주관적 의식으로부터 독립하여 자신의 고유의 변증법을 지니고 내적 필연성을 통해 형성되어 간다. 사회적 모순과 적대적 투쟁에서 기인하는 이데올로기적 계급투쟁은 작가의 주관을 작품에 개입시킴으로써가 아니라 객관성을 획득할 수 있는 문학적 형식을 창조함으로써 사회적 현상 이면의 본질적인 모순관계를 구체적이고 통일된 연관 속에서 표현할 수 있다는 것이다. 이렇게 함으로써 예술이 사회의 객관적 진리를 담보할 수 있다는 루카치의 주장은 예술작품이 갖추어야 할 형식에 대한 설명으로 이어진다. 루카치 리얼리즘론의 핵심 개념이라고 할 수 있는 '총체성'과 '전형'이 그것인데, 이는 "사회생활의 개개의 사실들을 역사적 발전의 계기로서 총체성 속으로 통합시키는 이러한 연관 속에서야 비로소 사실들의 인식은 현실의 인식이 될 수 있다"[12]는 루카치의 철학적 핵심이 문학에서도 적용되는 것이다. 그러나 사회적 역사적 발전의 모든 계기들이 작품 안으로 들어올 수는 없는 바 예술작품의 총체성은 내포적인 총체성이다.

> 그것은 , 즉 형상화된 삶의 단편에 대해 결정적인 의미를 객관적으로 지니는, 전체적 삶의 과정 속에서의 그것의 존재와 운동, 그것의 특질과 위치 등을 결정하는 여러 규정들의 그 자체 내적으로 완결되고 마무리된 연관관계이다. 이러한 의미에서 가장 짧은 노래도 웅장한 서사시와 마찬가지로 하나의 내포적 총체성이다. [13]

　여기에서 문제가 되는 것은 작품을 자체 완결적인 것으로 파악한다는 점이다. 작품내 요소들의 간의 관계를 통해 필연적으로 진행되는 자기 형성적 과정은 전형적 성격을 형상화하기 위한 전제조건이다.

> 만약 작품의 등장인물들, 그들의 상호관계, 그들의 일생 등이 다음과 같은 방식으로, 즉 인간과 세계의 관계가 성격 형상화 그 자체에서부터 지극히 필연적

---

12) Georg Lukács, *History and Class Consciousness*, tr. Rodney Livingstone (Cambridge and Massachusetts: The MIT Press, 1994) p. 8.
13) G. 루카치, 「예술과 객관적 진리」, 55쪽.

으로 생겨나도록 형상화되지 않는다면, 또 행동장소·행동도구가 개별적 차원에서만 이해되어 하나의 추상적·우연적 성격을 갖는다면, 전형적 상황이 예술적 현실적으로 확실하게 형상화되는 것은 불가능하다.[14]

　루카치가 총체성과 전형을 강조하는 것은 한편으로는 문학이 그때 그때의 정치적 선전 선동의 도구로 전락하게 될 위험을 방지하고, 다른 한편으로는 투쟁적 삶의 활력과 모순으로부터 유리된 채 문학을 작가의 추상적 관념의 표현으로 파악하는 부르주아 문학을 비판하기 위해서였다.

　이에 비해 생산이론가들에게 문학은 철저히 이데올로기를 원재료로 삼아 이데올로기적인 효과를 생산해내는 이데올로기적 실천의 한 형식이다. 문학텍스트는 하나의 혹은 다수의 이데올로기적 모순들이 발휘하는 효과를 생산한다. 그러나 문학의 총체성에 대한 주장은 생산이론가들에게는 수용될 수 없는 것인데, 그들에게 문학 "텍스트는 물질적으로 불완전하고 괴리되어 있으며 응집되어 있지 않다. 왜냐하면 텍스트는 텍스트내에 지양되지 않은 채로 있는 하나의 혹은 다수의 중층적 과정들의 갈등적이고 모순적인 공동작업의 결과이기 때문이다."[15] 여기에서 '응집되어 있지 않다'는 말은 총체성에 대한 직접적인 공격이라고 볼 수 있다. "텍스트에서 응집성의 기호들보다는 (역사적으로 결정되는) 물질적 모순들의 징표를 추적해야 한다"[16] 는 생산이론가들의 주장에서 알 수 있듯이 '응집성'보다는 '모순'이 중요한 포인트인 것이다. 문학에서 이데올로기적 모순은 통일될 수 없다. 문학이 속한 이데올로기적 실천 영역의 성격이 바뀌지 않는 한, 다시 말해 계급 모순과 투쟁의 양상이 실질적으로 지양되지 않는 한 문학에서의 통일은 가상적인 것이다.

　문제가 되는 것은 실천적이든 이론적이든 간에 이데올로기적 계급투쟁의 전영역에 걸쳐있고 특정한 계급투쟁적 상황에 상응하는 이데올로기적 입장들이다.

---

14) Georg Lukács, "Tolstoy and the Development of Realism," in *Studies in European Realism*, tr. Alfred Kazin (New York: Grosset & Dunlap, 1964), pp. 154-155.
15) 발리바르·마셔레이, 앞의 글, 175쪽.
16) 같은 글, 174쪽.

그러나 문학적 실현에 '선행하는' 이 이데올로기적 입장들의 '근원적' 담론을 텍스트 속에서 재발견하고자 하는 것은 무모한 노력이 될 것이다. …이 입장들이 하나의 형식 속에서 표현되며, 동시에 이 형식은 이 입장들의 상상적 해결을 제시한다고 상정한다. 17)

문학은 이데올로기를 원재료로 삼지만 이데올로기로 환원되지 않는다. 그리고 문학에서 표현되는 이데올로기적 입장들은 문학내에서 상상적으로만 해결된다. 문학은 실제적으로 해결되지 않은 이데올로기적 갈등을 교묘하게 중재하고 타협시킨다. 이때 타협과 화해는 '자연스럽고', '불가피하며', '필연적인' 것처럼 보여야만 한다. 문학을 둘러싼 다른 이데올로기적 형식이 자신의 실제적 물질적 모순을 성공적으로 은폐함으로써 재생산되듯이, 문학은 자신의 형식 속에 자신이 재료로 삼는 이데올로기적 입장들간의 차이를 실질적으로가 아니라 상상적으로 종합하고 표현한다. 다시 말해 문학생산과정은 하나의 이데올로기적 담론의 모순들뿐만 아니라 이 담론의 통일성의 허구를, 따라서 이 모순들의 화해를 바로 이 허구적 조건하에서 진술한다.

우리는 문학텍스트의 일관성과 자립성의 기호들을 찾을 것이 아니라 텍스트를 생산해내는, 그리고 그 속에서 텍스트가 갈등의 형식 속에서 발견되는 물질적 모순들을 찾아야 한다. 문학이 현실의 객관적 반영이라면, 그것은 문학이, 문학을 하나의 통일된 '세계'의 형식으로서가 아니라 물질적 역사적 사회적 현실의 형식으로 구축하는 저 대립들에 의해 결정되기 때문이다. 문학은 이 갈등들에게 어떤 상상적 해결을 보탬으로써 이 갈등들을 드러내 보인다. 그러나 이 해결은, 즉 문학텍스트를 최종적으로 구축하고 있는 이 화해들은 문학텍스트에게 그것의 현실적 토대, 그것의 현실성, 그리고 심지어 그것의 이익마저 부여하는 저 분할들의 흔적을 계속해서 유지하고 있다. 18)

이때 문학의 효과는 현실적이면서 동시에 허구적이다. "문학적 효과는

---

17) 같은 글, 176쪽.
18) 마셔레이, 「반영의 문제」, 『유물론 반영론 리얼리즘』, 230쪽.

이데올로기적 효과로서 단순히 미적 '지각', '감정', 미적 '판단'의 영역에, 즉 미적 문학적 표상에 속하는 것이 아니라, 하나의 실천적인 태도를 요구하며 문학소비와 '문화적' 실천의 행동의식(儀式)을 촉발시킨다."[19] 문학이 독자들로 하여금 실천적인 태도를 요구하며 문화적 실천의 행동의식을 촉발시킨다는 점에서 문학의 효과는 현실적이다. 그러나 이러한 효과는 이데올로기적 입장들간의 상상적인 화해의 결과라는 점에서 또한 허구적이다.

그렇다면 이러한 효과는 어떻게 이루어지는가. 바로 독자 혹은 관객이 작중 인물들에 대해 행하는 '동일화'에 의해서이다. 동일화 과정은 개인이 스스로를 주체로 구성하고 재인식한다는 사실에 근거한다. 주체화된 개인은 이데올로기적 실천양식에 호명을 받고 지배이데올로기를 자발적으로 내면화하게 된다. 물론 이때 개인은 피억압 계급의 인물과 자신을 동일화할 수도 있다. "문학생산이 실현하는 지배효과는 지배이데올로기 내부에 억압받는 이데올로기가 현존하고 있다는 사실을 전제"[20]로 하기 때문에 억압받는 이데올로기의 입장을 대변하는 인물이나 집단과 자신을 동일화하는 것은 당연히 있을 수 있는 일이다. 그러나 문학텍스트 속에서 대립적인 이데올로기적 입장들은 언어적 타협 형식이라는 문학 형식의 제반 효과들을 통해 가상적으로 화해하기 때문에 지배이데올로기는 자신의 재생산을 위해 계급투쟁을 문학텍스트 속에서 계속해서 '재활성화'시킨다. 그래서 생산이론가들에게 계급모순을 형상화하고 있는가의 여부는 중요한 것이 아니다. 중요한 것은 상상적으로 해결된 이데올로기적 입장들 간의 모순을 확인하는 일이며 텍스트가 제시하는 이데올로기에 대한 관점을 파악하는 것이다.

특정 이데올로기를 주장하기 위해 이용되는 문학이 아니라, 제시된 이데올로기에 대한 관점을 제공하는 문학, 작중 인물들에 대한 동일시를 통해 감동을 주는 문학이 아니라, 제시된 상황에 대해 비판적 거리를 둘 수 있는 문학을 생산이론가들이 선호하는 것도 바로 이러한 이유 때문이다. 맑스주의 이데올로그로서 생산이론가들은 문학텍스트를 통한 동일시 효과, 다시 말해 문학텍스트라는 대주체 앞에 독자들을 주체로 호명하기를 멈출 수 있

---

19) 발리바르, 마셔레이, 앞의 글, 190쪽.
20) 같은 글, 196쪽.

는 문학을 선호하는 것이다. 문학텍스트가 독자를 주체로 호명할 때, 주체로 호명된 독자들은 문학텍스트가 재생산하고 있는 지배이데올로기를 다시금 자발적으로 내면화할 뿐이다. 생산이론가들이 루카치를 비판하면서 브레히트를 대립적으로 내세우는 것도 바로 이러한 이유 때문이다. 지배이데올로기에 자발적으로 복속된 개인 주체들의 자동화된 의식에 충격을 주고 불편하게 만듦으로써 이데올로기를 지각하게 만드는 예술에 대한 선호는 작품으로부터 노골적으로 '감동'을 탈각시키려는 브레히트의 의도와 맞물린다. 브레히트의 소외효과는 비판적이고 능동적인 관객을 기대하고 극과 관객과의 새로운 관계를 정립한다. 그것은 세부상황이나 극의 지속성의 층위에서가 아니라 극의 구조적 역동성에 의해서 가능하다.21) 극의 교육적 효과를 중요시하는 브레히트는, 독자들을 극으로 몰입시키는 것이 아니라 극을 극으로 보게 만들며 극의 상황들에 계속된 판단을 하도록 극을 장치한다. 관객은 자신의 이데올로기를 토대로 극을 보고 체험하며, 극에 대한 비판적 거리를 유지한 결과 자신의 이데올로기를 변형시켜 새로운 의식을 산출해낸다. 그러나 새로운 의식은 '지식'이 아니기 때문에 극은 완수되지 않은, 미완을 통한 거리두기, 작동중인 비판의 무궁무진한 작업이 된다.22)

이상에서 보듯이 생산이론가들은 자연스러운 의식을 곧장 지배이데올로기와 관련시킨다. 이에 비해 루카치는 문학작품내에서의 인위적이지 않은 자연스러움이 구체성과 명쾌함을 표현하고 삶의 동적인 모순을 집중적으로 반영할 수 있게 해준다고 주장한다.

하나의 예술작품이 '보다 비인위적'이면 비인위적일수록, 그것이 보다 삶으로서, 자연으로서 작용하면 할수록, 그 속에서는 그만큼 명확하게 다음의 사실, 즉 그것이 바로 자신의 시대의 집중적 반영이라는 사실, 그 속에서 형식은 오직 삶의 이러한 객관성, 이러한 삶의 반영을 동적인 모순의 심오한 구체성과 명쾌함 속에서 표출하는 기능을 담당하고 있다는 사실이 전면적으로 부각된다.23)

21) Louis Althusser, *For Marx*, tr. Ben Brewster (London, New York: Verso, 1990), p. 147.
22) Ibid., 151.

자체내 전제들의 자기 형성적인 발전, 혹은 변전 과정의 각 계기들을 자연스럽고 있을법하게 체험함으로써만 독자들은 자신들의 일상적 경험을 극복하고 문학적 경험을 자신의 직접적인 체험으로 전화시킬 수 있다. 예술의 작용, 향수자의 예술작품의 작용 속으로의 완전한 몰입, 그와 예술작품이 표현하는 '고유한 세계'와의 완전한 공감 등은 바로 예술작품이 그 본질에 있어서 현실을 현실자체보다 더 충실하고 완전하며, 더 생동적이고 역동적으로 반영한다는 데에 근거한다. 이러한 경험은 향수자로 하여금 그의 고유한 체험의 토대 위에서, 그의 지금까지의 현실의 재생산의 축적과 추상화의 토대 위에서, 이러한 체험의 한계를 넘어서게 한다. 이때 독자의 공감과 자기 극복은 단순히 작품에 수동적으로 몰입하는 것을 의미하는 것이 아니라, 자신에 대한 현실의 본질적 규정력을 인식하는 것이며, 자본주의사회의 사물화된 일상을 극복하는 계기를 마련하는 것이라고 볼 수 있다.

생산이론가들은 문학텍스트와 독자의 '거리'를 강조하고 루카치는 '자연스러움'을 강조한다. 생산이론가들은 문학텍스트의 응집력과 통일성은 허구적인 것이라고 비판하고, 루카치는 총체성과 전형을 강조한다. 생산이론가들은 문학텍스트의 이데올로기적 효과에 주목하고, 루카치는 문학작품을 현실의 객관적 진리와 관련시킨다. 이렇게 비교해 놓으면 제대로 된 대척점이 형성된 듯하다. 그러나 생산이론과 리얼리즘 사이에는 그들이 처한 역사적인 차이만 있을 뿐이다. 리얼리즘이 사회주의에 대한 확신의 시대의 산물이라면 생산이론은 회의의 시대의 산물이다. 문학이 속한 사회구성체내에 대항이데올로기가 활력있게 지배이데올로기와 대립하고 투쟁하고 있다면, 그리고 문학텍스트가 그러한 이데올로기적 대립과 투쟁을 표현하고 있다면 문학과 독자가 굳이 거리를 두고 서로를 소외시킬 필요가 없다. 반면 지배이데올로기가 사회구성체내에서 이미 공고해진 후라면, 그리고 그에 대한 대항이데올로기가 아직 미력하거나 맹아적으로만 존재한다면, 문학이 할 수 있는 일이란 지배이데올로기의 결에 흠집을 내고 균열을 일으키고 충격을 가하는 것뿐이다. 이글턴의 표현을 다소 변형시켜 적용해보자면, 동일

---

23) G. 루카치, 「예술과 객관적 진리」, 69쪽.

화나 소외효과의 타당성은 역사적인 문제이지 시대에 상관없이 독단적으로 규정될 문제는 아닌 것이다.[24] 공고한 지배이데올로기의 시대에 문학이 이데올로기적 입장들을 화해시킨다면 이것은 아마 지배이데올로기의 승리를 의미할 것이다. 그렇기 때문에 이들은 문학적 효과의 '허구성'을 강조해야만 했다. 그러나 지배권력이 그들의 권력을 완전히 장악하지 못했거나 지배이데올로기가 사회구성원들에게 공고하게 뿌리내리지 못하고 도전을 받는 시기에 이러한 도전과 투쟁을 그 사회의 통일적 연관을 통해 형상화하는 것은 비록 허구의 세계를 만들어내는 것이지만 사회의 변화 발전 법칙이라는 진리와 관련된 행위로 인식될 수 있다. 보기에 따라서 생산이론은 지배이데올로기의 힘에 지나치게 투항하는 듯이 보이며, 루카치는 지배이데올로기의 극복을 너무도 손쉽게 낙관한 듯이 보이지만, 이는 자신들이 근거하고 있는 역사적 사회적 특성을 고려하면서 그것을 해결해나가기 위해 그들이 채택했던 전략의 하나로 이해할 수도 있을 법하다.

4.

지배이데올로기, 동일화 효과에 이어 다음으로는 총체성을 둘러싼 논의로 넘어가보자. 문학의 효과를 지배이데올로기를 재생산하는 동일화 효과로만 파악할 필요가 없듯이 리얼리즘이 강조하는 총체성이나 전형을 이데올로기적 입장들을 통일하는 화해와 타협의 양식으로 폄하할 이유 또한 없다. 『태백산맥』이나 『손님』과 같은 작품들이 지배이데올로기를 재생산하고 있다는 주장에 좀처럼 동의하기 쉽지 않은 것도 이런 이유 때문이다. 현실적 모순을 문학텍스트내에서 상상적으로 해결하는 것은 특정 투쟁 국면에서 희망과 의지를 심어줄 수도 있으며 투쟁적 상황 자체를 이해하도록 도와줄 수도 있다. 지배이데올로기에 의해 은폐되어 있었던 대항 이데올로기의 목소리를 드러내고 하위 주체들에게 말할 수 있는 기회를 줄 수도 있다는 점에서 타협은 오히려 억압받는 이데올로기적 입장들에게 유리하게 작

---

24) 테리 이글턴, 『반영이론과 생산이론』, 이경덕 역, 까치, 1986, 81쪽.

용할 수도 있다. 총체성은 문학의 이러한 가능성을 적극적으로 끌어안으려는 고심의 결과이다. 많은 맑스주의 이론가들이 총체성 개념을 발전시키려는 것도 바로 이런 이유 때문이다.

이런 점에서 바흐찐이 도스토예프스키의 소설에서 발견한 대화주의는 훌륭한 전략적 무기가 될 수 있다. 그의 대화주의적 태도는 주체와 주체의 의식을 규정하는 사회적·이데올로기적 구조의 우선성을 강조하는 맑스주의적 입장에서 출발한다. 스스로를 역사의 주인으로 파악할 수 있도록 만들어주는 '계급의식'은 계급투쟁이라는 실천을 통해 담보되겠지만, 이러한 실천을 방해하고 무의미하게 만드는 것은 주체를 둘러싼 이데올로기적 환경의 다양성과 복합성이다. 주체의 경험적 지평에 매몰되지 않는 의식을 지니기 위해서는 타자에게 열려있는, 타자를 지향하는 의식이 되어야 한다. 그러나 주체들의 목소리의 단순한 양적 총합이 사물화된 의식으로부터 주체들을 벗어나게 해주는 것은 아니다. 바흐찐의 대화주의는 주체의 목소리들을 충돌하게도 만들고, 공존시키기도 하면서 보다 높은 수준에서 총체화된 목소리를 만들어낸다. 가상적으로 해결된 이데올로기적 입장들 간의 모순의 흔적을 찾는 일만큼이나 가상적 해결들 간의 질적 차이를 비교하고 가상적이지만 현실적 효과를 지닌 문학적 감동들의 원인과 차이를 밝혀내고 이를 계급투쟁에 적극 활용하는 것도 의미있는 일이 될 것이다. 루카치가 전형적 상황과 사건 그리고 세계사적 인물 묘사에 치중한다면 바흐찐은 인물들 각각에게 충분한 발언기회를 제공함으로써 다양한 타자들의 개별성을 존중하고 이 목소리들을 다시 총체적 관계에 진입시킴으로써 새로운 의미를 창출한다. 상황과 인물뿐 아니라 타자의 목소리와 인물들의 관계는 총체성을 사고할 때 중요한 항목이 될 수 있다.

개별성의 강조라는 점에서 리얼리즘의 총체성에는 오히려 아도르노의 경고가 훨씬 도움이 될지도 모르겠다. 아도르노는 총체에 대한 성급한 요구가 총체에 속한 개별적인 것들의 억압을 초래할지도 모른다는 사실에 주목한다. 총체의 구성에 함께 묶여질 수 없는 일탈적이고 초과적인 것이 총체화의 과정에서 망각되거나 억압된다면, 그런 총체는 개별적인 것과 전체적인 것 모두를 왜곡할 뿐이다. 아도르노의 '비동일적 총체성'이나 '성좌'(constellation) 혹은 '심미적 사유' 등은 사유의 불완전성과 일면성, 그리고 그것의 현실과의 불일치성을 반성적으로 되돌아보게 한다.

아도르노는 예술작품 속에 형상화된 가상의 허구가 논증적 인식에 실제로는 부재하는 진리를 보여줄 수 있다고 한다. 아이러니컬하게도 예술의 진리는 세상에 진리가 부재함을 보여주는 것이라는 말인데, 이 말은 진리의 가면을 쓰고 논증적 인식에 잠복하고 있는 지배이데올로기의 허위성을 예술작품이 보여줄 수 있다는 뜻인 듯하다. 그렇다면 자기 동일적 체계로서 예술작품은 그 자체로는 불완전한 것이 된다. 예술작품은 하나의 허구적 구성물이기 때문에 허구 속의 진리는 그 자체가 진정한 것이 될 수 없다. "미적인 체험은 정신이 세계로부터 혹은 자신으로부터 아직 소유하고 있지 못하는 것에 대한 체험이다. 그것은 불가능성을 통해 약속된 가능성에 대한 체험이다. 예술은 행복에 대한 약속이지만 이 약속은 이루어지지 않는다."25) 예술작품의 약속이 가능한 것이 되려면, 예술은 자기동일적인 체계이기를 멈추고 사회에 비판적 기능을 행해야 한다. 아도르노가 볼 때 예술작품이 예술작품으로 규정되는 것은 작품의 자체 동일성에 기반을 둔다. 그런데 예술작품은 자족적이면서도 바로 이러한 자족적인 상태 속에서 자체의 영역밖에 존재하는 타자와 관여함으로써 그러한 자체 동일성을 벗어난다. 26) 예술작품은 허구적인 자족적 동일체이지만 사회에 관여하여 사회의 은폐된 모순과 적대관계를 드러낼 때 진정한 의미를 지니는 것이다. 예술의 사회적 비판 임무는 절대적인 것이지만, 기능의 강조를 통해 예술의 자기완결적 체계성 혹은 그 형식의 특수성을 소홀히 해서는 안 된다. 제임슨의 말처럼 "이러한 심미적 경험은 항상 또다시 우리를 역사로 돌아가게 만든다. 이 역사란 바로 예술작품의 출현을 가능케 한 자본주의이며, 예술작품의 사상내용을 이루면서 유토피아적인 차원을 가능케 하는 계급구도와 도구적 합리성이다. 이런 점에서 예술의 비동일자는 사회라고 말하는 것은 정당하다고 본다."27) 아도르노는 작품의 '사회적 위치'를 이중적으로 생각하고 있는 것이

---

25) Theodor W. Adorno, *Aesthetic theory*, tr. C. Lenhardt, ed. Gretel Adorno and Rolf Tiedemann (London and New York: Routledge & Kegan Paul, 1984), p. 196.

26) Ibid., pp. 189-190.

다. 매일매일의 투쟁과 사건 속에서 선전적 기능에 머무르는 것을 지양하면서도 당대의 사회적 갈등과 모순에 좀더 깊이 천착하라는 것과 이렇게 될 때에만 시대를 넘어선 예술작품으로 인정받을 수 있다는 것. 이 주장은 루카치의 '경향 소설' 비판과 그 문제의식을 같이 하면서도 어정쩡하게 이용당할 수 있는 '전형' 개념을 포기하고, 더욱 섬세하게 이론의 틀을 짠 것이라 볼 수 있다. 전형 보증에 대한 소비적인 논의를 비껴나 작품의 내부 관계에 더욱 주의를 기울이게 만들며, 요소와 전체라는 두 가지 시선을 통해 성급한 종합이나 결말을 방지하려 한 것이 아도르노의 의도라 할 수 있다. 아도르노는 "수수께끼에서와 마찬가지로 예술작품에서도 해답을 누가 말해주는 것이 아니라, 작품의 구조를 통해 필연적으로 해답이 나오게 되어 있다. 이에는 작품의 내재적 논리(immanent logic) 혹은 법칙성이 필요하다. 이는 또 예술에 있어서의 목적 개념을 변론해준다. 예술작품의 목적은 불확정적인 것이 지니는 확정성이다"[28] 라고 강변한다. 예술작품의 목적은 쉽게 드러나지 않으며 세심한 독서를 요한다는 점에서 불확정적이며, 그럼에도 불구하고 작품에 내재한다는 점에서는 확정적이다. 루카치에게는 직접적으로 명백하게 자기완결성을 띠면서 드러나는 작품의 진리가 아도르노에게서는 특수한 해석을 거쳐야만 드러난다. 이 점은 아도르노의 엘리트주의를 엿볼 수 있게 하는 대목이기도 하지만, 문화산업화의 퇴폐적 조종에 길들여진 독서 대중에 대한 불신을 표현하는 것이기도 하다. 아도르노가 볼 때, 예술작품에서 아무튼 총체성이라고 할 수 있는 것은 그 부분들 모두를 통합하는 구조가 아니기 때문에[29] 사물화된 일반 독자들은 예술작품의 진리를 쉽게 발견할 수 없는 것이다. 사물화된 의식에 빠져 있는 사람에게는 작품이 이질적으로 느껴지겠지만, 이 이질성이야말로 세계를 있는 그대로 파악하는 예술의 특징이다. "세계에 대한 이질성은 예술의 한 가지 계기이다. 세계를 낯선 상태로 지각하지 않는 자는 세계를 전혀 지각하지 못한다."[30] 이렇듯 예술에 대한 아도르노의 입장은 명확하다. 시대를 초월한 예술작품을 상정

---

27) Fredric Jameson, *Late Marxism* (London and New York: Verso, 1990), p. 225.
28) Theodor W. Adorno, op. cit., p. 181.
29) Ibid., p. 255.
30) Ibid., pp. 262-263.

하거나 현실을 인정하는 '긍정적인 것'으로 예술을 취급하는 관념론적 우파의 주장과 예술을 정치적 구호로 전락시키는 기계론적 주장을 모두 거부하면서 아도르노는 예술이 지닌 사회적 실천의 특수성을 옹호하려 한 것이다.

이처럼 리얼리즘을 둘러싼 논쟁들은 총체성의 가능성과 위험성을 동시에 고려하면서 진행되어 왔다. 문제는 문학에서 총체화된 모습으로 그려진 세계가 사회적 이데올로기적 모순과 갈등의 양상들을 얼마나 훌륭하게 포착하고 있으며, 이때 이 작품이 이데올로기적 실천 형식들과 그 속에서 관계 맺고 살아가는 대중들에게 어떠한 효과를 실제로 발휘하느냐에 있다. 그리고 그것은 생산이론가들이 주장하듯이 문학이 계속 속해 있게 될 이데올로기적 실천 영역들과 문학 자신의 관계를 변화시키는 데 얼마나 유효한 효과인가의 문제로 이어져야 한다.

5.

문학을 이데올로기적 실천영역들 중의 하나로 파악하는 것은 문학에 이데올로기적 '실천'과 '이데올로기적' 효과의 생산이라는 특성을 강조하기 위해서이다. 이는 작품의 생산은 하나의 실천이며 활동이라는 사실을 분명히 하면서 이데올로기적 실천 영역들과의 상대적 자율성을 지니는 특수한 실천양식임을 강조하는 것이다. 예컨대 학교가 문학적 생산물을 단순히 보급하고 확산하는 역할에 그치는 것이 아니라 학교에서 시작되는 언어적 실천들의 갈등 과정을 문학이 재생산하고 강화한다는 생산이론가들의 주장은 이데올로기적 실천영역들과 문학적 실천 사이의 관계에 대한 새로운 혜안을 제공한다. 이와 유사한 관계가 문학과 문학을 둘러싸고 있는 출판 언론 등의 문화권력, 혹은 영화 인터넷 등의 새로운 매체 사이에서도 형성될 수 있다. 생산이론은 문학을 이와 같은 이데올로기적 실천 영역들과의 관계 속에서 파악한다는 장점을 지닌다. 당연한 말이지만 문학을 연구한다는 것은 단지 문학텍스트에만 한정될 수 없는 일일 것이다.

생산이론은 반영 자체를 거부하지는 않는다. 다만 재현과 모사라는 경험주의적이고 실증주의적인 오해로부터 반영의 유물론적 특성을 구출하고자 했을 뿐이다. 생산이라는 용어를 통해 반영의 유물론적 특성을 담보하는 것이 가능하다면, 반영이라는 용어 속에 생산적 실천적 함의를 담아내어 이를 유물론적으로 바로 세우는 것도 당연히 가능할 것이다. 이는 리얼리즘에 대해서도 마찬가지이다. 리얼리즘에 대한 경직된 논쟁도 많았지만 리얼리즘 창작과 이론의 오랜 전통과 역사는 굳건하게 사회의 발전과 운명을 함께 해왔으며 지금도 여전히 사회의 모순들에 능동적으로 개입하고 있다. 리얼리즘론이 제출된 시대적 사회적 조건을 무시한 오독과 그것을 근거로 리얼리즘론 전체를 폐기하려는 우파 이론가들의 공격은 맑스주의 자체를 시대착오적인 이론으로 폄하하는 것과 무관하지 않다. 생산이론가들의 어법으로 말하자면 이런 공격에 맞서 리얼리즘과 생산이론의 공통적 기반, 현실의 객관성과 그것의 변화가능성을 강조하는 것은 리얼리즘과 생산이론의 차이를 부각하는 것보다 훨씬 유용한 현실에의 개입이며 실천일 수 있다.

새로운 세계사적 사회적 국면은 문학에도 변화를 요구하지만 리얼리즘이 주장해왔던 총체성과 전형, 통일성과 보편성 등은 여전히 유효한, 아니 오히려 더욱 중요한 개념이다. 우리시대는 "전지구적 전쟁의 시대, 전지구적 국가체제에 부과된 이데올로기상의 갈등의 시대, 전세계에 영향을 미친 호황과 불황의 시대, 그리고 현재 전인류가 직면하고 있는(생태학적이며 정치적인) 도전의 시대"[31] 이며 그러므로 리얼리즘의 정신이 그 어느 때보다도 절실히 요구되는 시대인 것이다. 현재의 인류가 처해 있는 공통적 위기 상황을 생각한다면 지역과 부문을 넘어서 그것들의 관계를 총체적으로 사유하는 힘은 더욱 중요하다. 리얼리즘 정신은 이러한 총체적 사유의 기반하에서 구체적인 사실에 대한 섬세한 분석력과 그 사실들이 맺고 있는 관계들을 복합적으로 사고하고 그것을 통해 현실의 유의미한 변화를 실현할 수 있다는 믿음에서 나오는 것이며, 그렇기 때문에 리얼리즘은 여전히 현재진행형의 문제일 수밖에 없다.

---

31) Terry Eagleton, *The Illusion of Postmodernism* (Oxford: Blackwell, 1996), p. 128.

맑스주의와 문화연구: 패러다임 위기

하윤금(문화연구 시월)

"노동운동, 사회운동 또는 광범위하게 정의된 '좌파'들의⋯질주에도 불구하고, 그들의 분출과 개혁에도 불구하고, 심지어 혁명과 민족해방의 순간들에도 불구하고, 오늘날의 세상은 여전히 바로 그 자본주의이며, 실상 그것은 그 어느 때보다 더욱 자본주의적이다.⋯ 좌파에게 근본적인 반성이 요청된다는 것은 이제 진부한 이야기이다. 그러나 그러한 반성은, 여전히 그리고 너무나도 자주, 부르주아와 손을 잡고 현대자본주의 변화 속도에 맞추어 더욱 빨리 달려야 한다는 관점에서 이루어지고 있다. 이것은 근본적인 전략적인 오해를 포함하고 있다. 좌파가 효과적인 운동의 형태로 재등장해야 한다면, 자본주의를 넘어 평등하고 협동적이며 민주적인 사회질서, 즉 그밖의 어느 곳에 도달하고자 하는 궁극적인 목적을 위해, ⋯자본주의 변화에 적응하거나 보조를 맞추려하기보다, 오히려 경쟁과 이윤의 논리를⋯변형시킬 수 있는 능력을 발전시켜야 할 것이다. 자본주의 경계 안에서의 질주는, 그것이 두 배로 빠른 것일지라도, 결국 그곳 외에는 다른 어느 곳에도 도달할 수 없기 때문이다."[1]

1.

우리나라에서 '문화연구'는 1980년대 말, 1990년대 초부터 본격적으로 시작되었다고 할 수 있다. 이는 1980년대 중반까지의 저항적인 문화를 특징지었던 '민중문화'에 대한 대당으로 성립되었다. 1970년대의 문화논의가 대중문화 비판과 고급문화(high culture)적인 문화 엘리트주의 경향하에서, 레이먼드 윌리암스(Raymond Williams)가 정의한 '문화'개념보다는 '예술'개념을 토대로 한 논의였다면, 1980년대는 공동체문화나 노동자문화를 중심으

---

1) Leo Panitch, "Globalization and State," *Socialist Register*, 1994; 『읽을꺼리』 3호, 1998. 8.

로 보다 민중지향적인 개념의, 현장 속에서의 문화운동을 둘러싼 논의가 전개된 시기였다고 할 수 있다. 이와 같은 문화 논의 지형은 1980년대 말에서 1990년 초로 접어들면서 크게 바뀌게 된다. 1990년대 들어서 본격적인 소비 대중문화와 포스트모던 문화 논의가 만개하면서 문화에 관한 대중주의 (populism)적 접근이 본격적으로 등장하기 시작하였다.

문화에 대한 논의는 정치, 경제적 상황과 밀접한 관계를 갖고 변한다. 당시의 정치적 상황을 보면, 1970년대 학생, 지식인 민주화 운동이, 1980년대에는 노동자·민중의 민주화 운동으로 확산되고 1987년 민주화선언 이후, 1993년 소위 문민정부로의 이행과 더불어 민중민주화운동의 물결은 사라지고 그 자리를 '시민운동'이 차지하게 된다. 또 경제적 변화를 보면, 1988년 이후 3저 호황으로 한국 자본주의 발전의 일대 전환기로 접어드는 양상을 보이며 내구 소비재 중심의 산업적 변화를 보인다. 이와 더불어 소비주의, 향락주의가 만연하였으며, 이러한 현상을 설명하려는 하나의 시도로서 '쾌락'과 '육체'의 정치학을 내세우는 포스트모더니즘이 이론적으로 유행하였다.

당시 좌파 이론진영에서는 1980년대 말부터 맑스주의 이론의 경직성을 비판하는 논의들이 나타났는데, 현실사회주의권의 붕괴가 가시화되면서 정통 맑스주의 이론을 토대로 하던 구좌파의 논의들이 '포스트모던 좌파'에 속하는 포스트주의 이론들에 의해 공격을 받게 되었다.[2] 1990년대로 접어들면서 좌파정치학은 새로운 대안으로 대두되었던 '문화정치'의 열풍에 휩싸였다. 그후 이런 열풍은 소비적인 문화산업을 통해 문화에 대한 자본의 직접적인 개입이 가속화되기 시작한 1990년대 '문화의 시대'를 열었으며, 포스트모던 정치학과 더불어 IMF 사태 이전까지 대안적인 이론틀로 자리잡기도 하였다.

맑스주의 이론지형 속에서 자라나 비판적 정치이념의 일부분으로 기능했던 우리나라의 문화연구는 현재 대중문화와 미디어 영역에서 '문화공학론', '문화연대', '언론개혁' 등과 같은 현실정치의 문화정책(cultural policy)에 대

---

2) 윤건차, 『현대 한국의 사상 흐름』, 당대, 2000.

한 개입과 더불어 문화의 세력화(empowerment)를 도모하는 등 문화연구의 체질변화가 가시화되고 있다. 우리사회의 1990년대 대중문화연구들은 바로 이런 변화된 좌파 문화정치학의 일단을 드러내는 것들이다. 이 글에서는 이러한 좌파 문화정치학의 변질된 방향성을 문화연구 이론을 매개로 하여 비판적으로 검토해 보고자 한다.

2.

우리나라에서 1980-1990년대 '문화연구'의 이론적 틀의 변화는 시기나 문맥은 다르나 영국 문화연구의 이론적 틀의 변화와 흡사하다. 이는 우리나라 문화연구의 많은 부분이 영국문화연구로부터 이론적 자양분을 흡수하고 연구 토픽들을 그대로 들여오는 형태로 진행되었기 때문일 것이다. 특히 우리나라에서 있었던 1970년대 고급문화 대 저급문화 논의나 1980년대 민중문화에 대한 개념 형성은 영국에서 매튜 아놀드(M. Arnold)나 리비스(F. R. Leavis)의 문화논의, 노동자문화에 대한 '문화주의'적 해석과 그 틀이 유사하다. 그리고 1990년대 들어서 우리나라에 무성했던 대중문화연구는 많은 부분이 영국의 버밍엄대학을 중심으로 활약했던 CCCS(Birmingham Centre for Contemporary Cultural Studies)의 이론들을 그대로 들여와 이론적 토픽으로 채택하였다. 이와 같은 영국문화연구의 이론적 틀의 이식은 우리나라 대학을 중심으로 한 학계에서 더욱 강하였고, 일반 문화연구자들의 이론적 지형은 이와는 약간 다르게 형성되었다. 일반 문화연구자들의 경우 대부분 맑스주의 이론의 전화 혹은 대안 이론의 추구를 통해 새로운 사회이론을 생성하고자 하는 입장에 있었기 때문에 관심의 초점이 문화연구 그 자체라기보다 문화를 통한 사회의 개조에 더 두어졌다고 할 수 있다. 이러한 문화연구의 이론틀은 맑스주의의 개조 혹은 폐기 처분과 새로운 대안이론의 추구라는 관점에서 시작되었는데, 알튀세르적인 문제의식에서 출발하여 포스트구조주의적 궤적을 쫓는 경향, 포스트모더니즘과의 접합을 추구하는 경향, 그람시주의 혹은 네오 그람시주의적인 포스트 맑스주의 경향, 하버마스로부터 영향을 받은 네오 하버마스주의 등 다양한 경향으로 분기되었다.

하지만 이와 같은 다양한 이론적 경향들은 서로 유사한 이론적 토픽을 두고 경합을 벌였다. 즉 그것은 맑스주의를 어떻게 변화시키느냐 하는 것이었다. 일부 이론은 맑스주의를 '초월'하고자 했으며 어떤 이론은 맑스주의를 '전화'하고자 했으나 서로의 이론에 대한 의사소통은 원활하게 이루어지지 않았고 몰이해가 오해를 낳았다. 이런 가운데 여러 이론을 동시에 혼합한 잡종화된 다양한 포스트 이론들이 문화연구의 틀 속에 들어와 사용되었다.

여기서 살펴보고자 하는 것은 전자인 영국문화연구 이론틀의 변화와 그것의 문화정치적 의미에 관한 것이다. 이 문제는 후자의 일반 문화이론연구자들과도 관련이 되는데, 그 이유는 영국의 문화연구 이론틀의 변화는 1970-80년대의 선진자본주의의 급격한 변화의 시기에 이루어진 것으로 이와 비슷한 경험을 우리나라 역시 1980-90년대에 하게 되었고, 유사한 경험을 통한 좌파 이론의 변화를 영국 문화연구의 이론틀 속에서 발견할 수 있기 때문이다.

3.

세계 문화연구의 이론적 종주국으로 인식되고 있는 영국의 문화연구는 앞선 자본주의 문화발달 과정 속에서 형성되었다. 18-19세기의 산업혁명을 통하여 이룩한 상업화와 도시화는 '두 국가' 혹은 '두 문화'를 만들었는데, 공간적으로 이 문화는 부르주아지의 '웨스트 엔드'(West End) 문화와 프롤레타리아트의 '이스트 엔드'(East End) 문화로 나누어졌다. 당시 프롤레타리아문화는 참정권 확대에 따른 민주화와 더불어 정치적 장에서 부르주아문화에 의한 통제가 어렵게 되는 상황으로까지 발달하게 되었다. 이런 사회적 배경에서 매튜 아놀드, 리비스 등은 엘리트주의적 관점에서 고급문화를 찬양하고 하급문화인 노동자문화, 대중문화를 비판하였다. 이는 민주화과정에서 나타나는 '대중의 반역' 혹은 '대중의 공포'에 대한 것으로 하급문화인 대중문화의 확산을 우려한 것이었다. 그러한 반응은 사실상 '사고와 표현의 정수'인 영국 고전문학의 가치와 기준으로 교육받은 소수의 문화와 교육받지 않은 다수에 의해 소비되는 대량, 상업문화를 구분함으로써, 소수

문화의 우위성을 주장하고 유지하고자 한 것이었다.

이와 같은 엘리트주의적인 '문화와 문명' 그룹의 문화이론은 1950-60년대 호가트(R. Hoggart), 윌리암스(R. Williams)의 '좌파 리비스주의'와 톰슨(E. P. Thompson)의 '문화주의'(culturalism)에 의해 반박되었다. 이 새로운 이론들은 2차 세계대전 이후 '안정화'의 길을 걷던 영국사회의 변화와 산업의 부활, 복지정책의 수립, 그리고 러시아 공산주의에 대한 서구세력의 결집 등의 정치·경제적 변화 속에서 새로운 영국으로 탈바꿈하는 과정에서 등장했다. 과거의 계급이 사라짐에 따라서 전쟁 전의 영국과는 단절된 듯이 보였고, 현대화·미국화된 대중문화가 새로운 미래의 상징으로 여겨지면서, 문화를 통한 경제적, 정치적 영향력을 이해하고 재평가하려는 시도가 일어났던 것이다. 이는 특히 영국사회의 본질과 노동계급문화에 대한 관심으로 발전하였는데, 이는 매튜 아놀드와 리비스의 엘리트주의적인 문화이론을 뒤집는 것이었다.

이들은 영국사회를 노동자계급의 문화에 초점을 맞추어 설명하면서 이들이 만들고 소비하는 문화적 실천행위나 활동 등을 강조하였다. 노동자계급 출신의 호가트와 윌리엄스와 '사회주의적 인간주의'(socialist humanism)를 주장한 맑스주의자 톰슨은 영국 노동자계급의 문화에 대한 연구를 통해 문화를 인간간의 작용, 인간적 가치, 인간적 경험으로 해석하면서 이상화된 노동계급 문화를 현대 영국문화연구가 추구해야 할 모델로 제시하였다. 이와 같은 관점은 전 시대 아놀드와 리비스가 평가절하한 노동자문화에 대한 찬양이었는데, 이는 당시 위협적이었던 미국식의 새로운 대량문화 공세에 대한 자생적인 영국 특유의 문화이론인 '문화주의' 전통을 형성시켰으며 영국문화에 대한 대중주의적인 접근이 시작된 것을 의미한다.

이처럼 영국 문화연구는 엘리트주의적 고급문화이론에 대한 논의를 거쳐, 노동자계급 중심의 민중문화적인 '문화주의' 이론의 단계로 발전하였으며, 1970년대와 1980년대에 이 이론을 대중문화를 통한 사회분석에 접목시킨 스튜어트 홀(Stuart Hall), 데이비드 몰리(David Morley), 안젤라 맥로비(Angela McRobbie) 등에 의해 버밍엄대학의 CCCS를 중심으로 한 영국 '문화연구'로 자리잡게 된 것이다.

4.

1970년대와 1980년대는 영국에서뿐만 아니라 서구 자본주의사회에서 많은 변화가 있었던 시기였다. 68운동을 중심으로 시작된 '해방을 향한 본능적 욕구'는 서구 자본주의가 침체기에 빠지게 되는 1970년대를 거쳐 1980년대 들어오면서 포스트모더니즘으로 개화한다. 이와 더불어 정치적 현실은 노동자계급의 변화와 노동운동의 몰락, 신보수주의적 자본주의 경제체제로의 변화와 신우파 헤게모니의 득세 등으로 급진적 정치학에 대한 신념이 상실되고 해석적, 정치적 패러다임으로서의 맑스주의 이론이 급격한 추락을 경험하게 되는 시기였다. 이와 같은 상황 속에서 정치, 경제를 문화를 통해 사고하는 '문화적 전환'(cultural turn)이 일어나게 된 것이다.

이와 같은 문화적 전환을 추동한 이론들은 맑스주의에 대한 알튀세르(L. Althusser)와 그람시(A. Gramsci) 이론이 대표적인 것이었다. 프랑스 구조주의적 맑스주의와 이탈리아 맑스주의의 서로 다른 방향성을 가지는 두 경향은 영국 버밍엄의 CCCS를 중심으로 하는 문화연구 속에서 1970년대 초기에는 알튀세르의 구조주의적 맑스주의가, 1980년대는 그람시주의가 영향을 미치면서 '네오 그람시주의'(neo-gramscianism)적 '문화주의'로 안착되었다.

이와 같은 이론적인 변화는 영국의 정치, 경제적 현실과 이론 사이의 적합성에 대한 논의들이 나오면서 이루어졌는데, 현실 정치에서 영국 노동당의 연이은 선거 패배와 신보수주의 대처정권의 집권, 그리고 더욱더 강화된 자본주의 경제와 노동자계급의 변화, 이에 뒤이은 '인간의 얼굴을 한 자본주의'로 불리는 블레어리즘(Blairism)으로 인한 신노동당의 변질 등을 거치면서 이루어진 것이었다.

하지만 이와 같이 변화된 영국문화연구의 이론에 대해서 많은 비판이 1990년대부터 제기되기 시작하였다. 1980년대를 넘어서면서 세계화와 신자유주의하의 새로운 자본주의의 공세 속에서 1970-80년대의 라틴 아메리카와 유럽의 금융위기, 그리고 1990년대 아시아의 금융위기 등을 거치면서 착취에 기초하고 만성적으로 위기에 빠지는 자본주의의 본질에 대해 지적했던 맑스주의의 과학성과 타당성에 대한 인식이 새로워지면서 가속화되기 시작하였다.

이처럼 현실변화에 따라 수정된 문화연구의 이론적 패러다임에 대해 1990년대 들어 커런(J. Curran)과 몰리에 의한 '신수정주의'(new revisionism) 논쟁3), 간햄(N. Garnham)과 그로스버그(L. Grossberg)의 정치경제학과 문화연구 사이의 논쟁4) 들이 일어났고, 특히 영국의 정치경제학적 미디어 연구자들에 의해 이들 이론은 '신수정주의', '문화적 대중주의'(cultural populism), 5) '해석주의'(interpretativism) 6) 등으로 비판받았다.

5.

영국의 문화연구를 비판하는 대표적인 논의는 1990년 커런에 의해 촉발된 '신수정주의' 논쟁이다. 이와 같은 수정주의 논쟁은 문화연구 속에서만 이루어진 것이 아니라 거의 주기적으로 좌파이론과 노동운동의 역사 속에서 재연되었다. 1930년대에 시작하여 가깝게는 1980년대의 자본주의의 새로운 쇄신(renouvellement), 즉 새로운 형태의 신보수주의적 자본주의의 도래를 거치면서 노동운동과 좌파이론의 내부에서 신좌파(New Left)와 사회민주주의의 개혁주의적인 성향이 지속적으로 형성되는 과정에서 이루어졌다. 특히 영국에서는 제2차 세계대전 이후 영국의 노동당이 선거에서 국민들의 지지를 잃을 때마다 이를 타개하기 위해 수정주의적 경향으로 선회하였

---

3) J. Curran, "The New Revisionism in Mass Communication Research: A Reappraisal," in J. Curran, D. Morley, & V. Walkerdine, eds., *Cultural Studies and Communications* (London: Arnold, 1996), 백선기 역, 『대중문화와 문화연구』, 한울, 1999.
4) N. Garnham, "Political Economy and Cultural Studies: Reconciliation or Divorce?", *Critical Studies in Mass Communication*, Vol. 12, No. 1 (1995), pp. 62-71; L. Grossberg, "Cultural Studies Vs Political Economy: Is Anyone Else Bored with this Debate ?", *Critical Studies in Mass Communication*, Vol. 12, No. 1 (1995), pp. 72-81.
5) J. McGuigan, *Cultural Populism* (London and New York: Routledge, 1992). 그외에도 'Pointless Populism'으로 비판한 Seaman, 'Anti-political Populism'으로 비판한 Todd Gitlin 등 다수이다.
6) D. Harris, *From Class Struggle to the Politics of Pleasure: The effect of gramscianism on cultural studies* (London: Routledge, 1992).

는데, 제1차 수정주의는 1950-60년대 노동당의 휴 게츠켈(Hugh Gaitskell)의 우경화정책, 제2차 수정주의는 1970-80년대 이후 유로-코뮤니스트의 희망의 고갈과 급진적 사회변화의 수행자로서의 노동자계급에 대한 점증하는 불신, 전통적인 노동운동과 사회주의운동 그리고 당의 한계에 대한 불만으로부터 태어난 '신사회운동'(new social movement)의 발현, 현실사회주의권의 몰락, 그리고 결과적인 맑스주의의 위기 등으로 인해 생겨난 것으로 '신수정주의' 혹은 '제2의 물결'(second wave)로 불리었다. 7)

이와 같은 요인들 속에 영국에서 신수정주의에 연루된 지식인들은 우파 사회민주주의자들이 아니라 오히려 좌파들이었다. 그 중에는 에릭 홉스봄(E. Hobsbawn)과 밥 로우톤(B. Rowthorn)과 같은 공산당원들도 있고 스튜어트 홀과 라파엘 샤무엘(R. Samuel)과 같은 1950년대의 신좌파의 창립멤버도 포함되어 있었다. 8) 이들은 노동, 페미니즘, 평화운동 등의 급진적인 '신사회운동'의 많은 부분에 관여하면서 사회주의를 부정하는 것이 아니라 그들 자신의 비판과 이의제기를 통하여 그것을 진보시키고 있다고 믿었다. 9) 이들은 대처리즘(Thatcherism)에 대한 긍정적인 평가와 더불어 계급정치학을 부정했으며 노동자계급에 대한 불신으로 인해 '신사회운동'을 지지하였고, 경제로부터 자율적인 국가에 대한 변화된 개념 등을 공유하고 있었다. 이와 같은 신수정주의 경향은 맑스주의의 명백한 후퇴이며 위기로부터 벗어나기 위한 길을 제공하기보다는 차라리 위기의 또다른 국면을 드러내주는 것으로 혼란, 불안, 신념의 상실, 실망에 대한 대안 마련에도 기여하지 못하였다고 평가된다. 10) 이와 같은 성향은 스튜어트 홀을 중심으로

---

7) R. Miliband, "The New Revisionism in Britain," *New Left Review*, No. 150 (1985), pp. 5-27.

8) 이들 속에는 Eric Hobsbaum, Gareth Stedman Jones, Bob Rowthorn, Raphael Samuel, Stuart Hall, Beatrix Campell, Chantal Mouffe, Ernesto Laclau, Paul Hirst, Barry Hindes 등이 속한다고 할 수 있다. 물론 이 연구자들이 속해 있는 이론적 경향이나 그들이 주장하는 내용은 다르지만 당시의 *Marxism Today, New Socialist, New Statesman*을 중심으로 글을 발표하면서 당시의 대처리즘의 승리와 노동당의 실패에 따른 당시의 정세에 개입하는 양상과 접근방법에서의 유사성을 보여주고 있다.

9) 대처주의에 대해 유사한 판단을 보여준 스튜어트 홀과 에릭 홉스봄은 1991년 폐간된 *Marxism Today*의 복간을 통해 블레어리즘의 비판을 함께 수행하였다. *Marxism Today*의 Special Issue (1998) 참조, 우리나라에서는 『제3의 길은 없다』로 번역 출간.

한 1980년대 이후의 버밍엄의 CCCS를 중심으로 하는 문화연구 속에서도 그대로 드러난다.

6.

현재 영국의 문화연구는 출발점이 되었던 맑스주의적 접근과는 달리 수정주의적, 개량주의적 이론으로 변화되어 자유주의적 다원주의(liberal pluralism)와 동일한 정치적 실천을 주장하고 있다는 점에서 비판을 받고 있다. 사실 영국 문화연구의 수정주의적 경향은 초기 이론적 토대가 되었던 '문화주의'의 호가트, 윌리암스, 톰슨에서부터 나타났다.

이들이 행한 초기 노동자문화에 대한 분석에서 수정주의적 경향은 문화주의의 '주의주의'(voluntarism)적 경향으로 나타난다. 주의주의란 맑스주의 속에서 좌파 이탈의 한 경로로서 부정적으로 평가되는 것으로, 레닌은 좌익 '소아주의'(infantilism)라고 비판하였다. 이는 엥겔스가 말한 것처럼 객관적인 '요소'(factor)를 대단히 과소평가하고 역으로 계급이나 당에 속하는 혁명적인 주체의 의지나 역동적 능력 등과 같은 주관적인 주체의 요소를 과대평가하는 것으로 특징지어진다.[11] 이와 같은 경향은 영국사회의 문화를 노동자계급 문화에 초점을 맞추어 자신들의 계급을 의식적으로 만들어왔다고 주장하는 톰슨의 유명한 『영국노동계급의 형성』에서 잘 나타난다. 톰슨은 '아래로부터의 역사'를 보여주는 고전으로 통하는 이 책에서 1830년대에 이르기까지 수십 년간 산업자본주의 사회의 형성을 이해하기 위해 영국 노동자계급의 경험을 자세히 분석하고 있다. 톰슨은 이 책 속에서 맑스가 말한

---

10) 물론 이와 같은 맑스주의 퇴각과 수정주의 부활의 경향은 영국에만 있는 것이 아니라 프랑스에도 있었는데, 프랑스는 '신수정주의'가 아니라 반-공산주의자(anti-communist)의 히스테리아와 종교적, 세속적 몽매주의(obscurantism)로의 완전한 퇴각을 보여주었다고 밀리반드는 평가하고 있다. 이는 물론 알튀세르의 작업들을 고려에 넣지 않은 일반적인 경향을 지칭하는 것일 것이다. "파리는 20세기 지적 반동의 수도"라는 지적 역시도 같은 맥락이다.
11) Georges Labica & Gérerd Bensussan, *Dictionnaire critique du Marxisme*, (Paris: PUF), pp. 1210-1211
1920년에 일어난 볼세비즘의 역사 속에서 레닌은 맑스주의 속에서 주의주의는 기회주의 (opportunism)의 부정적인 이면을 나타낸다고 말하고 있다.

"역사는 사람들이 만든다"는 명제를 지지하며, 이는 "사람들은 자신들의 역사를 스스로 만들어 가지만 자신들이 원하는 방향으로만 만들지 않는다"는 표현, 즉 그들이 선택한 상황하에서 역사를 만든다기보다 오히려 과거로부터 부여받거나 계승한 상황하에서 만드는 것이다[12] 라는 구조를 강조하는 점에 반발한다. 이와 같이 문화 속에서 인간의 의지적인 작용을 강조하는 톰슨의 입장은 1970년대 알튀세르주의에 대한 반발에서도 그대로 나타난다. 알튀세르를 반-인간주의, 반-역사주의, 반-경험주의로 비판하면서 그의 철학이 일종의 관념론이며 그의 사회이론은 부르주아 이데올로기이며 그의 정치이론은 스탈린주의라고 비판한 것이다. [13]

이와 같은 톰슨의 인간주의적 주의주의 입장은 문화의 중요성을 회복하기 위해 맑스주의의 경제결정주의를 부정함과 아울러 전통적인 토대-상부구조모델의 논지를 배격하고, 계급지배라는 개념을 거부함으로써 인간의 중요성을 회복시키고자 하였다. 이것은 톰슨에 의해 '사회주의적 인간주의'로 주장되었는데, 1970년대 영국의 맑스주의는 한편에서는 알튀세르주의자, 또 한편에서는 '문화주의자', '인간주의자', 혹은 심지어는 '톰슨주의자'(Thompsonian)로 다양하게 묘사되는 주의주의적 경향의 이론집단을 놓는 것이었다. [14]

하지만 1970년대 영국의 CCCS는 프랑스 구조주의(알튀세르주의)와 영국의 자생적인 문화주의(톰슨주의) 사이의 갈등의 시기였다. 문화연구에서 구조주의와 문화주의 사이의 논쟁은 1978년과 1979년 버밍엄 현대 문화연구소의 리차드 존슨(R. Johnson)과 톰슨 사이의 논쟁에서 잘 나타난다. 존슨은 경험을 선호하는 톰슨을 비판하였고 톰슨은 존슨을 구조주의를 옹호하는 맹목적인 알튀세르주의자로 불렀던 것이다. 이와 같은 당시의 이론적 정황을 스튜어트 홀은 문화연구의 '두 가지 패러다임'이라고 지칭하였는데 이는 '주의주의'적 문화주의와 구조주의적 '결정주의'(determinism) 간의 대

---

12) K. Marx, *The Eighteenth Brumaire of Louis Bonaparte* (Moscow: Progress Pub., 1977), p. 10
13) 그레고리 엘리어트, 『알튀세르: 이론의 우회』, pp. 12-13
14) 엘렌 메익신즈 우드, 「톰슨과 토대, 상부구조 논쟁」, 『읽을꺼리』 4호, 1999. 1.

립을 말하는 것이었다. 15) 이와 같이 이론적 긴장 관계에 놓여있던 두 입장은 CCCS의 '하위문화'(sub-culture) 연구와 수용자 연구, 민속지학(ethnography)적 방법론을 통하여 차츰 개인의 경험을 통한 문화의 창조를 강조하는 문화주의의 주의주의적 관점으로 기울게 되었다.

7.

이와 같은 주의주의적 경향을 띤 CCCS의 문화이론은 문화에 대한 정치경제학적, 구조적 접근보다는 개인, 일탈자, 소수자, 여성 등의 문제에 관심을 나타냈고 이것은 주체의 문제에 과도한 힘을 싣는 '정체성의 정치학'(identity politics)으로 발전한다. 딕 헵디지(D. Hebdige)의 청소년 하위문화론은 청소년집단을 통해 사회문제를 기호와 도상을 사용하여 상상적으로 해결하려는 '스타일의 정치'(politics of style)를 주장하였으며, 이와 같은 '기호학적 실천'(semiotic practice)은 결국 1980년대 중반 이후 대중미디어들을 통하여 주류문화 속에 편입되고 문화 상품화되고 만다. 청소년 주체의 의복과 장신구를 통한 문화적 저항이 모순된 사회문제에 대한 해결책이 될 수 있다고 주장한 이와 같은 주의주의적 해석은 당시 실망한 노동자계급의 진보성을 보상하기 위한 것이라 하여도 이는 주변부 문화에 대한 지나친 '낭만화'(romanticization)이자 '마술적' 해결책이라고 지적되었다.

그리고 또다른 문화연구의 주의주의적 경향은 대중매체의 수용자연구 속에서 찾아진다. 대표적인 수용자연구의 이론가인 데이비드 몰리는 수용자연구의 이론적 토대를 기든스(A. Giddens)의 '구조화'(structuration) 이론을 통해서 설명한다. 그는 구조의 문제보다 구조화의 문제가 중요함을 강조하면서 기든스가 주장한 "일반적인 거시과정이 무수한 미시적 힘의 수행을 통해서만 작동할 수 있고, 구조는 행동에 대해 외부적으로 존재하지 않으며 단지 일상생활의 구체적인 활동들을 통해서 행동을 재생산할 뿐이며, 행동이 구조적으로 구성되는 만큼이나 구조가 행동을 통하여 구성된다"고 주장

---

15) S. Hall, "Cultural Studies: Two Paradigms," 임영호 옮김, 『스튜어트 홀의 문화이론』, 한나래, 1996.

하고 있다. 16) 이는 1970년대 이후 변화된 기든스의 이론에 바탕을 둔 것으로 구조의 문제를 중시한 맑스주의를 '주의주의' 경향으로 수정한 것이라는 앤더슨(P. Anderson)의 비판을 받았다. 17)

이와 같이 몰리는 문화분석은 문화의 거대구조의 문제보다는 미시적인 수용자 개개인의 수용의 양태 분석을 통해 밝혀져야 함을 기든스의 이론을 통하여 주장하였다. 그 후 수용자 이론은 수용자 주체의 힘을 더욱 과장하는 '능동적 수용자론'(active audience theory)으로 발전하였다. 능동적 수용자론이란 문화분석 대상인 텍스트는 무한한 해석가능성을 가지고 있는 것이기 때문에 문제는 해석의 주체인 수용자가 그것을 어떻게 해석하고 수용하느냐 하는 것이 더 중요하다는 것이다. 이는 종래의 맑스주의적인 텍스트 해석에서 수용자는 이데올로기적인 영향을 수동적으로 받기만 하는 존재로 그려진 것에 반하여, 텍스트의 이데올로기적 영향이 중요한 것이 아니라 그것을 능동적으로 받아들이는 수용자의 해석이 중요함을 강조한 것이다.

이는 결과적으로 두 가지 차원의 문제를 불러일으켰다. 첫째는 수용자의 능동성을 과도하게 주장하여 문화생산물, 혹은 문화상품 자체의 이데올로기적 효과보다는 수용자의 수용이 더 중요한 요소가 되는 이른바 미디어의 '약효과'(weak effect)를 주장하는 것으로 귀결되었다. 그러므로 모든 '좋거나' '나쁜' 영상물은 수용자에게 그 자체로 큰 영향을 주지 못하고 이를 해석하는 수용자의 역량에 달려있으며 그 역량에 의해서 검증될 수 있기 때문에 다양한 문화생산물들의 (상업적) 표현의 자유를 보장해야 한다는 논리로 발전된다. 이는 여성이나 청소년의 인권을 침해하는 과도한 음란물이나 폭력물도 수용자가 수동적으로 받아들이기만 하는 것이 아니기 때문에 수용자의 자율에 맡기면 된다는 논리로 전개된다. 둘째, 이와 같은 논리는 글로벌한 문화상품시장에서 영상물의 자유로운 유통(즉 규제완화에 의한 영상물시장의 개방)을 변호하는 논리로 사용된다. 즉 일국의 문화정체성 유지

---

16) 데이비드 몰리, 「대중주의, 수정주의 그리고 '신'수용자 연구」, 백선기 옮김, 『대중문화와 문화연구』, 506-507쪽.

17) Perry Anderson, "A Culture in Contraflow-I," NLR, No. 180 (March 1990), pp. 53-55

를 위해 유해영상물의 규제를 주장하는 각국에 대해 할리우드의 글로벌기업은 영상물 자체가 미치는 영향력은 약하므로 이에 대한 평가는 각국 수용자의 판단에 맡겨야 하고 이를 위해서 유통의 "자유로운 흐름"을 막아서는 안 된다는 주장을 할 수 있는 빌미를 제공하게 된다.

이와 같은 능동적 수용자론은 폴 윌리스(P. Willis)의 『일상문화』(common culture) 속에서 문화상품에 대한 '능동적 소비자론'으로 나타난다. "수동적인 대중소비자론에서 능동적인 대중소비자론"으로 옮겨갈 것을 주장하는 윌리스는 "일상생활(everyday life) 속의 '상징적 창조성'(symbolic creativity)이란 일상문화(living common culture)의 능동적이고 선택적인 소비를 통하여 확인되는 것이며, 그 속에서 문화상품이란 매력적이고 유용한 '상징재'(symbolic goods)로서 이것을 제공함에 있어서는 공적영역이 사적영역인 시장보다 꼭 더 좋은 것은 아니다"라고 주장하고 있다.18)

이와 같은 능동적 소비자론은 소비자의 참여에 의한 연대를 통해 '소비자의 세력화'를 주장하면서 '소비를 통한 저항'이란 명제를 만들어낸다. 이런 입장은 자본주의 시장경제의 '소비자 운동'과 연결되는 것으로 우파 시장중심주의 정치학에서 주장하는 '소비자 주권론'(consumer sovereignty)과 같은 연장선상에 놓인다. 즉 소비자는 자신이 원하는 것을 선택할 권리가 있다는 것이다. 상품에 대한 충분한 지식을 가지고 자신이 원하는 그리고 '의미실천'(signifying practice)을 할 수 있는 문화생산물을 소비하겠다는 능동적 소비자론은 능동적 수용자들의 의지와 행동으로 이루어지는 '팬덤'(fandom) 정치학과 맥을 같이 한다.

하지만 이런 방향은 현재 선진자본주의사회에서 이루어지는 상품생산이 소비자 만족도, 소비자 요구도 등 철저하게 통제된 구조적 방식에 의하여 소비자의 욕구와 라이프스타일, 사회의 가치 등에 대한 사전조사를 통해 생산되는 것이라는 점을 간과한 것이라고 지적된다.19) 심지어 일반 소비자들의 욕구뿐만이 아니라 지적이며 "포스트모던"한 소비자의 욕구도 계산하여

---

18) Paul Willis, *Common culture* (Milton Keynes: Open University Press, 1990).

19) Armand and Michèle Mattélart, *Histoire des théories de la Communication* (Paris: La Découverte, 1998).

시장세분화를 통한 마케팅 전략에 의해 틈새시장을 만들어 소비자들이 원하는 문화생산물을 구매할 수 있도록 유도하는 자본주의의 유연성을 환기시키고 있다. 이렇게 고도의 전략에 의해 만들어진 '세련된'(sophisticate) 상품의 소비를 저항이라고 이름 붙일 수 있는지, 그리고 이렇게 만들어지는 상품에 대해 불매운동이나 수용자운동을 한다는 것의 의미는 무엇인지, 근본적이고 구조적으로 사고할 필요가 있다는 이야기이다. 이와 같은 팬덤, 소비자, 수용자 운동은 자칫하면 좀더 '차이'를 고려한 취향에 맞는 문화상품을 생산해달라는 주문으로밖에 인식될 수 없는 한계를 가지고 있다. 이것이 현재 수용자의 수용에 과도하게 의지하는 이들 운동이 놓여 있는 아이러니컬한 지점이다.

8.

영국 문화연구에서 나타나는 또다른 신수정주의적 경향 중의 하나는 문화의 자율성에 대한 지나친 강조를 통해 토대-상부구조의 분리와 상부구조의 토대에 대한 환원주의, 즉 경제환원론과 경제결정론을 배격한다는 점이다. 이는 톰슨의 주장에서 보듯이 주의주의와도 통하는 것으로 윌리암스의 '문화'에 대한 개념 정의에서부터 나타난다. 1977년 『마르크스주의와 문학』을 출간하면서 맑스주의의 유용성을 인정한 윌리암스는 사회를 토대와 상부구조로 구분하는 정통 맑스주의를 비판하고 문화가 단순히 경제의 구조물이 아니라 그 자신의 결과물을 생산할 수 있는 자율적인 체계라고 주장하였다. 문화를 특수하고 다양한 삶의 방식을 창조하는 본질적인 사회과정으로 보는 복합적인 모델을 제시하면서 문화란 "일상적인 것이면서도 총체적인 삶의 방식을 드러내는 것으로 문화를 연구하는 것은 모든 사회적 실천과 연관되고 그 실천들의 상호관계의 통합에 대한 연구"라고 규정하였다. 이와 같은 문화의 개념은 맑스가 규정한 토대-상부구조의 분리를 부정하는 것이면서 상부구조는 토대를 반영하고 토대에 의해 결정된다는 결정론을 부정하는 것이었다.

이와 마찬가지로 톰슨도 토대-상부구조의 분리에 대해 이와 같은 구분은 모든 정신을 도식적으로 유도하고 존재와 의식의 상호작용을 외면하게 만드는 경향이 있다고 주장하면서 토대-상부구조의 비유와 결정성에 대한 환원론적 또는 '경제주의적' 정의를 배격하였다. 이와 같이 초기 문화주의자들은 공통적으로 문화를 단순히 토대를 반영하는 부차적인 역할로 한정짓는 것에 반대하였다. 문화는 모든 사회적 실천과 서로 얽혀 있는 것으로 개념화하면서 이 실천들을 다시 인간활동의 공통된 형식, 즉 인간들이 역사를 만들어가는 활동인 감성적인 인간실천 일반으로 개념화한 것이다. 그것은 관념적 힘과 물질적 힘 사이의 관계를 토대와 상부구조로 공식화하는 것에 반대하고 특히 '토대'를 단순한 의미에서 '경제적인 것'에 의한 결정으로 정의하는 것을 반대한다. 그것은 뚜렷한 극단으로 분리할 수 없는 사회적 존재와 사회적 의식간의 변증법이라는 좀더 폭넓은 공식화를 선호하면서 문화적 총체성을 여러 심급들과 요소들로 구분하려는 시도를 거부하였다.[20)]

이처럼 문화의 자율성을 주장하는 초기의 문화연구 이론들은 버밍엄 학파의 문화연구 이론 전반에 일반화되어 있다. 이와 같은 입장은 스튜어트 홀의 다음과 같은 언급 속에서도 그대로 나타나고 있다.

영국 문화연구는…복잡해지고 통속화된 유사 맑스주의가 사회, 경제, 그리고 문화 사이의 관계를 사고하려고 할 때 이용하는 토대 상부구조 모델과의 논쟁을 통해서, 그리고 맑스주의에 외재적인 것이 아니라 내재적인 어떤 경제주의와 환원주의의 비판을 통해서 시작되었다. 그것은 허위의식의 문제와 더불어 필수적이면서 계속되고 있는 아직 끝나지 않은 논쟁 속에 위치한다.[21)]

이와 같은 맥락은 CCCS의 일원인 안젤라 맥로비에게서도 그대로 나타난다.

문화연구는 환원주의와 경제주의에 반대하는, 토대-상부구조의 은유에 반대하는, 허위의식의 개념에 저항하는 급진적 질문의 형태로 생겨났다…프레데릭 제임슨(F. Jameson)과 데이비드 하비(D. Harvey)와 같은 비판가들에 의해

---

20) S. Hall, op. cit.
21) S. Hall, "Cultural Studies and its theoretical legacies," in L. Grossberg, C. Nelson, P. Treichler, eds., *Cultural Studies* (N.Y. : Routledge, 1992), p. 279.

지적된 전-포스트모던 맑스주의로 되돌아가는 것은 지지할 수 없는 것이다. 왜 나하면 이렇게 되돌아가는 것은 문화적, 정치적 관계를 기계적이고 회고적인 역할로 위치지움으로써 문화와 정치에 대해 경제적 관계와 경제적 결정의 우선 성을 단정짓는 것이기 때문이다.[22]

그러므로 문화연구는 경제적 하부구조와 정치적 상부구조의 분리를 정식 화한다. 이와 같은 CCCS의 입장에 대해 문화와 미디어에 관한 정치경제학 적 접근을 하는 연구자들은 경직된 환원론과 결정주의는 경계해야 하지만 극단적인 단절을 주장하는 입장은 더 많은 문제를 일으킬 수 있다고 비판하 였다. 경제와 정치의 분리, 경제결정주의의 부정, 그리고 문화연구에 대해 물적 토대를 도외시한 정치·이데올로기적 영역으로 분석의 중심을 이동시 킨 것은 네오-그람시적인 담론 정치를 통한 것으로 유물론적 세계인식의 왜 곡을 초래할 수 있다는 것이다. 사회에서의 지배와 종속의 특정한 구조를 합법화와 동원을 위한 정치적이고 이데올로기적인 것으로만 간주한다면, 이는 현실의 정치경제적 상황뿐만이 아니라 문화와 대중매체에 관한 분석 에서도 경제를 중심으로 하는 물적 토대의 문제보다는 정치적이며 이데올 로기적인 상부구조의 분석에만 초점을 맞추는 것으로 중심이 이동될 수 있 기 때문이다.

실제로 이와 같은 연구경향은 1980년대 홀의 대처리즘 분석의 경우[23]에 그대로 드러났다. 홀은 대처정권의 성격을 이데올로기 분석을 통하여 '권위 적 대중주의'(authoritarian populism)[24]로 규정하면서 '새로운 시대'(New Times)[25]의 자본주의적 경제상황을 무시한 채 당시의 신우파의 이데올로

---

22) A. McRobbie, "Post-marxism and cultural studies: A Post-script," in *Cultural Studies*, pp. 719-720.

23) S. Hall, *The Hard Road to Renewal* (London: Verso, 1988); Hall, "The toad in the garden: Thatcherism among the theorists," in C. Nelson, L. Grossberg, *Marxism and Interpretation of Culture* (London: Macmillan, 1988).

24) 홀의 Authoritarian populism thesis는 그람시의 헤게모니 이론, 풀란차스(Poulantzas)의 authoritarian statism의 분석, 라클라우의 populism과 popular-democratic struggle로부터 도 출되었다. McGuigan, op. cit., pp. 43-44.

25) S. Hall & M. Jacques, *New Times* (London: Lawrence & Wishart, 1989).

기적 전략에 찬사를 보냄과 동시에 좌파들도 이와 같은 이데올로기 중심적인 전략을 채택할 것을 권유하였다. 26)

경제적 요소의 분석을 간과하고 이데올로기적 분석만으로 사태 전체를 볼 수 있는 것처럼 이론을 전개하는 CCCS의 연구방법은 영국에서 국내외적으로 방송시스템에 거대한 변화가 일어났던 1980년대에 세계적 차원의 경제적, 구조적 변화에 대한 문제들을 도외시한 채 텍스트와 수용자의 의미 해독에만 관심을 기울이게 만드는 결과를 초래했다.

이와 같이 문화를 경제적 맥락을 떠나 사고하게 하는 버밍엄 학파의 입장은 초기 영국문화, 미디어 연구 속에서 정치경제학적 문화연구자들과의 불화에서도 드러난다. 피터 골딩(P. Golding), 그래험 머독(G. Murdock), 니콜라스 간햄 등과 같은 영국의 미디어 정치경제학자들을 중심으로 하는 레스터 매스커뮤니케이션 연구소(Leicester Centre for Mass Communication Research)는 초기부터 버밍엄 현대문화연구소(Birmingham Centre for Contemporary Cultural Studies)와 대립하였으나 결국 미디어와 대중문화의 이데올로기 분석과 수용에 비중을 두는 버밍엄의 '소비주의'(consumerism) 자들이 영국 문화연구의 중심을 차지하게 된 것이다. 27)

이와 같은 CCCS의 연구 경향은 홀을 추종하는 그로스버그와 피스크(J. Fiske) 같은 미국내의 문화연구자들에게도 이어진다. 특히 피스크는 부르디외(P. Bourdieu)의 이론에 따라, 텍스트와 수용자 사이의 '상징적 교환'에 관한 '문화경제'(cultural economy)를 텔레비전 산업이 놓여있는 '재정경제'(financial economy)로부터 분리시켜 전자의 의미를 후자의 산업적 과정과 연관시켜 해석하는 것은 전적으로 불필요하다고 주장하였다. 28)

이와 같이 영국의 CCCS 전통의 주류 문화연구 이론들은 문화를 물적 토대와 분리하여 사고하고 경제에 의한 문화의 결정성을 부정하는 것을 통하여, 문화운동이나 문화정치를 피스크의 기호학적 민주주의(semiotic demo-

---

26) B. Jessop, K. Bonnett, & S. Bromley, *Thatcherism: a tale of two nations* (Oxford: Polity Press, 1988).
27) Curran, op. cit.
28) J. Fiske, *Television Culture* (New York: Routledge, 1987), pp. 311-313.

cracy) 개념이나 네오-그람시주의적 담론정치와 같은 허구적인 개념에 토대를 둔 상징적 차원의 투쟁으로 빠지게 만들었다고 비판받았다.

9.

CCCS의 문화연구 속에서 지적되는 수정주의 경향의 또다른 하나는 계급개념과 이에 따른 계급정치학의 부정이다. 문화연구 안에서의 계급-갈등 모델에 대한 거부를 초래한 것은 푸코(M. Foucault)의 이론적 영향으로 인한 '편재하는 권력' 개념과 그람시의 이론을 토대로 한 다원화된 권력간의 헤게모니투쟁의 개념을 받아들인 결과였다. 이에 대해 스튜어트 홀은 다음과 같이 기술하고 있다.

> 고전적 맑스주의는 '경제적'인 것과 '정치적'인 것 사이의 가정된 상응성에 의존했다. 즉 계급적 이해관계와 계급적인 입장으로부터 우리의 정치적 태도, 관심, 동기를 읽을 수 있었다. '정치적인 것'과 '경제적인 것' 사이의 이러한 상응성은 현실적으로나 이론적으로나 정확히 분리되어 있는 것이다.[29]

이와 같이 물적 토대를 통한 계급의식의 발현이라는 맑스의 주장에 대한 홀의 수정은 네오 그람시주의자인 라클라우의 이론적 영향으로 인한 것이다. 홀은 이데올로기 개념을 맑스주의의 비판적인(critical) 개념으로 해석하기보다 중립적인(neutral) 개념으로 해석하면서, 이데올로기란 계급간의 갈등이 드러나는 것이 아니라 그것을 통하여 우리를 재현하고, 해석하고 이해하게 하는 틀로서 사회적 존재의 양상을 의미화하는 이미지나 개념, 전제 등과 같은 것이라고 규정하였다. 이는 이데올로기란 필연적인 계급 귀속성을 가지지 않는 요소나 개념으로 이루어지고, 서로 다른 계급을 재현하는 다양한 이데올로기적 담론으로 분절될 수 있다는 것이다. 이와 같은 이데올로기에 대한 해석은 계급 이외의 다른 사회적 분할의 존재와 성차, 인종 등과 같은 범주의 설정을 가능하게 해주는 것이었다.

---

29) S. Hall, "Brave New World," *Marxism Today* (October 1988), p. 25.

이후 홀은 맑스주의적 계급개념의 특권적 지위를 부정하는 라클라우(E. Laclau)와 무페(C. Mouffe)의 네오 그람시주의적 신사회운동론과 맥을 같이 하는 다원적인 급진정치학을 문화연구 속에 도입하였다. 사회에서 권력관계는 계급의 차원에서뿐만이 아니라 다양한 차원에서 작동되고 있다는 다원적인 권력개념을 통하여 페미니스트, 게이 및 레즈비언, 평화주의자, 생태주의자들과 같이 계급과 생산논리로 환원되지 않는 새로운 정체성의 정치학을 강조하였다. 이것은 CCCS의 연구의 방향을 계급정치학적 관점에서 다양한 정체성의 정치학으로 틀게 만들었는데 문화적 생산물의 '능동적 소비'(active consumption)와 연관된 페미니즘 정치학, 미디어 속에 재현되는 흑인 정체성의 정치학, 게이 액티비즘(gay activism), 인종문제 등과 같은 연구들이 1980년대 주류를 이루게 되었다.

이와 같은 신사회운동론적 연구 방향은 당시 영국 안에서 노동자계급의 중심성과 급진성에 대한 논쟁이 제기되면서 이루어진 것이었다. 특히 서구 후기자본주의사회의 사회변혁 속에서 노동자계급의 유의미성을 부정하고 운동주체를 중산층으로 확대해야 한다는 중간계급론이나 노동자계급의 보수화를 대신하여 중간계급의 급진성을 주장하는 이론들도 등장하였다. 이 중에서 프랭크 파킨(Frank Parkin)의 베버주의적 계급 개념은 스튜어트 홀의 '부호화-독해 모델'(encoding-decoding model)의 이론적인 토대가 되기도 하였다.30)

이와 같은 분산된 권력의 개념과 그람시의 헤게모니 개념이 합쳐져 이루어진 네오 그람시주의적 신사회 운동론적인 연구 방향은 문화를 매개로 투쟁해야 할 대상을 다원화시켰으며 외적 조건들에 대한 분석에서뿐만 아니라 운동의 이념과 주체 설정에서 주요한 의문을 남겨놓았다. 즉 더 이상 대중문화와 미디어는 계급투쟁의 장소로서가 아니라 누구든지 참여가능한 시민사회를 위한 비판적인 담론 형성의 공간으로 개념화된 것이다. 이는 미디어가 '민주주의'를 정착시키기 위한 대항 헤게모니를 구성하는 정치적 작업

---

30) McGuigan, op. cit., pp. 132-134; F. Parkin, *Middle Class Radicalism* (Manchester Univ. Press, 1968); F. Parkin, *Class Inequality and Political Order* (London: Paladin, 1973).

공간으로 변화되었다는 것을 의미한다.

이와 같은 관점은 자유-다원주의적 자본주의체제의 문화·미디어관과 크게 다르지 않다고 지적된다.[31] 자유-다원주의적 관점이란 사회를 대립적인 계급과 갈등으로 보는 것이 아니라 다양한 경쟁집단과 이해관계의 복합체들의 역학관계로 보면서 문화와 미디어란 이데올로기적 국가장치가 아니라 상당 정도 자율성을 누리는 구조를 가진 중립적인 기구이며 그 속에서 제도와 수용자간에는 균형을 이루어 자유롭고 다양한 의미의 반영이 가능하다고 본다.

이와 같은 관점에서 문화와 미디어 연구자들은 문화와 미디어의 장 속에서 대항 헤게모니가 생성될 수 있는 공간을 확보하기 위해 정책적인 장에 개입해 들어가야 한다는 논리를 도출하였다.[32] 이와 같은 '문화정책론'은 특히 대중미디어 영역에서 하버마스의 '공론장'(public sphere) 이론을 토대로 한 공공영역 확보문제로 연결된다. 부르주아 공론장 이론이라는 비판을 받는 하버마스의 이론을 토대로 한 이와 같은 네오-하버마스적인 현실 문화·미디어 정치에의 개입방식은 직접적인 정책 개입 외에도 비정부 조직, 즉 NGO나 수용자운동 등을 통하여 주로 이루어진다.

이런 개입방식과 운동방식은 신자유주의적 현실정치 속에서 우파 정책과는 정치적으로 대립함에도 현행의 문제 해결을 위한 기획의 내용에서는 서로 매우 유사한 시각을 공유하고 있는 것으로 지적된다. 즉 양자는 공통적으로 후기자본주의 사회의 갈등과 모순이 국가나 정치적 조절, 관료적 권위 등에 의존해서는 더 이상 적절히 해결할 수 없다는 점을 인정한다. 이러한 문제를 해결하기 위해 신자유주의 기획은 자본의 입지를 넓히고 국가의 권위를 제한하는 탈규제 정책을 통하여 정책적 과부하를 해결하며, 사유재산, 시장, 노동윤리, 가족, 과학적 지식을 통한 이데올로기적 동원과 시민사회 안의 비정치적이고 핵심적인 영역의 조직화로 나아간다. 이를 위하여 국가는 다양한 코퍼러티즘(corporatism)적 합의를 유도하고 합법적인 NGO

---

31) Curran, op. cit.
32) T. Bennett, "Putting policy into cultural studies," in Grossberg et al., eds., *Cultural Studies.*

운동을 승인하게 되고 보조하게 되는 것이다. 이는 신자유주의적 자본주의 국가 속에서 생겨나는 점증하는 사회 갈등의 안전판을 마련하는 것임과 동시에 이에 대한 공적 비용을 절감하는 것이기도 하다. 이처럼 신자유주의적 개혁은 신사회운동, 혹은 시민운동의 방향과 현실적으로 일치하는 지점이 생기고 이는 다양한 현실개혁적인, 문화개혁적인 NGO운동 속에서 드러난다. 그 결과 현재 신사회운동이나 시민운동은 아이러니컬하게도 신자유주의적 자본주의 발전을 돕고 보조하는 다원주의 기획과 접합되고 있는 양상을 보여주고 있다. 33)

이와 같은 운동 방향 속에서 또 하나 지적할 수 있는 문제는 다양한 이해 관계에서 출발한 분파주의적 신사회운동들이 운동들간의 갈등을 표출하고 있다는 점이다. 여성 내부에서의 백인과 흑인, 레즈비언과 페미니즘 사이의 갈등, 노동하는 여성과 주부 사이의 갈등, 농민운동과 생태운동 사이의 갈등, 노동운동 내부의 다양한 분파 사이의 갈등 등을 표출하고 있다. 이와 같은 문제는 미디어와 문화연구 내부에서도 드러나는데 예를 들면 포르노그래피를 반대하는 여성운동과 문화운동(표현의 자유 주장론자) 간의 갈등, 또 레즈비언 페미니스트들과 게이 액티비스트들 간의 갈등, 여성운동 내부의 갈등 등 다양한 갈등들을 노출하고 있다. 이는 운동의 중심성이 사라지면 주체들이 다양한 관점에서 자본주의에 대항하여 '진지전'을 수행하는 역사적 블록 안으로 접합될 수 있을 것이라는 네오 그람시안들의 전망을 무색케 하는 것이다.

이처럼 신사회운동과 이에 기초한 문화연구는 운동의 중심성 상실과 운동의 주체, 운동의 대상에 대한 통일성의 결여 등을 나타낼 뿐만이 아니라 결국에는 자본주의국가의 우파정치와 조우하게 되는 결과를 초래하고 있다. 그러므로 "좌파의 임무는 자유주의-민주주의 이데올로기를 비판하는 것이 아니라 반대로 급진적, 다원적 민주주의의 방향으로 이를 심화시키고 확장하는 것이다"34) 라고 한 라클라우와 무페의 언급이 그대로 현실화되고 있는 중이다.

---

33) 라이언, 마이클, 『포스트모더니즘 이후의 정치와 문화』, 갈무리, 1996.
34) 스티븐 베스트, 더글라스 켈너, 『탈현대의 사회이론』, 현대미학사, 1995, 255쪽.

10.

홀의 지적에 의하면 1950-60년대 문화와 미디어 연구는 미국의 자유-다원주의 전통으로 점철되어 있었다고 한다. 당시는 커뮤니케이션 연구에서 미국적인 다원주의가 일반적인 합의처럼 받아들여지고 있었고, 당연시된 다원주의 사회모델을 바탕으로 한 반복적인 효과연구가 끊임없이 생산되고 있었다. 이에 저항하여 1960년대 중반을 기점으로 유럽의 지적 사고를 이론에 반영하기 위해 주변부에 놓여 있던 맑스주의를 문화연구의 핵심으로 끌어들인 것이 영국의 문화연구라는 것이다. 맑스주의적 문화이론과 비판커뮤니케이션 이론이 발전하는 계기가 된 영국 문화연구는 지금도 세계 대중문화, 미디어연구의 비판적 이론으로 기능하고 있다.

하지만 그들의 오랜 노고와 여정에도 불구하고 현재 이들의 이론적인 방향은 초기의 자유-다원주의 우파 정치학과 많은 부분에서 다시 조우하는 결과를 초래하고 있다. 이와 같은 문화연구의 이론적 패러다임 위기에 대해 콜린 스파크스(Colin Sparks)는 문화연구의 개념틀이 발전해온 방식에 상당정도 허약함이 존재한다고 말하면서 실천적이고 이론적인 진전을 위해서는 몇몇 기본적인 가정들에 대한 보다 근본적인 문제제기 없이는 패러다임의 위기를 극복하는 것이 불가능할 것이라는 비판적인 진단을 내놓고 있다.35)

---

35) Colin Spark, "Stuart Hall, cultural studies and marxism," in D. Morley & Kuan-Hsing Chen, Stuart Hall, Critical Dialogues in Cultural Studies (Routledge, 1996), pp. 71-101

노동자문화와 노동자 조직
—엘리트주의적 의미생산과 그 조직적 귀결

신병현 (문화연구 시월)

이 글에서는 우리사회 노동자 계급운동의 역사적 분출과 쇠퇴의 한 순환이 매듭지어져가고 있는 현시기의 노동자운동과 그 문화에 관한 문제의식을 정리해본다. 즉, 우리사회 노동사들의 집합적 행동문화에서 핵심적인 특징으로 드러나는 엘리트주의적 의미 생산과 대중동원 방식의 문제점, 그리고 그 조직적 귀결로서 노동자 조직들에서 일반적으로 드러나는 제문제들을 비판적으로 검토하고자 한다.

1. 노동자문화를 말한다는 것

우리가 어떤 사회의 역사적인 변화를 이해하고자 할 때, 우리는 그 사회가 처한 정치적, 구조적 위기와 그것들을 해결하려는 조직적 역량에 대해 분석해 보아야 하며, 동시에 당시의 이데올로기 구성체나 그것이 역사적 주체들의 능동성에 작용하는 양식에 대해 분석해야 할 것이다. 그렇지 않고서는 그 변화를 총체적으로 이해할 수 없을 것이다. 그러한 역사적 이데올로기 구성체들은 주어진 위기의 상황적 조건하에서 특정 주체들이 조직적인 자원들을 이용할 수 있는 역량에 크게 영향을 미치기 때문이다. 노동자문화를 말하는 것은 그러한 구성체들의 작용양식을 보다 구체적으로 이해하려는 하나의 시도이며, 주체적인 변화의 가능한 조건을 모색해보려는 하나의 시도일 것이다.

신자유주의 시기는 자본의 이데올로기 위기의 시기인 동시에 지속적인 자본의 공세하에서 취약해진 노동자계급 및 그 조직들(노조 및 정당 등)의 이데올로기 위기의 시기이다. 신자유주의 정치 이데올로기 공세하에서 노동자계급은 지난 시기 투쟁의 성과들을 상당히 빠르게 잠식당해가고 있다. 물론 개별 사회구성체의 특수성이 작용하지만, 노동운동 및 노동조합운동의 정치적 조건 역시 상당히 위축되어온 것이 일반적이다. 이러한 정치, 경제적 조건하에서 노동자계급에 대한 이데올로기적 공세가 더욱 거세었고, 사실상 전세계적으로 노동자계급 운동의 이데올로기적 위기가 악화된 상태임은 주지하는 바이다. 이런 가운데 노동자계급 및 운동조직들 역시 신자유주의 이데올로기 통치하에서 제대로 대항하지 못하고 다양한 형태로 종속되어가는 위기의 모습을 보이고 있다. 게다가 자본의 위기의 국면에 적절한 이데올로기투쟁과 대중적 노선을 견지하지 못하거나, 노동자들의 투쟁의 열망을 담아내지 못하는 이데올로기 및 조직의 위기 역시 드러나고 있다.

우리는 이러한 시기에 왜 노동자문화와[1] 운동 혹은 정치를 말하고자 하는가? 노동자계급이 역사적으로 형성하고 변형시켜온, 독특한 삶의 방식, 노동자계급만의 독특한 의미체계, 일상적 삶을 지배하는 정서 및 가치지향성, 규범과 윤리체계, 행동방식 및 문화적 형식들로 표현되는 계급적 차이들에 주목한다는 것은 어떤 의미를 갖는가?

이 질문은 다음과 같은 관심과 관련되어 있다. 첫째로 자본주의체제 속에서의 노동자계급은 다른 계급들과의 관계 속에서 상이한 물질적 조건과 사회적 환경 및 소통관계 아래, 뚜렷이 구분되는 일상적 삶을 살아갈 수밖에 없다는 것이고, 둘째, 그러한 삶의 조건들에 기초한 독특한 문화적 표현

---

1) 이에 대한 보다 상세한 논의는 다음 책들을 볼 것. 신병현, 『작업장문화와 노동조합』, 현장에서미래를, 2000; 신병현, 『노동자문화론』, 현장에서미래를, 2001. 이 책들에서는 특히 가족주의와 조직 활동에서의 유사가족주의, 엘리트적 분파주의, 노동물신주의, 가부장주의 등이 주목되었다.

형식들을 역사적으로 발전시키며, 셋째, 여타 사회 계급들과의 관계하에서 노동자계급의 삶의 조건은 지속적으로 영향을 주고받으면서 변형되어 왔고 변해가고 있다는 것이고, 넷째, 그러한 (지배 및 종속 혹은 저항 및 이탈) 관계의 자본주의 역사를 염두에 둔다면, 노동자계급의 '문화'를 독자적으로 범주화하는 것은 노동자계급 주체형성이라는 특정한 정치적 기획 혹은 경향성과 관련된다.

첫 번째의 관심을 논외로 한다면, 두 번째 및 세 번째 관심과 관련해서 볼 때, 역사적으로 노동자들의 일상적 삶을 지배해온 이질적이고 생태적 조건에 밀착된 생활방식과 행동유형들은 '문명화 과정'(civilizing process) 의[2] 외부에서 내부로 서서히 편입, 동화되거나, 모방되는 과정 속에서 변형되어 왔다.[3] 사실 중간층은 언제나 자신들의 정치적 무기력성을 사상 이념 및 문학 예술적 차이를 강조하고 드러내는 방식으로 자신들의 사회적 기획을 추구해왔다. 노동자계급은 하나의 사회세력으로서 이러한 부르주아 및 프티부르주아들과 그들의 생활방식 및 사회적 기획들에 대한 저항과 투쟁 및 동화의 관계 속에서, '빈곤의 문화', '도덕경제' 등으로 특징지어질 수 있는 '민중적' 삶의 문화적 형식들을 발전시켜 왔다. 그러나 그러한 '문명화 과정'은 때로는 급격한 혁명의 과정에서 역전되어 야만화되거나 새로운 문화적 형식들로 대체되기도 했음을 역사에서 볼 수 있다. 네 번째 관심과 관련해서 보면, 영국의 노동자계급이 양차대전을 거치면서 국민으로서 호명되고 국가에 동일화, 종속되는 과정에서도 잘 볼 수 있듯이, 혁명적 반역이나 전쟁에의 동원, 선거권 획득투쟁, 또는 노동운동, 종교적 개종, 계급적 타협, 불황기의 빈곤의 경험 등 특정한 역사적 계기들을 통해 노동자계급은 국가 성원의 외부에서 시민적 권리 주체로, 혹은 민족의 외부에서 내부로, 혹은 가부장제적 질서 내부로 호명되고 종속되는 과정 속에서, 사회제도 및 관행들의 타협적 수용을 통해 그들의 무의식적 욕망과 환상을 충족시키고

---

2) 절대군주 치하로 종속되어간 기사계급이나 귀족층들 간의 '궁정사회'의 예절과 규범, 그리고 권력에서 소외되어 있던 부르주아 및 자유주의적 중간계층들의 사회적 기획으로서 발전하였던 '시민적인' 교양과 예절(civilité) 의 정착과 확대과정.
3) 노르베르트 엘리아스, 『문명화과정 I』, 박미애 옮김, 한길사, 1996 참조.

자 했다. 경제관계의 자본주의적 독점화와 근대국가의 형성과정 속에서,
혁명적 투쟁과 실패의 역사적 과정은 노동자계급이 차별적으로 종속되거나
배제되는 가운데, 국가 및 시민적 주체로 동일화되거나 종속되어온 과정의
역사였다. 이러한 과정에서 동원되는 것이 바로 '문화'담론이다. 그래서 문
화란 용어는 사회, 정치적 기획으로서 이중적 가치를 갖는 것이다. 한편으
로는 사회적 통합의 사회적, 집단적 기획으로서 그 긍정성을 가지면서, 동
시에 민족, 국가 등 몰계급적 통합과 종속을 꾀하는 기제들과 관련된다.

　　이처럼 '문화'는 사회, 정치적 기획의 현실화와 관련된 이데올로기적 과
정으로서의 기본적인 성격을 갖는다. 우리가 '노동자문화'를 말할 때에도 역
시 이러한 이데올로기적 과정, 즉 노동자문화운동 혹은 노동자의 일상적 삶
에 대한 정치적 관심, 계급적 주체형성에 대한 관심에서 출발한다.[4] '노동
자문화'는 노동자들의 다양하고 이질적이고 특이한 대중적, 계급적 경험과
가치나 풍속 등 삶의 방식과 그들이 생산하고 표현한 산물들이기 때문에 그
고유한 모순들을 담고 있으며, 전통적 잔재들과 동시에 추구해야 할 '이상'
을 담고 있기 때문에 또한 모순적인 과정으로서의 성격을 갖고 있다. 또한
노동자들이 처한 구조화된 삶과 관련된 지배적인 제도들(노조나 당, 지역
공동체 등)과 관련되는 동시에 그를 둘러싼 다양한 노동자 정치 기획들의
이데올로기투쟁과정이기도 하기에 그 자체의 모순과 한계를 갖고 있다. 노
동자 정치운동 및 문화운동의 투쟁의 영역은 바로 이러한 모순의 지점들일
것이다.

　　이하에서는 이러한 노동자문화의 관점, 즉 노동자계급 주체형성이란 관
점에서 우리사회의 노동자 조직들에서 지배적인 문화적 경향들을 엘리트주
의적 '민주'노조운동과 그 조직적 제도적 귀결에 초점을 두고 비판적으로 살
펴본다.[5]

---

4) 신병현, 『노동자문화론』.
5) 이런 시도는 물론 노동자계급의 상태와 그 문화적 형식들에 대한 문화에 대한 포괄적인
조사 없이 단편적인 조각 맞추기식의 접근일 수밖에 없는 것이기 때문에 다분히 인상적이
거나 저자의 원망 투사 형식으로 그칠 위험이 있다. 하지만, 이런 시도가 현재의 노동자계
급 운동의 위기 상태에 대한 '솔직한' 진단에 조금이라도 시사하는 바가 있다고 한다면, 그
것으로 충분한 의의가 있다고 생각된다.

2. 한국의 '민주(Min-ju)' 노조운동: 엘리트주의적 의미 생산과 제도적 귀결

그동안 한국사회에서 노동운동은 자본과 정권으로부터 '독립적(자주적)인'(independent) 노동조합의 체계를 세우고자 하는 노조 '민주화' 투쟁을 슬로건 삼아 아주 빠르게 성장했다. 페레스트로이카와 포스트모던 열풍이 거세게 불어닥쳤던 1990년대 초반을 거치고, 과거 사회 민주화 투쟁에 몸담았던 엘리트층과 화이트칼라 고학력 노동자들의 탈정치화와 이념적 분화라는 거센 폭풍을 거스르면서, 한국사회 '민주' 노조운동은 노동해방을 기치로 내걸었던 전노협(전국노동조합협의회)과 공공부문 및 대기업 노조 세력들과 함께 '민주노총'이란 노동조합운동의 전국 센터를 구축하는 데 성공했다.

그런데 이 과정에서 노동운동 세력들은 조직발전 전망을 둘러싼 치열한 주도권 경쟁을 벌였고, 전국적 계급 역관계에 결정적으로 영향을 미쳤던 주요 파업들에 대한 비판적 평가와 전투적 노조주의 비판, 업종 및 공공부문 대규모 노조들의 집단 세력화, 기업별 노동조합 조직의 한계에 대한 인식의 공유, 그리고 IMF와 96, 97 총파업 등을 거치면서, 노동자계급의 정치 세력화 혹은 정치적 대변을 위한 대중적 정당 건설운동의 조건을 매우 신속하게 창출하였다.

다른 한편으로 전국적 조직으로서의 합법화 달성과 정치세력화 과정에서 이루어진, 노동조합주의 세력과 부르주아 정치권력 간에 이루어진 암묵적인 정치적 거래, 그리고 그 이면에서 경향적으로 관철된 노동자계급 운동의 '선택'은, 노동시장의 전산업적 재편6)과 조합주의적 참여라는 제도적 결과를 초래하였다.

제3세계 노동조합 운동에서 일반적으로 드러나듯이, 국가의 억압에 반대하는 독립 노조 건설 운동은 한국사회에서 민주노총의 합법화로 그 정점에 이르고, 96, 97 총파업 이후 일련의 총파업 전술 구사 과정 속에서 드러났듯이, 조합원 대중과 이반된 상층 엘리트 정파 중심의 관료조직에 의해 지

---

6) 대기업 정규직 남성 노동자들을 중심으로 광범한 주변적 노동자 집단을 배제하는 효과를 예상하는 산별노동조합화를 포함하는 노동시장의 제도화.

배되는 노동조합주의로서의 본연의 모습을 드러내고 있는 것 같다.[7] 이런 변화 과정에서 드러났던 몇 가지 슬로건과 그 의미를 검토함으로써 우리사회의 노동자계급의 집합적 행동에서 드러난 엘리트주의적 노동운동의 문화적 편린들을 살펴보자.

1) '민주' 노조운동에서 '민주'의 의미와 제도적 귀결

(1) '민주'의 의미들과 그 가치의 변질

과거 독립적인 '민주' 노조 운동 시기와는 엄연히 구분되는 시기인, 제도화된 민주노총을 둘러싸고도 여전히 가치있게 유통되는 '민주'라는 어휘의 몇 가지 의미작용에 주목해보자.

첫째, '민주' 노조운동에서 '민주'는 과거 어용노조와 대비되는 의미의 독립적 노조라는 곧, 자본과 정치권력의 통제로부터 자주적인 노동조합으로서 기능할 수 있는 노조에 주어진 의미이다. 둘째, 또다른 측면에서, 인간주의적 열망을 갖고 신생 노조의 건설과 노조민주화 투쟁에 투신한 엘리트 활동가들과 이들이 주도한 노조사수투쟁이나 생존권투쟁 등이 우리사회의 형식적 민주화를 달성하는 데 주도적으로 기여했다는 측면에서 자연스럽게 가치를 부여받은 의미가 있다. 셋째, 소위 '전노협 정신'으로 표현되는 변혁적 노조 운동에 부여되는 의미로서, 냉전체제의 검열을 회피하기 위한 특별한 가치를 갖는 '민주'라는 의미를 생각해볼 수 있다.

보편적인 가치로서 보통선거와 여성참여, 생존과 복지 등 일반적 인권의 평등을 추구하는 사회운동에서 노조운동이 수행했던 중요한 역사적 역할들을 부정하기 어려울 것이다. 그러나 다른 한편으로 모든 노동조합들이 모든 시기, 모든 나라에서 동일하게 그러한 보편적인 인권을 옹호하거나 평등주의적이고 민주주의적이지만은 않았다는 점도 분명한 사실이다. 어쩌면 한국사회가 갖고 있는 주변적이고 냉전체제적 제약들이 사회의 '민주화'를 추구하는 운동들에 다양한 가치들을 투영시키게 했을 것이다.

그러나 노태우정권하에서 이루어진 형식적 민주화 조치와 소련의 몰락이

---

7) 이에 대해서는 대표적으로 김세균, 「한국의 '민주'노동운동: 평가와 전망」, 『진보평론』 13호, 2002년 가을, 11-53쪽.

후, 그리고 김영삼 문민정부의 등장은 두 번째 의미의 '민주'가 갖는 가치를 탈색시켰다. 특히 김영삼정부 등장 이후 진보운동 전반에서 진행되었던 이념적 분화와 더불어 노동조합 운동가들 사이에서도 노동조합 운동 노선과 조직발전 형식을 둘러싼 정치적 논쟁들이 전개되었고, 그러한 과정에서 노동운동 엘리트 제정파간의 일정한 타협의 산물로서 등장한 것이 민주노총이기도 하다. 물론 '민주노총으로의 총단결' 구호는 조직적 구심력을 확보하기 위한 신생 전국 연합체의 조직정비상 반드시 필요한 구호였던 것 같다.

노조운동에서의 엘리트 정파간 이념 노선의 차이는 그동안 '민주' 노조운동의 역동적인 모습으로 비추어지기도 하였다. 그러나 신경영전략 반대, 반세계화, 반국가경쟁력 강화론 투쟁에서의 형식적인 대안부재 논쟁, 특히, 유연화 전략반대 투쟁과 노동법 개악반대투쟁, 96, 97 총파업과 IMF 외환 위기 시기와 신자유주의 반대 투쟁을 거치면서 '민주'노조운동은 어떤 특정한 노동조합주의 모델을 중심으로 조직을 관료주의적으로 구체화하려는 경향을 드러낸다(독일, 스웨덴 등 유럽의 사민주의).[8] 사실상 이런 경향은 김영삼정부 이후 전투적 노동운동 노선에 대립하는 합리적 노동운동 노선(크게는 합리적 좌파로 포괄되는 경향) 분화 과정에서 이미 드러나고 있었던 경향이었다. 게다가 총파업과 신자유주의 반대 및 고용보장을 둘러싼 노동자대중의 분출은 노동자 정치세력화에 대한 관심을 고조시키는 분위기를 형성해주었다고 볼 수 있다. 이념적 좌파에 대한 정치적 자유의 부분적인 허용과 민주노총 엘리트 세력의 좌, 우, 중앙의 정치적 3정립 구도는 과거의 '민주' 노조운동에 부여되었던 세 번째 의미의 '민주'라는 어휘가 갖는 의미의 장을 크게 축소시키는 효과를 초래할 수밖에 없었다.

첫 번째 '민주' 노조의 의미도 마찬가지로 크게 변화했다. 전노협 시기까지만 해도 노동조합운동의 독립성, 자주성을 위한 노동조합 활동가들의 헌신적인 투쟁은 한국노총 산하 노동조합들을 전노협 산하 노조로 견인하는 모습이 있었음을 주지하는 바이다.[9] 동시에 현대계열사 노동조합을 비롯

---

8) 물론 이 과정에서 정부와 자본의 노사정 줄다리기를 통한 유혹이나 노동통제 시도 등의 '암묵적인'(?) 지원이 무시되어서는 안 될 것이다.
9) 김세균, 앞의 글.

한 주요 대기업 노조들과 업종 및 공공부문 노조들의 독립성 쟁취 운동은 여하튼간에 민주노총이라는 독립적인 전국조직을 탄생시키는 데 기여했다. 하지만, 최근 들어 신자유주의에 반대하는 총파업 및 주요 연대 투쟁에서 일부 노조들의 분열과 파행에서도 드러나듯이, 다양한 노선으로 분화된 현시기에 노조 활동가들에게 어용이 아닌 '민주' 집행부를 선거 운동을 통해 선출하고 집행부를 구성하는 것은 더 이상 과거와 동일한 의미를 갖지 못한다. 조합원 대중에게 민주파는 더 이상 차별화된 활동가 집단으로 자신을 드러내지 못하고 있으며, 조합원들에게 '민주'라는 가치는 더 이상 중요한 고려 요인이 되지 못한다. 물론 노사협조주의적인 집행부와 '민주파' 노조집행부가 교섭방식이나 파업성향에서 차이를 보이는 것은 분명하다. 하지만, 소위 '민주파'일지라도 파업시 조합원 대중과의 개방적인 정보 소통의 부재나 비밀주의적 관행, 중요한 사안의 배후 결정과 직권조인의 사후적 합리화 시도 등 '조합 민주주의'와는 거리가 먼 행태를 보이는 일이 적지 않다.

'민주' 노조운동은 위원장 선거와 중요한 사안에 대한 조합원 총회를 통한 결정과 같은 '민주주의적' 형식을 '민주' 노조운동의 중요한 문화적 형식으로 발전시켜 왔다. 하지만, 지금은 심지어 민주노총에서마저도, 관료적인 전문성이나 합리성, 그리고 대중적 불참 등을 정당화의 근거로 내세우면서, 조합원들의 총의에 바탕을 두지 않은 집행간부들만의 직권적인 결정이 자주 내려짐으로써 '총회 민주주의'라는 중요한 가치가 심각하게 침식되었다.

이처럼, 세 번째의 변혁적 노조운동 엘리트 세력을 제외하곤 기존의 '민주' 노조운동의 의미를 그대로 전유할 수 없는 세력들이라는 비판을 모면할 수 없을 것이다. 그러나 이와 관련하여 세 번째의 변혁적 노선의 경우에는 다른 더 중요한 문제가 제기될 수 있다. 모두가 독립적 노조의 발전과 변혁적 노조운동을 추구해온 세력임을 자임할 수 있는 역사를 공유하는 측면이 있기 때문에, 노동조합 운동의 정치적 노선을 둘러싼 대립 과정에서 어느 세력만이 독자적으로 '민주' 세력임을 주장하기는 어려운 상황이다. 이들은 노조운동의 '민주성'에 관한 한 이해관계를 공유하고 있다고 볼 수 있다. 그러나 이 내부에서도 이념적 성향의 차이에 따라서 노동조합운동의 '시민권'을 말하거나 '국민'과 함께 하는 노동운동, 그리고 민족주의적인 우파의 경우에 내세우는 슬로건은 '민주'가 아닌 '시민', '국민'으로 변해왔다.10) 따라서 '민주'의 '정통'을 고수하려는 세력은 노동조합내의 정치적 주도권 장악 경쟁에서 열세인 좌파 계열 엘리트들임은 자명하다. 그리고 그 의미도 어용과 대립된 '민주'가 아닌 의미로서, 노조 상층 집행부 엘리트들 일부의 관료주의에 반대하는 실질적인 조합내 '민주주의'를 강조할 것이다. 이렇게 보면, 노동자계급내 '민주주의'의 상징적 의미와 그것의 제도화 형식은 애초의 변혁적 민주주의 주장과는 다른 부르주아 형식 민주주의에 기초한 주도권 다툼이라는 협소한 형식과 의미로 전위되어 있는 것 같다.

(2) '민주'노조운동의 제도적 귀결

노동자대중에게 있어서는 '민주'라는 어휘는 대체로 두 가지 의미를 갖고 있었던 것 같다. 하나는 과거 노동조합이 없었거나 어용적인 노조와는 다른 의미의 독립적 노조를 쟁취하기 위한 대중적 노조 운동의 고양기를 경험한 일반 노동자들에게 '민주' 노조는 회사측의 병영적 노동통제에 대한 보호 장치로서 상대적인 가치를 갖는 노동조합 즉, 회사로부터 자주적인 활동을 통해 일방적이거나 자의적인 해고와 전환배치, 작업장 통제와 같은, 노동시장을 부분적이나마 규제할 수 있는 능력을 갖춘 비교 대상으로서의 노동조합을 의미한다. 그러나 현시기에는 소수의 신생 노조의 경우를 제외하곤 일반화시키기 곤란하다.

다른 하나는 노동자대중들은 과거 노조 민주화 투쟁 시기를 경험한 선진 노동자층 중 지속적인 노조운동에 투신하고 있는 일부 전투적인 노동조합 활동가나 학생출신의 노조 운동가들의 활동을 '민주'노조 운동이라고 부르는 것 같다. 이 운동에 투신하고 있는 활동가들은 '노동자들을 위해 희생적으로 운동하는 사람들'이며, '보통 사람들로는 하기 어려운 훌륭한 일을 하는 사람들'로 간주되었다. 하지만 대중들은 활동가들의 문화적 권위를 인정하는 동시에, '민주노조운동'은 단지 '그들의 할 일'로 간주한다. 이제 노조운동의 엘리트들과 대중들의 삶과 감성적 투심(investment)의 우선순위

---

10) 같은 글.

는 상당한 거리를 갖는 것처럼 보인다. 한편으로 활동가들은 단위사업장을 중심으로 볼 때, 운동 과정에서의 도구주의적 인간관계의 경험과 가족주의적이며 서클주의적인 집단관계, 엘리트적 자부심과 모멸의 경험, 분파주의적인 노조정치로 황폐화되면서[11] '민주'노조 운동의 경쟁 세력으로 상호 분리되는 양상을 드러낸다.

그리고 최근의 신자유주의 반대를 위한 연대 파업 혹은 총파업 전술의 실패나 공공부문 노조의 연대 파업 파행 등에서 볼 수 있듯이, 주요 이념적 세력들의 현장 영향력을 특정한 사안과 연결시켜 본다면, 상층 엘리트들의 첨예한 이념적 노선 차이와 논쟁이 단위사업장의 활동가 집단에게 얼마나 이해되고 실천되는지의 문제는 별개의 문제인 것 같다.[12]

이러한 모습은 한편으로는 한국사회 노동조합운동이 대중들의 주어진 시기별, 사안별 집합적인 분출과 더불어 소수 지식인 출신 엘리트들의 의미생산의 정치를 통한 대중동원 방식과 그 경험의 유사-가족주의적 조직화와[13] 분파적 주도권 경쟁을 통해 성장해왔다는 점을 생각하도록 한다. '민주'노조 운동에서의 민주화라는 어휘를 통해 생산하고 동원해온 의미는 합법적인 전국적 노조센터를 세워내는 데 중요하게 기여했지만, 다른 한편으로 형식적 민주주의를 이용한 노조정치주의 게임이 조직적으로 구축된 구조인 동시에 정치적 노선이 다른 제엘리트 세력들의 각축장화한 측면이 크다. 1987년 이후 지난 15여년 간 '민주'노동운동의 궤적은 계급적 분출과 타협의 한 순환을 보여주는 듯하다. 더 이상 민주(democratic)는 없고, 역사적 퇴적물로서 '민주(Min-Ju)'만이 있을 뿐이다.

2) 슬로건화를 통한 동원과 의미 생산의 제도적 귀결

'민주화'와 더불어 '민주' 노조운동에서 지배적인 슬로건은 '국민과 함께 하는 노동운동', '산별노조', '총파업' 슬로건이다. '국민과 함께 하는 노동운동' 슬로건은 민주노총 1기 지도부의 출범과 함께 '사회개혁투쟁', '정치세력

---

11) 신병현, 『작업장문화와 노동조합』, 149-163쪽.
12) 박성인, 「민주노조운동과 대중파업」, 『진보평론』 3호, 2000년 봄, 69-85쪽.
13) 신병현, 『작업장문화와 노동조합』.

화'의 중요성을 강조하는 상층 간부 엘리트층의 노조 운동노선을 집약적으로 표현하는 어휘였다. '산별노조' 슬로건은 민주노총 출범 이전부터 '가장 발달된'(?) 노조 조직형태로서 인식되어 왔고 '민주'노조운동의 중요한 관심사였으나, 본격적인 대중적 구호로 제기되는 것은 민주노총 출범 이후 그것도 단병호 집행부 시기 이후라고 할 수 있다. 과거 1980년대 말이나 전노협 초기 이후에 일반적이었던 대규모 전략적 사업장 위주의 상징적이고 전선적인 대립 투쟁 형식과 달리, '총파업' 슬로건이 노동자 대중투쟁의 새로운 형식으로 '민주'노조운동에 재등장한 뒤 민주노총 투쟁의 전형인 것처럼 된 것은 96, 97 총파업 이후이다.

(1) 시민권 슬로건

먼저 "국민과 함께 하는 노동운동" 슬로건은 시민운동 단체들과의 연대와 더불어 사회 각 부문의 개혁과 노동자의 정치세력화를 강조하면서, "전노협 정신" 혹은 "전투적, 대중적 조합주의 노선"에 거리를 두는 동시에, "정책 결정 과정에의 참여 및 제도 정치권으로의"[14] 진출 가능성을 염두에 둔 노조 운동노선을 표현하고 있다. 이 슬로건은 "온건 합리주의" 이미지를 대외적으로 표방하면서, 대내적으로는 공공부문의 전문직, 사무직을 포함하는 광범한 노동자 상위층을 통합해내고자 하는 노조 집행부의 노선과 의지를 반영하고 있는 것으로 보인다.[15]

이 슬로건에서 특히 주목되는 것은 '국민'이라는 기표에 따르는 의미작용이다. 즉, 국민과 함께 하는 노조운동은 '국민'으로 인정받지 못하거나 인정받을 수 없는 사회적으로 주변화된 혹은 고립된 '노동자'들의 운동이었고, 대다수의 '국민'들은 노조운동에 대해 거리를 두고 있거나 비판적인 생각을 갖고 있어서, 노조운동이 '시민'의 운동으로서 정당하게 인정받을 수 있도록 신뢰를 보여야 한다는 의미로 해석될 수 있다. 나아가 한국사회와 같이 레드 콤플렉스가 심각하게 문제되고 있고, 노동운동을 비롯한 진보적 사회운

---

14) 김세균, 앞의 글, 37쪽.
15) 영국의 경우 이러한 공공부문 노동자들의 대거 참여가 야기한 노선상의 변화에 대해서는 J. Kelly, *Labour Union and Socialist Politics* (London: Verso, 1988), pp. 85-127.

동 자체가 주변화된 상황에서는 '시민권'을 확보할 수 있는 즉, 법적, 제도적 보장을 획득하기 위한 의도를 읽어낼 수도 있을 것이다. 여기서 우리는 노동자들의 상태와 노조운동의 상태가 '사회적 소수자'로 위치되고 있으며, 그것도 다른 사회집단의 시각에서 읽혀지고 있음을 볼 수 있다. 사회변혁의 기획을 주체적으로 담지한 계급으로서 노동자라는 이미지에 타자가 보는 열등하고 고립된 주변적 집단으로서 노동자의 이미지가 중첩되고 있는 것이다. 국민정부의 등장과 더불어 국가경쟁력 강화, 세계화 담론이 지배적인 경제 이데올로기의 슬로건으로 제기되었던 정치적 맥락하에서 '국민' 혹은 '시민'과 노동자라는 정체성이 '민주'노조운동에 투신한 엘리트들 사이에서 경쟁하고 있었던 것이다. 여기서 우리는 진보적 이론가들에게, 노동자에게 나라는 무엇인지를, 그리고 국민 혹은 시민이란 법적인 주체로의 종속이라는 이론적이고 역사적인 문제가 단지 '계급의식'을 거론하는 것만으로는 제대로 검토되거나 다루어지지 않는 문제임을 환기시킬 필요가 있다.[16]

사회적 소수 세력으로서 '민주'노조운동의 자기 인식에서 가장 두드러진 지표로 작용하였으리라 추정할 수 있는 것은 합법성을 갖지 못하고 있다는 점이었고, 또한 과거의 민주노조운동의 전통 및 정신과 거리가 있거나 이해가 상충될 수 있을 새로운 집단 세력이 조직의 성원으로서 가담하였다는 변화된 조건도 고려된 듯하다. 서구의 신사회운동 조류가 영향을 미쳤을 것이라고도 추정할 수 있으나, 당시는 신자유주의적 노동유연화가 본격적으로 시행되지 않았고 주요 기업들이 구조조정의 기회만을 엿보던 시기였고, 비정규직이나 외국인 노동자층, 여성노동자가 주목되지는 않았던 시기였으며, 그 이후 민주노총의 정책과 행동은 핵심노동자층의 보호에 주로 초점이 맞춰져 왔기 때문에, 그렇게 보기는 어려운 점이 있다. 결국 이 슬로건이 궁극적으로 의도한 것은 합법적 제도화에 있었다고 보아야 할 것이다. 하지만, 그 대가는 앞서도 지적했듯이, '민주'노조운동의 대의 손상과 주변적 노동자층의 희생과 노동시장의 핵심노동자층 중심의 새로운 재편을 대가로 치러야 했다.

---

16) E. Hobsbawm, "Notes on Class Consciousness," in *Worlds of Labor* (London: Weidenfield and Nicholson, 1984), pp. 15-32.

(2) 산별노조 슬로건

'산별노조' 슬로건 역시 '국민과 함께 하는 노동운동' 슬로건과 동일한 맥락에 위치지어볼 수 있다. 조직력, 사용자와의 교섭력의 취약성이나 대규모 단위노조들과의 연대투쟁 곤란성과 같은 기업별노조의 한계를 극복하기 위한 조직적 대안으로서 오래 전부터 유력한 것으로 인식되어온 것이 산별조직형태이다. 산별 형태는 노동시장에 대한 강력한 개입능력을 특징으로 하며, 막대한 조직력과 자금력을 기반으로 하여 정치적 참여 가능성도 높여주는 형태로 소개된다. 그것은 아마도 거의 모든 '민주'노조운동이 당면한 장애를 극복할 수 있을 만병통치약으로서의 성격을 갖는 기표일 것이다.

노동운동계의 '산별노조' 논의는 대체로 산별 자체의 필요성에 대한 당위적인 인정에 기초한 "성급한" "조직 형식주의적" 산별조직화 방법론을 중심으로 이루어져 왔다. 그런데 서구 산업국들의 경우 산별노조 조직형성과 기능의 역사를 조금이라도 생각해 본다면, 우리사회의 '산별노조' 담론에서 드러나는 정치 구호적 성격에 대해 의구심을 가질 법하다. 우선 국민정부 말기의 노사정위원회는 산업별 노조 형태에 매우 부합되는 네오-코포라티즘적 성격을 갖는 제도이다. 또한, 산별조직은 독일과 북구라파의 후진 산업국에서 일찍부터 일반화된 형태이고, 노동시장의 일정한 재편과 더불어 국가와 사용자 등 위로부터의 국민적 통합과 포섭의 정치적 기획하에 이루어지는 개입이 없이는 거의 실현 불가능한 형태이기도 하다. 신자유주의 공세를 통한 노동시장의 재편 시기에 조응하는 유력한 조직형태가 산별 형태이기도 하다는 뜻이다.[17] 이렇게 보면, '산별노조' 슬로건에서 투쟁을 위한 위력적인 조직형태라기보다는 교섭과 참여에 유리하고 노동시장 규제자로서의 위상이 중요시되고 있다는 것도 읽어낼 수 있다. 실질적으로 산별 논의에서 초점이 되어야 하는 것은 비정규직 혹은 불안정 노동자들의 조직화 문제일 것이다. '민주' 노조 운동은 과연 그러한 방향으로 초점을 두고 있는가? 그렇다면 '산별노조' 슬로건은 과연 어떤 것을 의도하는 것일까? 그것은

---

17) 산별노조화에 관한 이와 관련된 논의로서 Bo Strath, *The Organization of Labour Markets: Modernity, Culture and Governance in Germany, Sweden, Britain and Japan* (London: Routledge, 1996).

아마도 정치적 참여의 가능성과 동원기반을 형성하고자 하는 의도일 것이다. 이에 대해서는 '민주'노조운동 엘리트 집단에서 노선 차이를 불문하고 동일한 관심을 갖는다. 그 제도적 귀결은 노사정위 참여와 노조 상층 중심의 분파적 정치세력화이고 운동노선간 경쟁적인 '깃발 꽂기' 게임일 수 있다. 여기서 우리는 좌파 노조 엘리트 및 활동가들의 기회주의적 속성을 지적할 수 있을 것이다.

(3) 총파업 슬로건

'총파업' 슬로건은 특히 96, 97 총파업 이후 '민주'노조운동에서 일상적으로 관행화된 투쟁전술로 자리잡아가고 있다. 그러나 '위력적인 총파업'을 통한 신자유주의 분쇄 혹은 국면의 돌파 등에 관련된 구호들은 실제로 대중들의 파업 열망이나 투쟁의 조건들과 이미 거리가 멀어진 공허한 구호로만 남는 모습을 보이고 있다. 총파업은 심각한 실정과 정책실패, 대중들의 열악한 경제적 위기상태 등 다양한 조건들 특히 정부의 폭력적 탄압과 같은 특정한 계기, 구체적 정세에 대한 구체적 분석 없이는 좀처럼 거론하기 힘든 투쟁전술임에도 불구하고 노조 상층에서 기획되고 남발되고 있다. 또한 그 결과를 두고 '민주'노조운동의 엘리트 집단간에 치열한 평가 논쟁이 벌어진다.

사실상 '민주'노동자 운동의 전형적인 문화형식을 든다면 집회와 파업의 일상적 문화형식들일 것이다. 그동안의 노동자 조직의 성장과정은 한국사회 노동자계급 운동에 독특한 문화형식들을 형성, 발전시켜온 과정이기도 하다. 노동조합운동의 파업과 집회, 시위, 그리고 전투적 활동가들의 헌신적인 삶과 투쟁의 일상적 모습이 보여준 독특한 문화적 형식들과 그것이 담고 있는 생동성은 일부 지식인으로 하여금 한국사회의 노동자계급 문화에 대한 관심을 고무시키기도 했다. 파업과 집회시의 '노동해방', '평등세상'과 같은 노동자 세상에 대한 희망을 표현하는 슬로건들은 노동자들의 집단적 권력의 상징으로서 '민주' 노동조합 집행부의 권위를 세워내고, 다양한 상징적 형식들을 통해 노동자계급이 집단적으로 추구하는 희망을 표현하고자 해왔다.

다른 한편으로 신자유주의 시기 노동자계급과 노동자 운동조직들의 전반적인 상태가 지속적인 자본의 공세 속에서 더욱더 취약해지고, 노동자계급

대중들의 상태가 더욱 열악해지고 동시에 노동자계급의 도덕적, 정서적 불균등성 역시 실천적, 이론적 관심에 들어오게 됨에 따라 계급적 주체형성에 대한 정치적 관심이 등장했다.[18] 대중적 일상의 차원에서 보면, "생산적이고 자율적이며, 창조적인" 고몰입, 고헌신적인 주체를 생산하려는 기업가 문화(enterprise culture)와 기업문화적 통제(corporate culture) 공세를 통한 작업장 규율화 시도, 온 대중을 주식 투기꾼으로 몰아가는 대중투기문화(mass investment culture)의 조성 시도, 대량소비문화의 홍수 속에서 노동자계급 문화의 형성 조건은 더욱더 취약해갈 수밖에 없었다.[19] 더욱 문제가 되는 것은 그동안 노동자운동에서 발전시켜 왔던 다양한 문화적 형식들이 아주 빠른 속도로 노조 관료화된 엘리트들의 획일화되고 사전에 검열된 형식들로 정형화되는 모습을 보여 왔다는 점이다. 노동시장의 합법적 규제자이며 자본과 정부의 '노사정' 파트너로서 '법적인' 책임을 자임하면서 민주노총은 노동자들의 파업과 집회 시의 노동자들의 자발적인 행동을 과잉 규제하는 모습을 보이기까지 한다.[20]

최근 들어서 거의 일상화되고 있는 (총)파업 투쟁의 양상을 조금만이라도 가까이 접근해서 살펴보면, 현시기의 '민주' 노조운동의 총파업 및 연대파업은 '조합간부 혹은 위원장들만의 파업'일 뿐이라고 얘기되고 있을 정도로 노동자대중의 관심과는 거리가 있다. 극단적인 예로 연대 파업 참여는 교육시간을 할애해서 사측에 피해를 최소화하는 방식으로 단위노조에서 행사로 치루어지고, 연대파업은 조합원들에게 지겨운 작업장으로부터의 잠정적인 탈출의 시간으로 받아들여지고, 화려한 복장을 갖추고 나와 '눈도장'만 찍은 후 동료들과 유흥장으로 가는 날로 받아들여지기도 한다. 또한 사측의 탄압과 해고의 위험 속에서 수많은 좌절을 경험하는 가운데 철저한 사

---

18) 최형익, 「한국 선진노동자의 사회·경제적 조건과 계급정체성」, 한국노동이론정책연구소(편), 『현장과 이론』, 2001, 91-118쪽; 박해광, 「담론의 정치, 경영이데올로기와 노동자 수용」, 앞의 책, 146-171쪽.
19) 신병현, 『작업장문화와 노동조합』; 신병현, 「신자유주의적 계급정치와 작업장 지배체제」, 『현장에서 미래를』 69호, 2001년 8월, 4-10쪽.
20) 대표적으로 임인애, 「실패한 상흔은 오래 남는다」, 『진보평론』 3호, 2000년 봄, 105-126쪽을 참조할 것.

전 준비와 조합원 대중의 교육과 문화프로그램을 기획하여 성공한 일부 파업을 제외하고는, 대부분 파업은 상층간부나 활동가 조직들의 연합(소위 파업 대책위원회 등)을 통한 조합원 투표를 통한 가결과 선언, 그리고 소수 엘리트 활동가들을 중심으로 한 파업브로커나 정부 및 회사측과의 홍정, 사후적으로 조합원들에게 인준 받아 마무리된다. 이런 형식적인 파업 관행은 극단적인 엘리트주의적 노조문화의 산물인 동시에 조직민주주의와 개방적 조직 운영의 벽이 된 지 오래되었다.

이러한 풍토는 한편으로 파업을 소수 엘리트들의 전술적 기획을 통한 대중동원과 노조의 세 과시 의례로 편협하게 인식한 산물이라고 볼 수 있다. 이런 인식하에서는 파업투쟁이 힘있게 전개되지 못한 것은 산별노조와 같은 조직력, 자금력이 앞선 조직형태를 갖추지 못해서라고 환원주의적으로 정당화하거나, 다른 노선의 영향하의 단위노조를 희생양 삼는 의례적인 노선 논쟁으로 상황을 일시적으로 모면하는 것이 관례다.

파업이라는 시·공간은 노동자계급의 새로운 세계 창출을 위한 즉, 공산주의 '되기'의 시·공간으로서 노동자문화 이해에 중요한 의미를 갖는다. 그러나 노조운동 엘리트들의 정치적, 전술적 산술에서 이런 인식은 순진한 자유주의적 낭만성의 발로로밖에 받아들여지지 않는 것 같다. 그러나 파업에 대한 편협하고 추상화된 도식적 인식이 어떻게 보면 파업투쟁의 성공과 실패를 탓할 근거로 유예시키는 한 방식이라고 의심받을 수도 있다. 파업이 엘리트들의 '전문성'에 기초한 전술 구사의 시·공간으로만 환원되는 경향은 한편으로 노동운동에서 꾸준히 강화되어온 관료주의의 대표적인 표현이기도 하다.

3. 노동자 운동조직의 이데올로기와 관료주의

노동자계급의 주체형성이라는 관점에서 보면, 한국사회 노동자계급 운동은 전형적으로 소수 엘리트 분파 집단들의 사회·정치적 기획들만이 경쟁하는 각축장으로서의 모습을 드러내고 있다. 대중들의 분출은 단지 수사학적으로만 묘사되고 활용되어 왔을 뿐 계급운동 자체에 현실화되지 못했던 것 같다.

신자유주의 공세하에서 노동자계급 조직들은 신자유주의에 대한 엄밀한 이론적 인식과 그것이 갖고 있는 모순에 대한 천착이 부재한 가운데 이데올로기적으로 동요해왔다. 아주 비판적으로 말하자면, 단지 슬로건을 통한 대중동원의 의례에 의존하거나 대중들의 우연한 분출에 편승하는 파행적이고 기회주의적인 모습을 보여왔을 뿐이다. 나름대로 엄밀한 국면분석과 확고한 강령을 준비하여 조직화했겠지만, 노동자계급 운동 조직들에서 엿볼 수 있는 경직된 조직원리와 분열적인 조직 운영 관행들은 미셸 페쇠(M. Pêcheux)가 유형화한 자본주의적 발전의 '프러시아적 길'과 '아메리카적 길'을 생각나게 한다. 21)

현시기 신자유주의 이데올로기 공세에 처한 노동자운동이 정치적, 이데올로기적 위기를 드러내고 있는 것은 페쇠가 말하는 기존의 요새형 예속형태뿐 아니라, 아메리카적 예속형태의 기본 속성을 주목하지 못하고 실천적으로 대응하지 못한 하나의 결과라고도 볼 수 있다. 22) 노동자문화에 대한 정치적 기획이 더욱 중요시되는 것도 바로 이런 자본주의적 예속형태의 이중적 성격 때문일 것이다. 이러한, 예속형태들은 노동자들의 일상적 삶 및 조직적 실천들 속에 다양한 실천 이데올로기적 반향을 갖는 방식으로 물질화된다. 민족주의와 사회민주주의와 같은 전형적인 부르주아 및 프티 부르주아 이데올로기 형태들 이외에, 가족주의 및 유사가족주의, 노동물신주의, 가부장제, 그리고 기업조직내 관행과 제도들 등에 물질화된 실천 이데올로기적 반향들을 지적할 수 있을 것이다. 23) 이것들이 노동자 문화운동과 정치적 실천이 계급운동 조직 내적인 반성과 동시에 일상적으로 노동자들의 삶과 의식적 각성에 동시에 주목해야 할 이유이다. 과연 우리사회 노동자계급 운동의 이데올로기적, 조직적 상태는 어떠한가? 과연 조직원리와 일상적 조직운영 방식은 어떠한가? 이하에서는 노동자문화 창출의 중요한 매개인 다양한 노동자운동 및 그 조직들을 잠식하는 대표적인 이데올로기 형태와 조직 모순을 보자.

---

21) 보다 자세한 논의는 신병현, 「노동자조직과 관료주의」, 『현장에서 미래를』, 2002년 10월, 57-70쪽.

22) 미셸 페쇠, 「이데올로기에 대한 두 가지 성찰」, 에티엔 발리바르 외, 『알튀세르와 마르크스주의의 전화』, 윤소영 편역, 이론, 1993, 326-339쪽.

23) 신병현, 『작업장문화와 노동조합』, 『노동자문화론』.

1) '민족적 계급' 운동: 노동자조직운동의 민족주의와 사민주의

하나의 특정한 역사적 체제로서 '민족적', '사회민주주의적' 유형의 정당
은 신자유주의 대두와 더불어 지속적으로 위기에 처해져 왔다. 사회적 조합
주의 전통의 붕괴, 즉 노동자계급의 포섭체제의 점차적인 붕괴와 동시에 시
장논리의 확장을 통한 대자본의 독점 강화의 성격을 띠는 신자유주의체제
는, 그 자체로서 부르주아 이데올로기적 위기의 증후라고 볼 수 있다. 그럼
에도 불구하고 유럽 주요 선진 산업 국가들에서 볼 수 있듯이, 자본주의에
대한 프티 부르주아적 반감(반자본주의적 반감)은 민족주의와 사민주의와
같은 이데올로기적 형태들을 매개로 노동자계급 및 노조운동에 더 크게 영
향을 미치게 된다.

한국의 경우도 역시 동일한 경향이 노조운동 및 노동운동에 영향을 미치
고 있음은 주지하는 바이다. 게다가 한국의 경우는 분단의 특수한 상황을
이용한 고전적인 부르주아 이데올로기 형태인 민족주의가 노동자운동에 강
하게 영향을 미치는 역설적인 현상이 전개되고 있다. 한국사회의 노동자계
급 운동에서는 특이하게도 소수 엘리트 중심의 자유주의적 민족주의와는
달리 분단 상황으로 인한 매우 조악한 프러시아적 형태의 후진적이고 파시
즘적인 민족주의가 학생운동과 대중운동에 뿌리를 내려 요새적인 형태로
현실화되고 있다.

역사적으로 사회민주주의는 노동자계급 전반에 대중적 기반을 갖고 있
고, 노동자문화 전반에 걸쳐, 즉 실천이데올로기에 기초한 뿌리깊은 물질
적 기반을 갖고 있다. 특히 노동조합이나 당을 매개로 하여 부르주아적 정
책형태의 계급적 타협을 수행하는 기능을 갖는 것이 이와 관련된다. 따라서
사회 민주주의적 의회 정당 및 노동조합주의는 하나의 역사적 민족적 제도
로서 '국가장치'의 일부를 구성하는 경향을 보여 왔다. 그래서 사회 민주주
의적 유형의 정당은 대체로 계급 타협적 입장에서 부르주아 정책을 수행하
는 노동자정당의 유형을 취한다. 여기서의 계급은 '민족적 계급'일 뿐이다.
사회 민주주의적 입장의 '정치주의'는 그 현실성과 언어의 급진성에도 불구
하고, 노동자계급의 중립화와 수동성을 조장하며, 나아가 민족, 국가 혹은
시민적 주체로서 대중을 호명하는 주요한 정치적 경향이며, 역사적인 이데

올로기 형태인 것이다. 사회 민주주의적 유형의 정당은 비록 전형적으로 관료화되고, 조직 내부의 계층적 차이와 갈등으로 지속적인 해체의 위기를 겪을지라도, 계급적 타협의 기능을 일관되게 다양한 형태로 수행한다. (예컨대, 파업브로커나 정치가들의 개입과 의존 형태.)

우리사회의 엘리트주의적 사회운동과 노동운동이 '일정하게' 수행해왔던 이와 같은 '민족적 계급 통합' 기능은, 민주노총이 제도화된 이후 노조상층 간부나 노동 및 시민운동 단체들에 의해 부분적으로 수행되어 왔으나, 엘리트 세력들 간의 상호 견제로 말미암아 안정적으로 수행되지는 못했다. 최근 들어서는 정치세력화 슬로건 아래 사민주의적 대중정당을 추구하는 민주노동당 혹은 노무현과 같이 명망성을 가진 노동 브로커 정치가들에 의존하여 보다 안정적인 대중적 대표 구조를 갖추고자 하는 흐름들이 대선과 총선 국면에서 노동운동계를 주도하고 있는 듯하다.

유럽 자본주의 역사에서 볼 수 있듯이, 민족주의 이데올로기는 부르주아의 승리와 근대국가 형성, 혁명적 노동자운동의 세계적 패배, 노동자계급의 타협 및 종속과 맥을 같이 한다. 최근의 신자유주의 경제정책들이 특정한 나라들에서 시행될 때도 역시 민족주의 이데올로기적 국가 통합이 예외없이 등장했다. 엘리트주의적 노동자계급 운동은 노동자계급 주체형성을 말하면서도 역사적으로 종교와 민족이 계급과 대중 주체화의 주요 경쟁 세력이었음을 덜 중시하는 것 같다.[24] 그것은 아마도 근본적인 계급 주체형성의 이론적, 전략적 반성이 지체된 가운데, 슬로건을 통한 대중동원에 중심을 둔 경험주의적 엘리트 집단들 간의 정치주의적 이합집산이 지배적이었기 때문이 아닌가 생각된다.

2) 노동자 조직의 관료주의

노동운동에서 다시금 부쩍 자주 들을 수 있는 단어 중의 하나가 관료주의다. 96, 97총파업 시기나 그 이후 민주노총 상층의 보수적이고 특정 성향의 정치주의적 행태나 발전노조 파업시의 직권조인 사건 등에 대해서 노조 활

---

24) E. Hobsbawm, "Religion and the Rise of Socialism," 그리고 "What is the Workers' Country?", in *Worlds of Labor*, pp. 33-48, pp. 49-65.

동가들이나 좌파 블록에 속하는 단체들로부터 '민주'노조의 관료화라는 비판이 거세게 일고 있다.[25] 관료주의 문제가 한국사회 노동조합운동 내부 논쟁의 화두로 대두되었다. 그런데, 노동조합이 노동자계급에 의한 조직의 하나임에도 불구하고, 그 속에서 새로운 노동자 정치 형태가 발전하기보다는, 왜 항상 관료주의적 방식으로 조직되며, 노조와 노조 리더쉽은 조합주의, 개량주의, 보수주의, 사회민주주의적 경향을 띠게 되는가? 이는 맑스주의 운동에서 아주 오래된 쟁점으로서 이행과 관련된 매우 중요한 전략적 성격의 질문이기도 하다.

여기서 문제는 사실상 추구하고자 하는 대중적, 운동 실천적 이상 혹은 그와 관련된 이행 과정에 대한 인식들의 차이일 것이다. 다른 이들이 어떻게 생각하건 간에, 사회민주주의에서도 역시 방법은 다르더라도 사회의 점진적 전화를 말한다. 노조 간부의 관료제 옹호도 단계론이나 정세분석 차이에 근거한 전술상의 차이나 의회주의적 방법 등의 방법적인 차이로 환원될 위험이 여기에 있다. 여기서 우리는 도대체 운동이 추구하는, 아니 만들어가는, 궁극적인 상이 무엇인가를 다시금 물어야 한다.[26] 신자유주의 공세 하에서 조직적 실천 및 이데올로기적 동요가 현저하게 드러나는 자본과 노동의 위기의 시기인 현시기에 역사적 경험들과 현존하는 다양한 조직적 실천의 문제들을 견주어보는 것은 유의미할 것이다. 노동자 조직의 관료주의 문제는 현시기 운동의 문제인 동시에 운동의 미래가 걸린 관건이라고 보아야 한다. 이에 대해 단순히 방법주의적, 실용주의적으로 접근하는 것은 역사적 실패를 반복하는 일일뿐이다.

발전노조 '직권조인'과 같은 사건들은 수준은 달라도 단위 노조의 단체교섭과 파업타결과정에서 그동안 아주 많이 있었던 것이다. 대개 논란이 되었던 직권조인 사건들은 조합원들의 투쟁열기와 간부(일부 활동가 조직)들 간의 상황인식 차이에 기인하거나, 위원장 등 간부들에 대한 회사와 정부측

25) 대표적으로 김세균, 앞의 글; 신병현, 「노동자조직과 관료주의」, 57-70쪽.
26) 발리바르, 「비동시대성: 정치와 이데올로기」, 『알튀세르와 마르크스주의의 전화』, 163-190쪽; 「공산주의 이후에 어떤 공산주의가 오는가」, 윤소영 편저, 『마르크스의 '경제학 비판'과 소련사회주의』, 공감, 2002, 59-79쪽.

의 뇌물을 통한 회유나 육체적, 심리적 위협이나 가족에 대한 압박, 그리고 사민주의 경향의 노동단체나 정당, 노동브로커들의 매개와 설득 등에 의해서, 결국에는 막후 거래 사실의 은폐와 동시에 대중적 집회를 통한 봉합 등의 형태로 조합원 대중의 기대를 저버리거나 하였다. 이에 대해서 관료주의, 노조민주주의, 노동자들의 실천이데올로기와 노조운동의 사회민주주의 성향, 엘리트와 대중관계 등 아주 여러 측면에서 살펴볼 수 있을 것이다. 전체적으로는 조합원에 대한 간부 엘리트들간의 관계문제라고 할 수 있고, 이것을 매개하는 것이 조직이며, 이것을 관료주의 프티 부르주아 이데올로기 및 부르주아 이데올로기가 정당화하고 조직운영 실천에 체화되어 있다고 할 수 있을 것이다. 그리고 이것은 과거 조직실천에 대한 반성들에서 다양하게 제기되었듯이, 노동자대중이 노조조직으로, 그리고 노동자계급이 당조직으로 환원되는 모순과 근원적으로 관련된 문제인 것이다. 조직이 운동을 대체하고, 운동이 계급을 대체하고, 조직적 실천과 계급 및 이론을 단지 상상적으로만 동일화하는 운동의 긍정적/부정적인(유산이면서 장애) 관행과 조직관과 관성적인 운동의 실천들이 관련된 문제인 것이다. 이것은 논쟁과 이론적 반성이 실천 활동에서 배제되고 소수에게 독점됨으로써 발생하는 조직 실천 운동의 역사에 공통적이었던 조직들의 모순이다. 역사적으로 노조의 조직구조나 관행에 대해서 조직적으로 다른 대안들이 그리 많이 모색되지도 못했고, 개선책도 제시되지 못한 점이 운동의 큰 문제이다. 하지만 현실에서 노동자계급 조직들은 기업이나 정부 조직의 관료제를 전형으로써 거의 무의식적으로 모방해가는 모습을 보여주고 있다.

    단순히 대중을 추수하지 않으면서도, 공산주의 되기의 새로운 형태를 창출해 가는 노동자계급 운동은 무망한 것인가? 새로운 대안과 혁신의 모색은 항상 극소수의 제출된 대안에 대한 토론으로 되어 다른 가능성은 배제되고 단기적인 대중적 검증을 통해 유행처럼 확산되는 경향이 강하다. 이것은 대개 실천적 실용주의라고 부를 수 있는 것, 즉 형식적으로만 보편주의적 외관을 띠지만, 실질적으로 부르주아적 형식이 갖는 이데올로기적 위험성에 대한 검토 없이 실용적으로 조직구조와 관행, 정책, 기법들을 채용하고 그것을 대중성으로 보완하는 것이다. 조직 정비가 잘되면 될수록, 안 되면 안

될수록 이런 경향은 관료주의적 정치주의나 헤게모니 장악 논리를 실질적으로 더욱더 합리화, 강화하고 대중이나 활동가들을 억누르거나 주체성을 억압하는 경향을 보일 것이다. 관료주의 내부의 반 경향으로서 대중성의 강조는 이런 경향과 궁극적으로 타협하고 그 내부에서 급진적 기회주의로 전락하고 만다. 여기서 강조해야 할 점은, 활동가나 연구자 모두가 같이 대중들의 실천적 이데올로기에 우선 주목하고, 연구하며 교육하는 과정이 있어야 하고, 이 과정에서 형성되고 변형되는 노동자계급 문화와 그것의 대중적 운동을 통한 조직적 확산과 교육이 주요한 노동자계급 운동의 정치적 실천으로 자리잡아야 한다는 점이다. 이런 것에 바탕하지 않은 채, 현실 실천의 긴박성이 운동에서 강조된다면 그것은 단지 상상적이고 허구적인 것일 뿐이다. 결국 운동에서 논쟁과 반성, 대중적 계몽이 올바르게 실천될 수 있어야 한다.

4. 맺음말

주지하다시피 96, 97 총파업과 IMF 이후 대중들의 고용보호 투쟁 분출에 편승한 노동운동 엘리트 집단들의 정치적 조직화는 가속화되었다. 이 글에서는 사실상 이처럼 급속한 정치적 조직화의 이면에는 후진국 엘리트 집단들의 관념론적 조급성과 슬로건에 기초한 대중 정치관이 작용한 것으로 해석될 수 있음을 살펴보았다. 이런 해석에서 좌파 엘리트 집단들의 경우도 예외라고 할 수 없다. 특히 이 집단들은 신자유주의 반대투쟁을 슬로건화하는 데 성공했음에도 불구하고, 신자유주의의 본질적인 성격에 대한 엄밀한 논의와 노동자계급의 상태에 대한 구체적인 분석과 그에 기반한 노동자 대중의 일상에 천착한 장기적 안목의 새로운 운동 실천의 개발은 뒤로 한 채, 여전히 슬로건을 통한 정치 동원과 정치조직화의 형식적 모델 추구, 그리고 도식적 전술들에 집착하는 경향을 보이고 있는 것 같다. 또한 대부분의 정치조직 역시 대중조직과 다르지 않게 관료주의적 조직모델에 근거한 조직 형식화와 더불어 권력 물신주의에 빠진 파행적인 모습을 드러내고 있다.

정치 세력화에 대한 관심 속에서 실종된 것은 노동자계급 상태에 대한 구체적인 분석이다. 이런 상황하에서는 설사 노동자 상태에 대한 구체적인 분석이 나온다고 해도 당장 이용할 만한 슬로건이나 조직화를 위한 정책안으로 구체화하지 않는 경우에는 전혀 주목받을 수 없는 것이다. 그러나 적어도 정치운동의 거의 유일한 교사로 간주되고 있는 레닌의 경우에도 러시아 농민의 상태에 대한 구체적인 분석을 수행한 바 있지 않은가? 그러나 레닌 이후 1세기가 지난 현시기에 구체적인 분석과 논의 없이 즉, 운동 실천의 별 다른 내용 없이 어떻게 변혁적 정치운동이 가능할까 의문스럽다. 그 귀결은 무엇일까? 아마도 그것은 아주 가공스러운 그 어떤 역사적 경향의 반복이 될지도 모르겠다. 이런 질문은 좌파 연구자 집단에게도 마찬가지로 할 수 있을 것이다. 이러한 구체적 연구와 논의의 실종은 운동에서 '대중'이나 '현장'이 구호로서 강조되지만 결코 현실화되거나 극복되지 않는 대중과의 괴리 혹은 계급 주체형성의 곤란이라는 문제로 드러난다. 마치 단위노조나 연대투쟁 파업들이 노조간부나 노동운동 엘리트들만의 파업이 되고 말듯이, 정치세력화 혹은 정치적 조직화는 단지 노조운동을 비롯한 소수 정치운동 엘리트들만의 상상적 실천으로 그치고 만다. 엄밀한 이론과 구체적인 분석의 결여는 마치 아나코-생디칼리스트들처럼 결코 혁명적이지 않은 상황하에서 마치 혁명적인 상황인 것처럼 급진적으로 행동하게 하거나, 반대로 혁명적인 시기에 안정적인 시기의 행동패턴을 답습하는 우를 범하게 할 수 있다. 자신이 보고자 하는 경험적 증거에만 의존하는 실용주의적 운동관행은 노동자문화와 노동자 교육의 실천적 중요성을 보지 못하게 한다.

현시기 이론 및 실천운동에 필요한 것은 엘리트적 관념성에 빠진 채 지나쳐버린 10년의 실종된 기간을 반성적으로 검토해보는 시간을 갖는 것과 이를 극복하려는 치열한 노력이 아닐까? 노동자계급 대중들의 일상적 삶의 모습이 '실제로' 어떠하고, 희망하는 삶과 세상은 과연 어떤 세상이며, 그들의 실천적 이데올로기들은 어떤 것들이 있으며, 또한 어떠한 문화적 형식들을 형성해 왔으며, 제계급들과의 관계에서 어떠한 정체성을 중심으로 자아를 주체화해 왔으며, 경제적 상태는 어떠한지에 관한 연구들이 너무나도 부족하지 않은가?

계급투쟁의 의미생산과 문화정치

강내희(중앙대, 영문학/문화연구)

1. 문화연구와 정치경제학

목하 계급투쟁이 격렬하다. '20 대 80 사회'의 불평등 구조를 확산시키는 자본의 신자유주의 공세에 맞서 세계 도처에서 노동자, 농민, 빈민, 여성, 시민, 청년학생, 지식인의 저항이 드높다. 2003년 봄 한국도 마찬가지이다. 세계무역기구(WTO)의 서비스무역일반협정(GATS)에 따른 양허안 제출을 둘러싸고 노동, 농업, 교육, 문화 부문에서 자본의 세계화를 반대하는 투쟁이 한창인 것이다. 그러나 대중의 일상이 늘 이런 모습을 띠는 것은 아니다. 사람들은 지금 패션, 스타일, 광고, 이미지, 스펙터클에 탐닉하며 텔레비전 연속극의 스타가 광고에서 권하는 화장품을 구입하고, 인기가수의 코디에 맞춘 패션을 모방하고, 저녁이면 외식과 관광을 즐기며, 매일 커피숍이나 헬스클럽에 출입한다. 계급투쟁과 이런 삶의 모습은 무슨 관계인가?

대중의 일상에 대해서는 다양한 해석과 평가가 나오겠지만, 여기서는 그동안 문화적 실천을 두고 상반된 입장을 드러내온 문화연구와 정치경제학을 중심으로 살펴보고자 한다. 1960년대 이래 비판적인 지적(知的), 정치적 기획으로서 관심을 끌어온 '문화연구'는 "모든 것이 정치적이다"는 입장이다.[1] 텔레비전이나 인터넷 등 대중매체의 시청과 활용, 광고나 잡지에 등장하는 광고이미지의 소비, 청소년의 팬덤 현상에 드러나는 대중음악의 광적인 수용, 패션이나 스타일에 대한 관심 집중, 주부나 젊은 여성의 쇼핑 중독과 외식 의존 등 사람들이 일상적으로 수행하는 문화적 실천들을 '저항' 의 사례로 보는 것이 그 예다. 이런 입장에는 물론 정치적인 것(the political)에 대한 일정한 해석이 담겨 있다. 정치적 실천들은 여기서 정당, 노동조합, 의회, 정부 등 대의나 대표의 원리에 따라 작동한다는 부르주아 민주주의의 '공식정치' 영역들에 국한되지 않는다. 이미지들의 생산과 소비, 건물이나 거리와 같은 구체적 공간의 점유와 사용, 세대간이나 양성간의 말 걸기, 텔레비전 채널 설정과 같은 일상의 문화적 실천들도 나름의 정치적 의미를 지닌다고 여겨지기 때문이다. 문화연구의 이런 관점은 권력관계가 작용하지 않는 사회영역은 없다는 것으로서 노동자, 여성, 소수민족, 청소년, 에이즈환자 등 소수자가 매체에서 재현되는 방식을 포함한 다양한 문화적 실천들에 간과할 수 없는 정치성이 있다는 점에 주목하게 함으로써 정치의 영역을 확장하는 데 기여했다. 이전 같았으면 하잘것없다고 간주되었을 사안들이 '정체성의 정치', '스타일의 정치'와 같은 정식 이름을 획득하며 정치적 시민권을 획득한 것이다.

반면에 정치경제학은 문화연구가 사사로운 것들의 정치적 성격을 과장하면서 정작 중요한 정치적 사안들은 외면한다고 본다. 문화연구가 정치경제적 지배구조를 전복하려는 저항과는 거리가 먼 도피성 실천에 과도한 관심을 보인다고 꼬집는 니콜라스 간햄이 그런 경우다.[2] 토드 기틀린도 "문화연구는…1980년대에 이르러…〔정의와 민주적 권리를 위한〕 운동과 〔일상적〕 유행을 재결합하고 말았으며, 이 결과 예컨대 마돈나식 옷 입기가 낙태의 권리를 위한 시위에 상응하는 '저항'행위인 양 추켜세워지고, 가정폭력을 다루는 토크쇼 시청이 저항으로 치부되었다"고 비판한다.[3] 기틀린이 문화

---

1) 강내희, 「문화와 정치」, 서울대학교 정치학과 편, 『현대정치의 이해』, 인간사랑, 2003 참고.
2) Nicholas Garnham, "Political Economy and the Practice of Cultural Studies," in Marjorie Ferguson and Peter Golding, eds., *Cultural Studies in Question* (London: SAGE Publications, 1997), pp. 67-68.
3) Todd Gitlin, "The Anti-political Populism of Cultural Studies," in *Cultural Studies in Question*, pp. 29-30.

연구를 비판하는 것은 문화연구가 대중문화를 정치의 대안이라며 지나치게 긍정적으로 보고, 스스로 가장 중요한 정치적 기획임을 참칭한다고 본 때문이다. 그는 대신 "정치를 하고 싶다면 집단들, 연합들, 시위들, 로비들을 조직하자"고 제안한다.[4] 여기서 우리가 목격하는 것은 문화와 정치의 철저한 구분, 즉 한편으로 텔레비전 멜로드라마 시청, 대중여성지 탐독, 백화점 쇼핑, 외식 행위 등과 다른 한편으로 최근의 세계무역기구(WTO)의 교육개방 반대, 반전평화 집회 등을 정치적 등가물로 여겨서는 안 된다는 입장이다. 이렇게 보면 문화연구의 일부 조류가 수행한 (매체) 수용자 연구, 하위 문화 연구, 민속지학(ethnography) 등은 정치적으로 별로 중요하지 않은 사안들을 중요하다고 한 침소봉대에 가깝다.

일상의 문화적 실천을 놓고 문화연구 전통과 정치경제학 전통이 상반된 평가를 내리는 데에는 역사적 이유가 있다. 문화연구는 1950년대 말 이래 스탈린주의에 대한 비판과 대안으로 등장한 신좌파 운동과 궤를 함께 하며 사회적 현실, 특히 문화를 조야한 경제결정론의 눈으로 봐서는 안 된다는 입장을 지녀왔다. 그러나 1980년대에 이르러 이런 경제결정론 비판은 역-비판에 직면한다. 신자유주의 정세로 경제적 착취와 불평등이 심화되는 국면에서 스타일의 정치, 소비의 정치를 운위할 수 있는 사람들은 "삶이 경제적으로 결정되지 않는 사람들", 즉 경제적 어려움 없이 문화적 활동을 할 수 있는 여유를 지닌 문화연구자 자신들이라는 비난이 일어난 것이다.[5] 아울러 문화연구는 사회적 "표현과 참여에 필요한 자원 할당 문제를 다루는 재분배 정치에 대해서는 할 말이 거의 없거나 아예 없다"[6]는 비판도 받았다.

문화연구가 문화적 실천에 깃들은 정치경제의 문제를 무시한다면 비판을 받는 것은 당연하겠지만, 그렇다고 문화연구가 원래 제기한 정치경제학의 문제, 즉 문화를 정치경제의 수단과 도구로 보는 문제가 사라지지는 않는다. 한국사회운동 맥락에서도 이것은 심각한 문제이다. 이유야 다양하겠지

---

4) Ibid., p. 37.
5) A. Sivanadan, *Communities of Resistance: Writings on Black Struggles for Socialism* (London: Verso, 1995), p. 20; Graham Murdock, "Base Notes: The Conditions of Cultural Practice," in *Cultural Studies in Question*, p. 101에서 재인용.
6) Murdock, op. cit., p. 92.

만 민중운동, 시민운동 가릴 것 없이 정치경제학적 문제설정이 쟁점을 독점하고 투쟁을 주도하는 것이 우리 사정인데, 이로 인해 문화운동은 중요성을 제대로 인정받지 못하고, 문화실천가들의 경우 정치경제 투쟁의 보필용으로 동원되기 일쑤이다. 1990년대에 문화운동이 사회운동 전반으로부터 떨어져나와 '비정치적' 문화적 실천으로 선회한 것이나, 최근 어렵사리 정치운동과 문화운동의 연대가 모색되고는 있어도 양자 사이에 파열음이 생기곤 하는 데는 이런 이유가 크게 작용한다.[7]

이 글은 그러나 문화연구와 정치경제학, 문화투쟁과 정치경제투쟁 가운데 어느 쪽이 옳은지 가려보자는 것이 목적은 아니다. 정치경제투쟁과 문화투쟁의 차이와 관계를 제대로 이해함으로써 양자가 연대할 수 있는 길을 찾는 일이 더 중요하며 시급하기 때문이다. 이때 관건은 계급투쟁이 문화의 장에서 어떻게 굴절되고, 문화정치를 통해서는 어떻게 실천되는가 하는 문제이다. 여기서 나는 문화연구의 문제의식을 중심으로 문화적 실천을 이해하되 정치경제학이 제기한 비판도 수용하면서 계급투쟁의 '의미생산' 문제에 초점을 맞추고자 한다. 의미생산의 문제를 중시하는 것은 문화의 장에서 계급투쟁은 사회적 의미와 그것의 관리를 두고 벌어진다고 보기 때문이다. 이때 무슨 작용이 어떻게 일어나는지 이해해야 문화와 정치경제의 관계를 제대로 이해할 수 있고, 또 그래야 문화적 실천의 방향을 제대로 설정할 수 있을 것이다. 문화연구자 입장에서 이 노력은 문화정치의 전략을 세우는 데 꼭 필요해 보인다.

2. 의미생산의 내재적 원리

여기서 문화는 기호, 이미지, 언어, 텍스트, 담론, 스타일, 패션, 스펙터클 등으로 구성되는 상징적 체계들을 통해 이데올로기와 욕망, 가치와 규범, 상식, 희망, 꿈 등이 표현되거나 관철되고 실현되는 기호적 실천 (signifying practices)이나 의미생산 (signification)으로, 혹은 이런 작용과

---

7) 이 점에 대해서는 졸고, 「문화연대와 1990년대 문화운동」, 김진균 편저, 『저항, 연대, 기억의 정치 1—한국사회운동의 흐름과 지형』, 문화과학사, 2003, 397-399쪽 참고.

활동이 일어나는 장으로 간주된다. 문화를 기호적 실천과 의미생산과 연관지어 생각하는 것은 문화가 표현, 재현 등 상징적 작용과 행위가 집중되어 있는 장, 즉 의미를 생산해내는 메커니즘이라고 보기 때문이다. 이런 점에서 문화는 넓게 보면 의미생산의 양식이고, 의미는 문화적 실천의 생산물이다.

아울러 의미가 '가치'로서 생산된다는 점을 강조하고 싶다. 가치는 여기서 일정한 함수관계를 나타내며, 특정한 기호나 이미지가 하나의 기호체계나 재현체계에서 변별적인 위치를 차지하는 데서 만들어진다. 특정한 기호의 의미나 가치는 그 기호에 저장되어 있거나, 그것이 지시한다는 외부 현실로 인해 결정되는 것만은 아니다. 소쉬르가 말한 것처럼 '소'의 의미는 한자의 '牛'나 영어의 'ox'가 비슷한 의미를 지닌다는 점이 보여주듯이 '소'라는 기호에만 들어 있는 것이 아니기 때문이다. 텔레비전에서 자주 보는 노무현의 이미지를 생각해보자. 이때 이 이미지가 현실의 노무현과 지표(指標, index)의 관계를 갖고 있고 또 도상(圖像, icon)으로서 실물과 유사성을 가지고 있기 때문에 의미가 만들어지는 측면을 부정하기는 어렵다. 하지만 그것은 이 이미지가 다른 이미지들과 차이가 있기 때문에 생겨나는 효과이기도 하다. 텔레비전을 통해 만들어지는 노무현 이미지는 실존하는 한 인물을 가리키기 위해서 텔레비전에 등장하거나 다른 대중매체들에 등장하는 여러 유사한 종류의 이미지들, 예컨대 부시, 후세인, 이회창의 이미지는 물론이고 조폭이나 코미디언 이미지 등과 구분되어야 한다.

짚고 넘어갈 점이 있다. 노무현 이미지는 재현체계와 관련하여 내재성의 원리에 의해서 만들어진다는 것이 그것이다. '내재성'은 이때 하나의 기호는 의미를 갖기 위해서 어떤 기호체계에 속해야 하며, 그 안의 다른 기호들과 일정한 관계를 맺어야 한다는 것을 가리킨다. 이미지로서 '노무현'이 현실 속에서 그런 이름으로 불리는 인물과 무관할 수야 없겠지만 동일한 존재인 것은 아니다. 텔레비전 화면이나 신문지면 등을 통해 생산되는 기호체계에서만 통용되는 사물과 실제 인물이 같을 수는 없다. 특정한 이미지는 이 체계 안에서 다른 이미지들과의 차이에 따라 변별적 위치를 갖게 되고 이 결과 나름의 가치와 의미를 갖는다. 노무현 이미지나 기호는 그것을 등장시키는 상징적 재현체계 외부에는 존재하지 않는다는 점에서 내재성에 의해 작동한다.

내재성을 강조하는 것이 기호학적 형식주의의 표방은 아니다. 나중에 보겠지만 의미는 재현체계 외부의 힘들에 의해 영향을 받고 또 그 외부로 어떤 방향, 흐름을 만들어내기 때문이다. 그럼에도 불구하고 내재성에 주목하는 것은 기호, 이미지, 상징으로 구성되는 재현체계나 상징체계가 지닌 물질성에 주목하기 위함이다. 기호나 이미지의 의미를 '꼴값'의 견지에서 볼 수 있을 것 같다. '꼴'은 어떤 사물의 형태나 모습, 생김새이다. '꼴값'은 상징들, 기호들, 텍스트들, 재현물들, 이미지들의 가치이다. 이때 꼴은 예컨대 $y=2x+3$과 같은 방정식에서 x의 크기가 변하면서 y의 값이 그래프상에서 이동하며 선을 긋고 형태를 만들어내는 것과 유사하게 형성되는 것처럼 보인다. 이처럼 기호의 가치는, 특정한 기호체계 전체를 하나의 형상으로 간주했을 때, 이 형상을 구성하는 개별 요소들이 기여하는 몫에 해당하고, 꼴값은 이들 요소가 그 기호체계가 설정한 방식으로 배치되었을 때 만들어지는 총합 효과와도 같다.

내재성의 관점에서 본 꼴값 또는 의미는 이미지나 상징, 기호가 지닌 비초월적 물질성의 효과이다. 꼴값, 이미지효과, 의미를 만들어내는 것은 기호적 과정이다. 예컨대 정치지도자의 텔레비전 이미지는 폭력배 등 범죄자들을 찍는 부각(俯角) 샷과는 달리 앙각(仰角) 샷으로 찍히기 때문에 실물보다 더 크게 보임으로써 물신화 효과를 가지며, 이 결과 의미도 달라진다. 이런 정치인의 꼴값은 한국 정치의 상징적 재현체계 안에서 갖는 전체 효과를 가리킨다. 여기서 체계를 말하는 것은 특정한 정치인의 이미지를 고정하는 일정한 경향이 있다고, 적어도 이미지의 위치변동을 임의적으로 일으키지 않는 어떤 일관성이 작용한다고 보기 때문이다. 물론 정치지도자의 그것과는 상반된 기호적 실천도 가능하다. 지배문화에 대항하는 하위문화에서 자주 등장하는 옷 찢기, 피어싱과 같은 상징적 행위들이 예들이다. 이런 행위는 1960년대 말, 70년대 초에 미국에서 유행한 스트리킹과 같이 기존의 상징적 체계에 도전하거나 저항한다는 점에서 대안적, 저항적 기호체계에 속한다. 하지만 그렇다고 하여 이런 행위의 존재가 내재성의 원리를 부정하

는 것은 아니다. 그것들의 의미도 여전히 그것들이 가동시키는 기호체계의 효과이기 때문이다. 8)

계급투쟁의 의미생산과 관련하여 이 내재성의 원리를 어떻게 이해해야 할까? 정치경제학이 생각하듯 계급투쟁이 의미생산 이전의 현실이라고 하더라도 의미를 갖기 위해서는 의미 생산과정을 거쳐야 하며, 이때 의미생산 재료로서 이미지, 기호, 상징 등이 반드시 가동되어야 한다는 점에서 계급투쟁도 내재성의 원리에서 벗어날 수 없다고 본다. 홀은 "문화를 놓고 작업을 할 때…여러분은 언제나 치환(displacement)의 영역에서 작업한다는 점을 인식해야 한다. 문화 매체에는, 언어에는, 텍스트성에는, 그리고 의미작용에는 다른 구조들과 직접적으로 무매개적으로 연결시키려는 시도를 벗어나서 빠져나가는 무엇이 언제나 있다"9)고 한 적이 있다. 홀이 말하는 '무엇', '치환의 영역'이 곧 내재성이 작동하는 지점일 것이다. 이런 지점이 있다는 것은 계급투쟁이 문화적 실천에서 일어나려면 그것 역시 기호적 작용을 거쳐야 하며, 이 과정에서 문화적 치환, 의미작용을 거쳐야 함을 말해준다.

3. 의미생산의 사회적 조건

하지만 내재성의 원리만으로 의미생산의 전과정을 설명할 수는 없다. 의미가 가치로서, 효과로서 만들어진다는 점을 다시 생각해보자. 이 말은 의미가 이미지나 기호, 기호체계, 재현체계를 통해 내재적으로 만들어진다는 것이지만 그렇다고 의미의 효과나 작용 범위가 그 체계에 국한된다고 주장하는 것은 아니다. 재현의 작동 효과로서 의미는 의미가 되기 위해서 그렇게 느껴지고, 감지되고, 수용되어야 한다. 상식들, 가치들, 규범들, 이데올로기, 욕망, 아비투스, 습속 등으로 나타나서 사람들에게 심리·정신·

---

8) 이상의 논의는 졸고, 「문화와 정치」의 일부를 개작한 것이다.
9) Stuart Hall, "Cultural Studies and Its Theoretical Legacies," in Lawrence Grossberg, Cary Nelson, and Paula A. Treichler, eds., *Cultural Studies* (New York: Routledge, 1992), p. 284.

신체적 충격과 영향을 가하고 반응을 불러일으켜 개인들을 일정한 방향으로 꿈꾸거나 행동하게 하지 않고서야 어떻게 의미가 의미일 수 있겠는가. '고향', '가족', '조국', '우정', '사랑' 등이 의미를 지니는 것은 사람들이 그것들에 대해 놀랄 만한 애착을 가지고 때로는 죽음까지 무릅쓰곤 하기 때문이다. 이런 효과를 의미효과라고 부를 수 있다면, 이제 문제가 되는 것은 이 효과가 심리적, 신체적, 문화적 흐름, 방향, 지향 등으로 존재하고 작동하는 방식이다. '의미생산'은 이렇게 볼 때 의미를 생산함과 동시에 그것의 효과까지 생산하는 일, 즉 의미를 유통·소비시키고, 관리·통제하는 전체 과정을 가리킨다.

여기서 확인할 점은 이 과정이 사회적으로 존재하고 실천되어야 한다는 사실이다. 다시 홀을 읽어보자. 그는 "문화는 언제나 자신의 텍스트성 (textualities)을 통해 작용하려 한다"고 한다. 위에서 인용한 말과 다르지 않다. 하지만 그는 이 문장에 "―동시에 그 텍스트성은 결코 충분하지 않다"를 덧붙인다. "문화연구는 문화의 필수적 치환을 존중하면서도 중요한 다른 문제들, 즉 자신의 설명 안에서 보면 결정적인 것 같은 텍스트성만으로는 결코 완벽하게 포괄할 수 없는 문제들을 제대로 다루지 못한다는 점 때문에 늘 속상해" 할 필요가 있다는 이유 때문이다.[10] 홀이 주목하는 점은 문화는 텍스트성에 의한 내부 치환 작용을 가지고 있지만 동시에 늘 그것만으로는 잘 설명되지 않는 외부의 문제를 안고 있으며, 이로 인해 문화에는 어떤 긴장이 조성된다는 사실이다. 이것을 나는 문화에는 텍스트성, 담론, 상징작용, 기호화 실천을 중심으로 하는 내재성의 원리가 작용하지만 동시에 정치경제적 요인들, 사회구조적 문제들 등 외부의 힘들이 밀려들어오기 때문에 문화연구로서는 문화와 비문화의 관계라는 문제에 천착하지 않을 수 없다는 말로 이해한다.

홀이 생각하는 문화연구는 정치경제학이 비판하는 문화연구와는 사뭇 다름이 분명하다. 일부 문화연구자가 대중영합주의(populism)에 경도하여 사회운동과 패션을 동일시하며 "마돈나식 옷 입기"를 "낙태의 권리를 위한 시

---

10) Ibid.

위에 상응하는 '저항' 행위'로, "가정폭력을 다루는 토크쇼 시청"을 "저항"으로 치부함으로써 대중의 사회적 저항을 정체성, 스타일, 패션 등에서 찾는 경향을 보인 것은 사실이므로 정치경제학의 문화연구 비판이 잘못된 것은 아니다.[11] 그리고 문화연구가 대체로 의미생산이 이루어지는 정치경제적 조건, 예컨대 텍스트 생산의 소유구조나 지배구조, 이미지의 유통에 따르는 이해관계, 이미지의 산업적 측면 등을 분석하는 데 게을렀던 것도 사실이다. 그러나 문화연구가 모두 비슷한 태도인 것은 아니다. 이 맥락에서 홀이 20여년 전에 발표한 「코드화/코드해독」이라는 논문을 살필 필요가 있다.[12] 홀의 이 글은 코드화는 방송사의 프로듀서 등 메시지 생산자들이 하는 작업으로, 코드해독은 소비자인 시청자들이 하는 작업으로 구분하여 대중매체 메시지를 생산과 소비의 두 측면에서 고찰토록 하여 문화연구의 방법론 개발에 기여했다는 평가를 받는다. 하지만 상당 부분이 수용자 연구로 방향을 전환한 데서 드러나듯 이후에 문화연구 전통은 매체의 메시지는 '지배적', '협상적', '저항적'으로 상이하게 독해된다는 점을 강조한 이 논문의 후반부에 유독 관심을 보였던 편이다. 홀의 이론작업 수용 흐름의 '결을 거스를' 필요가 있다고 본다. 텍스트성 이외에 다른 결정요인들이 문화에 있음을 지적하는 데서 보듯, 홀은 의미에는 소비만이 아니라 생산문제가 개입해 있고, 재현체계를 이해할 때는 이 두 측면을 함께 고려해야 함을 분명히 하고 있기 때문이다.

　의미생산에서 '생산'은 흔히 서로 분리된 것으로 간주되는 생산과 소비 중 전자만을 가리키는 개념이 아니다. 맑스의 '생산양식'이 생산과 소비를 모두 포괄하고 있듯이 여기서도 생산은 의미를 만들어내는 생산과 의미를 해독

---

11) 문화연구의 대중영합주의 사례로는 딕 헵디지(Dick Hebdige), 존 피스크(John Fiske), 미셸 드 세르토(Michel de Certeau) 등을 들 수 있다고 본다. 헵디지의 경우 펑크문화의 저항적 경향을 강조하고 있으나 하위문화의 정치성을 과도하게 주장하고, 피스크는 소비의 생산성을 강조함으로써 자본주의 소비가 생산양식에서 맡은 기능(유효소비), 즉 소비에 의한 노동통제의 역할을 무시하며, 드 세르토는 패배자도 생존의 기지를 발휘한다고 주장하지만, 패배자가 이미 패배자가 된 구도 자체를 인정한다는 점에서 패배주의에 빠진 것으로 보인다.
12) Stuart Hall, "Encoding/decoding," in Stuart Hall, Dorothy Hobson, Andrew Lowe and Paul Willis, eds., *Culture, Media, Language* (London: Hutchinson, 1980), pp. 128-138.

하는 소비 두 측면을 아우르는 실천이다. 의미도 생산양식의 관점에서 통합적으로 이해할 필요가 있다. 의미의 생산수단, 생산관계, 생산력 개념들을 판별해내면서 동시에 그것들의 관계로 구축되는 의미효과 생산 메커니즘의 지형을 파악하자는 것이다. 이때 생산수단은 책, 잡지, 신문, 라디오나 텔레비전, 인터넷 등 다양한 매체들과 그 매체들을 가동, 유지, 관리하는 출판, 언론, 방송 등의 제도를 포괄하는 개념이 될 것이고, 생산관계는 이들 매체와 제도들을 활용하거나 작동시키는 문제를 놓고 일어나는 계급, 성차, 세대, 직업, 지역 등의 차이와 이들 차이로 인해 생겨나는 지형의 분할에 따라서 기자, 작가, 프로듀서, 자본, 국가, 대중, 시민사회, 평론가, 교육자 등 개인과 집단이 갖게 되는 사회적 권력관계를 가리킬 것이며, 생산력은 매체들과 제도들의 효율성, 생산성과 이와 함께 만들어지는 재현체계의 설득력이나 의미의 작용 효과, 작품이나 메시지의 효력, 매력, 질 등을 가리키게 될 것이다. 이런 식으로 '의미생산'을 이해하면, 그동안 문화연구(의 일부 전통)가 치중해온 텍스트분석이나 수용자 분석 등은 꼭 필요하기는 하지만 그것만으로는 문화적 실천의 사회적 역할을 파악하는 충분조건이 될 수 없음이 바로 드러난다. 이제 의미가 사회적으로 만들어지는 방식을 살피기 위해 텍스트나 기호적 실천, 재현체계 내부에만 초점을 맞춰서는 안 되는 이유가 분명해졌다. 텍스트성에 의해, 기호적 치환에 의해 의미를 내재적으로 만들어내는 재현체계의 개별적 특징과 메커니즘은 그 자체로 그것들을 관리하고 유통시키고, 소비시키는 사회적 조건에 종속되어 있기 때문이다.

하지만 다시 강조할 점이 있다. 의미생산에 사회적 조건이 작용한다고 하여 텍스트화, 담론화, 기호적 치환 등이 작동을 멈추지는 않는다. 의미생산의 정치경제적 요인이 작용하더라도 내재성의 원리는 여전히 유효하다. 이 말은 재현체계 내부의 기호적 실천만을 가지고 의미생산을 설명하는 것이 충분하지 않은 것처럼 정치경제적 요인에만 의존하는 것도 충분하지 않다는 것이다. 이제 문제가 되는 것은 의미생산의 내재적 메커니즘과 그것의 정치경제학적 조건의 관계인데, 이것을 살펴보기 위해 의미생산의 내재적 메커니즘이 지닌 복잡성을 좀더 깊이 들여다볼 필요를 느낀다.

4. 비-코드적 의미생산

홀의 「코드화/코드해독」 논문은 의미를 생산과 소비 두 측면에서 통합적으로 살피게 하는 장점이 있지만, 이 과정을 '코드' 중심으로 살피기 때문에 의미에서 작동하는 비-코드적 요인들을 간과하는 문제가 있다. 코드만이 기호, 이미지, 텍스트를 지배하는 것은 아니다. 그것들 안에는 코드처럼 내재적으로 작용하지만 코드와는 다른 방식으로 의미효과를 만들어내는 요소들도 있다. 롤랑 바르트가 『카메라 루시다』에서 사진의 의미생산을 설명하면서 말한 '푼크툼'(punctum)이 한 예이다. 푼크툼은 "나의 지식과 교양에 의해 친근하게 느낄 수 있는 영역"인 '스투디움'(studium)과 달리 이미지나 텍스트에서 예기치 않은 경이와 충격을 만들어낸다. 스투디움의 경우에는 사진을 보는 내가 그것을 찾아내지만 푼크툼은 "그것 스스로가 마치 화살처럼 사건의 현장을 떠나 나를 꿰뚫기 위해 온다."[13] 시나 소설을 읽을 때, 영화를 볼 때, 혹은 포스터를 들여다볼 때에 그 의미를 다 알아낸 듯한데도 설명되지 않는 무엇이 여전히 남아있다고 느껴지거나, 벽에 묻은 오물을 내가 바라보는 것이 아니라 그것이 나를 응시하는 듯 보일 때, 즉 의미가 나의 이해 범위를 초과하는 것으로 드러날 때 의미는 코드와는 다른 방식으로 작동한다고 할 수 있다.

앞에서 의미가 "상식들, 가치들, 규범들, 이데올로기, 욕망, 아비투스, 습속 등으로 나타나서 사람들에게 심리·정신·신체적 충격과 영향을 가하고 반응을 불러일으켜 개인들을 일정한 방향으로 꿈꾸거나 행동하게" 만든다고 했다. 의미가 코드화 과정과 비-코드적 과정을 모두 거칠 수 있다는 점을 염두에 두면 이제 이 말은 한편으로 의미가 문화적 코드를 통해 작동하지만 다른 한편으로 코드화 이외의 방식으로 충격과 영향, 반응을 만들어내기도 한다는 것으로 이해되어야 한다. 이 말은 계급투쟁과 관련하여 어떤 함의가 있을까? 의미생산의 관점에서 볼 때 계급투쟁은 적어도 부분적으로는 '꼴값'을 둘러싸고 일어나는 것으로 이해된다. 사물의 꼴마다 가격표가

---

13) 롤랑 바르트, 『카메라 루시다—사진에 관한 노트』, 조광희 역, 열화당, 1986, 31-32쪽.

있다고 상정해보면, 문화는 다양한 꼴들이 만들어지고, 그것들의 '가치'가 산출되고 비교되는 영역이다. 이 가치는 물론 고정되어 있지 않다. 이미지나 꼴은 늘 새롭게 생산되고, 서로 덧씌워지고, 변화하며, 꼴값 역시 변동하지 않을 수 없다. 이것은 의미가 변한다는 말이기도 하다. 그런데 의미가 고정되어 있지 않다면 그것의 흐름을 관리하고 통제하는 일, 혹은 기존의 의미와 방향을 결정하는 일이 중요해진다. 의미를 둘러싸고 다양한 경합과 투쟁이 벌어지는 것은 이 때문이다.14) 계급투쟁의 의미생산은 이런 점에서 의미의 방향을 놓고 벌어지는 정치적 해석행위로 이해된다.

한편으로 보면, 이 과정은 의미의 코드화와 코드해독의 맥락에서 진행된다. 가족이나 국가 또는 노동에 대한 가치 부여나 사회적 현안에 대한 공감대 형성, 정치인 등 사회적 인물의 공통 이미지 구성, 나아가서 현실의 현실로서의 구성 등이 그런 경우이다. 이들 행위는 다양한 방식의 재현, 의미생산, 기호적 실천을 전제하며, 텔레비전 화면, 신문 잡지의 지면 등 상이한 매체를 통해 구성되고, 사회에서 작동하는 의미생산의 코드를 내장한다. 재현체계의 의미를 해독하는 과정도 예술 및 문화 교육제도, 비평제도, 광고산업, 팬클럽제도 등에 의해서 조절되고 통제된다는 점에서 코드에서 벗어나지 않는다. 이 모든 것을 우리는 지배적 의미의 코드화라고 할 수 있겠다. 지배적인 기호작용들, 예컨대 텔레비전 시청을 통해 사람들의 현실 감각이나 믿음, 행동이 일정하게 바뀌거나 형성되는 것은 지배적 코드가 작동하기 때문이다. 이 전과정, 기호적 실천과 의미생산을 둘러싼 사회적 과정이 의미의 생산, 유통, 소비, 관리 등을 둘러싼 적대, 경쟁, 협력 등 정치경제학적 문제와 분리될 수 없다는 것을 새삼 말할 필요는 없을 것이다. 화면과 지면의 구성, 패션과 스타일의 선택, 소설이나 연속극의 장르 구분, 대중적 서사물에 등장하는 인물들의 직업, 개성, 관계설정은 사회적 공감

---

14) 씨엔엔(CNN) 등 미국의 주류미디어는 미국-이라크 전쟁 동안 이라크 대통령 후세인 (의 의미)을 인민의 '독재자'로, 부시를 미국과 세계의 안전과 이익을 위해 앞장선 '지도자'로 부각시키고, '이라크의 자유 작전'(Operation "Iraqi Freedom")이라는 미국 정부의 공식 명칭을 그대로 따랐다. 반면에 한국의 700여 사회단체들은 그 전쟁을 침략전쟁이라고 불렀다. '침략'을 사용한 것은 '자유 작전'의 그것과는 다른 재현체계를 만들어내는 일이다. 재현체계간의 이런 경쟁과 투쟁이 의미생산을 둘러싼 (계급)투쟁이다.

각 형성을 위한 사회적 현실 및 의제의 의미와 향방을 정하는 문제의 일부로서 계급투쟁의 일환이다.

다른 한편, 의미를 푼크툼의 견지에서 볼 때 계급투쟁은 어떤 방식으로 이루어지는 것일까? 이때 의미는 안정화와는 반대로 충격이나 정동(情動)을 일으키는 힘으로 이해해야 할 것 같다. 스투디움이 기대값에 따라서 의미를 만들어낸다면 푼크툼은 코드의 안정적 조직을 흩트리며, 생산자의 의도나 수용자의 예상과 기대를 벗어나는 사건으로 작용한다. "푼크툼은 찌름, 작은 구멍, 작은 반점, 작은 흠이며 또한 주사위 던지기이기 때문이다. 사진의 푼크툼은 그 자체가 나를 찌르는 (또한 나를 상처입히고 주먹으로 때리는) 이 우연이다."15) 푼크툼의 견지에서 보면 기호와 이미지의 꼴도 이때는 구조화된 재현체계에서 정해진 위치 값들의 연쇄에 상응하여 형성된 다기보다는 재현체계의 가치(=값) 체계를 뒤흔드는 어떤 비정형성을 지닐 것이다. 이렇게 되면 의미는 결정불가능성(undecidability), 동요, 해체 등의 특징을 띨 가능성이 높다. 이런 예는 흔치는 않지만 코드화한 기존의 의미생산 체계에 대한 도전이 일어날 때, 예컨대 '숭고의 미학'을 실험하는 아방가르드 예술적 실천과 같은 사례에서 드물지 않게 등장한다. 여기서 '숭고'는 "너무 끔찍하여 생각할 수도 없는 것, 너무 크든지 작든지 해서 제대로 인지할 수 없는 것, 너무 높거나 너무 낮아서 절대로 한 눈에 들어오지 않는 것 등을 의미"16)하며 다른 미적 범주인 '미'와 구분된다. '푼크툼'이나 '숭고'가 '스투디움'이나 '미'와 다른 것은 통상적 표현영역, 기존의 코드를 벗어나서 예기치 않게, 상상을 초월하여 작동하기 때문이다. 그것들은 통일성, 조화가 만들어내는 이해와 긍정, 납득, 수용을 가져오기보다는 경악, 고통, 충격을 야기하며 따라서 위험상황을 만들어내곤 한다. 재현체계의 안정적 운영을 통해, 이데올로기와 욕망의 장악을 통해 자신에게 유리한 계급투쟁을 끌어가려는 지배세력이 숭고미와 푼크툼과 같은 것들을 예의 주시하면서 통제하려는 것은 바로 이런 위험이 자신들이 작동시키는 권력구조에 대한 도전임을 알기 때문이다.

---

15) 바르트, 앞의 책, 32쪽.
16) 졸고, 「타자의 문화연구와 숭고의 미학」, 『문화과학』 29호, 2002년 봄, 37쪽.

그런데 꼭 지배집단만이 이런 '위험한' 의미생산을 통제하려 드는 것일까? 사회주의 리얼리즘을 지지한 공식 노선이 아방가르드적 실천을 반혁명으로 규정하여 탄압한 옛 소련의 사례는 의미를 통제하여 코드화하려는 경향은 진보세력도 예외가 아님을 보여준다. 문제의 핵심은 이때 생산수단의 장악이 과연 의미생산의 진보적 실천을 보장할 수 있는가 하는 것이다. 2003년 4월 초 케이비에스(KBS) 사장의 선임을 둘러싸고 노무현정권과 노조 및 사회운동 단체들 사이에 줄다리기가 벌어진 것도 이 맥락에서 살펴볼 수 있다. 한국 최대의 공영방송 사장 자리를 놓고 사회적 논란과 세력들간의 투쟁이 벌어진 것 자체는 공영방송기구의 장악, 화면, 지면, 텍스트, 패션, 스타일, 도시풍경, 매체정경 등의 구성이 얼마나 중요한지 사람들이 잘 알고 있다는 증거일 것이다. 그러나 이때 진행되는 정치경제적 투쟁이 과연 비-코드적 의미까지 해방시킬 수 있을까? 기호, 이미지, 텍스트, 담론, 화면, 지면의 생산자들이 자신들의 생산수단을 장악한다고 해서 숭고의 미학, 아방가르드적 실천, 푼크툼의 충격 등 '위험한 의미생산'이 허용되리라는 보장은 없다. 의미생산의 진보적 실천을 위해 정치경제적 투쟁 이외에 문화정치가 필요한 것은 그 때문이다.

5. 문화정치

문화정치는 기호적 실천, 의미생산을 둘러싸고 권력관계가 형성되면서 일어나는 실천이다. 의미생산에 내재적 메커니즘과 사회적 조건이 있는 만큼 문화정치는 크게 보면 두 종류의 실천으로 구성되지만, 내재적 메커니즘에 코드적 측면과 비-코드적 측면이 있다는 점을 감안하면 세 종류의 실천이 있다고 할 수 있다. 첫째 계급투쟁이 의미를 갖기 위해서는 문화적 치환을 거치며 이 치환의 체계가 재현체계를 구성한다. 둘째, 재현체계가 구성되는 문화적 치환처럼 내재성의 차원에 속하지만 동시에 체계화나 코드화에 수렴되지 않고 버티는 힘, 이로 인해 재현체계의 안정성을 무너뜨리는 또다른 의미작용이 있다. 셋째, 재현체계는 정치경제적으로 구성되는 사회적 존립 조건에 의해 조건지어진다. 이 세 측면에서 문화정치를 생각해보자.

우선 문화정치는 지배적인 기호적 실천, 즉 이미지나 텍스트 등의 배치로 만들어지는 재현체계와 이로써 발생하는 꼴값이나 의미의 유지, 전환 노력 등을 둘러싸고 벌어지는 일련의 투쟁으로 구성될 것이다. 이때 의미는 사회적 합의, 의제에 대한 공통감각과 이해를 전제한 문화적 코드에 따라서 생산되고 소비된다고 할 수 있으며, 의미생산은 사회적 상식, 지식, 입장, 소망, 희망 등을 둘러싼 다양한 힘들의 흐름을 관리 · 통제 · 재생산하거나 변형시키는 실천으로 이해된다. 이와 함께 만들어지는 것이 의미효과, 또는 '현실효과'이다. 여기서 현실효과는 사회적 진실, 사회적 감각이다. 이 진실과 감각은 기호적 실천, 의미생산을 통해 굴절된 것이다. 의미생산의 문화정치에서 진행되는 계급투쟁은 기호적 실천이나 상징적 재현에서 사회적 관심의 '방향'을 놓고서 벌어진다. 대중매체의 뉴스, 텔레비전의 연속극, 광고 메시지, 여성이나 동성애자의 이미지 등도 이런 관점에서 이해해야 하지 않을까 싶다. 우선 이런 것들은 이데올로기를 만들어내는 재현이라는 점에서 진실 게임의 일환이다. 뉴스가 만들어내는 사회적 의제들은 곧잘 역사적 진실을 왜곡한다. 하지만 의미의 방향이라는 관점에서 보면 대중매체가 사실과 진실을 왜곡하고 거짓을 퍼뜨리는 것만이 문제는 아니다. 기틀린에 따르면 오늘날 대중매체의 가장 큰 문제는 공적인 사안들을 하찮게 만들어버리는 데, 멜로드라마로 공적 담론의 공간을 빼앗고, 공공의 의지를 형성하여 효력을 발휘하게 만드는 각종 메커니즘들을 해체해버리는 데 있다.[17] 이때 중요한 것은 의미의 방향이고, 그것이 계급투쟁에서 차지하는 위치이다. 의미를 만드는 것보다는 의미의 방향을 잡는 일이 더 중요한 것이다.[18] 문화정치는 이때 사회적 의미와 그것의 방향을 잡으려는 투쟁으로 이해된다.

둘째, 문화정치는 위에서 살펴본 푼크툼처럼 코드체계에 의해 통제되지 않는 의미생산과도 관련이 있다. 이때 문화정치는 '위험한 의미'를 만들어내려는 도발적 시도와 실험, 그리고 이것에 대한 감시와 통제, 탄압의 사이에

---

17) Todd Gitlin, op. cit., p. 35.
18) 이런 점에서 프랑스어 'sens'이 '의미', '감각', '방향'을 한꺼번에 다 가리킨다는 사실이 매우 시사적이다. 질 들뢰즈, 『의미의 논리』, 이정우 역, 한길사, 1999 참조.

벌어지는 협상, 갈등, 투쟁 등으로 구성될 것이다. 푼크툼은 아픔과 고통으로, 즉 사회적 공감각이나 여론, 합의 등 의미의 지배적 방향에 가하는 충격으로 작용하며, 비정상의 형태를 띠기 쉽다. 문제는 이때 이런 비정상을 어떻게 표현할 것인가라는 점이다. 비정상은 "변칙적인 것, 수량화할 수 없는 것, 비표준적인 것 혹은 표준화가 불가능한 것, 엉뚱한 것, 불완전한 것"[19] 으로서 공감각과 여론이 허용하는 한계를 초과하기 때문에 음란, 폭력, 타락, 야수성 등으로 규정되어 탄압이나 통제를 받기 마련이다.[20] 최근 들어와서 이따금 한밤중에 서울의 대학로에 나타나 경찰을 따돌리며 질주하는 오토바이 폭주족에 대한 단속을 반대하는 시민은 별로 없을 것이다. 이런 문화행위들은 기존의 재현체계, 그것의 제도화에 도전하고 저항하는 사례들로서 의미생산의 흐름을 방해하는 '소음'과도 같다. 하지만 이런 소음의 '무의미'를 무릅쓰지 않고 의미생산과 표현의 가능성을 확장할 수 있을까? 예술제도의 관성을 깨부수는 아방가르드 없이 새로운 예술의 탄생을 기대하기 어려운 것처럼 비-코드적 의미의 확장 없이 새로운 문화, 새로운 삶의 방식을 기대하기는 어렵다. 문화정치에 대한 요구는 여기서 나온다. 현기증, 충격, 고통을 감내하며 음란과 폭력, 소음, 무질서를 추구하는 것을 인간 역능을 확장하는 일로 보는 쪽과 그것을 체계에 대한 도전으로 위험으로 보는 쪽의 갈등과 투쟁은 필연적이다.

이상 말한 두 유형의 문화정치와 정치경제투쟁의 형태로 진행되는 전통적 의미의 정치는 어떤 차이가 있는가? 문화정치를 '꼴값의 정치'로 생각할 필요가 있다고 본다. '꼴값의 정치'는 이해관계의 정치, "자원 할당 문제를 다루는 재분배 정치"와는 구분된다. 지금 부르주아 민주주의사회에서 이해관계의 정치는 통상 청와대, 국회, 행정부, 사법기관, 정당, 노동조합, 사

---

19) Charles Bernstein, "What's Art Got to Do with It? The Status of the Subject of the Humanities in an Age of Cultural Studies," in James Soderholm, ed., *Beauty and the Critic: Aesthetics in an Age of Cultural Studies* (Tuscaloosa and London: The University of Alabama Press, 1997), p. 29.
20) 최근에 부쩍 늘어난 표현의 자유 관련 논란도 이 맥락에서 이해할 수 있다. 문화과학편집위, 「누가 음란을 두려워하랴」, 『문화과학』 28호, 2001년 겨울, 93-117쪽; 졸고, 「타자의 문화연구와 숭고의 미학」 참고.

회운동단체 등에서 이루어진다. 이들 공식정치 영역에서 일어나는 것은 국민, 조합원, 피고, 당원, 시민의 목소리와 입장, 이해와 관심을 대변하는 '대의정치'로 알려져 있다. 이런 정치적 실천이 '의미'를 만들어내는 방식은 '가리킴', '지시'이다. 전문정치인, 관료, 법관, 노조간부 등 대표들은 지역 구민, 유권자, 노동자, 피고나 원고 등 다양한 주체의 의사를 '가리키는' 방식으로 정치를 하기 때문이다. 여기서 의미는 따라서 원인에 대한 귀착 또는 참조(reference)의 형태를 띤다. 국회의원이나 노조대의원, 변호사가 하는 실천은 궁극적으로 보면 그것이 과연 그들이 대변한다는 사람들의 이해관계나 의사, 소망에 얼마나 충실히 귀착될 수 있느냐로 평가되는 것이지 그 실천 자체가 어떻게 구성되느냐, 그것이 얼마나 매력적이냐는 것으로 평가되지 않는다. 변호사나 의원이 자신들의 실천을 매력적으로 하느냐 아니냐는 물론 효과상의 차이를 낳겠지만 그런 노력은 어디까지나 부차적이다.

반면에 꼴값의 정치는 원인 귀착과 참조에 의하기보다는 정치의 장 자체에서 벌어지며 표면적이고 '미학적'인 경향을 강하게 띤다. 예컨대 국회의원이나 정부 관료가 공식석상에 꼭 넥타이를 맨 정장차림으로 나타나는 것은 '귀착' 행위와는 무관하다. 그것은 품위를 지키는 일, 꼴값을 지키는 일이다. 이 품위를 지키는 꼴값의 정치가 얼마나 큰 힘을 갖는가는 '꼴 같지 않은' 일을 하기가 얼마나 어려운가에 의해서, 한 예로 그 어느 국회의원도 감히 점퍼 차림에 슬리퍼를 끌고 본회의장에 들어올 엄두를 내지 못한다는 사실에 의해 입증된다. 하지만 꼴값이 체계적으로 통제되어 꼴 같지 않은 일을 벌이는 일이 결코 쉽지 않을 때 도발적 꼴들을 만들어내는 일이 오히려 큰 반향을 불러일으키는 역설도 생기는 법이다. 최근 영국에서 한 여성의원이 회의장에서 아이에게 젖을 물려 쫓겨나는 일을 자청한 것이 좋은 예이다. 21) 이것은 정치적 발언을 대변이 아니라 직접 표현의 형태로 한 경우이다.

꼴값의 정치를 언급하는 것은 문화와 정치경제의 시간은 일치하지 않으

---

21) 이 글을 완성한 뒤 한국의 국회에서도 비슷한 일이 벌어졌다. 최근의 보궐선거에서 당선한 개혁당의 유시민 의원이 평상복 차림으로 의원선서를 하려다가 다른 의원들의 저지를 받은 것이다.

며, 문화와 정치경제가 작동하는 방식이 다름을 지적하기 위함이다. 정치경제를 중심으로 계급투쟁을 이해할 경우 꼴값에 대한 관심은 뒷전으로 밀릴 수밖에 없고, 꼴값이 지닌 정치적 역할까지 외면할 가능성이 높다. 이 말은 한편으로는 재현체계에 대한 비판적 관심이 사라질 수 있다는 것이며, 그런 체계가 작동함으로써 만들어지는 사회적 효과에 대한 분석이 제대로 이루어지기 어렵다는 것, 나아가서 의미생산의 메커니즘을 다룰 수 있는 시각을 놓치게 된다는 것이다. 하지만 계급투쟁이 의미생산 과정을 거쳐야 한다면 이들 재현체계에 접근하고, 거기서 일어나는 일들에 개입하기 위한 투쟁은 필수적이다. 다른 한편 꼴값이나 재현체계에 대한 무관심은 표현, 의미생산의 가능성을 확대하기 위한 문화적 실험, 인간 존재의 역능을 확장하기 위한 노력을 폄하하는 것으로 이어질 수 있다. 정치경제투쟁과 문화투쟁 사이에 흔히 발견되는 분리주의를 만들어내는 주된 원인 하나가 바로 꼴값의 중요성을 외면하는 태도이다.

셋째, 문화정치는 꼴값이나 의미를 사회적으로 생산하는 조건에 대한 개입 형태를 띨 것이다. 재현체계는 존립을 위한 사회적 조건을 가질 수밖에 없으며, 이것은 결국 의미생산의 내재적 메커니즘과 그것의 정치경제학적 조건의 관계에 따라서 형성되어야 한다. 이 점을 문화적 공공성의 관점에서 살펴보고자 한다.

6. 문화적 공공성

의미생산의 사회적 조건을 놓고 일어나는 문화정치는 일단 의미생산 메커니즘의 장악을 놓고 벌어지는 투쟁이다. 한 예로 '매체정경'을 놓고 벌어지는 투쟁이 예상된다. 매체정경은 "사회의 매체적 아비투스"로서 "사회적 인식이나 감각의 배치 등에 방향성을 부여"하는 일종의 '경향성'이다. [22] 지금 우리 눈앞에는 공적인 사안들을 사사로운 흥밋거리로, 사회적 쟁점들을 멜로드라마나 개그로, 자유시간을 텔레비전 시청이나 상품 소비를 위한 여

---

[22] 원용진, 「신자유주의 시대의 '매체정경'」, 『문화과학』 29호, 2002년 봄, 207쪽.

가로, 사회적 관점에서 내려야 할 판단을 사적 취미의 문제로 만드는 경향을 지닌 '매체정경'이 펼쳐져 있다. 이 지배적 매체정경을 바꾸려는 투쟁이 필요한 것은 그것이 기본적으로 재생산적이기 때문이다. 개인들의 삶에 대한 관심을 주로 연예와 같은 소일거리로 집중시키고, 활동 대부분을 상품의 생산과 소비에 바치게 함으로써 기존의 의미생산을 지속할 뿐이다. 진보적 문화정치는 따라서 다양한 문화적 실천들, 의미생산의 장에서 사회적 책임이나 공공성과 같은 새로운 의미방향을 복원하려는 노력을 그 주요 과제로 삼는다. 이 노력은 사적 이윤의 장에서 일어나는 문화적 실천들을 공공영역으로 이관시키려는 것이라는 점에서 자본에 대한 투쟁의 성격을 띨 것이고, 동시에 제도의 기능전환을 위한 투쟁이어야 할 것이다. 이는 곧 문화정치가 문화적 공공성을 구축하는 실천이 되어야 한다는 말이다.

한편으로 볼 때 이 실천은 의미생산의 다양한 제도들, 매체정경을 형성하는 사회적 재현체계들을 사적 영역에서 공적 영역으로 이동시키는 노력으로, 즉 각종 매체제도들을 포함한 의미생산 제도들의 생산관계를 변화시키려는 노력으로 전개되어야 한다. 이것은 문화정치가 그동안 정치경제학의 주된 관심사로만 여겨졌던 사안들을 자신의 문제로도 받아들여야 한다는 말이다. 그동안 문화정치를 구상해온 문화연구는 의미생산이 이루어지는 정치경제학적 조건에 대해서는 큰 관심을 기울이지 않았다. 텍스트의 외부를 늘 기억하라고 경고했던 홀도 이 점은 마찬가지다. 문화연구 전통에서 의미, 의미효과를 만들어내는 재현체계의 내적 메커니즘 이외에 이 메커니즘을 사회적으로 유지, 관리하는 방식을 살피는 일은 극히 드물다. 하지만 이 글에서 살펴본 대로 '의미'는 사회적 재현체계를 통해서 만들어지는 사회적 의제의 공감각, 목표, 방향으로 나타나며, 이 목표와 방향은 자연발생적으로 주어지는 것이 아니라 사회적으로 구성되고 생산된다. 이런 점에서 의미생산을 주된 탐구의 대상으로 삼는 문화연구는 정치경제학을 외면할 수가 없다. 해석의 정치, 꼴값의 정치 등 문화정치도 정치경제투쟁과 무관하지 않다. 그것들 역시 자신의 에너지, 노하우, 전략을 집중시키고, 배치시키는 기본 구조로서 재화와 서비스, 노동의 교환과 분배를, 다시 말해 정치경제적 조건을 전제할 것이기 때문이다. 이런 점에서 문화연구와 문화정치는 정치경제학의 관심사로만 치부해온 '국가'를 자신의 문제로도 받아들일 필요가 있다. 문화정치는 그동안 자본주의 생산관계를 종합하는 것이 국가이며, 의미생산 역시 국가와 무관할 수 없다는 점을 애써 외면해왔다.[23] 하지만 국가가 기호적 실천과 의미생산의 메커니즘들을 사회에 배치하는 데 가장 큰 힘을 발휘한다면 그것에 대한 개입 전략은 필수이다. 지금 상론할 수는 없지만 이 일은 국가, 시민사회, 경제(시장), 미디어를 포함한 각종 사회제도와 습속에 대한 종합적 개입 형태라야 하며, 이때 지배적 재현체계들의 공적 제도, 의미의 생산수단에 대한 접근권을 확대하는 것이 관건이라고 본다.

다른 한편, 정치경제의 계급투쟁에서 '진보세력'이 승리한다고 해서 문화적 공공성을 보장받는 것은 아니다. 특정한 문화적 생산수단을 노동조합이 장악했다고 화면을 통한 의미생산의 통제가 사라지거나 매체정경이 자동으로 변혁되리라 기대할 수 있을까? 위에서 문화와 정치경제의 시간은 다르다고 했다. 이 말을 "정치경제 먼저, 문화는 다음"과 같은 식으로 이해하는 것은 곤란하다. 여기서 차이는 어떤 통합불가능성을, 즉 두 시간의 전개 방식과 속도가 근본적으로 달라서 정치경제의 계급투쟁에서 진보세력이 승리하더라도 문화적 해방은 여전히 미해결로 남아 있을 수 있다는 것을 가리킨다. 문화의 관점에서 해방은 주체의 욕망과 역능을, 인간적 존재의 가치를 최대한 보장하고 실현시키는 일이다. 문화적 공공성의 구축은 따라서 의미의 생산수단에 대한 사회적 장악을 필요조건으로 전제하지만, 동시에 그것 이상을 요구한다. 비-코드적 의미생산, 지배적 재현방식에 대한 위반과 도전, 아방가르드 실천이 허용되지 않는 문화적 공공성의 구축은 의미생산 코드를 교체하는 것일 뿐, 삶의 의미를 풍부하게 만드는 충분조건이 되지 못한다. 의미의 의미 혹은 방향을 바꾸는 것에는 코드 교체 이상이 필요하다. 특히 중요한 것이 숭고나 푼크툼과 같은 고통과 충격의 의미를 허용하고 아방가르드적 실천을 가능케 하는 일이다. 이는 계급투쟁에 타자의 관점을 도입해야 하기 때문이다. "변칙적인 것, 수량화할 수 없는 것, 비표준적인

---

23) Nicholas Garnham, op. cit., pp. 68-69 참조.

것 혹은 표준화가 불가능한 것, 엉뚱한 것, 불완전한 것"을 허용해야만 동
성애자, 외국인노동자, 여성, 청소년 등 지배적 정체성과 구분되는 타자적
주체들의 욕구와 욕망을 표현할 수 있다. 문화적 공공성을 구축하는 문화정
치는 이런 점에서 사회적 의미의 차이들을 최대한 수용하는 시공간을 구축
하는 실천이 되어야 한다. 문화적 공공성이 이런 차이들을 수용하지 못하면
문화적 해방은 요원할 수밖에 없으며, 이는 정치경제적 투쟁만으로 문화적
공공성이, 나아가서 해방이 구축될 수 없다는 말이다.

7. 논의를 맺으며

이 글에서 나는 계급투쟁을 의미생산 문제를 중심으로 살펴보고 이를 통
해 문화정치의 방향을 설정함과 동시에 문화연구와 정치경제학 사이에 쌓
인 불화를 해소해보고자 했다. 문화연구가 정치경제학을 경원하는 것이나
정치경제학이 문화연구를 불신하는 것은 일방이 다른 일방을 배제해도 문
화적 실천을 해낼 수 있다는 잘못된 판단의 결과이다. 문화연구의 쪽에서
이 오류를 시정하려면 문화정치가 꼴값 변동이라는 표현 층위의 실천으로
끝나지 않도록 의미생산의 사회적 조건에 개입하여 문화적 공공성을 강화
하는 실천으로 나갈 필요가 있다. 이것은 문화의 '불충분함', 또는 문화정치
의 상대성을 인정하는 일이기도 하다. 문화정치는 당연히 의미의 사회적 생
산조건을 둘러싼 싸움에 동참하고, 정치경제적 관계가 집중된 사회제도들
에 개입해야 할 필요가 있다. 하지만 동시에 문화정치의 자율적 측면도 놓
쳐서는 안 된다. 이 자율성은 물론 절대적이 아니라 상대적이지만 문화정치
를 정치경제 투쟁과 다른 종류의 것으로 만드는 원인이다. 문화정치는 이해
관계를 놓고 벌이는 계산된 개입의 실천이되 늘 위험, 위반, 도발의 형태를
띠기도 해야 하고, 면밀한 기획으로 진행되어야 하되 동시에 욕구와 욕망을
충족하는 실천이 되어야 한다. 문화정치와 문화운동은 패션과 사회운동을
혼동해서는 안될 것이며, 다른 사회운동과 연대하고, 시위와 집회에도 참
여해야 하겠지만, 그 과정에서 제출하는 요구나 투쟁 방식은 다를 수 있다.
문화정치는 이때 진보운동 진영과도 새로운 교섭과 협상, 관계설정을 할 수

밖에 없을 것이다. 그것은 문화정치가 운동의 연대에 동참하더라도 운동의 의미방향을 새롭게 만들어야 할 것이기 때문이다. '문화적 공공성'은 생산수단의 사회화로 촉진되겠지만 보장되지는 않는다. 계급해방을 이룬 뒤에도 문화적 해방이 과제로 남을 가능성은 얼마든지 있다. 문화정치가 정치경제 투쟁에 동참해야 하지만 일방적으로 동원되어서는 안 될 이유가 여기에 있다. 의미생산의 문제와 꼴값의 문제, 문화적 해방은 정치경제적 투쟁과는 또다른 노력을 요구하는 것이다.

제5부

맑스주의와 종교

민중신학과 맑스주의

최형묵(제3시대그리스도교연구소, 신학)

1. 기독교와 맑스주의: 대결에서 협력으로

신학과 맑스주의와 상관성을 논하는 일은 처음부터 상당한 편견을 뛰어넘지 않으면 안 되는 과제이다. 도대체 초월적 신을 전제하는 신학과 무신론을 전제로 물질세계의 합법칙성을 규명하는 맑스주의 또는 유물론이 어떻게 상관관계를 맺을 수 있는가? 이와 같이 가장 원초적이며 고전적인 의문이 그 편견의 시발점이다. 종교를 일종의 허위의식으로 보고 있는 맑스주의 전통에서나, 맑스주의를 그저 무신론의 한 갈래로 치부해버리는 기독교의 전통에서 보면 그와 같은 편견은 사실상 의문의 여지가 없어 보인다. 역사적으로 사실상 지배체제와 동일시되어온 서구 기독교와 맑스주의의 '악연' 또한 그와 같은 편견을 정당화시키기에 부족함이 없는 듯하다. 그 악연과 편견으로 기독교와 맑스주의는 확실히 대결관계를 맺어온 것이 사실이다.

그러나 기독교와 맑스주의 관계가 대결의 관계로만 고착되어온 것은 아니다. 기독교와 맑스주의는 한편으로 대화와 협력의 관계를 꾸준히 모색해왔다. 양자 사이의 대화와 협력의 모색은 기존의 편견을 뛰어넘는 일이었다. 1960년대 이후 본격화된 양자 사이의 대화와 협력의 모색은 양 진영의 자기변화를 전제로 한 것이었다.

우선, 맑스주의 진영의 변화는 소련의 스탈린체제의 붕괴와 긴밀히 관련되어 있다.[1] 사실상 소련의 국가 이데올로기 역할을 하였던 스탈린주의는 '변증법적 유물론'(DIAMAT)이라는 이름으로 맑스주의를 교조화하였다. 스탈린주의와 동일시된 맑스주의는 하나의 완결된 철학적 세계관으로 인식되었고, 그와 같이 닫힌 체계로서 변증법적 유물론과 기독교 신학은 도무지 접목 가능성이 없는 것으로 인식되었다. 특히 전투적 무신론과 종교비판은 기독교 신학의 입장에서는 자신의 존재 자체를 위협하는 것으로 받아들일 수밖에 없었다. 그러나 1953년 스탈린 사후, 그리고 1956년 소련공산당 제20차 전당대회 이후 사회주의 혁명전략의 다원화가 추진되었고, 동시에 교조화된 맑스주의로서 변증법적 유물론의 균열현상이 나타났다.

다음으로, 맑스주의와 기독교 신학의 대화와 협력 모색의 동인은 기독교 진영에서도 이미 오래 전부터 예비되어 왔다. 오랜 세월 동안 사실상 서구 역사를 지배해온 기독교의 입장에서는 맑스주의를 분명히 기독교의 위협세력으로 간주하였다. 처음 기독교가 맑스주의에 진지하게 관심을 기울이기 시작했을 때에도 대화와 협력의 상대로서보다는 경쟁의 상대로 인식했을 뿐이었다. 맑스주의를 가장 강력한 세속적 메시아니즘으로 보고 그에 대처해야 한다는 관심사가 지배적이었다. 그러나 그것은 무조건 척결해야 할 대상으로 인식했던 데서 진일보한 태도였다. 적어도 기독교의 전통적 메시아 신앙이 무력해진 데 반해 세속적 메시아 사상이 파급력을 가질 수밖에 없는 현실에 대한 관심을 비로소 자각했기 때문이다. 그것은 고삐 풀린 자본주의 체제의 무자비함에 대한 관심이었다. 그 점에서 기독교는 맑스가 종교비판을 해야만 했던 진의에 한 걸음 다가서고 있었다. 그 관심은 여러 계기를 통해 표명되었다.[2]

1891년 중세 이후 교황의 최초의 '사회적 회칙'인 『새로운 것에 대하여』(Rerum Novarum)에서 교황 레오(Leo) 13세는 사회주의를 전적으로 배격하고 계급투쟁 역시 거부하였지만, "고용주들의 무자비와 고삐 풀린 경쟁의

---

1) 홍근수, 「대결에서 대화·협력으로—그리스도교와 맑스주의의 새로운 관계모색을 위하여」, 『신학사상』 제63집, 1988년 겨울, 한국신학연구소, 897쪽 이하 참조.
2) 이하의 내용은 주로 R. M. Brown, *Theology in a New Key—Responding to Liberation Themes* (Philadelphia: Westminster Press, 1978), 이동준 옮김, 『새로운 기조의 신학』, 한국신학연구소, 1986 참조.

탐욕에 유기되고 소외되었으며, 무방비 상태로 방치되어온" 노동자의 현실에 주목하였다. 그로부터 40년 후 교황 비오(Pius) 11세는 새로운 회칙 『40년』(Quadragesimo Anno)에서 여전히 사회주의를 전적으로 인정하는 것은 아니었지만, 자본주의에 대하여 매우 비판적인 입장을 견지하였다. 사유재산제도에 대한 의문과 함께 소유권을 절대적인 것으로 보지 않았고 노동자들의 정당한 임금에 대해 깊이 고려하였다. 중세 이래 서구 지배세력을 대변해온 카톨릭 교회의 이와 같은 변화는 1960년대 교황 요한(John) 23세에 이르러 중요한 전환의 계기를 맞이한다. 그는 회칙 『어머니와 선생』(Mater et Magistra, 1961), 『지상의 평화』(Pacem in Terris, 1963) 등을 통하여 전임자들보다 훨씬 급진적인 원칙들을 제시하였다. 노동자들이 공정한 임금을 받을 권리를 역설하는 한편 기업에 대한 국가의 개입을 말했고 최후 수단으로서 노동자들의 파업을 인정하기도 하였다. 뿐만 아니라 '제국주의적 팽창'이라는 표현과 함께 국제적 불평등의 문제를 제기하였고, 사회주의와 무신론에 대한 비난을 삼가면서 사회정의를 위해서는 사회주의자들과의 협력 가능성까지 언급하였다. 1967년 교황 바오로(Paul) 6세의 회칙 『시민의 개발』(Populorum Progressio)은 자본주의를 준엄하게 고발하면서 현대 세계경제의 빈부격차는 혁명의 가능성을 용인한다고 보았다. 이와 같은 카톨릭교회의 입장 변화는 맑스주의에의 '감염' 예방효과를 노린 것으로 볼 수도 있겠지만, 결과적으로 맑스가 제기하였던 종교비판의 진의를 진지하게 받아들이는 과정이었다 할 수 있다. 맑스주의와의 긴밀한 협력을 시도한 남미의 해방신학 역시 그러한 궤적과 무관하지 않다.

한편 개신교 편에서도 교황 레오의 회칙이 등장할 즈음 새로운 사회적 변화에 대한 대응들이 나타났다. 그것은 종교개혁 이후 사실상 시민의 종교로 자기 위상을 정립해온 개신교 안의 중요한 변화였다. 이른바 기독교사회주의운동이라 일컫는 운동이었다. 영국의 루드로우(J. M. Ludlow)와 찰스 킹슬리(Charles Kingsley) 등을 선구로 한 기독교사회주의운동은, 기독교 교회가 점점 더 지배계급과 동일화해가는 반면 교회로부터 벗어난 노동계급이 성장해가는 현실을 배경으로 하였다. 이 운동은 자유방임적 자본주의에 대한 적극적 비판과 함께 노동자들을 재기독교화하려고 하였다. 이와 유사한 운동이 유럽 대륙에서도 일어났다. 1899년 독일의 저명한 목사 크리스토프 블룸하르트(Christoph Blumhardt)의 사회민주당 입당을 선구로 시작된, 유럽 대륙의 기독교사회주의운동은 1920년대 전후 스위스의 헤르만 쿳터(Hermann Kutter)와 레온하르트 라가츠(Leonhard Ragaz), 그리고 칼 바르트(Karl Barth)와 폴 틸리히(Paul Tillich) 등으로 이어졌고, 훗날 월터 라우센부쉬(Walter Rauschenbusch)로 대표되는 미국의 사회복음(Social Gospel) 운동으로 이어졌다. 이와 같은 기독교사회주의운동은 맑스의 계급투쟁 이론보다는 민족과 전체성을 강조하는 공동체 이념을 더 중요하게 생각하였는데, 결국 유럽의 사회주의 정당이 추구한 민주적 진화적 사회주의 속에 병합되었다. 하지만 그 운동은 자본주의사회에서 노동자에 대한 관심을 오늘 서구 기독교의 급진적 신학에 그 유산으로 물려주었다.

제2차대전 후 기독교의 사회적 관심은 세계교회협의회(WCC)를 중심으로 한 에큐메니컬운동으로 표명되었다. 1948년 암스테르담에서 열린 세계교회협의회 총회는 '책임사회' 이념을 제창했는데, 이 이념은 정의와 자유의 균형을 강조함과 아울러 공공질서 안에서 책임성을 자각한 주체들의 역할을 강조하였다. 그것은 공산주의와 자유방임적 자본주의를 동시에 비판하는 기독교인들의 일종의 윤리적 규준으로 1960년대에 이르기까지 지속되었으나, 혁명적 사회 상황 가운데 있었던 제3세계 교회들의 부상과 더불어 그 타당성을 의심받았다. 그것은 기본적으로 자유민주주의 이념의 연장선상에 있으며, 결국 급진적 혁명의 상황에서 아무런 대안이 될 수 없는 추후 적응 논리에 불과한 것으로 인식되었다. 그러나 기독교의 그와 같은 관심은 사회적 문제에 대한 책임을 일깨우는 몫을 하였고, 거기에서 급진적 전환은 새로운 인식의 토대를 형성하였다. 1969년 세계교회협의회와 로마 카톨릭교회의 공동협의(사회·개발·평화에 대한 임시위원회, SODEPAX) 과정에서 구티에레즈(G. Gutierez)가 해방의 모티브를 강조함으로써 해방신학의 단초를 제시한 것은 그 새로운 인식의 구체적인 한 계기가 되었다.[3] 널리 알려져 있다시피 혁명에의 요구를 수용한 해방신학이 맑스주의적 인식과

---

3) 이때 그가 발표한 내용을 기초로 하여 확대한 것이 그의 주저인 『해방신학』이 되었다.

긴밀한 관계를 맺게 된 것은 이러한 전환의 기회를 통해서였다. 이와 같은 과정이 시사하는 바는, 적어도 전통적인 편견으로 기독교가 맑스주의를 배척해야 할 이유는 없다는 것이었다. 그것은, 동시에 발을 내딛고 있는 사회적 현실에 대한 책임 문제에서 서로 다른 이념 및 진영이 공동으로 대처해야 할 필요성을 깨달은 것이었다.

어쨌든 그와 같은 기독교 내부의 꾸준한 변화 과정과 맞물린 소련의 스탈린체제의 붕괴는 기독교와 맑스주의의 새로운 관계 모색에 중대한 전환의 계기를 부여해주었다. 특히 유럽에서 맑스주의자들과 기독교 신학자들 사이에 대화가 활발해졌다. 1964년 프랑스 리용에서는 프랑스 공산당 대표들과 신구교 대표들이 함께 모여 '맑스주의와 초월성'을 주제로 하여 토론하였다. 이 대화에서 가로디(Roger Garaudy)는, 국가권력과 화폐경제가 상존하는 한, 또 자연이 인간을 지배하는 한 종교는 오늘날 인류를 위한 그 객관적 존재 가능성을 인정받으리라고 하였다.[4] 한편 독일에서도 1963년 이래 기독교와 맑스주의를 논제로 한 연구모임이 지속되었는데, 이 모임들에서는 주로 각기 자신의 존립을 위하여 본질적으로 필요하면서도 또 시대적 제약을 받고 있는 자신의 전통이 문제시되었다. 예컨대, 아리스토텔레스나 플라톤의 형이상학이 그 본질에 있어서 기독교적인가, 또는 무신론은 맑스주의의 본질적인 부분인가 하는 것 등이 문제되었다.[5] 유럽에서의 이와 같은 일련의 대화 시도는 1967년 마리엔바트(Marienbad)에서 독일의 바울협회(Die Paulus Gesellschaft)와 체코 과학아카데미가 주최한 협의회를 통해 하나의 이정표를 드러내기도 하였다. 이 협의회는 그간의 맑스주의와 기독교 사이에 설정되어 왔던 전선이 바뀌고 있음을 보여주었다. 여기에서 기독교인들은 국가와 사회와 문화에 대한 기독교 신앙의 현세적 유의성을 밝히려고 노력하였고, 맑스주의자들은 맑스의 종교비판을 수정하고 소외되지 않은 초월성을 향한 인간의 개방성에 대해 물었다.[6]

---

4) H. H. Schrey, "Literatur zum Marxismus (I)," 「그리스도교와 맑시즘의 대결—문헌연구를 중심으로」, 『신학사상』 제8집, 1975년 봄, 한국신학연구소, 1975, 67-68쪽.

5) 같은 글, 68쪽.

6) H. H. Schrey, "Christentum und Sozialismus: ein Rueck Blick auf die Literatur der Siebziger Jahre," 강원돈 옮김, 「그리스도교와 사회주의: 1970년대 연구문헌들에 대한 검

그와 같은 관심의 초점은, 사회적 혁명을 정당한 요구로 인식하고 있던 남미를 비롯한 제3세계에서 또 다시 새롭게 전화되었다. 니카라구아 산디니스타 민족해방전선(FSLN)의 창설자 카를로스 폰세카(Carrlos Fonseca)의 말대로 "피압박 민중을 위해 투쟁한 체 게바라(Ernesto Che Guevara)와 토레스(Carmilo Torres) 신부가 함께 총을 들어 만들어낸 통일"7)이라는 말이 상징적으로 시사하듯, 해방을 위한 투쟁에서 기독교와 맑스주의는 기존의 편견을 뛰어넘어 협력을 하는 차원에 이르렀다.

2. 민중신학과 맑스주의의 만남

오늘 우리가 기독교와 맑스주의 관계를 논하는 것은 이와 같은 일련의 과정을 전제한다. 곧 완결된 세계관으로서 기독교, 역시 완결된 세계관으로서 맑스주의의 관계문제를 따지는 것이라기보다는 현실적 유의성의 차원에서 양자가 어떤 관계에 있을 수 있는가를 따지는 데 초점을 맞춘다는 것이다. 완결된 세계관으로서 기독교 또는 맑스주의를 전제하는 것 자체가 과연 가능하겠는가? '예수쟁이'가 다양한 만큼 '맑스쟁이' 또한 다양한 것이 현실이다. 유일무이한 기독교도 없으며, 유일무이한 맑스주의 또한 없다. 우리가 알고 있는 기독교나 맑스주의는 당대에 의미있는 기독교이거나 맑스주의일 뿐이다. 물론 그럼에도 불구하고 '기독교'라 칭해지고 '맑스주의'라 칭해지는 것은 저마다 고유한 것이라 여겨지는 어떤 핵심을 계승하고 재해석하고 있다는 이유 때문이다. 여기서 다시 고유한 것의 정체가 무엇이냐는 논란이 제기되겠지만, 그 논의는 유보하겠다. 현실적으로 어떤 필요성 때문에 서로가 서로를 필요로 하였는가 하는 점에 한정하여 양자의 관계를 검토하려 한다.

여기에서 특별히 다루려는 것은 기독교 신학의 하나로서 민중신학과 맑스주의와의 상관관계이다. 그러나 엄밀히 말하면 민중신학의 입장에서 바

토」, 『신학사상』제57집, 1987년 여름, 452쪽.
7) Richard L. Harris 외 지음, 『니카라구아 혁명연구』, 편집부 옮김, 이성과현실사, 1987, 195쪽.

라본 맑스주의와의 상관관계이다. 민중신학이 맑스주의의 현실적 유의성을 주목했을 때 맑스주의 입장에서는 도대체 기독교 신학에서 어떤 유의성을 발견했는지 나로서는 판단하기 어렵다. 기독교 신학, 그 가운데서 민중신학을 하는 입장에서 맑스주의의 유의성을 판단할 따름이다. 나는 그 논의를 민중신학 세대론[8]을 따라 전개하려 한다.

1) 제1세대 민중신학의 경우: 반신학과 맑스주의

한국 민중신학이 처음부터 어떤 '학문적' 충격으로 태동된 것이 아니라는 사실은 널리 알려져 있다. 민중신학은 상징적 의미에서나 실질적 의미에서 '민중사건'에서 출발하였다. 그 '민중사건'에 대한 자각은 구체적으로 1970년 '전태일사건'에서부터였다. 훗날 민중신학자들로 불리게 될 이들은 그 사건을 예사롭게 보지 않았다. 그 사건이 한국에서 해방 후 노동문제를 제기하는 본격적인 계기가 되었다는 것은 누구나 공감하는 바이다. 민중신학자들은 그 사건의 역사적 의미를 공감하였을 뿐 아니라, 그 사건의 신학적 의미를 발견하였다. 신학에서 말하는 구원사적 의미를 발견한 것이다. 그 사건을 신적 구원의 사건으로 인식했다. 신적 초월의 지평을 거부하는 맑스주의적 입장에서는 하나의 역사적 사건을 신적인 구원사건으로 인식한 신학의 발상이 오히려 그 사건의 본질을 은폐하는 것처럼 보일지 모른다. 그러나 신학적 입장에서 하나의 역사적 사건을 신적 구원의 사건으로 인식한 것은 중대한 의미를 지닌다. 그 자체로 신학적 인식의 전환을 의미하는 동시에, 그 전환으로 신학 자체의 재구성을 예비하는 것이었다. 그렇게 해서 탄생한 것이 민중신학이다.

예컨대, 한 노동자의 죽음을 전통적 신학에서라면 어떻게 바라볼 수 있을까? 그 당시에도 실제로 제기되었던 논란이고, 이후 80년대 수많은 노동

---

8) 민중신학 세대론이란, 1970년대 이후 전개된 민중신학의 경향을 시대인식의 차이에 따라 나눈 구별법으로 대체로, 1970년대 민중신학을 제1세대 민중신학, 1980년대 민중신학을 제2세대 민중신학, 1990년대 이후 민중신학을 제3세대 민중신학으로 분류한다. 그러나 이와 같은 계보학적 분류는 민중신학의 모든 경향을 총괄하는 것은 아니며, 민중신학의 여러 경향 가운데 특히 '반신학' '탈신학'의 경향을 분류하는 방식이다. 이에 대해서는, 최형묵, 「민중신학 세대론과 다양한 민중신학들」, 『교수신문』, 2002. 4. 15. 참조.

자와 학생들이 극한적인 분신투쟁으로 자기의 목숨을 버렸을 때에도 기독교계에서 재연되었듯이, 자기 목숨을 스스로 버리는 일은 교리적으로 용납될 수 없는 일이라고 단정할 수밖에 없다. 그 사건은 기독교가 말하는 구원사적 사건과는 아무런 상관이 없는 일이고, 심지어는 구원사적 사건에 역행하는 일이다. 여기에서 조금 나아가 다소 온정적으로 바라본다면, 아마도 힘없고 가난한 사람들에 대한 관심을 촉발시킨 사건 정도로 인식할 수 있을 것이다. 그러나 민중신학은 그 사건을 '예수사건' 곧 신적인 구원사건으로 인식해버렸다. 민중신학은 전태일의 죽음에서 예수의 죽음을 보았다. 전태일이 자살했다지만, 그것은 그가 스스로 목숨을 버릴 수밖에 없는 극한의 상황으로 몰고간 사회 자체 그리고 그 상황을 방기하고만 있었던 모든 사람이 결국 그를 죽인 것이었다. 예수의 죽음은 명백히 타살이었다. 그러나 그가 죽음에 이를 수밖에 없다는 사실을 알고도 죽음에 이를 수밖에 없는 언행을 스스로 일삼았다면 그것은 과연 타살일까, 자살일까? 문제는 죽음에 이르게 하는 그 상황이다. 그 죽음이 말하는 진실, 그것이 바로 신적인 구원사건이라고, 민중신학은 인식한 것이다.

당연히 민중신학은 전통적 신학에서 이탈할 수밖에 없었다. 그래서 민중신학자들 스스로 언명하듯이 민중신학은 '반신학'(反神學)이요, '탈신학'(脫神學)이다.[9] 반신학, 탈신학은 이전의 신학들과 달리 새로운 인식, 새로운 언어를 요구하였다. 민중신학이 맑스주의의 유의성을 인정한 것은 이러한 맥락에서였다. 스스로 '크리스챤 맑시스트'라고 자임하였던 서남동에게서 그러한 인식은 가장 뚜렷하였다. 물론 과연 서남동이 자신이 말한 대로 '맑스주의자'라고 할 수 있을지는 논란의 여지가 있다.[10] 그러나 스스로 그와 같이 밝히고 있다는 사실은 적어도 그 스스로 맑스주의적 인식을 명시적으

---

9) 서남동, 『민중신학의 탐구』, 한길사, 1983, 306쪽.
10) 장일조는, 서남동이 스스로 '크리스챤 맑시스트'라고 밝히고 있음에도 불구하고 그의 신학이 맑스주의적이라는 데 동의하지 않는다. 그러나 그의 견해는 신학에서의 맑스주의 수용 내지는 변용 문제를 너무 단순한 대입관계에서 바라본 탓이 아닌가 생각된다(장일조, 「죽재를 위한 하나의 대화」, 죽재서남동목사기념논문집편집위원회, 『전환기의 민중신학』, 한국신학연구소, 1992 참조). 반면에 강원돈은 서남동의 신학이 맑스의 유물론적 인식을 중요한 장치로 하고 있는 점을 적극적으로 평가한다(강원돈, 「죽재 신학의 주제와 방법」, 『物의 神學—실천과 유물론에 굳게 선 신학의 모색』, 한울출판사, 1992 참조).

로 수용하고 있다는 것을 말한다. 그리고 그 점이 민중신학을 구성하는 한 요소로 작용하였다는 것을 말한다.

서남동은 당대의 혁명·정치·해방의 신학이 맑스주의의 도전에서 촉발되었다는 사실을 인정하면서, 맑스주의와의 대화와 경쟁으로 기독교가 잃었던 활력을 되찾아 민중의 종교로 복귀하려 한다는 것을 분명히 했다.[11] 서남동이 맑스주의적 인식을 수용한 흔적은 그의 민중신학 구상 전반에 나타난다. 그는 매우 빈번히 '사회사적 해석', '사회경제사적 해석' 또는 '물질주의적 해석'이라는 말을 사용하였다. 그와 같은 개념들을 사용하는 의도는 분명하다. "지배세력에 대한 민중의 제약조건"을 분명히 밝히고, 나아가 "자기 역사와 운명의 주체가 될 민중의 정체"를 포착하기 위한 방법론을 지시한 데서 그와 같은 개념들을 사용하고 있다.[12] 그와 같은 개념들이 맑스주의 유물론을 유념하고 있다는 것은 어렵지 않게 판단할 수 있다. 70년대 또는 80년대 초반 우리사회에서 맑스주의는 공공담론 영역에서 금기에 해당하였다. 기독교 신학의 영역에서는 더더욱 말할 필요가 없었다. 앞서 살펴본 대로 60년대 이후 이미 서구 급진적 정치신학에서는 맑스주의와의 대화 문제가 공공연하게 제기되고 있었지만 우리의 상황은 전혀 달랐다. 바로 그러한 상황에서 신학이 스스로 '맑스주의' 표지를 전면에 드러내는 것은 부담스럽고 때로는 위험스러운 일이었다. 서남동을 비롯한 당대의 모든 민중신학자들이 아카데미즘에 몰두해있던 학자들이 아니라 말 그대로 '행동하는 지성'으로서 역할하고 있었다는 점에서 그 위험 부담은 더욱 컸다. '용공'의 딱지가 붙으면 그 어떤 주장도 금압되고 말았던 상황 때문이다. 더욱이 냉전 분단구조하에서 세계의 그 어떤 기독교보다도 철저하게 극단적인 반공주의를 내면화하고 있는 한국 기독교 현실에서는 더더욱 부담스러웠다. 그래서 맑스주의를 직접 지시하는 개념보다는 그와 같은 우회적인 표현을 즐겨 썼던 것이다. 때로 서남동은 민중신학이 맑스주의와는 다르다는 것을 애써 주장해야 하기도 했다.[13] 그러나 그의 민중신학은 맑스주의와의 상관관

---

11) 서남동, 앞의 책, 18-19쪽.
12) 같은 책, 48쪽.
13) 같은 책, 197쪽 이하 참조.

계를 떠나서는 그 전모를 이해하기 어렵다.

서남동은 사실상 맑스주의적 인식을 의미하는 '사회사적 해석' 내지는 '물질주의적 해석'을 기존 신학의 전제들을 비판하고 분석하는 도구로 사용할 뿐 아니라 새로운 신학을 구성하는 하나의 인식론으로 삼는다. 그것은 "지배세력에 대한 민중의 제약조건"을 밝힘과 아울러 "역사와 운명의 주체가 될 민중의 정체"를 포착하겠다는 데서 드러난 의도이다. 그래서 서남동은 신의 '계시' 자체가 물질적 하부구조를 갖고 있다고 주장하며 "계시의 하부구조"라는 개념을 창안한다.[14] 이 개념은 서남동이 맑스주의의 유물론적 인식을 얼마나 비중있게 받아들이고 있는지를 분명히 보여준다. 이 개념을 통해 그가 말하고자 하는 것은, 신학에서 말하는 신의 계시는 역사적 사건을 통해 표현된다는 점이다. 그러므로 신의 계시는 '사회과학적' 연구의 대상이 되어야 하고, 그런 의미에서 계시는 '물질적 계시'라고 본 것이다. 더 구체적으로 말하면 신의 선택을 받은 '가난한 사람' 곧 민중은 단순히 계시의 매체가 아니라 계시의 구성적 요인이라고 보았다. 이러한 착상에서 시작하여 서남동은 "하부구조(몸)에서 유리된 상부구조(이념)만의 전통적 신학"은 "유령이요 아편"이라고 단정지었다.[15] 여기에서 서남동은 확실히 맑스의 종교비판 이후의 신학의 가능성을 제시하고 있음을 알 수 있다.

한편 서남동과 함께 민중신학의 또다른 정초자인 안병무에게서도 맑스주의의 영향은 미묘하기는 하지만 결코 무관한 것은 아니었다. 그가 "물과 계급에 대한 인식의 혁명"[16]을 말함으로써 맑스주의적 인식의 유의성을 직접적으로 언명한 것은 80년대 초반 학생운동과 민중운동의 격랑을 거친 80년대 중반 이후의 일이었다. 그러나 성서학자로서 성서에 대한 사회학적 내지는 사회사적 연구방법론을 적용한 것[17]은 그전부터 맑스주의적 방법론의 수용 가능성에 열려 있었다 할 것이다. 물론 성서에 대한 사회학적 내지는 사회사적 해석이 곧바로 맑스주의적 유물론적 인식을 뜻하는 것은 아니다. 종교적 신념과 사회적 조건 사이의 상호관계에 관한 연구의 선구자로는 막

---

14) 같은 책, 378-379쪽.
15) 같은 책, 379쪽.
16) 안병무, 「한국적 그리스도인상의 모색」, 『역사 앞에 민중과 더불어』, 한길사, 1986.
17) 안병무 편, 『사회학적 성서해석』, 한국신학연구소, 1983 등 참조.

스 베버가 꼽히고 있고, 신학 특히 성서학에서는 그의 방법론이 널리 수용되었다. 그러므로 성서에 대한 사회학적 연구는 많은 경우 막스 베버의 종교사회학의 영향하에 있었다. 그러나 성서연구에서 '신학적' 해석의 차원만이 아닌 '사회학적' 해석의 차원의 수용은 또다른 입장의 사회학의 수용 가능성으로 연결되었다고 할 수 있다. 유럽에서 진행된 성서에 대한 유물론적 해석은 그 새로운 가능성이었다. 안병무가 유물론적 해석을 지향했다고 할 수는 없다. 하지만, 민중사건 안에서의 예수와 민중의 동일시를 말했던 안병무의 민중신학에서 지배세력과 대별되는 민중의 정체를 인식하는 문제는 중요한 과제 가운데 하나였다. 서남동이 말했던 "계시의 하부구조"로서 민중사건을 중심에 두고 있었다는 점에서, 그가 지향했던 사회사적 해석은 맑스주의적 방법론과의 친화성을 은연중 내포하고 있었다고 할 것이다. 민중을 옭아매는 '죄'의 실체를 사회 구조악으로 인식하고, 동시에 자본주의 현실에 대해 비판적 입장을 취했던 신학적 입장[18]도 은연중 그 친화성을 시사한다. 서남동과 같이 맑스주의 수용을 분명하게 말하지는 않았지만 그 시대 정신의 영향을 받고 있었고, 그 결과 비로소 "물과 계급에 대한 인식의 혁명"을 말함으로써 그 유용성을 인정한 것이다.

민중신학이 영향을 받거나 또는 명시적으로 수용했던 그 맑스주의적 방법론을, 맑스주의의 입장에서 보면 과연 '맑스주의'라고 할 수 있을지 의문을 제기할 수 있는 여지는 있다. 그러나 민중신학, 특히 서남동의 민중신학은 그의 신학적 인식의 중요한 부분이 상당 부분 맑스주의로부터 영감을 받았다는 사실을 인정하고 있다. 그리고 그러한 태도는 결국 "역사의 주체는 민중"이라는 민중신학의 중요한 명제를 더욱 분명히 함과 아울러 민중사건의 신학적 의미를 분명히 하는 것으로 귀결되었다. 서남동은 민중에 대해 말하기를, "땅을 정복하고 생활가치를 생산하고 세계를 변혁시키며 역사를 추진해온 실질적 주체이면서도 지배권력으로부터 소외·억압되어 천민·죄인으로 전락"했지만, "역사의 발전에 따라서 자기의 외화물(外化物)인 권력을 원자리로 돌리고 하느님의 공의회복을 주체적으로 이끌어서 그로써

---

18) 안병무, 「죄와 체제」, 『민중신학 이야기』, 한국신학연구소, 1987 등 참조.

구원을 성취하도록 되었다"고 했다. 이와 같은 입장은, 가난한 사람들의 소외의 표현으로서 종교에 대한 이해를 새롭게 해준다. 민중의 소외 현상으로서 종교가 아니라 민중의 역사 주체성의 회복으로서 종교를 말함으로써, 민중신학이 맑스의 종교비판 이후의 신학이라는 것을 확실하게 보여준다. 그와 같은 민중신학은 맑스주의와의 경쟁적 대결의 결과인 것만은 아니다. 그것은 맑스의 종교비판의 진의를 충분히 헤아림과 동시에 맑스의 현실인식 방법을 진지하게 수용한 결과이다. 요컨대, 민중신학이 맑스주의의 유용성을 인정한 것은 다른 어떤 관심사 때문이 아니라 민중의 주체성을 해명하려는 관심사 때문이었다 할 것이다.

2) 제2세대 민중신학의 경우: 정치경제학적 현실분석과 신학적 성찰의 결합

역사 주체로서 민중의 해방을 추구하는 민중신학과 맑스주의의 관계 모색은 1980년대 학생운동과 민중운동의 폭발적인 성장과 함께 새로운 전기를 맞이한다. 광주민중항쟁 이후 급성장한 학생운동과 민중운동은 여러 가지 면에서 이전의 운동 양상과는 구별되었다. 그 가운데 두드러진 현상으로 조직적 발전 양상과 함께 과학적 인식의 대두였다. 운동의 조직화는 전체운동과 부문운동의 관계 정립을 요구하였고, 운동의 과학화는 새로운 현실인식과 이념적 선택을 요구하였다. 바로 그러한 두 가지 요구에 부응하여 맑스주의의 수용이 이뤄졌다. 당시 학생운동과 민중운동의 전위적 집단에 수용된 맑스주의가 사실상 '변증법적 유물론'으로 불리는 스탈린주의에 가까운 것이었지만, 한국사회에서 해방 이후 단절된 맑스주의 전통의 재현이 갖는 의미는 중대하였다.

운동의 조직화와 과학화는 당시 민중운동에 참여하고 있는 기독교운동 진영에 커다란 도전이 되었다. 우선 운동의 조직화는 기독교운동에는 사실상 위기를 의미했다. 민중운동이 미분화되었던 1970년대 기독교운동은 기독교 조직이 갖는 여러 장점으로 인해 중요한 역할을 감당했지만, 조직화와 더불어 진행된 각 부문운동의 활성화는 민중운동에서 기독교운동의 고유성이 과연 무엇인지 심각한 의문을 야기하였다. 그리고 실제로 많은 활동가들

이 기독교 내지는 교회의 울타리를 벗어나는 현상이 현저해졌다. 한편 운동
의 과학화 현상으로 수용된 맑스주의 유물론과 기독교 신앙의 길항은 그 위
기를 더욱 심화시켰다. 이미 민중신학이 일정하게 맑스주의의 현실분석 방
법을 수용했다고는 하지만, 당시 민중운동에 참여하는 기독교인들에게는
그것으로 충분한 대안이 되지 못하였다. 그와 같은 시대적 상황에서 등장한
것이 강원돈의 '물(物)의 신학'19) 이었으며, 소위 제2세대 민중신학이었다.

  조직적 사상적 갈등을 겪어야만 했던 기독청년학생운동 활동가들의 강력
한 문제제기20)에 응답하여 등장한 제2세대 민중신학은 우선 기독교의 정체
성을 심각하게 다시 묻는 시도부터 시작하였다. 그것은 사실 새삼스러운 과
제는 아니었다. 이미 민중신학 1세대의 시도를 더욱 철저화하는 것이었다.
기독교의 그와 같은 새로운 정체성의 모색은, 박성준이 제기한 "두 개의 기
독교"론21)에서 더욱 분명해졌다. 지배자의 종교가 아니라 민중의 종교로서
기독교를 재설정하려는 시도였다. 기독교의 정체성을 다시 묻는 그와 같은
문제제기는, 이전의 역사적 기독교를 다시 돌아보게 만들었고, 친미 반공
주의의 포로가 된 현실의 지배적 기독교에 대한 비판을 더욱 철저하게 수행
하도록 하였다. 아울러 그간의 기독교 신학이 근거로 삼아 왔던 형이상학에
대해 근본적인 재검토를 요구하였다. '물의 신학'은 그 소산이었다.

  '물의 신학'은 민중주체의 변혁운동이 전개되고 그 운동에 참여하는 기독
교인들이 참여하고 있는 현실에서 기독교 신학의 한 대안이었다. 그것은,
전체 민중운동의 일부분으로 참여하고 있는 기독교운동이 민중운동의 사상
적 통일에 이바지하고, 또한 그것을 표현하는 신학적 내용의 형식을 확립해
야 하는 필요성을 분명히 인식하였다. 22) 그래서 그 신학은, "정치경제학적

---

19) '물의 신학'을 처음으로 제기한 「신학하는 방법의 새로운 모색—운동하는 전체로서의
  현실에 대한 신학적 인식과 실천」 (1986) 및 본격적으로 개진한 「물의 신학—물질적 세계
  관과 신앙의 한 종합」 (1988) 등을 포함하고 있는 강원돈, 『물의 신학—실천과 유물론에 굳
  게 선 신학의 모색』, 한울출판사, 1992 참조.
20) 당시 그와 같은 문제의식을 드러낸 대표적인 글로는 최형묵, 「민중신학의 발전적 계승
  과 전망—청년운동의 입장에서」 (1986), 『보이지 않는 손이 보이지 않는 것은 그 손이 없기
  때문이다—민중신학과 정치경제』, 다산글방, 1999 등 참조.
21) 박성준, 「한국기독교 변혁과 기독교운동의 과제」, 『전환—6월투쟁과 민주화의 진
  로』, 사계절, 1987.
22) 강원돈, 앞의 책, 180쪽.

현실분석과 신학적 성찰의 결합을 방법론적 기축으로 삼은 해석학의 일반이론"으로서 자기 성격을 분명히 했다. 23) '물의 신학'은 이전의 민중신학이 사회현실의 분석과 기독교에 대한 비판적 분석도구로서 맑스주의 유물론을 수용한 데서 한 발자국 더 전진하였다. 역시 맑스의 종교비판 이후의 기독교 신학을 건설하려는 목적을 분명히 하는 가운데, 맑스의 유물론적 세계관을 정면으로 받아들여 응답하고자 한 것이다.

그것은 결국 기독교 신학과 맑스의 유물론을 결합하려는 시도로 나타났는데, '물의 신학'이 전제하는 유물론은 두 가지 특성을 지니는 것으로 이해되었다. 24) 첫째는 맑스주의에서는 세계관과 방법과 실천이 분리되지 않고 통일된 전체를 이루고 있다는 점이다. 그 점에서 '물의 신학'은, 맑스주의적 현실분석과 세계관을 일단 구분해놓고 현실분석 방법론만 채용하는 남미 해방신학의 맑스주의 수용모델과의 차별성을 강조한다. 둘째는, '물의 신학'이 전제하는 유물론은 '유물론적 존재론'과 구별되는 '실천적 유물론'이라는 점이다. '유물론적 존재론'과 '실천적 유물론'의 구획선은 의식과 존재의 매개·통합 문제에 접근하는 관점과 방식의 차이에 있다. 맑스가 표방한 '실천적 유물론'은, 인간과 대상의 세계를 결합시키는 것은 대상에 대한 인간의 감성적이고 물질적인 활동으로서 노동이라고 본다. 맑스에게서는 노동과 무관하게 사물의 본질이나 실체를 묻는 것은 무의미한 것으로 간주되고 있다고 본 것이다. 반면에 '유물론적 존재론'은 의식과 무관하게 존재하는 대상들, 곧 물질적 대상들에 대한 존재론적 형식을 제시하려 했다고 본다. 엥겔스로부터 시작하여 플레하노프, 레닌을 거쳐 스탈린에 이르기까지 정식화된 이 경향은 교조적인 변증법적 유물론의 골간이 되고, 결국에는 국가권력을 장악한 지배 엘리트에 의해 지배이데올로기가 되었다고 본다. '물의 신학'은 그와 같은 두 경향이 나름대로 독특한 정치투쟁과 사상투쟁의 맥락에서 형성되었음을 주목하며, 그 정식들을 실천의 자리에서 '비신화화'해야 한다고 본다. "세계를 이러저러하게 해석하는 것이 아니라 변혁하는 것"을 문제삼는 실천의 자리에서 판별해야 한다는 것이다. 이 점에서 '물의 신

---

23) 같은 책, 57쪽 이하.
24) 같은 책, 193쪽 이하.

학'은 당대의 운동 현실에서 다급하게 수용된 맑스주의의 한 경향을 매우 주의깊게 성찰하면서, 맑스주의의 원자리를 회복하려 했다고 할 수 있다.

그러나 문제는 그와 같이 이해된 맑스주의와 기독교 신학의 종합이었다. 기존의 형이상학에 입각한 기독교 신학은 의당 존재론, 곧 신의 존재증명을 필수적인 것으로 전제하였다. 그러나 새로운 기독교의 정체성의 모색은 기존의 신학적 전제를 파기한다는 것을 이미 1세대 민중신학에서도 분명히 한 바였다. 실천적 유물론을 전제하는 물의 신학은 그에 걸맞게 실천적인 신인식론 또는 신앙론을 필요로 한다. '물의 신학'은 유물론적 세계관과 기독교 신앙의 종합을 가능하게 하는, 기독교적 신앙 내용의 핵으로 "하느님이 육신(Sarx)이 되었다"는 '성육신론'(成肉身論)을 지목한다.[25] 성육신론은 예수운동을 함축한 것이고 '역사적으로 구체적인' 그때 그때의 사회에서 물질적 관계들 안에서 또한 물질적 관계들을 매개하여 전개된 하느님의 운동을 총괄하고 있는 기독교 신앙의 원점이며, 또한 창조론을 재해석할 수 있게 하고 하느님 나라 대망으로 압축되는 종말론의 새로운 해석을 이룩하게 하는 관점이라고 본 것이다. 기독교의 성육신론은 역사적으로 구체적인 사회적 관계 안에서 한 인간으로서 살았던 예수를 통해 신을 인식하는 관점이다. 그의 삶과 죽음을 통해 신의 섭리, 곧 역사의 진실을 깨닫는 신앙의 이해방식이다. 고립된 개별적 존재로서가 아니라 구체적인 역사 현실에서 민중과 함께 했던 그의 삶을 기독교 신학에서는 '예수운동'이라 명명한다. 민중신학에서는 예수를 개인으로 보지 않고 민중이라는 집단적 인격의 대표로 본다.[26] 그러므로 예수운동은 곧 민중운동이다. 성육신론은 예수운동 곧 민중운동을 통해 하느님을 인식하는 방식이다. 실천적인 신인식론인 것이다.

이 점에서 '물의 신학'으로 대표되는 제2세대 민중신학은 제1세대 민중신학의 핵심을 당대의 상황에서 더욱 철저화하였다. 예수와 민중을 동일시하고, 신학의 하부구조를 말했던 민중신학의 핵심은 실천적 유물론과의 결합을 통해 물의 신학으로 재현되었고, 그것은 1980년대 민중운동에 참여

---

25) 같은 책, 200쪽 이하.
26) 서남동, 앞의 책, 187-188쪽 등; 안병무, 『민중신학 이야기』, 86쪽 이하 등 참조.

하는 기독교운동의 주체들에게 분명한 하나의 신학적 대안으로 몫을 감당
하였다.

3. 해방 담론으로서의 민중신학과 맑스주의

아마도 민중신학이 맑스주의를 필요로 했던 그 이유가 사라지지 않는 한
그 의의는 계속 존속할 것이다. 그러나 1990년대 이후 민중운동의 지형이
달라짐과 함께 민중신학과 맑스주의와의 접합관계 또한 양상이 달라지고
있다. 운동의 현실과 직결된 작업이었기에 그것은 불가피한 현상이라 할 것
이다.

1990년대 초반 현실사회주의의 붕괴는 민중운동 진영에 상당한 사상적
혼란을 야기하였다. 다소 도식적으로 말하자면 어쩌면 1980년대에는 거의
'유일한' 맑스주의를 상정해왔는데, 현실사회주의의 붕괴와 더불어 맑스주
의 자체의 유의성에 대한 의혹이 제기되기 시작하였다. 현실사회주의의
위기 내지는 붕괴가 곧바로 '맑스주의의 위기'로 인식되었던 것이다. 그러
나 맑스주의의 위기는 다양한 맑스주의의 분화를 예기할 뿐이었다. 그간
단일한 체계로만 여겨졌던 맑스주의는 이제 매우 다양한 해석의 가능성을
안고 있는 것으로 인식되었다. 맑스주의가 뿌리를 내린 곳에서는 이미 다
양한 해석의 경향이 있어 왔음에도 불구하고, 1980년대 한국의 현실에서
그다지 큰 주목을 받지 못했던 그 현상이 이제 비로소 한국사회에서도 나
타나기 시작한 것이다. 백가쟁명의 시대라 할만큼 1990년대 이후 오늘에
이르기까지 매우 다양한 맑스주의 조류들이 이입되어 그 현실적인 유의성
을 실험받고 있다.[27]

민중운동 진영의 사상적 혼란과 그에 이은 다양한 맑스주의 조류의 대두
는 비단 현실사회주의의 위기에서만 비롯된 것은 아니다. 그것은 한국사회
의 변화와 동시에 민중운동 자체의 전화과정과도 관련을 맺고 있다. 1980년
대 후반 본격적인 소비자본주의 시대의 개화와 함께, 민중운동의 다양한 분

---

27) 1990년대 한국의 맑스주의 동향에 대해서는, 이성백, 「90년대 진보적 사회이론의 상황」,
『진보평론』 3호, 2000년 봄 참조.

화 현상이 함께 나타났다. 1980년대 초반 민중운동의 분화 발전 양상이 단일한 대오로 수렴되는 경향을 띤 반면 1980년대 후반 민중운동의 분화는 일종의 발산 양상을 띠었다. 그것은 크게 '민중운동'과 '시민운동'의 균열양상으로 나타났고, 이전의 계급적 민중운동과는 성격을 달리하는 다양한 소수자운동으로 확산되었다. 다양한 맑스주의의 대두, 그리고 그밖의 다양한 사회이론의 등장은 그와 같은 양상과 결코 무관하지 않다.

민중신학이 민중운동의 현실에서 출발한 만큼, 그와 같은 양상은 민중신학에도 직접적인 영향을 끼쳤다. 그러나 신학에서는 그 나름대로 맑스주의를 수용하는 고유한 논리가 있는 만큼 다양한 맑스주의 논의를 그대로 재현하지는 않는다. 일정 부분 과연 어떤 맑스주의인가를 따지는 논란이 신학 안에서도 제기되고 있기는 하지만, 그보다 우선 신학이 사회과학을 수용하는 데서 제기되는 문제점을 따지는 논의부터 제기되었다. 1990년대 들어서면서부터는 민중신학 역시 하나의 민중신학이라 할 수 없을 만큼 다양한 갈래를 형성하였다.

'반신학' 또는 '탈신학'의 계보와는 달리 민중신학을 다시 신학적으로 재구성하려는 시도들도 나타났다. 민중신학을 민중운동의 신학으로서보다는 기독교의 신학 또는 교회의 신학으로 재구성하려는 시도이다. 그러한 시도는 당연히 전통적 신학의 개념과 체계를 손상시키려 하지 않고 그에 맞춰 민중신학의 의의를 재해석하려 한다. 그 시도는 민중신학이 맑스주의 또는 사회과학을 수용하려는 시도 자체를 위험시한다. 신학의 고유성이 침해받는다는 것이다. 이와 같은 입장은 민중신학의 핵을 제거해 사실상 무장해제시키려 한다는 비판을 받고 있기는 하지만, 신학적 인식의 고유성에 관한 문제를 과제로 제기하고 있다.

애초 '반신학', '탈신학'으로서 민중신학의 고유성에 주목하는 입장은 오늘 현실에서 그 의미를 더욱 철저하게 묻는다. 이른바 민중신학 세대론의 계보를 형성하고 있는 이 입장은 오늘 제3세대 민중신학을 형성시키면서 여전히 민중해방의 담론으로서 민중신학의 가치를 중요시한다. 따라서 이미 민중신학이 발전시켜온 맑스주의 또는 사회과학과의 만남의 전통을 폐기하지 않는다. 어떤 맑스주의냐, 어떤 사회과학이냐를 따지고 있다는 점에서 이전 세대의 민중신학과 구별되는 제3세대 민중신학은, 오늘 민중운동의 다양화 현상과 맑스주의의 다양화 현상을 그 신학 자체 안에 반영하고 있다. 예컨대 제3세대 민중신학 안에서 '정치경제학적' 인식과 '문화정치학적' 인식의 타당성을 묻는 물음은 운동과 이론 지형의 변화된 상황을 반영한다.[28] 그와 같은 논의는 민중운동 자체의 전개과정과 더불어 지속적으로 심화되어야 할 것이다.

신학이 맑스주의의 유의성을 인정했던 맥락은 해방의 담론으로서의 그 몫 때문이다. 신학은 맑스주의적 인식을 수용함으로써 자신을 기존의 도그마로부터 해방시키고자 했고, 나아가 민중의 해방에 기여하고자 했다. 오늘 다시 새삼스럽게 제기되고 있는 신학의 고유성 문제도 그와 같은 맥락에서 판단해야 할 문제이다. 과연 신학적 인식이 어떤 의미에서 해방적일 수 있는가를 따져야 하는 것이다. 일단 형식논리적으로 보면 신학은 언제나 신에 관한 물음을 기본 전제로 한다. 어떤 면에서 민중신학은 그 신에 관한 물음을 전혀 다른 방식으로 제기하였다. '존재자'로서보다는 운동 속에서의 '존재방식'을 물은 것이다. 그 어떤 개념과 논리로도 사실상 확증하기 어려운 대상을 무모하게 규정하려 하기보다는, 신에 관한 언명이 필요할 때 그 의미가 무엇이었는지를 당대의 인식으로 따진 것이다. 당대의 인식을 따른다는 의미는 또다른 상황에서 그 인식이 바뀔 수 있다는 것을 말한다. 그럼에도 불구하고 궁극적 물음으로 신에 관한 물음을 폐기하지 않는 것은 그 차원을 전인미답의 영역으로 남겨두는 신학적 인식의 독특성 때문이다. 신학에서 말하는 신의 영역은 '궁극적 가능성'의 차원이다. '궁극적 존재'라기보다는 '궁극적 가능성'이다. 그것이 '초월'의 지평이다. 궁극적 가능성으로서의 초월은 언제나 현재 상태를 뛰어넘는 것을 의미한다. 현재 상태를 정당화하기보다는 끊임없이 파기하도록 한다. 진정한 혁명의 가능성이다. 바

---

28) 제3세대 민중신학에서 '문화정치학적' 인식을 제기한 것으로는 김진호, 「민중신학의 계보학적 이해—문화정치학적 민중신학을 전망하며」(『시대와 민중신학』 제4호, 1997)이었다. 제3세대 민중신학 안에서 김진호, 『반신학의 미소』(삼인, 2001)는 대체로 그와 같은 문화정치학적 인식을 기조로 하는 반면, 최형묵의 『보이지 않는 손이 보이지 않는 것은 그 손이 없기 때문이다—민중신학과 정치경제』는 정치경제학적 인식을 기조로 하는 경향을 대변한다.

로 그 궁극적 가능성 앞에 자신을 개방하는 것이 신학적 인식의 고유성이다. 그와 같은 의미에서 신학적 인식은 끊임없는 해방을 추구한다. 만일, 변혁을 위한 현실 분석과 판단을 과제로 삼는 사회과학이 신학적 인식을 필요로 한다면, 바로 그와 같은 인식일 것이다. 도그마에 대한 한 맹신으로서 신학적 인식이 아니라, 궁극적 가능성 앞에 자기를 열어두는 의미에서의 신학적 인식이다. 맑스주의가 사실상 국가이데올로기로 작동하였던 역사를 돌이켜보면, 그와 같은 의미의 신학적 인식이 사회과학 또는 맑스주의에도 분명히 유의성을 지닐 수 있을 것이다.[29] 신학과 맑스주의가 그와 같이 개방적일 때 서로가 진정한 해방의 담론으로서 역사에 기여하게 될 것이다.

---

29) 오늘의 자본주의 현실에 대하여 사회과학 또는 맑스주의적 성찰과 함께 신학적 성찰의 유의성을 잘 보여주는 책으로는 해방신학의 명저 Franz J. Hinkelammert, *Las Armas Ideologicas de la Muerte*, 김항섭 옮김, 『물신─죽음의 이데올로기적 무기』(다산글방, 1999)가 있는데, 또다른 해방신학 저작 성정모 지음, *Desejo, Mercado e Religiao*, 홍인식 옮김, 『욕구와 시장, 그리고 신학』(일월서각, 2000)과 이에 대한 서평 김성구, 「해방신학자의 심판대에 오른 신자유주의」(『진보평론』7호, 2001년 봄)는 오늘 현실에서 양자 사이의 대화의 유의성을 새삼 제기해주는 것 같다.

바울 사상의 유물론적 성서해석

김덕기(대전 신학대, 신약학)

1. 들어가는 말

성서에 관한 유물론적 해석은 대개 성서가 쓰여진 헬레니즘 시대의 경제적 정황을 탐구하여 성서의 배경사를 새롭게 조명하였다는 점에서 가장 크게 공헌하였다. 특히 이러한 유물론적 성서 해석은 주로 맑스주의 (Marxism)적 경제분석 적용이 가장 지배적이었다. 대표적인 예는 가령 벨로(F. Belo)가 마가복음이 지시하는 시대 배경에 대한 맑스주의적 분석의 결과에 비추어서 마가복음의 이야기들을 새롭게 해석하는 방식이다. 이러한 방식은 사실 라틴 아메리카의 해방신학을 위한 성서해석에서 가장 많이 적용되는 방식이기도 하였다.[1] 이러한 경향에 반하여 성서에 대한 유물론적 해석의 새로운 방식과 그 이론적인 성찰에 관한 일련의 글들이 최근 한국에서 발표되었다. 특히 이러한 새로운 연구 경향에 촉매가 된 강원돈 박사의 『물의 신학』은 한국의 민중신학을 더욱 발전시키기 위해서 맑스주의적 유물론의 세계관에 비추어서 성서의 세계관을 재해석하는 방식과 관점을 새롭게 제기하게 되었다.[2] 그 이후 필자는 알튀세르(L.

---

1) F. Belo, *Materialist Reading of the Gospel of Mark*, tr. M. J. O'Connell (Maryknoll: Orbis Books Press, 1981); 호세 미란다, 『마르크스와 성서: 억압의 철학비판』, 김쾌상 역, 일월서각, 1987, 11-141쪽.
2) 강원돈, 『물의 신학: 실천과 유물론에 굳게 선 신학의 모색』, 한울, 1992, 97-161,

Althusser) 와 같은 불란서의 맑스주의의 지성사적 배경하에 성서에 대한 징후적 독해나 구조주의적 분석을 시도하는 해석 방식을 새롭게 제시하였다. 3)

이 글에서는 이전의 맑스주의적 유물론적 해석과는 다른 새로운 유물론적 해석의 가능성을 두 가지 개념틀에 의해서 제시하고자 한다. 하나는 '사건'에 대한 유물론적 해석이다. 이것은 들뢰즈(G. Deleuze)의 **유물론적 존재론**에 근거한 사건 이해에 근거하여 성서의 의미를 새롭게 해석하는 방식이다. 4) 다른 하나는 권력에 대한 유물론적 해석의 가능성으로서 육체의 물질성에 대한 중요성을 부각시키는 것이다. 이것은 맑시즘에서 논의된 사회적 관계의 물질성을 보완하기 위해서 푸코(M. Foucault)가 새롭게 제시하였다고 간주할 수 있는 '육체의 물질성'을 탐구해보는 유물론적 경향을 말한다. 5) 필자는 맑스주의 유물론적 성서 해석이 성서가 형성된 시대배경을 논의하는 데에는 공헌하였지만, 성서에 나타난 종교권력의 작동방식에 대한 보다 구원적인 해석 방식에 있어서는 오히려 또다른 장애가 될 수도 있다고 생각한다. 그래서 고대의 종교 문서를 분석하는 데 있어서 푸코의 권력 이해와 역사방법론, 그리고 들뢰즈의 사건과 의미 이해에 근거하여 성서 본문을 새롭게 분석하고 그 결과를 재해석하는 시도가 필요한 것이다. 6)

178-214쪽.
3) 김덕기, 「로마서에 나타난 율법과 의인 사상에 대한 구조론적 해석」, 『현대와 신학』 25집, 2000, 연세대 연신원, 236-251쪽; 김덕기, 『예수 비유의 새로운 지평』, 다산글방, 2001, 508-531쪽.
4) 질 들뢰즈, 『의미의 논리』, 이정우 옮김, 한길사, 1999; 들뢰즈의 사건 이해의 유물론적 성격에 관해서는 이진경, 「들뢰즈: '사건의 철학'과 역사 유물론」, 『탈주의 공간을 위하여』, 푸른숲, 1997, 15-57쪽과 이정우, 「들뢰즈와 사건의 존재론」, 『시대와 철학』 16호, 1998년 봄, 139-167쪽 참조.
5) 에띠엔느 발리바르, 「푸코와 마르크스: 명목론이라는 쟁점」, 『이론』 3호, 1992년 여름, 282-309쪽; 푸코의 권력의 물질성 이해의 저항적 특성을 맑스의 계급투쟁의 혁명 이론과 비교하면서 논의한 글에 관해서는 이구표, 「미셸 푸코: 근대적 권력에 관한 극한적 상상력」, 『이론』 14호, 1996년 봄, 97-123쪽 참조.
6) 푸코의 권력 이해를 성서에 적용한 예로는 Elisabeth A. Castelli, *Immitating Paul: a Discourse of Power* (Louisville: Westminster, 1991), pp. 21-117과 김덕기, 『예수 비유의 새로운 지평』, 399-433, 478-507쪽과 김덕기, 「고린도전서에서의 몸 담론과 권력」, 『신학

여기에서 필자는 오히려 들뢰즈와 푸코의 **평행론적 유물론**의 사유 방식이 성서에 나타난 바울의 핵심 사상과 이에 근거한 교회의 탄생, 그리고 종교권력의 생산체제를 이해하는 데 더 큰 공헌을 할 것이라는 새로운 연구전제를 제시하고자 한다. 이들의 유물론적 사유는 정신이 물질을 결정짓는다는 관념론의 단순한 역전이 아니라 물질(신체)과 정신(사유)이 원리적 동등성에 입각해서 동시에 상호결정하는 평행론적 관점을 유지한다.[7] 이러한 관점은 물활론적(또는 생기론적) 사유에 의해서 형성된 바울서신과 같은 고대 문서를 해석하는 데에 있어서 보다 적합한 유물론의 관점이 될 것이다. 특히 이러한 접근방법은 맑스주의의 유물론이 조명될 수 없었던 원시 기독교 사상과 그 신학적 개념들의 변이 과정 자체를 유물론적 관점에 의해서 새롭게 분석하고, 우리 시대에 보다 적합하게 재해석할 수 있는 새로운 준거틀을 제시하게 된다.

이런 평행론적 유물론의 전제에 근거하여, 필자는 우선 들뢰즈의 '사건'에 대한 해석의 성서적 예로서 바울의 스토이시즘(Stoicism)에 의거한 '영'(pneuma) 이해를 제시하고자 한다. 그리고 푸코의 육체의 물질성에 대한 새로운 유물론적 사유방식은, 바울의 교회론 이해에서 결정적인 역할을 담당한 '몸'의 유물론적 사유가 어떻게 교회의 종교권력 형성에 영향을 주었는지 탐구하는 데 결정적인 도움을 주게 될 것이다. 바울의 그리스도 사건 이해는 확실히 유물론적이라고 명명되어 오지는 않았다. 그러나 그의 해석에는 스토이시즘적인 물활론에 비추어서 사건의 물질성과 의미성을 동시에 사유하게 되는 평행론적 유물론이 내재해 있다. 또한 이제까지 바울의 '몸'(sōma) 이해도 결코 유물론적으로 해석되지는 않았다. 그러나 여기서도 필자는 바울의 교회론에 적용된 몸 은유에는 물질성의 개념이 배제된 것이 아니라 권력 구조의 물질성과 이를 초월한 종말론적 의미성 둘 다를 염두에 둔 평행론적 유물론에 기초한 변증법적 사유의 흔적이 배어있다고 생각한

과 문화』 10집, 2001, 대전신학대학, 129-167쪽 참조; 들뢰즈의 사건과 의미 이해를 성서에 적용한 예로는 『예수 비유의 새로운 지평』, 70-78, 226-287쪽 참조.
7) 질 들뢰즈, 『스피노자와 표현의 문제』, 이진경/권순모 옮김, 인간사랑, 2003, 177-198쪽; 평행론적 유물론의 중요성에 관해서는 마이클 하트, 『들뢰즈의 철학사상』, 이성민/서창현 옮김, 갈무리, 1996, 159-182쪽 참조.

다. 이 두 가지 '사건'과 '몸'의 육체성에 관한 바울의 이해는 바울 사상의 유물론적 특성의 한 단초로서 성서에 대한 유물론적 해석의 한 범례를 마련하게 될 것이다. 더 나아가서, 결론 부분에서는 맑스의 유물론적 변증법과 위의 새로운 유물론적 해석이 서로 상호 보완될 수 있는 비판적 대화의 가능성도 제시하고자 한다.[8]

2. 스토이시즘의 인식론에 근거한 바울의 '영' 이해의 유물론적 해석

원시 기독교 탄생의 근거로서 바울의 계시 이해는 플라토니즘(Platonism)의 관념론적 존재론과 스토이시즘의 유물론적 인식론의 사유 구조로 이해할 필요가 있다. 관념론적 플라토니즘에서는 땅에 속하는 보이는 '세상적인 것들'과 하늘에 속하는 보이지 않는 '신적인 것'들을 나누고, 보이지 않는 것들은 '이데아'(eidos)의 관념 세계로서 이를 모방하여 형성된 보이지 않는 '모사물'(paradeigma 또는 eikōn)의 현상세계보다 더 큰 가치를 부여받는다. 그리고 보이지 않는 이데아의 세계를 파악하기 위해서는 우리의 '이성'(noēsis)이 필요하다. 이러한 관념론적 플라토니즘에 근거하여 바울은, 현상계의 유대교 율법을 넘어선 이데아의 세계에 속하는 그리스도의 계시가 도래하였고, 이를 파악하기 위해서는 '이성'이 아니라 하느님이 그리스도를 '영'(pneuma)으로서 보냈다는 우리의 '믿음'(pistis)이 필요하다고 주장한다(갈 1: 16, 4: 6, 고후 1: 22, 롬 16: 25, 빌 1: 19). 바울에게는, 보이지 않는 신적인 것과 보이는 땅의 세계를 매개하는 구속자 그리스도의 영의 계시가 바로 믿음의 대상이면서 동시에 그 근거이다(고전 1: 24, 8: 6, 고후 4: 4, 골 1: 15-20).

그런데 여기에서 바울은 이 그리스도의 계시를 이해하는 인식과정에서는

---

8) 이러한 글의 예로서는 Stanislas Breton, *Saint Paul* (Paris: Universitaires de France, 1988); Alain Badieou, *Saint Paul: La fondation de l'universalisme* (Paris: Universitaires de France, 1997) 참조.

스토이시즘의 유물론적 세계관을 끌어들인다고 보여진다.9) 특히 스토이시즘의 유물론적 인식론에서는 플라톤의 이데아에서처럼 '진리'(alētheia)는 이에 대한 인간의 파악 과정과 상관이 없이 스스로 존재하는 실재나 명제 자체가 아니라 '참된 것'(alēthes)에 불과하고, 이것이 단지 의식 속에서 인식되는 과정에 의해서만 진리로서 확정될 수 있다. 이런 의미에서 스토이시즘에서는 인식과정과 상관없이 독립적인 어떤 참된 것이 그 자체로서 객관적인 진리치를 내포하는 것이 아니라, 표상에 대한 인식과정이 진리를 확정짓는다. 여기에서 인식과정이란 칸트(I. Kant)처럼 대상의 존재를 능동적으로 확정짓는 생각하는 지성의 인식과정이 아니라, 우선은 소여(data)로서 지각되는 '표상'(phantasia: 또는 인상)이 인식과 진리의 유일한 원천이면서 그 유일한 척도가 된다.10) 또한 스토이시즘은 '지각된 것'(aisthēsis)이 모두 저절로 '존재하는 것'(on)이 될 수는 없다는 데모크리토스(Democritos)의 견해나, '지각된 것'이 모두 그 자체로 주어져서 '존재하는 것'이 될 수 있다는 에피큐로스(Epicuros)의 인식론을 거절한다. 지각된 것 중에 어떤 것은 진정으로 존재하지는 않게 되고, 어떤 것은 진정으로 존재하게 된다.11) 더군다나 지각된 것의 인식과정에서 중요한 것은

---

9) R. 불트만, 『서양 고대 종교 사상사』, 허혁 역, 이대 출판부, 1977, 177-192쪽; H. 쾌스터, 『신약성서 배경 연구』, 김역부 역, 은성, 1996, 256-259쪽. 원래 스토이시즘의 세계관에서는 우주의 자연을 지배하는 원리인 로고스(理法: logos)가 인간의 삶과 운명을 지배하는 원리인 로고스(理性)와 같은 것이다. 이러한 세계관은 스토이시즘의 인식론에도 그 유물론적 동기를 형성한다. 그래서 인간 자기 자신이 우주내에서 어떤 유기적 위치를 차지하는지 알려주는 로고스를 파악하기 위해서는 인간은 자연과 조화(symphōnon)와 통일성(homologia)을 유지하는 인식과정을 통해서만이 인간의 본성인 理性(로고스)과 자기 보존을 위한 욕망과의 관계를 조절하며 자연에 적합하게 살 수 있게 된다. 이를 위해서 스토익 철학자들은 인간 본성에 어긋나는 세상만사에 대해서 무관심(apatheia)을 유지함으로써 안전하고 제약이 없는 삶의 평안을 유지할 수 있는 자유(eleutheria)의 삶의 방식을 제시하였다.
10) 김상봉, 「스토아 철학에서의 지각과 진리의 문제」, 조우현 편, 『희랍철학의 문제들』, 현암사, 1993, 359-371; 이정우, 『삶·죽음·운명: 스토아 철학에서 선으로』, 거름, 1999, 26-45과 61-92쪽 참조.
11) Sextus Empiricus, "Against the professors 8. 63" (Usener 2. 53, part), The Hellenistic Philosophers, Vol. 1, tr. A. A. Long & D. N. Sedley (New York: Cambridge University Press, 1987), pp. 81-82; 이에 대한 보다 자세한 설명에 관해서는 김상봉, 「스토아 철학에서의 지각과 진리의 문제」, 362쪽 참조.

은 주체가 동의하는 '수용'(sygkatathesis) 행위이다. 그래서 스토이시즘의 인식론에서는 프뉴마(pneuma: 영)가 지각의 세계에 구현된 '표상'(또는 인상)이나 로고스(logos)가 지식의 세계에 구현된 '이념'을 포착할 때에는 언제나 인식하는 주체의 동의과정, 즉 마음의 통치 원리의 판단하는 과정에 의해서 '포착적 표상'(또는 '인식적 표상': phantasia kataleptike)이 발생하게 된다.12)

위의 스토이시즘의 인식과정을 들뢰즈의 사건의 유물론적 관점에 의해서 기술하면 다음과 같다. 스토이시즘에서는 '지칭하는 것'과 '진술하는 것'을 구별한다. 지칭하는 것은 물체적인 것과 관련되지만, 진술하는 것은 비물체적인 것이다. 이 진술하는 것은 이미 대상만을 가리키는 것이 아니라 대상에 관해서 말하는 바 그 무엇인가를 표현하는 것이다. 여기에는 어떤 가치판단과 연관된 수용과 동의의 인식과정이 동반된다. 독자는 이 인식 작용에 의해서 표현되는 의미를 자신의 고유한 의미망의 분류체계에 따라 다양하게 끌어내게 된다. 예를 들어, '카토'는 물체적인 것을 지칭한다. 반면 '카토는 걷고 있다'라는 문장은, 지칭되는 '존재하는 카토'라는 인간을 그에게서 순간적으로 추상해낼 수 있는 '걷고 있음'과 연결시킴으로써, 단순히 걷고 있는 카토를 지칭하게 되는 것이 아니라 말하고자 하는 바의 그 무엇인가를 표현하게 된다. 이 문장에서 '카토'는 무엇인가를 지칭하는 기능을 담당하는 것이 아니라 '걷고 있음'의 주어로서 기능하도록 진술된 것이다. '카토'와 '걷고 있음'의 두 가지 사태는 실제로 걷고 있는 카토를 '지시'하는 것이 아니라, 존재하지 않는 비물체적인 사태를 사건으로 '표현'하고 있다

---

12) 앤소니 A. 롱, 『헬레니즘 철학』, 이경직 옮김, 서광사, 2000, 231-244쪽; 롱에 의하면, 스토이시즘에서 인상(또한 표상)은 감각의 대상만이 아니라 일반 이념이나 개념도 포괄한다. 특히 여기에서 인상은 마음이 외부의 세계를 경험하고 그 마음의 상태를 의식하는 것과 연관된다. 더 나아가서 지각은 어떤 인상에 동의하는 심리적 행위라고 생각한다(232-236). 다시 지각 중에는 단순히 수동적으로 수용하는 표상과 이를 넘어서 인상을 보다 능동적으로 동의하는 '인식적 표상'과 물질적인 실체로서 객관적으로 전달되는 '지식'으로서의 표상으로 구분된다. 여기에서 뒤의 두 가지 표상의 반응은 마음의 통치 원리가 인상을 능동적으로 해석하고 분류하는 일종의 판단 행위와 관련된다. 또한 이 두 가지 표상들은 그것에 정확히 상응하는 인상의 원인이 되는 물질적 대상이 실제로 존재한다는 것을 보장한다(236-239). 이와 비슷한 스토이시즘의 인식론에 관해서는 프리도 릭켄, 『고대 그리스 철학』, 김성진 옮김, 서광사, 2000, 288-290쪽 참조.

는 것이다. 더 나아가 이러한 의미론을 위에서 기술한 인식론과 연결하면, 이 문장에서 독자는, 카토가 행하는 습관과 그 성격이나 일으키는 다른 사건에 대한 다른 지식의 의미망에 따라서, '카토가 어떤 미래의 계획을 꾸미고 있다'와 같은 어떤 또다른 의미를 끌어낼 수도 있게 된다. 여기에서는 지칭하는 것을 확인하는 표상작용뿐만 아니라, 주어가 어떠한 상태에 처해 있다고 진술된 문장에 표현된 사건성을 지각하고 그 문장에서 표현된 것의 의미를 마음의 통치원리에 따라 포착하는 인식작용이 개입된다. 진술된 사태나 사물을 수용하는 인식과정에서 중요한 것은 독자나 청자가 자신의 의미망의 분류 체계에 따라서 이 문장의 두 가지 사태의 결합이 표현하는 것을 인식하는 결과인 '진술된 것의 의미'(lekton)를 판단하는 해석 과정이다.[13]

여기에서 들뢰즈가 강조하는 '사건'의 유물론적 특성이 개입되는 것은 사건에 얽힌 증거로서의 사실성이 아니라, 물질적 변형 과정이 일으키는 운동의 '사건'과 그 운동의 표면 효과로서 형성되는 '의미'의 이원성이다. 사건은 물질적 변화가 원인이 되어 나타나고, 의미는 이 변화의 결과로서 언어의 장에서 다른 사건들과의 관련성 속에서 나타난다. 이러한 이중성은 물체적인 것과 비물체적인 것, 물질적인 것과 정신적인 것이 한 운동의 사태 안에 두 가지 방향으로 일어날 수 있다는 평행론적인 유물론의 성격을 잘 드러낸다. 물질적 변형의 표면 효과로서 일어나는 '사건'이 언어로 표현된 언표 안에 존속하는 것이 '순수사건'으로서의 '의미'이다.[14] 더나아가서 들뢰즈는

---

13) 스토이시즘의 사건과 의미 이해에 관해서는 롱, 『헬레니즘 철학』, 244-256쪽을 참조할 것. 롱에 의하면, 스토이시즘에 있어서 '지칭하는 것'과 '진술하는 것'의 구분은 현대의 논리학자 고틀로프 프레게(Gottlob Frege)의 '의미'(Sinn)와 '지시체'(Bedeutung)의 구분과 비슷하다. 예를 들면 스토아 철학에서는 '탁월한 행위'이나 '탁월함'에 대해서만 '좋은 것'이면서 '이로운 것'이라고 주장할 수 있게 된다. 여기에서 '저녁별'과 '샛별'이 금성을 그 동일한 지시체를 갖는 것처럼, '좋은 것'의 지시체나 '이로운 것'의 지시체는 '탁월한 행위'이거나 '탁월함'이 됨으로써 동일한 것이다. 하지만 '좋은 것은 이로운 것이다'는 문장은 '좋은 것은 좋은 것이다'라는 문장과는 다른 '진술된 것의 의미'(lekton)를 표현한다(254-255); 이정우, 『삶・죽음・운명』, 86-92쪽 참조.
14) 이러한 들뢰즈의 의미의 이중성에 대해서는 들뢰즈, 『의미의 논리』, 48-61쪽; 이정우, 「들뢰즈와 사건의 존재론」, 149-154쪽; 이정우, 『시뮬라크르의 시대: 들뢰즈와 사건의 철학』, 거름, 1999, 95-130쪽 참조.

사건과 의미가 물질의 운동과 언표 속에서 동시에 공존한다는 것이 역설성을 나타낸다고 다음과 같이 주장한다: "의미는 사태들의 부대물로서 열외존재이다. 그것은 존재에 속하기보다 비존재에 속하는 무엇(aliquid)이다. 명제에 있어 표현된 것인 의미는 실존하지 않지만 그 명제 안에 존속한다"(91). 의미는, 명제로부터 파생된 것이지만, 명제의 긍정과 부정을 유보시킨다는 점에서 명제가 순간적으로 소멸되는 그 순간에 비로소 나타나게 되는 것이다.

예를 들면, 이러한 의미의 역설성은 '사람 없는 미소'나 '촛대 없는 불꽃'에서 잘 드러난다. 미소나 불꽃은 사람이나 촛대의 파생물이지만, 사람과 촛대의 긍정과 부정을 유보시키면서 이것들이 사라지는 그 순간에만 나타나게 된다. 이 의미의 역설성은 의미 형성 과정에서 독자가 행하는 판단의 참여 과정의 중요성을 드러낸다. 이것은, 물질 변형의 사건의 부대물로서의 의미가 객관적인 사실성에서 오는 것이 아니라, 이 사건을 포착하는 수용 과정에서 제시되는 바와 같이 언표의 계열화의 다양한 가능한 선분들에 대한 독자의 선택 과정에서 발생할 수 있다는 것을 말해준다.[15]

위의 유물론적 스토이시즘과 똑같지는 않지만 그 사유방식에 있어서 매우 비슷한 방식으로, 바울은 그리스도 계시에 대한 인식론을 '영' 개념의 물질적 사건성과 정신적 의미성의 이중적 성격을 통해서 확립하게 된다. 그리스도 계시를 인식하는 데 개입되는 중요한 인간의 수용 과정은 '영'이신 그리스도가 성육신화(聖肉身化)되었다는 사건의 역사성을 객관적 사실로서 확증하는 과정이 아니다. 더군다나 팔레스틴 기독교에서처럼 예수의 십자

---

[15] 들뢰즈, 『의미의 논리』, 62-97쪽. 특히 여기에서 기술된 의미의 역설성은 들뢰즈가 제시한 의미의 네 가지 역설들 중에 두 번째 즉, (2) '무익한 이중화 또는 얇은 반복의 역설'을 말하려는 것이다. 다른 세 가지는 (1) 명제의 의미가 다른 명제에 의해 지시되는 것으로만 파악할 수 있다는 '무한소급'의 역설, (3) 질, 양, 관계, 양상의 측면에서 서로 대립하는 명제들이 정확히 동일한 것을 나타낸다고 하는 '중성 또는 본질의 제3 상태의 역설', 그리고 (4) 둥근 사각형, 외연이 없는 물질, 운동하는 영원, 골짜기 없는 산 등에서와 같이 모순적인 대상들을 지시하는 명제들도, 그것이 구체적으로 현실화될 수 없다는 측면에서 부조리할지라도, 의미를 가질 수 있다는 '불가능한 대상들이나 부조리한 것'으로서의 역설이다; 특히 사건의 의미가 한 사건이 다른 사건들과의 관계와 연관된 계열화에 의해서 형성된다는 것에 관한 설명에 대해서는 들뢰즈, 『의미의 논리』, 98-114쪽; 이정우, 「들뢰즈와 사건의 존재론」, 155-159쪽; 이정우, 『시뮬라르크의 시대』, 131-164쪽 참조.

가 처형의 구체적인 역사적 사실성이 사건으로서 중요한 인식 대상이 되는 것도 아니다. 바울에게서는, 이러한 사실성이 전달되는 것이 중요시되는 것이 아니라 부활하신 그리스도가 영으로서 그에게 계시되어 나타났다는 점이 강조된다. 여기에서 영의 물질성은 바람처럼 나타났다 사라지는 계시 사건을 지시한다. 반면 이 영의 물질적 사건은 그 표면효과로서 영의 '의미'로 전화된다. 여기에서 바울은 오히려 이 사건의 사실성이 아니라 '동의'의 의미화과정을 강조한다. 그래서 이 사건의 의미는, 우리가 체험한 부활한 그리스도에 관한 인상(표상)들이 이전의 전승들의 신적 '사건'과 어떤 연관성이 있는지, 이 그리스도의 계시 사건이 이 전승들의 의미계열화의 분류체계에 따라서 무엇을 의미하는지 묻고 그 답을 선택하여 수용하는, 우리의 판단과정에 따라 결정된다. 바울에게 있어서 그리스도 계시는, 마치 스토이시즘에서 의미 구성의 선택적 수용과 동의의 과정과 거의 비슷한 방식처럼, 의미구성적 판단과정이 내포된 표상인식의 동의의 수용과정인 '믿음'에 의해서만 포착된다는 점이다. 바울은 그리스도 계시에 대한 판단의 분류체계 중 가장 중요한 의미의 계열망이 구약성서의 계약에 나타난 하느님의 의로운 행위의 전승이라고 간주하는 것 같다(갈 3: 6-3;24, 롬 1: 1-1: 25). 바울에게서는, 인식 수용의 주체가 그리스도 사건의 의미를 이러한 의미계열망에 의해 포착하게 되는 인식과정에서는 로고스 그리스도가 육신으로 나타났다는 객관적인 역사적 사실 자체가 그렇게 중요한 역할을 담당하는 것이 아니다.

그리스도 사건의 의미에서 가장 핵심적인 것은, 이 사건을 일으키는 그리스도의 영 자체가 이 사건을 인식하여 수용하게 하는 주체로서의 영, 즉 마음의 통치 원리와 상호 연결되고(갈 4: 6, 고전 2: 13, 고후 5: 5), 이제 이번에는 이 인식 주체의 영과 조응되어 동시에 형성되는 윤리적 주체인 새로운 **'자유의 영'**이 그리스도의 영과 또한 상호 작용을 하게 되어 있다는 것이다. (갈 3: 1-5: 26) 이것이 바울의 계시 이해에서는 우리의 **믿음의 대상**으로서의 그리스도의 영의 나타남과 **믿음의 인식적 과정의 주체**로서 마음의 통치원리인 영의 생성이 분리될 수 없다는 점을 말해준다(고전 1: 18-2: 16). 또한 계시 인식 판단의 결과인 '자유의 영'의 생성이 곧 믿음의 인식 대상인 그리스도의 계시 인식 자체의 증거이기도 한 것이다. 결국 바울의 계시 이해에서는 요한복음과 달리, 성육신화되어 나타나는 것은 예수라는 인격이라기보다는, 우리의 결단에 의해서 그리스도의 계시를 인식하면서 형성되는 자유의 영이다(갈 5: 13-6: 18).

우리는 이제, 계시의 대상으로서의 그리스도의 '영'과 이를 인식하는 주체로서의 '영'—이 두 영들의 변증법적 통일이 계시의 '수용'과 인식의 '동의'의 인식론적 과정을 통해서 일어나고, 이 과정의 적합성과 정당성은 다시 자유의 영의 생산적 활동에 의해서 증명되거나 보장될 수 있다는 것을 알게 된다. 여기에서 신앙의 대상인 그리스도의 영은, 우리의 영이 그리스의 영과 적합한 관계를 확립하도록 계시의 수용과 인식의 동의를 가능하게 하는, 신앙의 근거이기도 하다. 이것은, 두 가지 영의 운동이 상호 모순되는 것 같지만 계시 대상과 인식 주체와의 관계를 새롭게 설정하는 종교적 실천을 매개로 통일되어 자유의 영으로 전화된다는 의미에서, 변증법적 특성을 내포한다고 할 수 있을 것이다.

이 과정에서 중요한 것은, 실천을 매개로 인식주체가 도덕적 주체로 전이될 때 양의 변화가 질의 변화로 전화되는 변증법적인 운동 과정을 밟을 수 있다고 간주된다는 것이다. 여기에서 수용과 동의의 적합한 인식과정이 정당한 행위의 판단과정과 연속적으로 상호연계될 수 있는 것은 인간적 이성과 자연적 이성의 통일성에 관한 스토이시즘의 일원론적 세계관이 있었기 때문이다. 이러한 스토이시즘의 세계관에 따르면, 자연에 따르는 '적합한 행위'(*kathēkon*)가 우주적 대자연의 로고스에 대한 통찰을 통해서 이성에 따르는 '올바른 행위'(*katorthōma*)로 간주될 수 있게 된다.[16] 마찬가지로 바울의 사상에서도 이 인식의 주체로서의 영이 그리스도의 영(또는 성령)에 따라 살아야 하는 도덕적 주체로서의 영으로 자연스럽게 전화될 수 있게 된다(갈 6: 17-18, 25-26). 갈라디아서는 바로 이러한 인식의 주체인 영이 도덕의 주체인 영과 밀접하게 상호 연관됨으로써 어떻게 유

---

16) 스토이시즘의 윤리학적 특성을 자연적 진리와 도덕적 윤리의 밀접한 연관성에 비추어서 쓴 글에 관해서는 이창대, 「스토아 윤리학에서 적합한 행위와 옳은 행위」, 『철학』74집, 2003년 봄, 한국철학회, 79-103쪽 참조.

대교의 율법으로부터 해방되어 진정한 자유의 자기의식을 배태시킬 수 있는지 논의하게 된다. 이것은, 인식과정에서 객체인 그리스도의 영과 주체인 우리 자신의 영이 통일되고 다시 어떠한 실천적 과정을 통해서 인식의 주체가 도덕의 주체로 전화될 수 있다는 의미에서, 바울사상에서의 변증법적 사유의 특성의 한 단면을 암시적으로 보여준다.

그렇지만 이러한 스토아적인 자기의식이 또다시 보편적인 자기의식으로서 공동체 내외의 구성원들 사이에서 수행되는 구체적인 '승인' 과정으로 변형되려 한다면 맑스주의적 변증법에서 주장하듯이 노동과 같은 어떤 물질적 관계 변형의 매개 과정이 필요하게 될지 모른다. 결국 고린도 교회에서 바울은 이러한 공동체내의 갈등에 직면하여 교회의 구성원들 사이의 상호 승인의 문제가 해결되기 위해서는 유대교의 율법 문제에서 오는 자기자신의 내면의 자유의 문제뿐 아니라, 우리 자신과 물질의 관계와 사회적 관계에 대한 새로운 인식이 요구되는 것을 알게 된다. 이제 이러한 상호 승인이 요구되는 교회 공동체의 정립을 위해서는, 주체이면서 객체이기도 한 자기자신과의 간주관적 관계를 기반으로 하는 '스토아적인 자기의식'은 노동과정의 구체적 실천을 통해서 자기 이외의 외적 대상과의 관계를 기반으로 하는 '보편적인 자기의식'으로 전화되어야 하는 것이다.[17] 이러한 변증법적 전화의 과정에서는 물질과 정신의 교환작용이 구체적으로 전개되는 성만찬과 같은 다른 종류의 종교적 실천이 매개되어야 할 것이다. 종교사적으로 보면, 바울의 공동체론의 변증법적 발전 과정에는 당시 헬레니즘 종교의 제의와 로마의 사회적 몸의 은유로서의 구체적인 사회조직의 물질성이 바울의 사유방식의 전화를 위해서 매개되었다고 볼 수 있을 것이다. 그렇다면 바울은 고린도교회에서 상호 승인이 요구되는 교회 공동체를 구체적으로

---

17) 헤겔은, 간주간적(間主觀的) 관계에 의해서만 작동되는 '스토아적 자기 의식'의 한계를 극복하고 노동과 같은 외적 대상관계를 통해서 도달하게 되는 '보편적 자기 의식'이 생성되는 과정을, 주인과 노예가 상호 승인하는 변증법적 과정을 통해서 기술한다. 필자는 이러한 헤겔의 스토아주의의 한계에 대한 이해가 바울의 사상의 발전적 변이 과정을 추적하는 데 도움이 된다고 생각하여 이를 사용하였다. 이러한 헤겔의 스토아주의 이해에 대한 철학적 해석의 문제와 헤겔의 지성사적 쟁점에 관해서는 김준수, 「승인 개념 그리고 스토아적 자기 의식과 보편적 자기 의식」, 한국헤겔학회 편, 『헤겔철학과 정신』 12호, 2002, 13-52쪽 참조.

형성하기 위해서 어떤 한계에 부딪히게 되는지, 그리고 그것을 어떻게 극복하였는지를 다음의 3장과 4장에서 그의 변증법적 구도를 중심으로 자세히 살펴보게 것이다.

3. 바울의 '몸' 이해에서의 유물론적 변증법의 흔적과 그 한계

위에서 바울의 그리스도 계시 이해에서 볼 수 있듯이, 두 가지 개념적 준거를 즉, 플라토니즘의 관념론적 존재론과 스토이시즘의 유물론적 인식론과의 부조화된 접합의 배치가 또한 그의 '몸'(sōma) 이해의 토대이기도 하다. 이러한 두 가지의 차원의 접합은 한편으로 당시 헬레니즘의 혼합주의 현상이다. 그런데 보다 심각한 혼합주의 현상은 그의 묵시문학적 역사이해에서 나타나는 '이 세대'와 '오는 세대'의 이원론이 헬라적 인간론의 이원론인 '육'(sarks)과 '영'(pneuma)의 이원론으로 전화되면서 일어난다. 갈라디아서에서 바울은 이 육과 영의 이원론을 변형시켜서 '육'을 율법에 따라 사는 삶의 양식으로, '영'을 그리스도의 영에 따라 사는 삶의 양식으로 이해하게 되었다.[18] 그런데 고린도전서에서 바울은 이러한 관념론적 이원론을 버리고 구체적인 삶의 현장에서 교회를 조직해야 하는 현실적 요청에 직면해서는 육과 영의 종합으로서 '몸'을 공동체의 성격을 규정하는 새로운 개념적 은유로 제시하게 된다. 이 개인적 삶의 양식으로서 이해된 영은 이제 공동체의 육체성과 만나서 공동체적 '몸'으로 변형되는 새로운 계시 사건의 실천적 전개 과정을 겪게 된다.[19]

그래서 갈라디아서에서는 그리스도의 영이 개인의 주체성을 확립하는 인식론의 출발점으로 작동되기 시작하지만, 이제 고린도 교회의 분열의 구체

---

18) 김덕기, 「갈라디아서에서의 신학과 윤리」, 『신학과 문화』 9집, 대전신학대학교, 2000, 156-167쪽. 특히 바울이 헬라적 인간학의 용어인 '영'과 '육'을 차용하여 묵시문학의 '이 세대'와 '오는 세대'의 이원론을 인간의 육체성과 영성의 이원론적 구도로 변경하여 재구성한 것에 관해서는 David E. Aune, "Human Nature and Ethics in Hellenistic Philosophical Tradition and Paul: Some Issues and Problems," in Troels Engberg-Pedersen, ed., *Paul in His Hellenistic Context* (Minneapolis: Fortress, 1995), pp. 291-312 참조.
19) 김덕기, 「고린도전서에서의 몸 담론과 권력」, 135-139, 164-167쪽.

적인 문제를 극복하는 교회 공동체를 형성하기 위해서 바울은 그리스도의
몸을 교회의 권력 생산과정에 지배하는 원리로서 이해하게 된다. 이러한 이
해에는 영과 몸을 동일시하는 유물론적 전제가 내포되어 있는데 이것은 '영'
이 '몸'에 거주한다는 바울의 다음과 같은 주장에서 완결된다: "너희가 하느
님의 성전인 것과 하느님의 성령〔pneuma〕이 너희 안에 거하시는 것을 알지
못하느냐"(고전 3: 16). "너희 몸은 너희가 하느님께로부터 받은바 너희 가
운데 계신 성령의 전인 줄을 알지 못하느냐 너희는 너희의 것이 아니라"(고
전 6: 19). 이제 그리스도인은 이 그리스도의 우주적 몸에 대한 인식을 매
개로 자신들의 위치를 개인적 몸으로서의 주체들이 복합적으로 배치되어
있는 공동체 속에서 찾게 되었을 때 사회적 '몸'은 이제 교회의 '종교권력'[20]
생산양식으로 전화(轉化)되어 나타나게 된다. 이처럼 개인적 몸이 우주적
몸을 매개로 사회적 몸이 되고, 이 사회적 몸이 성만찬의 물질적 변형에 대
한 비전에 근거한 교회 권력 생산양식으로 전화되는 **유물론적 변증법**[21] 의

---

20) '종교권력'에 대한 맑스주의의 사회과학적 정의에 관해서는 오토 마두로, 『사회적 갈등
과 종교』, 강인철 역, 한국신학연구소, 1988, 153-184쪽. 이 책에서 저자 마두로는 종교권
력을 "종교 재화를 생산·재생산하고 축적하며, 분배·교환하는 능력"(181)으로 정의한다.
그는 특히 종교를 구조화된 교리에 의해서 이미 완성된 실천의 생산물로 보기보다 종교 재
화의 생산과정으로 이해할 수 있다고 주장한다.
21) 맑스의 '유물론적 변증법'의 특징에 관해서는 김경수, 「마르크스의 변증법은 동일성의
변증법인가?: 헤겔철학의 마르크스에 의한 전도」, 『진보평론』 4호, 2000년 여름, 257-271
쪽 참조; 철학사의 변증법 일반에 비추어서 '유물론적 변증법'과 '변증법적 유물론'의 개념을
정의한 표준적인 글에 관해서는 한국철학사상연구회 편, 『철학대사전』, 동녘, 1989, 513-
519, 521-532쪽 참조. '유물론적 변증법'은, 1848년 불란서 혁명과 같은 구체적인 역사적인
문제에 직면해서 『정치경제학 비판 요강』(1857-58)에서 맑스에 의해서 제시된 생산력과 생
산관계의 변증법적 통일이라는 구체적인 개념(소위 후대에 의해서 명명된 '변증법적 유물
론' 또는 '역사적 유물론')으로 발전되기까지는, 노동을 통한 주관(의식)과 객관(존재)의 통
일의 의미(유물론적 변증법)를 일반적으로 내포하게 되었다. 그러나 이 용어는, 맑스의 실
천과 생산관계가 강조된 유물론의 성격과 달리, 엥겔스(F. Engels)가 반영 이론에 의해서
현실의 변증법적 구조(물질)와 사유의 변증법적 구조(정신)의 인식론적 일치를 주장하기
위해서 물질성 일반에 대한 변증법의 보편성을 승인하는 의미로 사용되었다. 그 이후 플레
하노프(G. W. Plechanow)는 엥겔스의 인식론에 전제된 이원론적 구도를 폐기하고 의식에
무관한 물질 일반의 존재론적 성격을 규명하는 유물론적 존재론을 제기하면서 '유물론적 변
증법' 대신 '변증법적 유물론'이라는 새로운 용어를 사용하게 되었다. 결국 위의 이론적 발
전을 기초로 맑스-레닌 철학은 다음과 같은 세 가지 유물론적 변증법의 발전 원리를 내세우
게 된다: 1) 운동과 발전의 추진력이 사물에 내재하는 변증법적 모순이기 때문에 모든 운동
은 자기운동이라고 파악하는 '대립물의 통일과 투쟁의 법칙', 2) 발전 속에서 작동하는 양과

단계를 밟게 된다. 특히 몸의 물질성을 개인적 몸으로부터 사회적 몸으로 새롭게 이해하여 변증법적 사유를 적용하게 되는 계기는 바울이 구체적인 목회 실천 활동에서 장벽에 부딪치는 공동체의 내부 분열의 문제였다. 바울은, 고린도 교회에서 바울파, 아볼로파, 게바파, 그리스도파와 사이의 갈등과 지혜 있는 자, 문벌 있는 자, 능한 자와 그렇지 못한 자들 사이의 갈등을 일으키는 현실에 직면하게 되었을 때(고전 1: 12-15, 1: 26),[22] 공동체의 지체가 여럿이지만 한 몸이라는 것을 내세우게 된다("몸은 하나인데 많은 지체가 있고—.": 고전 12: 12, 14-31). 그래서 그는 인간의 유기체적 몸의 은유를 통해서 이렇게 지체들의 각 부분들이 하나의 몸을 이루게 된다고 주장하게 된다.[23]

사실 이러한 몸의 은유는 유대교의 권력 체제로서 '영토화'된 성전체제를 '탈영토화'시키기 위해서 마련되는 불가피한 종교권력 생산의 새로운 통치 장치일 수밖에 없었다. 그래서 바울의 '몸'의 은유는 이러한 유대교 성전 체제를 새롭게 '재영토화'하여 교회의 권력 구도로 새롭게 배치하려는 '탈주의 선'으로 인식될 수도 있게 된다.[24]

질의 통일과 진화와 혁명의 통일을 강조하는 '양적 변화의 질적 변화로의 전화의 법칙', 3) 발전은 보다 높은 차원으로서의 발전이며 변증법적 부정의 과정이라고 간주하는 '부정의 부정의 법칙'. 신학에서 논의된 이 두 용어의 발생 과정과 그 의미의 차이에 관해서는 강원돈, 『물의 신학』, 145-151쪽 참조.

22) "이는 다름 아니라 너희가 각각 이르되 나는 바울에게, 나는 아볼로에게, 나는 게바에게, 나는 그리스도에게 속한 자라 하는 것이니…"(고전 1: 12-15) ; "형제들아 너희를 부르심을 보라 육체를 따라 지혜 있는 자가 많지 아니하며 능한 자가 많지 아니하며 분별 좋은 자가 많지 아니하도다"(고전 1: 26).

23) 유물론적 변증법의 특성이 맑스의 자본주의 생산양식 분석에서뿐만 아니라 분절된 시간과 공간의 다층적인 지층의 권력생산 체제 분석에도 작동될 수도 있기 때문에 맑스의 시대 이외의 다른 시대의 복잡한 미시권력 분석에도 적용될 수 있다는 논의에 관해서는 김경수, 「지형학적 시간과 공간에서의 변증법의 작동방식」, 『철학』 71집, 2002년 여름, 한국철학회, 101-124쪽과 박성수, 「질 들뢰즈의 반변증법 이론의 구조」, 『시대와 철학』 6호, 1993년 봄, 50-77쪽 참조; 필자가 새 형태의 변증법으로 성서를 분석한 예로서는 김덕기, 「골로새서 1장 13-2: 8에서의 기독론과 윤리와의 관계」, 『신학과 문화』 6집, 1997, 대전신학대학, 147-193쪽 참조.

24) '영토화'/'재영토화'/'탈영토화'와 '탈주의 선'에 관해서는 들뢰즈와 가타리가 자본주의의 유물론적 성격을 역사철학적 구도에 의해서 규명하기 위해서 사용한 용어들이다. 이 용어들은, 각 시대에 지배적인 욕망의 생성과 흐름의 방향/강도를 어떻게 단속/접속하거나 투여/채취하는지에 따라서 기존의 욕망 생산 체제를 유지하거나 탈피하였는지, 나타내기 위

그런데 바로 이 **유물론적 변증법**의 사유가 작동되는 이 시점에서 바울은 아이러니칼하게도 그의 의도와는 상관없이 영의 인식론에 전제된 플라토니즘의 **관념론**, 특히 그 위계주의적 존재론을 토대로 권위주의적 지배체제를 정당화하는 종교권력의 생산양식 자체를 확립하게 된다. 그러나 바울의 이러한 유기체적 몸(고전 12: 12-27) 이해는, 여러 지체들이 하나가 될 수 있다는 것과 지체 중 덜 귀해 보이지만 요긴하다는 데 보다 초점이 있기 때문에, 부분과 전체의 구조적 관계와 이에 근거한 실천 이론에 관한 **변증법적 유물론**25) 에까지는 미치지 못하게 된다. 반면 변증법적 유물론에서는 여러 부분들이 하나인 전체를 형성할 수 있을 뿐 아니라 원자와 같은 물질의 경우에서처럼 부분 하나가 전체를 드러낼 수 있다. 이러한 점에서 여기에서의 부분과 전체의 관계는 평등주의적 관계를 강조하는 역설적인 사유를 내포한다. 26) 이러한 변증법적 유물론에 비추어 보면 결국 바울의 몸에 대한 사

해서 사용된다. 이 글에서 필자는 이 용어들을 원시기독교가 종교적 욕망의 흐름의 방향과 강도를 어떻게 조정하였는지 나타내기 위해서 사용하였다. 이 용어들에 대한 자세한 설명에 관해서는 질 들뢰즈 · 펠릭스 가타리, 『앙띠 오이디푸스』, 최명관 옮김, 민음사, 1997, 334-398쪽 참조; 이 용어들을 사용하여 한국 교회의 권력구조와 바울 사상을 각각 분석한 글에 관해서는 김덕기, 「한국 교회의 성서해석의 폭력성」, 21-57쪽과 김덕기, 「고린도전서에서의 몸 담론과 권력」, 139-159, 164-167쪽 참조.

25) 특히 알튀세르에게서 '변증법적 유물론'은 '유물론적 변증법'과는 강조점만 다를 뿐 서로 혼용되어 사용되기도 하지만, 맑스주의의 사회과학인 '역사적 유물론'과 구별되어야 하는 맑스주의 철학의 비판적 재구성을 위한 보다 포괄적인 실천 이론적 차원을 내포하고 있다. 그래서 '유물론적 변증법'이 이론적 실천, 부분과 전체의 구조적 관계와 이와 연관된 모순과 중층결정 등의 고유한 개념을 통해서 맑스의 변증법적 특성을 주로 기술하고 있는 반면, '변증법적 유물론'은 이론과 실천의 관계, 과학과 이데올로기의 관계, 문제틀, 인식론적 단절 등의 고유한 개념과 연관된 이론적 실천의 유물론적 성격을 보다 폭넓게 다루는 맑스주의 철학을 의미하였다. 이와 반면, '역사적 유물론'은 사회구성체에 관한 역사과학으로서의 맑스주의 과학을 의미하였다. 알튀세르의 이러한 용법에 관해서는 루이 알튀세르, 『맑스를 위하여(68)』, 이종영 역, 백의, 1997, 191-262쪽과 루이 알튀세르, 『자본론을 읽는다(65)』, 김진엽 역, 두레, 1991, 13-87, 151-199쪽 참조.

26) '변증법적 유물론'에서의 부분과 전체의 관계에 관해서는 한국철학사상연구회 편, 『철학대사전』, 521-532, 557-558쪽 참조. "부분이 사물(Ding)인 한, 부분은 그 자체로 전체이며 따라서 다양한 것의 통일이자 통일적인 것들의 다수이다. 따라서 예를 들어 원자는 부분이며 전체이다. 즉 그것이 속해 있는 분자와 관련해서 볼 때 부분이며, 중성자, 전자와 같은 자신의 구성요소와 관련해서 보면 전체이다. 하나의 사물은 항상 특정 체계, 특정 전체와의 관련하에서만 부분으로 정의될 수 있다…. 〔마찬가지로〕 전체도 자신이 부분과의 관련 속에서만 즉 부분의 수, 종류, 그리고 배열을 통해, 그리고 이와 함께 주어지는 관계 또

상은 인간의 신체에 기초한 몸을 은유로 사용한다는 의미에서 유물론적 동기의 한 측면은 보이지만, 그것은 부분 자체도 사실은 전체의 구조를 내포할 수 있을 뿐만 아니라 바로 그 전체 자체도 더 큰 전체의 한 구성 요소에 불과하거나 그 더 큰 전체의 구조의 부분을 내포할 수 있다는 의미에서 부분이 될 수 있다는 들뢰즈의 **유물론적 존재론**[27] 으로까지는 충분히 발전하지 못하게 된다. 여기에서 바울의 몸의 이해에서는 부분들 중에 어느 하나가 다른 것들을 일방적으로 지배하게 되는 플라톤적인 위계주의적 관념론이 그 은유의 자리를 대신 차지하게 된다.[28]

그래서 바울의 몸 은유에 의한 교회 구조 이해(교회론)에서는 바로 몸의 머리가 우두머리로서 교회의 다스리는 자, 사도, 선지자, 교사, 능력, 병

는 구조를 통해 정의된다"(557).

27) 들뢰즈의 스피노자의 해석에서는 바로 이러한 유물론적 존재론이 전개된다. 여기에서는 존재의 일의성과 연관된 실체와 속성과 양태의 관계뿐 아니라 원인과 결과, 정신과 물질의 관계가 위계주의적이지 않고 평등주의적이면서 쌍방향적인 것은 바로 부분 자체가 전체일 뿐 아니라 전체도 더 큰 전체의 한 부분일 수 있다는 유물론적 존재론에 근거해있기 때문이다. 이러한 유물론적 존재론은 사실 "신은, 만물이 그 안에 있다는 의미에서 우주적인 한데 접음(complication)이요, 신이 만물 안에 있다는 의미에서 우주적인 펼침(explication)이다"라는 중세 신학자 니콜라스 쿠자누스(Nicolaus Cusanus) 신비주의에 근거해서 발전되어 왔다고 간주될 수 있다. 이처럼 들뢰즈의 스피노자 해석의 유물론적 특성에 관해서는 들뢰즈, 『스피노자와 표현의 문제』, 177-198쪽과 하트, 『들뢰즈의 철학사상』, 129-182쪽 참조.

28) 특히 여기에서 들뢰즈의 유물론적 존재론이 알튀세르의 유물론적 변증법(또는 변증법적 유물론)과 어떤 차이가 있는지 확인하는 것은 매우 중요한 논점이 될 수 있을 것이다. 알튀세르의 변증법적 유물론에서는 사물의 인식과정과 정신의 인식과정이 서로 다르지만 상동적(相同的) 관계를 형성한다는 의미에서 인식론적 평행론이 유지된다. 반면 실천이론 양식이 다른 실천양식들의 관계들의 결합원리를 제시한다는 의미에서 존재론에 대한 인식론의 우선성이 인정되어 정신과 물질(신체)과의 존재론적 평행론이 유지되지 못하게 된다. 또한 여러 실천양식들 중에 경제적 실천양식들이 다른 실천양식들(법적, 사회적, 이데올로기적 실천양식들)에 대해서 지배적 위치에 있게 됨으로써 알튀세르의 '지배내구조'라는 개념에서 제시된 것처럼 경제적 결정의 최종심을 인정하는 반면, 들뢰즈의 유물론적 존재론에서는 정신과 물질의 존재론적 평행론에 입각해서 한 구조의 실천양식들간에는 지배적 구조가 형성될 수 없어서 이론적 실천과 다른 실천들 사이에도 평등주의적 관점이 유지된다. 이러한 들뢰즈의 유물론적 존재론은 자본주의시대 이외의 복합적이고 굴곡진 시간과 공간으로 분절된 고대사회의 사회구성체나 권력체제를 분석하는 데 오히려 보다 유용하게 적용될 수 있다. 이러한 들뢰즈의 유물론적 존재론의 특성에 관해서는 하트, 『들뢰즈의 철학사상』, 147-182쪽을, 알튀세르의 그 특성과 한계에 관해서는 A. 캘리니코스, 『바로 읽는 알튀세(1976)』, 이진수 역, 백의, 1992, 45-126쪽과 G. 엘리어트, 『알튀세르: 이론의 우회(1987)』, 이경숙·이진경 역, 새길, 1992, 115-286쪽 참조.

고치는 은사, 서로 돕는 것, 다스리는 것과 각종 방언하는 것 등이 등장하게 된다. (고전 12: 28-31) 바울은, 교회를 여러 지체가 하나가 된 '그리스도의 몸'으로 이해하면서(고전 12: 12, 12: 27)[29] 이미 몸의 은유를 로마 지배체제의 유기체적 몸에서 빌려왔을 때, 플라토니즘의 관념론을 재기입하게 된다. 이 플라톤적 관념론에 의하면, 교회의 머리가 그리스도이고, 남자의 머리는 그리스도이고, 여자의 머리는 남자라는 위계주의적 세계관이 자리잡게 된다. (고전 11: 2-16)[30] 그래서 바울의 몸 교회론에서는 자신을 포함한 사도들과 가르치는 자들이 이 교회의 위계적 질서의 매개자로서 자처하게 된다(고전 3: 22-23).[31] 또한 자신은 이러한 믿음을 낳은 아버지이고, 이를 깨닫고 이 복음을 전달받고 믿기 시작하는 그리스도인들은 아이로서 인식된다(고전 4: 14-16).[32] 여기에서는 보이지 않는 '이데아'에 속하는 그리스도를 닮은 바울 자신이 보이는 현상계에 속하는 '모사물'로 간주되는 것과 마찬가지로, 이번에는 이를 처음으로 파악한 바울은 '이데아'가 되고 이를 따르는 교인들은 '모사물'이 된다. 그래서 이제 그리스도의 계시를 체험한 바울은 자신이 그리스도를 닮은 것처럼 자신을 닮으라고 권면한다: "또 너희는 많은 환난 가운데서 성령의 기쁨으로 도를 받아 우리와 주를 본받은 자[mimetai]가 되었으니 그러므로 너희가 마케도니아와 아가야 모든 믿는 자의 본[typos]이 되었는지라"(살전 1: 6-7).; "내가 그리스도를 본받는 자[mimetai] 된 것같이 너희는 나를 본받는 자[mimetai] 되라"(고전 11: 1).[33]

---

29) "몸은 하나인데 많은 지체가 있고 몸의 지체가 많으나 한 몸임과 같이 그리스도도 그러하니라"(고전 12: 12) ; "너희는 그리스도의 몸이요 지체의 각 부분이라"(고전12: 27) .

30) 바울이 머리에 덮어쓰는 권면(고전 11: 2-16) 같은 구체적인 문제들에 직면하였을 때 가부장제적인 위계주의 세계관에 노출된 점에 관해서는 김덕기, 「고린도전서에서의 몸 담론과 권력」, 159-163쪽 참조.

31) "바울이나 아볼로나 게바나 세계나 생명이나 사망이나 지금 것이나 장래 것이나 다 너희의 것이요 너희는 그리스도의 것이요 그리스도는 하느님의 것이니라"(고전 3: 22-23).

32) "내가 너희를 부끄럽게 하려고 이것을 쓰는 것이 아니라 오직 너희를 내 사랑하는 자녀같이 권하려 하는 것이라 그리스도 안에서 일만 스승이 있으되 아비는 많지 아니하니 그리스도 예수 안에서 복음으로써 내가 너희를 낳았음이라. 그러므로 내가 너희에게 권하노니 너희는 나를 본받는 자 되라"(고전 4: 14-16).

33) 바울의 수사학에서 제기될 수 있는 위계주의적 세계관의 문제에 관해서는 Richard Horsley, ed., *Paul and Politics* (Harrisburg: Trinity Press Int., 2000), pp. 124-129,

교회의 종교권력의 신학적 근거로서 제시된 바울의 몸 교회론에는 이처럼 플라토니즘의 위계주의적 세계관과 영과 몸이 상호 동일시되는 유물론적 전제가 동시에 내재되어 있다. 이러한 근거를 토대로 형성된 원시기독교는 이와 같은 위계주의적 사유방식과 권위주의적 목회 태도를 정당화하게 되는 종교권력의 물질성을 수용하게 된다. 이제 이러한 플라톤적 관념론에 근거한 계시 모델을 통해 위계주의적 권력과 지도력을 정당화한 바울 이후의 원시기독교는 가부장적 목회 구조를 종교권력의 생산양식으로 확립하게 된다.34)

4. 바울의 성만찬에서의 '몸' 이해와 그 유물론적 재해석

그렇다면 바울의 신학체계 속에서는 이런 권위주의적 지배체제를 탈영토화할 수 있는 가능성의 실마리를 찾을 수 없는 것일까? 바울은 당시 가부장제사회에서 이를 극복할 수 있는 단초를 그의 실천 우위의 유물론적 인식론과 이에 근거한 파트너쉽의 실천에 남겨두었다. 그는 우리의 그리스도 계시인식은 개인 자신만의 관념론적 사유 속에서가 아니라, 타자와의 관계에서 '상호 종 됨'의 파트너쉽의 실천 속에서 완성된다고 보았다. 이것은, '나'와 자기자신과의 대상관계를 변형시키는 데서 만날 수 있는 계시의 대상으로서 **그리스도의 영**과 '나'와 타자와의 대상관계를 변형시키는 데서 형성되는 **자유의 영**이 서로 상호연결되어 새로운 부활의 '몸'(sōma)의 종말론적 미래를 지향하는, 새로운 교회공동체를 탄생시키게 된다. 바로 이러한 **유물론적 인식론**에 의하면, 바로 평등주의적 파트너쉽의 실천을 통해서 종교권력의 물질성이 부활의 몸으로 변형될 수 있다는 것이 계시 사건에 대한 진정한 의미라는 것이다. 다시 말해서 계시 사건 자체가 자유의 영의 주체인 '내'

103-109와 Castelli, *Immitating Paul*, pp. 21-117과 김덕기, 「고린도전서에서의 몸 담론과 권력」, 161-163쪽 참조.

34) 바울 이후의 종교권력의 문제점에 관해서는 김덕기, 「한국 교회의 성서해석의 폭력성: 상징적 폭력을 중심으로」, 『시대와 민중신학』 7집, 2002, 제3시대그리스도교 연구소, 45-57쪽 참조.

가 스스로를 '타자'를 섬기는 종으로서 인식하는 유물론적 인식론을 매개로 자신의 '몸'을 공동체의 '몸'으로 변형시키는 실천을 요구한다는 것이다. 이제 이러한 유물론적 해석에 의하면, 이 '상호 종 됨'의 몸적 실천을 통해서만 비로소 우리의 자유는 타자를 지배할 수 있는 근거가 되기보다는 아무도 타자가 자신을 지배할 수 없도록 서로가 모두 종이면서 동시에 서로가 모두 주인이 되는 새로운 역설적 자유로서 구현될 수 있게 된다: "그리스도께서 우리로 자유케 하려고 자유를 주셨으니 그러므로 굳세게 서서 다시는 종의 멍에를 메지 말라"(갈 5: 1); "형제들아 너희가 자유를 위하여 부르심을 입었으나 그러나 그 자유로 육체의 기회를 삼지 말고 오직 사랑으로 서로 종노릇하라"(갈5: 13).

이처럼 역설적인 자유의 영을 추구하는 공동체의 일원들이 위의 종말론적 비전에 의해서 평등주의적 교회공동체로 변형되는 것이 바울의 유물론적 인식론의 한 구도였다고 볼 수 있다. 이러한 자유의 영에 의거한 인식론은 결국 위계주의적 종교권력에서 벗어날 수 있는 탈권력의 실천적 근거가 되도록 제시되었다. 그런데 갈라디아에서 제시된 이러한 비전에도 불구하고 고린도 교회에서처럼 원시기독교는 바울이 지향하는 평등주의적 파트너쉽의 공동체로 전화되지 못하고 바울 이후에는 여전히 위계주의적 교회 권력으로 남게 되는 것은 무엇을 의미하는가? 이러한 한계를 근원적으로 극복할 수 있는 가능성은 무엇인가?

위의 한계를 극복하기 위해서 바울은 그의 성만찬 전승 해석 과정(고전 11: 23-26)에서 타자를 종으로서 섬기는 실천이 공동체 속에서 보다 근원적으로 체현되도록 궁극적인 상징으로서 '그리스도의 몸'을 그의 교회 이해로서 제안한다. 특히 고린도 교회에서 바울은, 성만찬의 떡과 잔이 종말론적 죽음을 나타내는 그리스도의 몸과 그 종말론적 의미를 나타내는 새로운 계약을 지시하기 때문에, 그리스도가 다시 오실 때까지 그리스도의 죽음의 사건을 성만찬을 통해 재현하고 그 의미를 기억하는 교회 공동체의 성례전적 교제의 실천을 요구한다(고전 10: 16-17, 고전 11: 17-34). 고린도전서 11장 23-26절에 나타난 바울의 성만찬에 대한 가르침에서 특히 구원의 현실성에 관한 '직설법적 진술'과 이에 상응하는 윤리의 '명령법적 진술'이 떡과 잔에 대해서 각각 밀접하게 연결되어 반복해서 나타난다고 볼 수 있다. 35) 예수의 죽음으로 구원의 행동이 이미 시작되었다는 '직설법적 진술'에서는 떡이 십자가에 처형된 희생을 나타내는 그리스도의 몸으로, 잔이 그리스도의 피로 확립된 새 계약으로 지시된다: "이것은 너희를 위한 내 몸이니"(고전 11: 24a) ; "이 잔은 내 피로 세운 새 언약이니"(11: 25a). 또한 부활의 주가 도래할 것이라는 희망 속에서 떡과 포도주를 나누면서 주의 희생을 기념하고 선포하라는 '명령법적 진술'에는 암시적으로 그리스도의 희생의 몸을 기념하면서 부활의 몸으로서의 새로운 계약 공동체를 형성해야 하는 새로운 실천이 요구된다: "이것을 행하여 나를 기념하라"(11: 24b) ; "이것을 행하여 마실 때마다 나를 기념하라"(11: 25b) ; "너희가 이 떡을 먹으며 이 잔을 마실 때마다 주의 죽으심을 오실 때까지 전[선포]하는 것이라"(고전 11: 26). 여기에서 떡이 지시하는 대상이 그리스도의 몸이지만, 포도주를 담은 잔이 지시하는 대상은 피 자체가 아니라 피 흘림의 '사건'이 표현하는 그 '의미'인 새 언약이다. 36)

위의 바울의 성만찬 이해를 들뢰즈의 **평행론적 유물론**의 관점에서 재해

---

35) 바울 사상에서의 '직설법적 진술'과 '명령법적 진술'과의 관계에 관해서는 V. L. Wimbush, *Paul: The Worldly Ascetic* (Macon: Mercer University Press, 1987), pp. 23-47 과 루돌프 불트만, 『신약성서 신학』(1958), 허혁 역, 성광문화사, 1976, 144-151, 336-340, 568-569쪽 참조. 바울 서신 중에서 특히 고전 7: 29-31, 롬 13: 11-14, 데전 5: 1-11 등에서, '직설법적 진술'은 예수의 죽음으로 이미 구원의 역사가 시작되었다는 종말론적 선언 형태이고, '명령법적 진술'은 아직 구원의 때가 완성되지 않았지만 종말의 때가 임박하였기에 이에 상응하는 실천이 긴급히 요구된다는 윤리적 권고의 형태이다. 바울 신학에서 직설법과 명령법의 관계에 대한 중요성과 그 연구 경향에 관해서는 장상, 「바울 사상 이해의 문제점」, 『신학사상』 27집, 1979년 겨울, 697-733쪽 참조. 장상 박사에 의하면, 이러한 직설법과 명령법의 두 가지 방식의 진술들의 관계는 바울 사상에서 구원을 위해서 윤리적 노력이 어느 정도 필수불가결한지, 그리고 이 윤리적 노력의 정도와 범위가 무엇인지에 대한 문제와 쟁점을 중심으로 논의되어 왔다. 다른 여러 성서학자들은 고전 11: 23-26에서는 직설법과 명령법의 관계를 논의하지 않지만, 필자는 여기에서도 바울 사상을 유물론적 관점에서 재해석하기 위해서는 이 관계와 그 실천적 차원을 강조할 필요가 있다고 본다.
36) 이 부분에 대한 자세한 주석학적 측면에 관해서는 Hans Conzelmann, *I Corinthians* (Fortress Press, 1975), pp. 192-203; 신학적 측면의 토론에 관해서는 한스 콘젤만, 『신약성서 신학』(1968), 안병무 외 역, 한국신학연구소, 1982, 66-75, 331-333쪽 참조. 필자는 콘젤만의 주석의 내용을 앞의 2장에서 논의한 들뢰즈의 유물론적 인식론에 비추어서 재해석하였다.

석하면 다음과 같을 것이다. 떡과 잔은 육체가 찢기고 피가 흘려지는 그리스도의 몸에서 일어난 희생의 '물질적 사건'과 이 희생의 피가 형성시키는 새로운 계약이라는 '사건의 의미' 둘 다를 지시한다. 여기에서 떡과 잔은 따로 따로 의미가 있는 것이 아니라, 살과 피가 함께 있는 몸을 지시하듯이, 종말론적 지평에서 만나게 되는 부활의 몸을 지시하기도 한다. 그래서 이 둘은 함께 육체의 희생과 피의 약속을 동시에 뜻하는 새로운 계약을 의미한다. 이제 직설법적 진술에서 암시하듯이, 떡과 잔은 살과 피(몸)에 일어나는 '물질적 사건'과 살의 희생과 피의 약속에 의해서 형성되는 새로운 계약의 의미 즉, 그 사건의 '정신적 의미' 둘 다를 동시에 지시하게 된다. 그리고 이것과 상응하는 명령법적 진술에서 암시하듯이, 이것이 가능한 것은 성만찬의 예전에 참여하여 그리스도의 죽음을 기념하는 실천적 '노동'이다. 구원활동의 시작을 알리는 희생의 몸이 새 계약의 의미를 내포하기 때문에 우리의 몸도 이제 여기에 평행되게 몸적 실천과 정신적 실천이 요구된다. 직설법의 형태에 상응하는 긴박한 요구가 이제 명령법의 형태로 제시된다. 여기에서는 행함('이것을 행하여': *touto poieō*)과 기념('기념하라'과 '기념하기 위해서': *eis tēn anamnēsin*)의 두 가지 요구는 각각 사건을 재현하는 '몸적 실천'과 사건의 의미를 기념하는 '정신적 실천'과 평행된다고 해석될 수 있을 것이다. 이것은, 성만찬에서 하느님의 구원활동이 그리스도의 몸이 성령이 매개된 우리의 믿음에 의해서 떡과 포도주에 그냥 주어지는 것으로 끝나는 것이 아니라, 주어진 떡과 포도주에 임재하시는 그리스도의 몸이 우리의 몸을 부활의 몸으로 전화시킬 때까지 그리스도인에게는 이를 기념해야 하는 '몸적 실천'과 '정신적 실천' 둘 다를 긴급하게 요구한다는 것을 의미한다. 이처럼 바울의 성만찬 이해에서는, 하느님의 구원활동이 인간의 실천활동을 긴급하게 요구하는 변증법적인 과정에서는 사건과 그 의미, 즉 물질과 정신 둘 다가 관여되어야 한다는, 평행론적 유물론의 흔적이 배어 있다고 해석할 수 있게 된다. [37]

---

37) 필자의 이러한 바울 성찬론의 유물론적 해석은 단순히 성만찬의 떡과 포도주가 성령을 통해서 그리스도의 몸을 상징하기도[표출: represent] 하고 현존하게[제공: present] 하기도 한다는 캘빈(J. Calvin)의 정통주의 성찬론의 영적 교제설을 한걸음 더 발전시킨

위의 토론을 포괄한 고전 11: 23-26절에 표출된 바울의 성만찬 이해에서는, 그리스도의 죽음의 '사건'이 그 표면 효과로서 종말론적 '의미'로 표현되기 위해서 떡과 포도주의 잔은 그리스도의 몸의 희생을 지시하는 그의 살과 피로 전화(轉化)될 수 있다는, **유물론적 존재론**의 흔적이 배어 있다. 다시 말해서 성만찬의 예식에서 그리스도의 몸의 부활을 고대하면서 우리는 그의 몸의 죽음이 그 죽음을 기념하는 포도주와 피로, 다시 이 포도주와 피가 주의 부활의 몸으로 전화될 수 있다는 유물론적 전제를 갖게 된다. 이러한 유물론적 관점에서 직설법의 구원과 명령법의 윤리의 관계를 재해석하면 다음과 같을 것이다. 변증법적 유물론의 관점에 의하면, 몸의 구원을 위한 그리스도의 윤리적 실천에는 우리의 육체와 우리 자신의 관계, 우리의 육체와 사회의 육체의 관계, 그리고 우리의 몸과 그리스도의 몸과의 관계가 단선적인 것이 아니라 복합적으로 구조적으로 상호 연결되어 있다. 이러한 가르침에서는 또한 모든 존재가 몸에, 몸이 모든 존재 안에 내재한다는 유물론적 존재론의 전제도 또한 암시적으로 내재해있다고

것이 된다. 캘빈의 성찬론에서는, 성만찬의 제의에서 성령으로 인도된 성찬은 상징체인 떡과 포도주와 상징된 존재인 그리스도의 몸을 혼합하지 않으면서 연합시켜 준다. 가시적이고 물질적인 성찬 상징으로서 '떡과 포도주'와 불가시적이고 영적인 성찬 상징으로서 '그리스도의 몸'은 하늘의 것과 땅의 것을 하나 되게 하는 성령의 영적 교제를 통해서 인지상 서로 구분되나 실제로는 서로 불가분리의 관계에 놓여지게 된다. 반면, 위에서 제시된 바울의 성찬론에 대한 필자의 유물론적 해석에서는, 성찬 예식은 물질적 사건(희생)과 그 의미(새 계약), 몸적 실천(물질)과 정신적 실천(정신)을 한데 펼치기도 하고 한데 접기도 할 수 있도록 신비주의적으로 연합시켜 준다. 여기에서 중요한 것은, 캘빈의 성찬론에서처럼 떡과 포도주가 그리스도의 몸의 관념적인 형태를 그 물질적 질료에 유지시킨다는 것이 아니라, '이것이 나의 몸이다'라는 말씀이 고백되고 성찬이 나누어지는 성만찬의 예식의 특별한 순간의 배치 속에서 떡과 포도주는 현실적으로 몸이 희생되는 물질적 사건을 '지시하기'도 하고 이 사건에 의해서 동시에 표현되는 새로운 계약을 '의미하기'도 하는 이중적 변이 운동을 겪게된다는 것이다. 여기에서 맑스주의적 유물 변증법의 관점에서 주목되는 점은 이러한 운동 과정에서 요구되는 몸적 실천과 정신적 실천이 그 실천 주체로서의 개인적 몸을 질적으로 다른 교회 공동체로서의 그리스도의 몸으로, 그리고 이것을 다시 그리스도의 부활의 몸으로 전화시키게 된다는 것이다. 또한 여기에서 필자의 유물론적 해석이 캘빈의 영적 교제설과 대비되면서도 유사한 첨예한 분기점은, 성찬식의 종교적 실천의 과정을 통해서 서로 대립되는 물질과 정신, 의미와 사건이 펼쳐지고 모아지기도 한다는 들뢰즈의 평행론적 유물론이다. 캘빈의 영적 교제설과 이에 대한 재해석에 관해서는 유지황, 「루터, 쯔빙글리, 캘빈의 성찬론에 관한 이해」, 『현대와 신학』 26집, 2001, 연신원, 406-423쪽 참조.

해석할 수 있게 된다.[38]

이것은, 결국 이러한 바울의 성만찬의 가르침에 나타난 종말론과 윤리와의 변증법를 유물론적 존재론의 관점에서 이해하게 될 때만, 갈라디아서에서 제안된 종과 주인의 역설적인 자유의 실천이 모든 위계주의적 권력들을 탈영토화시키는 새로운 평등주의적 공동체를 지속시킬 수 있다는 것을 암시하게 된다. 교회가 이 성만찬에서 똑같은 양과 시간에 먹는 종말론적 평등성을 지향하는 한(고전 11: 17-22, 23-34), 떡과 포도주는 그리스도의 희생의 살과 피로 전화될 수 있다고 믿고 또한 이것은 부활한 그리스도의 몸으로 전화될 것을 고대하게 된다.[39] 이제 이러한 성례전을 통해서 그리스도의 부활의 몸이 오실 때까지 그의 희생을 기념하는 것은 변증법적 전화의 의미를 수용하는 탈권력의 실천의 토대가 된다. 그리고 결국 이것이 다른 사람들에 의해서 내가 지배될 수 없게 만드는 **종교권력의 탈영토화**의 출발점을 마련하게 된다. 여기에서 특히 같은 양을 같은 시간에 떡과 포도주를 먹는 과정은 다른 사람을 지배하지 않는 평등성을 상징할 뿐만 아니라 부활의 그리스도가 베푸는 종말론적 연회에 참여하게 되는 새로운 잔치, 즉 현

---

38) 바울 사상에 있어서 직설법과 명령법의 관계에 대한 최근 논의에 관해서는 장상, 「바울사상에 있어서의 구원과 윤리의 관계: 로마서 6장 연구」, 『신학사상』 21집, 1978년 여름, 379-410쪽 참조. 직설법의 구원과 명령법의 윤리의 관계를 변증법적 관계로 이해하는 최근의 연구 경향은 윤리적 이상주의에 빠지지 않는 범위내에서 구원의 본질적 요소로서 윤리의 중요성을 강화하고 몸의 육체성과 관련되어 있는 구원의 관계적 차원을 윤리적 실천의 정도와 범위로서 부각시킨다는 점이다. 다시 말해서 이러한 최근의 연구 경향에서는 구원을 위해서 윤리적 복종이 본질적 요소로 부각되며, 부활의 몸에 비추어서 윤리적 복종의 범위가 '몸적'(somatic) 실천의 수준, 즉 우주적, 사회적, 물질적인 생산과정의 수준을 포괄한다고 볼 수 있게 된다. 필자는 바로 이러한 경향을 맑스나 맑시스트의 유물론적 변증법과 들뢰즈의 유물론적 존재론에 입각하여 재구성하고 재해석하려 하는 것이다. 그래서 결국 바울 사상에서의 직설법과 명령법의 관계는, 그 관계가 실천을 매개로 통일될 수 있다는 점에서 맑스나 맑시스트의 유물론적 변증법에 의해서 설명되고, 그 관계가 서로 상호보완적이고 쌍방향적이라는 점에서 들뢰즈의 유물론적 존재론에 의해서 재해석된다. 바울 사상의 신학과 윤리의 관계의 다층적 설정의 가능성을 제시한 글에 관해서는 김덕기, 「데살로니가에서의 신학과 윤리와의 관계」, 『신학과 문화』 7집, 1998, 105-139쪽 참조.
39) 이에 대한 자세한 주석학적 논의에 관해서는 Gerd Theissen, "Social Integration and Sacramental Activity: Analysis of I Cor. 11: 17-34," in *The Setting of Pauline Christianity: Essays on Corinth* (Philadelphia: Fortress Press, 1982), pp. 145-172과 김덕기, 「고린도전서 11장 17절-26절 주석방법과 이에 근거한 설교」, 『신학논단』 22집, 1994, 연세대 신과대학, 203-226쪽 참조.

재의 억압적 불평등한 인간관계들이 철폐되는 진정한 종말론적 공동체를 고대하는 것이 된다. 이제 위에서 제시된 보다 명료한 성만찬에 내재하는 종말론적 변증법에 근거한 유물론적 존재론의 구도에서 보면, 성만찬의 모든 종교 행위 과정 자체는 우리의 몸과 그리스도의 부활의 몸과 통일시킴으로써 새로운 교회공동체가 우리 자신과 우리의 육체와의 관계, 우리 자신과 물질과의 관계, 그리고 우리 자신과 사회적 관계에서 나타나는 모순과 불평등을 변혁시키는 사회적 실천의 출발점이 될 수 있다는 것이 확실시된다. 특히 성만찬의 평등주의적 종교적 실천은 사회관계의 물질성으로서 사회적 몸에 작동하는 권위주의적 위계구조의 종교권력 생산양식 자체를 철폐시키는 현실적인 실천의 토대가 된다.

5. 맺는말

결국 우리는 위에서 논의한 바대로, 윤리적 주체로서의 자유의 영이 형성되는 인식론의 '정신적 과정'과 종교권력이 탈영토화되는 '물질적 과정'의 이중적인 변증법적 과정은 교회의 윤리적, 정치적 실천을 위한 **평행론적인 유물론**의 또다른 형태가 된다는 것을 알 수 있다. 바울의 영의 인식론을 들뢰즈의 표상 인식론에 비추어서 재구성해 보면, 그의 영의 인식론적 과정은 인식하는 주체인 우리의 영과 인식되는 대상인 그리스도의 영이 실천적 자유의 영에 의해서 통일된다는 의미에서 유물론적 변증법의 성격을 띠게 된다. 이러한 주체와 객체의 변증법적 통일과정은 공동체내의 모두가 서로에게 주인이면서 종이 되는 '상호 종 됨'이 실현되는 자유의 역설적 실천이 요구된다. 그러나 결국, 알튀세르의 인식론적 평행론이 들뢰즈가 존재론적 평행론으로 보완되어야 하는 것처럼, 바울의 사상의 적합한 이해를 위해서는 영의 평행론적 인식에 근거한 유물론적 인식론을 넘어서 영과 몸이 동일한 원리와 동일한 표현방식으로 존재할 수 있다는 존재론적 평행론이 또한 요구된다.

그래서 이러한 자유의 역설적 실천이 새로운 공동체를 형성하는 출발점은 될 수 있지만, 이 공동체내의 다양한 갈등을 극복하여 부활의 몸이 상징하는 평등주의적인 종말론적 공동체에 도달할 수 있는 것은 똑같은 양의 떡과 포도주를 똑같은 시간에 먹는 성만찬과 같은 종교적 실천과정이 필요하게 된다. 여기에는 몸의 부활의 종말론적 미래에 비추어서 현재의 상황을 변형시키려는 '몸적 실천'이 요구된다. 바울의 사상에서 우리의 몸과 그리스도의 몸의 상호 연결 관계와 우리의 몸과 공동체의 사회적 몸의 관계가 우리의 몸적 실천을 통해 통일된다고 할 때, 여기에는 맑스주의적 유물론적 변증법의 전제가 내포되어 있다고 해석될 수 있을 뿐만 아니라 몸적 실천을 통해서 우리와 사회와 교회의 몸들이 상호 포함되기도 하고 펼쳐지기도 할 수 있다는 들뢰즈의 유물론적 존재론의 평등주의 세계관의 전제도 포함되어 있다고 간주된다.

더군다나 바울의 사상에서 성만찬의 떡과 잔은 몸을 지시할 뿐만 아니라 새로운 계약을 의미한다. 그래서 성만찬에서 하느님의 구원 행위의 시작이 선포되는 구원 선언은 공동체의 사회적 관계를 변형시키는 '몸적 실천'뿐만 아니라 '정신적 실천'도 요구한다. 성례전적 교제를 확립하기 위해서 이제 직설법적 구원은 주의 죽음을 성만찬의 예식을 통해 기념하여 선포하는 명령법적 윤리를 요구한다. 이제 그리스도의 몸이 새 계약으로 표현되어 구원의 활동이 이미 시작되었지만 아직도 사회적 권력관계의 물질성에 의해서 끊임없이 침탈당할 수 있는 육체적 몸을 가진 우리에게는, 그리스도의 부활의 몸으로 우리가 변형될 때까지 사회적 관계를 변형시키는 '몸적 실천'과 우리와 우리 자신 또는 우리 자신과 하느님의 관계를 변형시키는 '정신적 실천' 둘 다가 긴급하게 요구된다. 이런 의미에서 바울 사상의 신학과 윤리의 관계는 알튀세르를 비롯한 맑스주의 유물론을 넘어서 들뢰즈의 평행론적 유물론도 적용될 필요가 있다는 것이 위의 필자의 논의에서 제시되었다고 볼 수 있을 것이다.

더 나아가서 맑스의 고전적인 유물론적 변증법의 관점에 근거하여 바울의 유물론적 관점을 더욱 발전시킨다면 다음과 같이 바울의 성만찬 이해를 재해석할 수 있을 것이다. 위에서 제시된바 그리스도의 죽음을 기념하는 성만찬의 종교적 실천에는 사실 떡과 포도주 자체를 생산하는 노동의 실질적 실천과정도 매개되어야 한다는 것이다. 이처럼 떡과 포도주가 그리스도 희생의 살과 피와 새로운 계약 정신으로, 다시 살과 피의 희생의 몸이 이 계약 정신을 매개로 부활의 몸으로 전화될 수 있게 된다는 종교적 신념은, 노동의 실천과정에 의한 생산양식의 혁명적 전화 속에서만 교회의 종교권력을 탈권력시킬 수 있다는 맑스의 유물론적 변증법에 의해서 재해석될 필요가 있다는 것이다. 왜냐하면 바울에게는 교회의 종교권력의 물질성이 변증법적 전화의 비약적 발전 과정을 통해서 탈영토화될 수 있는 것이 성례전의 종말론적 비전에서만이 가능하게 될지라도, 이번에는 다시 이 비전이 교회가 속해있는 세상의 특정한 생산양식을 정당화하는 이데올로기의 도구로 변질될 수도 있기 때문이다. 이런 의미에서 성만찬에서 피와 살로서 지시된 '그리스도의 몸'이 종말론적인 미래의 '부활의 몸'으로 전화될 수 있다는 확신에는, 사실 종교적 실천과 노동의 실천 둘 다를 통해서 사회적 관계의 혁명적 전화도 가능하다는 신념을 내포하고 있다고 해석할 수 있어야 할 것이다. 왜냐하면 성례전에서 보여주는 물질에서 정신, 정신에서 물질로의 질적 전화에 대한 비전은, 결국 양의 변화가 질의 변화로 전화될 수 있다는 유물론적 변증법의 전제를 내포한다고 볼 수 있기 때문이다.

결론적으로 말하면, 부분과 전체, 전체와 부분의 상호 펼침과 접힘의 이중직인 포함관계를 제시하는 들뢰즈의 유물론적 존재론은 맑스의 유물론적 변증법과 함께 적용될 경우에 바울 사상의 유물론적 해석을 보다 풍요롭게 한다는 것이다. 이런 방식으로 적용된 들뢰즈의 유물론적 관점에 의하면, 바울사상의 유물론적 해석은 교회의 종교적 실천과 세상의 몸적 실천(노동) 사이에 상호 비판적 보완 관계를 정립하는 이론적 근거를 마련해준다.

그래서 교회 쪽에서는 사회의 노동 실천의 이데올로기를 비판하고, 사회 쪽에서는 교회의 종교적 실천의 이데올로기를 비판할 수 있게 된다. 더군다나 들뢰즈의 후기 저작 『천개의 고원』(1980)에서 볼 수 있듯이 맑스의 자본주의의 생산양식 대신에 특정한 방식의 시간과 공간으로 분절되는 헬레니즘 시대의 유대교 문화 지층에서 전개되는 유대 종교의 욕망생산의 권력체제를 그 분석 단위로 설정할 경우에는, 들뢰즈의 유물론적 존재론은 생산양식의 모순을 강조하는 생산양식에 대한 맑스주의 사회과학적 분석의 '거시적 차원'과 권력체제에 대한 욕망 분석의 '미시적 차원'을 종합적으로 연구하는 새로운 접근방법에 의해서 바울 사상에 대한 풍요로운 유물론적 해석을 가능하게 하는 준거틀을 제시한다.

맑스주의와 유럽 기독교 사회주의 운동

백용기(강남대, 기독교 역사학)

들어가는 말

본 논문에서는 유럽의 산업혁명으로 새로 부상한 제4신분, 즉 노동자와 이들을 대변하는 이론에 대한 기독교의 노력을 종교 사회주의 운동을 통해서 살펴보고자 한다.

산업혁명이 가장 먼저 일어나서, 사회문제가 가장 먼저 제기된 영국의 초기 기독교 사회주의를 모리스(F. D. Maurice)를 들어서 간단히 살펴보고, 유럽의 기독교 사회주의 운동 중에서 가장 맑스주의를 표방한 독일 바이마르 시대의 종교 사회주의 연맹(Bund der religioesen Sozialisten)을 그 단체의 의장인 에케르트(Erwin Eckert)를 중심으로 살펴보고자 한다.

산업혁명은 근대사회의 전환점이다. 왜냐하면 이는 인류 역사상 최초로 인간이 환경을 전면적으로 통제한 시점이기 때문이다. 산업혁명에 의해서 인간은 세계관 및 생활양식에서 근본적인 변화가 생겼으며, 사회적, 정치적, 경제적 조건들이 근본적으로 변화되었다.

산업혁명은 영국을 시작으로, 벨기에, 프랑스, 독일 등, 유럽을 넘어 미국으로 확장되었다. 이러한 산업혁명은 산업화, 도시화, 인구의 증가와 밀접한 관계를 갖는다. 인구가 집중된 도시는 비참한 사회적 삶을 야기하고, 물질적 어려움을 가져오며, 이데올로기적인 반응을 가져오게 하였다.

산업혁명의 정신적 바탕은 계몽과 자유주의이다. 이것은 정치적인 자유만이 아니라, 경제적인 자유를 통한 자본주의적 영리추구를 의미한다. 국가나 사회단체는 경제를 규제하거나 개입해서는 안 된다. 또한 경쟁의 자유가 보장되어야 하며, 임금노동자와의 계약의 자유를 갖는다. 국가와 사회는 단지 자유로운 경제활동을 보호할 뿐이다.[1]

산업혁명의 첫 세대는 공장에서 일할 준비가 전혀 되어 있지 않았다. "사회의 찌꺼기"인 가난한 소농민, 해고된 군인들, 고아원 출신자들이 공장에 강요되었다. 억압 속에서만 기계에 적응할 수 있는 이들은 물건과 다를 바 없었다. 당시 노동자들은 공장에서 일하는 것을 군대나 감옥에 가는 것처럼 여겼다. 그러나 경영의 한 수단인 노동자들은 계속 증가하였다. 이들의 증가와 더불어 새로운 문제가 싹트기 시작하였다.[2]

농업 종사자들이 이주한 도시에는 교회도, 성직자도, 전통도 없었다. 새로 생성된 노동자들은 교회와 기독교로부터 완전히 고립된 것이다. 초기 기독교 사회주의 운동은 이러한 산업혁명의 부정적인 영향을 해결하기 위해서 생겼다. 이 운동은 영국에서는 기독교 사회주의로, 미국에서는 사회복음운동으로, 독일에서는 기독교 사회운동으로 출현하였는데, 모두 다 산업혁명이 가져온 문제들과 씨름하였다.

이들은 기독교 신앙을 정치와 사회문제에 적응하고자 하였다. 하나님의 뜻을 전 삶의 영역에서 실현시켜야 하며, 종교적인 영역과 세속적인 삶을 분리하는 것을 반대하였다. 특히 경제와 사회 영역에서 경쟁과 개인주의의 원리를 반대하고 이웃사랑의 원칙을 강조하고, 공동체의 협력을 중요시하였다.[3]

1. 모리스의 영국 기독교 사회주의 운동

1) 모리스의 생애

---

1) G. Brakelmann, *Die soziale Frage des 19. Jahrhunderts* (Bielefeld: Luther Verlag, 1981), pp. 22-24.
2) Ibid., pp. 24-25.
3) Alf Tergel, *Church and Society in the mordern Age* (Uppsala: Uppsala University, 1995), pp. 43-45.

1805년 영국의 유니테리안 목사의 아들로 태어난 모리스의 삶은 빅토리아 시대 교회의 모습을 잘 보여준다. 이 시대의 종교적 논쟁들이 모리스의 가정 안에 그대로 표출되어 있다. 어머니는 딸의 영향으로 칼빈주의로 개종하여 가정 안에서 큰 논쟁을 야기하였다. 이 가정은 종교 외에도 문화, 사회, 정치에 큰 관심을 가지고 있었다. 모리스는 아버지의 신앙적 유산만이 아니라, 정치, 사회에 대해서도 역시 큰 관심을 가졌다.

학업을 마친 후 모리스는 시골 마을에서 부목사로, 병원의 원목으로 일하였으며, 대학에서 목사 후보생들을 가르쳤다. 그리고 노동자 대학에서 학생들을 가르치면서 노동자들을 위해 교육자로, 조직에서는 저널리스트 등으로 활동하였다. 4)

2) 모리스 신학의 특징과 과제

모리스가 다루는 모든 주제는 신학에 종속되어 있다. 그에게는 신이 인간의 삶과 사회의 근원이며, 여기서부터 경제와 정치의 문제가 출발한다. 그에게 현실적으로 존재하는 하늘 나라는 이 땅을 축복된 영의 거주지로 만드는 것이며, 이것을 선포하는 것이 자신의 소명이라고 본다. 5)

그는 인간의 삶을 그리스도의 빛을 통해서 해석하고, 이것을 사회와의 관계에서 표현하였다. 모리스는 교제의 중심인 그리스도에 대한 인식을 바탕으로 인류 공동의 통일성을 갈망하는데, 이것이 그의 사회적 활동을 추진하게 하는 것이다. 6) 그에 의하면 인간은 근본적으로 인간에 의하여 다른 사람과의 관계에 의하여 인간이 된다. 그러나 하나님과의 관계의 단절은 다른 사람과의 단절을 가져온다. 하나님과의 관계 회복을 통해서 인간 공동체는 회복된다.

그에 의하면 "세상은 교회가 구성되어 있는 것의 요소들을 포함한다. 교회 안에 이 요소들이 연합하고 화해하는 힘에 의해서 파악된다. 그래서 교회는 정상적인 상태 안에 있는 인간사회다. 세상은 불규칙적이고 비정상적

---

4) F. D. Maurice, *Reconstructing Christian Ethics* (Kentucky, 1995), p. xi.
5) Maurice B. Reckitt, *Maurice to Temple* (London, 1946), p. 85.
6) Charles E. Raven, *Christian Socialism 1848-1854* (New York, 1968), p. 86.

인 상태 안에 있는 똑같은 사회다. 세상은 하나님없는 교회다(The World is the Church without God). 교회는 하나님과 관계가 회복된 세상이며, 하나님이 창조한 상태로 하나님에 의해서 되돌아가는 곳이다. 교회를 그것의 중심으로부터 빼앗아 그것을 세상으로 만들어라."[7] 따라서 신학자는 영적인 소명만이 아니라 세속적인 영역에서도 노력해야 한다.

모리스는 교회와 국가를 모두 하나님에 대한 증언으로 받아들인다. 이 둘은 똑같이 하나님의 피조물이다. 이 둘의 관계는 신적인 목적 아래서 서로 보완적인 기능을 하며, 각자가 서로를 필요로 한다. 국가는 합법적인 안정장치를 통해서, 교회는 설득력있는 교리와 모범을 통해서 서로 협력한다. 그래서 사랑과 정의는 그에 의하면 적대적인 원리가 아니다.[8]

3) 모리스의 기독교 사회주의

모리스에 의하면 사회주의 원리와 기독교의 원리의 공통점은 경쟁의 원리보다는 협동의 원리에 있다. 그러나 반사회주의의 표어는 경쟁이다. 그의 눈에는 산업세계가 전쟁과 같았으며, 동료들은 싸우는 데 자신의 힘을 낭비하고 있다. 이러한 투쟁심과 이기심은 사랑의 법을 부인하는 것이며, 그리스도 안에 계시된 신적 질서에 대한 거부이다.[9]

그에 의하면 사회주의는 기독교인이 될 수 있고, 또한 기독교인은 사회주의자가 될 수 있다. 더 나아가 기독교만이 사회주의의 유일한 토대이며, 참된 사회주의는 건전한 기독교의 필연적인 결과가 되는 것이다. 그의 사회주의 개념은 소유권의 존재를 거부하는 것이 아니다. 노동자나 노동조합에게 자신들을 위해서 무언가를 해야 하는 것을 의미하며, 남의 것을 도둑질해서는 안된다는 것을 의미한다. 그러나 이것이 과거를 회상하는 복고적인 입장을 지지하는 것도 아니다. 모리스의 사회주의는 이러한 산업화나 소유를 반대하지는 않지만 경쟁은 인정하지 않았다. 그에게는 노동자들을 동료

---

7) F. D. Maurice(Introduction by Edward. F. Carpenter), *Theological Essays* (New York, 1957), pp. 276-277.
8) Bernhard M. G. Reardon, *From Coleridge to Gore* (London, 1971), pp. 198-201.
9) F. D. Maurice, *Reconstructing Christian Ethics*, p. xxv.

로 만드는 것이 중요했으며, 형제애로 변화시켜야 한다. 사회주의의 목적은 하나님의 지배를 협동하는 삶으로 옮기는 것이다. 경쟁보다도 협동의 원리를 인정하는 모든 사람을 사회주의라 칭할 수 있다고 본다.[10]

모리스는 정치적 급진주의자가 결코 아니었다. 그는 보다 나은 길을 교육에서 찾았다. 그는 기독교화된 사회주의를, 그리고 어떤 점에서는 사회주의화된 기독교를 바라지만 전세상을 기독교적인 사회주의로 만드는 것을 바라지는 않았다. 그가 선언한 하나님의 나라는 현재의 노력의 궁극적인 결과로 이루어질 수 없다. 이것은 하나님의 행위, 즉 구원이나 창조를 통해서 이루어지는 것이다.

영국의 기독교 사회주의 운동은 짧게 보면 실패했다고 볼 수 있다. 그러나 이들의 노력은 성과없는 일이 아니었다. 이들은 노동자들의 사회적 목적을 위한 권리를 주장하였으며, 기독교인들은 산업혁명이 가져온 부정적인 측면을 주의하기 시작하였다. 또한 이들의 운동은 후세대에 지속적으로 영향을 주었다.

2. 독일의 종교 사회주의연맹

1) 독일 종교사회주의 운동

1919년 9월 독일의 튀링엔 주의 탐바흐라는 작은 지역에서 사회적인 문제에 관심을 갖는 100여명의 종교인들이 모여서, 사회주의적인 방향, 일의 방법, 조직 등에 대하여 의논하였으나 어떠한 일치점을 만들어내지는 못했다. 그러나 그 이후 각 지역별로 이러한 방향과 목적 의식을 갖는 조직들이 자발적으로 생기기 시작하였다. 1919년 말에 베를린에 "종교사회주의연맹"이, 1922년 4월에 바덴주에서는 두 개의 조직이 "남부독일 개신교 사회주의 국민교회연맹"을 결성하였다.

1924년 8월 메어스부르크에서 〈독일 종교사회주의 작업공동체〉라는 느슨한 조직이 결성되었으며, 기관지로서 『일하는 국민의 일요신문』(Sonntags-

---

10) Charles E. Raven, *Christian Socialism 1848-1854* (New York, 1968), p. 155.

*blatt arbeitendes Volkes)*를 발행하였다. 이 기관지에 나중에 종교사회주의 연맹의 의장이 된 에케르트는 어떠한 개신교 사회주의자도 사회주의를 목적으로 하지 않는 정당에 가입해서는 안 된다고 주장하였다. 1925년 종교사회주의 연맹의 총회에서 에케르트는 발제를 통해서 사회주의 투쟁을 위한 문화 발전은 맑스주의와 기독교의 공동 투쟁으로만 가능하다고 주장하였다.

2) 독일 종교사회주의 연맹

1926년 8월 메어스부르크에서 종교사회주의자들의 통일된 조직이 처음으로 창립되어, 이들의 기본 입장, 선전 자료, 교회에서의 일에 대한 지침 등이 논의되었다. 〈독일 종교사회주의 연맹〉의 통일 조직은 "복음으로부터 사회주의로, 사회주의로부터 복음으로"라는 표어와 함께 출발하였다. 종교사회주의 연맹은 에케르트의 지도 아래서 점점 중앙 중심적인 조직으로 발전해나갔다.[11]

이 모임에서 제기된 실천적인 프로그램은 심각한 토론과 논쟁을 불러일으켰다. 핵심적인 문제점은 맑스주의와 계급투쟁에 대한 물음이었다. 특히 에케르트가 맑스주의를 반대하지 못하게 하는 안을 제기한 후에는 분열의 위기가 감돌았으며, 대부분의 회원들은 연맹내에서 다양성을 희망하였다. 이러한 문제를 1928년 아이젠나흐에서 종교 사회주의 연맹의 지도자들이 모여서 논의하여 다음과 같은 기본입장을 정리하였다. "다른 모든 사회주의와 마찬가지로 종교 사회주의자들은 맑스주의적인 연구방법, 작업방법에 대한 근본적인 인식을 연구하고 비판하며, 거기에 대하여 첨가하며 보다 깊이 있게 다루는 것을 배제하지 않는다."[12]

종교사회주의 연맹은 과제설정과 방법에 대하여 프로그램을 작성했으나 모든 회원을 만족시키는 통일된 강령을 만들어내지는 못했다.

1930년 이후에는 소련에서의 기독교 박해가 큰 주제로 등장하였다. 같은

---

11) 백용기, 『교회의 시대사 연구』, 다산글방, 1999, 91-95쪽.
12) H. Dietrich, "Die Fuehrertagung in Eisenach," *Sonntagsblatter arbeitendes Volkes*, Nr. 17 (1928), pp. 82-83.

해 6월 아욱스부르크와 뉘른베르크에서 열린 독일 개신교회의 날에, 독일 개신교가 소련에서 기독교 박해를 항의하는 것에 대해 에케르트는 209명의 대표 중에서 유일하게 반대하였으나, 그의 연설은 군중들에 의해서 중단될 수밖에 없었다. 종교사회주의자들은 소련의 기독교 박해가 독일에서 선전으로 이용된다는 에케르트의 견해에 대부분 동조하였다. 같은 해 종교사회주의자들의 주된 투쟁의 대상은 나치 운동가들이었으며, 특히 에케르트의 나치 운동에 대한 대항은 교회 지도부와 분쟁을 일으키게 된다. 13)

에케르트는 사회민주당의 지도부와의 갈등으로 1931년 독일 공산당에 입당하게 되며 뒤이어 교회는 그의 공산당의 입당을 들어서 그의 공무를 금지시킨다. 에케르트의 입당으로 그가 공산당과 교회를 중재시킬 것으로 기대했던 종교사회주의자들은 교회의 조치에 크게 실망을 하였다.

종교사회주의 동료 카페스는 하나님 나라를 위해서나, 교회와 무산자를 위해서도 에케르트와 같은 사람에게서뿐만 아니라, 교회의 지도부도 이러한 거룩한 신앙이 요구된다고 하였다. 14) 동료인 피코프스키는 더 나아가서 가능한 한 많은 기독교인들, 목사들, 평신도들이 자신의 양심에 의해서 회원으로 공산주의적이고 프롤레타리아적인 운동에 참여할 것을 요구하였다. 15) 그러나 역시 마찬가지로 에케르트의 공산당 입당에 대한 반대도 격렬하였다.

같은 해 12월 에케르트는 교회 재판에서 해고되자, 교회와 종교사회주의 연맹으로부터 탈퇴하였다. 그에게 교회는 더 이상 의미가 없었다. 그는 더 나아가 "실질적으로 경건한 사람은 교회를 떠나야 한다"고 주장하였다. 더 이상 이 조직은 사회주의를 돕는 것이 아니라, 오히려 혁명에 방해거리라고 생각하였다. 이 사건은 종교사회주의 연맹에게 심각한 분열을 가져왔으며, 그 이후 완전히 약화되다가, 나치 운동과의 투쟁 속에서 몰락하였다. 16)

---

13) 백용기, 앞의 책, 97-98쪽.
14) H. Kappes, "Ein Wort die Kirche zur Fall Eckert," *Religioeser Sozialist*, Nr. 48 (1931), p. 200.
15) P. Piechowski, "Religion und Kommunismus," *Religioeser Sozialist*, Nr. 43 (1931), p. 182.
16) 백용기, 앞의 책, 101-102쪽.

3. 에케르트의 맑스주의에 대한 견해

1) 에케르트의 생애

에케르트는 1893년 6월 16일 독일 짜이젠하우젠에서 태어났다. 그의 아버지는 만하임의 노동자지역의 고등학교 교사였다. 그는 1911년 18세에 독일 사회민주당(SPD)에 가입했다. 그는 하이델베르크, 바젤, 괴팅엔에서 공부하였으며, 1914년 제1차 세계대전에 지원 입대하였다. 1919년 준목(Vikar)이 되었고 종교사회주의 운동에 참여하였다. 1920년 포르쯔하임에 복음주의 무산자연맹을 조직했으며, 1926년부터 1931년까지 독일종교사회주의연맹의 의장과 이 기관지의 편집장이 되었다. 1927년 만하임의 삼위일체 교회의 도시목사가 되었다. 나치 운동가에 대항하는 설교 때문에 집회와 설교가 금지되었으나, 여기에 항의하여 100,000명의 서명이 이루어졌다. 1931년 독일 공산당에 가입한 후 1931년 12월부터 1933년 2월까지 베를린의 공산당에서 일했다. 1933년 1월 30일 히틀러가 독일의 수상에 취임한 후, 1933년 3월 이후부터는 보호, 감옥, 경찰의 감시하에 있었다.[17]

2) 사회주의와 기독교 관계

독일 종교사회주의자들에게 기독교와 사회주의의 관계는 처음부터 중요한 주제였는데, 이들은 이 둘이 결합될 수 있다는 가능성으로부터 출발한다.[18] 1924년부터 29년 사이 독일의 경제가 상대적인 안정기에 들었을 때 종교사회주의자들의 정체성에 대한 물음이 중요하게 대두하였다. 특히 이 물음은 맑스주의에 대한 관점이 중요하였다. 종교사회주의자들은 불름하르트(Blumhardt)의 "하나님 나라"의 사상에 기울어진 남부 독일 종교사회주의자와 맑스주의로 기울어진 프로이센 종교사회주의자로 입장이 정리된다.

트렙스는 종교 사회주의의 좌파를 다음과 같이 우파로부터 구별한다. "1.

---

17) F. M. Balzer, *Klassengegensaetze in der Kirche* (Bonn: Pahl-Rugenstein, 1993), pp. 58-101, 277-281.
18) H. Dietrich, "Wie es zum Bund der religioesen Sozialisten kam," *Schriften der religioesen Sozialisten*, Nr. 2 (Karlsruhe, 1927), p. 22ff.

좌파는 계급투쟁 안에서 노동계급의 입장에서 자신의 위치를 본다. 그곳에 자신들의 의지를 실현시키고자 한다. 2. 좌파는 생산 수단의 사회화에 사회주의적인 궁극적 목적을 확정한다. 3. 좌파는 계급과 계급투쟁의 개념을 인정한다. 그래서 이들은 반파시스트적인 표징 아래서 통일전선을 요구한다. 4. 이 좌파는 무산계급의 목적과 이해에 합당한 자발적인 노동당의 계급정치를 위해서 일하고, 반대로 시민정치 아래 있는 사회민주당의 하부조직의 역할을 거절한다."[19]

에케르트는 이러한 구분에 의하면 좌파의 전형이라고 할 수 있다. 여기서는 그의 세계관과 역사관, 계급투쟁과 폭력에 대한 입장을 들어서 그의 맑스주의적인 입장을 살펴보고자 한다.

에케르트에 의하면 모든 인간은 종교를 필요로 한다. 사회주의자 역시 예외는 아니다. 인간은 죽음의 힘 아래에 살며, 삶의 궁극적인 의미를 결정하는 세계관 등이 필요한데 사회주의에는 이러한 것들을 볼 수 없다는 것이다. 사회주의의 투쟁과 목적에 상응하는 세계관의 틀이 없다는 것이다. 또한 프롤레타리아의 해방투쟁 이후에도 이 땅에는 역시 인간적인 아픔, 고통, 유혹, 배신, 삶에 대한 의미의 박탈, 죄와 책임, 병과 죽음이 존재하기 때문에 종교는 필요하다는 것이다.[20]

그러나 사회주의는 그에 의하면 종교가 아니며, 종교가 될 수도 없다. 사회주의를 종교로 보는 것은 개념의 혼동이다. 종교만이 진리, 구원, 영원을 요구하며, 사회주의자에게도 살아있는 신앙이 필요하다. 이들은 투쟁하는 동안에 종교의 필요성을 깨닫게 된다고 에케르트는 확신한다.

에케르트는 지금까지 인류 역사의 경험 중에서 종교의 확실성과 기독교 복음의 도덕적 요구에 가장 적합한 것은 사회주의적인 경제제도, 사회제도, 그리고 삶의 제도라고 본다. 사회주의는 그에 의하면 새로운 삶의 제도인데, 이것을 위해 투쟁하는 것을 하나님의 뜻이라고 본다.[21]

---

19) H. Trebs, "Die linke Richtung im 'Bund der religioesen Sozialisten Deutschlands'- mit der Arbeiterklasse verbuendete christliche Demokraten der Weimarer Zeit," in *Zwischen Aufbruch und Beharrung* (Berlin, 1978), pp. 111-112.

20) E. Eckert, "Was wollen die religioesen Sozialisten?", in *Schriften der religioesen Sozialisten* 1 (Wuerzburg, 1976), p. 9.

그러나 종교사회주의자들의 기독교와 사회주의를 결합시키려는 노력은 그들을 종교적인 수정주의자로 여기게 했고, 양쪽으로부터 기대와 우려를 가져왔다. 사회주의자들은 이들을 노동자의 투쟁에 대한 배신이라고 생각하였다. 또한 기독교측에서는 사회주의가 기독교에 대한 대치 종교로 발전할 것을 두려워하였다. 반면에 기대감도 양진영에서 가지고 있었다. 기독교측에서는 무산자계급을 교회로 받아들여 이들을 무신론으로부터 차단시킬 가능성에 대해서 작은 희망을 가졌다. 사회주의자들은 투쟁에서 승리하기 위해서 이들을 통해서 시민층과 소시민층을 얻을 수 있지 않을까 기대하였다.[22]

사회주의자들의 종교에 대한 판단은 그들의 운명, 교육여건, 사회적 환경에 따라 다르다고 에케르트는 본다. 같은 사회주의자라도 종교적인 동기에 의해서 사회주의자 투쟁에 참여한 자와 무산자로서 계급투쟁에 참여한 자는 종교에 대한 강조점이 다를 수밖에 없다는 것이다. 그에 의하면 종교적인 동기로 출발한 자는 우선적으로 참회를 해야 한다. 참회와 회개가 없는 인간은 어느 누구도 이러한 목적에 이를 수 없기 때문이다. 에케르트에 의하면 철저한 회개를 요구하는 복음만이 그들을 사회주의로 인도한다. 다른 한편 경제적 동기에서 출발한 계급 의식적인 사회주의자들은 인생의 종말을 생각한다면 복음으로 들어와야 한다고 주장한다.[23] 이러한 사회주의 안에서의 종교적 필연성은 곧 종교와 사회주의가 함께 결합됨을 의미하다. 여기에는 복음으로부터 사회주의로의 길이 있고, 사회주의로부터 복음에 이르는 길이 있다.

에케르트는 종교사회주의라는 용어를 피한다. 그에게는 종교사회주의자는 존재해도 사회주의를 종교적인 개념, 종교적인 근거와 방법을 들어서 정의하려고 하는 것을 거절한다. 새로운 삶의 형태를 찾는 사회주의적인 투쟁 속에 종교인으로서 참여하는 것이지 종교적인 사회주의를 주장하는 것이

---

21) 백용기, 앞의 책, 107-108쪽.
22) E. Eckert, "Religioeser Revisionismus in der sozialistischen Bewegung," *Zeitschrift fuer Religion und Sozialismus*, Heft1 (1929), p. 21.
23) E. Eckert, "Durch das Evangelium zum Sozialismus! durch den Sozialismus zum Evangelium," *Sonntagsblatt arbeitendes Volkes*, Nr. 40 (1925), p. 122.

아니다. 그에 의하면 이러한 사회주의적인 투쟁이 종교적인 근거에서가 아니라, 불충분한 경제제도와 사회제도가 사회주의 운동을 일으키게 한다는 것이다.[24]

3) 맑스주의자로서 종교사회주의자의 과제

에케르트는 사적유물론과 계급투쟁을 인정한다. 그는 맑스주의가 맑스 견해를 총체적으로 의미하는 것은 거부한다. 예를 들어 맑스의 종교비판 같은 것은 인정하지 않는다. 만약에 맑스주의를 이렇게 확장된 개념으로 이해하면 어떠한 종교적 인간도 맑스주의자가 될 수 없을 것이라 한다. 그에 의하면 맑스주의는 맑스의 빛 안에서, 사적유물론의 방법으로 해석되어야 한다는 것이다. 에케르트가 이해하는 맑스에 대한 사적유물론적 해석은 맑스의 종교비판이 1850년경의 시대정신의 산물이라는 것이다. 그가 이해한 맑스의 종교비판은 종교에 대한 적대적 개념이 아니다. 종교는 곧 인간이 만들어놓은 허상이기 때문에 공산주의사회에 오면 더 이상 필요가 없어진다. 그가 이해한 맑스의 견해는 "공산주의사회는 종교, 도덕, 철학, 법 등을 더 이상 알지 못하고, 계급없는 사회에서는 자유와 정의의 이념이 완전히 사라진다"는 것이다. 그는 계속하여 맑스의 종교에 대한 주장을 다음과 같이 해석한다. "사회주의와 공산주의는 그들의 본질에 의하면 종교 적대적이 아니고, 계급없는 사회와 함께 종교의 문제가 필요없게 된다".[25]

에케르트에 의하면 종교를 비롯한 세계관이나 사상, 이념적인 측면의 변화는 정치적이고 경제적인 면의 변화를 뒤따라온다. 따라서 의식있는 혁명가는 관습적으로 내려온 종교적 전통이나 세계관을 거부하고 무신론자가 된다는 것이다. 에케르트는 종교에 반대하는 이러한 사회주의 운동 속에서 시대사적인 현상을 본 것이다. 하나님은 맑스주의 사상 속에서 경제적 삶과 사회주의에 이르는 합목적 속에 자신을 드러낸다는 것이다. 따라서 유물론적 역사관은 신에 이르는 좋은 길을 밝혀내는 것이지, 이 길을 차단하는 것

---

24) E. Eckert, "Religioeser Revisionismus in der sozialistischen Bewegung," p. 24.
25) E. Eckert, "Sind wir Marxisten," *Zeitschrift fuer Religion und Sozialismus*, Heft 3 (1930), p. 166.

이 아니다. 맑스주의는 그에게 사회를 분석하고, 정치적 경제적 투쟁 속에서 사회주의를 실현하기 위한 최상의 방향을 인식하는 최고의 연구 방법이었다.

에케르트에게는 맑스주의와 기독교가 사회주의와 무산계급의 새 창조를 위한 승리의 토대가 된다. 이것을 이루기 위해서는 신에 대한 믿음이 중요하다는 것이다. 참된 사회주의자들과 공산주의자들은 종교 없이는 삶이 충족되지 않기 때문에, 그들도 종교에 대하여 긍정한다고 본다.

다른 모든 사회주의자와 마찬가지로 종교사회주의자도 단 하나의 목적만을 갖는데, 이는 자본주의 제도를 붕괴시키고 사회주의적인 경제조직과 사회조직을 만드는 데 있다. 특히 종교사회주의자들은 사회주의 운동내에서 중요한 과제를 갖는데, 이는 내적이고 정신적인 힘이 되어야 한다는 것이다. 이들은 복음을 삶으로 끌어들일 뿐 아니라, 국가와 경제, 문화에 영향을 주어야 한다. 에케르트는 이러한 일을 하나님이 부여한 과제로 본다. 그러나 사회주의 실현을 하나님 나라와 일치시키는 것은 거부한다. 사회주의 제도라는 것이 그에게는 하나님 앞에선 불충분하고, 단지 하나님 나라에 이르는 이 세상에서의 작은 전진에 불과한 것이다. 그러나 미래의 구원을 이야기하는 것은 의미가 없고, 이 세상 속에, 군중 속에 신앙에서 생기는 공동체를 위해서 내적인 불을 붙이는 것이 중요하다. 26)

4) 에케르트의 역사 이해

에케르트는 역사가 발전한다는 견해를 갖는다. 경제, 사회, 문화의 모든 면과 함께 종교적 삶 역시 발전 법칙에 놓여 있다는 것이다. 더 구체적으로 말하면 기독교 교회의 역사적 상황과 이것의 영향은 일반 사회 발전의 반영이다. 그러나 발전의 내용은 하나님의 나라를 향해 간다. 이 세상에서 하나님의 나라, 정의와 평화의 나라, 성령 안에서의 기쁨 등은 계속 발전하며, 사회주의 역시 이러한 하나님 나라의 방향에서 필연적으로 발전한다고 본다. 이러한 연유로 교회사의 연구는 정치사와 경제, 문화사와 결별해서는

---

26) 백용기, 앞의 책, 111-112쪽.

안되며, 동등한 방법이 사용되어야 한다고 한다. 이 방법이 에케르트가 이야기하는 인간의 사회 사건을 설명하고 합목적성에 따라 조사하는 역사유물론적 방법인데, 이는 교회사를 연구하는 최상의 방법이라는 것이다.[27]

에케르트에 의하면 교회의 역사는 지배자의 편에 선 반동의 역사다. 교회를 통해서 지배자의 권리가 획득되고, 유지되고, 옹호되었다. 로마제국에서 교회는 작은 분파였지만, 큰 힘으로 성장하였다. 교회의 성장은 경제적, 정치적 계급투쟁을 야기했는데, 로마 제국주의와 제국의 프롤레타리아와의 투쟁의 결과로 교회 박해가 시작되었다. 이 투쟁에서 교회는 사원과 제의공동체를, 황제는 귀족계급에 대해서 승리한 후, 교회는 로마국가 형태로 새로운 양식을 취한다. 이 제국이 붕괴될 때 교회가 그의 상속자가 되었다.

그에 의하면 그 다음 시대의 교회는 서구 유럽의 역사에서 지배자 계급에게 봉사하는데, 이러한 대결 과정의 마지막을 독일의 종교개혁에서 본다. 절대권위에 대항한 이 종교개혁은 삶의 전영역에서 폭력에 대항하는 것이다. 봉건계급은 교황에 대항하여 싸웠으며, 농민혁명 진압 후에는 교회는 군주들 편에 선 기구가 된다.[28]

계속해서 에케르트는 말하기를 생산양식의 변화로 시민계급이 성장하는데, 이들은 곧 무산자에 대립하게 된다. 지배자들은 승리한 후에는 자기들의 경제, 정치적 이익을 옹호하기 위하여 교회의 승리를 이용한다. 그에 의하면 자본주의를 옹호하는 것은 하나님이 추진해가는 정신에 저항하는 것이며 죄악이다. 따라서 자본주의에 대한 투쟁에 참여하는 것은 거룩한 투쟁이다.

기독교는 사회적, 경제적, 정치적 삶이 예수 그리스도의 정신과 반대될 때 혁명적인 종교가 된다. 복음의 정신과 신앙은 대중들에게 새로운 사회질서에 대한 자기 검증을 하게 한다. 그러나 일반적으로 기독교인이 된다는 것은 현재 제도에 만족하며, 저 세상에 대한 희망 속에서 현재를 체념하며 살거나 자선을 베풀면서 체제 속에 안주한다.

---

27) E. Eckert, "Was wollen die religioesen Sozialisten?", p. 18.
28) 백용기, 앞의 책, 113쪽.

이러한 상황에서는 사회주의자는 기독교인이 될 수 없다. 왜냐하면 교회가 사회주의자들의 적 속에 안주하고 봉사하기 때문이다. 여기서 교회는 강자에게 봉사하며, 현권력을 위해서 그리스도의 계명을 가지고 영혼을 지배하는 강제기구다. 그들은 이 세상의 고통을 저 미래의 하나님 나라로 위로한다. 교회는 자유무역, 약탈, 폭력, 전쟁, 불의의 관료국가를 위해 그리스도의 요구를 변질시켰다.[29]

그래서 종교사회주의자들의 첫 과제는 이러한 교회의 행위에 대해서 참회를 해야 하며, 회개를 강요해야 하는 것이다. 교회는 복음을 선포해야 하며, 평화와 형제 사랑, 모든 인간의 하나님의 자녀 됨, 생명력있게 만드는 성령을 통한 구원을 선포해야 한다.

5) 계급투쟁

에케르트는 계급투쟁은 억압받고 약탈당하는 사람들과 그 시대 권력자들과의 투쟁이라고 한다. 그에 의하면 계급투쟁은 정신적, 경제적, 정치적, 문화적, 사회적인 삶의 모든 영역에서 발생한다. 지금까지의 인류의 역사는 계급대립 안에서 흘러왔다. 이러한 계급투쟁의 과정에서 현존 제도 아래서 고통 속에서 억압당하는 자들이 큰 역할을 해왔다. 역사적으로 살펴보면 새로운 제도를 위한 운동과 투쟁을 수행하는 자는 제국주의 시대는 노예가, 봉건주의 시대에는 농노들이 담당했다. 사회주의 제도를 위한 투쟁에서는 임금 노동자들이 핵심적인 역할을 한다.[30]

새로운 제도를 위한 계급투쟁의 동기는 어떠한 종교적 동기가 아니라, 무산계급의 이익 동기가 핵심적이다. 투쟁 방법 역시 영혼 인도나 도덕적 설득 방법이 아니라, 정치적이고 노동조합적 투쟁 방법이다. 그러나 종교적인 동기에 의해서 이러한 투쟁에 참여한 사람들이, 자신들의 상황이 이러한 계층에 속하지 않는다는 이유로 핵심적인 혁명계층으로부터 배제되는 것을 에케르트는 경고한다. 혁명적 주도 계급의 정치적 힘이 강조되지만 동시에 도덕적이고 종교적인 동기 역시 중요한 역할을 한다는 것을 그는 강조

---

29) E. Eckert, "Was wollen die religioesen Sozialisten?", pp. 3-4.
30) E. Eckert., "Sind wir Marxisten," p. 166.

한다. 31)

그에 의하면 계급투쟁은 항상 현존하며 완결된 것이 아니다. 그리고 이러한 계급투쟁은 위로부터 시작된다. 가진 자들과 지배계급은 자신들의 기득권을 항상 유지하고자 하기 때문에 계급투쟁은 이미 시작되고 있다는 것이다. 계급투쟁이 이렇게 이미 항상 현존하기 때문에 아무도 여기서 벗어날 수 없다. 그리스도인들 역시 계급투쟁을 원하지 않지만 이제 어느 편에 서서 어떤 방법으로 싸울 것인가 하는 것이 중요하다는 것이다. 이것은 단지 "이것이냐 저것이냐"의 양자택일만이 남은 것이다. 위로부터의 지배계급에 속할 것인가 아니면 아래로부터의 피지배계급에 속할 것인가를 선택해야 한다는 것이다. 32)

종교사회주의자들에게 계급투쟁의 방법은 논쟁적인 주제다. 에케르트는 폭력이나 피 흘림없이 계급없는 사회를 이루어야 하는 것이 사회주의자들의 책임이라 주장한다. 왜냐하면 계급투쟁은 하나님이 창조하신 이 땅 위에 평화와 복지, 행복을 목적으로 하기 때문이다. 그러나 에케르트는 계급투쟁 자체를 "그리스도적"이라거나 "하나님이 바라는 것" 등으로 말하지는 않는다. 그것은 우리가 통과해야 할 하나의 필요악인 곤궁이나 연옥이다.

하지만 계급투쟁의 필연성은 하나님의 의지다. 사람들이 올바른 사회와 계급없는 사회를 만들기 위해서 계급투쟁을 책임있게 이끌어 가야 한다. 따라서 계급투쟁의 방법론이 중요하다. 그러나 특별한 방법론이 존재하는 것이 아니라, 그때 그때의 혁명운동의 목적과 당면한 그 시대가 계급투쟁의 방법을 결정한다.

에케르트에 의하면 고대 노예시대와 자본주의 시대의 투쟁 방법은 다를 수밖에 없다. 자본주의 시대의 보통선거권 등을 포함한 합법적인 토대 위에서 벌어지는 투쟁방법 역시 계급투쟁의 한 방법이다. 또한 소비자와 문화단체의 공동참여 그리고 자발적인 활동 등이 현 제도의 특권으로 이익을 보는 자들과, 자본가, 소유계층과의 끊임없는 대립에 대한 계급투쟁의 한 방법이다. 33)

---

31) E. Eckert, "Religioeser Revisionismus," p. 24.
32) E. Eckert, "Klassenkampf," *Sonntagsblatt arbeitendes Volkes*, Nr. 11 (1926), p. 57.

에케르트는 교회 안에서 계급 의식적인 무산계급을 혁명화시키기 위해서는 교회 안에 조직된 사회주의자들이 교회의 일원으로 계속 남아서 투쟁해야 하며, 그렇게 해서 교회를 정통주의자와 자유주의자들로부터 투쟁하여 뺏어야 한다고 한다. 종교사회주의자들은 교회 목사관을 투쟁의 중심이며 힘의 중심으로 생각한다. 이들이 교회와 종교의 영역에서 혁명적 투쟁을 실행해나가는 무산계급의 선봉장이다. 이들은 교회를 해체시키기 위해서 투쟁하는 것이 아니고, 예수 그리스도의 검은 십자가와 무산계급의 붉은 깃발을 조화시키기 위해서 투쟁하는 것이다.

종교사회주의자들과 교회 지도부의 대결은 무산계급과 봉건, 시민계급과의 일반적 계급투쟁의 또다른 부분이다. 에케르트는 계급투쟁에 참여하는 단계를 다음과 같이 정리한다. 1. 계급투쟁은 먼저 무산계급에 대한 고백으로부터 출발하며, 2. 그 다음 정치적이고 노조적인 활동이 필요하며, 3. 낡은 사회의 죄악들에 대해 뉘우치며 사회의 향상을 인식하고, 4. 인간적인 이해에서 생기는 피의 충돌을 저지하는 것이 그들의 의무라고 결론지었다.[34]

나가는 말

산업혁명은 경제만이 아니라, 정치, 문화, 사회 등 모든 인간 삶에 근본적인 변화를 가져왔다. 산업혁명의 직접적인 결과는 경제와 시장경제, 생산의 대규모화와 노동에 대한 감독과 통제다. 이는 계급사회로의 도래, 가족관계의 변화, 도시화, 상업과 금융업의 발달, 통신 및 운송의 혁명 등 넓은 의미의 변화로 이어졌다.

이후 산업혁명에 대한 기독교의 반응은 사회적 개신교의 형태로 나타났다. 특히 기독교 사회주의, 종교사회주의 운동은 산업혁명의 부정적 결과에 대한 기독교권의 노력이었다. 이들은 노동자들의 비참한 상황에 대해서 비판하였으며, 새로운 사회에 대한 희망을 제기하였다.

---

33) 백용기, 앞의 책, 117쪽.
34) F. M. Balzer, op. cit., p. 53.

하지만 이들의 운동은 너무나 다양하다.

모리스를 비롯한 영국의 초기 기독교 사회주의자들은 본질적으로 개혁가들이다. 이들은 사회제도, 사회체제를 완전히 변화시키려 하지는 않았다. 이들의 과제는 형제사랑, 이웃사랑이라는 개념을 가지고, 산업사회의 부정적인 측면을 제거하려고 하였다. 이들은 자본주의사회 질서 안에 있는 기독교 사회주의자였다.

제1차 세계대전이 패전으로 끝난 후 독일은 새로운 공화국으로 탄생하였다. 새로 정권을 인수한 사회민주당은 시민 정당과 연정을 실시하였다. 다양한 사상, 이념, 가치관이 혼재한 가운데 새로 탄생한 바이마르 공화국에서 그동안의 특권을 누려왔던 교회는 혼돈의 기로에 서게 된다.

교회는 무산자계급으로부터 점점 고립되고, 기독교인들이 노동운동에 참여하는 것을 공개적으로 거부하였다. 또한 전쟁 전의 철새운동, 자유독일인(Freideutschen), 교회 청년운동의 흐름, 국가교회로부터 민주적이고 교파로부터 벗어난 국민교회를 세우려는 운동들, 하나님 나라를 세우려는 천년왕국운동 등이 물결을 치고 있었다.

이러한 다양한 흐름 가운데서 종교사회주의 운동이 일어났다. 이들은 시대의 새로운 흐름을 노동자들이 결정할 것이라고 확신하였다. 그래서 자신과 교회를 위해서, 개신교 교회를 사회주의를 위해서 개방하는 혁명이 필요하다고 보았으며, 교회를 지금까지의 시민적인 교권체계에서 벗어나게 해야 한다고 생각하였다. 그래야만 교회로부터 멀어진 무산자계급을 교회로 다시 불러올 수 있다고 보았다.

독일의 모든 지역의 종교적 사회주의적인 운동은 자발적으로 발생하여 교회 정치적인 활동을 하였다. 이들은 그리스도교적인 신앙으로 사회주의적인 국가제도와 사회제도를 세우려고 노력하였다.

이들 가운데 특히 에케르트는 종교사회주의자 중에서 가장 맑스주의에 익숙한 실천가였다. 그의 주된 관심의 대상은 기독교 신앙을 고백하는 무산계급이었다. 이 사람들에게는 기독교가 삶의 본질을 다루는 데 필연적이었다. 에케르트에게는 처음부터 계급투쟁이 현실적으로 존재하는 것이었으며, 자신이 어느 편에 설 것인가가 중요한 문제였다. 그의 이상은 계급투쟁을 통해서 계급없는 사회에 이르는 좌파의 이상에 기울어졌다. 이 현실을 분석하는 도구와 방법으로서 맑스주의를 받아들이지만, 맑스주의를 세계관으로서는 거절한다. 에케르트에 의하면 종교사회주의의 과제는 맑스주의를 기독교와 결합하는 것이며, 그렇게 해서 교회를 무산계급을 위해서 빼앗은 것이었다.

해방공간과 기독교 사회주의자[*]

연규홍 (한신대, 교회사)

머리말

1945년 8월 15일부터 시작되는 3년간의 해방공간은 우리 민족사에 있어서 매우 중요한 시기였다. 왜냐하면 오랜 일제의 식민지 억압의 상황에서도 면면히 이어온 민족해방 투쟁사의 맥을 이어 독립된 통일국가를 수립하느냐, 아니면 또다시 남과 북에 진주한 미국과 소련에 의해 분단된 종속국가를 이루느냐 하는 향방이 이 시기에 놓여있었기 때문이다.

따라서 남·북한의 정국은 어느 정도 통합된 구심력을 행사하던 건국준비위원회가 미·소정군정의 실시로 무산되면서 더욱 혼란과 정치 노선의 갈등을 드러내었다. 특히 남한의 정국은 미군정 아래서 권력의 중심부를 차지하려는 우익계파와 이를 거부하고 프롤레타리아 독재정권을 세우려는 좌익계의 세력다툼이 치열하게 전개되고 있었다. 또한 뒤늦게 이런 정치 와중에 뛰어든 김구를 비롯한 임시정부도 역시 그들 나름의 정치 편향을 갖고 자주적인 민주변혁과 통일정부의 수립을 갈망하였다.

하지만 38도선을 경계로 남북을 분할 장악한 미·소의 정치, 군사적인 의도는 달리 있었다. 특히 남한에서 미국은 군정을 통해 일제의 식민지 모순 구조를 그대로 존속시킨 채 제2차 세계대전 후 새로운 식민지적 질서로

---

[*] 이 논문은 2001학년도 한신대학교 학술지원 연구비에 의한 것임.

남한을 재편시키려는 계획을 진행시키고 있었다. 그래서 이들은 해방 후 민중 스스로에 의해 구성된 자치적 조직들을 탄압하고 일제의 반봉건적인 사회의 기본 모순인 토지지주제와 이를 중심한 재산소유권을 친일 지주와 매판 자본가들에게 그대로 넘겨주었다. 그러므로 이러한 미군정의 반민중적이고 강압적인 점령정책은 민중 전체의 자주적이고 통일된 변혁의 열망과 첨예하게 대립할 수밖에 없었다. 그 대표적인 대립의 실례가 1946년 9월 총파업과 10월 민중항쟁[1] 이었다.

이 두 사건은 모두 미군정이 해방 후 노동자들의 자주적 움직임과 농민들의 경제적 어려움을 헤아리지 못한 노조탄압과 양곡수집 정책의 실패에서 비롯되었다. 철도 파업으로 불붙기 시작한 9월 총파업은 점차 출판, 교통, 체신, 토건, 해운, 금속 등으로 번져나갔고, 10월 대구 지방을 중심으로 한 파업은 전국적으로 확산되어 미군정에 대항하는 "10월 민중항쟁"으로 폭발하였다. 그러나 이러한 민중들의 자주적 해방을 향한 집약된 힘과 역사 변혁적 욕구는 미군정과 극우 세력들의 테러와 탄압정책으로 차단되어 독립된 통일 정부에의 꿈도 좌절되고 말았다. 그리고 단순히 한 지역내 좌익들의 불법적 테러와 반란인 양, "대구 폭동"으로 축소되어 현대사회 뒷전으로 밀쳐졌다. 그러나 오늘날 우리는 해방공간에서 9월 총파업으로부터 10월 항쟁으로 이어지는 민중들의 해방운동사적 성격을 새롭게 규명해야만 한다. 더욱이 해방 이후 반공주의 노선을 표방하고 미국을 선택적으로 지지해 온 보수 우익적 한국 기독교는 이 "10월 민중항쟁"이 기독교의 민족 민중운동과 갖는 역사적 연관성을 재고하고, 이에 참여한 기독교계의 좌파적 인물들에 대해 올바른 평가를 내려야 한다.

따라서 본고는 이 10월 민중항쟁이 기독교 민족 민중운동에 미친 역사적 영향력을 기독교 사회주의자인 최문식 목사를 중심하여 살펴보고자 한다.

---

1) 10월 민중항쟁에 대해서는 역사기록 입장에 따라 "10월 대구 폭동", "10월 사건", "10월 항쟁", "10월 인민항쟁" 등으로 불리나 본고에서는 "10월 민중항쟁"으로 표기한다. 이에 대한 대표적 연구로는 정해구, 『10월 인민항쟁연구』, 열음사, 1998; 정영진, 「폭풍의 10월」, 한길사, 1990 등이 있다.

1. 해방 정국에 주어진 과제들

제2차 세계대전에서 승리한 연합국측 전리품으로 얻어진 한반도의 해방
은, 자주적으로 해방을 일제로부터 쟁취하지 못한 민족적 역량의 한계와 이
를 빌미로 38도선 이남과 이북을 세계 지배질서 속에 편입시키려는 미·소
의 대립과 각축 속에서, 일제 36년간 축적되어 왔던 반(半)식민지 자본주의
적 모순들을 일제히 드러냈다. 그 가운데서도 핵심적인 것은 토지개혁과 친
일파 처리, 그리고 새로운 국가 건설의 변혁주체와 남북의 통일 문제였
다.[2) 이것들은 모두 일제 식민지 유산으로, 혹은 미·소 연합국의 제국주
의적인 한반도 분할 정책에서 빚어진 것들로서 이 과제들의 해결 없이는 진
정한 민족해방을 이룩할 수 없었던 것이다. 그래서 해방정국의 정치지도자
들은 각기 자신들이 설정한 현단계 사회 인식과 그에 뒤따르는 현안 문제들
에 대한 정책방향을 아래와 같이 제시하였다.

과제 계파	현단계인식	변혁주체	토지 개혁	친일파 처리	남북 통일
여운형계 (인민당)	부르주아 민주주의 혁명	민중 (지주)	△	○	○
박헌영계 (공산당)	=	프롤레타리아	○	○	○
백남운계 (신민당)	연합 신민주주의	민중과 민족자본가	○	○	△
김구계 (한독당)	자주독립 민족국가	범민족	×	△	○

○=적극, △=온건, ×=불명확

즉 이들 정치가들은 기본적으로 친일파 제거를 공감하고 통일정부의 수
립을 열망하였다. 특히 김구는 어떠한 현안 문제보다도 미·소에 의한 남

---

2) 이에 대해서는 박현채, 강만길 외, 『해방전후사의 인식』, 한길사, 1985, II, III권을 참
조하라.

과 북의 분단·예속에서 벗어나 이념과 계급을 넘어서는 민족에 근거한 통일을 주장하였다. 반면 현단계를 부르주아 민주주의 혁명 단계로 보는 여운형과 박헌영은 통일을 현안 문제로 보기는 하지만 김구와는 달리 이 통일이 누구에 의해서 어떻게 되어져야 하느냐 하는 점에서 그 노선을 달리하였다. 왜냐하면 이들에게 있어서 통일은 일제 식민주의의 잔재인 지주-소작제의 폐지와 민중모순을 해결하는 데서부터, 그리고 그 변혁과정의 주체세력을 중심으로 하여 이루어가야 할 과제였기 때문이다.

현단계를 신연합보수주의로 규정하는 백남운은 토지개혁과 이를 통한 지주 소탕을 주장하면서 사회변혁이 프롤레타리아 혁명단계로 나아가기 위해선 먼저 자본가계급과 무산계급이 연합전선을 형성할 것을 촉구하였다. 따라서 이상과 같은 해방정국에서 건국을 준비하는 제정당의 현단계 인식과 현안문제점에 대한 해결방안을 종합해볼 때, 이들은 모두 8.15 해방은 일제의 반봉건적 잔재 모순과 미·소의 분단구조 속에서 제2의 해방으로 이어져야 한다는 혁명의식을 공유하였다.

1) 10월 민중항쟁과 최문식

1920년대 일제 식민시대부터 현실 인식과 민족 독립노선을 공산주의와 달리했던 한국 교회는 8.15해방 후 한반도를 분할 점령한 미·소의 식민통치 노선의 갈등 속에서 공산주의와 서로 적대적인 위치에 서게 된다. 특히 소련의 레닌주의의 지도를 받으며 세워지던 이북의 인민민주주의 공화국의 건설 과정은, 토지개혁과 이념투쟁으로 많은 대지주들과 자본가인 기독교인들을 이남으로 내몰았다. 그리하여 해방 정국에서 이남의 기독교권이 갖는 공산주의에 대한 피해의식과 이념적 적대감은 그후 1950년의 한국전쟁을 거치면서 더욱 강한 반공주의(Anti-Communism)라는 이념적 폐쇄성과 이에 반비례하는 자본주의체제로의 배타적 선호성을 띠게 된다.

따라서 이러한 역사적 배경을 가지고 형성된 한국 교회의 이념적 성격은 그후 계속 이어지는 한국 현대사에 있어 그 관점의 제한성으로 말미암아 일제 식민시기로부터 해방이 가져온 분단이란 민족적 과제와 민중적 모순들을 명확하게 보고 이에 대처하는 방안을 제시하지 못하였다. 오히려 현실화된 분단구조와 민중모순들을 정당화하고 이를 확대시키는 메커니즘적 정치 이데올로기로 일정부분 기능해왔다.

이미 1945년 해방 후 전면화된 한국교회의 이념적 폐쇄성으로 인해 건국 과정에서의 기독교 일각의 좌파적 실천과 노선은 그 정당성과 가치를 인정 받지 못했다. 따라서 해방 후 건국 과정에서 선진적 민족주의 성향을 가지고 좌파계열의 공산주의와 연대하며 민중 주체의 자주적 통일국가를 지향 했던 숱한 기독교계 인물들이 완전히 공산주의자로 매도되고, 교회역사에 서 흔적도 없이 삭제되어 버렸다. 최문식 목사, 그도 그들 가운데 하나다. 남달리 출중한 지도력과 현실에 대한 폭넓은 인식을 가지고 1946년 대구를 중심한 경북에서 일어났던 10월 민중항쟁을 이끈 주역이지만, 그것은 "패배 한 혁명"이었기에 그는 결국 빨갱이 목사로 정죄되어 현대사와 교회사의 뒤 켠으로 치워진 이름이 되었다. 단지 생존한 몇몇 혁신계 정치 인사들과 기 독교계 원로들의 희미한 기억과 10월 인민항쟁을 재조명하는 역사가들의 연구에서 간략하게 언급되었을 뿐이다. 그것도 분단 40년 동안 동·서의 냉전구조 속에서 금기시된 공산주의 목사로서 말이다. 그러면 그는 정말 목 사임을 포기한 공산주의자였는가? 그렇지 않다면, 그는 앞서 지적한 한국 교회의 이념적 성격상 전혀 공유될 수 없는 목사(기독교)와 프롤레타리아 혁명론자(공산주의)라고 하는 이질적인 구도 속에서 어떻게 10월 민중항쟁 을 이끌어갈 수 있었겠는가?

이와 같은 문제의식을 가지고 필자는 8·15해방 이후 전개된 해방정국의 현안과제들과 이 과제들을 풀어가려는 대구 지방 정치의 진행과정 속에서 최문식이 주도한 10월 인민항쟁의 성격을 살펴볼 것이다. 그리고 다음으로 이 항쟁에서의 최문식의 역할과 그의 행동을 기초지었던 신학사상을 논구 하고자 한다.

2) 대구 정가와 민중현실의 대두

1945년 이후 전개된 해방공간에서 일찍이 지방자치적 기반을 조성한 대 구는 과도적 건준을 발전적으로 해체하고 경상북도 인민위원회를 11월 16 일 결성하였다. 이것이 대구 지방정치의 첫걸음이다. "조선의 모스크바"라

불리었을 만큼 일제하에서 활발한 민족독립운동을 전개한 대구지방의 좌익계열 인사들이 중심이 된 이 날 도인민위원회 구성은 이상훈을 위원장으로 하고 최문식(내무부장 겸임)과 채충식(전신간회 대구지회간사)이 부위원장으로 인선되어 대구 지역 사회의 존경받는 인물들이 대거 천거되었다.[3] 그리하여 조직이 완료된 경북 도인민위원회는 중앙위의 정강인 첫째, 완전 자주독립국가 건설, 둘째, 일제 잔재와 봉건 잔재의 일소, 셋째, 노동자, 농민의 생활향상을 내걸고 정치활동에 들어갔다. 그 중 맨 먼저 착수한 것이 『대구시보』의 발행이다.

10월 3일 개천절을 택해 창간된 『대구시보』는 해방 후 최초로 발행된 우리말 신문이다. 이것은 무엇보다도 해방정국의 정치동향을 알리고 경북 도인민위원회 정치노선을 반영하여 민중들을 건국의 변혁주체로 계도하는 데 그 목적이 있었다. 그러나 이 『대구시보』는 1945년 12월 31일 "신탁통치 반대, 군정 한인 관리 총사퇴"란 제하의 기사를 실어 미군정에 대해 비판적인 자세를 갖자, 정간처분이 내려졌고, 그후 얼마 안되어 운영권을 박탈당하고 말았다.

다음으로 이들은 10월 24일 노동조합 대구협의회를, 11월 27일에는 전국농민조합 경북연맹, 1946년 3월부터 총동맹 경북 연맹을 결성하고 민중들을 조직화해 나갔다. 그러한 조직 가운데서도 대구의 치안 공백을 메우기 위해 10월 26일 국군준비대 경북 사령부를 조직하고 치안관리와 농촌봉사 등 활발한 움직임을 갖다가, 이듬해 초 미군정의 해산령으로 해체되고 말았다.

그러나 이러한 좌익계열의 앞선 자치구 형성 이후에야 중앙의 우익활동에 영향을 받아 형성된 우익연합체는 1945년 11월 7일 해방 후 급조된 경북치안유지회를 모체로 조선독립 경북촉진회를 조직한다. 이들은 건국과정에 뒤늦게 참여한 이승만의 노선을 지지하며, 우익 여섯 개 정당과 기독교협회가 참여하여 결성되었지만, 도인민위원회처럼 대중적 지지를 받지 못한 이익단체들의 연합회적 성격이 강하였다. 그렇기 때문에 대구를 중심한 경북지방 정치에 있어서 해방직후 우익의 역할은 미미하였다.[4]

---

3) 정해구, 『10월 인민항쟁연구』, 125쪽 이하 참조.
4) 김남식, 한홍구, 이정식 엮음, 『한국 현대사 자료총서』 6, 돌베개, 1986, 356쪽.

하지만 이들은 45년 10월 29일, 미군정이 본격적으로 시작된 이후 구성된 '행정고문회'에 대거 진출하면서, 친일부역자들과 함께 대구 정치의 실세로 등장한다. 바로 여기에서 미군정의 점령지 통치 정책의 본의가 노출됨과 동시에 대구 지방 정치의 비극이 배태되었던 것이다. 왜냐하면 미군정은 그들의 진입 이전 민중의 지지기반 위에 세워졌던 좌익의 조직과 결사들을 부정하고, 일제하의 관료 및 경찰을 유지, 강화하고 우익계열에 편중된 행정고문회를 수립하는 등 친일·매판세력들을 재등용시킴으로써 민중과 좌익계 인사들의 해방의 열망을 좌절케 하였다. 또한 한반도에서 자국의 이해관철을 위한 '현상유지'를 목적으로 하고 있었던 미군정은 대구지역에서도 지역의 자치적인 치안관리 활동을 부정하고 강압적, 폭력적인 경찰력을 재건, 동원함으로써 민중의 권익을 대변하는 노동자 농민들의 자주적 조직과 활동을 폭력으로 파괴하고 이들의 운동을 정치의 장에서 배제시켜 갔다.

군인, 경찰, 테러단에게 살해된 자가 300여명, 그 외에 행방불명, 부상, 검거 및 투옥된 자가 수만명에 이르는 10월 민중항쟁의 직접적 발발 원인은 조선노동조합전국평의회(이하 '전평'으로 약칭)의 "남조선 총파업 투위" 지도 아래 1946년 9월 24일부터 돌입한 대구의 철도, 우편파업에 대한 군대와 경찰, 그리고 테러단의 강경하고 폭력적인 대응이었다. 그러나 이것이 대규모 민중항쟁으로 확산된 보다 근본적인 이유는 민중의 생존권을 책임지는 미군정의 토지개혁 실시 지연과 이에 연관된 식량 정책의 무계획적인 시행에 있었다.

토지개혁, 적산불하 등 해방 후 남한의 경제적 문제에 대한 미군정의 입장은 미국 중심의 자본주의적 세계질서 재편과정에 남한이 편입될 수 있도록 경제구조를 개편하는 것이었다. 남한에 공산주의의 방벽을 구축하는 것은 미군정의 일관된 점령목표였으며, 이를 위해서는 남한내에 정치적 동조세력이 필요했다. 이 동조세력들이 바로 일부 대지주계급과 매판적 상공인이었다. 이들은 대개 일제시기에 친일지주 내지 민족개량주의적 부르주아였다. 미군정은 이들을 비호 내지 지지하면서 토지개혁이나 적산불하가 이들에게 유리하게 진행되도록 했다. 해방이후 일인 소유의 토지와 적산을 수합한 미군정의 신한공사는 귀환민들과 소작인들에게 이것들을 공정히 분배하지 않고, 일부 친미적 자본가들에게 전부 넘겨버렸다. 뿐만 아니라 소작율의 인하가 제대로 시행되지 않아, 1946년에만 경북 안에서 1,552건의 소작쟁의가 발생하였다. 토지개혁과 적산불하 등 남한의 경제구조 개편의 문제에 대한 미군정의 반민중적 입장은 대구·경북지역 민중의 광범위한 저항을 예고하고 있었다.

이와 같은 정황에 미군정은 전혀 민중의 생활고를 고려치 않고 식량의 자유매매와 자유곡가제를 실시하였다. 따라서 쌀은 지주와 상인들이 매점매석하고 쌀값은 폭등하여 쌀 1되를 제대로 구할 수 없었다. 그러자 미군정은 46년 2월에 '미곡 수집령'(군정청 법령제45호)을 내려 국미(國米)라는 명목으로 강제수집과 통제 배급을 실시하였다.

그러던 3월에 미군정은 미곡 불법운반과 자유매매를 금지하였다. 배급이 제대로 안 되는 상태에서 자유매매로 불법으로나마 유입되던 쌀이 공급되지 않자 민중들의 원성과 불만이 높아져 갔다. 이에 엎친데 덮친 격으로 6월 들어 더위와 함께 콜레라의 전염으로 교통까지 차단되자 조금이나마 반입되던 식량이 줄어들어 수백 명의 아사자를 내었다. 따라서 민중들은 그들의 생존권과 자유를 찾기 위한 투쟁대열에 굶주린 배를 움켜잡고 가담하지 않을 수 없었다. 그것이 앞선 전평의 파업과 학생과 좌익인사들의 지도력과 결합하여 미군정에 대해 반기를 들고 '10월 민중항쟁'으로 분출된 것이다.

3) 10월 민중항쟁과 최문식의 정치노선

최문식이 기독청년을 중심으로 민족독립운동을 주도하다 일경에 검거되어 처음 신문지상에 오른 것은 1933년이다. 그러나 그는 그 이듬해 가을, 대구에서 대구 노동자 소비조합 결성을 준비하던 중, 몇 년 전의 "기독교 사회주의 비밀 결사 사건"의 주모자로 재검거되어 옥고를 치른다. 그리고 출옥한 후 평양장로회 신학교에 입학, 1939년(평신34회) 53명의 동기생들과 함께 졸업을 하여, 바로 그 해 가을 목사안수를 받고 대구에서 목회를 하게 된다.

1944년 해방 전에는 경산군 고경면 매호동에서 과수원을 경영하며, 여운형이 중심이 된 '건국동맹'에 여운형과의 접촉을 통해 참여하고 건국동맹 경북지부를 수립하여 활동하게 된다. 이때부터 최문식은 좌파적 정치노선을 가지고 민족운동에 참여한다. 그러다가 해방 후 앞서 밝힌 경북 도인민위원회 부위원장으로 여운형이 이끄는 인민당에 소속되어 대구 지방정치에 혁혁한 일들을 수행한다. 『대구시보』의 편집국장과 반탁투위의 임시의장으로 미군정의 실책에 대한 비판과 신탁관리 반대 투쟁을 하며, 자유독립을 홍보하고 좌우합작을 주선하기도 한다.

그러나 최문식은 신탁문제에 있어 좌·우익의 여러 세력들이 형성한 공투위의 내무위원장으로 활동하던 과정에 조선공산당을 비롯한 좌익세력의 삼삼회의 지지노선으로의 입장변화를 따라 찬탁으로 노선을 바꾸면서 이 일로 인해 모처럼의 통일전선이 와해되는 것을 못내 안타까워하였다. 왜냐하면 그는 찬탁을 지지하는 좌파계열에 소속되어 있었지만, 박헌영이 이끄는 조선공산당 계열과 같이 교조적으로 우익과 절대 비타협적 노선을 견지하지 않고, 인민당이 지향했던 민중과 중산층이 연합하여 통일노선을 이루는 혁명 노선을 추구했기 때문이다.

당시 인민당의 정치노선은 기본적으로 같은 좌익진영에 속해 있으면서도 조선공산당과는 달리 건국을 위한 변혁운동세력의 범위를 매우 광범위하게 설정하고 있었다. 친일파 민족반역자나 극좌, 극우의 편향자를 제외한 전 인민의 참여에 의해 건국을 위한 통일전선이 꾸려져야 한다고 주장하였다. 또한 당수였던 여운형이 1946년 9월에 평양을 방문하여 김일성, 김두봉 등과 만나 밝힌 바대로 극좌모험주의적인 폭동에 대한 반대의사를 가지고 있었다. 이러한 인민당의 정치적 입장은 대체로 당에 참여하고 있던 최문식에게 영향을 미쳤음이 분명하고 10월 항쟁의 과정에서의 최문식의 결정과 행동에도 반영되었다고 할 수 있다.

이와 같은 점은 그가 10월 인민항쟁에서 보인 지도력과 활동에서도 드러난다. 1946년 10월 1일, 도청에서 기민(饑民) 데모가 한창이던 오후, 역광장에서는 100여 명의 무장경찰대와 노평(勞評) 산하 수천명의 파업노동자들이 "쌀배급", "일급제 반대", "박헌영 선생 체포령을 취소하라"는 구호를 외치며 위기상황을 이루고 있었다. 이때 최문식을 비롯한 윤장혁, 손기채 등이 나가 선동연설을 하고, 이에 자극을 받은 이들이 대규모 집단 행동으로 돌입하였다. 이때 향방을 알 수 없는 곳에서 날아온 돌멩이 하나가 경찰측에 던져지자, 경찰의 무차별 발포가 시작되었다. 그리하여 수많은 노동자가 다치고 그 중 한 명이 숨졌다. 이 사망자의 시체가 그 이튿날, 대폭발의 도화선이 되어 5만여명이 넘는 민중들이 들고일어났다.

그러나 정작 이 항쟁을 선동하고 주도한 최문식은 점차 이 항쟁의 여파가 경북도내로 퍼져가며 수많은 살상과 처절한 피의 보복이 일어나는 것을 보고, 사건의 지나친 확대를 막고 민중의 요구 사항을 관철시키려는 의도에서 중재에 나선다. 그래서 최문식은 우선적으로 경찰의 무력 진압을 만류하려는 생각을 가지고, 당시 대구서장 이성옥을 설득하였다. 그는 군중들을 책임지고 해산시킬 것을 약속하고 경찰의 무장을 해제시켰다. 또한 최문식은 미군의 계엄령 선포와 무장 탱크의 시내 진입을 바라보며, 미군정과 사태수습을 위해 협상에 나섰다. 미군정 초기부터 대구 민중의 식량문제, 콜레라 대책 등 좌우익을 대표하여 미군정과 상대해온 그는 협상의 과정에서 10월 3일 눈물 맺힌 선무방송을 하게 된다.

시민 여러분, 이 불행한 사태를 자아내지 않으면 안 될 이유가 어디 있습니까? 동족 유혈의 참극을 연출한 이유가 어디 있습니까? 참으로 슬픈 일이고 불행한 일입니다. 시민여러분 흥분된 오늘의 사태를 수습합시다. 경찰관은 우리의 경찰입니다. 적대시하지 말고 힘을 합하여 건설에 노력하기를 원합니다. [5]

물론 최문식의 이 호소가 어느 만큼 분노한 민중들을 자제시켰는지는 모른다. 하지만 그는 10월 인민항쟁의 주역으로서 민중들의 해방 욕구가 과도히 분출되어 동족간의 피해가 점차 커져가는 것을 우려하였던 것이다. 그리하여 투항방송이란 좌익 청년들의 오해를 무릅쓰고 그는 마이크 앞에 섰던 것이다.

그러나 미군정은 최문식의 이런 속 깊은 내막을 알 리 없었다. 그들은 10월 민중항쟁을 미군정에 대한 준반란(Quasi-Revolt)으로 보고 선무방송을 마친 최문식을 이번 사건의 배후 조종자로 구속하였다. [6] 그리고 그는 그

---

5) 『대구시보』, 1946. 10. 19.

이듬해 대구지법 제1호 법정에서 피검자 중 최고형인 징역 3년형을 받았다.

여기서 짚고 넘어 갈 문제는 과연 그가 대구 민중항쟁의 후반부 확산 과정에서 발생한 유혈상쟁의 모든 책임을 혼자서 짊어져야 할 이유가 있었는가 하는 점이다. 그가 대구 지역에서 민중들로부터 받은 신뢰와 지지도에 비례하여 대속적으로 받은 형벌이라면, 그것은 신학적으로는 가능하지만, 그 자신의 의도와 역할에만 견주어 볼 때 그것은 법적으로 분명 억울한 일이다. 그것은 최문식의 역사상 마지막 말일 수 있는 6월 2일, 이틀동안 계속된 대구지방법원에서의 사실심리와 변호인단의 반대 심문에서 잘 드러난다.

① 46년 10월 2일, 사건 당일에 대구서에 간 것은 사태를 원만하게 해결하기 위한 것이다.
② 경찰의 무장해제, 피검자 석방 등의 요구 조건을 들어주면 민심은 안착시킬 것으로 생각하고,
③ "폭동"은 옳지 못하고 항쟁이 자연적 사태라면 그 원인이 무엇인지 시비를 보아야 할 것이다. 7)

그는 이 진술의 마지막 3항에서 말하듯이 10월 민중항쟁의 "원인"을 묻고 있다. 왜 민중들의 그처럼 해방의 감격과 환희 속에서 환멸을 느끼고 또다른 제2의 해방을 위해 생명을 내걸고 봉기하였던가?

4) 민중신학자로서 최문식

지금으로부터 그렇게 먼 과거가 아닌 반세기 전의 일이지만, '10월 민중항쟁'에 얽힌 최문식의 이야기는 어디에도 확실한 자료가 남아 있지 않다. 그로 인해 그의 출생과 본적, 그리고 가족사항 등을 알 길이 없다. 평양장로회신학교 34회 졸업생 명부에는 그의 이름이 적혀 있지만, 학적부나 그외 관련서류들은 6 · 25때 화재로 소실되어 그 흔적을 찾아볼 수 없다. 우리가 모을 수 있는 부분적인 그의 생애에 대한 재구성은 그의 학교 동문인 유

---

6) 미군정청 보고서, 『G2-periodic Report』(H. Q. USAFIK), 명서각, 1986, 1946. 10. 2.
7) 정연진, 『폭풍의 10월─대구 10. 1 사건을 일으킨 사람들과 그 이데올로기』, 421쪽에서 재인용.

재기 목사의 회고를 따라, 해방되던 해에 그가 39세였다면 1906년생 쯤 될 것이라고 추정할 수 있겠다. 그리고 그의 출생지는 유한종의 증언에 의하면 경남이라고 한다.[8] 하지만 정연진의 책『폭풍의 10월』에 의하면, 경북으로서 경남 가까운 창령이나 밀양 부근이었을 것으로 추정한다. 그는 평양 숭실 전문학교를 나오고 어떠한 동기에서인지는 모르나 평양 장로회 신학교에 들어간다. 그러나 갈등을 겪고 한동안 휴학을 한 후 복학하여 1939년에 학교를 졸업한다. 이때 그의 주소는 평양부 신양리 108-32로 졸업자 명단[9]에 기록되어 있다. 결혼한 시기는 정확히 알 수 없으나 그의 처 우신실(禹信實)은 평양 출신으로 후에 10월 민중항쟁 부녀동맹 도당위원장으로 활약한 여성이기도 하다. 또한 최문식에 대해 전하는 이들에 의하면, 그는 성격이 매우 원만하고 여러 가지 일에 "굉장한 수완가"였다고 한다. 특히 영어를 잘 해 미군정 시절 미군들과 통역 없이 현안문제들을 토론했다고 한다.

그러나 이러한 그의 부분적인 삶의 면모들보다는 우리의 중요한 관심사인 제2의 해방운동으로서 10월 민중항쟁을 주도한 최문식의 사상형성과 신학적 주제들에 관해 검토해보자. 그런데 그에 관한 자료의 부족으로 필자는 다만 그의 두 편의 미완의 논문을 중심하여, 10월 민중항쟁에서 보인 그의 민중해방의 실천적 의지나 이념적 단초들을 찾아보고자 한다. 그것은 「'하나님 나라' 사상에 대한 논고」(『신학지남』, 1939년 5월호와 9월호)와 「신구약에 기록된 하나님에 대한 이름들」(『신학지남』, 1939년 9월호와 11월호)이다.

우선 최문식의 이 글이 학생 신분의 글로서 한국보수주의 신학의 요람인 평양신학 교수들의 학술지인『신학지남』에 실렸다는 사실 자체가 이채롭다. 그것도 아직 목사안수도 받지 않은 그 해 졸업생의 글로 선교사들과 한국인 교수의 글 사이에 나란히 무게있는 논문으로 실렸으니 말이다. 그는 이 글의 서론 앞에 아래와 같은 자신의 글에 대한 집필동기와 더불어 스스로 부족함을 자인하는 겸손의 말을 덧붙이고 있다.

---

8) 유한종, 「혁신계 변혁, 통일 운동의 맥」, 『역사비평』 5호, 1989년 여름, 327쪽.
9) 『신학지남』, 1939. 5.

필자는 몇 년 전에 다시 신학 연구의 길을 밟으면서 극진한 몇몇 형들에게 앞으로 일생을 통하여 연구하고 고찰할 중심 과제로서의 '하나님 나라'에 대한 것을 밝혀 말한 일이 있었다. 저간에도 이 방면에 대한 유의와 온축(蘊蓄)은 하여 왔다고 하면서도 늘 여기에 대한 열과 성이 부족하다는 것을 자책하여 마지 아니하였고, 이제 이 부족한 것을 내어놓으면서 선배제위와 친우제현의 책임있는 지시와 편달이 있기를 간절히 비는 바이다. 10)

즉 그의 「하나님 나라」에 대한 논고는 일시의 신학적 관심이나 지적 호기심이 아니었다. 따라서 이 글은 앞으로 진행할 실천을 위한 일종의 이념적 작업의 성격을 띠고 있다.

그가 신학을 다시 하기로 작정을 하고 들어와 이 글을 쓰던 1930년대 말, 이때의 한국은 지나(支那)사변을 일으키고 제국주의 침략전쟁에 광분한 일본의 병참 전진기지로서 말할 수 없는 착취와 약탈을 당하며 민족의 자주성이 말살당하던 시기였다. 곳곳에 가난과 궁핍, 그리고 질병으로 뒤범벅된 참혹한 현실을 바라보면서 신학도 최문식은 무엇을 생각하였을까? 그리고 그가 신학연구에서 얻은 것은 도대체 무엇일까?

그는 위의 글을 통하여 성서의 전편을 흐르는 가장 중요한 중심사상을 두 가지 주제로 집약한다. 즉 하나는 "하나님 나라" 사상이고, 다른 하나는 "하나님 아버지" 사상이다. 따라서 예수의 교훈은 하나님 나라로 포괄되고 그의 신관은 하나님을 아버지로 일컫는 삼위일체적 구조 속에 놓여 있다는 점을 강조한다. 그리고 그는 이것을 논증하기 위해 이 주제로 신약성서 전편을 분해하여 공관복음서와 바울서신, 그리고 요한복음에 각각 드러난 "하나님 나라"와 "하나님 아버지"사상을 어휘적으로 정리한다.

이 두 편의 글에서 최문식은 위의 두 개념들에 대한 신학적 논의보다 직접 성서 본문의 구절들을 일일이 열거하여 고증하는 데 지면을 다 할애하고 있다. 그리고 두 글 다 미완으로 마지막의 중요한 해석적 부분을 생략하고 있기 때문에 실제 최문식이 이 개념들을 어떻게 이해했는가 하는 신학내용에 대해서는 더 이상 알 수가 없다.

---

10) 최문식, 「하느님 나라 사상에 대한 논고」, 『신학지남』, 21권 3호, 1939. 5, 408쪽.

그러나 필자는 최문식이 그의 글에서 "'천국'과 '하나님 나라'의 차이"(제 Ⅱ장)와 "'하나님 나라'의 의의"(제Ⅲ장)를 생략하고 구약의 하나님 칭호를 밝히지 않았다고 해도 바로 이 개념들 속에 그의 신학사상이 내포한 혁명적 차원과 민중적 차원이 명료히 드러났다고 본다.

우선 그가 1930년대 말 일제 식민지 시대의 억압과 착취의 암울한 현실 속에서 '하나님 나라'를 종말론적으로 이해하고, 하나님을 삼위일체적 경륜 속에서 예수의 아버지로 강조하였다는 것은 매우 혁명적인 의미가 있다. 즉 그는 성서의 '하나님 나라'는 지상적인 "어떠한 인간 집단"(a company of man)이며 동시에 미래에 속한 종말론적 실재로 이해한다. 따라서 '아버지'로서 하나님은 아들을 통해 이 땅 위에서 '하나님 나라'를 실현해 가시는 "하나님 나라의 운동자"라고 말한다.[11]

또한 그는 이 '하나님 나라'를 민중적 차원에서 해명한다. 앞서 천국을 지상의 어떠한 특별한 인간 집단(지극히 작은자, 마 11: 11)으로 혁명적으로 규정한 다음, 그것은 마태복음 5장의 산상수훈 가운데 "가난한 자"(마 5, 3)와 "의를 위해 핍박받는 자"(마 5: 10)들의 축복과 특권으로 보고 있다. 그래서 '하나님 나라'는 숨은 보화의 비유처럼 모든 것(소유)을 다 팔아서 사야 하는 것이며 (마 13: 44), 때로는 빼앗길 수도 있는 것이다(마 21: 43).

최문식은 이 '하나님 나라'를 어떤 특정한 사람들이 들어가는 곳, 특히 지옥이나 음부를 상대적으로 표상하여 사용한 것으로 보고 그곳에 들어가는 자는 "하나님의 뜻대로 행하는 자"라야 가능하다고 말한다. 따라서 '하나님 나라'의 기득권자인 이스라엘의 자손들은 오히려 바깥 어두움으로 쫓겨나고 대신 이방인들에게 허락되어지는 현실이다(마 8: 12). 그러나 이것은 양과 염소의 비유(마 25: 34)처럼 장래적으로 심판과 더불어 이루어질 사건이다.

이렇게 최문식은 '하나님 나라'를 가난하고 의를 위해 핍박받는 소외된 민중들의 공유하는 현재적 실재로 보고, 자기 소유(사유재산)를 포기하고 하나님의 뜻대로 실천하며, 민중해방에 연대하는 공동체로 보고 있다. 그런

---

11) 같은 글, 413쪽.

데 이러한 그의 민중신학의 단초들이 어떻게 민중해방을 목표로 한 10월 민중항쟁에서 실천적 지도이념으로 연결되었는지 1939년부터 1946년 사이의 그의 사상적 여정을 추적해낼 수 없기 때문에 분명하게는 확인할 수 없다. 단지 앞서 인용한 유재기 목사의 회고에 의하면, 그는 학생 때부터 맑스주의에 심취하고 일본의 빈민사업가 가가와 도요히꼬(賀川豊彦)의 '기독교 사회주의' 사상에 공감하여 가난한 자 편에 서서 선교해야 한다는 것을 늘 주장하였다고 한다.

그렇다면 최문식은 그의 신학 안에 성서적 요소와 맑스적 요소를 어느 만큼 결합해 가지고 있었던 것인가? 그것을 알아볼 어떠한 사료도 남아 있지 않지만 분명한 사실은 그에게는 이 두 요소가 역사의 변혁주체인 "민중" 안에서 결합되어 궁극적으로 자주적 통일정부를 지향하는 10월 민중항쟁이란 민중해방의 실천으로 이어졌다는 것이다. 그러므로 그는 결코 교조적이고 모험적인 공산주의자가 아니었다. 그 증거는 그가 1950년 6월 28일, 서울 함락 때 마포형무소에서 풀려났으나 수감 중 전향 발언을 했다고 북의 정치보위부에 끌려다니며 수난을 겪고 9·28때 행방불명이 된 사실이 단적으로 말하고 있다. 또한 그가 실종되기까지 목사의 직분을 포기하지 않고 전쟁시 남한의 기독교세력을 완전 박멸하려는 인민군의 종교정책에 반해 애국적인 기독교세력을 옹호하고 나선 것에서 잘 드러난다.[12] 김재준의 회고에 의하면 그는 남조선 민정실시를 위한 최고위원 7인 중에 들어 "목사는 사형에 처하고 장로와 교인은 인민재판에 세운다"는 숙청원칙에 수정안을 제시하고 일제시대와 이승만시대에 당국의 앞잡이로 적극 협력한 부류 이외는 그 대상을 제한하였다 한다.[13]

이와 같은 점에서 그는 명확한 현실인식의 바탕 위에 민족·민중해방의 과학적이고 실천적 경로를 추구한 자다. 그리고 이런 해방과 사회변혁의 역사에 기독교인으로서의 역할을 누구보다 바로 실천한 자이다. 따라서 최문식은 가난한 민중에게 축복과 특권으로 주어진 하나님 나라 운동을 전개하

---

12) 10월 민중항쟁부터 1950년대 6.25까지의 그의 행적에 관해서는 조향록 목사의 글에서 살펴볼 수 있다. 조향록, 『八十自述』, 201-207쪽.
13) 김재준, 『범용기—장공 김재준자서전』, 장공 자서전 출판위원회, 1983, 198-199쪽.

다 십자가 위에서 희생당한 예수처럼, 그는 미군정의 대 남한 점령 정책 속에서 극대화되는 민족·민중모순의 해방을 위해 스스로 고난의 멍에를 짊어지고 역사의 제물이 된 많은 그리스도인 가운데 하나였다.

맺음말

한국민족사에 있어서 해방공간(1945-1948)은 하나의 가능성이었다. 일제식민치하에서 해방된 한국민족은 어떻게 민주적이며 자주적인 통일국가를 형성할 것인가 이것이 해방공간의 역사적 과제였다. 따라서 한국민족사 속에 존재하는 한국교회들은 이 역사적 과제를 외면하고 홀로 별개의 공간에 존재할 수는 없었다. 특히 한국민족사 속에 지난 반세기 한국사회의 근대화 과정과 민족 독립 운동에 커다란 기여를 해온 한국교회는 해방 공간에서도 자못 그 역할에 대한 기대가 컸었다.

1945년 8월 15일 해방은 '미완의 해방'으로 민족의 비극인 분단의 시작이었다. 미국과 소련에 의한 남북한의 분할점령, 식민지하의 모순을 해결하지 못한 친일파 반민족주의자들의 득세, 민중의 기본 생존권과 자유가 보장되지 못하고 더욱 박탈당하는 체제내적 구조의 심화 등은 해방공간에서 "하나님의 나라를 이루며 그 뜻을 실천해야 할(마 6:33)" 예수의 제자직을 맡은 한국교회에게 부여된 시대적 선교 소명이었다.

본 글은 바로 이러한 시대적인 선교 소명을 가지고 해방 공간에서 하나님의 나라를 이룩하고자 하였던 기독교 사회주의자 최문식의 생애와 사상을 논구한 것이다.

물론 이들 외에도 해방공간에서 민족공동체를 위한 성서적 이상과 대안을 갖고 그것을 실천하기 위해 노력하였던 이들이 많이 있었다. 단지 이 글에서는 해방공간의 중요한 역사적 변수였던 10월 민중항쟁을 중심하여 뚜렷한 정치적 지향성을 가지고 그 영향력을 교회조직이나 사회운동, 그리고 민중사건 등에 발휘한 대표적인 인물의 면모를 다루었다.

10월 민중항쟁을 통해 해방공간의 체제내적인 민중과 민족 모순을 끌어안고 자본주의와 사회주의란 이념의 경계를 넘어 성서가 제시하는 하나님 나라를 전하기 위해 10월 민중항쟁의 전선에 섰던 최문식 목사. 이들의 정치적 선택과 신학 사상에 대해 오늘 우리가 정당하게 평가하기에는 어려운 것이 사실이다. 그러나 그가 성서적 기초 위에서 추구한 신학과 삶의 하나됨을 위한 노력, 분단된 역사와 민족에 대한 시대적 책임, 그리고 현실과 이상의 변증법적 통합을 위한 이상은 오늘 친미 반공주의의 이데올로기를 선택하여 해방후 분단구조를 강화해온 한국교회가 윤리적 지표로 지향해야 할 것이다.

오늘 우리는 어떻게 살고 있는가? 분명 21세기는 제2의 해방인 통일의 세기일 것이다. 그러나 그 통일은 지난 세기의 8.15해방처럼 타의적으로 다가오던지 우연으로 다가오지 않을 것이다. 아니 그렇게 오게 해서는 안된다. 미래는 준비된 자의 것이다. 변화된 세계사에 대한 올바른 역사의식을 가지고 민족의 내재적 역량을 동원하여 평화적 방법에 의한 통일, 통일에 의한 평화의 실현을 추구해야 한다. 따라서 이런 통일 선교와 평화 선교의 미래를 준비하는 한국교회에 이들의 삶과 신학은 오늘 우리에게 커다란 도전을 주는 것이다.

제6부

맑스주의의 확장과 비판

1987년 이후 한국에서 주권합성과 계급구성

조정환(자율평론)

글머리에

이 글에서 내가 밝히고자 하는 것은, 사회변혁과 관련하여 지금까지 제기된 이른바 '진보적' 이론들이 (수동적인) 계급합성과 (능동적인) 계급구성을 구별하지 못했다는 것, 그럼으로써 그 이론들이 전자를 기반으로 하는 주권합성의 계열에 동화되고 말았다는 것이다. 주권합성의 계열에 적대하는 능동적 계급구성의 계열을 설명하지 못할 때 진보를 위한 모든 이론적 기획은 주권합성의 새로운 방법을 찾는 것으로 귀결될 뿐, 합성된 주권의 해체와 비주권적 사회구성을 전망할 수 없게 된다.

나는 이것이 1987년 이후 민중운동과 시민운동으로 분립되어온 한국의 저항운동들이 개혁주의(re-form-ism), 즉 합성된 주권의 형식 변경에 대한 추구로 수렴되어 버린 사상적·이론적 조건이라고 파악한다. 그래서 나는 1987년 이후 한국사회에서, 주권합성을 낳는 수동적 계급합성의 계열과 구별되며 그것에 대항하는 능동적 계급구성의 계열이 삶 속에서 어떻게 발아·발전되고 있는지를 추적할 것이다.

이 작업은 불가피하게 1990년대 한국사회 형성론의 주요한 두 축이라 할 수 있는 민중사회론과 시민사회론에 대한 비판을 경유한다. 이 두 이론은 많은 점에서 차이를 보이지만 한 가지 중요한 점에서, 즉 사회변혁에서 주권합성의 필요성에 대한 승인에서 합치한다. 물론 이 두 이론은 새로운 주권합성이라는 공동 관심사를 추구하는 강도(주권합성의 적극적 승인인가 소극적 승인인가), 주체(시민인가 민중인가), 목표(민주화인가 민중권력인가), 방법(개혁인가 혁명인가) 등에서 차이를 보인다.

이 두 가지 사회형성론에서 계급구성론, 다시 말해 사회성원들의 '능동'에 대한 탐구가 없는 것은 결코 아니다. 시민사회론과 민중사회론은 그 나름대로 사회집단들의 능동에 대한 탐구를 포함한다. 하지만 나는 이 두 이론의 발견들이 어떻게 주권합성이라는 수동화의 계열 속으로 재통합되어 버리는가를 밝힐 것이다.

시민이나 민중 개념은, 우파적 '국민' 개념의 중도좌파적 혹은 좌파적 방향의 구부리기를 포함하지만, 그것이 주권 체제의 합성 계기로 배치되어 있는 한에서는 수동성의 한계를 넘어설 수 없다. 나의 목표는 시민이나 민중을 주권합성의 계열에서 분리시켜 비주권적 '구성'의 계열 속에 재배치하는 것이다. 이것을 위해 나는, 맑스의 초기저작들에서 자주 제시되는, '주권에서 독립적인 프롤레타리아'의 개념을 만회하면서 그것을 현대 자본주의의 탈근대적 조건에 상응하는 비주권적 '다중'(multitudes)의 개념으로 재정식화할 것이다. 1)

주권합성과 계급구성

주권합성과 계급구성은 현대의 사회형성에 내재하는, 갈등하는 두 계열이다. 합성은 이질적 활력들을 합쳐 단일한 것, 통일된 것을 이루는 과정을 의미하며 구성은 활력들의 이질성을 통한 자기가치화적 생산과 그것들의 생산적 재배치를 의미한다. 2) 주권합성에서 활력들은 수동적 위치에 놓이

---

1) '다중' 개념에 대한 철학적 설명은 안또니오 네그리, 「다중의 존재론적 정의를 위하여」, 영광 옮김, 『자율평론』 4호, 2003년 3월, http://jayul. net/view_article. php?a_no=180&p_no=1을, 그것에 대한 정치적 설명은 마이클 하트·안또니오 네그리, 『제국』, 윤수종 옮김, 이학사, 2001을, 그것의 정보사회적 실존에 대해서는 조정환, 『지구제국』, 갈무리, 2002의 제2부를 참조.

2) '가치화'와 '자기가치화'의 차이에 대해서는 해리 클리버, 「마르크스주의 이론에서 계급 관점의 역전: 가치화에서 자기가치화로」, 『사빠띠스따』, 이원영·서창현 옮김, 갈무리, 1998 참조.

며 계급구성에서 활력들은 능동적 작용을 한다. 이 두 계열의 적대가 사회형성을 규정한다. 다시 말해 주권합성의 성공이 계급 탈구성을 가져오고 계급 재구성이 주권의 탈합성을 가져오면서 이들은 상호 적대적으로 전개된다.

그런데 주권합성의 계열은 수동적 계급합성이라고 불릴 수 있는 과정을 기반으로 전개된다. 왜냐하면 그것은 활력들을 주권의 원천이면서 동시에 대상인 피치자 집단으로 합성함으로써 그것들의 능동성을 전유하는 과정이기 때문이다. 이 과정에서 활력들은 수동적 위치에 놓이면서 '피치자'라는 공통성을 갖도록 집단화된다. 노동자-시민-국민 등은 이 수동적 계급합성의 중층결정 형태들이다.

부르주아사회에서 수동적 계급합성을 기반으로 하는 주권합성은 두 가지 층위로 구축된다.

그 중 한 층위는 경제적 주권합성, 즉 자본합성이다. 무엇보다 가치화가 제일의 목적인 이 층위에서 사람들은 우선 노동대상(원료)과 노동수단(기계), 요컨대 불변자본을 움직이는 노동력, 즉 가변자본으로 합성된다. 유동자본과 고정자본, 가변자본과 불변자본의 관계로 편성된 자연-인간-기계의 복합 관계가 바로 자본합성이다. 이것은 생산과 재생산의 총체로서, 즉 생산-유통-분배-소비의 총체로서 합성된다. 이것은 우리가 흔히 생산관계라고 부르는 것이기도 하다.

또다른 층위는 정치적 주권합성, 즉 권력합성이다. 이 층위는 국가뿐만 아니라 문화, 이데올로기 등을 포함한다. 국가는 계급합성, 자본합성, 권력합성을 총괄하는 주권합성 계열의 주축으로 작용한다. 주권합성은 일국적 경계에 국한되는 것은 아니며 오늘날의 제국에서처럼 국가들의 관계망으로 발전할 수도 있다.

그러면 계급구성은 이것과 어떻게 다른가?

사람들은 주권합성 과정에서 수동적 형상의 계급으로 합성된다. 노동력-노동자-유동자본-가변자본의 형상들, 그리고 개인-시민-국민의 형상들이 주권합성의 계열에서 나타나는 수동적 계급합성의 형상들이다. 그러나 이 순환적 국면들에서 늘 균열이 발생해왔다. 사회형성체의 이완, 무질서, 혼란으로 나타나는 이 균열은 주권합성 과정이 '이질적인 것들을 단일한 것들로 묶어세우는 과정'이었다는 점에서 주어진다. 합성에 대한 비판으로서의 분석과 분해 과정(합성된 통일체로부터 그 요소들의 탈주)이 발생할 때 사회형성체는 혼란과 무질서, 동요, 위기, 해체를 겪는다. 이 과정은 전적으로 이질적 활력들의 능동성의 자기표현의 결과이다. 이 이질적인 것들이 비합성적, 비주권적 방식으로, 즉 단일한 형태, 단일한 원리, 단일한 방향에 종속되지 않는 방식으로 연결·접속되는 과정이 계급구성의 계열이다.

그러므로 사회형성체는 본원적으로 주권합성의 계열과 구분되는 이 능동적 계급구성의 계열에 의해 교란되고 있는 불안정한 형성물이다.

1987년의 균열과 시민사회의 등장

1997년에는 위기로, 2002년에는 권력으로 그 힘을 드러낸 1987년은 한국 현대사의 중요한 분기점들 중의 하나이다. 그것은 1960년에 시작된 근대적 산업화의 균열을, 권위주의적 주권합성에 대항하는 프롤레타리아의 민주주의적[3] 계급구성의 노력을 보여준다. '노동으로부터의 해방'과 '노동의 해방'을 모두 의미할 수 있는 '노동해방'이라는 구호는 이 새로운 계급구성 기획의 불명료한 표현이었다.

당시 좌파들 대부분이 이것을 사회주의적 주권합성의 관점에서 해석했음은 주지의 사실이다. 그것은 전투적 노동자대중의 운동을 위로부터 사회주의적 전위의 정치활동과 결합시킴으로써 헤게모니를 구축하려는 노력으로 나타났다. 1987년을 전후하여 구성된 많은 정파들은 이것의 조직적 표현이었다. 이 사회주의적 주권합성론 속에서 1987년의 6월은 7-9월에 문을 열어준 계기로서만 이해되었고 궁극적으로는 7-9월에 종속되어 그것에 의해 이끌어져야 할 대상으로만 설정되었다.

그러나 1987년에 대한 그러한 해석과 대응은 1987년 10월의 직선제 개헌에 의해, 다시 말해 1987년의 6월과 7-9월을 대립시키고 6월을 흡수하여

---

3) 민주주의는 본래 '다중의 절대적 자치를 향한 다중 자신의 영구적 능동'을 의미한다.

7-9월을 진압하려는 자본의 분할-지배 전술에 의해 균열되었다. 이른바 '민주화 이행'이라고 불리는 위로부터의 이 형식 민주주의적 주권 재합성은 이른바 '시민사회'의 조성을 통해 전개되었다. 그것은 1987년의 반란을 만들어낸 프롤레타리아의 두 층을 공장수준과 사회수준에서 분립적으로 재조직하는 것을 의미했다.

그러므로 1987년 이후 한국에서 시민사회의 창출은 결코 허구적인 것이 아니었다. 그것은 1980년대 이래 추구되어온 산업 재구조화의 가속화를 통해 실질적으로 구축되었다. 빠른 속도로 진행된 1990년대의 정보화는 1970-80년대의 산업 재구조화가 산업의 기축을 식료품·섬유 등 경공업에서 제철·조선·자동차 등 중화학공업으로 전환시킨 것과 유사하게 중화학공업에서 반도체·항공기 등 고도기술 산업으로 기간산업을 변화시켰다. 고도기술에 대한 산업의 요구는 대학의 증설을 가져왔고, 연구직·사무직·교육직·관리직 등의 노동자를 증대시켰다. 산업생산 활동의 공장 밖으로의 이러한 확산이 시민사회 구축의 중요한 한 축이 되었음은 물론이다.

또 하나의 축은 저임금·장시간 노동체제의 이완이 가져온 결과이다. 1987년 이후 빠른 임금상승은 일종의 포드주의 현상을 가져왔고 소비를 활성화시켰다. 이로부터 유통업과 문화산업을 주축으로 한 각종 서비스업이 중요한 산업부문으로 부상했다. 이것 역시 공장 밖의 시민사회를 활성화시키는 계기가 되었다.

또 하나 언급해야 할 것은 여성 인구의 재활성화이다. 여성들은 경공업이 산업의 기축이었던 1960-70년대에 공장 무대의 주요한 활동 주체였으나 중화학공업화에 의해 가정으로 추방되었다. 그런데 고도기술 산업화는 여성들을 유통, 서비스, 사무, 연구, 교육, 행정 등의 여러 영역으로 다시 불러내었고 이 과정에서 가사가 기계화·산업화하면서 가정 자체가 시민사회의 한 생산 영역으로 편제되는 결과를 가져왔다.

이상에서 간단히 언급한 여러 과정은 이른바 시민사회의 형성이란 실제로는 노동의 전사회적 산포과정이자 공장이 시민사회의 한 구성영역으로 포섭되는 과정임을 보여준다. 산업노동자 및 노동조합 가입률의 축소, 전투조합주의의 약화와 협조조합주의의 강화, 사회주의 전망의 영향력 축소와 정파질서의 해체 등은 이러한 재편의 효과였다. 또 1989년에서 1991년 사이에 도미노식으로 전개된 현실사회주의들의 붕괴는 이 과정을 외부로부터 더욱 가속화시켰다. 이제 계급구성 기획은 공장 무대를 넘어 사회전체 수준에서 재구축되어야 했다.

민주주의 이행인가 신자유주의 이행인가

1993년의 김영삼정부에서 1998년의 김대중정부로, 그리고 2003년 노무현 정부로 이어진 일련의 정권교체가 유신과 계엄 혹은 국가보안법 등으로 표현되는 국가와 민중 사이의 적나라한 적대를 약화시킨 것은 사실이다. 이 과정은 1987년과 그 이후에 폭발한 일련의 투쟁들에 국가가 적응하는 형식을 띠었으며 그 결과 공장과 학교와 같은 전통적 저항공간은 물론이고 그 외의 사회영역에 다양한 결사들이 형성되었다. 환경, 교육, 언론, 보건, 교통, 핵, 여성, 주민, 문화, 인권, 소비자, 통신…등의 여러 영역에서 형성된 비정부적인 조직들이 지금은 수만에 이르는 것으로 추정되고 있다.

이것은, 생산영역이 공장 밖으로 확산되고 유통과 분배 그리고 소비가 독자적 산업영역으로 구축되며 사회적 재생산 자체가 사회구성원들의 주요한 관심사로 제기된 것으로부터 비롯되는 자연스런 결과였다고 할 수 있다. 이런 의미에서 시민사회화란 삶의 전영역, 전부문을 생산 혹은 재생산의 과정에 편입하고 포섭하는 과정이었다. 그러므로 노동 조직이나 학생 조직이 이 다양한 시민사회적 조직의 한 유형으로 재편되는 것 역시 자연스러운 일이었다고 할 것이다.

이것은 국가의 위상과 역할도 변화시켰다. 이전에 사회의 상층에 분리되어 억압적 공권력으로 기능하던 국가는 시민사회의 이러한 재형성에 적응해야 했는데 그것은 국가 역시 확대된 사회적 생산과 재생산의 한 요소로 편입되고 시민사회의 요구에 귀를 기울이는 것이었다. 정치의 여론 의존성의 증대와 국가 민주화로 표현되는 이 과정은 많은 사람들에 의해 '민주주의 이행'으로 불린다. 이 과정은 실제로 1987년에 민중권력을 통해서만 달성될 수 있다고 여겨졌던 민주주의적 요구들 중의 상당 부분을 현실화시켰다.

민주주의 이행이란 용어는 1987년 이후의 한국사회 이행을 국가의 시민사회 속으로의 통합으로 보이게 만든다. 하지만 이것은 하나의 중요한 측면을 은폐하는 가상이다. 1987년 이후 자본이 아래로부터의 투쟁에 대응하여 일관되게 추진한 신자유주의화 과정이 민주주의 이행이란 용어를 통해서는 포착되지 않는다. 진실은 무엇인가? 민주화는 신자유주의화를 현실화시키는 계기였다. 국가가 시민사회로 통합되는 것으로 보이는 민주화 이행의 실제적 내용은 '자유화'였다. 자본은 자유화를 통해 아래로부터 민주주의적 요구들을 흡수하는 한편 한계 지웠다. 민주화는 철저하게 신자유주의 이행의 요청에 종속되었다.

　그렇다면 신자유주의 이행이란 무엇인가? 그것은 무엇보다도, '세계는 넓고 할 일은 많다'는 김우중의 구호에 호응한 김영삼의 세계화정책에 의해 가시화되었듯이, 지구화를 의미한다. 지구화는 세계시장의 실질화를 통해 위기를 돌파하려는 자본의 몸부림이며 신자유주의는 이것을 위한 정책이자 이데올로기이다. 다른 나라에서와 마찬가지로 한국에서도 신자유주의화는 국가와 시민사회 전체를 세계시장의 요구에 조응하도록 재편하는 것을 의미했다.

　그것에는 하나의 방향, 두 가지 계기가 존재한다. 하나의 방향은 세계시장을 초국적 자본의 헤게모니 아래에 복속시키는 것이다. 그것은 첫째로는 국민국가의 초국적 권력 네트워크(제국) 속으로의 편입을, 그리고 둘째로는 이를 위해 시민사회를 국가 명령 체계 아래로 포섭하는 것을 필요로 했다. 다시 말해 한국에서의 신자유주의화는 세계시장을 기반으로 하는 전지구적 시민사회의 구축을 주권적 방식으로 달성하려는 초국적 자본의 프로그램에 의해 규정되었다. 이 프로그램 속에서 국가는 시민사회를 제국 주권의 구성부분으로 합성하는 명령 권력의 역할을 부여받는다. 그러므로 국가가 시민사회 속으로 통합되는 듯한 가상은, 실제로는 시민사회가 국가 속으로 통합되고 이어 제국 주권 속으로 다시 합성되는 과정의 일면적 투영에 지나지 않는다고 해야 할 것이다. 왜냐하면 '민주화'란, 다중의 요구에 대한 국가의 적응이라는 측면을 포함한다고 해도 기본적으로는, 지구화에 수반되는 이윤의 국제적 평균화 과정이 주권 형태의 국제적 평준화를 가져오면서 나타나는 '자유화'의 부수효과에 지나지 않았기 때문이다.

그것은 새로운 형태의 자유화가 대규모의 배제와 추방을 동반했다는 점에 의해 반증된다. 세계시장-전지구적 시민사회-제국으로 계열화되는 초국적 자본 주도의 위계적 주권합성이 실현되기 위해 반드시 필요한 매개가 국민적 시민사회의 국가 명령에의 포섭이었음은 앞서 말했다. 이 과정이 전개된 방식은 '유연화'라고 불린다. 그것은 1985년 이후 1995년까지 투쟁을 통해 구축된 노동계급의 현장조직과 현장권력을 해체시키는 것을 의미했다. 정리해고와 파견근로를 합법화한 1997년의 신노동법은 노동자들이 구축해온 조직적 힘을 파괴할 법률폭탄이었으며 1997년 11월의 경제위기를 틈타 정립된 IMF 권력은 이를 뒷받침할 금융폭탄으로, 그리고 위기관리 정부였던 김대중정부와 위기관리 기구였던 노사정위원회는 이를 현실화할 정치폭탄으로 작용했다.

우리는 1998년 이후 수 년 동안 전개된 신자유주의의 대공세를 선명히 기억하고 있다. 실업이 일반화되고 노숙이 생활형태로 자리 잡았으며 와병과 자살이 이어졌다. 사회의 최상층에 부의 대부분이 집중되는 한편 사회의 대다수가 빈곤의 늪에 빠져들었다. 이른바 중간층은 언제 자신이 추락할지 모른다는 위기의식의 늪에 빠져들었다. 이것들은 체제가 제공하는 정상적 삶을 통해서는 벗어날 수 없는 깊이의 늪이었다. 오늘날 복권 당첨을 겨냥한 사람들의 사행(射倖) 심리의 거대함은 이 늪의 깊이를 반증하는 것이며 국가와 자본은 사람들의 이 불행감과 위기의식을 수탈과 착취의 기회로 재활용함으로써 그들을 더 깊은 나락으로 밀어넣는다. 이것이 1990년대에 이른바 '민주화'를 통해 구축된 시민사회의 현재적 실상이다.

시민사회: 계급사회인가 탈계급사회인가

이렇게 볼 때 시민사회는 초계급적 사회가 아니라 그 어느 시대보다도 철저한 계급사회이다. 이러한 생각은 지금까지 시민사회론에서 제시된 많은 생각들과 충돌한다. 시민사회론에서 시민사회를 정의하는 하나의 일반적 경향을, 그리고 시민을 정의하는 두 가지의 특수한 경향을 찾아 볼 수 있다.

일반적 경향은 시민사회를 경제(혹은 시장)와 국가 사이의 특정한 영역으로 정의하려는 경향이다. 예컨대 최장집은 시민사회를 '국가와 개인 및 가족 양자 사이에 존재하는 자율적인 결사체의 활동영역'[4]으로 정의한다. 맑스보다는 그람시에 기대는 이러한 정의 방식은 실제로는 코뮤니즘적 맑스 대신 자유주의적 토크빌을 선택하기 위한 방법론으로 사용된다. 그리고 이것은 시민사회를 부르주아 지배가 관철되는 적대적 계급사회로서가 아니라 사회의 탈계급적인 특정영역으로 정의할 수 있는 이론적 기초를 제공했다.

이 공통의 이론적 기초에서 시민을 정의하는 두 가지 경향이 나온다.

그 중 하나의 경향은 시민사회를 사회계급들 중의 특정한 층, 예컨대 중간층, 전문가 집단 등에 초점을 맞추어 정의하는 방식이다. 예컨대 최장집은 "한국사회에서 민주주의라는 대의와 시민적 가치·규범을 실현하는 공적영역을 창출한 것은 서구와 같이 부르주아지가 아니라 교육받은 도시중산층의 적극적 그룹이라 할 수 있는 학생과 지식인이 주도한 운동에 의해서였다"[5]고 함으로써 시민사회의 구축을 사회계급의 특정한 층과 연결짓는다. 초기의 시민사회론에서 흔히 발견되는 이러한 시민 개념은 시민운동을 민중운동으로부터 구별정립하려는 노력의 일부였다. 시민 개념을 노동자, 농민, 빈민 등으로부터 구분된 사회층에서 찾음으로써 시민운동은 자신을 민중운동, 특히 노동운동의 헤게모니로부터 분리시킬 수 있었다.

또다른 경향은 이처럼 특수한 사회층에서 시민 개념을 구하는 방법을 비판하는 것에서 출발한다. 예컨대 홍윤기는 "지금까지 한국 시민사회론은 한국 시민'사회'의 형성을 한국 시민'계급'의 형성과 은연중에 동일시함으로써 사실상 계급주의적 반론의 주술에 말려들었다"[6]고 비판하면서 "시민'계급'은 없다"[7]고 단언한다. 이것은 애초의 시민사회론에 내재했던 탈계급적 지향성을 순수한 형태로 완성하는 노력의 하나이다. 이를 위해 홍윤기는, 시민은 "경험적으로 실증된 개념이 아니라 상상의 공(共)주체"[8]이며 "탈계급

---

4) 최장집, 『민주화 이후의 민주주의』, 후마니타스, 2002, 181쪽.
5) 같은 책, 188쪽.
6) 홍윤기, 「시민민주주의론」, 『시민과 세계』 창간호, 2002년 상반기, 25쪽.
7) 같은 글, 25쪽.

적으로 행동할 의식과 용의"9)가 있는 사람들이라고 정의한다. "천민으로 타락하기를 거부하는 모든 사람들의 정치적 각성"10)에서 그 추진력을 구하는 그의 '시민의 정치' 개념은 지금까지 시민사회론과 시민운동론을 지탱해온 두 축(한편에서는 민중운동과의 변별, 다른 한편에서는 국가와의 변별)을 허물면서 '시민 대 천민', '시민민주주의 대 천민민주주의'라는 도덕적 구도로 재정립된다. 이렇게 재정립된 시민 개념은 '모든' 계급에서 자신의 추진력을 구하는 철저히 탈계급적인 것으로 정위될 뿐만 아니라 무엇보다도 국가에 귀속되는 존재, 즉 "현대국가의 건설에서 공(共)주체적 국가 귀속성을 갖는" 존재로 설정된다. 이제 시민의 "일차적 역할"은 "그 자신 바로 국민(또는 민족)으로서 주권국가의 건설을 자신의…과업으로 부담"하는 것이다. 11)

이렇게 해서 1990년대에 부르주아사회로서의 시민사회론에 반대하면서 경제나 국가와 구별되는 독특한 사회적 영역으로 설정되어온 시민사회론은 마침내 '주권국가'의 건설이라는 근대 부르주아지의 이상과 과제를 자신의 것으로 내면화한 탈계급적 시민 주체성론으로, 주권합성의 논리로 귀결되고 만다. 12)

물론 이것이 시민사회론에 대한 이야기의 전부는 아니다. 2000년 이후, 특히 2002년 선거를 통해 시민운동이 권력의 심장부로 진입함과 더불어 시민운동 속에는 일련의 좌익적 반성도 나타나고 있다. 대체로 그것은 지금까지의 시민운동의 과정이 시민사회의 국가에의 흡수를 가져왔다는 평가에 기초한다.

그런데 여기에도 두 가지 경향이 있다. 하나는 시민사회의 국가에의 흡수를 하나의 객관적 사실로 긍정하면서 '국가에 반하는 시민사회 테제'에서 '시민사회 대 시민사회 테제'로의 이행을 주장하는 경향이다. 13) 이것은, 실

---

8) 같은 글, 26쪽.
9) 같은 글, 33쪽.
10) 같은 글, 33쪽.
11) 같은 글, 29쪽.
12) 이것은 시민적 권리, 시민적 의식의 한계를 지적하면서 민족주의를 시민의식 속으로 도입하고 접목하려는 김동춘의 시도와 상통한다(김동춘, 「시민운동과 민족, 민족주의」, 『시민과 세계』 창간호, 2002년 상반기, 68-90쪽 참조).
13) 최장집, 앞의 책, 186-195쪽. 시민사회 내부의 이질성과 갈등에 대한 인식은 김호기의

천적으로는, 시민사회의 국가 속으로의 통합으로 인해 국가내에 발생한 보수와 진보간의 갈등을, 시민사회 수준에서 보수와 진보의 갈등을 통해, 좀 더 구체적으로는 보수적 시민사회에 대항하는 진보적 시민사회의 앙양을 통해 해소하려는 전략으로 이해된다. 여기에서 시민사회는 다시 한번 국가주권의 진보적 재합성이라는 과제에 동원되도록 요청된다.

그런데 시민사회 내부의 경향적 갈등을 승인한다는 것은, 지금까지의 '탈계급적 영역론'의 해석과는 달리, 시민사회가 실제로는 계급갈등에서 자유롭지 못하다는 사실에 대한 암묵적 승인인 셈이다. 이 승인의 좀더 공공연한 방식도 있다. 시민운동은 신자유주의가 관철시키는 시장 합리성을 개혁과 동일시했고 이로 인해 그 "목표가 단지 합리적 시장 원리의 회복에 있는 것이 아니라 사회관계를 자본이 더욱 압도적인 관계로 재구성하는"[14] 신자유주의를 현실화하는 것에 시민운동이 일조한 측면이 있다는 성찰이 그것이다. 이러한 인식을 통해 이광일은 시민운동이 지금 '보수화냐 아니면 더 많은 민주주의로의 진전을 위한 운동의 급진화냐'의 갈림길에 서있다고 진단한다.[15]

이 재급진화가 '자본의 퇴행적이고도 공개적인 독재'[16]로서의 신자유주의에 대항하는 투쟁이라는 각도에서 제기되는 한에서, 그것은 시민사회를 계급사회로 파악한 맑스적 관점으로의 회귀를 필요로 할 것이며 시민운동을 계급적 관점에서 재조명하고 재조정하는 것을 요구할 것이다. 이광일이 '시민사회 대 시민사회' 테제를 넘어 '신자유주의에 대항하는 시민운동과 민중운동의 연대'의 테제를 중심적인 것으로 제기하는 것은 이 점에서 매우 중요한 전환이라고 할 수 있다.

연대 문제와는 별개로 시민운동 그 자체의 급진화에 대한 탐색도 나타나고 있는데 '법치주의를 넘어서는 시민불복종 운동의 필요성'을 제기하는 이대훈의 주장이 그것이다. 그는, 동티모르 학살에 이용될 호크전폭기 파손,

---

'시민사회의 이중성' 명제에서도 거의 유사하게 나타난다(김호기, 「시민사회의 유형과 '이중적 시민사회'」, 『시민과 세계』 창간호, 2002년 상반기, 52쪽).
14) 이광일, 「민주주의 이행과 시민운동의 진로」, 『시민과 세계』 창간호, 343-344쪽.
15) 같은 글, 333쪽.
16) 같은 글, 348쪽.

트라이던트 핵잠수함에 대한 공격 등이 무죄로 판결난 해외 사례를 들면서 병역거부와 납세거부 등의 정당성을 옹호하고 법치주의의 왜소함을 넘어설 불복종의 상상력을 키울 것을 제안한다. 17)

물론 아직까지 시민사회와 시민운동의 급진화 주장은 주권합성의 계열로 부터 자유롭거나 자율적이지 않다. 시민운동이 주권합성의 계열에 동화된 다고 하는 것은 그 운동이 삶의 활력들의 전도(顚倒)이자 물화로서의 권력 을 불가피한 것으로 받아들이며, 이런 한에서 치자와 피치자의 구분을 받아 들이게 됨을 의미한다. 이 위계적 감수성은 한국의 시민운동에 몇 가지 특 징을 각인한다.

그 특징 중의 하나는 시민민주주의가 삶에 기초한 풀뿌리 민주주의로 발 전할 수 없도록 저해한다는 것이다. 전문가, 지식인이 갖는 엘리트적 감수 성이 운동 자체에 내면화되면서 시민사회의 기층에 자리잡고 있는 사람들 과 운동의 괴리가 발생한다. 같은 맥락에서 이것은 자연스럽게 운동을 매체 의존적이고 상징적인 운동으로 만든다. 그리하여 다중들의 폭넓고 직접적 인 수평적 연대의 의미를 매체에 의한 주목효과에 비해 상대적으로 평가절 하 하는 경향을 갖는다. 이로 인해 풀뿌리 시민들은 협의의 시민조직과 시 민운동을 자신들의 조직, 자신들의 운동으로 받아들이는 데 어려움을 겪고 이로부터 자연스럽게 '시민 없는 시민운동'이라는 상층 중심적이고 매체 의 존적인 특징을 갖는 운동 양상이 빚어지는 것이다. 시민운동의 권력과의 밀 착, 권력과의 동화, 주권합성의 한 계기로의 실추는 이러한 과정의 원인이 자 동시에 결과로서 주어진다.

그러나 지금까지 권위주의적 주권 체제에 대한 대항을 명분으로 신자유 주의적 주권합성을 방조해온 시민운동의 역사를 고려할 때 시민운동 그 자 체의 급진화나 계급적 재조정 주장의 출현은 그것이 비록 주권합성론에서 완전히 탈각하지 못하고 있다 할지라도 지금까지 시민운동과 민중운동의 분립 속에서 전개되어온 사회운동의 낡은 구도를 혁파할 전진적인 요소를 포함하고 있음이 분명하다.

---

17) 이대훈, 「시민불복종과 법치주의의 상상력」, 『시민과 세계』 3호, 2003년 상반기, 115-133쪽.

민중사회론과 사회주의적 주권합성론

만약 시민사회론들의 탈계급성 논리를 비판하고 그것의 계급적 성격을 재확인하는 것이 문제라면 계급관점에서 시민사회론을 일관되게 비판해온 민중사회론의 정당성을 확인하는 것으로 충분하지 않을까? 확실히 민중사회론은 탈계급으로 정향된 시민사회론과는 달리 자신을 생산과정과 생산관계에 확고히 정초하려 했다. 이렇게 함으로써 민중사회론은 생산과정 속에서 발생·발전하는 계급들과의 연루를 거부하지 않았다.

그렇지만 민중사회론의 이 계급 연루에는 몇 가지의 간과할 수 없는 문제점이 발견된다.

가장 먼저 지적될 수 있는 것은 시민사회론의 탈계급성에 대한 민중사회론의 비판이 계급구성의 문제를 주권합성의 문제에 종속시킴으로써 결국 시민사회론과 마찬가지로 주권합성의 계열에 동화되었다는 것이다. 계급들의 힘을 확산시키려는 민중사회론의 노력은 그 힘들을 민중권력이라는 새로운 주권을 구축하는 과업에 바쳐진다. 노동계급의 중심성과 비노동계급에 대한 노동계급의 헤게모니 주장은 다중들의 투쟁을 주권합성의 계기로 편제하기 위해 사용된다. 그 결과 민중사회론은 주권합성에서 독립적인 능동적 계급구성의 선을 밝히지 못한다. 오히려 주권합성의 계열에 대한 견제와 비판은 우파적 주권합성과 좌파적 주권합성 모두로부터 시민사회의 자율성을 주장했던 초기의 시민사회론들 속에서 더 강하게 나타났다고 해도 좋을 것이다. [18]

둘째로 민중사회론은 주권합성의 기초인 수동적 계급합성의 과정에서 출현하는 노동자·민중의 형상을 사회변혁의 실증적 행위자로 설정함으로써 계급실증주의 경향을 드러낸다. 실증적 관점에서 파악되는 계급은 생산수단과의 관계 및 생산과정에서 차지하는 지위와 역할에 의해 '객관적'으로 정의되는 계급이다. [19] 이것은 생산수단으로부터의 강제된 분리에 의해, 그리

---

[18] 예컨대 김성국, 「한국의 시민사회와 신사회운동」, 『시민사회와 시민운동·2』, 한울, 2001, 50-102쪽. 물론 대부분의 시민사회론들은 시민을 주권적 주체로 설정하면서 주권합성에의 참여를 '참여'의 고유한 내용으로 이해한다.

고 바로 이 조건에 의해 강제된 노동에 의해 '수동적'으로 정의된 계급을 의미한다. 이런 의미에서의 계급은 '잉여가치를 생산하는 활동(즉 강제된 노동)에 참여하는 사람들의 집단'을 표상하게 된다. 그리고 이 생산 활동에의 참여/비참여의 구분 위에 헤게모니론이 정립된다. 잉여가치를 '생산하는' 계급으로서의 노동계급에서 변혁의 주도적 힘을 찾고 여타의 민중 제부문이 노동의 정치에 의해 지도되어야 한다는 것이다.[20] 그러나 우리는 이미, 노동하는 민중을 주요 행위자로 설정했던 사회주의 전략이 바로 그 행위자에 의해 거부당한 역사적 선례를 갖고 있다. 이것은, 수동적으로 합성된 실증적 계급으로서의 노동자와 그것의 헤게모니에 기초한 사회론과 변혁론의 한계와 위험을 우리에게 깨우쳐주기에 충분하다.

셋째로 노동계급이 실증적으로, 다시 말해 수동적 합성물인 노동력 범주에서 직접 출발하는 것으로 설정된 것과 유사하게 '노동의 정치'의 전술도 수동적 계급합성의 제계열 범주들을 파괴 혹은 재구성하기보다 있는 그대로의 상태에서 (재)전유하는 길을 밟는다. 그 가운데에서 핵심적인 것은 잉여가치의 재전유와 국가권력의 재전유라는 생각이다. 이 둘 중에서 전자는 후자에 종속된다. 권력 주체가 잉여가치를 재전유하는 주체로 이해되기 때문이다.[21] 노동계급의 헤게모니하에서 단합한 민중이 일차적으로 국가권력의 담당자가 되고 나아가 그것을 대중권력으로 발전시킨다는 노동의 정치의 단계론 속에서 주권합성의 문제는 변혁의 핵심 문제로 설정되어 있다.

그러나 국가권력은 누가 담당하느냐에 따라 억압적으로도 될 수 있고 해방적으로도 될 수 있는 중립적 힘이 아니다. 국가권력은 사회성원의 대다수를 피치자로 대상화하고 위로부터 이들에게 합법적 방식으로 폭력을 행사할 수 있는 능력이다. 요컨대 그것은 주권적 위계화의 능력이며 노동 강제와 잉여가치의 창출에 기여하는 수동적 계급합성과 주권합성의 핵심적 계열 범주이다. 민중사회론은, 시장-시민사회-국가권력으로 이어지는 시민사

19) 이 때문에 민중사회론에서는 "생산 활동에의 참여 유무"가 계급 규정의 중요한 요소로 부각된다(김세균, 「민중사회를 위하여」, 『동향과 전망』 49호, 2001년 여름, 49쪽 참조).
20) 같은 글, 45-57쪽, 그리고 63쪽. 여기에서 민중권력은 노동계급의 헤게모니를 매개로 해서 비로소 노동자권력으로 기능할 수 있다고 설명된다.
21) 소유사회화의 핵심 형태로서의 국유화에 대한 생각은 같은 글, 63쪽 참조.

회론의 주권합성의 계열을 새로운 계열의 주권합성으로, 요컨대 노동력-민중사회-민중권력으로 이어지는 주권합성의 계열로 변형하려 하지만 궁극적으로 자본의 생산과 재생산을 보장하는 것인 주권합성 과정 그 자체에 도전하지는 않는다. 아니 오히려 주권합성은 사회변혁의 필수불가결한 경로로 정당화된다. 새로운 정치에 대한 이러한 개념화는 노동하는 사람들이 자신에게 부과되는 객관적 조건에 대해 거부하고 그것을 넘어서기 위해 투쟁하는 것을 함의하는 '능동적 구성력'(활력)을 설명하기에는 부적절하다.

또 하나 지적되어야 할 것은 민중사회론의 '생산(자)' 혹은 '노동(자)' 개념의 역사적 협소함이다. 이것은 민중사회론이 1987년 이후 급성장한 시민사회론과의 논쟁 속에서 대타적 개념으로 제기되었으면서도 그것이 시민사회론이 갖는 합리적 요소를 자기화하는 데 실패한 것의 결과이다. 민중사회론은 시민사회를 "생산에 직접적으로 참여하지 않는 사회층"[22]의 행위 영역으로 간주하는 것으로 시민사회론에 대응했다. 이것은, 민중사회론이 시민사회를 소시민, 중산층의 활동영역으로 정의하면서 시민운동을 일종의 쁘띠부르주아 운동으로 격하하고자 하는 노동자주의적 심성에 의해 지배되었다는 것을 의미한다.[23] 이것은 민중사회론을 계급주의로 규정하고 그로부터 독립적인 영역으로서의 시민사회를 정의하고자 했던 시민사회론의 (앞서 말한) '일반적 경향'과 부정적으로 공명하여 마치 민중사회와 시민사회가 영역적으로 구별되는 두 개의 사회인 것 같은 이미지를 형성하게 된다. 이 영역적 개념화는 '사회변혁을 추구하는 노동자-민중운동에 의해 창출되는 새로운 사회적 관계의 총체'로 이해된 민중사회 개념과 충돌하여 그것의 '관계'적 개념화를 침식한다.

민중사회와 시민사회의 영역적 격리가 낳은 부정적 결과는 예사로운 것이 아니다.

우선 그것은 시민사회를 프롤레타리아의 활동공간으로 사고할 수 있는 여지를 이 두 패러다임 모두로부터 박탈했다. 앞서 서술했듯이 1987년 이후

---

22) 같은 글, 49쪽.
23) 김세균, 「'시민사회론'의 이데올로기적 함의 비판」, 『이론』 2호, 1992년 가을, 132쪽 참조.

한국사회의 재구조화 과정은 노동의 현장을 공장에서 사회 전체로 확산시키는 것을 의미했다. 이것을 통해 전통적 의미의 생산과정뿐만 아니라 유통, 분배, 소비를 포함하는 순환과정 전체가, 그리고 생산을 넘어 재생산의 과정 전체가 가치 생산의 과정으로 편제되었다. 1990년대에 급속히 전개된 정보화에 의해 이 과정은 빠르게 가속되었는데 이 사실은, 실증적 계급 개념에 따르더라도, 프롤레타리아의 소재지 혹은 활동 공간이 공장에서 사회 전체로 넓어졌음을 의미한다. 이것은 실제로는 경제와 국가 사이에 새로운 영역으로서의 시민사회가 확충되고 발전한 것이라기보다 이른바 '경제'라고 불려온 생산의 영역이 아직 자본주의적 생산과정으로 포섭되지 않았던 영역들에까지 확장된 것이었다.

자본의 확대재생산이 사회의 비자본적 영역(실제로는 '관계'이다)의 생산과정 속으로의 흡수인 한에서 1987년 이후의 한국사회는 자본이 흡수할 외부가 사라지는 실질적 포섭의 사회(고유의 자본주의사회)로 이행한 것이며 프롤레타리아가, 사회 전영역과 부문에 산포되어 가치생산 메커니즘 속에서 협력하는, 이른바 '사회적 노동자'로 재합성된 것을 의미한다. 1990년대에 확산된 시민사회론들은 이 과정에 대한 충분한 설명은 아닐지라도 프롤레타리아의 이러한 재합성 과정에 대한 어떤 형태의 '포착'을 포함하고 있는 것으로 평가되어야 마땅할 것이다. 그럼에도 불구하고 민중사회론은 사회 속으로 산포된 프롤레타리아들, 새로운 프롤레타리아들인 '시민들'을 소시민-중산층, 즉 비프롤레타리아로 정의함으로써, '민중' 개념을 불필요하게 위계화하고 그것의 넓어진 외연을 인위적으로 좁혔으며 그것의 다양성을 무시했다. 그것의 결과는 '노동계급'이라는 프롤레타리아의 '근대적' 형상에 대한 우상숭배적 고착이었다.

여기서 다루어져야 할 또 하나의 문제는 '민중' 개념 그 자체의 문제점이다. 민중 개념은 그것이 가장 적극적으로 활성화된 때에도 주권합성의 일부였다. 민중(people)은 단일하고 통합된 정체성이며 대의되고 종합된 주민(population)을 지칭한다. 그래서 민중은 늘 주권의 원천이면서 그것의 대상으로 놓이게 되었다. 토마스 홉스는 민중이 그 통일성으로 인해 주권의 능력을 갖고 있음에 반해 통일되지 않은 다중(multitude)은 주권적 주체가 될 수 없다고 보고 이러한 근거에서 민중을 긍정했다. 24) 이것은 우리에게 역설적으로, 민중은 주권합성의 계열에 속한 수동적 계기이고 다중은 그것에서 자유로운 능동적 계기임을 깨우쳐 준다. 시민사회론들은 결코 일관되지 않았고 또 철저하지도 않았지만 민중 개념의 이러한 문제점을 직관하고 있었다. 그것은 수동적으로 주어지는 종합(이것이 대의주의의 정체이다!)을 탈피하려는 시민사회론의 노력, 즉 참여론으로 나타난다.

1987년 이후 광범하게 출현한 다중들의 새로운 삶과 투쟁의 양상을 이론적으로 반영한 것인 시민사회론의 이 새로운, 그리고 긍정적인 측면은 앞에서 비판적으로 다룬 '탈계급성'의 개념 속에 '부정적' 모습으로 숨겨져 있었다. 계급화는 자본의 논리이지 삶의 논리가 아니다. 삶의 입장에서 볼 때 그것은 거부되고 파괴되어야 할 것이다. 맑스가 프롤레타리아를, 계급으로서의 자기 자신을 포함하는 모든 계급을 지양하고서야 해방될 수 있는 계급이라고 정의하게 된 것은 정확히 이 때문일 것이다. 시민사회론은 계급'주의'에 반대하면서 탈계급화의 긍정성을 올바르게 지시한다. 하지만 그것은, 자신을 대의하는 주권 관계의 거부를 통해 달성할 수 있는 프롤레타리아 고유의 이 '탈계급화'의 필요와 능력을 '모든 계급들'의 것인 것처럼 설명함으로써 부르주아지에게 고유한 '계급화'의 필요와 실행을 은폐한다. 그리하여 그것은 탈계급화를 자본가계급과의 투쟁이라는 계급투쟁의 지평에서 천민화에 대한 투쟁이라는 도덕적 지평으로 전위시킨다. 탈계급화 개념을 공허하게 만들면서 말이다.

그러므로 탈계급화는 계급투쟁의 맥락에서 다시 사고되어야 하는데 이럴 때 핵심적 문제는 주권합성 계열로부터의 탈주이다. 민중은 주권합성의 주체로 끊임없이 호명되어 왔으며 시민은 민중만큼 직접적이지는 않다고 할지라도 (예컨대 시민은 합성된 주권에 불복종할 수 있는 주체로 설정되기도 한다) 주권합성 메커니즘에 계속적으로 복속되어 왔다. 게다가 이 복속은 거듭해서 기존 주권에의 복속으로 되어왔는데 이것이 새로운 주권을 추구하는 민중운동으로 하여금 시민운동을 개량주의라고 비판할 수 있게 한 조

---

24) 마이클 하트, 「지구화와 민주주의」, @Theoria 옮김, 『자율평론』 2호, 2002년 9월, http://jayul.net/view_article.php?a_no=84&p_no=4.

건이다. 시민운동이 말하는 참여가 부단히 주권합성에의 참여를 지칭하게 되는 것은 이것을 반증한다.

그러나 새로운 주권의 추구는 미봉책일 뿐 해결책이 아니다. 주권합성의 계열에서 자신을 분리시키지 않고서 즉 지지나 참여를 넘는 자치의 길을 개척하지 않고서 자본 관계의 철폐는 불가능하다. 왜냐하면 자본관계는 주권관계에 의해 지탱되고 있을 뿐만 아니라 그 자체가 주권관계이기 때문이다. 그런데 지구 사회에는, 그리고 한국사회에도 주권합성의 메커니즘을 거부하면서 자신을 그로부터 분리시키고 있는 민중과 시민들, 그리고 이들의 자치적 운동이 있다. 이 탈(脫)주권적 민중과 시민들은 그 자체가 계급화된 자기의 지양을 위해 행동하는 프롤레타리아들이며 이것이야말로 '다중'이라는 개념이 지닐 수 있는 내포이다.

국민을 통한 민중/시민 대쌍의 지양?

지금까지 이 글은 다중을 통해 민중/시민 대쌍(對雙)을 지양할 필요성을 암시했다. 그런데 이 대쌍을 지양하려는 다른 방식이 발견된다. 그것은 국민 개념을 통해 민중/시민의 대쌍을 지양하려는 시도이다.

1990년대 중반에 노동운동 속에서 발아하여 1997년 경제위기를 겪으면서 노동운동의 주류로 부상한 '국민과 함께 하는 노동운동' 노선은 그것의 한 전형을 보여준다. 이 노선은 신자유주의화의 과정에서 노동운동에 대해 가해지는 역공에 대한 대응으로서 출현했다. 이 노선은 노동운동이 당면한 현실적 문제가 '국민적 고립'이라고 파악했다. 그래서 이 노선은 노동운동의 이슈를 임금인상이나 노동조건 향상 등 산업 현장에 국한된 쟁점에서 환경, 보건의료, 재벌개혁, 교육, 언론, 여성 등 시민사회 전반에 걸친 사회개혁적 쟁점으로 확장시키려는 노력을 통해 이 문제를 돌파하려고 시도했다. 노동운동의 이러한 쟁점 확장은 분명히 당시 부상하고 있는 시민운동과 노동운동의 연대를 용이하게 만들어주었고 바로 이 점에서 시민과 민중 사이의 인위적 경계를 허무는 것에 중요한 기여를 했다.

이후 이 노선이 민주노총과 민주노동당에서 주도적 영향력을 행사하면서 노동운동이 전투적 조합주의에서 협조적 조합주의로 이행하고, 사회주의 전략에서 사회민주주의 혹은 민주사회주의 전략으로 이행한 것은 주지의 사실이다. 확실히 이러한 이행 속에서 민중과 시민의 경직된 대립은 해소된 다. 그런데 그 해소의 지평은 무엇이었는가? 여기에서도 문제는 주권주의 이다. '국민과 함께 하는 노동운동'은 일찍부터 정치세력화를 자신들의 궁극 적 목표로 설정했다. 정치세력화의 방법은 노동자 정당 건설과 의회 진출, 그리고 선거를 통한 국가권력 장악으로 가닥이 잡혔다.[25] 이것은 민중사회 론과 사회주의 전략이 (적어도 먼 전망으로는) 유지해온 국가 사멸의 예상 까지 폐기해 버렸다. 이런 관점을 따를 때 노동자들은 주권의 원천이면서 동시에 합성된 주권의 대상으로 배치된다. 노동자들은 '국민'의 일원이 됨으 로써 자신의 계급성에서 벗어난다. 이것이 국민화를 통해 민중/시민의 대 쌍을 지향하려는 사회민주주의 혹은 민주사회주의의 기획이다. 그러나 이 기획을 통해 노동계급은 국민이라는 '환상' 속에서 탈계급화할 수는 있겠지 만 계급화된 자기로부터 '실제'로 벗어날 수는 없다. 왜냐하면 이러한 사회 민주적 혹은 민주사회적 주권합성론이 '국민의 이익'이라는 이름하에 정리 해고를 용인하고 계급내 분할을 뒷받침하는 데 이용되고 있을 뿐만 아니라 그렇게 합성된 주권이 그/녀를 노동계급으로 반복적으로 재생산할 것이기 때문이다.

주권의 이 부정적 효과는 주권의 작용 영토를 넓힌다고 해서 사라지는 것 이 아니다. 백낙청은 주권의 작용 범위를 남북한을 포함한 한반도 전체로 넓힌 '온전한 국민국가'를 전망하면서 "국가나 국민의 이름으로 자행되어온 온갖 폭력과 만행들이 상당 부분 식민지 시대나 분단시대를 통틀어 한번도 **온전한 국민국가를 갖지 못한 데** 기인했음을 간과"[26] 해서는 안 된다고 충 고한다. 이것은 '가까운 장래에 국민국가체제로부터의 탈피가 가능하다는 공상에 젖'는 사람들을 타이르고, 이들의 국민국가에 대한 증오심을 누그러 뜨리기 위한 인식론적 교정제로 처방된다. 그러나 이것이야말로 온전한 국

25) 장상환, 「민주적 사회주의론」, 『동향과 전망』 49호, 2001년 여름, 41쪽.
26) 백낙청, 「한반도에 '일류사회'를 만들기 위해」, 『창작과 비평』 118호, 2002년 겨울, 17 쪽. 강조는 원문의 것.

민국가를 가진 나라들이 오늘날 행사하는 온갖 폭력과 만행을 다중으로 하여금 완전히 잊도록 만들기 전에는 설득력을 갖기 힘들다. 미국이 이라크를 비롯한 여러 국민국가와 그 민중들에 대해, 그리고 흑인 노동자와 저항적 시민을 비롯한 자국의 다중들에게 행사해온 폭력과 만행이 미국이 온전한 국민국가를 갖지 못한 때문에 비롯되고 있는 것은 아니지 않은가? 세계사는 온전한 국민국가 역시 온전치 못한 국민국가와 마찬가지로 폭력과 만행의 온상이라는 것을 헤아릴 수도 없을 만큼 확인시켜 준다. 그러므로 "가까운 장래에" 국민국가체제로부터 탈피하는 것이 '공상'일 수 있다 할지라도 국민국가체제에 대한 거부, 주권합성의 메커니즘에 대한 거부는 해방과 자율을 위해서는 한시도 놓치지 말아야 할 실천적 원리일 필요가 있다는 것은 아무리 강조해도 지나치지 않다. 주권은 항상 다중의 복수적인 자치적 활력의 통일된 국가형태 속으로의 역전과 합성의 산물일 뿐이기 때문이다.

실질적 포섭하의 반주권적 계급구성과 다중

나는 지금까지 달을 그려내기 위해 그 주변의 구름들을 그려왔다. 요점은 1987년 이후 한국사회의 변화를 다루어온 이론들이 그 변화의 내재적 경향을, 특히 노동계급에서 다중으로의 프롤레타리아의 새로운 재구성을 적실하게 드러내지 못했다는 것이다. 그것들은 전통적 산업노동자에 고착된 '노동계급' 개념에 사로잡혀 새로이 등장한 비노동계급적 프롤레타리아들을 쁘띠부르주아로 손쉽게 규정하고 이들에 대해 헤게모니적 태도를 취하거나 혹은 이 새로운 프롤레타리아들을 탈계급적 개념으로 정향된 시민으로 정의하여 전통적 노동운동과 민중운동으로부터 분리시키는 것으로 나타났다. 그럼에도 불구하고 이 양자는 한 가지 점에서 공통점을 보여주었는데 그것은 프롤레타리아의 재구성이 보여주는 탈주권적·탈권력적 경향에 대한 몰각 혹은 부정이다. 이 두 경향의 이론들은 강도와 방법에서 일정한 편차는 있었지만 민중·시민을 '주권합성의 주체성'으로 정의하는 데에서 합치했다. 이것은 민중운동과 시민운동 속에 정치주의, 중앙집권주의, 서열주의, 성차별주의, 전위적 혹은 희생자적 선민의식 등 여러 가지의 부정적 요인들을 반복해서 재생산했으며 이로 인해 다양성과 이질성을 내재적 수준에서 유효하게 다룰 수 있는 운동의 능력을 삭감했다. 이것은 실천적으로 탈주권적 다중을 주권적 민중 혹은 주권적 시민으로, 심지어는 주권적 국민으로 지속적으로 환원시키는 효과를 가져왔다. 요컨대 계급구성의 계열이 독립성을 잃고 부단히 계급합성과 주권합성의 계열로 유착(癒着)되어 버린 것이다.

한국에서 노동의 자본에의, 사회의 국가에의 실질적 포섭이 이루어진 지난 15년 이상 지속된 이 유착 현상에 파열구를 낸 것은 2002년의 붉은 악마였다. 공교롭게도 1987년과 마찬가지로 시청과 광화문에서 집단적으로 출현한 이 주체성들은 한 머리는 주권성을 향하되 또 하나의 머리는 삶[27]을 향하고 있는 히드라(Hydra)였다. 이것은 지금까지 주권에 양도되어 그것에 합성되어온 자신의 힘을 독립적으로 유감없이 발휘하려는 디오니소스적 주체로, '구성적' 주체로 자신을 드러냈다.

이 괴물을 정의함에 있어서 진보적 이론들이 겪은 진통은 실제로는 그것의 정의 불가능성을 반증한다. 급진적 좌파의 일부는 붉은 악마들을 민족주의자들로, 심지어는 파시스트들로 정의해버림으로써 새로운 것들에 낡은 옷을 입히기 좋아하는 그들의 보수적 심성을 드러냈다. 이것은, 붉은 악마를 애국주의의 화신으로 전유하여 국가 브랜드 제고에 월드컵과 붉은 악마를 한 묶음으로 이용하고자 한 국가의 노력을 뒷받침해 주었다. 붉은 악마 현상을 새로운 군중 혹은 다중의 출현으로 정의하려는 다양한 노력들이 나타난 것은 이런 상황 속에서였다. [28]

2002년 11월 30일을 전후해 발생한 촛불 시위는 이것을 좀더 분명하게 확신시키는 계기였다. 촛불 시위대는 아직도 주권성에 한쪽 머리를 기대고 있었지만 다른 쪽 머리는 좀더 분명하게 탈주권적 방향으로 기울어 있었다.

---

27) 나는 이것을 몸과 지성의 통일체인 살(flesh)들의 혼종적 운동으로 정의한다. 이에 대해서는 안또니오 네그리, 앞의 글, 2쪽 참조.
28) 조정환, 『제국의 석양, 촛불의 시간』, 갈무리, 2003, 137-159쪽, 그리고 『문화과학』 31호(2002년 가을)에 실린 이동연, 「붉은 악마와 주체형성: 내셔널리즘인가 스타일의 취향인가」; 김성일, 「대중의 새로운 구성-2002년의 한국사회와 대중분석」; 노명우, 「새로운 군중의 출현」 참조.

그것이 자신의 디오니소스적 힘을, 우리의 삶을 훼손하는 권력들에 대한 저항의 목소리로 나타나기 시작한 것이다. 축구사랑으로 무미건조한 노동을 넘는 삶의 향취를 누리려는 지향성은 그 삶을 지키려는 저항의 지향성과 결코 분리된 것이 아니었다. 이들이, 국가적·제국적 주권에 맞서기 위해 '중앙단상'과 '깃발'로 상징되는 주류 민중운동과 시민운동과 합류하면서도, 이들의 권력지향성까지 비판하기 시작한 것도 이때부터이다. [29] 이 새로운 흐름은, 그것이 어떤 취약함을 갖고 있는가 하는 문제와는 별개로 노동계급 자율성의 사례들, 즉 그 어떤 '중앙들'의 지도도 없이 자발적으로 솟구친 1987년에서 1991년 5월까지의 만개했던 대중투쟁들, 노동운동 상층 지도부의 타협적 태도에도 불구하고 솟구쳤던 1996년 말의 신자유주의적 노동법 개정 반대 총파업투쟁, 현대자동차(1998)·한라중공업(1999) 등을 비롯한 여러 사업장에서뿐만 아니라 노사정위원회에 참가하여 정리해고를 인준한 노동조합 중앙지도부의 결정에 반대하여 민주노총에서 일어났던 다양한 부결투쟁들, 그리고 이들을 현시점에서 계승하고 있는 노동자 평의회 건설 움직임 등과 서로 다른 맥락에서이지만 공통된 프롤레타리아적 기반을 갖는 것이라 할 수 있다.

이 흐름은 기존의 운동들의 색조를 다채롭고 풍요로운 것으로 바꾸어내면서 2003년 1월 18일 이후 자연스럽게 전지구적 반전운동의 대열에 합류하여 한국사에서 유례없는 규모와 특질을 갖는 반전운동의 흐름을 만들어 내는 데 중요한 기여를 하고 있다. 1999년 씨애틀 시위 이후 지구적 저항 무대에 모습을 드러낸 사람들을 민중이나 시민으로 명명하는 것이 부적절하듯이 적어도 2002년 이후 한국의 역사 무대에 활력적으로 등장한 이 새로운 주체성들을 민중이나 시민으로 명명하는 것 역시 부적절하다. 혹자들은 이들을 네티즌이라는 용어로 부르고 있지만 이 용어는 그 주체성의 이질성과 기술성, 이들 사이에 형성된 네트워크를 드러내는 한에서만 적합하다. 오히려 우리가 눈여겨보아야 할 것은 민중이나 시민들로 명명되어온 많은 사람들이 네티즌이라고 명명되는 사람들과 이루는 거대한 합류와 경계초월,

---

29) 울카멘, 「광화문의 두 흐름, 그 첫 만남에 대하여」, 『자율평론』 3호, 2002년 12월, http://jayul. net/view_article. php?a_no=133&p_no=1

그리고 잡종화이다. 우리가 민중과 시민 사이에 경계를 두르는 것을 경계해야 하듯이 네티즌과 민중/시민 사이에 경계를 두르는 것에 대해서도 경계해야 한다. 그럼으로써 이들이 경계를 넘는 합류를 통해 국가나 화폐에 의해 매개되지 않는 '우리'를 구성할 수 있다면 그 속에서 서로의 활력들이 직접 확인될 수 있을 것이며 지금까지 마치 곰의 몸에서 빨려나가는 쓸개즙처럼 주권체제로 새어나간 활력들의 체제적 유출을 집단적으로 거부할 수도 있을 것이기 때문이다.[30] 그 '우리'가 주권적으로 합성되기를 거부하는 힘이 크면 클수록 히드라의 춤이 그만큼 더 자유롭고 아름다워질 것임은 너무나 분명하다.

---

[30] 사빠띠스따들의 시민사회론의 새로움은, 시민사회를 주권, 즉 권력으로부터 분리시키려는 그들의 일관된 지향에 있다(마르꼬스, 『우리의 말이 우리의 무기입니다』, 윤길순 옮김, 해냄, 2002, 288-294쪽 참조).

칸트와 들뢰즈를 경유한 맑스: 문화사회의
인식적 지도 그리기

심광현(『문화과학』 편집인, 미학/문화연구)

1. 제국과 복잡계 네트워크

동구권의 붕괴 이후 진보적 사회이론의 최대 과제는 '역사적 사회주의'의 한계를 넘어섬과 동시에 자본주의의 병폐를 극복할 수 있는 새로운 사회구성의 상과 이행의 경로를 전망하는 것으로 요약될 수 있을 것이다. 즉 서로 다른 환경 속에서 구현된 '역사적 사회주의'의 공과를 진단하여 폐기할 것과 계승할 것을 엄밀히 구별하는 일만이 아니라 오늘날 신자유주의적 지구화의 압력을 가중시키고 있는 자본주의의 변화하는 양상과 구조에 대한 면밀한 검토와 향후의 변화 양상에 대한 예측과 전망이 병행되어야 할 것이다.

이런 역사적 평가와 전망 제시와 관련하여 최근 네그리와 하트는 『제국』(2000)에서 근자에 보기 드물게 거시적 지도그리기를 시도하고 있어 세간의 주목을 끌고 있다. 게다가 최근 유엔과 전세계의 여론을 무시하고 일방적으로 시작한 이라크 침략전에서 미국의 일방적인 승리는 19-20세기를 풍미했던 '제국주의 시대'가 드디어 막을 내리고 미국이라는 단일 제국이 세계를 지배하는 '제국의 시대'가 새롭게 시작하고 있다는 네그리/하트의 주장을 실증하고 있는 듯이 보인다. 하지만 네그리/하트는 제국의 실현과 동시에 주체들이 과거의 민중(people), 군중(crowd), 대중(mass)과 같은 복수적이기는 하나 수동적인 주체들에서 '다중'(multitude)이라는 복수적이면서 능동적이고 자율적이며 민주주의적인 주체들로 변화하고 있어서 목전에 도래한 제국의 막강한 지배력에 절망할 것이 아니라 오히려 다중이 주체가 되는 혁명의 축제를 준비할 수 있다고 역설하고 있다.[1]

물론 네그리/하트의 종합적 지도그리기는 매우 복잡한 수준에서의 변화를 포괄하고 있지만, 핵심적인 주장을 간추려 보면, 장소에 정박한 근대적 주권국가의 힘과 역할이 약화되고 전세계를 지배하게 된 제국의 네트워크적인 권력과 그에 저항하는 다중간의 직접 대결의 시대로 전환되고 있다는 것이다. 그들은 거대정부의 역할이 약화되었을 뿐 아니라 이제 좌파들이 앞장서서 거대정부를 끝내자고 주장해야 한다고 역설한다. 그 이유는 거대정부 대신 자율적 다중들의 생산적 협동의 네크워크로서의 코뮤니즘의 시대가 임박했기 때문이라는 것이다.[2] 그들에 따르면 제국주의가 제국으로 대체되고 근대적 거대정부가 붕괴하면서 드디어 맑스가 "생산자들의 자유로운 연합"이라고 불렀던 코뮤니즘이 실현될 조건이 제국 내부에서 창출되고 있다는 것이다. 거대정부를 삼켜버리고 등장하는 제국적 네트워크라는 새로운 지식정보권력체계가 자율적 생산자들의 네트워크를 새롭게 창출해주는 조건이라는 것, 아니 오히려 그동안 성장한 다중의 역능의 폭발적 에너지가 제국이라는 새로운 억압체계를 만들어내는 원동력이라는 것이다.

여기서 우리가 눈여겨보아야 할 지점은 제국주의-제국, 대중-다중, 거대정부-생산자 연합과 같은 개념들보다는 그 개념적 이행을 받쳐주는 네트워크라는 개념 자체이다. 네트워크라는 개념은 『제국』에서 네그리/하트가 실제로 가장 많이 사용하는 개념이며, 중심 없는 제국의 내용을 설명해주는 키워드이다. 그러나 이런 핵심 개념임에도 불구하고 네그리/하트는 네트워크라는 개념에 대해 구체적인 정의를 내림 없이 마치 그 뜻이 자명한 일상용어인 양 쓰고 있다. 그러나 네트워크라는 개념의 내용은 그렇게 자명한 것이 아니며 20세기 후반 동안 그 함의가 계속해서 변화하고 있는 과학적 개념이다. 가장 단순한 의미에서의 네트워크란 일종의 고기 잡는 그물망과

---

1) 안토니오 네그리/마이클 하트, 『제국』, 윤수종 옮김, 이학사, 2001, 14쪽 참조.
2) 같은 책, 447-448쪽.

도 같은 것으로 그물코들이 모두 수평적으로 다른 그물코들에 연결되어 있고, 모든 그물코들이 다른 그물코들에 상호의존적이듯이 모든 그물코의 단위들이 동등한 위상을 갖는 관계망과 같은 것이라고 할 수 있다. "네트워크 과학"에 따르면 이런 형식의 그물망을 "무작위 네크워크"라고 부른다. 1959년에 에르되스와 레니에 의해 도입된 이 개념은 이후 네트워크에 관한 과학적 사고를 지배해왔는데, 이 무작위적 세계는 평균에 의해 지배되는 민주적이고 고른 세계이다.[3] 네그리/하트가 말한 제국적 네크워크가 코뮌적 네트워크의 조건을 창출한다고 할 때 그들이 염두에 두는 것은 바로 이런 형태의 네트워크인 것 같다. 그러나 문제는 네트워크 과학의 발전과정을 보면, 이런 유형의 네트워크는 매우 초기적 형태로 실제와는 거리가 먼 것이라는 점이다.

네트워크 과학의 발전에 따라 실제의 네트워크내에는 고른 분포가 존재하는 대신 불균등한 클러스터들이 존재하고 있다는 사실, 나아가 클러스터링이라는 현상이 인터넷, 기업간 공동소유 네트워크, 생태계 등 모든 유형의 복잡한 네트워크의 일반적 특성이라는 사실이 밝혀졌다. 가령 사회적 네트워크내에는 "친근함, 안전, 익숙함 등을 주는 파벌과 클러스터를 형성하고자 하는 태생적 욕구"가 존재한다는 것이다. 그밖에도 웹지도 만들기가 진전됨에 따라 허브와 커넥터와 같은 현상이 발견되면서, 웹에는 민주주의, 공정성, 평등성이 완벽한 상태로는 존재할 수 없다는 점들이 추가로 밝혀졌다.[4]

이를테면 "무작위 네트워크"에서는 링크의 분포가 종함수 법칙을 따르는데 반해 "척도 없는 네트워크"에서는 링크의 분포가 멱함수 법칙을 따른다

---

3) A. L. 바바라시, 『링크』, 강병남/김기훈 옮김, 동아시아, 2002, 43-45쪽 참조. 이하 이 책에서의 인용은 본문의 괄호 안에 쪽수를 명기한다.
4) 같은 책, 97-99쪽 참조. "우리의 로봇이 가지고 돌아온 지도는 웹 위상구조가 매우 불균등하다는 증거를 보여주었다. 우리가 조사한 노트르담 대학의 도메인에 포함되어 있는 32만 5천 페이지들 중에서 27만개(82%에 해당)의 페이지는 세 개 또는 그 이항의 들어오는 링크를 갖고 있었다. 그 반면 42개의 극소수의 페이지는 1,000개 이상의 페이지로부터 링크를 받고 있었다. 후속 연구에서는 2억 3백만 개의 웹페이지에 대한 샘플 조사가 이뤄졌는데…전체의 90%에 해당하는 대다수의 문서는 10개 이하의 링크를 받고 있는 반면, 3개의 극소수 페이지는 100만 이상의 링크를 받아들이고 있었다"(99).

는 것이다(114-120). 전자가 도로교통 지도에서 발견되는 현상이라면 후자는 항공노선 지도에서 발견되는 현상이다. 후자와 같은 "척도없는 네트워크"가 발생하는 이유는 노드들의 성장과 변화, 노드들 간의 선호적 연결, 링크의 전환, 노드와 링크의 제거, 노화, 비선형적 효과들 등의 복잡한 역동성이 존재하기 때문이라고 한다(144-151).

이런 맥락에서 보면 수평적이고 민주적인 다중적 네트워크의 출현이라는 것은 사회적 네트워크가 모두 "무작위 네트워크" 상태로 존재할 때나 가능한 것이지만 현실적으로는 오히려 "척도없는 네트워크" 상태가 지배적이기 때문에 사회적 네트워크 안에는 방향성과 중심성의 정도가 틀린 수많은 클러스터와 허브, 커넥터들이 존재할 수 밖에 없다고 할 수 있다. 나아가 최근에는 적합성, 보즈-아인슈타인 응축 현상이 발견되면서, 두 개의 네트워크 유형이 다시 구별되기 시작했다; (1) 그 하나는 멱함수 법칙과 링크를 둘러싼 투쟁이 적대적이지 않고 평화적으로 공존하는 네트워크이며 여기서는 적합성이 강한 노드들이 링크를 많이 갖는 허브로 성장하지만 이 우위는 절대적인 것이 아니라 그보다 조금 작은 허브들이 바짝 추격하고 있고, 어떤 순간에도 노드들의 위계구조가 존재하며, 노드의 연결선 수 분포는 멱함수 법칙을 따른다. (2) 다른 하나는 승자 독식 네트워크로 적합성이 가장 큰 노드 하나가 모든 링크를 다 거머쥐어서 다른 노드들에는 링크를 거의 남겨 놓지 않는다. 모든 노드들이 한 가운데 있는 하나의 허브에 연결되어 있는 이런 수레바퀴형의 네트워크의 사례가 바로 마이크로소프트웨어이다(161-172).

그러므로 하나의 네트워크가 아니라 여러 유형의 네트워크가 존재하고 있는 바, "무작위 네트워크"(1), "평화공존적인 척도없는 네트워크"(2), "승자독식형 척도없는 네트워크"(3) 등이 그것이다. 그런데 현실적으로 장애에 대한 견고성이라는 문제[5]로 인해 (1)은 일시적만 가능할 뿐, 물리적,

---

5) 네트워크는 항상 견고성 문제에 직면한다. 가령 "무작위 네트워크에 비해 척도없는 네트워크는 장애에 대한 견고성을 가진다"(185). "몇 개의 노드들을 제거한다고 네트워크 운영에 큰 지장이 없다. 그러나 일정 수치에 이르면 시스템은 돌연 연결이 단절된 작은 섬들로 분리되어 붕괴한다"(184). "하지만 척도없는 네트워크 역시 장애에 대해 취약성을 지닌다. 내부 장애에 대해서는 잘 관리하지만, 가장 많이 연결되어 있는 노드를 제거하면 급격하게 네트워크가 해체된다. 임의의 생물종이 소멸되더라도 생태계는 곧잘 유지되지만 연결도가

생체적, 사회적 이유로 인해 지속가능성이 희박하고, 실제의 네트워크는 불가사리 모양처럼 중앙에 집중되어 있는 구조가 아니라, 단계적으로 집중화되어 있는 이른바 계층적 구조를 가지고 있다고 할 수 있다. 모든 노드들을 관찰하며 조절하는 중앙의 허브가 존재하는 불가사리 모양의 구조를 갖지 않는 거미줄처럼, 허브의 존재가 다양화되어 있다고 할 수 있다. 척도없는 네트워크의 구조는 거미가 존재하지 않는 거미줄 형태를 이루고 있고, 자체적이고 자발적으로 형성되어지는 이른바 자기조절6)이 존재하는 그물망이다(352).

따라서 바바라시 같은 이는 네트워크의 구조와 위상적 성질만이 아니라 네크워크의 링크를 따라 전개되는 동역학적 성질에 관심을 가져야 한다고 강조한다. 실제의 사회현상을 이해하기 위해서는 사람들 사이에 일어나는 실제의 동역학적 상호작용에 걸맞는 링크의 옷을 입혀야 한다는 것이다. 우리가 보냈던 20세기는 복잡계를 이루는 조각들을 밝혀내고 설명하려는 시기였다고 볼 수 있다. 그러나 어떻게 이 조각들을 짜맞추어야 할지 모르기 때문에 자연을 이해하려고 하는 우리들의 탐구는 대개 실패로 돌아갔다는 것이다(358). 이런 동역학적 성질로 인해 인터넷은 비록 전적으로 인간이 만들어내는 작품이기는 하지만 이제는 독자적으로 살아가는 생명체와 같은 존재가 되어가고 있다. 인터넷은 복잡하면서 동시에 진화하는 시스템의 모든 특징을 나타내고 있으며, 컴퓨터칩보다는 살아있는 세포에 훨씬 더 가깝

높은 생물종이 사라지면 급속하게 파괴된다"(193).
6) 이와 같은 자기 조절에는 방향성이 있는 것과 없는 것의 두 유형이 있다. "또한 척도없는 네트워크냐 무작위 네트워크냐에 관계 없이, 항상 링크는 방향이 있는 것과 방향이 없는 것으로 나뉜다. 실제로 사회적 네트워크나 단백질 대사 과정 등 많은 네트워크는 방향성이 없는 네트워크다. 반면에 먹이사슬이나 월드와이드웹 같은 일부 네트워크들은 방향성 링크들로 구성된다. 월드와이드웹과 같이 방향 있는 네트워크들은 쉽게 식별할 수 있는 몇 개의 대륙들로 자연스럽게 나뉘어진다. **중심핵**에 있는 모든 노드들은 상호간에 모두 도달가능하다. **IN 대륙**에 있는 노드에서 링크를 따라가면 결국 중심핵에 도달하게 되지만, 중심핵으로부터 출발해서 IN 대륙으로 돌아가는 길은 없다. 이와 대조적으로 **OUT** 대륙에 있는 모든 노드들은 중심핵에 있는 노드들로부터 도달할 수 있지만, 거꾸로 거기에서 중심핵으로 도달하는 경로는 없다. 그리고 IN 대륙에서 OUT 대륙으로는 튜브가 직접 연결되어 있다. 덩굴에 있는 일부 노드는 IN 대륙 또는 OUT 대륙에만 연결되어 있다. 고립된 **섬**에 있는 소수의 노드들은 다른 곳에 있는 노드에선 접근할 수 없다"(275).

다. 그리고 인터넷의 구성요소들은 각기 독립적으로 발전해왔지만 부분들의 단순한 총합 이상의 의미를 내포하면서 전체로서의 시스템이 기능하는 데 기여하고 있다. 그에 따라 인터넷을 연구하는 사람들도 점차적으로 설계자가 아니라 탐험가와 같은 성격으로 변모해가고 있다(247-248).

네트워크 과학이 보여주는 네트워크의 복잡계적 성격은 실제의 네트워크가 결코 수평적 상호협력이라는 장밋빛 그림만을 드러내지 않는다는 것을 보여준다. 오히려 네트워크가 발전할수록 불균등 발전, 전면적 붕괴, 비선형성과 비상호적 방향성, 예측불가능성, 복잡한 계층성 등의 문제가 전경화되는 것이다. 때문에 낡은 거대정부를 삼켜버리는 제국적 네트워크가 성장하는 이면에서 또다른 거대정부들이 새롭게 탄생할 수 있고(미국-영국의 제국화에 맞선 독일-프랑스-러시아-중국의 연대), 정부들간의 비상호적 계층구조가 또 다시 탄생할 수 있으며, 또한 다양한 허브와 커넥터들의 갱신이 이루어지면서 이제까지와는 다른 형태의 다양한 통치권력이 등장하고 경합할 수도 있는 것이다. 이런 점에서 사회적 네트워크는 열린 구조와 복잡한 역동성으로 인해 계속 진화중에 있다고 보아야 할 것이며, 때문에 전지구적 차원에서의 단 하나의 제국적 네트워크와 그에 맞서는 다중의 네트워크라는 발상은 순진무구하기까지 한 것이다. 이런 발상은 네트워크라는 새 술을 권력-저항이라는 단순하고 낡은 이분법의 부대에 담는 것이라고도 할 수 있다.

그렇다면 네트워크가 동역학적 복잡계의 성질을 가지고 있다는 사실을 넘어서서 사회구성과 사회적 관계를 보다 더 정교하게 이해하는 데 있어서 우리가 네트워크 과학의 발전으로부터 얻어야 할 것은 무엇인가? 그것은 네트워크라는 개념이 곧 '구조'와는 다른 '배치'의 개념과 다름 아니라는 사실이다. 다음과 같은 사실을 눈여겨 보면, 우리는 사회구성체에 관한 다른 상을 얻을 수 있다.

우울증은 한 개의 유전자 문제가 아니라 여러 개의 유전자들의 연결 문제이다…. 최근의 『사이언스』에 실린 구절을 빌리면, 인간의 유전자를 해독한 결과 얻은 결론은 유전자에는 좋은 유전자, 나쁜 유전자가 존재하는 것이 아니라 여러 단계의 네트워크가 존재한다는 것이다(300). …단순한 유전자의 나열을 담은 생명의 책이 필요한 것이 아니라, 세포내의 여러 구성 요소들의 연결에 관한 생명의 지도가 필요하다고 할 수 있다…(303). 인간 유전자의 수는 예상치의 1/3도 되지 않는 30,000개였다. 놀라운 점은 씨 엘레강스라는 아주 단순한 벌레의 유전자 수도 20,000개나 된다는 점인데 결국 10,000개, 다시 말하면 1/3만큼의 유전자 수의 증가가 단지 300개의 신경세포를 만들어내는 아주 단순한 씨 엘레강스와 뇌 속에만 수십억개의 신경세포를 가지고 있는 복잡한 인간을 구분짓는다는 사실이다. 유전자의 숫자는 우리가 느끼는 복잡성 정도에 비례하지 않는다. 그렇다면 복잡성이란 과연 무엇일까? 네트워크가 바로 그 답이다. 네트워크의 관점에서 질문을 바꾸면 '똑같은 숫자의 유전자를 가지고 있는 유전자 네트워크로 얼마나 다른 성질을 가지는 네트워크를 만들어낼 수 있을까이다. 예를 들어 두 개의 세포가 있다고 하고 이 두 세포에 들어있는 유전자는 동일하다고 하자. 이때 하나의 유전자가 한 곳에서는 on 상태이고, 다른 한 곳에서는 off 상태이라고 하자. 그러면 한 세포 안에 N개의 유전자가 있으면, 서로 다른 상태를 가질 수 있는 경우의 수는 2^N개가 된다. 이러한 양을 우리가 복잡성을 측정하는 척도로 잡는다면, 인간의 복잡성이 씨 엘레강스의 복잡성에 비하여 약 10^{3000}배 정도 복잡하다고 할 수 있다'(321).

똑같은 숫자의 유전자를 가진 두 개의 다른 유전자 네트워크가 두 개의 서로 다른 세포 상태를 만들어낸다는 점을 사회적 관계에 비유하면, 비슷한 규모의 정치적, 경제적, 문화적, 인구적 역량을 가진 두 개의 다른 유형의 사회적 네트워크는 서로 다른 사회상태를 만들어낸다고 할 수 있다. 요소들은 제한적이지만 그것들이 연결되는 방식과 전체적인 배치의 경우의 수는 상대적으로 무제한적일 수 있다는 사실에서 우리는 사회 상태의 계속적인 변화가능성을 발견할 수 있다. 이 때문에 하나의 전지구적 제국적 네트워크가 형성되었다고 해도, 각 지역정부와 권력 허브들의 연결방식의 변화가 전체 네트워크의 배치를 바꿀 수도 있는 것이며, 거대 네트워크가 형성될수록 지역적, 국지적 네트워크의 상태변화가 상대적으로 중요해지며, 그 변화는 역으로 전체 네트워크의 양상과 성격을 변화시킬 수 있다. 이런 이유로 전-

체적인 지구화과정 자체가 단일한 과정이라기보다는 여러 과정들의 복잡한 '절합'(articulation) 과정이라고 보아야 할 것이다.

데이비드 헬드 등은 『전지구적 변환』이라는 책에서 이와 유사한 주장을 펼치고 있다. "지구화는 〔행위를〕 가능하게 하기도 하고 제한하기도 하는, 진화중인 역동적 세계구조와 관련이 있다. 그러나 지구화는 또한 대단히 불균질적이고 계층화된 구조이기도 하다. 지구화는 현존하는 불평등 유형과 위계 유형을 그대로 반영하는 동시에 포괄과 배제의 새로운 유형, 새로운 승자와 패자를 만들어내기도 한다. 따라서 지구화는 구조화와 계층화의 과정을 체현한다고 할 수 있다…. 지구화의 역학과 그 결과를 이해하려면 각 영역 내지 지구적 상호연결성의 차등화된 유형에 대한 지식이 있어야 한다. 예를 들어 환경의 지구적 상호연결성 유형은 문화나 군사의 지구적 상호작용 유형과는 상당히 다르다…. 이들은 특히 지구화를 상호의존성·통합·보편주의·수렴 따위의 개념으로 단순화하는 것이 위험함을 지적한다."[7]

2. 칸트와 들뢰즈를 통한 맑스주의의 변환: 변증법적-절합적 배치

이렇게 지구화나 사회구성체를 단일한 조건이나 구조가 아니라 역동적인 복잡계 네트워크의 형성과정으로 이해하게 될 경우 그동안 맑스주의 이론의 전통을 지배해온 계급환원주의의 난점으로부터 벗어나는 길이 열릴 수 있다. 복잡계 네트워크라는 관점에서 보면 계급관계와 비계급관계는 사회적 관계를 구성하는 각기 다른 네트워크 유형으로 전체 사회의 차원에서 보면 양자는 내재적 교차관계를 이루고 있다고 볼 수 있다. 이때 중요한 것은 계급적인 '적대의 정치'와 비계급적인 '차이의 정치'의 양자택일이 아닌 양자의 '절합양식'을 규명하는 것이다. 또한 현대사회의 작동원리는 지구화/정보화/지방화 과정과 연계되어 있으며, 이 복잡한 과정은 또 다시 생산양식과 주체화양식의 절합양식, 제반 사회적 실천들(정치적, 경제적, 사회문화

---

7) 데이비드 헬드 외, 『전지구적 변환』, 조효제 옮김, 창작과 비평사, 2002, 53-55쪽.

적 실천들)의 '절합적 배치' 양상에 대한 이론적 해명을 필요로 한다.

이런 이론적 해명 작업에서 철저하게 사전 검토되어야 할 것은 사회적 실천들의 복잡한 관계와 정세적 역동성 등의 문제와 연관되는 "인과론"의 과학철학적 검토(단선적 인과론에서 중층결정으로), 사회적 역동성과 이행의 문제를 설명하기 위해 구조주의적 한계를 벗어나면서도 상대주의/주관주의에 빠지지 않기 위해 객관적/구조적 압력의 존재에 대한 새로운 인식-존재론적 검토(체화된 구성주의), 생산양식에 내재한 정치성의 문제와 주체화 양식의 연계를 규명하기 위한 존재론적 검토(노동-작업-행위의 변증법) 등이다.8) '변증법적 절합', '중층적 절합', '절합적 배치', '문화정치적' 실천 등의 '신조어'는 이런 과정에서 필자가 구성한 일종의 발견적(heuristic) 개념들이다. 아직 충분히 해명된 것은 아니나, 이 개념들은 각축하는 사회적 세력들이 충돌하는 역사적 정세 속에서 획득되는 '상황적 지식'(situated knowledge)이나 '부분적 지식'(partial knowledge)들의 '절합적 배치'(인수분해 후 다른 노드들간의 새로운 링크 형성하기)를 보여주기 위한 것이다. 사회적 총체성에 대한 우리의 상은 고정된 어떤 지도로서가 아니라, 이런 부분적 지식들이 복잡한 긴장관계 속에서 일련의 배열을 이루다가 복합적인 '해방의 정치'를 향한 '역사적 도약'이라는 전망을 섬광처럼 드러내는 것으로(벤야민이 말하는 '정지상태의 변증법') 그 상을 수정해야 할 것이다. 이때 그 섬광같은 전망이란 헤겔적인 의미에서 자동적으로 도달하게 될 절대정신의 초월적 운동이 아니라 오히려 칸트적인 의미에서 우리의 의지와 욕구가 강력히 요청하는 '규제적 이념'이라고 재해석되어야 한다.

그동안 총체성과 변증법에 대한 헤겔주의적 해석에 대한 알튀세르의 강력한 비판에도 불구하고, 맑스주의와 역사유물론은 헤겔적 유산에 의존해 왔다. 여전히 진보이론의 대부분에 의식적/무의식적으로 잔존해있는 유기적 총체성에 대한 헤겔적 낡은 관념을 적극적으로 해체하고, 사회구성을 관통하고 있는 구조적 총체성과 그 실제적인 변증법적 작동 메커니즘을 해명

---

8) 심광현의 「문화생태학 구성을 위한 시론」(『문화사회와 문화정치』, 문화과학사, 2003)과 「테크노 문화의 이중구속: 생태론과 인공지능의 유토피아/디스토피아」(『탈근대 문화정치와 문화연구』, 문화과학사, 1998) 참조.

하기 위해서는, 알튀세르가 수행했던 맑스주의의 인식론적/존재론적 갱신을 지속적으로 밀고 나갈 필요가 있으며, 이를 위해서는 역사유물론에 대한 칸트적-들뢰즈적 재해석이 적극적으로 필요하다고 본다.

그 갱신의 개요를 기술해 보면, 모든 지식생산과정 자체가 역사적 현실에 의해 유물론적(구조적) 제약을 받음으로써 부분적, 상황적(이런 점에서 이데올로기/과학은 칼처럼 분리되지 않는다)일 수밖에 없지만, 그와 동시에 역사적 도약의 방향을 요청하는 '규제적 이념'을 통해 주체들이 '부분적 지식'의 확장을 스스로 꾀하는 변증법적 운동을 겪는다고 보아야 할 것이다 (역사의 나선적 진보). 물론 역사유물론의 현대적 해석을 위해 칸트를 도입한다는 것이 맑스를 버리고 칸트로 되돌아가자는 것은 아니다. 오히려 맑스에게서 헤겔적 요소를 분리해내고, 이를 다시 칸트와 결합시키자는 것이다. 이렇게 일보 전진을 위한 이보 후퇴에서 얻어진 것이 사회적 실천들의 복잡성과 환원불가능성, 인식론적-존재론적 상호제약, 구조화-주체화의 상호제약과 환원불가능성, 주체적 역능(직관과 감성, 상상력과 오성, 순수이성, 실천이성, 판단력과 나아가 정동과 신체적 역능 등)의 다차원성과 환원불가능성이라면, 다시 전진하기 위해 필요한 것은 이 복잡성들 사이의 역동적 관계 자체에 대한 해명이다. 다시 말하면 생산양식 내부에서의 계급투쟁의 변화를 통한 탈자본주의적 해방의 전망이 현재 상태의 주체들의 과소화되고, 왜곡되고, 기형화된 역능 상태를 그대로 둔 채 권력관계나 생산수단의 소유관계만을 바꾼다고 성취되는 것이 아니라는 점, 따라서 생산양식을 변환시키기 위해서는 주체화양식의 변환이 요구되며, 그 역도 마찬가지이며, 결국 양자는 낮과 밤처럼 서로 맞물려 있다는 점을 이론적으로 해명해야 한다.

1) 생산양식과 주체화양식의 절합: 칸트를 통한 맑스의 보완

맑스의 『자본』은 "정치경제학 비판"이라는 부제를 갖고 있다. 이때 "정치경제학 비판"이란 무엇을 뜻하는가? 알튀세르는 다음과 같이 말한 바 있다. "'정치경제학을 비판한다'는 것은 새로운 문제의식과 새로운 대상을 갖고 정치경제학의 대상 그 자체를 문제로 제기하고 그것에 대항하는 것을 의미한

다…. 맑스의 정치경제학 비판은 극히 격렬하다. 그것은 정치경제학의 대상뿐만 아니라, 대상으로서의 정치경제학 그 자체도 의문시한다…정치경제학이 그 실존을 주장하는 것은 그 대상의 성질과 정의의 역할이다. 정치경제학은 자신이 사실들의 명증성을 갖는다고 간주하는 '경제적 사실'들의 영역을 대상으로 삼는다. 그 사실은 정치경제학이 어떠한 설명도 요구하지 않으면서 사실들을 제공된대로 받아들이는 절대적 여건이다. 맑스가 정치경제학의 주장을 폐지하는 것은 이 '주어진 것'의 명증성을 폐지하는 것과 동일하다…. 만약 그 전제를 수반하는 과학, 또는 이렇게 부르는 것이 좋다면, 그 개념에 대한 이론이 이미 존재하지 않는다면 정치경제학은 존재할 수 없다."9) 맑스는『자본』에서 헤겔의 관념론적 변증법과 리카도의 고전경제학에 대해 그 전제가 되는 개념들을 문제삼으면서 "전도"라는 표현을 사용했지만, 알튀세르는 그 유명한 "전도"의 의미가 헤겔적/리카도적 틀을 유지한 채 그 적용방식을 바꾸는 것이 아니라 오히려 "낡은 문제의식을 새로운 것으로 대체함으로써 이론적 토대를 바꾸는 것"이라고 역설하면서 이를 인식론적 단절이라고 불렀다. 알튀세르는 반역사주의, 반휴머니즘이라는 개념을 가지고 이런 식의 이론적 토대 변경의 내용을 규명하고자 했다.

여기에 동의하면서도 나는 여기서 한 걸음 더 나아가 맑스의 "정치경제학 비판"과 연관하여 헤겔에서 칸트로의 보다 발본적인 토대 변경이 필요하다고 주장하고자 한다. 그 이유를 보기 위해 다시 알튀세르로 돌아가보자. "고전경제학은, 경제적 대상의 생산/분배/수취/소비에 관련된 모든 행위를 경제적 주체와 그들의 욕구 위에 기초시키는 '소박한' 인류학을 자신이 수용한다는 조건에서만, 경제적 사실들이 그들의 실증성과 가측성의 동질적인 공간에 속하는 것으로 고찰할 수 있을 뿐이다. 헤겔은 정치적 사회와 구별되는 '욕구의 영역', 또는 '시민사회'라는 유명한 표현으로 이 '소박한' 인류학과 경제적 현상의 통일에 대한 철학적 개념을 제공했다…. 이 잠재적 인류학은 또한 근대경제학의 어떤 신화, 즉 경제적 '합리성', '최적', '완전고용', 또는 후생경제학, '인간적' 경제학 등과 같이 모호한 개념들로 재등장

---

9) 루이 알튀세르,『자본을 읽자』, 김진엽 옮김, 두레, 1991, 200-201쪽. 이하 이 책에서의 인용은 본문의 괄호 안에 그 쪽수만을 명기한다.

한다"(205-207). 그러나 "맑스는 주어진 경제적 현상들의 동질적 공간이라는 수동적 개념과 그 기초를 이루는 경제적 인간이라는 이데올로기적 인류학 모두를 거부했다. 따라서 그는 이 통일체와 더불어 정치경제학의 대상의 구조 그 자체를 거부했다"(209). "맑스는 이들 '욕구'를 '역사적인 것'으로 정의했으며, 절대적으로 주어진 것으로 정의하지는 않았다…. 바꾸어 말하면 사용가치와 욕구를 외관상 직접적인 양태(따라서 인류학으로부터 직접 도출되는 것으로 보이지만 하나의 역사화된 양식)로 결합하는 개인적 소비 그 자체는, 한편으로 생산의 기술적 능력(생산력의 수준)과 다른 한편으로 소득의 분배(잉여가치와 임금으로의 분할형태)를 확정하는 사회적 생산관계들에 우리가 주의를 기울이도록 만든다. 이 마지막 문제점은 인간을 사회계급들—생산과정의 '현실적' '주체'—로 분류하게 만든다…. 이 욕구들은 전혀 인류학적인 것이 아닌 이중적인 구조적 결정에 종속되고, 그 결정은 생산물을 제1부문과 제2부문으로 분할하며, 욕구에 대해 내용과 의미(생산력과 생산관계간의 관계들의 구조)를 부여하는 것이다"(211).

맑스와 알튀세르가 인간 욕구의 실증성과 가측성의 동질적 공간이라는 고전경제학과 근대경제학에 잠재된 소박한 인류학을 거부하고, 인간 욕구를 역사적이고 사회적인 것으로 설정하는 것은 옳았다. 하지만 경제적 인간이라는 이데올로기적 인류학에 대한 거부의 결과가 인간 욕구들을 생산양식의 구조적 결정으로 환원시키는 것으로 귀착되는 것은 문제가 있다고 본다. 오히려 인간 주체의 욕구를 동질적으로 가정하는 것을 비판한다면, 그 대신 인간 주체의 이질적 구성에 대한 규명이 필요하지 않을까? 여기서 인간 주체의 이질적 구성이 문제가 되는 것은 이로 인해 재생산의 과정에서 복합적인 균열과 차이들이 야기될 수 있기 때문이다.

재생산은 오늘 낮에 이루어진 생산행위가 다음 날에도 지속되기 위해서 필요한 만큼 먹고, 자고, 쉬며, 노동력을 충전하고, 미래를 위해 학습하는 등의 행위를 포함하며 이런 행위들은 일정한 시간이 지남에 따라 규율화되고 질서잡히게 된다. "재생산의 규칙적인 반복은 소비의 일반적 전제이며, 인간문명—그 역사적 형태의 여하를 불문하고—의 문화적 실존의 전제조건이다. 이러한 의미에서 재생산의 개념은 문화사의 한 측면을 반영한다."[10]

그런데 바로 여기서 먹고, 자고, 성행위를 하고, 학습하는 주체들이 물적 덩어리가 아니라 여러 역능들의 절합적 네트워크와 같이 열려진 주체라는 점을 고려해야 한다. 이런 이유로 생산과정에서 노동력의 질적 차이를 생산성의 차이로 이해하는 일만이 재생산과정에서 감성적, 오성적, 이성적, 상상적 차이들이 야기하는 효과들을 문제시해야 한다. 말하자면, 생산양식의 재생산이 가능하기 위해서는 이질적 역능들의 어떤 절합 방식이 어떤 주체화효과를 생산하며, 그 주체화방식이 생산과정에 어떤 변화를 초래하는가에 대한 정교한 규명이 필요하다는 것이다. 이성(절대정신)으로 주체의 모든 역능을 환원시킨 헤겔이 아니라 주체 내부의 여러 역능들의 환원불가능한 차이와 '절합'을 강조한 칸트가 필요한 지점이 바로 여기다.

칸트에 의하면 인간 주체는 3가지 상위의, 서로 환원불가능한 차이를 지닌, 인식능력(순수이성[오성], 실천이성, 판단력)과 오감과 직관과 같은 수용능력, 구상력이라는 허구적 구성능력 등을 갖고 있다. 칸트는 물론 이런 능력들간의 차이를 강조하면서도, 이 차이들이 모순과 적대로 발전할 경우 주체가 내부에서 해체되지 않도록 차이들을 결합하는 능력을 판단력에 부여함으로써 주체가 여러 노드들의 차이와 결합으로 이루어진 일종의 네트워크적 존재라는 점을 시사하고 있다. 같은 인간이면서도 사람들이 매우 상이한 성격과 기질, 역능을 지닌 이유는 바로 주체형성의 과정이 이와 같은 네트워크적 구성과정(즉, 절합적 배치과정)이라는 사실에서 연유한다고 할 수 있다. 자본주의적 근대화과정은 자본주의적 생산양식의 재생산을 위해 주체의 다채로운 역능을 "일하는 인지기계"라는 협소한 역능으로 환원시켜온 매우 특수한 주체화양식(근대적 IAS)을 발전시켜 왔는데, 그 결과 오늘날 인간들은 과거와는 달리 도구적/계산적 오성만이 비대하게 발달하고 신체적/실천적/미감적 역능은 말라 비틀어진, 따라서 그 내적 역능들의 배치가 마치 ET와 같이 기형화된 상태로 진화해가고 있는 형국이다. 칸트가 『판단력 비판』을 쓰면서 역능들의 상호 월권이 위험을 초래한다고 경고했던 바를 자본주의적 근대화 과정이 실현한 셈이다. 리들리 스콧 감독의 〈블

---

10) 로자 룩셈부르크의 글 재인용. 같은 책, 333쪽.

레이드 러너〉와 같은 묵시록적 영화가 전망하는 것은 바로 이와 같은 내적 역능의 기형적 배치가 초래할 미래의 파국에 다름 아니다. 이런 맥락에서 자본주의적 근대화는 물리적 재난(환경과 생태계의 파괴, 도시의 안전사고 등)과 빈부격차의 증대가 유발하는 "위험사회화" 과정만이 아니라 문화적 재난(주체 역능의 기형화와 파괴)과 주체 역능의 격차가 유발하는 "문화적 위험사회화" 현상을 수반하고 있다는 점을 주시해야 한다.

따라서 사회구성체가 여러 실천적 심급들의 중층적이고 절합적 배치를 이루고 있는 것과 마찬가지로, 개인 주체 역시 여러 능력들의 심급의 중층 적이고 절합적 배치를 이루고 있다고 할 수 있고, 자본주의적 근대화의 제 반 위험을 넘어서기 위해서는 문화적 재난을 악화시키고 있는 현재의 주체 화양식의 대대적 변혁이 동시에 요구되는 것이다. 바로 여기서 맑스와 칸트 의 적극적 만남이 필요한 것이다.

그러나 여기서 맑스와 만나야 할 칸트는 『순수이성 비판』의 칸트가 아니 라 『판단력 비판』의 칸트라는 점을 강조하고 싶다. 칸트를 독해하는 3가지 방식이 있다고 할 수 있는데, 비유하자면 수학과 물리학에 기반한 『순수이 성 비판』(induction)이나 도덕과 형이상학에 기반한 『실천이성 비판』 (deduction)을 몸통으로 보는 것이 쥬류적인 해석이라면, 그 대신 미학과 생물학에 기반한 『판단력 비판』(abduction)을 몸통으로 보는 견지에서 『순 수이성 비판』과 『실천이성 비판』을 양 날개로 바라보는 방식으로의 칸트에 대한 재해석이 필요하다고 본다(다시 말해, 정신의 견지에서 물질과 생명 의 문제를 바라보는 전통적인 관념론이나, 물질의 견지에서 정신과 생명을 바라보아 왔던 실재론적 유물론의 통념을 벗어나, 육체를 가진 생명의 견지 에서 물질과 정신을 바라보는 제3의 관점〔명목론적 유물론과 생명철학의 결합〕을 취하는 연구방법이 필요하다).

2) 변증법적 절합적 배치: 들뢰즈-벤야민-맑스

하지만 주지하듯이 칸트의 주체철학은 사회적 관계가 주체형성의 내재 적 조건을 이루고 있다는 사실을 고려하지 않음으로써, 주체형성과정 자체 에 사회적 관계들이 각인되고 재배치된다는 점을 보여주지 못한다는 한계를 갖고 있다. 여기서 "사회적 관계들의 배치와 재배치"라는 개념을 통해 칸트를 뛰어넘는 도약이 필요하다. 맑스가 주장하듯이 개별 주체들은 허공 중에서 형성되는 것이 아니라 사회적 관계들 내부에서의 위치에 의해, 즉 특정한 생산양식내에서의 특정한 계급적 존재로 규정받는 것이다. "근대사회에서 계급의 존재를 발견한 것도, 계급 상호간의 투쟁을 발견한 것도 나의 공적으로 돌려질 수 없다. 부르주아 역사가들이 나보다 훨씬 전에 이 계급투쟁의 역사적 발전을 서술했고, 부르주아 경제학자들은 그 제계급에 대한 경제적 해부학을 서술했다. 내가 새롭게 한 것은, 1) 계급의 존재는 생산의 발전에 있어서 특수한 역사적 단계와만 결합되어 있다는 것을…증명한 것이다."11)

그러나 알튀세르가 주장하듯이 다시 맑스의 한계는 한 생산양식으로부터 다른 생산양식으로의 이행에 대한 이론, 즉 생산양식의 구성에 대한 이론을 우리에게 전혀 제공하지 않았다는 점이다. 알튀세르는 이 이행에 관한 이론이 맑스주의 연구에 있어서 가장 시급한 문제임을 역설했다(『자본을 읽자』, 252쪽). 이 이행에 관한 이론이 무엇인지는 아직도 불투명하지만, 나는 이 문제를 해결하는 데 있어서 "사회적 관계들의 배치와 재배치"라는 개념이 하나의 중요한 생산적 단서를 제공한다고 생각한다. 이때 "배치"라는 개념 자체는 들뢰즈/가타리의 주요 개념이지만, 이들의 전유물이라기보다는 사회적 실천들의 복잡한 관계와 구성을 지칭하기 위해 사용되었던 맑스주의의 역사에서도 충분히 찾아볼 수 있는 개념이다. 맑스의 '구성체'(또는 편성formation)와 벤야민의 '배치'(또는 '성좌적 배열'Konstellation)와 같은 개념이 그것이다.

특히 벤야민의 개념은 독특한데, 벤야민적인 의미에서의 '배치'는 별들의 운동과 주체의 위치가 서로 상관적인 방식으로 엮어져 있는('절합된') 상태에서 "긴장으로 충만된 사실들의 배열 속에서 정지하는 바로 그 순간에 그 사실의 배열에 충격을 가하게 되고 또 이를 통해 사고는 하나의 단자로서

---

11) Karl Marx, 1852년 3월 5일 친구 요셉 비더마이어에게 보내는 편지("Class Struggle and Mode of Production," in Robert C. Turker, ed., *The Marx-Engels Reader*, 2nd ed. (W. W. Norton & Company. Inc., 1978), p. 220).

결정화되는" "정지상태의 변증법"을 통해서 포착될 수 있다. 12) 이를테면 사회적 실천들과 여기에 참여하고 수행하는 주체들 내부의 다양한 역능들의 '절합' 양상에 따라 '사회적 관계들의 배치'가 포착될 수 있는데, 그 포착의 순간은 변증법적 운동의 특정 순간에만 오는 것이다. 이런 문맥에서 보자면 '배치' 개념은 푸코나 들뢰즈가 주장하는 것과는 달리 '변증법' 개념과 위배되는 것이 아니라 포함관계를 이룰 수 있다.

이런 맥락에서 '변증법적-절합적 배치'라는 형태의 개념적 절합이 가능하다고 보며, 이들 개념들은 서로 분리된 방식으로 사용하는 경우보다 '절합적'으로 사용될 경우, 사회적 관계들이 하나의 특정한 배치에서 다른 유형의 배치로 이행하는 경로와 메커니즘을 더 잘 설명할 수 있다고 본다. 가령 어떤 시기의 역사적 블록을 구성하는 특정 유형의 계급동맹이나 헤게모니 유형은 제계급들간의 투쟁/협상을 통한 '절합', 정치적·경제적·문화적·이데올로기적·이론적 제실천들간의 중층적이고 변증법적인 절합(기존의 네트워크 결합체를 인수분해하여 적대와 차이들을 분류하고 이 과정에서 힘을 모아 새로운 네트워크 결합방식을 찾아내는 방법)을 통해서 다른 유형의 계급동맹과 헤게모니 유형으로 전환될 수 있다. 이때 제계급들, 실천들 간의 절합은 아무런 방향 없이 무작위적으로 이루어지는 것이 아니라 사회적 적대가 대체되고-응축되고-폭발되는 유형의 순환운동의 양상으로 이루어진다는 점에서 변증법적이라고 할 수 있다. 나아가 이런 변증법적 절합은 허공에서 서로 분리되어 있는 몰적 주체들 사이에서 일어나는 것이 아니라 사회적(계급적 관계만이 아니라 자연-사회의 관계를 포괄하는 비계급적) 관계들의 그물망과 같은 일련의 '배치'들로 구성되어 있는 네트워크적인 주체들 속에서 일어난다고 보아야 할 것이다. 종합해 보면 생산양식의 복합

---

12) W. Benjamin, "Uber die Begriff der Geschichte," in *Gesammelte Schriften* Band 1-2 (Suhrkamp Verlag, 1990), s. 702-703. 벤야민의 "정지상태의 변증법"은 문화유산의 화려한 개선행렬 속에서 야만의 기록을 함께 읽어낼 때의 전율, 그것을 창조한 위대한 천재들의 노고만이 아니라 이름도 없는 동시대의 부역자들의 노고를 함께 볼 때 느끼는 전율로 인해, 직선 내지 나선형을 그으며 자동적으로 나아가는 진보로서의 동질적이고 공허한 역사의 결을 거슬러 도약하여, 억압과 착취의 역사적 장면들을 섬광처럼 한꺼번에 불러내어 이를 해방의 순간과 대질케 하는 순간 나타나는, 충만된 사실들이 크리스털처럼 결정화된 배열을 이룬 단자적 이미지의 생산과정을 기술하는 개념이다.

적 모순과 차이들에 의해 발전하는 역사과정은 제실천들간의 중층적인 변증법을 통한 '절합적 배치'를 이미 내장하고 있는 주체화양식에 의해 가속/감속되는 생성-변화의 과정이라고 하겠다. 13)

그러나 '변증법적-절합적 배치'라는 개념은 추상적이어서 그것이 작동하는 양상을 이해하기가 쉽지 않은 것이 사실이다. 여기서 이해를 도모하기 위해 게슈탈트 심리학에서 사용해온 게슈탈트라는 개념을 이용해보고자 한다. 사회적 실천들과 주체 내부의 역능들의 관계망은 마치 '진법'(陣法)과도 유사하게 일련의 게슈탈트적 질서14)를 취하고 있다고 할 수 있다. 게슈탈트라는 개념은 단순히 부분들의 합이 아닌 부분들간의 상호작용과 연결을 통해 드러나는 부분들을 관통하는 하나의 전체적 형태인데, 동일한 군사들을 어떻게 배치하느냐에 따라 전투에서 이기기도 하고 지기도 하는 것과 같은 진법과도 유사하게 사회적 관계들의 배치 형태를 일종의 사회적 게슈탈트라고 부를 수 있겠다. 이때 사회적 게슈탈트는 사회적 제실천들의 중층결

---

13) 변증법 개념의 역사 자체내에서도 헤겔 변증법과는 상이한 전통(맑스의 추상과 구체의 변증법, 레닌의 복수적 모순과 정세적 국면의 변증법, 알튀세르의 중층결정의 변증법), 절합 개념의 역사(그람시의 계급동맹 및 역사적 블럭, 알튀세르의 중층결정과 절합, 라클라우 무페의 '절합'), 배치 개념의 상이성과 공통성(벤야민, 푸코, 들뢰즈/가타리)에 대한 계보학적 분석이 필요하다.

14) 김경희, 『게슈탈트 심리학』, 학지사, 2002. 게슈탈트(Gestalt)라는 개념은 1890년 심리학자 에렌스펠트가 처음으로 도입한 개념으로, 전체는 부분들의 합 이상이라는 것으로, 가령 시간 간격을 두고 자극 A+자극 B를 두면 그 결과로 감각 A+감각 B=운동을 생기게 하는 것이 아니라, A위치로부터 B위치로 움직이는 감각이 발생한다는 것이다. 이런 전체적 특징을 게슈탈트라고 부르는데, 부분들 간의 역동적 상호작용을 통해 여러 유형의 배열(Ordnung), 규칙성, 단일성 등이 가능하다. 가령 얼굴 지각에서의 배열은 일반적으로 수용기와 전도체계의 해부학적 구조로 이루어지고, 특수하게는 공간-시간적 자극 유형으로 이루어진다. 이는 인공두뇌적 자동조정장치에 의한 것으로 정신적 과정과 이와 병렬된 생리학적 과정 사이에 정신신체적인 상동성이 존재한다는 것을 가정하고 있다(38-40쪽). 게슈탈트 치료에서는 게슈탈트 개념을 치료 영역에 확장하여 개인은 모든 욕구나 감정을 하나의 의미있는 행동동기, 즉 게슈탈트로 조직화하여 세계를 지각하는 경향이 있다고 보고, 게슈탈트 형성에 실패하면 심리적, 신체적 장애를 겪는다고 본다. 건강한 개인의 경우 전경으로 떠올랐던 게슈탈트를 해소하고 나면 그 전경은 배경으로 물러나고, 새로운 게슈탈트가 형성되어 전경으로 떠오르는 과정이 반복되는데, 개인이 게슈탈트를 형성하지 못했거나, 또는 게슈탈트를 형성하긴 했으나 이의 해소를 방해받으면 그 게슈탈트는 배경으로 사라지지 못한 채 중간 층에 남아 전경과 배경의 자연스러운 교체를 방해하므로 개인의 적응에 장애가 된다(146-147).

정에 의해 형성되는 객관적인 것이지만 주체의 상태에 무관한 것이 아니라 게슈탈트 심리학에서 말하는 바와 같이 주체의 상태에 따라 때로는 전경으로 떠오르기도 하고 때로는 배경으로 사라지기도 하는 것이다. 게슈탈트 심리학에 의하면 정신장애들은 게슈탈트를 전경에 떠올리고 이를 해소할 수 있는 능력의 결핍과 장애에서 발생한다. 여기에 비유하자면, 오늘날 진보진영의 과제는 현대의 전지구적인 자본주의사회구성의 게슈탈트를 전경으로 떠올리게 하면서 이를 해소하고 새로운 사회구성의 게슈탈트를 전경으로 떠올리는 것이라고 할 수 있다. 문제는 과거의 계급환원주의적인 낡은 게슈탈트가 해소되지 않은 채 미해결 과제로 남아 있어 이런 작업에 다양한 혼란과 곤란을 야기하고 있다는 사실이다.

그렇다면 현대 자본주의의 사회구성의 게슈탈트 지도는 어떤 모양을 하고 있을까? 토대-상부구조라는 과거의 선형적 도식을 넘어서서 사회적 실천들의 중층결정의 네트워크라는 비선형적인 복잡한 과정을 해명하기 위해서는 최소한 2차원 이상의 매트릭스가 필요하다고 본다. 사회적 실천들의 중층성이란 사실상 최소한 2차원의 매트릭스를 구성하기 위한 X, Y 축의 항목들의 다차원성을 지칭하는 것일 뿐이다. 맑스가 생산력과 생산관계, 사회적 관계들, 그리고 계급투쟁이라는 개념들을 통해서 설명했던 바(그리고 후대에 의해 토대와 상부구조라고 단순화되었던 바)를 알튀세르가 다시 경제적, 정치적, 이데올로기적 실천 등으로 다층화했던 바에서 멈췄다면, 우리는 이것이 여전히 일종의 X축에 다름 아니라고 보고, 각 항의 작동원리를 해명하면서, 이 축과 교차관계를 맺는 또다른 Y축(네트워크 양식), Z축(주체화양식) 등을 발견해야 한다.

3. 새로운 사회구성체론을 위한 인식적 지도 그리기

알튀세르의 경제적, 정치적, 이데올로기적 실천이라는 X축은 칸트적인 사회구성체 이론이라 할 막스 베버적 근대화 이론(정치/경제/문화의 3분할과 상대적 자율성)의 변형이라고도 할 수 있고, 이 축의 작동원리는 베버-하버마스 등을 통해 보다 정교하게 해명되었다. 반면 Y축은 일종의 사회적 네트워크의 유형으로서 자본주의-사회주의의 대립기제에 대한 보다 거시적인 문제설정을 통해 발견되어야 한다. 자크 비데의 근대성의 메타구조(중앙적 계약-개인적 계약-자유로운 개인들간의 연합이라는 3원론)라는 문제설정과 들뢰즈의 몰적/분자적/리좀적이라는 3원론이 여기에 빛을 던져준다.15)

서로 환원불가능한 차이들을 지닌 경제적 실천, 정치적 실천, 이데올로기적-문화적 실천이라는 축과 중앙적-개인들간의 연합-개인적 계약이라는 축을 교차시키면 9개의 항을 가진 사회적 매트릭스가 나타난다. 여기서 주목해야 할 점은 각각 축은 환원불가능한 실천들과 계약방식의 특수한 작동원리에 의해 상대적 자율성을 유지하고 있다는 점이다. 이때 다른 한 실천영역이 다른 실천 영역에 대해 월권을 행사할 가능성이 항존한다. 여기서 칸트적인 해결책을 원용할 필요가 발생한다. 각각의 원리들의 월권을 막기 위해서 각각의 원리들의 영역과 층위를 제한하고 구별하는 것이 그것이다. (순수이성은 현상의 영역에, 실천이성은 가상(규제적 이념)의 영역에, 그리고 반성적 판단력은 양자를 매개하는 위치에 그 역할을 한정하는 방식처럼.) 이 9개의 항을 가진 사회적 매트릭스를 도식화하면 다음과 같다.

	중앙계약(국가/계획) (A) 공동소유 Molar/Constructive	연합적계약(연대) (B) 협동소유/점유 Rhizome/Naturwüchig	개인간계약(경쟁시장) (C) 사적소유 Molecular/Spontaneous
경제영역(D) (성과와 능률의 원칙)	국영기업/공기업(1)	협동조합/자주관리(2)	사기업(3)
사회문화영역(E) (필요의 원칙)	사회문화적 공공부문(4)	문화민주주의 활동(5)	생활세계(6)
정치영역(F) (평등의 원칙)	대의제적 정부(7)	자치/직접민주주의(8)	인권(9)

---

15) 심광현, 「이데올로기 비판과 욕망의 정치학의 '절합'」, 「들뢰즈와 창조성의 정치학」(『문화사회와 문화정치』) 참조.

이런 관점에서 보면 경제영역에 평등의 원칙을 적용하거나, 정치영역에 필요의 원칙을 적용하거나, 사회화 영역에 능률의 원칙을 적용할 경우 문제가 발생하리라는 것을 쉽게 예측할 수 있다. 그럼에도 불구하고 사회생활에 대한 우리의 요구들에는 종종 이런 식의 혼동이 개입된다는 것이 문제다. 또 한 영역이 비대해져서 다른 영역을 침범하고 그래서 이 영역에서 통용되는 원칙이 다른 영역까지 지배하게 되면 여러 가지 심각한 문제가 발생한다 (사회복지와 교육문화, 환경과 노동의 영역에 대한 성과주의와 능률주의의 무차별한 적용). 칸트의 정의관에 비추어보면 이런 사회는 월권이 판을 치는 정의롭지 못한 사회이며, 칼 폴라니(K. Polanyi)적인 의미에서 보자면 사회의 파괴이다. 스탈린주의적 사회주의의 문제가 정치영역의 이상비대화와 월권에 있었다면, 신자유주의의 문제는 경제영역의 이상비대화와 월권에 있다고도 요약할 수 있겠다. 무차별한 시장논리에 의한 생활세계의 식민화는 인간의 상품화, 도덕심의 고갈과 가정의 파괴를 초래하며, 평등과 박애의 원리, 필요의 원리에 따른 정의의 원칙을 파괴한다. 이 과정이 심화되면 정치적, 사회적 정당성의 위기가 초래되며 사회적 해체가 야기된다.

물론 이 9가지 영역들의 매트릭스는 아직도 2차원적이라는 점에서는 현실의 작동원리를 충분히 설명할 수 있는 차원은 아니다. 여기에 다시 생태적 위기(위험사회론)의 문제설정과 계급적-인종적-성적 차이-세대적-개성적 차이의 문제설정(주체화양식)이 절합되어야 한다. 이 새로운 Z축을 절합시키는 방식은 주로 사회문화적 영역이 정치적/경제적 영역에 제한을 가하는 방식과 결합될 것이며, 이 작동메커니즘은 더 규명되어야 한다.

이렇게 X, Y, Z축으로 교차절합된 3차원 이상의 방식의 사회구성체 지도가 구성될 때 비로소 역사적 자본주의와 역사적 사회주의의 형성 경로와 향후 비자본주의적 이행을 위해 무엇을 할 것인가를 전망하는 일이 가능할 것이다. 우선 X, Y축 중심의 2차원의 지도만으로도 다음과 같은 분석이 가능하다. 메타구조적 차원에서 보면 이제까지 사회구성의 원리를 지배해온 것은 시장-계획의 2항 변증법이며, 구조적 차원에서는 사회생활의 나머지 영역을 침범하며 자유/평등/필요의 원칙을 잠식하고 있는 자본-임노동의 논리가 지배하고 있다. 우리사회의 전반을 지배하는 것은 자본-임노동 관계에 잠식된 (3) > (6) > (7) >, (1)이며, (4)와 (9)는 이제 겨우 형성중에 있을 뿐이고, (2), (5), (8)은 아직도 요원한 상황이다. 게다가 경제영역의 이상비대화에 비해 정치영역에서는 이제 겨우 절차적 민주화가 이루어지고 있을 뿐이며, 사회문화영역은 지극히 미미한 수준에 머물고 있다. 그러나 각항들의 상대적 비대칭성은 역사적으로 변화해왔고, 현재 신자유주의 세계화의 압력은 그런 비대칭성을 더욱 심화시켜 (3)의 영역이 나머지 모든 영역을 지배할 정도로 문제가 심각해지고 있다. 이런 상황에서 이와 같은 논리적 매트릭스는 바로 사회구성의 각 층위에서의 비대칭성의 정도를 한 눈에 볼 수 있게 해줄 뿐 아니라, 심하게 일그러진 각항들간에 역동적 상호작용이 새롭게 재구성되어야 할 필요성을 깨닫게 해준다는 점에서 발견적인 가치를 가진다고 본다.

현재와 같이 (C)가 (A)와 (B)를 잠식하고, 동시에 (D)가 (E)와 (F)를 지배함으로써 사회 전체를 상품화해가고 있는 자본주의에 대한 대안을 모색하고자 할 경우, 이 매트릭스 전체를 어떻게 해석해야 할 것인가? A-C, D-F가 칸트적인 의미에서 이율배반적인 관계를 이룬다면, 이런 이율배반의 이중구속의 상황 속에서 상호규제와 매개적 절합의 역할은 B와 E에 주어진다. 물론 이 경우 매개적 절합은 이율배반의 변증법적 대립으로 인해 정태적인 것이 아니라 역동적인 성격을 띨 수밖에 없다. 이런 역동적 관계에서는 B와 E의 성장, 특히 각 차원에서도 (2), (5), (8)의 성장이 관건이 되는데, 이 항들의 성장이 없을 경우 A-C, D-F 간의 이율배반의 반복으로 인한 사회적 위기와 해체의 주기적 반복만이 남게 될 것이다. 물론 현재와 같은 상황에서 B와 E의 성장은 일종의 희망에 불과할 것이지만, 다르게 해석하자면 바람직한 사회 구성을 위해 요청되는 일종의 칸트적인 의미에서의 규제적 이념으로서 사회운동이 스스로에게 부과할 수밖에 없는 실천적 과제라고 할 수 있다. "타자를 수단으로서만이 아니라 동시에 목적으로 대하라"는 칸트적인 윤리적 지상명제나 "자유로운 생산자들의 필요에 따른 생산과 분배의 연합"이라는 맑스적인 공산주의적 실천과제 역시 이와 다르지 않다.

하지만 맑스는 B와 E의 원칙과 활동이 지배하게 될 공산주의사회에서는 국가와 시장이 사멸하게 될 것이라는 실현 불가능한 꿈을 주장했다. 그러나 내가 다른 글16)에서 언급했듯이 국가와 시장의 사멸을 가정하는 것은 유토피아적인 가정에 다름 아니다. (국가/시장의 사멸을 공산주의의 전제로 상정하는 것은 칸트적인 규제적 이념을 헤겔적인 이념의 실현으로 오해하는 것에 다름 아니다.) 하지만 이런 오해를 배제하는 한에서 맑스로부터 정작 이어받아야 할 것은 공산주의적 실천의 현재성에 대한 요청이다. 맑스는 공산주의를 생산력의 발전에 의해 필연적으로(자연적으로) 도래할 어떤 단계로 보지 않았다. "공산주의란 이룩되어야 할 사태, 즉 현실이 그것에 맞춰가야 하는(가게 될) 하나의 이상이 아니다. 사물의 현재 상태를 철폐하는 (지양하는) 현실적 운동을 우리는 공산주의라고 부른다"(『독일 이데올로기』). 이때 '지양'(aufhebung)이라는 개념에서 헤겔적인 용법을 제거하고 "기능전환"이라는 현대적 의미로 재해석할 수 있다면, 사물의 현재 상태를 지양하는 현실적 운동이란 실은 국가와 시장의 비현실적인 사멸을 꿈꾸는 대신, 국가(A)를 민주화하고, 시장(C)를 자본주의적 착취로부터 해방시켜 투명한 교환의 장소로 전환하는 일이자(이 과정 자체가 계급투쟁에 다름 아니며, 조직화된 노동운동과 다중의 연대 없이는 독점자본의 폐지와 국가의 민주화 자체도 불가능하다), (6)의 영역에만 침전되어 파편화되어 있으며 자본주의적 욕망에 물들어 있는 개인들이 (2), (5), (8)의 운동에 적극 동참하며 서로 연대하게 하여(사회운동의 지속적 확대), (2), (5), (8)이 나머지 모든 항들간의 교통을 가능케 하며, 개인의 삶과 사회활동의 지도원리가 되는 긍정적 피드백 루프를 구성해가는 일(문화사회 건설)이라고 볼 수 있다. 이런 일은 국가와 시장의 사멸을 비현실적으로 꿈꾸는 일보다 더욱 어렵고 고된 일이며, "보장없는" 시지푸스적 운동이다.

4. 최소한의 노동사회와 최대한의 문화사회

노동중독사회를 비판하면서 문화사회로의 이행을 주장하는 것은 흔히 오

---

16) 심광현, 「자본주의로부터 해방된 시장!」, 『문화사회와 문화정치』, 35-51쪽 참조.

해되듯이 경제주의를 비판한다면서 새롭게 문화주의로 퇴행하자는 것은 아니다. 문화사회로의 이행을 주장하는 것은 사실상 그간 진보적 사회이론의 전망을 구성해왔던 공산주의적, 사회주의적 이념의 명칭에 구애받음 없이 그 내용 자체를 구체화해 보자는 것이지, 사회적 필요노동 자체의 절대적 중요성을 경시해도 좋다는 것은 아니다. 그 내용이란 결국 사회적 필요노동을 최소화하면서(노동〔labor〕시간 단축), 개인과 집단들의 문화적 작업(work)의 다양성과 표현의 자유를 증대하고, 개별 노동력의 지출과 사회적 인프라 구축에 필요한 정치적 강제를 최소화하면서, 개인과 집단들의 정치적 행위(action)가 다양하고 직접적으로 펼쳐질 수 있는 사회에 대한 인류사적 꿈을 구체화하려는 열망에 다름 아니라고 할 수 있다. 그리고 그런 새로운 삶의 내용 자체를 환기시키기에는 공산주의나 사회주의라는 개념과 명칭은 너무도 근대적 노동(중독)사회의 생산주의적 이데올로기에 물들어 있다는 혐의에서 벗어나기 힘들다. 따라서 당분간은 혼란을 야기시키는 낡은 개념 대신 "민주적/생태적 문화사회"라는 식의 새로운 명법이 더욱 적극적으로 창안되어야 한다고 본다.

한편 문화사회로 전환하자고 주장하는 것은 경제 행위나 정치 행위 자체를 문화적으로 재구조화, 재조직화하자는 얘기이기도 하다. 경제행위를 문화적으로 재구조화한다는 것은 사적 소유/임금 노동을 최소화하면서 다양한 형태의 비화폐적 경제 행위를 증대시키며, 사회적 임금을 확대시키고, 육체노동/지식노동의 강제적 분할을 넘어서서 생산-유통-소비-재생산의 과정에 참여하는 개인들의 신체적/정서적/지적 역능의 동시적 신장이 가능하도록 하자는 것이다. 정치행위의 문화적 재구조화란 개개인들이 지식/권력의 복합적 네트워크에 능동적/자율적으로 참여할 수 있게끔 정치제도와 조직을 탈권위주의화하고 최대한 개방적으로 만들자는 것이며 다양한 영역/지역에서 직접민주주의를 활성화시키자는 것이다. 그 결과로 임금노동을 최소화하고(노동시간 단축) 비임금노동으로서의 문화활동(창조적 작업과 자율적인 정치적 행위)을 최대화(자유시간 증대)하는 방식으로 삶의 방식 자체를 재조직화하자는 것이다. 물론 이는 문화활동마저 임금노동으로 역전시켜 버리고 있는 오늘의 상황에 비추어 보면 불가능한 일처럼 보일 수 있다. 그러나 관점을 바꿔보면 인간에게 잠재한 다양한 능력들은 결코 '임노동기계'로 환원되기에는 너무도 탄력적이고 복합적이다. 세계와 상호작용하는 여섯 가지 감각(오감과 신체감각)과 지각능력, 개념적 사유능력, 상상력과 판단력, 수십 가지의 정동과 충동, 형체를 알 수 없는 수많은 욕망과 권력의지 등이 다양하게 얽혀서 만들어내는 수많은 행위와 작업들은 임노동으로 결코 환원불가능한 복잡성 자체이다. 생산하고 소비하는 행위의 전후좌우에 포진하고 있는 것이 바로 주체를 형성시키는 비판/생성의 다양한 능력들의 특이한 배치들이다. 경제제도/정치제도/문화제도들은 바로 모든 사회구성원의 비판/생성 능력들이 풍부해지는 데 봉사할 수 있는가의 여부에 따라 재평가되고 재조직화되어야 한다.

'문화/정치'라는 개념은 이런 재조직화 과정에서 개별 주체들/집단들의 다양한 능력들과 희망과 현실적인 제도/권력관계의 불일치와 괴리, 모순의 복잡성을 분석하기 위해 도입된 개념이다. 문화/정치는 경제행위와 정치행위에 담지된 문화적 의미와 현존하는 문화행위에 담지된 경제적, 정치적 의미의 복잡한 절합적 배치 상태를 분석하기 위한 하나의 문제틀이라고도 할 수 있다. 단적으로 내가 일하고 싶은 종류의 일을 내가 일하고 싶은 시간과 장소에서 일하면서 독립적으로 생계를 꾸려갈 수 있는 상태, 내가 꿈꾸는 사회를 만들기 위해 각 개인들이 기존의 제도나 관습을 뜯어고치고 새로운 제도와 관행을 만드는 일을 실천할 수 있는 권리 주장과 결사의 자유를 확대하고 그것을 저해하는 다양한 장애들과 투쟁하는 장이 곧 문화정치적 장이다. 문화적으로나 정치적으로나 진보적이기 위해서는 문화적으로 보수적이면서 정치적으로 진보를 주장하거나, 문화적으로는 진보적이면서 정치적으로는 보수적이거나 또는 문화적으로나 정치적으로나 보수적인 입장들과 마주치면서 사안별로 연대하고 사안별로 싸우는 수밖에 없다. 따라서 문화정치적인 관점에서 보면 사회적 적대나 갈등은 일렬횡대나 종대로 배치되어 있는 것이 아니라 지그재그형으로, 또는 여러 축이 교차하는 입체적 좌표의 형태로 배치되어 있다. 문화정치적 진보는 이런 복잡한 좌표군 사이를 지그재그 형태로 횡단하면서 전진하는 것이지, 일직선으로 이루어지는 것은 아니다.

이런 이유에서 모든 형태의 바람직한 집합적 연대(자유로운 개인들의 생산적 연합)는 역동적인 네트워크적 배치를 이룰 수밖에 없으며, 개인적인 차원에서도 바람직한 삶의 실천은 역동적인 네트워크적 배치를 이룰 수밖에 없다. 집단들과 마찬가지로 각 개인들도 일정한 시간과 장소에서 경제행위를 해야 하고, 또 어떤 시간과 장소에서는 정치적 행위를, 또다른 시간과 장소에서는 문화적 행위를 영위해야 하기 때문이다. 물론 이들 각각은 동일 평면내에서 완전히 분리된 3 영역을 의미하는 것이 아니라 xyz 축으로 교차된 입체적인 사회적 시공간내에서 교차되어 있는 바, 개인에게 잠재된 오성, 감성, 이성, 신체의 제반 능력들이 풍부하게 발현되기 위해서는 이런 능력들 전체가 사회적 시공간내의 전체 영역에 입체적으로 확산될 수 있어야 할 것이다. 진보적 사회변혁이란 바로 이런 역능들이 입체적으로 확산되고 충족될 수 있는 방향으로 사회적 시/공간의 배치를 역동화시키는 것(위에서 말한 9개의 항을 가진 사회적 매트릭스 전체가 찌그러지지 않고 입체적으로 원활하게 작동하는 것)에 다름 아니다.

노동의 기계적 포섭과 기계적 잉여가치 개념에 관하여

이진경(연구공간 너머)

1. 기계화의 세 가지 계기

산업혁명 이후 노동을 노동자에게서 분리하여 자본가 자신의 손에 장악하려는 시도는 계속 진전되어 왔다. 테일러(F. Taylor)와 길브레스(Gilbreth)에 의한 이른바 '과학적 관리'나 그에서 연원하는 인체공학의 발전은 이러한 시도의 핵심에 도달함으로써 그 본연의 전략을 드러낸 것인 동시에, 그러한 전략을 추상화하여 완성했다고도 말할 수 있을 것이다. 이로써 그들은 노동이 갖는 질적인 측면—맑스가 구체적 유용노동이라고 불렀던—을 추상하였고, 노동자 개인의 고유한 특이성을 제거하여 표준화함으로써, 누구나, 또 어떤 노동에나 적용가능한 비개인적 동작으로 만들었다. 나아가 그것은 육체노동을 인간 아닌 기계 자체에 의해 수행될 수 있는 것으로 만들었다. 아니, 그것은 육체노동을 노동자보다 차라리 기계에 의해 정확하게 반복하여 수행될 수 있는 것으로 변형시켰다. 이를 '육체노동의 기계화'라고 부르자.

이는 다양한 육체적 동작을 역학적 수단을 통해 분석하여 표준화된 요소 동작으로 분해하는 것이었다. 길브레스가 자신의 이름 철자를 거꾸로 써서 명명한 '서블릭'(therblig)은, 그 개념의 기원이 되었던 블록 쌓는 작업뿐만 아니라 다른 수많은 작업들을 구성하는 단위가 되었고,[1] 이런 점에서 육체노동의 일종의 '원소'라고 할 수 있는 것이었다. 맑스는 흔히 '숙련의 해체'라고 불리는 이러한 과정이 도제수업을 통해 전해지던 비기(秘技)가 탈코드화되는 과정일 뿐 아니라, 노동자의 활동이 기계론적(mechanic)이고 역학적(力學的)인 동작으로 변형되는 과정임을 보여준다.

이러한 과정에서 우리는 **노동자의 활동을 노동자의 의지로부터, 간단히 말해 노동을 노동자로부터 분리하려는 경향**을 확인하게 된다. 노동자의 활동을 착취해야 하지만, 그것을 장악하기 위해 노동자로부터 그것을 분리하려는 경향, 이것이 바로 맑스가 '자본에 의한 노동의 실질적 포섭'이라고 불렀던 과정의 중심에 자리잡고 있는 것이며, 노동 자체에 함축되어 있는 적대성이 펼쳐지는 중요한 양상인 것이다.

한편 1870년대경부터 미국의 도살장 등에서 사용되던 것을 포드가 전면적으로 채택하여 공장의 중심으로 끌어들인 어셈블리 라인은[2] 개별적인 육체노동의 기계화와 다른 차원에서 분할된 노동을 결합시키는 '결합노동의 기계화'를 위한 시도였다는 점에서, 테일러와 길브레스의 그것과는 구별되는 고유한 위상을 갖는다.[3] 분할된 노동을 연결하고 결합하는 수단을 기계화함으로써 자본가는 결합노동의 속도와 리듬을 장악할 수 있었고, 이를 통해 노동 전체의 리듬을 자신의 손아귀에 쥐게 된다. 컨베이어 벨트로 표상되는 이러한 장치를 통해 자본가는 물리적인 사물의 흐름을 통해 육체노동의 결합을 기계화할 수 있었다.

새로운 변화는 흔히들 지적하듯이 1970년대 들어와 현실적으로 본격화되기 시작했다. 이는 표면적으로는 일련의 복합적인 요소들로 이루어져 있어서, 어떤 경우에는 컴퓨터의 발전을 들기도 하고, 그것의 소재를 제공한 반도체혁명 내지 극소전자기술혁명을 들기도 하며, 그것의 이론적 지반을 제공한 인공두뇌학(cybernetics)을[4] 통해 이해하기도 하고, 그러한 '혁명'의

---

1) S. Giedion, *Mechanization Takes Command*, 이건호 역, 『기계문화의 발달사』, 유림문화사, 1994, 66-70쪽.
2) 이에 대해서는 같은 책, 61-65쪽 참조.
3) 이에 대해서는 이진경, 『맑스주의와 근대성』, 문화과학사, 1997, 218-220쪽 참조.
4) R. Kurzweil, *The Age of Spiritual Machine*, 채윤기 역, 『21세기 호모 사피엔스』, 나노미디어, 1999.

구체적 양상이었던 '자동화'라는5) 이름으로 불리기도 한다. 혹은 이와 약간 다른 측면에서 정보 혁명이나6) 디지털 혁명이라고7) 불리기도 한다. 기술적 기원을 따진다고 하면, 컴퓨터의 발달에 강조점을 두는 경우 배비지와 파스칼까지 거슬러 올라가기도 하고, 디지털의 수학적 형식을 강조하는 경우에는 노이만(von Neumann)이나 불(Bool)로 거슬러 올라가기도 하며, 인공두뇌학을 강조하는 경우 위너(R. Wiener)로 거슬러가기도 하지만, 이러한 '혁명적' 기술이 현실적인 장비로 채택되어 생산과정에 본격적으로 도입된 것은 70년대 초라고 하는 데 대체로 일치한다. 그리고 포드주의적 체제 아래서 노동자계급의 조직과 노동과정에 대한 영향력이 공장 규모의 성장과 비례하여 증가했다는 요인이, 물론 다른 여러 가지 요인과 더불어, 이러한 새로운 '산업혁명'을 현실화하도록 촉진시켰다는 것도 널리 지적되고 있는 사실이다.

우리는 이 '새로운 산업혁명'을 통해 육체노동에 이어서 인간의 다른 요소들을 기계화하려는 시도를 발견할 수 있다. 그렇지만 여기서 두 가지 상이한 요소를 구별하지 않으면 안된다. 하나는 인공두뇌학과 극소전자기술, 그리고 그것의 결합으로서 컴퓨터의 발전을 통해서 진행되었던 것이다. 우리는 이를 '정신노동의 기계화'라고 명명할 것이다. 다른 하나는 '결합노동의 기계화'라고 명명할 수 있는 것인데, 이는 통상 '정보화'라고 불리는 과정으로 진행되지만 네트워크의 발전이라는 측면을 통해서 정신노동의 기계화와 개념적으로 좀더 뚜렷하게 구별될 수 있다.

1820년대 찰스 배비지는 현재의 컴퓨터 기술의 기초가 되었던 컴퓨터 개념과 기본적인 구조를 설계했지만, 이것이 실제로 제작되었던 것은 제2차 세계대전 암호 해독을 둘러싼 영국과 독일의 경쟁 속에서였다. 일찍이 '튜

---

5) R. Kaplinsky, *Automation: The Technnology and Society*, Longman, 1984; 박형준, 『현대 노동과정론: 자동화에 관한 연구』, 백산서당, 1991.

6) M. Castells, *The Rise of the Network Society*, Blackwell, 1996; 강남훈, 『정보혁명의 정치경제학』, 문화과학사, 2002.

7) P. Drucker, *Post-Capitalist Society*, 이재규 역, 『자본주의 이후의 사회』, 한국경제신문사, 1993; N. Negroponte, *Being Digital*, 백욱인 역, 『디지털이다』, 커뮤니케이션북스, 1995; D. Schiller, *Digital Capitalism*, 추광영 역, 『디지털 자본주의』, 나무와 숲, 2001; 경상대 사회과학연구소 편, 『디지털 혁명과 자본주의의 전망』, 한울, 2000.

링-기계'(Turing-Machine)의 개념을 창안했던 수학자 앨런 튜링은, 슈르비우스(A. Schrbius)가 발명했고 독일군이 발전시켜 사용했던 암호기계 에니그마의 암호화 세팅을 찾아내는 과정에서 크립(crib), 루프(loop)라는 개념을 이용해 전기적으로 연결되어 작동하는 수학적 기계를 창안했다. 아그네스라는 이름으로 불린 이 기계는 수학적 문제를 기계적인 작동을 통해 푸는 기계였다는 점에서, 배비지의 구상을 구현한 최초의 컴퓨터였다.8) 이와 별도로 독일인 토목기사 콘라드 추제(K. Zuse)는 1941년, Z-3라는 이름의 프로그램 가능한 최초의 컴퓨터를 만들었다. 하지만 이는 양측 모두에게서 주목받지 못했고, 대신 1944년 하버드 대학과 IBM이 만든 Mark-I이 최초의 범용(프로그램 가능한) 컴퓨터라는 명칭을 부여받았다(혹은 1946년의 ENIAC로 간주되기도 한다).

이후 컴퓨터의 발전은 트랜지스터와 집적회로의 발명, 그리고 마이크로프로세서의 발전에 따라 가속적인 속도로 진행되었다. 1970년대 이래 이러한 가속적 성장은 18개월마다 하나의 집적회로(IC) 속에 들어가는 트랜지스터의 수가 두 배로 증가한다는 '무어의 법칙'으로 표현된다. 이미 개인용 컴퓨터가 없는 곳을 찾기 힘들 정도로 보급되었고, 신경망 컴퓨터나 양자 컴퓨터와 같이 새로운 개념의 컴퓨터가 만들어지고 있다.

알다시피 '인공지능'이란 개념이 사용되기 시작한 것은 이러한 컴퓨터의 발전과 결부되어 있다. 그 단어가 사용된 것은 1950년대 중반이고, 인공두뇌학(cybernetics)이 발전하기 시작한 것도 그 무렵이지만, 튜링은 '튜링-기계' 개념을 창안했던 1930년대 중반에 이미 컴퓨터의 본질이 아주 단순한 이론적 기계를 모델로 한다고 주장했다. 즉 통상 '계산'이나 '연산'이라고 불리는 정신적 사고과정을 7가지의 기계적 연산으로9) 환원할 수 있다는 것이다.

또한 튜링은 아무리 복잡한 문제라도 다른 기계로 계산할 수 있는 것은

---

8) 이에 대해서는 S. Singh, *The Code Book*, 이원근 외 역, 『코드북』, 영림카디널, 236쪽 이하 참조.

9) 7가지 연산은 다음과 같다. "테이프를 읽어라. / 테이프를 한 글자 왼쪽으로 옮겨라. / 테이프를 한 글자 오른쪽으로 옮겨라. / 테이프에 0을 써라. / 테이프에 1을 써라. / 다른 명령으로 넘어가라. / 멈추어라"(R. Kurzweil, 앞의 책, 423쪽).

튜링-기계로 풀 수 있음을 입증했다. 이는 튜링-기계로 풀 수 없는 문제는 다른 기계로도 풀 수 없음을 의미하는 것이기도 하다. 나아가 그는 컴퓨터의 연산과정과 인간의 두뇌의 사고과정이 본질적으로 유사하다고 주장했다. 물론 이는 산술적이거나 논리적인 계산에 한정되는 것이지만, 적어도 그러한 영역에서는 "튜링-기계로 풀 수 없는 문제는 인간의 사고로도 풀 수 없다"는 명제를 제시했다. 10)

이를 입증하기라도 하듯, 1950년대 인공지능연구가인 앨런 뉴얼과 허버트 사이먼은 재귀적 방법을 이용해 수학문제를 푸는 프로그램을 만들어냈고, 이는 러셀과 하이트헤드의 유명한 책 『수학 원리』(*Pricipia Mathemateca*)에 나오는 중요한 정리들을 증명했을 뿐 아니라 이전에는 증명되지 않았던 정리 또한 독창적으로 증명했다. 11)

인공두뇌학이나 인공지능의 개념이 기계적인 장치를 통해 급속하게 발전할 수 있었던 것은 이러한 계산과정의 유사성 때문일 것이다. 이런 점에서 컴퓨터의 발전으로 통합되며 진행되었던 인공두뇌학과 마이크로 프로세서의 발전은 인간의 정신적 활동이, 적어도 그것이 수학적으로 변형될 수 있는 것이라면 기계화될 수 있음을 보여주었다고 할 수 있다. 다른 한편 센서 기술의 발달은 인간의 감각적 지각이 수행하는 '종합활동'을 기계화할 수 있는 가능성을 현실화했으며, 저장기술의 발달은 기억의 기능을, 그것도 아주 탁월한 정도로 대신할 수 있는 조건을 마련했다. 칸트가 감성(Sinnlichkeit)과 지성(Verstand) 및 이성(Vernunft)에서 발견했던 '선험적 종합능력'을 이제는 컴퓨터와 통합된 모든 기계들에서 발견해야 하게 된 것이다.

분명한 것은 이런 컴퓨터 기술의 발전을 통해서 인간에게만 고유한 것이라고 간주되던 정신활동 내지 정신노동이 기계화될 수 있게 되었다는 사실이다. 앞서 18세기의 산업혁명이 육체노동을 기계화하는 것이었다고 한다면, 이 새로운 종류의 '산업혁명'은 정신노동 내지 지식노동을 기계화하는 것이라고 해도 좋을 것이다. 이런 의미에서 앞서의 기계화가 육체노동의 역학적 탈코드화(mechanical decoding)였다면, 이러한 기계화는 정신노동의

10) 같은 책, 422-423쪽.
11) 같은 책, 98쪽.

인공두뇌학적 탈코드화(cybernetical decoding)였다고 말할 수 있지 않을까? 앞의 것이 육체노동과 기계적 작동의 변환·대체 가능성을 확보하는 것이었다면, 이번의 것은 정신노동과 기계적 작동의 변환·대체 가능성을 확보하기 위한 것이었다고 말할 수 있지 않을까? 튜링-기계는 이러한 탈코드화의 양상을 집약한 일종의 '추상기계'라고 할 수 있을 것이다.

다른 한편 이미 포드의 이름으로 표상되는 어셈블리 라인에서 시작되었던 결합노동의 기계화는 네트워크의 발전을 통해서 새로운 차원으로 확장되었다. 어셈블리 라인이 사물들의 물리적인 흐름을 기계화함으로써 결합노동을 기계화하는 것이었다면, 전기나 전파를 통해서 수행되는 전자기적 네트워크는 소리나 문자, 정보는 물론 전기적 신호로 변형가능한 모든 비물질적인 것의 흐름을 기계화함으로써 결합노동의 범위를 비물질적인 모든 것으로 확장했다.

이러한 전자기적인 전송형식의 네트워크는 소급해가자면 전화나 전신의 발명으로 다시 거슬러 올라가겠지만, 아마도 결합노동의 일반적 수단으로 사용된 것은 은행을 필두로 하여 사무 자동화가 본격적으로 추진되었던 1970년대였다고 할 것이다. 물론 전화나 전신, 라디오나 TV처럼 전자기적인 전송수단이 이미 20세기 전반기부터 사용되기 시작했고 급속도로 발전했지만, 그것이 라디오나 TV, 팩스처럼 단지 일방적인 전송에 머무는 한 그것은 결합노동을 부분적으로 보조하는 수단은 될지언정 결합노동을 기계화하는 일반적인 수단이 될 수는 없었다. 또한 전화처럼 양방향성이 있는 경우에도 전송된 것이 전송된 순간 소멸된다면, 그것은 별도의 기록이나 입력 없이는 전달된 메시지나 정보를 직접 가공할 수 없다는 점에서 결합노동을 기계화했다고 하기엔 부족한 것이었다.

이런 점에서 네트워크가 일반적인 의미에서 결합노동의 기계화를 수행하기 위해서는 전송의 일방성을 극복해야 할 뿐 아니라, 전송된 것을 그대로 가공할 수 있는 기록형식이 필요하며, 나아가 글씨와 소리, 그림 등과 같은 이질적인 형태의 재료를 모두 다 수용하여 전송할 수 있는 일반적 표현형식이 필요하다. 더불어 전송된 것을 망실하지 않고 저장할 수 있어야 하며, 전송된 것의 통합적인 일괄처리가 가능해야 한다. 알다시피 컴퓨터의 발전과 보급이 이러한 처리와 저장의 조건을 제공했고, 컴퓨터에서 처리하기 위한 탈코드화/재코드화의 형식으로 디지털은 이질적인 형태의 정보를 하나로 동질화하여 일괄처리할 수 있는 표현형식을 제공했다. 이런 의미에서 '네트워크의 디지털화'는 바로 결합노동의 일반적인 기계화를 가능하게 하는 조건이었다고 할 것이다.

정신노동을 기계화하기 위한 인공두뇌학적 탈코드화는 논리적 추론이나 계산은 물론 음성정보나 시각정보 등을 이진수로 변환시켜야 한다. 이를 위해선 일단 연속적인 변화의 흐름(아날로그)을 짧은 길이로 절단하여야 하며, 절단된 각각의 부분을 일정한 파라메터를 따라 이진수로 코드화한다. 이를 디지털화한다고 말한다. 가령 CD의 경우 음성정보를 초당 44,100번 절단하여, 절단된 각각의 소리를 음향학적 파라메터를 따라 이진수로 코드화한다.

이는 모든 정신적 프로세스가 빛의 유무로 치환가능한 0과 1 두 숫자의 집합으로 초코드화(overcoding)되는 것을 뜻하지만, 그것은 동시에 정신적인 영역의 모든 이질성이 동질적인 수로 변환되는 탈코드화(decoding)를 수반하는 것이기도 하다. 이는 상이한 질의 활동이 서로 교환되거나 섞일 수 있는, 반대로 분리되거나 치환될 수 있는 가능성을 함축하는 것이다. 다시 말해 디지털화에 의한 초코드화로 인해 상이한 질과 형식을 갖는 모든 비물질적 요소들은 이진수라는 동질적인 형식으로 변환되기에, 한꺼번에 일괄처리하고 통합적으로 관리할 수 있는 정보들로 변환된다.

따라서 디지털화된 정보는 전달된 것 그대로 다른 것들과 혼합되거나 변형되어 일괄 처리될 수 있으며, 따로 입력하거나 형태를 바꿀 필요가 없이 그대로 사용될 수 있다. 즉 네트워크만 연결되어 있다면 멀리 떨어진 곳에서도 기계의 작동에 필요한 정보든, 기존의 입력된 사항을 변형시키는 정보든 직접 입력되고 변형되고 가공된다. 이로 인해 네트워크로 연결된 모든 지점이 결합된 활동이나 결합노동을 할 수 있게 되며, 분리된 지점에서 수행하는 활동이 네트워크가 존재한다는 조건만으로 직접적으로 결합될 수 있게 된다. 가령 다른 사람들이 연주하거나 녹음한 것을 샘플링하여 사용하거나, 아니면 주파수변조(frequency modulation)을 통해 변형시켜 사용하는 경우가 그렇다. 혹은 좀더 간단하고 통상적인 경우를 보자면, 인터넷으로 상품을 주문받는 경우, 주문받은 것을 다시 주문장을 쓸 필요가 없으며, 구매자가 입력한 것이 그 자체로 주문장이 된다.

1970년대 이래 디지털화와 결합된 네트워크가 결합노동을 기계화할 수 있는 일반적 수단으로 급속히 발전한다. 공장이나 사무실 등의 일정한 영역 안에서 비물질적 요소의 흐름을 전송하는 구내정보통신망(LAN)이나 공장과 창고, 영업소와 도매상, 소매상 등 자본의 순환과정 전체와 결부된 모든 지점들을 하나로 연결하여 생산과 소비, 판매와 구매, 영업과 관리 등의 제반 활동을 하나로 결합하는 부가가치통신망(VAN), 여기에 금융과 가정까지 연결하는 고도정보통신 시스템(INS) 등이 그것이다. 또한 컴퓨터간의 통신규약의 통합이 진전되었고, 1990년대 들어와 인터넷이 일반용으로 사용되기 시작하면서, 상이한 컴퓨터 네트워크간 접속과 통신이 가능해졌다. 이로 인해 이제는 컴퓨터가 있는 곳이라면 지구상의 모든 지점이 다른 어떤 지점과도 연결하여 통신할 수 있는 조건이 현실화되었다.

이는 결합노동이 가능한 범위가 지구 전체로 확장되었다는 것을 의미하는 것이기도 하며, 결합노동의 외연이 예전과 달리 단지 분할된 업무간의 명시적인 연결이 아니라 소비자의 행위까지 포함하는 일상적인 영역으로까지 확장되었음을 의미하는 것이기도 하다. 이처럼 디지털화된 네트워크를 통한 결합노동의 기계화는 디지털화를 수반하는 정신노동의 기계화와 밀접하게 결부된 것이지만, 상이한 영역에 속한 활동을 결합하는 기계적 조건을 확보한 것이란 점에서 정신노동의 기계화와는 구별되는 계기를 갖는다. 그래서 이를 '정보화'라는 이름 아래 양자를 뒤섞어 하나로 다루기보다는, '정신노동의 기계화'와 구별하여 '결합노동의 기계화'라는 이름으로 개념화할 것이다.

2. 자동화와 정보화

지금까지 살펴본 '육체노동의 기계화'와 '정신노동의 기계화', '결합노동의 기계화'는 인간의 노동을 기계화하는 세 가지 계기라고 말할 수 있을 것이다. 18세기 초에 시작된 새로운 기계의 발명에서 시작하여 18세기말 이래 본격화된 산업혁명을 거쳐 테일러와 길브레스, 혹은 포드체제에 이르기까지 '기계화'는 무엇보다도 우선 육체노동의 기계화에 국한되어 있었다. 반면 1930-40년대 이론적으로 준비되기 시작하여 1970년대 들어와 현실적으로 급속히 확산되기 시작한 다양한 명칭의 새로운 '산업혁명'은 정신노동의 기계화와 결합노동의 기계화를 추진함으로써 인간의 노동을 기계화하기 위한 또 하나의 결정적인 문턱을 넘어섰다고 할 것이다. 1970년대 이래의 새로운 '산업혁명'에 대해, 디지털이 그 두 가지 계기 모두에 공통된 표현형식을 제공했다는 점에서 기계적인 대공업의 발전으로 특징지어지는 '산업(공업) 혁명'과 구별하여 잠정적으로 '디지털 혁명'이라고 부를 수도 있을 것이다.

이러한 세 가지 계기의 구별 위에서 우리는 현재의 노동이 수행되는 새로운 양상을 포착하기 위해, 가장 빈번하게 언급되고 중요하다고 간주되는 '자동화'와 '정보화'에 대해서, 대체 그것을 통해서 어떤 일이 일어나고 있는 것인지에 대해서 좀더 면밀하게 김도할 필요가 있다.

노동을 기계화하는 세 가지 계기가 대개는 뒤섞여 진행되기 때문에, 자동화를 규명하려는 사람이나 정보화를 규명하려는 사람이나 그 각각을 세 가지 요소를 모두 포괄하는 넓은 개념으로 정의하는 경우가 많다.12) 그렇지만 자동화가 네트워크의 발전을 포함하는 경우가 많고, 정보화가 자동화를 수반하는 경우가 많다고 해도 양자는 분명 다른 사태를 거냥한 개념이다. 가령 자동화의 사례로 언급되는 수치제어공작기계나 로봇은 정보적 성분을 포함하고 있다고 해도 "가공의 재료와 결과가 모두 정보"라는13) 의미에서 정보화만으로는 설명하기 곤란한 경우다. 반대로 자동화는 일차적으로 공장자동화를 지칭하며,14) 그런 한에서 네트워크의 발전을 포함하지만,

---

12) 예를 들면 R. Kaplinsky, 앞의 책, 19-26쪽; 박형준, 앞의 책, 65-70쪽.

13) M. Castells, *The Informational City*, 최병두 역, 『정보도시』, 한울, 2001, 31쪽. 카스텔은 정보혁명을 정의하는 핵심 기술이 '정보 가공'이라고 하는데, 이를 "가공의 원료와 결과가 모두 정보"인 것을 특징으로 한다고 한다. 그러나 수치제어공작기계처럼 가공과정에 정보적 성분이 사용되지만 원료와 결과는 물리적인 경우 이러한 개념에 부합하지 않는다. 이런 점에서 '정보의 가공'과 '정보적인 가공'은 구별될 필요가 있다.

14) 사무자동화 또한 자동화의 중요한 한 영역이지만, 사무노동의 경우에는 그것이 이미 육체노동에서 분리되어 탈물화되어 있다는 점으로 인해 육체노동의 기계화와 정신노동의

가령 인터넷을 이용하는 것 자체를 자동화라고 하지는 않는다.

약간의 위험을 무릅쓰고 도식화하여 구별하자면, 자동화가 일차적으로 앞서 말한 것 가운데 앞의 두 가지, 즉 육체노동의 기계화와 정신노동의 기계화를 접합함으로써 가능하게 된다면, 정보화는 일차적으로 뒤의 두 가지, 즉 정신노동의 기계화와 결합노동의 기계화를 접합함으로써 가능하게 된다고 할 수 있다.

자동화는 정보적 가공을 포함하지만, 일차적으로는 기계화된 동작에 피드백이나 재귀적 처리를 포함하는 일련의 정신적 프로세스를 결합하여 '노동자 없는 노동'을 기계로 수행하게 하는 것을 겨냥하고 있다. 여기서 자동화의 영역은 일차적으로 개별적인 노동을 대체하는 것이며, 직접적인 가공의 대상이나 그 결과는 모두 물리적인 재료들이다. 이 경우 수치제어기계를 사용하든 로봇을 사용하든 결합노동은 이전과 같이 컨베이어 벨트와 같은 물리적-기계적인 수단을 통해 이루어진다.

자동화란 노동을 노동자로부터 분리하려는 경향이 정신노동으로까지 확대된 것이다. 이로써 전통적인 관념에서 노동이나 '생산적 노동'이 수행하던 역할이 기계의 작동으로, 기계의 '노동력'의 사용으로 이전된다. 이제 노동은 노동자의 활동이라는 정의로부터 거의 전적으로 벗어나서 자본가의 손에 전적으로 장악되고 포섭된다. 이런 의미에서 자동화는 노동자들의 육체적인 활동능력뿐만 아니라 정신적인 활동능력을 기계화함으로써 노동과정에서 노동자 자신을 분리하며, '노동자 없는 노동'이라는 자본가의 이율배반적 욕망을 '의지 없는 노동자'를 통해 실현하는 것처럼 보인다. 즉 자동화는 노동자로부터 그들의 지적·정신적 능력을 분리하여 노동자 없이 그 활동능력 자체를 착취하려는 자본의 전략적 배치 안에 있다. 요컨대 자동화란 탈노동화, 탈인간화 형태로 진행되는 **활동능력 자체의 착취**를 함축하며, 활동능력 자체를 가치화하는 것이다.

따라서 산업혁명을 통해서 진행된 육체노동의 기계화가 자본에 의해 노동이 실질적으로 포섭되는 과정을 뜻하는 것이었다면, 육체적 및 정신적 활

기계화의 접합보다는 정신노동의 기계화와 결합노동의 기계화에 더 가까이 있는 것으로 보인다.

동능력 자체를 기계화함으로써 노동 없이도 활동 능력 자체를 착취하는 이러한 양상은 자본에 의해 노동이 기계적으로 포섭되는 과정이라고 말할 수 있을 것이다. 이를 맑스의 전례를 따라 자본에 의한 '노동의 기계적 포섭'이라고 명명할 수 있지 않을까? 그리고 노동의 실질적 포섭을 통해 자본이 새로운 방식으로 착취하게 된 잉여가치를 '상대적 잉여가치'라고 한다면, 이처럼 노동의 기계적 포섭을 통해 자본이 새로이 착취하게 된 잉여가치를 '기계적 잉여가치'라고 명명할 수 있지 않을까? 단, 여기서 '기계적'이란 말이 생명과 기계, 인간과 기계의 이분법을 따라 펼쳐졌던 18-19세기의 기계론 (mechanics)이 아니라, 인간과 기계의 경계가 모호해지고 인간과 생명의 이분법을 벗어나서 일반화된 기계주의(generalized machinism)의 관점에서15) 사용되는 형용사(machinique)임을 단서로 달아두자.

정보화는 자동화와 달리 일단 비물질적인 대상을 비물질적인 방식으로 가공한다. 정보화되는 것은 그것이 애초에 물질적인 것에 관한 것이라도 탈물질화된다. 그러나 그것은 다시 재물질화되지 않으면 아무런 의미가 없는 것이거나 '속임수'나 '사기'가 된다. 따라서 자동화가 물질적인 것에서 시작하여 비물질적 프로세스를 통과하여 다시 물질적인 것으로 돌아간다면, 정보화는 물질적인 것의 표면에서 발생하며 비물질성의 영역에 머문다. 이런 점에서 자동화와 정보화는, 비록 스피노자식의 구별과 정확하게 일치하는 건 아니지만 그의 어법을 빌어 말하자면, "속성을 달리 하는" 근본적으로 상이한 과정이라고 할 수 있다.

이미 말했듯이 정보화는 일차적으로 정신노동의 기계화와 결합노동의 기계화의 접합을 통해 정의된다. 그 두 가지 계기의 통합을 디지털이라는 공통된 표현형식(form of expression)이 담당하고 있었다면, 자동화는 운동에너지로 전환가능한 전자기적 에너지를 공통된 질료(matter)를 통해 기계화된 육체노동과 기계화된 정신노동이라는 두 가지 계기를 통합한다는 점에서 다르다.

자동화가 육체노동과 정신노동의 기계적 도식을 통해 노동자의 활동능력

---

15) 이에 대해서는 이진경, 『노마디즘』 2권, 휴머니스트, 2002, 184쪽 주 31) 참조.

자체를 기계적으로 포섭하는 것이었다면, 정보화는 인간의 능력 자체를 개체로부터 탈영토화해서 포섭하려는 경향과는 관계가 없다. 그것은 오히려 노동자는 물론 다양한 사람들의 활동을 그 자체로 포착하여 가공할 수 있는 재료로 만들어 저장하고 일괄처리할 수 있는 형태로 변환시킨다. 노동자 내지 '인간'의 육체적이고 정신적인 활동능력 자체를 가치화하려는 자동화의 경우와 달리, 정보화를 통해 자본은 디지털화된 네트워크와의 '접속'을 수반하는 모든 활동을 가치화한다. 이럼으로써 자본은 굳이 노동력을 구매하지 않고서도 **모든 종류의 활동 자체를 착취**할 수 있는 가능성을 확보하고자 한다.

예를 들어 은행에서 창구의 직원들이 하던 노동은 기계 앞에서 우리 자신이 직접 수행해야 하는 '비노동'으로 대체되고, 그만큼 자본은 구매해야 할 노동력을 절약하게 된다. 돈을 출금하거나 입금하는 활동, 송금하는 활동이 노동이라는 형태를 취하지 않은 채 자본에게 착취당한다. 비슷하게, 주문하는 활동 자체가 직접 입력하는 행위를 통해서 주문장을 만들던 이전의 노동을 대체한다. 혹은 이전에 누군가가 만들어놓은 활동의 산물들, 가령 그림이나 디자인, 음악, 지식 등과 같은 것을 직접 재료로 삼아 가공하여 상품화하기도 한다. 나아가 시장에서의 구매활동이나, 인터넷 사이트를 접속하는 활동은 물론 구매하는 상품의 특성이나 형태, 구매하는 패턴조차 구매하는 즉시 자본의 생산전략이나 영업전략에 필요한 정보로 변환되어 '입력'된다. 이로써 자본은 대중의 소비활동의 패턴 자체나 대중들의 디자인 감각이나 취향을 이용/착취(exploitation)할 수 있게 된다.

이처럼 결합노동의 기계화가 정신노동의 기계화와 접합됨으로써 자본은 이제 상품의 생산 및 유통과 관련된 활동은 물론 상품과 무관한 사회적 활동 전체를 자신이 장악하고 있는 노동과정상의 결합노동의 일부로 만들어 버리는 것이다. 이런 점에서 자동화가 노동자의 고용 없이 **인간의 노동능력을** 이용/착취하는 것이라면, 정보화는 이처럼 노동자의 고용 없이 **인간의 모든 사회적 활동 자체를** 이용/착취하는 것이다.

이런 의미에서 정보화는 비노동의 형태로 이루어지는 모든 종류의 사회적 활동을 기계적으로 포섭하는 것이라고 말할 수 있을 것이다. 이를 앞서의 명명방식을 따라 '사회적 활동 자체의 기계적 포섭'이라고 부르자. 노동의 기계적 포섭이 활동능력을 가치화함으로써 생산한 잉여가치를 기계적 잉여가치라고 했다면, 이제 '사회적 활동의 기계적 포섭'이 접속 자체를 결합노동의 일부로 만듦으로써, 사회적 활동 자체를 가치화함으로써 생산하고 착취하는 잉여가치를 '사회적 잉여가치'라고 부를 수 있을 것이다.

그러나 앞의 경우든 뒤의 경우든 노동자의 활동은 더 이상 노동력-상품으로 구매되지 않은 채 **기계적으로 포섭되어** 잉여가치를 생산하게 되었다는 점에서 공통점을 갖는다. 자동화에 의한 '노동의 기계적 포섭'이 활동 능력의 가치화를 통해 노동자의 활동능력을 구매하지 않은 채 자본에 포섭하는 것이라면, 정보화에 의한 '활동의 기계적 포섭'은 사회적 활동을 노동력으로 구매하지 않은 채 가치화하는 것이란 점에서 사회적 활동 자체를 노동으로 포섭하는 것이다. 즉 그것은 정보화라는 기계적 과정을 통해 이루어지는 '노동의 기계적 포섭'의 다른 한 양상이라고 해도 좋을 것이다.

따라서 '사회적 잉여가치'란 정신노동 및 결합노동의 기계화에 의해 노동 없이 착취할 수 있는 잉여가치라는 점에서 '기계적 잉여가치'의 한 형태라고 해도 좋을 것이다. 마찬가지로 서로 속성을 달리하는 양상으로 진행되는 것이지만, 노동력의 고용 없이 노동을 착취하려는 자본의 공통된 전략을 표현하는 두 가지 형태의 '포섭'을 '기계적 포섭'이라는 하나의 이름으로 묶어서 불러도 좋을 것이다. 그것은 인간의 노동 없이 기계적인 과정에 의해 노동자의 활동과 활동능력을 자본이 포섭하는 두 가지 형태라고 할 수 있다.

3. 기계적 포섭의 결과들

앞서 보았듯이 자동화는 노동자의 육체적 및 정신적 노동을 기계화함으로써 '인간화된 기계'를 통해 이루어지고, 이 '인간화된 기계'는 생산과정 안에 자리잡고 있던 기계화된 인간들을 대체하고 축출한다. 생산과정이라고 불리는 변환의 과정(프로세스)은 그것을 처리하는 기계적 '프로세서'에게 자리를 넘겨준다. 물론 그러한 프로세스를 기획하고 프로그래밍하며 전체를 조정하고 통제하는 소수의 '기술자'들이 살아남을 것이며, 그와 더불어 기계적 처리과정에 요구되는 표준화된 작업들이, 그리고 자동화된 기계들을 유지하고 보수하며 부수적인 노동을 하는 단순노무자들이 또한 살아남을 것이다.

미국의 직종구조 발달에서 나타나는 새로운 경향에 대한 카스텔의 지적은 이런 의미에서 매우 시사적이다. 즉 "첨단기술 제조업과 고급 서비스관련 직장들은 급성장률을 보이지만, 새로운 직장 전체에서 단지 작은 비율과 전체 고용 합계에서 좀더 낮은 비중을 차지한다." 또 극소전자에 기초한 가공기술들이 집약적으로 침투한 제조업이나 첨단기술의 제조업, 즉 자동화가 진전된 부문에서는 "한편으로는 대부분 백인남성들로 구성된 전문직, 기술자, 기능공들, 다른 한편에서는 저기능 저보수의 직접 제조 직장들로서 일반적으로 여성과 소수인종들에 의해 유지되는 집단"의 양극적 직종구조가 자리잡는다. 한편 서비스 직장은 엄청나게 증가하지만, "이들 직장의 대부분은 건물잡역부, 수납인, 비서, 웨이터, 일반 사무원 등 저기능·저보수 직종들"이라고 한다. 16)

자동화가 진전되면 될수록 이런 경향은 더욱더 분명하게 될 것이다. 노동자는 인간화된 기계에게 자리를 내줄 것이며, 생산과정의 주된 공정은 기계에 의해 처리될 것이다. 설계나 프로그래밍과 같은 작업을 포함하여 통상적인 지식노동이 점차 표준화되고 '탈숙련화되는' 양상이나, 육체노동자는 물론 사무직 노동자나 지식노동자의 점차 많은 수가 일자리를 잃고 '퇴출'되는 과정이 과연 이와 무관한 것일까? 새로운 자유주의의 깃발 아래 생산의 효율성을 높이고 합리화하기 위해 진행하는 '구조조정'이 사실은 거의 모든 영역에서 노동자를 대대적으로 내모는 퇴출의 형태로 진행되고 있다는 사실이 과연 이와 무관한 것일까? 이는 노동의 포섭이 농촌 인구의 거대한 부분을 노동자로 흡수하면서 진행되었던 산업혁명과 최근의 새로운 '산업혁명'이 근본적으로 다른 양상 가운데 하나일 것이다.

다른 한편 디지털화된 네트워크의 발전과 정보화의 진전은 생산의 전후에 있는 모든 활동, 나아가 각각의 자본이 수행하는 생산과정과 직접적으로

---

16) M. Castells, 『정보도시』, 238쪽.

무관한 모든 활동을 생산과정에 입력되는 정보로 변환시킨다. 혹은 소비와 판매, 구매 행동 자체를 그러한 프로세서에 직접 입력하는 활동으로 변환시킨다.17) 그리고 그러한 프로세서에서 산출한 결과를 판매하거나 소비하는 활동이 이어지고, 그러한 활동은 다시 되먹임되어 새로운 과정의 생산을 시작하는 데 필요한 정보로 재입력된다. 새로운 상품을 기획하고 생산과정을 구성하는 소수의 '기획과 구상' 활동조차 이런 관점에서 본다면 기계적으로 진행되는 생산과정에 필요한 요소들을 입력하는 활동에 포함된다고 할 수 있을 것이다.

전체로서 본다면, '기계적 포섭'이란 **생산의 중심적인 프로세스를** 자동화된 기계가 차지하고 '인간'(노동자)은 그것을 그 **기계적 프로세스의 입력과 출력을** 담당하게 되는 이러한 변화를 의미하는 것이라고 할 수 있다. '인간'에 속한다고 생각되던 요소들이 기계의 일부가 되고 '인간'의 활동이 기계적 과정의 시작(입력)과 끝(출력)을 차지하게 되는 이러한 양상을 아마도 들뢰즈/가타리라면 '기계적 노예화'라고 불렀을 것이다.18)

네트워크의 발전과 정보화의 진전은 이미 본 것처럼 이러한 입력과 출력의 지점들이 '공장'이라고 불리는 특정한 공간에서 탈영토화되어 사회 전체로 확장되며,19) 생산과 비생산은 물론 대중들의 일상적 삶 전체로 확장되

---

17) 강남훈은 정보화로 인해 유통비용이나 판매비용 등과 같은 '비생산적 노동'이 축소되어 이윤의 증가로 이어진다고 하는데(강남훈, 앞의 책, 76-80쪽), 이는 구매나 판매와 결부된 사람들의 활동을 기계적인 생산의 프로세스에 관한 입력 및 출력활동으로 변환시킨다는 사태에 기인하는 것이며, 비록 전체는 아니라고 해도, 고용 없이 그들의 활동을 착취할 수 있게 되었다는 점에 크게 기인한다.

18) G. Deleuze/F. Guattari, *Mille plateaux*, 이진경 외 역, 『천의 고원』 2권, 246-248쪽; 이진경, 『노마디즘』 2권, 566-571쪽. 이는 노동자가 도구나 기계를 사용하면서 그 도구나 기계에 예속되는 '사회적 예속화'와 구별하여 사용하는 개념이다. 물론 그들은 기계적 노예화가 기계에 대한 인간의 예속이나 '소외'가 심화되었다는 식의 의미를 포함하는 것은 아니라는 단서를 달지만, 인간과 기계의 이분법으로 되돌아간다는 점에서, 그리고 인간이 기계를 사용하는가 아니면 기계의 구성요소(부품!)가 되는가를 통해 '예속화'와 '기계화'를 구별한다는 점에서 인간학적 함축이나 주체철학적 함축을 피하기 어렵다고 보인다.

19) 카스텔은 생산의 중요한 기능은 특정한 지점으로 집중되면서 다른 모든 기능들은 그로부터 탈집중화된다는 사실을 미국의 경우를 들어서 입증하고 있다(M. Castells, 『정보도시』, 189쪽 이하 및 220쪽). 한편 네트워크의 발전과 정보화의 진전에 따라 자본은 생산영역을 탈영토화할 뿐 아니라 노동과정 자체를 해체하여 분산할 수 있게 된다. 작업시간 또한 단일한 연속성을 가져야 할 이유가 적어진다. 이는 분산된 노동력을 이용할 가능성을 확대하

고 있음을 시사하는 것이다. 이는 그저 특정한 상품을 구매함으로써 대중의 취향이나 감각이 착취되는 과정만을, 혹은 다양한 경로로 상품에 대한 "정보를 얻는" 과정만을 포함하진 않는다. 그러한 구매와 소비에 필요한 정보를 얻는 교육과 훈련의 과정 전체가, 혹은 음악을 듣고 미술작품이 등장하는 화집을 뒤지며 스포츠 뉴스를 보는 과정 전체가 거대한 정보적 네트워크의 과정을 통해서 입력되고 착취되는 과정이 된다.20) 아마도 네그리라면 이를 공장이 벽이라는 공간적 제한을 넘어 사회 전체로 확장되는 과정이라고 말했을 것이며, 사회 전체가 바로 잉여가치를 생산하는 공장이 되었다는 의미에서 '사회적 공장'이라고 불렀을 것이다. 또한 사회적 공장에서 노동하지 않은 채, 다시 말해 임금을 받지 않은 채 자신의 활동 자체를 착취당하는 모든 대중들을 '사회적 노동자'라고 말했을 것이다.21)

4. 기계와 잉여가치

우리는 노동을 기계화하는 세 가지 계기에서 시작하여, '자동화'와 '정보화'라고 불리는 현상을 개념화하고자 했다. 우리는 자동화가 육체노동의 기계화와 정신노동의 기계화를 접합함으로써 노동자, 혹은 인간의 활동능력 자체를 착취하는 것이란 점에서 '노동의 기계적 포섭'이라고 명명했고, 이러한 포섭의 결과 생산·착취되는 잉여가치를 '기계적 잉여가치'라고 명명했다. 이러한 잉여가치 착취의 요체는 노동력의 구매 없이 노동능력 자체를 이용/착취하는 것이라고 할 수 있을 것이다. 이와 구별하여 정보화는 정신노동의 기계화와 결합노동의 기계화가 디지털이라는 공통된 표현형식을 통해 접합함으로써 개별적으로 특정화되지 않은 노동자 내지 인간의 사회적

며, 그 결과 비정규직이나 파트타임 노동자 같은 불안정한 노동자를 급속하게 증가시킨다.
20) 일찍이 보드리야르는 2차대전 이후의 사회를 '소비의 사회'라고 개념화하면서, 그것을 소비가 의무가 된 사회, 소비가 학습되고 훈련되어야 하는 사회라고 말한 적이 있는데(J. Baudrillard, *La Société de comsommation*, 이상률 역, 『소비의 사회: 그 신화와 구조』, 문예출판사, 1991, 104쪽 및 106쪽), 이는 이러한 '입력'과 '착취'가 의무가 되고 학습·훈련되어야 하게 된 사태를 보여주는 것이다.
21) A. Negri, *The Politics of Subversion* (Polity Press, 1989), 5장 참조.

활동 및 그 결과를 착취하는 것이란 점에서 '활동의 기계적 포섭'이라고 명명했고, 이로써 생산·착취되는 잉여가치를 '사회적 잉여가치'라고 명명했다.

여기서 사회적 잉여가치는 정보화된 활동의 결과나 정보화하는 기계와 접속하는 활동 자체를 착취하는 것이란 점에서 비용의 지출 없이 인간의 사회적 활동을 착취하는 것임을, 그것을 통해 노동자 내지 인간을 착취하는 것임을 표현한다. 즉 사회적 잉여가치는 정신노동 및 결합노동의 기계화에 따른 결과지만 근본적으로 그런 활동을 수행한, 혹은 수행하는 사람 자신이 생산한 것이다. 이런 점에서 사회적 잉여가치는 네그리 말대로 '사회적 노동자'에 의해 생산된 것이고 그들의 활동이 착취당한 것이다.[22]

하지만 자동화와 결부된 '기계적 잉여가치'의 경우에는 조금 사정이 다르다. 이는 사회적 잉여가치와 달리 활동이나 활동의 결과를 착취하는 것이 아니라 **활동능력 자체를** 착취하는 것이기에, 노동자나 인간에 대한 착취의 형태로 진행되지 않으며, 반대로 노동자나 인간 없는 생산의 형태로 진행된다. 극한적인 형태의 자동화된 공장이란 노동자가 사라진 공장, 인간의 노동이 사라지고 기계가 스스로 상품을 생산하는 공장으로 표상된다. '노동의 종말'이란 관념이 정보화와 무관한 게 아님에도, 일차적으로는 자동화라는 현상의 짝으로 표상되는 것은 이런 이유에서다.

육체적이고 정신적인 노동능력의 기계화란 '인간적 능력의 기계화'라고 한다면, 그렇게 만들어지고 그렇게 하여 작동하는 기계는 '인간화된 기계'라고 할 수 있을 것이다. 자동화된 공장에서 자본은 직접적인 노동자가 아니라 이 '인간화된 기계'를 통해서 노동자 내지 인간의 노동능력을 착취한다.

---

22) 강남훈은 '정보혁명' 이후에 잉여가치의 지배적 형태가 달라지고 있다고 주장한다(강남훈, 앞의 책, 22쪽 및 201-202쪽). 여기서 그는 잉여가치의 지배적 형태가 특별잉여가치, 독점이윤, 지대 등으로 바뀌고 있다고 말하며, 나아가 지적 재산권 등과 같은 다양한 법적·제도적 조건으로 인해 특별잉여가치가 소멸되지 않고 지대화되고 있음을 지적하고 있다(같은 책, 110-111쪽). 그리고 "노동가치와 상관없이 발생하는 것으로 보이는 정보상품의 막대한 이윤"을 설명하는 한 범주로서 정보상품에서 지대를 창출하는 새로운 방법들을 보여주고 있다. 네트워크 효과와 브랜드 효과가 그것인데, 이는 모두 소비자의 주목(attention)을 통해 발생한다는 공통점을 갖는다(같은 책, 107-108쪽). 우리는 이것이 '소비자'의 접속 자체를, 혹은 사회적 활동을 착취하는 경제학적 '증거'로 이해한다.

이런 의미에서 기계적 잉여가치란 노동자가 아니라 기계가, **'인간화된 기계'**가 생산하는 것이라고 해야 하지 않을까? 기계적 잉여가치를 통해서 착취당하는 것은 직접적인 노동자가 아니라 기계화된 인간의 능력이란 점에서 '기계화된 인간(사이보그!)'이라고 해야 하지 않을까?

가령 한 상품을 생산하는 부문에서, 평균적인 가치구성이 다음과 같다고 하자(잉여가치율 $s' = 100\%$ 라고 하자).

$$4000c + 1000v + 1000m = 6000w$$

그런데 자동화된 기계를 채택하여, 기계를 관리하는 약간의 인건비를 남겨두고(그 경우에도 $s' = 100\%$라고 하자) 다음과 같이 상품을 생산하는 자본이 있다고 하자.

$$4800c + 200v + (1000 + \alpha)m = (6000 + \alpha)w$$

여기서 자본의 비용은 모두 5000인데, 동일 비용에 대해서 잉여가치가 동일하다면 자동화든 무어든 새로운 기술을 채택할 이유가 없다. 따라서 이윤 내지 잉여가치는 $1000 + \alpha - (\alpha > 0)$가 되어야 한다. 아마도 이것이 특별잉여가치에 상응하는 초과이윤이라고 할 수 있을 것이다. 그리고 그것을 공제한 잉여가치 1000m은 기계를 관리하거나 하는 데 드는 가변자본에 대응하는 전통적인 잉여가치 200m과 기계화를 통해서 획득한 잉여가치 800m으로 구성된다고 할 수 있다. 여기서 기계적 잉여가치는 $(800 + \alpha)m$이 된다.

이런 식의 숫자 예를 통해 말하고 싶은 것은 **기계적 잉여가치가** 단지 새로운 기술의 채택에 따른 초과이윤을 뜻하는 **특별잉여가치로 환원되지 않는다**는 점이다. 그것은 새로운 기술 채택이 갖는 일반적인 이득으로 환원되지 않는다. 그것은 인간화된 기계가 생산한 것이고, 기계화된 인간의 능력을 자본이 착취하는 것이다.

그러나 "기계가 잉여가치를 생산한다"는 이런 식의 주장이 거센 반발과 비판을 야기할 것임을 우리는 잘 안다. 혹자는 이를 사용가치와 가치를 구별하지 못한 채 사용가치의 생산이나 증가를 가치의 생산이나 증가로 혼동하는 것이라고 비판할 것이며, 혹자는 불변자본(기계)의 증가 형태로 나타나는 가치의 이전과 새로운 가치의 생산을 혼동하는 것이라고 비난할 것이다. 혹은 그것은 결국엔 이윤율 평균화를 통해 소멸될 특별잉여가치에 지나지 않는다고 말할 것이다. 혹은 기계제 생산과 상대적 잉여가치에 대한 맑스의 문장들을 인용하면서 기계에 의한 잉여가치의 생산이란 사실은 노동생산력의 발전이 취하는 물화된 형식이라고 말할지도 모른다.

이런 비판의 논거는 크게 두 개의 관념으로 귀착된다. 하나는 가치와 사용가치의 구별이고, 다른 하나는 평균화라는 메커니즘이다. 전자는 가치는 사용가치와 다르며 사용가치의 증가가 언제나 가치의 증가를 뜻하진 않는다는 것을 강조한다. 생산된 사용가치의 양이 증가했다고 해도, 개별 상품의 가치가 감소하기 때문에, 결국은 인간의 전체적인 노동시간이 변하지 않았다면 가치량은 증가한 것이 아니라는 것이다. 더불어 생산력의 발전이란 동일한 가치(노동시간)에 의해 좀더 많은 사용가치를 획득하게 된 것을 뜻한다고 하는 것으로 요약된다. 따라서 우리가 말하는 소위 '기계적 잉여가치'란 결국 새로운 기술이 전반적으로 평균화됨에 따라 소멸하게 될 일시적인 특별잉여가치에 불과하다고 할 것이다.

그러나 그렇다면 자동화된 공장에서 생산하는 상품이나 개개의 자동화된 기계가 생산하는 상품은 가치는 없고 사용가치만 있는(불변자본 비용은 남겠지만) 그런 상품일까? 그렇다면 자동화가 전면적으로 진행될 경우 우리는 마치 식물들이 생산하는 산소를 공짜로 사용하듯이, 저 '인간화된 기계'들이 생산하는 상품들을 (재료값만 지불하고) 공짜로 사용할 수 있다는 말일까? 이미 발빠른 사람들이 과장 섞어 예견하는, 노동이 사라진 자동화의 시대(자동화기술이 평균화된 시대)란 사용가치는 흘러 넘치지만 지불해야 할 가치나 잉여가치는 거의 없는 새로운 천국이라도 되는 것일까?[23] 자동화가 널리 확산된 시대에 자동화된 공장의 소유자인 자본가는, 대부분의 자본가들이 생산되지도 않은 잉여가치를 착취하는 '비-정치경제학적' 관계를

---

23) 이와 관련하여 이미 우리는 노동가치론의 입론에 따라 노동자의 투쟁을 통해 노동시간이 단축되어온 자본주의의 역사가 생산된 가치 총량이 감소되어온 역사라고 해야 하는 것인지, 실업자의 비율이 증가함에 따라 생산된 가치의 총량이 감소한다고 해야 하는 것인지, 그렇다면 과장 섞어 선언되는 20대 80의 사회에서 생산된 가치의 총량은 19세기의 20% 정도에 지나지 않으리라고 보아야 하는 것인지 질문한 바 있다(이진경, 「노동가치론의 몇 가지 전제에 관하여」, 『경제와 사회』 39호, 1998년 가을).

상정하지 않는다면, 별다른 잉여가치 없이 사용가치를 생산하는 자비로운 존재로 살아가리라고 상상해야 하는 것일까? 우리는 불행하게도 이렇게 상상할 능력이 없으며, 이런 식으로 예언할 자신도 없다.

한편, 기계의 사용에 의한 추가적 잉여가치의 생산이란 기계와 결부된 새로운 결합노동의 산물이며, 그런 의미에서 새로운 **노동생산력의** 산물이라고 하는 맑스의 말은, 농촌의 방대한 인구를 도시로, 공장으로 끌어들여서 잉여가치를 생산했던 18세기 후반~19세기의 자본주의에 대해서라면 충분한 설득력을 가질 수 있다. 그 시기 기계란 육체노동의 기계화를 포함했지만, 육체노동의 축출이나 대체가 아니라 단지 그것의 역학적 단순화를 통해, 그리고 대규모 기계와 공장을 통한 그것의 결합을 통해서 새로운 잉여가치를 창출했기 때문이다. 그러나 노동의 다른 측면들이 기계화되어 육체노동을 대신하는 기계와 결합하여 자동화되는 최근의 상황에 대해서, 그리하여 노동력을 대규모로 흡수하는 게 아니라 반대로 '노동의 종말'이란 예언이 심각하게 받아들여질 정도로 대대적으로 축출하면서 기계화된 생산이 진행되는 최근의 상황에 대해서, 과연 맑스라면 동일하게 말했을까?

이런 비판을 뒷받침하는 다양한 관념들은 사실 하나의 정치경제학적 공리로 소급된다. 인간의 노동만이 가치를 생산한다는 인간학적 명제. 이는 인간이 노동하지 않고는, 다시 말해 자본가에게 자신의 노동력을 팔지 않고는 생산할 수 없었던 상황의 산물이다. 그러나 이미 본 것처럼 노동자의 활동(노동)을 노동자에게서 분리하려는 경향이 노동자 없는 활동, 노동자 없는 생산으로 귀착되고, 그에 따라 노동자 없이, 인간 없이 생산이 이루어지는 변화된 조건에서 과연 그 명제가 자연적 타당성을 유지할 수 있을까?

과연 우리는 이전에 노동자가 생산한 것을 대체할 수 있는, 그러나 노동자 없이 생산된 것의 '교환가치'를 부정할 수 있을까? 노동자가 생산하는 상품이 교환가치를 갖는 한 그것 역시 교환가치를 분명히 동일하게 가질 것이다. 물론 그 상품의 가치가 전체적으로 하락하겠지만, 적어도 그 상품을 생산하는 노동자가 존재하는 한, 자동화된 기계가 생산하는 상품 또한 양(陽)의 가치를 갖는다는 것은 분명하다. 즉 인간이 그 상품을 생산하는 한, 그것은 기계의 의해 생산되어도 그것과 동일한 가치를 갖는다. 따라서 '인간화된 기계'는 가치 내지 잉여가치를 생산한다.

그런데 극단적으로 생각해서, 만약 그 상품을 생산하는 노동자가 사라지고, 모두가 저 '인간화된 기계'가 생산하는 경우라면 어떨까? 자동화된 기계로 생산한 상품을 이윤 없이 '판매'하는 극단적인 상황—더 이상 자본주의라고 부를 수 없는 상황!—을 가정하지 않는다면, 그 이윤의 크기가 얼마가 되든, 자동화된 기계가 생산한 것은 잉여가치를 포함해야 한다. 즉 자본주의적 관계라는 한계 안에 존재하는 한 자동화된 생산은 잉여가치의 생산을 포함한다. 이 경우 그 잉여가치가 그것을 생산한 저 '인간화된 기계'를 원천으로 한다는 것은 분명하다.

한 걸음 더 나아가, 인간의 노동에 의한 생산이 없이 모두 자동화되었고, 거기다가 이윤이 0인 상황이 있을 수 있다고 가정해보자. 이 경우 우리는 스미스 식의 논법을 그대로 다시 사용할 수 있다. 자본이 생산하는 한, 이윤이 없다면 그 상품은 더 이상 생산되지 않을 것이다. 그러나 여전히 그 상품에 대한 욕구가 있을 경우 그 상품은 다시 누군가에 의해 생산될 것이고, 상당한 정도의 가격에 거래될 것이다. 이를 재빨리 포착한 자본가는 다시 기계를 작동시켜 그 상품을 생산할 것이다. 그러면 공급이 늘어났기에 가격은 낮아지겠지만, 그 상품에 대한 욕구가 존재하는 한 분명히 양의 이윤을 남기는 점에서 가격이 결정될 수 있을 것이다. 즉 어떤 상품에 대한 수요 내지 욕구가 있는 한, 그것은 어떻게 생산되든 양의 이윤을 갖는다. 이것 역시 정치경제학에서 말하는 '균형가격'이고, 따라서 상품의 가치에 해당한다는 것은 잘 아는 바와 같다. 따라서 이런 극단적인 경우에도 자동화된 생산은 잉여가치의 생산을 의미하며, 이는 분명 기계가 생산한 것이 분명하다.

기계적 잉여가치는 이처럼 기계로 소급되는 잉여가치고, 그런 의미에서 **인간화된 기계가 생산한 잉여가치며, 인간의 능력을 기계화함으로써 착취할 수 있는 잉여가치다.**[24] 이를 잉여가치 생산의 기계화라고 할 수도 있

---

24) 만약 인간이 아닌 기계가 잉여가치를 생산한다는 관념이 당혹스럽다면, 노동만이 인간의 부의 유일한 원천이라는 라살레의 고타강령에 대한 맑스의 비판을 참조해도 좋을 것이다(맑스, 「고타강령 비판」, 김재기 편역, 『마르크스·엥겔스 저작선』, 거름, 166쪽 이

을 것이다. 다른 식으로 말하면, 기계적 잉여가치란 노동능력을 기계화함으로써, 노동력이라는 가변자본을 기계라는 불변자본의 일부로 전환시키는 것이며, 그럼으로써 노동능력을 '가변적인' 자본(자본에 포섭되었다가 다시 노동자에게로 돌아간다는 의미에서)이 아니라 '불변적인' 자본(변함없이 언제나 자본이라는 의미에서)으로 전환시키는 것이라고 할 수도 있을 것이다.

요컨대 노동의 기계적 포섭은 노동자 내지 인간의 능력 자체를 기계화함으로써 잉여가치를 생산하고 착취한다. 기계가 생산하는 잉여가치, 그것은 자본이 기계를 이용하는 방식의 한 극한이고, 자본이 노동을 노동자에게서 분리하려는 전략의 궁극적 도달점이다. 이는 자본의 한계 안에서만 유효하지만, 그것은 가치나 잉여가치라는 개념이 자본의 한계 안에서만 유효하다는 것과 동일한 이유에서 그렇다. 그러나 인간만이 가치를 생산한다는 인간학적 관념, 근대적인 경제학의 공리는 이러한 사태를 직시하지 못하게 한다. 우리는 가치론의 공리계 안에서 자동화를 설명하려는 궁색한 논리들이 얼마나 빈번하게 반복되어 왔던가 잘 알고 있다. 새로운 사태 앞에서 이전의 이론과 그것의 공리를 지키고 유지·고수하려는, 문자 그대로 보수(保守)!적인 노력은 사실 여러 이론적 영역에서 또한 숱하게 보아왔던 것이기

하). 물론 맑스도 무심코 "부란 사용가치와 동일한 것"이라고 덧붙이긴 하지만, 이는 "고립된 노동은 사용가치를 창출해낼 수는 있다고 하더라도 부나 문화를 창조해낼 수는 없다"는 조금 뒤의 문장(같은 책, 168쪽)과 정면으로 충돌한다. 알다시피 부란 사용가치를 포함하지만 사용가치와 동일한 것은 아니다. 가령 공기를 많이 갖고 있다고 해서 부를 갖고 있다고 하진 않는다. 경제학적 의미에서 부란 '희소성'이란 근대적 관념을 수반한다. 희소성을 갖는 것은 모두 '교환가치'를 갖는다. 따라서 부란 사용가치일 뿐 아니라 (교환)가치를 갖는다. 부의 원천인 자연 역시 단순히 사용가치의 원천이라고 할 수는 없다. 그것은 분명 부 개념에 포함된 가치의 원천이다. 인간의 노동만이 가치를 생산한다는 저 경직된 인간학적 공리만 던져버린다면, 앞서와 같은 부 개념의 모순은 사라진다. 또, 지대를 다룬 『자본』의 한 부분에서 명시하듯이, 토지는 사용가치를 가질 뿐 아니라, 동일한 노동이 생산한 것에 다른 잉여가치를 추가하여 생산하게 한다(차액지대). 이 추가적 생산분은 비록 노동이 관여되긴 했지만, 토지나 자연이 생산한 것이다. 즉 지대는 노동과 더불어 자연이 생산한 가치를 표시한다. 이는 토지의 비옥도 이외의 '다른 조건이 동일하다면'이라는 가정을 통해서 '변수를 통제하는' 일종의 '분석' 내지 '실험'의 논법을 취하고 있음을 상기할 필요가 있다. 거기에 노동이 관여되어 있음은 분명하지만, 그것이 노동이 생산한 것을 뜻하진 않는다. 우리는 라살레에 대한 맑스의 비판을 이런 의미로 이해한다.

도 하다. 그렇지만 과연 맑스적으로 사유하려는 사람이 그 변명과도 같은
궁색한 논리로 정치경제학을 수호하고 노동가치론을 고수할 이유가 있을
까? 자신의 중요한 저작들에다, 그리고 가장 중요한 저작인『자본』에다가
도 자신의 작업이 '정치경제학의 수호를 위하여'가 아니라 '정치경제학 비판
을 위하여' 하는 것임을 맑스가 명시했음을 잊지 않는다면 말이다.

네그리와 맑스: 자율주의적 맑스주의

윤수종 (전남대, 사회학)

1. 자율주의적(아우토노미아) 맑스주의

1) 자율주의적 맑스주의

특수한 전통으로서 "자율주의적 맑스주의"는 보다 큰 맑스주의 전통 안에서, 다양한 운동들, 정치들, 노동자들의 자율적인—자본으로부터, 자신들의 공식적 조직들(예를 들면 노조들, 정치정당들)로부터 자율적인—힘, 그리고 실제로 다른 집단들로부터 자율적으로 활동하려는 특별한 노동자집단(예를 들어 남성으로부터의 여성)의 힘을 강조해왔던 사상가들에게서 확인할 수 있는 흐름이다.

맑스-레닌주의는 자본의 권력에 초점을 맞추는 편견을 지니고 있었으며, 노동자들은 본질적으로 억압에 반응하며, 혁명을 위해 그들을 동원할 일종의 외부 리더쉽에 의존한다고 보았다. 맑스-레닌주의자들은 일반적인 계급이해를 파악하고, "경제적" 요구들에 갇혀있는 것처럼 보이는 노동자들에게 계급이해를 가르칠 수 있는 직업적인 혁명적 지식인들의 정당에 특권을 부여했다. 이러한 접근에서는 지배메커니즘을 파열시킬 수 있는, 체계를 붕괴시킬 수 있는, 사회구조들을 재조성할 수 있는 노동자들의 역능을 소홀히 하였다.

자본주의 계급 갈등에 대한 자본의 반응으로서 그리고 그러한 갈등의 발전이 지닌 역동성 속에서 노동자(대중)가 지닌 역능을 강조하고 그러한 역능에 대한 자본의 반응으로서 지배 동학을 파악함으로써, 무엇을 할 것인가에 대한 새로운 방법들을 찾아가려고 한 것이 자율주의적 맑스주의였다.

즉 자율주의적 맑스주의는 기존의 공산당 중심의 맑스주의에서 소홀히 여긴 주체를 산노동의 측면에서 강조하며 대중의 투쟁이 사회의 발전을 주도한다고 본다. 또한 이념을 중심으로 한 전위당조직론에 대해 자기조직화에 근거한 대중의 구성과정을 강조해 나간다. 그렇기 때문에 대중의 자율적 움직임을 봉쇄했던 현실사회주의가 붕괴하고 나서 오히려 자율주의적 맑스주의의 주장은 설득력을 얻고 있다.

역사적으로 보면 아우토노미아로 불리는 자율주의적 맑스주의의 주요 흐름은 이탈리아 비의회 좌파운동의 커다란 흐름이면서 동시에 이론적 대안으로 제시된 것이었다. '아우토노미아'는 1960년대 말 이후 노동자운동에서 나타난 '노동거부'를 통해 공산주의적 전통(공산당)을 부정하고 부분적으로는 레닌주의와 제3인터내셔날 사회주의와 대립하는 것이다. '아우토노미아'는 처음에는 자본주의발전으로부터 노동자계급의 분리 및 독립을 의미했다. 그리고 '생산적'인 노동자계급의 신성한 제도들(노동조합과 정당)과는 독립적인 프롤레타리아적 관심, 투쟁, 조직의 영역이라는 의미를 더 지니게 되었다. 더 나아가 아우토노미아는 점차 다면적인 잠재력으로 공산주의 사회를 구성해가는 주체의 특징을 의미하게 되었다.

자율주의적인 맑스주의의 흐름은 미국 쪽에서는 해리 클리버(Harry Cleaver)[1]를 비롯한 경제학자들과 출판사(Autonomedia)의 출판을 통해 이어지고 있다. 유럽 쪽에서는 운동 측면에서 1970년대 이탈리아에서의 흐름이 독일을 중심으로 중북부 유럽으로 확산되어 왔다.[2] 최근에는 자율주의적 맑스주의는 맑스주의의 쇄신을 지향하는 많은 학자들에 의해 주요한 흐름으로 받아들여지고 있다(open marxism).

또다른 자율주의적 맑스주의의 흐름으로는 1950년대 중반 이후 소비에트 체계에 대한 비판으로부터 출발하여 노동운동과 공산주의 운동 내부에서 혁신된 비판적 맑스주의를 들 수 있다. 이러한 흐름은 특히 '사회주의인가

---

1) 해리 클리버, 『자본론의 정치적 해석』, 풀빛, 1986.
2) 조지 카치아피카스, 『정치의 전복』, 이후, 2000.

야만인가' 그룹의 르포르(Claude Lefort)와 카스토리아디스(Cornelius Castoriadis)에 의해 주도되었다. 이들은 소련과 동구의 관료제를 분석비판하면서 새로운 착취체계가 작동하고 있다고 강조하였다. 따라서 스탈린적인 당체계로부터 일찌감치 자율적인 흐름을 형성하였다. 이들은 소수자적 권리와 '상상적인 것'을 강조하며 그러한 특징에 기반한 자율성 위에서 새로운 주체성을 찾아나선다.[3]

이탈리아적인 자율주의적 맑스주의의 흐름에서 주도적인 이론가였던 네그리는 최근 1960년대 이후 혁명적 사상의 전지구적 무대 위에서 발전되어 왔던 여러 사유 노선들을 종합하면서 현실사회주의의 붕괴 이후 맑스주의 담론을 주도하고 있다.

2) 안토니오 네그리

네그리는 이른바 자율주의적 맑스주의 흐름에서 중심인물로 평가된다. 안토니오 네그리는 1933년 이탈리아의 파도바(Padova)에서 태어났고, 1950년대 후반부터 1960년대 초반에는 헤겔, 딜타이, 마이네케, 칸트, 데카르트 등 철학자들의 인식론, 철학, 정치학, 국가론 등을 연구하였다. 네그리는 학문적 활동 외에도 정치활동을 하였다. 학생 시절에는 카톨릭 조직에서 활동하기도 하였는데, 1950년대 말부터 주로 잡지 발간에 관여하였고, 1960년대 초반에는 노동자들을 대상으로 『자본』독서강좌를 조직하였다. 또한 노동자계급 아우토노미아론을 처음으로 제기한 『붉은노트』(*Quaderni Rossi*)지의 간행에 참여하였고, 그 후 『노동자계급』(*Classe Operaia*) 등 다양한 잡지를 중심으로 한 집단 활동에 개입하였다.

특히 네그리는 1967년부터 10여년간 활발하게 전개된 이탈리아 자율운동[4]의 폭발을 지켜보면서 이론적으로 조직적으로 개입하게 된다. 이 시기에 수많은 조직들이 형성되었고 이들은 이탈리아공산당의 좌파를 형성하였는데, 독자적인 잡지들을 냈고 네그리의 이론을 자신들의 논거로 삼았다.

---

3) Cornelius Castoriadis, *Philosophy, Politics, Autonomy* (Oxford University Press), 1995.

4) 윤수종, 「이탈리아의 아우토노미아 운동」, 『자유의 공간을 찾아서』, 문화과학사, 2002.

파도바에서는 1960년대 후반에 들어 명성있는 학자집단이 형성되기 시작했고 이들은 네그리가 창설한 파도바대학 정치과학연구소를 중심으로 급진적 사상을 발전시켰다. 이 시기에 네그리는 『노동자와 국가』라는 책을 발간하면서 자본주의 위기론/국가론을 발전시킨다. 네그리는 자율 운동에 감명을 받고 운동에 깊숙이 개입하는 글들을 많이 쓴다. 『노동에 반대하는 노동자당』(1974), 『프롤레타리아와 국가』(1976), 『전략의 공장』(1977), 『국가형태』(1977) 등에서 네그리는 이태리공산당의 주장을 전면적으로 비판하면서 아우토노미아의 지향을 잘 보여준다.

기독교민주당과 공산당의 제휴로 나타난 '역사적 타협'(1973)에 따라 공산당이 지배권력에 동참하여 대중을 억압하였고, 1970년대 말로 접어들면서 대중운동은 더욱 격렬해졌다. 국가 권력은 '붉은여단' 등의 무장 조직을 빌미로 하여 자율운동의 흐름을 탄압하였다. 이때 많은 이탈리아 지식인들이 프랑스로 망명하였다. 잠시 프랑스로 피신한 네그리는 프랑스의 철학자들을 접하면서 아우토노미아의 인식론적 기반을 넓혀간다. 파리에서 네그리는 파리7대학 및 고등사범학교에서 교수로 임명되었다. 이때 그의 가장 중요한 저서 가운데 하나가 된 『요강』의 강의(『맑스를 넘어선 맑스』로 출간)가 이루어졌다.

1979년 4월 7일, 네그리는 붉은 여단이 행한 알도 모로(Aldo Moro, 이탈리아의 전수상) 살해와 연루된 혐의로 이탈리아에서 체포, 구금되었다. 이때 아우토노미아운동을 하던 20여명 이상의 교수, 작가, 언론인 등이 같이 체포되었다. '수인'으로서 네그리는 자유인의 새로운 자유의 공간을 밝혀주는 철학서인 『야만적 별종』이란 스피노자 해석서를 써냈다. 지배 '권력'(pouvoir)에 대항하여 '역능'(potenza, puissance)을 특권화한 것으로 스피노자를 독해하면서, 역능 개념에 기초하여 물질적 생산과 정치적 구성(constitution) 개념을 결합시킴으로써 욕망에 기초를 둔 구성적 존재론과 집단적 창조성을 긍정하였다. 이러한 대중(multitude)의 역능에 기초한 구성권력의 전망은 그의 공산주의에 대한 새로운 규정을 더욱 확정해 주었다.

네그리는 감옥에 있을 때 급진당의 일원으로서 의원에 당선되었다(급진당은 네그리를 석방시키기 위해서 정당득표율에 따라 당선되는 후보 목록에 올렸다). 법에 따라 의원에 대한 기소면제로 1983년 여름에 일시 출옥하여 있다가 면책특권이 박탈될 위기에 몰리자 프랑스로 망명하였다. 이때 궐석재판을 통해 네그리에게는 30년형이 선고되었다. 네그리는.파리에 가서 펠릭스 가타리(Félix Guattari)와 공동작업을 하여 현대판 마니페스토라고 할 수 있는『자유의 새로운 공간』(1985)을 발간하였으며, 탈근대적 조건 속에서 자신의 주장을 전개한『전복의 정치학』(1989)을 썼다.

네그리는 파리 8대학에서 정치학을 가르치면서, 『전미래』(Future Anterieur)라는 잡지를 발간하고 여기에 글을 실었다. 네그리는 자신의 그 간의 주장을 테제식으로 정리하면서, 마이클 하트와 함께 글을 쓰기도 하였다. 또한 들뢰즈, 가타리 등이 전개한 유목민적 사유양식에 공감하면서, 새로운 사회의 구성가능성을 확인하였다. 1992년에는『구성권력론』이란 책을 썼으며, 그 후 프랑스에 있으면서 기업의 탈근대적 경영 방식 및 조직화 방식, 그리고 비물질적 노동에 대한 실증적 연구를 진행하였다. 1997년에는 다시 이탈리아로 돌아가 수감되었다. 최근에는 감옥에서 풀려났으나 완전히 자유롭지는 못하다고 한다. 2000년에는 마이클 하트와 함께『제국』을 발간하여 많은 호응을 얻고 있다. 네그리는 올해(2003년) 말에는 자유로워진다고 한다.

아래에서는 자율주의적 맑스주의자인 네그리의 주장을 맑스의 논의에 견주어 설명해보고자 한다.

2. 정치경제학비판: 노동과 자본

맑스주의의 현실비판은 뭐니뭐니해도 정치경제학비판이라고 할 수 있다. 물론 전반적으로 정치경제학은 맑스가 생각했던 바인 정치경제학비판 즉 현실비판을 포기하는 경향을 보이고 있지만 말이다. 맑스레닌주의의 정치경제학은 주로 맑스의『자본』을 중심으로 하여 자본의 동학을 분석하면서 자본주의발전단계론을 전개하는 방향으로 나아갔다.5) 자본주의를 논의할

---

5) 짜골로프 외, 『정치경제학교과서 1-3』, 새길, 1990.

때에 항상 자본을 중심에 놓고 자본의 동학을 전체 사회의 동학으로 설정한다. 따라서 위기나 이행 등은 항상 자본(주의)의 발전의 부수물로서 나타나는 것으로 인식한다.

이처럼 자본주의를 자본의 동학에만 기초하여 파악하려는 자본의 정치경제학이란 흐름에 대해서 네그리는 노동의 정치경제학을 대립시킨다. 사실은 노동의 구성을 통해 자본주의가 움직여갈 수 있다는 것을 전제로 하고 있다. 즉 자본이 아니라 노동에 주도권을 부여하는 것이다.

네그리는 흔히 정치경제학자들이 강조하는『자본』보다『요강』을 강조한다. 네그리는『요강』에서는『자본』에서와는 달리 두 계급의 투쟁 속에서 경향적으로 전개되는 자본주의 발전에 대한 상이 들어 있다고 말한다. 더욱이 네그리는 맑스가 자본주의사회의 역사적 발전이 어떻게 체제를 위기에 몰아넣고 그것을 파괴할 수 있는 힘을 발전시키는 주체로서 즉 적대적 주체로서 노동자계급의 발전을 포함하고 있는지를 분명히 인식한다고 지적한다. 더 나아가 네그리는『요강』이 특히 1857-58년의 위기(공황) 속에서 주체의 문제를 제기한다는 점에서 그 중요성을 강조한다. 이와 관련하여『요강』속에서 적대는 임금개념 속에서 노동자계급 개념으로 돌아오며, 노동자계급 개념은 항상 자본에게는 위기와 대파멸의 개념이라는 것이다. 이처럼『자본』에서는 찾을 수 없는 노동자계급 및 혁명적 주체 개념과 밀접하게 연결되어 있는 임금개념을『요강』속에서 볼 수 있다고 한다. 네그리는『요강』독해를 통해서 기존의 정치경제학에서 소홀히 했던 주체문제[6]를 정치경제학비판의 중심적인 문제로 가져온다.

1) 자본의 정치경제학: 이윤론

네그리의 자본분석은 기존의 맑스주의적 논의를 일신한다. 기존의 정치경제학은 자본의 생산과정을 강조하고 가치는 바로 이 생산에서 나온다고 강조하였다. 물론 네그리도 이것 자체를 부정하는 것은 아니지만, 자본은 공장단위에서 하나의 생산자본으로서 이루어지는 것이 아니라 유통을 통과

---

6) 기존의 정치경제학에서는 당위적인 '보편계급론'으로 전개된다.

하여 사회적 자본으로서 사회를 지배하는 사회적 권력을 강화해간다는 것이다. 따라서 상대적으로 유통을 강조하고 유통을 통한 사회화를 강조하는 이론을 전개하게 된다.

이러한 관점에서 네그리는『요강』독해를 통해 (『자본』에서처럼) 상품에서 시작하는 가치론이 아니라 화폐에서 시작하는 가치론을 강조하고, 가치론보다는 잉여가치론을 우선시하고, 잉여가치론의 사회화로서 이윤론을 파악해나간다. 이러한 과정에서 나타나는 사회적 자본은 세계시장 속에서 가장 확장된 모습을 보인다고 한다.

가치론과 관련하여 네그리는 특히 맑스의 생산적 노동 개념은 상당히 환원적인 규정이며 자본가적 개념인 반면, 노동자적 개념으로서 생산적 노동 개념은 필요노동이라고 주장한다. 여기서 노동은 교환형태, 화폐형태를 띠는 경우에만 자본으로 변형될 수 있으며, 자본은 노동자에게는 사용가치인 것을 교환가치로 환원시키려고 한다. 노동과 자본의 교환이 지니는 차이로서 이러한 적대는, 노동과 자본이 자율적이고 독립적인 실체로서 자신들의 생산적 종합을 구성하는 교환의 계기에서만 현존한다는 것을 의미한다. 여기서 적대의 내용은 사용가치 대 교환가치의 대립, 주체적 노동 대 대상화된 노동의 대립으로 된다. 그 대립의 내용을 볼 때 교환가치를 추구하는 자본은 동질화를 지향하고 양화를 추구하는 권력(pouvoir)으로서 나타나고, 사용가치를 추구하는 노동은 다양성(이질화)을 추구하는 역능(puissance)으로 나타난다.

이처럼 잉여가치론 속에서 네그리는 적대의 계기를 강조하고 노동자계급의 역동성을 강조한다. 기존의 정치경제학에서 잉여가치는 우선 잉여노동시간의 연장(절대적 잉여가치 생산)을 통해, 나아가 고정자본의 거대화(기술진보) 속에서 점차 줄어드는 필요노동시간에 대해서 잉여노동시간의 상대적 확장(상대적 잉여가치 생산)을 통해 설명되었다. 적대의 계기는 감추어지고 자본의 힘만이 관철되는 식으로 설명되어 왔다.

그런데 주체들의 적대를 극단적으로 강조함으로써 가치법칙은 잉여가치법칙의 형태를 취하기 시작한다. 즉 잉여가치론은 결과적으로 직접적으로 착취이론이다. 지배 및 압박이란 정치적 과정으로서, 사회에 대한 일반화된 지배로서의 착취만이 가치와 잉여가치를 규정하며, 따라서 가치법칙이 잉여가치법칙에 종속되며, 착취 없이는 가치는 없다. 이러한 관점에서 보면 공산주의는 가치법칙, 가치 자체, 그것의 자본주의적 또는 사회주의적 변이형태(착취)의 파괴이자 산노동의 해방이라는 것이다. 이러한 주장은 가치법칙의 관철을 정치경제학 원론으로 생각하는 기존의 정치경제학(및 자본주의사회에서의 공산당들)에 대한 비판이자, 가치법칙을 변형하여 관철시킨 현실사회주의에 대한 비판이기도 하다.

나아가 네그리는 맑스의 이윤론을 새롭게 재해석한다. 생산의 범주인 잉여가치가 유통을 통해 사회적 범주인 이윤으로 되며, 잉여가치의 이윤으로의 이러한 사회화는 잉여가치의 모순을 사회적으로 확장하는 과정이다. 이제 자본은 생산 내부에서의 특수한 착취일 뿐만 아니라 산노동의 힘만이 만들어낼 수 있는 사회적 차원들을 스스로 무상으로 획득한다. 잉여가치의 사회화는 잉여가치의 확장 및 강화 즉 착취의 확장과 강화이며, 사회적 잉여가치 즉 사회적 자본의 잉여가치는 현재와 미래의 사회적 노동에 대한 자본가적 지배가 된다.

잉여가치의 사회적 확장 속에 포함되어 있는 착취의 새로운 특질은 총체적인 사회적 노동, 즉 다수 대중의 협동 속에서 부유해지는 노동뿐만 아니라 자본의 가치를 보존하는 노동, 인구의 단순증가에서 비롯하는 노동, 사회의 과학적 잠재력에 뒤따르는 노동에 의해 무상으로 만들어진다. 이윤은 사회적 생산력의 무상이용으로 만들어진 전지구적 잉여가치의 사회적 표현이다. 따라서 잉여가치에서 이윤으로의 확장은 사회적 자본의 사회적 착취라는 경향의 격화를 나타낸다고 한다.

이러한 이윤론은 기존의 이윤론을 혁신한다. 균등화와 평균화를 통한 『자본』식의 회계도식으로 그려진 이윤론은 이미 생산과정에서 결정된 잉여가치는 단지 사회적으로 유통(실현)되어 자본에게 돌아가는 것으로만 설정된다. 그러나 네그리의 이윤론은 유통을 즉 사회를 통과하면서 착취를 강화한다. 이윤은 더 이상 생산에서의 잉여가치 착취에만 머무는 것이 아니라 다양한 사회적 수탈을 감행한다. 공장에서만이 아니라 사회에서, 더 나아가 세계자본주의 속에서도. 이처럼 네그리는 유통을 강조함으로써 생산에 집착했던 정치경제학이 갖는 편협성을 공격할 뿐만 아니라 착취의 확산을 강조하게 되고 다른 한편으로는 그에 따른 노동자주체성의 새로운 공간을 인식할 수 있게 해준다.

주체성의 관점에서 보면 이윤범주는 자본에 의한 노동의 형식적 포섭에서 실질적 포섭으로의 이행, 자본에 의한 사회의 실질적 포섭으로의 이행이라는 경향 속에서 구체화되는 범주이다. 따라서 이윤론은 자본이 사회를 지배해나가는 이론, 즉 자본의 주체성론이라고 한다.

주체성론에 이른 이윤론에서 네그리는 위기론으로 넘어간다. 위기의 근본법칙은 필요노동과 잉여노동 간의 모순적 전개 관계에, 즉 잉여가치법칙의 작동 속에 있다. 잉여노동에 대립하는 필요노동, 즉 가치증식에 한계를 구성하는 필요노동의 고정성이 존재한다. 여기서 위기를 파악하기 위해서는 발본적인 분리, 자본의 발전으로부터 노동자계급의 자율성을 읽어내야 한다고 본다. 즉 위기는 노동자계급의 독자성, 자율성이 자본에게 가한 압박에 의해서 나타난다고 본다.

이상과 같은 네그리의 자본의 정치경제학은 자본 개념의 재정립을 요구한다. 생산에 중심을 둔 자본을 생산과 재생산을 고려하는 자본 개념으로 확장하고 더 나아가서는 세계시장이라는 문제를 포괄하는 자본 개념을 요구한다. 더욱이 잉여가치와 자본의 사회화와 병행하여 노동자계급의 실천의 장도 확장되어감을 강조한다. 여기서 자본전개의 대립적 형태는 분리 논리의 폭발에 따라 새로운 서술로 나타나며, 사회적 자본의 규정으로 나갔던 과정은 전도되어 노동자주체론, 즉 임금론이 나타난다.

2) 노동의 정치경제학: 임금론

맑스는 초기 저작들에서 자본주의하의 임금의 일반적 경향은 전반적으로 하락한다고 주장하였다. 이처럼 자본의 축적, 산노동의 기계로의 대체, 노동생산성의 증대 등은 한편으로는 명목임금을 저하시키는 경향으로 존재하지만, 다른 한편으로는 새로운 욕구를 창조하여 점점 더 널리 보급시킬 뿐만 아니라 새로운 산업부문을 창조하는 경향이 있다.

지금까지 임금론은 저하경향에 초점을 맞추어 왔다. 이런 논의 속에서는 궁핍화 테제가 제기되고, 절대적 궁핍화인가 상대적 궁핍화인가라는 대당적 인식을 넘어서려는 노력 속에서 노동력재생산 비용의 증가와 임금의 상대적 감소를 관련시키면서 궁핍화테제의 정당성을 주장하기도 하였다.

그렇지만 이런 논의들은 여전히 자본 중심적인 논리 속에서 이루어져 왔다. 자본과의 관계 속에서 임금으로 표현되는 필요노동의 양에 대해 맑스는 역사문화적으로 결정된다고 설명하지만, 정치경제학 논의에서는 그것을 항상 부차적인 것으로 취급해 왔다. 그리고 맑스도 『자본』 속에서 노동일의 투쟁에 관한 부분에서는 계급투쟁 속에서 설명하면서 상세한 역사적 분석으로서 제시하고 있지만, 자본의 동학에 관한 설명틀 속에서는 임금을 상수 (constant variable)로 처리하고 있다.

네그리는 이러한 흐름에 대해 강력하게 반발한다. 그의 분리의 논리가 가장 강력하게 관철되는 곳은 바로 임금론에서이다. 임금을 단순히 자본과의 관계 속에서만 규정하지 않고 오히려 노동과의 관계 속에서 규정하려고 한다.7) 자본의 주체성론이 이윤론이라면 노동자의 주체성론은 임금론이라고 본다.

흔히 맑스에게서 임금론이 없는 것은 임금론이 자본 분석에 종속되는 요소로 생각하기 때문이라고 보는 것은 문제가 있는데, 왜냐하면 모든 요소들은 자본의 법칙이 아니라 계급투쟁의 법칙에 종속되어 있다고 간주해야 하기 때문이다. 이런 관점에서 네그리는 전체적인 자본이론은 오직 임금론을 통해 발전하고 자신의 기초를 형성할 수밖에 없기 때문에 '임금에 관한 책'이 빠진 '자본에 관한 책', 즉 『자본』은 일면적인 자본의 정치경제학이라는 것이다. 자본이론은 끊임없이 임금론에 의거하며 그것을 포함해야 하며, 완전한 자본이론을 위해서도 노동의 정치경제학이 필요한 것이다.8)

네그리는 임금과 관련하여 『요강』의 「소규모유통」에 관한 장에 주목한다. 여기서 그는 주체성의 관점에서 자본의 독해를 반전시킬 수 있는 가능

---

7) 자본이 이윤의 관점에서 (노동생산성에 따라) 평가한 임금이 아니라, 노동자가 자신의 고유한 욕망에 기초하여 필요로 하는 임금.

8) 네그리의 정치경제학비판에 기초하여 『자본』의 일면성을 부각시키면서 M. Lebowitz (*Beyond Capital*, 〔Macmillan, 1992〕, 『자본론을 넘어서』, 백의, 1999)는 자본의 정치경제학, 임금노동의 정치경제학이란 용어를 사용한다.

성에 대한 사례를 발견한다. 흔히 자본이 생산과정으로부터 나타나는 순간부터 다시 생산과정으로 들어갈 때까지의 전체기간을 포괄하는 '대규모유통'에 대비하여, 자본 가운데 임금으로 지불되어 노동능력과 교환되는 부분으로 정의되는 '소규모유통'은 필요노동의 가치가 재생산되고 결정되는 영역이다.

네그리는 '소규모유통' 속에서 필요노동(임금)은 생산물과 접촉하여 그것들을 사용가치로 변형하며, 따라서 소규모유통은 필요노동과 관련된 욕구의 영역이 발전하는 공간이라고 본다. 이런 인식에서 네그리는 산노동의 특징을 통해 임금을 강조한다. 산노동의 역능, 즉 임금, 필요노동의 양은 자본주의발전의 기초일 뿐만 아니라 일반적으로 자본주의의 근본법칙들을 결정한다. 노동은 추상화되고 사회화되면 될수록 욕구의 영역을 더욱 확장하고 새로운 욕구를 창출하며, 자본으로 하여금 그것들을 충족하도록 강제한다. 임금은 이런 욕구들을 기초로 하여 형성되며, 바로 필요노동과 그것이 지닌 창조성은 임금형태 속에 감춰져 있다는 것이다. 더 나아가 임금 속에 표현되어 있는 필요노동만이 자본주의적 가치증식에 대해 대립할 수 있다는 것이다.

네그리의 이러한 해석은 자본과 임금노동이 지닌 적대적 측면을, 나아가 노동자계급의 주체성을 확인하고자 하는 것이다. 이러한 확인은 『요강』의 「기계에 관한 단상」에 대한 독해에서 더욱 진전된다.

이 부분은 이행과 관련하여 네그리가 가장 주목하는 지점이기도 하다. 네그리에 따르면 「기계에 관한 단상」에서는 적대가 노동자계급 주체성의 형태를 띠는 지점까지 발전하여 전복으로 발전한다고 한다. 자동기계체계의 발전으로 필요노동이 0이 되는 상황을 가정하면서, 그렇게 되면 직접적 노동 및 그 양은 생산의 결정적 원리로서 소멸한다고 맑스는 언급한다. 이와 관련하여 네그리는 가치론이 자신을 노동시간의 양, 혹은 노동의 개별적 차원으로 측정할 수 없을 때, 즉 착취의 측정불가능성은 착취의 형태를 수정한다고 한다. 가치형태는 순수하고 단순한 지배형태이자 정치형태라는 것이다. 자동화의 진전에 따라 노동은 오히려 기계에서 벗어나 기계를 새롭게 전유하면서 자신의 삶을 변형시켜갈 수 있다. 스스로도 노동에서 벗어나

비노동으로 나아갈 수 있다는 것이다 여기서 네그리는 자유로운 시간, 가처분 시간을 생각한다. 자동기계체계의 진전과 더불어 오히려 산노동의 역능에 기초한 이행의 근거들을 찾아낼 수 있다는 것이다. 이런 인식에서 이제는 임금론은 노동자계급의 자기가치증식에 관한 이론으로 전화한다.

그래서 네그리는 맑스가 쓰지 못한 「임금에 관한 장」은 노동자계급의 욕구, 즐거움, 투쟁, 그리고 필요노동의 수준에 관한 장, 즉 비자본, 그러므로 비노동에 관한 장이었을 것이라고 한다.

결국 네그리는 임금론을 분리의 논리 속에서 고찰하면서 주체성, 노동자계급 및 프롤레타리아적 발전에 주목함으로써, 자본의 가치증식에 대한 사보타지(노동거부)를 통해 노동자계급의 자기가치증식으로 나아갈 수 있는 기반이라고 생각하게 된다.

이상의 정치경제학비판 속에서 제기한 문제제기를 기반으로 네그리는 자본주의발전을 시기 구분하면서 현대 자본주의의 성격을 분석하고, 새로운 주체성에 대해 더욱 구체적으로 접근하려고 한다.

특히 1960년대 이후의 현대 자본주의는 공장의 경계를 뛰어넘어 확장되는 '사회적 공장'에서 노동하는 '사회적 노동자'의 착취에 집중한다고 한다. 또한 사회의 컴퓨터화를 통해 특히 소통의 생산적 사용과 외부(공장)에서 사회 그 자체의 내부(소통)로 사회의 통제프로그램의 이전을 포함한다. 그리하여 사회(즉 맑스의 용어로 재생산과 유통)를 생산 속에 통합하는 특징을 보인다. 그리고 착취의 혼합에, 착취의 다종다양한 층들, 구성들, 수준들의 이러한 혼합에 상관적으로 나타나는 새로운 국가형태('위기국가')는 생산적인 사회적 전체에 대한 차별화된 통제를 통해, 어떤 시간 어떤 공간에서든지 위기들을 생산하는 유기적인 능력 및 필요성을 만들어간다고 한다. 자본은 국가의 경계를 넘어서 착취체계를 전세계에 걸쳐 더욱 확산하며, 이 수준에서 모든 착취형태의 통합과정을 찾아볼 수 있다. 지속적으로 다국적화 과정을 더욱 확장하고 테일러리즘과 포디즘을 주변지역으로 옮기고 세계적 수준에서 기능하도록 만들어진 조잡하지만 효과적인 위계적 체계를 설치하며, 나아가 세계 금융통합을 지속적으로 추진하는 국면을 보이게 된다. 이제 국가별자본주의가 아니라 '통합된 세계자본주의'가 자본권력의 주도적 형상이 된다(나중에는 '제국'이라고 말한다). 이러한 사회적 노동자의 노동은 비물질적인 성격을 강화해 간다고 한다.

3. 제국

네그리는 정치경제학비판에 근거하면서도 (1) 소비에트 체계에 대한 비판으로부터 출발한 노동운동과 공산주의운동 내부에서 혁신된 비판적 맑스주의(르포르, 카스토리아디스), (2) 제국주의로부터 해방되고 있던 나라들에서 발전되었으며, (무엇보다도 인도와 미국의) 탈식민주의(post-colonial) 이론에서 최종적 형상을 찾은 반식민주의 사상, (3) 해방 사상의 발전에 존재론적 도식과 명제를 제공한 프랑스의 탈구조주의 철학(푸코, 들뢰즈, 가타리), (4) 포드주의에서 포스트포드주의로의 이행, 즉 제3차 산업혁명을 추적했던 노동 사회학과 산업 사회학 등을 종합하려고 한다. 즉 1960년대 이래 전복적 운동들의 사유 안에 있던 이론적 단서들을 폭넓게 수렴하려 하고 있다. 그 결과가 2000년에 네그리와 하트가 쓴 『제국』일 것이다.

네그리는 (마이클 하트와 함께) 맑스의 독점자본에 대한 단상들, 레닌의 제국주의론을 확장시켜 현대 세계의 지배권력, 즉 제국에 대한 분석을 시도한다. 물론 그간의 다양한 비판적 흐름들을 종합하기도 하면서 말이다. 네그리는 '제국주의에서 제국으로의 이행'이라는 테제로 전지구화(세계화) 논의를 정리하고 대중의 역능에 기초한 저항운동을 제기한다.

네그리는 국민 국가에 기반한 근대적 주권은 네트워크 권력에 기반한 제국적 주권으로 변형되어 간다고 한다. 그리고 이러한 이행에서 탈근대화의 생산적 내용으로서 생산의 정보화에 주목한다. 제국주의에서 제국으로의 변형 과정에서 권력의 문제, 즉 주권의 변형만을 생각하는 것이 아니라 바로 그 주권이 유지되는 지형으로서 생산의 영역으로 하강한다. 더욱이 생산을 객관적인 경제적 영역의 생산으로 좁히는 것이 아니라 주체성의 생산이란 측면을 강조해나간다. 이러한 사고의 밑바탕에는 자본주의 발전을 추동하는 것은 대중의 저항이라는 인식이 깔려 있다. 푸코와 들뢰즈, 가타리의 생각을 받아들여 생체정치적 생산으로의 이행과 차이를 용인하면서 통합을 해나가려는 제국적 권력의 새로운 양상을, 그리고 기존의 훈육 통치에서 통제사회로의 이행을 강조한다. 그의 논의를 요약해 보자.

1) 제국적 주권과 전지구적 통제사회

(1) 제국적 주권

제국적 세계로의 이행에서 변화한 것은 경계〔국경〕가 더 이상 존재하지 않고, 더 이상 외부는 없다는 것이다. 내부와 외부 사이의 구별은 점차 약화된다. 공적인 것과 사적인 것간의 구분이 모호해지고, 자유주의 정치의 장소를 구성하는 근대사회의 공공공간은 사라지는(사유화되는) 경향이 있다. 제국 사회에서 스펙터클은 가상적 장소, 혹은 더욱 정확하게는 정치의 무-장소(non-place)이다. 스펙터클은 어떠한 내부도 외부와 구분할 수 없는 그런 식으로 통일되어 있으면서 동시에 분산적이다. 군사적인 의미에서도 더 이상 외부는 없다. 제국주의 전쟁, 제국주의 사이의 전쟁, 그리고 반제국주의 전쟁의 역사는 끝났다. 이제는 정말 제국 내부의 국부적(minor)이고 내적인 갈등의 시대에 진입했다. 모든 제국적 전쟁은 시민전쟁〔내전〕, 경찰행동이다.

제국 안에서는 위계와 차별이 없어지는 것이 아니라 오히려 미분적으로 강화된다. 제국적 인종주의는 인종들간의 본질적이고 생물학적인 차이에 집중했던 근대 인종주의 이론과는 달리, 미분적(differentialist) 인종주의, 즉 인종 없는 인종주의 혹은 생물학적 인종 개념에 의존하지 않는 인종주의이다. 제국은 인종적 차이를 결코 본성의 차이가 아니라 항상 정도의 차이로, 결코 필연적인 것이 아니라 항상 우연적인 것으로 설정한다. 하지만 복종은 더욱 이동적이고 유연한 일상적 체제 속에, 그럼에도 불구하고 안정적이고 잔인한 인종적 위계를 창조하는 일상적 실행체제 속에 규정된다. 제국의 지배는 끊임없이 팽창하는 자신의 영역 안에서 차이의 놀이와 미시-갈등성의 관리에 의거한다.

이러한 제국에서는 명령 장치는 관대하고 자유주의적인 얼굴을 가지고, 제국 영역 안에 수용된 차이들의 긍정을 포함한다. 대개 제국은 분할을 창조하는 것이 아니라 오히려 현존하는 혹은 잠재적인 차이를 인정하고, 그 차이를 찬양하며, 그 차이를 일반적인 명령 경제 안에서 관리한다. 그래서 제국의 세 가지 명령은 '포괄하라, 구별하라, 관리하라'이다.

제국 주권은 하나의 중심적인 갈등을 둘러싸고 조직되지 않고 오히려 미시 갈등들의 유연한 네트워크를 통해 조직된다. 제국 사회의 모순은 파악하기 어렵고, 증식하며, 국지화할 수 없다. 즉 모순은 도처에 있다. 권력의 장소도 도처에 있지만 또한 어디에도 없다.

(2) 전지구적 통제사회

이제 제국적 주권은 초월성에 근거한 근대적 주권과는 달리, 지배관계의 연계와 네트워크를 통해 내재성의 구도 위에서 작동한다. 시민사회라고 이해되는 것과 대부분 동일하거나 밀접하게 관련되어 있는 훈육사회를 구성하는 사회제도들(학교, 가정, 병원, 공장)은 어느 곳에서나 위기에 처해 있다. 이러한 제도들의 벽들이 붕괴됨에 따라, 이전에 그것들의 제한된 공간들 안에서 작동했던 주체화의 논리들은 이제 사회적 장으로 퍼지고, 사회적 장을 가로질러 일반화된다. 제도들의 붕괴, 시민사회의 소멸, 훈육사회의 쇠퇴는 모두 근대 사회적 공간의 홈패임을 매끄럽게 하는 것을 포함한다. 여기에서 통제사회[9]의 네트워크들이 생겨난다.

훈육의 내재적인 실행—즉, 주체들의 자기 훈육화, 주체성들 자체 안에서 훈육 논리의 끊임없는 속삭임—은 통제사회에서 훨씬 더 일반적으로 확장된다. 그리고 통제사회에서 주체성의 내재적 생산은 공리계적인 자본의 논리와 일치해 나간다. 훈육사회에서 각 개인은 다수의 정체성들을 가지고 있었지만, 어느 정도까지는 서로 다른 정체성들은 생활의 서로 다른 장소들과 서로 다른 시간들에 의해 규정되었다. 통제사회에서는, 정확히 이러한 장소들, 이러한 적용 가능한 개별 장소들은 자신들의 규정과 경계 설정을 상실하는 경향이 있다. 통제사회에서 생산된 잡종적 주체성은 제도 바깥에 있지만 제도들의 훈육 논리에 훨씬 더 강하게 지배당한다.

---

9) 들뢰즈가 사용한 개념으로, 네그리는 좀더 직접적인 지배방식인 훈육에 대비하여, 좀더 유연하고 매끄러운 지배장식을 나타내기 위해서 통제라는 개념을 사용한다.

시민사회의 소멸과 국가 경계의 쇠퇴 속에서 사회적 공간이 전반적으로 균등화되고 매끄럽게 되는 한편, 사회적 불평등과 분할은 여러 측면에서 형태를 달리하면서 더욱 심해졌다. 제국은 극도로 불평등한 주민들이 아주 밀접하게 접근해있는 것으로 특징지어진다. 이렇게 근접해있다는 것은 영구적인 사회적 위험 상황을 만들어내며, 분리를 유지하고 사회적 공간의 새로운 관리를 보장하기 위하여 통제사회의 강력한 장치들을 필요로 한다.

제국의 노동정치는 우선 노동의 가격을 낮추려고 하며 모든 사람에게 일하도록 강요한다. 전체적으로 보면 노동은 많아지고 임금이 적어진다. 새로운 생산성 규범들은 노동자들을 분화시키고 분할한다. 화폐정책은 노동정책이 명령한 분할을 강화한다. 나아가 폭력, 빈곤, 그리고 실업에 대한 공포는 결국 이러한 새로운 분할을 만들어내고 유지하는 일차적이고 직접적인 힘이다.

이러한 상황에서 제국적 행정은 분산시키고 분화시키는 메커니즘으로서 행동하며, 자기조절을 통해 그리고 제국의 내부 경찰력에 의해 갈등을 조절하고 폭력을 실행함으로써 지배한다. 근대적 국민 주권 체제들에서는 행정이 갈등을 선형적으로 통합하는 방향으로 그리고 갈등을 억압할 수 있는 일관된 장치를 향해 작용하는 반면에, 제국적 틀에서는 행정이 프랙탈(fractal)하게 되고 차이들을 통제함으로써 갈등을 통합하려고 한다.

그래서 행정 문제는 통일성의 문제가 아니라 도구적인 다기능성의 문제가 된다. 근본적인 것은 특별한 목적을 위한 행위들이 지닌 특이성과 적합성이다. 행정 행위는 점점 더 자기중심적으로 되고, 따라서 자신이 해결할 수 있는 특정한 문제에만 기능을 하게 된다.

근대체제는 행정과 명령을 구별할 수 없게 만들 정도로 행정을 명령과 더욱더 일치시키는 경향이 있었던 반면에, 제국적 명령〔지배〕은 행정에서 분리된다. 제국적 명령은 훈육 양태들을 통해서가 아니라, 오히려 생체정치10)적 통제의 양태들을 통해서 실행된다.

제국적 통제는 세 가지 전지구적이고 절대적인 수단들, 즉 폭탄, 화폐,

---

10) biopolitics. 푸코가 사용한 개념을 네그리가 차용하여 쓰고 있다. 대중의 일상적인 삶 자체에 접촉하여 그 작동방식을 움직여 나가는 것을 일컫는 말이다.

그리고 에테르를 통해서 작동한다. 절대적인 폭력의 작동인 수소폭탄(핵) 무기가 지닌 최고의 위협은 모든 전쟁을 제한된 갈등, 내전, 추한 전쟁 등으로 축소하였다. 나아가 모든 전쟁을 행정력과 경찰력이 독점하는 영역으로 만들었다. 화폐는 국내 시장의 화폐적 파괴, 일국적 그리고/또는 지역적 화폐 조절 체제의 해체, 그리고 국내 시장들의 금융 권력의 욕구에의 종속을 통해 세계시장을 구축해내는 전지구적인 절대적인 통제수단이다. 에테르는 제국적 통제의 최종적인 근본적 매개체이다. 소통의 관리, 교육체계의 구조화, 그리고 문화의 조절은 최고 대권으로 나타난다. 그러나 이 모든 것은 에테르 속에 용해된다.

요약하자면, 제국적 권력의 효율성은 폭탄에 의한 파괴에, 화폐에 의한 판결에, 소통에 의한 공포에 기반을 두고 있다. 이 경우들 각각에서 이런 메커니즘들의 통제력을 미국이 장악하고 있는 것처럼 보일지도 모른다. 아마도 무력의 독점과 화폐 조절에는 부분적인 영토적 한정을 할 수 있을지도 모르지만, 소통에는 그럴 수 없다.

2) 대중

제국에서는 정치를 구성하는 사회적 갈등들은 어떤 종류의 매개 없이도 직접적으로 서로 대결한다고 한다. 여기서 네그리는 모든 피착취자와 피지배자 사이에 어떠한 매개도 없이 제국에 직접적으로 대립하는 대중을 제시한다. 제국적 지배에 대항하기 위해서는, 거대한 정부, 거대한 기업, 거대한 노동에 집착하는 것이 아니라, 생산적 협동의 네트워크 속에서 대중의 자율적 자치를 구성해 나갈 것을 제안한다.

여기서 대중(multitude)은 무차별적인 무리로서 대중(mass)이 아니라 특이성을 보존하면서 소통을 통해 공통성을 만들어가는 능동적인 주체를 말한다. 네그리는 전통적인 노동자계급 개념에 대비하여 프롤레타리아트를 주변층이나 실업자, 여성, 학생 등을 포괄하는 개념으로서 사용해왔다. 그리고 현대 자본주의에서 그러한 노동자를 사회적 노동자라고 특징지었고 그들의 노동의 성격을 비물질적 노동이라고 성격지어 왔다. 이러한 사회적 노동자 개념을 좀더 확장해서 이제는 대중 개념을 강조한다. 11)

네그리는 대중의 운동방향과 관련하여 구체적인 방안으로 몇 가지를 제안한다. 세계를 이동하는 자율적 대중이 지닌 역능을 활성화하는 방안으로서 '전지구적 시민권'을 주장한다. 이것은 대중이 자신의 체류권과 이동권을 가짐으로써 공간에 대한 통제권을 재전유하여 새로운 지도를 제작할 수 있는 권리이다. 또한 공간적으로 주변화되는 다양한 층들을 포괄할 수 있는 연대의 고리로서 말이다.

그리고 시간적으로는 생체정치적 생산이란 상황에서 사회적 임금과 모두에게 보장된 수입을 확보해주는 '사회적 임금권'을 내세운다. 제국의 생체정치적 맥락에서 프롤레타리아트는 하루 종일 도처에서 일반적으로(항상) 생산한다. 바로 생체정치적 생산의 이러한 일반성에 근거한 사회적 임금에 대한 요구는 자본 생산에 필수적인 모든 활동에 대한 보상을 요구하는 것이므로, 실제로 보장된 수입이라는 요구를 전체 주민에게까지 확장시킨다.

그리고 생산수단을 비롯한 지식, 정보, 소통, 정서에 자유롭게 접근하고 통제할 수 있는 '재전유권'을 주장한다. 제국적 생체 권력 영역에서 생산과 삶이 일치하는 경향이 있기 때문에, 계급투쟁은 삶의 전영역에서 폭발할 잠재력을 지닌다. 언어 감각 및 소통 감각, 기계 및 기계의 사용이라는 문제, 대중의 집합적인 경험과 실험, 생체정치, 대중의 구성 권력 등에 기반하여 궁극 목적으로서 제기하는 주장이다. 재전유권은 정말로 자기통제 및 자율적인 자기생산을 위한 대중의 권리이다.

물론 이러한 정치적 강령적 요구를 담지한 대중의 활동적 힘[역능posse]이 재전유와 자기조직화의 원동력이 되어야 할 것이다. 대중의 생산양식은 노동이라는 이름으로 착취에 대항하여, 협동이라는 이름으로 소유권에 대항하여, 자유라는 이름으로 부패에 대항하여 제기된다. 나아가 노동 속에서 신체들을 자기 가치 증식하고, 협동을 통해 생산적 지성을 재전유하며,

---

11) 네그리는 대중 개념을 다음 세 가지 의미에서 이해할 수 있다고 말한다. 첫 번째로는 일자(一者)로 환원될 수 없는 주체의 다양성, 절대적으로 차이화된 집합체, 특이성의 집합체라는 의미, 둘째는 생산적인 특이성이 집합한 계급, 비물질적 노동의 작업자라는 계급의 의미, 셋째로는 욕망을 표현하고 세계를 변화시키려는 장치를 체현하는, 즉 자유로이 자기 표현을 하고 자유로운 인간 공동체를 만들어가는 주체성의 의미. Antonio Negri, *De retour-Abécédaire biopolitique* (Paris: Calmann-Lévy, 2000).

자유 속에서 실존을 변형시킨다.

오늘날의 생산 매트릭스에서 노동의 구성 권력은 인간의 자기가치증식(세계 시장의 모든 부문에서 모두에게 균등한 시민권)으로서, 협동(소통할 수 있고, 언어를 구축할 수 있고, 소통 네트워크를 통제할 수 있는 권리)으로서, 그리고 정치권력으로서 혹은 그 권력 기반이 모든 사람들의 욕구 표현에 의해 정의되는 사회의 구성으로서 표현될 수 있다. 이것은 사회적 노동자와 비물질적 노동의 조직화, 즉 대중이 관리하고, 대중이 조직하고, 대중이 지도하는 생체정치적 통일체—작용하고 있는 절대적 민주주의—로 조직하는 것이다.

4. 조직

맑스-레닌주의에서의 조직론은 기본적으로 아나키즘과 민주집중제의 대립구도 속에서 민주집중제로 정리되어 왔다. 그간 맑스주의적 실천은 당이 지도하고 대중이 따르는 그림 속에서 진행되어 왔다. 여기서 당은 옳은 이론(이데올로기)으로 무장하고 있다고 전제된다. 더욱이 현실 속에서 당-이데올로기-국가가 일체화되어 대중을 지배하는 양상으로 나아가고 말았다. 자본주의 권력을 파괴하고 새로운 사회를 만들려했던 웅장한 사회주의적 기획과 실천은 더욱 집중화된 권력장치를 만들어냈다. 이에 대한 반사적 반응으로서 아나키즘에 대한 논의나 경향이 나타나기도 한다.

어쨌든 기존의 조직론은 대표성 문제를 핵심사안으로 생각하였다. 여기에서는 개별자들이 가진 권리를 어떻게 대표자에게 양도하느냐 하는 것이 중요하였다. 모든 개별자들은 추상적 이성적 주체들로서 형식상 평등하며 따라서 이 개별의지는 공통분모를 만들어낼 수 있다. 이 공통분모를 한 사람이나 조직에게 일반의지로서 모아주는 것이다. 여기서 개별자들이 지닌 권리와 대표자나 대표조직이 지닌 권리는 같은 것으로 상정된다. 이렇게 해서 대중의 역능에 기초한 외관을 띠고 대중을 지배하는 권력이 구성된다. 물론 그 방식은 선거라는 행사를 통해서이다.

맑스주의적 사고방식도 대중조직과 전위조직의 관계 등을 고려하였지만 기본적으로 이러한 인식 위에 있으며 단지 계급의식을 담보한 보편적인 노동자계급을 상정하는 차이가 있을 뿐이었다. 더욱이 계급의식을 담지한 당을 상정함으로써 당이 대중을 지배하는 양상을 가져왔다. 의식(그것도 올바른 의식, 예를 들어 맑스주의이론)이 먼저이고 그에 따라 조직을 만든다는 사고가 지배적이었다. 이러한 사고는 현실에서는 이론중앙을 조직중앙에 우선시하는 경향을 낳게 되었고, 지식노동과 육체노동의 분할을 반영하며, 나아가 국가장치화되는 조직들을 만들어냈다.

네그리를 비롯한 자율주의자들은 기존의 (맑스주의적) 조직론에 대한 비판과 더불어 자율적 조직형태에 대한 추구로 나아갔다. 이 자율적 조직원리 및 형태는 기존의 조직(당, 노조 등)과 독립적으로 대중들의 자율적인 구성과정을 지향한다. 여기서 가장 중심적인 문제의식은 '조직화가 지배장치화하지 않을 수 있는 방향은 어떤 것인가?' 하는 것이다.

자율주의적 실천방식은 자율성을 통해, 욕망의 흐름을 통해서 제도들을 횡단해나감으로써 새로운 형식들을 끊임없이 만들어내는 것이다. 봉기를 통한 권력장악이라는 깜짝쇼가 아니라, 연속적이고 다차원적인 혁명을 통해 새로운 현실을 구축해 나가려고 한다. 예를 들어 1970년대 반핵 생태운동의 지형은 생산적 에너지의 발견을 위한 대안적 프로그램들 속에서 직접적으로 연결되고 결합되었다. 생태학은 하나의 새로운 행동방식이 가능하다는 것을 증명하였다. 반핵투쟁도 과학의 대안적 사용이라는 복잡한 차원들을 계발하였다. 시간착취에 대해 문제제기하고, 생산력과 관련하여 새로운 유형의 대안적 공동체의 조직화가 시작되었으며, 나아가 대체에너지자원들에 대한 탐구와 생산공동체의 실천적 재구축을 결합하는, 과학비판과 착취반대투쟁을 긍정적으로 결합해나갔다.

거부와 파괴의 정치학이 아니라 파괴와 구성의 정치학, 권력의 파괴 및 장악이 아니라 권력과는 다른 것을, 권력형태로 되지 않는 다른 연결망을 만들어내는 것이다. 전혀 다른 삶의 방식들, 색다르게 즐기는 방식들을 창출해내는 것이다. 창조로 나가는 것이다. 이것은 주체와 관련해서는, 백인-남성-어른-이성애자-본토백이…라는 준거를 파괴하는 것이다. 흑인, 여성, 어린이, 동성애자, 이민자…되기, 즉 소수자되기를 통해서 풍부한 삶의 형식들을 만들어나가는 것이다. 물론 자율성을 토대로 해서 말이다.

자율주의적 실천은 경제를 집중한 정치, 정치를 집중한 권력을 만들어 가는 집중화와는 달리, 국가권력을 해체하는 정치, 정치를 해체하는 경제, 경제를 전유하는 주체들을 만들어가는 것이다. 그러기 위해서는 국가장치 의 포획에서 미끄러져 나가는 방식들을 탐구해야 한다. 자본주의적 죽음충 동에 의한 모든 초코드화로부터 근본적으로 욕망들을 해방시키고, 그것을 산출하는 인과관계를 탐구하며, 그 징후들을 드러내서 강화하는 방법이 있 을 것이다. 물론 이러한 과정에서 국가는 엄청난 폭력을 행사하여 대중의 자율적 움직임을 파괴하거나 제도 안에 포섭하려고 할 것이다. 여기서 힘 [폭력]에 호소하는 문제도 권력의 폭력에 똑같은 방식으로 방향만 반대로 행사하는 것이 아니라, 전혀 다른 방식으로 힘[폭력]을 (사유 및 상상과의 수많은 연결을 통해) 다양화하고 복수화한다면, 정치적으로 훨씬 더 효과 적일 것이다. 붉은 여단의 집중화된 폭력이 아니라 '붉은 조라'의 분산된 폭 력처럼 말이다. 12)

자율적 조직화 전략은 대중의 역능과 권력의 관계를, 역능을 지닌 대중 의 입장에서 정립해가려는 시도이다. 대중의 역능을 확장하여 지배권력(국 가)을 약화시켜 가는 것이다. 그 방향은 스피노자 말대로 절대적 민주주의 로 나아가는 것이다. 즉 자율운동은 색다른 삶의 형태를 추구함으로써 표준 화하고 획일화하려는 지배권력에 대해 가장 격렬하게 싸운다. 바로 그렇기 때문에 많은 운동이 제도화되고 권력은 운동들이 제기하는 것들을 국가장 치 안에 포획하려고 하는 상황에서, 자율운동은 그 표준을 거부하고 운동의 지형도를 넓혀줌으로써 다른 다양한 운동들이 전개될 수 있도록 해준다고 생각한다.

자율운동은 운동집단 내부의 자율성과 비위계화를 지향한다. 주변층으로 부터 시작된 자율운동은 내부의 주변을 만들지 않으려고 한다. 그런 과정에 서 소수자들을 포괄하는 방향으로 나아가며, 소수자운동과 결합할 수 있다 고 생각한다.

---

12) 윤수종, 「독일 자율운동의 전개와 그 함의」, 『사회이론과 사회변혁』, 한울, 2003.

현재의 정세에서는 자율적 조직화 전략은 노동자들을 포함한 대중이 획득해온 자치공간으로서의 공공영역을 기반으로 하면서 그 위에서 색다른 자유의 공간들(코뮨들)을 창출해가는 과정이다. 당장은 사회적으로 권력으로부터 억압받고 배제당하는 주변부, 그곳에서 각기 다른 것으로 환원될 수 없는 특이성을 지닌 전형적인 소수자(운동)들에 주목할 수 있다. 예컨대 동성애자 운동, 청년운동, 여성운동, 빈민운동, 소수민족의 투쟁 등으로 이들 간의 비위계적, 분산적, 수평적 연대(흐름)를 수립하여 자본주의의 억압적 권력에 효과적으로 맞서는 혁명기계를 만들어내려고 하는 것이다. 물론 각 소수자들로 이루어진 대중의 자율성을 통해서.

자율운동은 또한 국가권력의 장악이 아니라 색다른 삶의 형태를 창출함으로써 국가권력의 지배력을 약화시켜가며 최종적으로 국가를 사멸시키려는 것이다. 즉 국가권력으로부터 독립적인 자유로운 공간을 창조하면서 내부적 위계를 해체해가려는 것이다. 자기조직화에 근거하여 색다른 공간을 만들어가려는 이러한 노력은 대중의 자율성의 증대과정이며 절대적 민주주의를 향한 길이라고 생각한다.

더욱이 제국 속에서 운동은 더욱 세계적인 양상을 띠면서 새로운 주체의 등장을 확인해준다. 전통적인 노동자계급을 횡단하며 다양한 차이들을 지닌 대중이 대안적 세계화의 방향에서 세계적 권력의 지배에 대항해나가고 있다. 여기서 정치적 과제는 전지구화 과정에 단순히 저항하는 것이 아니라 그 과정을 재조직하여 새로운 목표를 향해 나가는 것이다. 제국에 항의하는 (거부)투쟁들을 통해 대중은 새로운 민주적 형태들을, 새로운 삶의 형태들을 만들어감(자기가치증식)으로써, 제국을 관통하고 제국을 넘어설 수 있을 것이다. 제국의 권력을 장악해서가 아니라 제국의 기계들과는 다르게 움직이는 기계들을 발명함으로써 말이다.

흔히 제3세계라고 불리는 지역이나 우리나라의 경우에도 대중은 점점 더 제국과 직접 대립하게 된다. 제국은 다양한 네트워크를 통해 대중에게 직접 압박을 가한다. 더 이상 매개를 통한 해결이 아니라 모두가 모든 곳에서 나서야 할 때이다. 다양한 분자적, 국지적 투쟁들과 전지구적 연대투쟁들을 뱀처럼 요동치게 하면서 사회적 공장, 전지구적 공장 곳곳에서 벌여나갈 때, 제국의 압박에서 벗어날 수 있는 자유의 공간들을 확장해나갈 수 있을 것이다.

5. 맺음말

아우토노미아적 혁명전략은 권력을 장악해서 세상을 바꾸겠다는 것이 아니라 대중의 역능을 확대하고 자율적 삶들을 만들어냄으로써 권력과 그 체현인 국가장치를 사멸시켜 가려는 것이다. 바로 '지금 여기서' 우리가 모두 움직여 권력으로부터 독립적인 자율적 코뮌들을 만들어감으로써 말이다. 권력을 권력장악이라는 승리게임에 매이지 않고 대중의 창의성을 낙관하며 더 나아가 대중의 창의성을 담아내고 확장시켜줄 수 있는 사회를 구성해 나가려는 것이다. 그런 점에서 네그리의 자율주의적 사유와 실천은 맑스의 혁명사상과 실천을 탈근대적으로 확장한 것이라고 생각된다.

맑스에게로의 복귀: 푸코의 담론실천 개념을 중심으로

이구표(인천대, 정치학)

1

푸코와 맑스간의 관계를 이해하는 데 있어 우리가 가장 먼저 부딪치게 되는 난관은 푸코의 저작에 맑스가 거의 등장하지 않는다는 점이다. 아마도 푸코가 맑스를 직접 인용한 거의 유일한 예는 『감시와 처벌』에서 다루어진 자본주의 분업체제에 대한 맑스의 분석일 것이다. 푸코와 맑스주의자들간에 전개되었던 치열한 논쟁이 이미 소진된 지금, 푸코의 저작에 있어서 맑스의 부재는 무엇보다도 맑스주의로부터 맑스를 분리시키기 위해 그가 벌인 지적(知的) 게임이자 맑스에 대한 새로운 해석의 가능성을 열기 위한 담론 전략이라는 것을 우리는 이해하고 있다. 그러나, 그렇다고 해서 푸코가 '진정한' 맑스에게로 되돌아가자고 주장하는 것이 아니라는 점 또한 분명하다. 그가 자신의 담론을 유물론적인 것으로 규정한다면, 그것은 맑스에서 시작되어 푸코에 이르기까지 끊임없는 역사적 변형의 과정 중에 놓여있는 유물론적 담론실천을 지칭한다. 그의 말을 인용하자면, "내가 원하는 것은 거짓 맑스로부터 진짜 맑스를 되살려내거나 복원시키려는 것이 아니라, 너무 오랫동안 맑스를 제약하고 강요하고 휘둘러온 〔맑스주의적〕 도그마로부터 맑스를…해방시키려는 것이다."[1] 따라서, 이러한 푸코의 담론 전략은 우리로 하여금 왜 그가 맑스를 직접 다루기보다는 오히려 회피하는 우회적인 방식으로 맑스에게 접근하고자 하는지를 묻게 만든다.

스탠리 아로노비츠[2]에 의하면, 푸코의 이러한 역설적 입장은 맑스뿐만 아니라 헤겔에 대한 그의 태도에도 특징적으로 잘 나타나 있으며, 그것은 오직 그가 헤겔과 맑스에 대해 설정하고 있는 "연속과 불연속의 변증법적 관계" 속에서만 이해할 수 있다. 곧, 역사와 철학에 관한 근대적 텍스트에서 헤겔과 맑스가 빠져있다면 그것은 곧 그들로부터 벗어나고자 하는 사람들에게 그들이 얼마나 넘기 어려운 문제로 끝내 남아있는가를 역으로 보여줄 뿐이며, 이런 점에서 푸코의 텍스트에서 맑스와 헤겔이 부재한다는 사실 자체는 오히려 그들이 마치 유령처럼 현존하고 있음을 거꾸로 보여준다는 것이다. 이와는 다른 맥락에서, 에티엔느 발리바르[3]는 맑스에 대한 푸코의 비판적 태도가 취하고 있는 "복합적 형태" 또는 "전략적 복합성"을 강조한다. 그에 의하면, 푸코의 작업이 여러 국면들을 거치면서, "모순적인 방식으로, 맑스주의 '이론'에 대한 그의 반대는 점점 더 깊어져가는 반면, 맑스로부터 그가 취한 분석과 개념들은 훨씬 더 중요해진다. 이에 덧붙여 지적할 점은, 푸코가 맑스를 가장 많이 이용한 것은 그가 맑스를 가장 자주 인용할 때가 아니며, 푸코가 맑스에 대해 가장 급진적인 비판을 제기한 것도 그가 맑스를 가장 자세히 읽고 있을 때가 아니라는 사실이다." 발리바르는 여기서 한 걸음 더 나아가 다음과 같이 주장한다. "끊임없이 변화하는 여러 방법을 통해, 푸코의 작업 전체는 맑스와의 진정한 투쟁이라는 관점에서 이해할 수 있으며, 이것은 푸코의 생산성의 원동력의 하나로 볼 수 있다. … 또한, 돌이켜 보면, 이런 맑스와의 대결의 연속성은 푸코가 이 책 저 책, 이 문서 저 문서를 오가며 수행했던 연구들에 통일성을 부여해준 한 요인이라고 볼 수 있다." 특히, 발리바르는 "담론의 전술적 다가성"(the tactical

---

1) Michel Foucault, *Politics, Philosophy, Culture: Interviews and Other Writings, 1977-1984*, ed. Lawrence D. Kritzman (New York: Routledge, 1988), p. 45.

2) Stanley Aronowitz, "History as Disruption: On Benjamin and Foucault," *Humanities in Society* 2, No. 2 (Spring 1979), pp. 131, 139.

3) Étienne Balibar, "Foucault and Marx: The Question of Nominalism," in Timothy J. Strong, ed., *Michel Foucault Philosopher* (New York: Routledge, 1992), pp. 39, 53,

polyvalence of discourse)이라는 푸코의 개념을 푸코 자신의 담론에 그대로 적용하면서, 푸코가 제3의 논자와 대결할 때조차도 어떻게 맑스의 유령을 불러내어 싸우고 있는지를 보여주고 있다. 곧, "푸코에게 있어서, 맑스와의 투쟁은 단지 그 자체로서의 목적만을 가졌던 것이 아니라, 맑스의 역할이 이차적 또는 삼차적인…다른 대결들로부터도 결코 따로 떼어낼 수 없다. … 푸코는 자신 나름의 질문을 발전시켜 가는 가운데, 맑스에 의거해 정식화된 질문들을 다른 논자들이나 논적(論敵)들에게 끊임없이 던졌던 것과 똑같이, 여러 다른 철학적 및 역사학적 출처들로부터 유래된 질문들을 맑스에게 끊임없이 던진다."

푸코와 맑스간의 관계를 이해하기 위한 가장 일반적인 방법은, 서양 사상사에서 그들이 차지하고 있는 객관적 위치—곧, 그들에게 공통된 유물론적 입장—를 비교 검토하는 작업일 것이다.[4] 그러나 이러한 접근법은 이 두 사상가의 관계를 연속과 단절이라는 이분법적 틀에 끼워 맞추어 단순화시킬 위험성을 불가피하게 안고 있다는 점에서 한계가 있다. 이런 점을 고려하여, 이 글은 맑스에 대한 푸코의 언급들을 추적하여 푸코 자신의 '담론실천' 개념을 적용하는 방법을 채택한다. 이를 통해 푸코가 맑스에 대해 설정하고 있는 복합적인 관계의 몇몇 측면들을 밝히는 것이 이 글의 목적이다.

2

맑스에 대한 푸코의 직접적이며 명시적인 언급들을 살펴보면 우리는 대체로 다음과 같은 두 가지 부류의 상반되어 보이는 주장들에 접하게 된다. 그 한 부류는 맑스의 정치경제학적 사고—또한 이에 토대를 둔 맑스주의—가 근본적으로 19세기의 인식 틀(또는 에피스테메episteme)을 벗어나지 못했다는 주장들이며, 다른 하나는 맑스가 근대의 역사적, 정치적 의식에 근본적으로 새로운 지평을 열었다는 주장들이 그것이다. 일견 상호모순적으

---

4) 이러한 관점에서의 논의는 이구표, 「푸코와 마르크스: 지식과 권력에 관한 두 가지 유물론적 입장」, 『한국정치학회보』 제29집 4호, 1995를 참조하라.

로 보이는 푸코의 이런 주장들은, 그의 저작에서의 맑스의 부재와 더불어, 푸코와 맑스간의 관계를 이해하는 데 우리가 부딪치게 되는 또다른 하나의 주요한 장애로 작용해왔다. 이 점은 특히 푸코에 대한 맑스주의자들의 반응에 특징적으로 잘 나타나는데, 그들은 대체로 첫 번째 부류의 주장들에 대해서 매우 예민한 반응을 보이면서도, 그것과 상반되는 두 번째 부류의 주장들에 대해서는 이상스러울 만큼 철저한 무관심이나 무시 또는 침묵으로 일관하고 있음을 볼 수 있다.

그러나, 푸코의 '담론' 또는 '담론실천' 개념을 통해 저자와 저작간의 관계를 볼 때 그의 이런 주장들은 전혀 모순되지 않는다. 푸코의 '담론' 개념은 그가 맑스에 대해 설정하고 있는 복합적인 관계를 이해하는 열쇠를 제공한다.

> 나에 관한 한, 맑스는 존재하지 않는다. 곧, 하나의 고유명사를 중심으로 구성된 실체로서 어떤 특정한 개인을 지칭하면서, 동시에 그의 저작의 총체를 지칭하기도 하고, 더 나아가 그로부터 비롯된 거대한 역사 과정을 지칭하는 그런 존재로서 말이다. [5]

맑스에 접근하는 데 있어 푸코의 출발점은 맑스를 전통적 의미의 저자로 간주하기를 일관되게 거부한다는 점에 있다. 달리 말하자면, 푸코는 맑스를 한 사람의 "저자"(an author), 곧 "어떤 특정한 글 또는 진술들의 시원에 놓여 있으면서 그것들을 하나로 묶어주는 통합 원리"이자 동시에 그러한 저작들의 "창의성 또는 내적 응집성"[6]의 원천으로서의 저자로 만들려는 그 어떤 시도에도 반대한다. 그에 의하면, 저자는 그가 속해 있는 "담론의 한 기능"—곧, "저자 기능"(an author-function)—에 지나지 않으며, 그 역은 아니다. [7] 한 저자는 그의 저작의 존재 조건을 결정하는 어떤 특정한 담론(실

---

5) Michel Foucault, *Power/Knowledge: Selected Interviews and Other Writings, 1972-1977*, ed. Colin Gordon (New York: Patheon, 1980), p. 76.
6) Ibid., p. 76.
7) Foucault, "What Is an Author?", in *Language, Counter-Memory, Practice: Selected Essays and Interviews*, ed. Donald F. Bouchard (Ithaca: Cornell University Press, 1977), p. 124.

천)과 따로 떨어져 존재하거나 기능할 수 없다. 이런 관점에서 볼 때, 푸코가 『말과 사물』에서 맑스의 정치경제학적 저작과 이에 기반하고 있는 맑스주의를 근대 인간 과학(human sciences)이 등장한 19세기의 인식틀—좀더 구체적으로는, 리카도의 경제학—안에 위상 짓고 있다는 것은 그리 놀라운 일이 아니다. "서구 지식의 심층 수준에서 맑스주의는 진정한 단절을 가져오지 못했다. 맑스주의는 마치 물 속의 물고기처럼 19세기의 사고 안에 존재했다."[8]

그런데, 푸코에게 있어 이런 견해는 그의 또다른 주장들—예를 들면, "맑스는 정치경제학에 기반하여 완전히 새로운 담론실천을 출범시켰다", "맑스는 우리의 역사적, 정치적 의식에 근본적인 단절을 가져왔다" 등등—로 자연스럽게 이어지며, 이 상반되어 보이는 두 가지 부류의 주장들은 상호 양립 가능한 형태로 한 저작내에서도 여기저기 뒤섞여 나타난다. 저자와 저작간의 단일한 관계를 부정하는 푸코의 담론 '이론'에 따르면, 맑스를 자신의 저작의 시원이자 통일성을 지시하는 저자로 인정하지 않는다는 것은 매우 역설적이게도 맑스가 기존의 지배적 담론들로부터, 그리고 스스로로부터(곧, 이전의 그 자신의 사고와 저작들로부터) 어떤 단절을 이루어냈음을 인정한다는 것을 이미 상정하고 있는 것이다. 이 점을 이해하기 위해서는 푸코의 '담론'(discourse) 또는 '담론실천'(discursive practice) 개념을 더 상세히 살펴보아야 한다. 그런데, 이 논의에 들어가기 전에 먼저 짚고 넘어가야 할 점은, 맑스와 관련하여 푸코가 사용하고 있는 "단절"의 개념과 알튀세르의 이른바 "인식론적 단절"은 어떻게 다른가 하는 문제이다. 이에 관해 푸코는 다음과 같이 말하고 있다.

알튀세르는 맑스에 관해 인식론적 단절이라는 말을 사용하고 있는 반면, 나는 맑스가 그런 단절을 대표하지 않는다고 단언한다. 내가 〔『말과 사물』에서〕 마르크스에 대해 말했던 것은 정치경제학이라는 엄밀한 인식론적 분야와 관련해서였다. 맑스가 리카도의 분석에 가한 수정들이 어떤 중요성을 갖는다 할지라

---

8) Foucault, *The Order of Things: An Archaeology of the Human Sciences*, tr. Alan Sheridan (New York: Vintage, 1973), p. 261.

도, 나는 그의 경제 분석들이 리카도에 의해 시작된 인식론적 공간을 벗어났다고 믿지 않는다. 그렇지만, 다른 한편, 우리는 맑스가 우리의 역사적, 정치적 의식에 근본적인 단절을 가져왔으며, 맑스의 사회이론은 하나의 완전히 새로운 인식의 장을 열었다고 생각할 수 있다. 9)

발리바르도 적절히 지적하고 있듯이, 여기서 한 가지 분명한 것은 푸코가 맑스에 대해 언급할 때 그는 "항상 동일한 '맑스'를 향하고 있지 않다"10)는 점이다. 알튀세르를 비롯한 대부분의 구조주의적 맑스주의자들과 마찬가지로 푸코 역시 초기와 후기 맑스를 확연히 구분하고 후기 맑스에서 어떤 "새로운 유물론적 문제설정"의 단초를 찾는 것처럼 보인다. 그러나, 그들과는 달리 푸코는 그러한 단절을 순수하게 인식론적인 것—곧, 하나의 새로운 과학적 지식체계로서의 맑스주의가 성립되는 결정적인 계기—으로 간주하지 않을 뿐만 아니라, 맑스의 역사적 분석들에 나타나있는 정치경제학적 관점이 그러한 단절을 구성한다고 보지도 않는다. 푸코에 의하면, 맑스에 있어서 단절은 오히려 당대의 지배적 담론으로서의 정치경제학에 대한 '비판'의 형태로 지속적으로 이루어지며, 어느 특정 시기 또는 저작에서 결정적으로 완결된다고 볼 수 없다. 맑스의 단절은 기존의 지배적 담론과 모호한 긴장 관계를 끊임없이 유지한 채, 『독일 이데올로기』 이후 그의 후기 저작 전체에 걸쳐 분산되고 지연되어 이루어진 복합적이며 지속적인 과정을 지칭한다. 이런 과정을 통해 구체화된 맑스의 새로운 유물론적 사고의 특징은 이론적이라기보다는 역사적이며, 변증법적이라기보다는 정치적, 전략적이라는 데 있으며, 바로 이 점에서 그의 단절의 의의는 근대 정치경제학에 대한 또 하나의 다른 '과학'으로서의 맑스주의의 완성에 있는 것이 아니라 그러한 과학적 인식론까지를 포함한 근대적 사고양식 자체를 극복할 수 있는 토대를 마련했다는 데 있다.

「저자란 무엇인가?」 (1969) 라는 중요한 논문에서, 푸코는 19세기 유럽에서 역사상 유례 없는 "특이한 유형의 저자들"이 출현하여 저자-저작간의 관

---

9) Foucault, *Foucault Live: Interviews, 1966-1984*, ed. Sylvère Lotringer (New York: Semiotext(e), 1989), pp. 14-15.
10) Étienne Balibar, op. cit., p. 39.

계, 글쓰기 또는 담론의 새로운 가능성을 열었다고 주장하면서, 맑스를—프로이트와 더불어—그들 중 "최초이자 가장 중요한" 한 사람으로 내세우고 있다. 그가 "담론실천의 창시자"라고 부르는 이 새로운 유형의 저자들은 다음과 같은 점에서 전통적 저자들—예를 들어, "위대한 문학적 저자, 종교적 정전의 저자, 또는 과학의 창건자들"—과 근본적으로 구분된다. 전통적인 의미에서 한 저자는 "기본적으로 그 자신의 텍스트의 저자 그 이상일 수 없다." 물론, 아리스토텔레스나 갈릴레오의 경우에서처럼, 저자의 역할은 그 자신의 저작의 한계를 넘어서 "하나의 이론이나 전통 또는 학문분과"를 창시하여 "새로운 책들이나 저자들이 그 안에서 번성할 수 있는" 결과를 가져올 수는 있다. 그러나, 그 자신의 저작과 그 이후에 등장한 다른 저자들의 저작들 사이에 나타나는 차이들은 본질적인 것이라기보다는 형식에 있어서의 변형의 결과이며, 그것들은 예외없이 어떤 특정한 일반적 틀이나 공통적 요소들(예를 들면, 주제, 개념, 서사 구조, 분석 기법 등등)을 공유하는 동질적 공간에 놓여 있다. 곧, 그의 창시 행위와 그 이후 만들어진 변형들은 유사(resemblance) 및 유비(analogy) 또는 상호의존성의 관계—물론 복합적이며 다양한 형태의—로 필연적으로 서로 묶여져 있다. 이와는 대조적으로, 담론실천의 창시자들은 전통적 저자들과는 달리 "그들 자신의 저작들만이 아니라 다른 텍스트들의 가능성과 형성의 규칙들을 또한 생산했다." 따라서 이 새로운 저자들은 "그들 이후의 텍스트들이 채택할 수 있는 다수의 유사들을 가능하게 만들었을 뿐만 아니라, 이와 더불어 다수의 차이들을 또한 가능하게 만들었다. 그들은 그들 자신의 것 이외의 요소들을 끌어들일 수 있는 공간을 열었다." 그 결과, 그들의 저작들은 기존의 지배적 담론 안에서만 기능했던 것이 아니라, 이와 동시에 그 바깥에서 완전히 새로운 담론을 출범시킬 수 있었다. 이런 의미에서, "프로이트는 단지 『꿈의 해석』이나 『기지와 그것의 무의식과의 관계』의 저자가 아니며, 맑스는 단지 『공산당 선언』이나 『자본』의 저자가 아니다. 그들은 담론의 끝없는 가능성을 확립시켰다."11)

---

11) Foucault, ˝What Is an Author?˝, pp. 131-132.

여기서 푸코는 '이탈' 또는 '분리'를 뜻하는 접두어 *dis*와 '뛰다' 또는 '달리다'를 뜻하는 *course*(불어로는 *cours*)의 합성어로서 담론(discourse 또는 discours) 개념이 내포하고 있는 또다른 어원적 의미[12]를 암시하면서, 담론을 하나의 자기완결적 지식체계로서가 아니라 하나의 열려진 실천으로, 보다 정확하게는, '산만한' 또는 '분산적'(discursive) 실천으로 재정의하려 시도하고 있음을 알 수 있다. 이러한 푸코의 시도는 자기동일성의 원리 또는 재현(representation)의 언어에 기반하고 있는 아리스토텔레스의 논리학과 근대 인식론의 기호론적 전통에 대한 도전으로서, 이를 통해 의미, 지식, 진리, 이론에 관한 전통적인 견해들을 근본적으로 문제화하고 그것과는 다른 이해 방식을 제시하려는 데 그 목적이 있다. 달리 말하자면, 담론은 전통적으로 모든 체계화된 지식을 지칭하기 위해 사용되어온 '이론'(theory)에 대한 대항 개념으로서, 그는 이 개념을 통해 지식을 새로운 관점에서 이해하고자 한다. 전통적 서양 철학의 관점에서 볼 때, 담론 행위(곧, 말하는 것과 글쓰는 것)는 주체와 객체의 선험적 분리에 의거해서 그 행위 주체의 내부 또는 사고를 표현(express)하거나 대상(객체)의 본질을 사고(주체) 내적으로 재현 또는 표상(represent)하는 행위이다. 담론은 단지 "생각하는 것과 말하는 것 사이에 어떤 특정한 다리를 놓는 것—어떤 사고를 기호의 옷을 입혀 말로써 가시화하는 것, 또는 그 역으로, 바로 그 언어의 구조 자체를 실행에 옮겨 어떤 의미 효과를 생산하는 것"[13]으로 간주된다. 따라서, 전통적 의미의 담론(곧, '이론')은 말-사물 또는 기표(記表)-기의(記意) 간의 시원적인 의미 관계를 전제로 하는 언어와 기호 놀이로 귀결되며, '저기 바깥에 있는'(out there) 지식 또는 진리는 단지 주체에 의해 "발견되거나" "밝혀지는" 것일 뿐이다. 이런 점에서, 푸코는 근대 현상학(의미 부여적 근원적 주체에 대한 가정), 해석학(시원적 의미 작용의 선험적 존재의 상정), 그리고 변증법(초월적 의식의 보편적 자기 전개 과정으로서의 세계와 역사

---

12) discourse의 어원은 라틴어 *discursus*이며, 그 동사형인 *discurrere*는 "여기 저기로 뛰다"라는 뜻을 가지고 있다. Manfred Frank, "On Foucault's Concept of Discourse," in Timothy J. Armstrong, ed., *Michel Foucault Philosopher* (New York: Routledge, 1992), p. 99.
13) "The Order of Discourse," p. 124.

에 대한 전제) 까지를 포함한 서양철학 일반을 통틀어 '기호론'(semiology)이라고 부른다.

지식과 의미의 본질에 관한 서양철학의 전통에 반하여, 푸코는 담론을 기호론적 의미 관계의 바깥에서 규정하고자 한다. 그에 의하면, 담론은 그것이 어떤 종류 또는 유형의 것이든 항상 자기동일적 언어나 논리의 문제―"문법과 논리의 규칙들 및 담론의 대상을 지배하는 법칙들"―로 결코 환원될 수 없는 "특정한 담론적(또는 분산적) 속성이나 관계들"을 그 안에 담고 있다.14) 『지식의 고고학』에서 푸코는 담론내에 존재하는 이러한 담론성(discursivity)―그 이후의 저작에서는 '물질성'(materiality)이라는 말이 주로 사용된다―을 다음과 같이 묘사하고 있다. "물론 담론은 기호들로 이루어져 있다. 그러나 담론이 하는 일은 기호들을 사용해 사물들을 지시하는 것 이상의 무엇이다. 바로 이 '그 이상의 무엇'이 담론을 단순히 언어와 담화로 환원시킬 수 없게 한다." "말한다는 것은 무엇인가를 하는 것이며, 그것은 단지 자신이 생각한 것을 표현한다거나 자신이 알고있는 것을 옮겨 놓는 것과는 다르다. 그것은 언어의 구조를 가지고 유희하는 것과는 다른 무엇인가를 하는 것이다."15) 맑스는 프로이트와 더불어 서양 사상사에 있어서 최초로 바로 이 "무엇", 곧 담론의 담론성을 밝혀냈을 뿐만 아니라, 그것을 근본적인 윤리적 원칙으로 삼아 차이와 변화의 가능성을 자신들의 담론 자체에 끌어들여 "담론의 끝없는 가능성"을 확립시켰다.

푸코가 담론실천의 창시자로서의 맑스를 통해 내세우고 있는 주장의 요지는, 플라톤 이후 서양 사상의 전통은 담론의 담론성 또는 물질성을 일관되게 부정하거나 회피해온 역사이며, 그렇기 때문에 담론은 그 가능성이 무제한적으로 열려져 있었다기보다는 오히려 다양하고도 주도면밀한 방법으로 끊임없이 제한되고 통제되어 왔다는 것이다. 기호의 절대적 존재에 대한 믿음에 기반하고 있는 기호론적 담론 전통이 서구사회에서 오랫동안 수행해온 주요한 기능은 "사고와 담화 사이에서 담론이 차지할 수 있는 공간을 가능한 한 최대한도로 좁힘"16)으로써, 담론을 단지 기표-기의간의 대응관

---

14) Ibid., p. 124; "What Is an Author?", p. 137.
15) The Archaeology of Knowledge, pp. 49, 209.

계에 관한 말하기, 글쓰기, 읽기의 놀이로 축소시키는 데 있다. 그 목적은 담론을 기의에 부차적인 것으로 만들고, 담론 자체가 갖고 있는 담론성과 물질성을 부정하고, 궁극적으로는 지식의 영역에서 담론의 존재 자체를 현실적으로 말소시키는 데 있다.

그 이유는 담론은 항상 사회적 갈등과 적대로 관철되어 있는 하나의 실천, "그 자체로 하나의 행동, 하나의 위험스러운 행위"[17] 이기 때문이다. 이런 점에서,

> 변증법은 항상 열려있는 위험스러운 갈등의 실재성을 헤겔적 뼈대〔곧, 모순의 논리〕로 축소시켜 그것을 기피하는 방법이며, 기호론은 폭력적이며 피로 얼룩진 치명적인 갈등을 고요한 플라톤적 형태의 언어와 대화로 축소시켜 그것을 회피하는 방법이다.[18]

따라서, 서양문명은 겉으로 드러나 보이는 "담론에 대한 숭배"와 "로고스에 대한 사랑"에도 불구하고, 실제로 그 배후에는 "담론의 광대한 증식"에 대한 두려움, "끊임없는 혼란스러운 담론의 백가쟁명에 대한…뿌리깊은 로고스 공포증"이 숨겨져 있다. 서구사회는 "담론의 풍부함으로부터 가장 위험스러운 요소"들—곧, "폭력적이며 불연속적이며 호전적이며 무질서하며 모험적일 가능성이 있는 모든 것들"—을 제거하고 "담론의 질서"를 확보하기 위해, 다양한 담론 내적 및 외적인 원칙, 절차 및 의식(儀式)들을 통해 담론의 생산과 유통을 규제하고 통제해왔다.[19] 곧, "모든 사회에서 담론의 생산은 특정한 다수의 절차들에 따라 통제되고 선별되고 조직되고 재분배된다. 이 절차들의 역할은 담론의 힘과 위험성을 물리치고 담론의 우연적 발생을 제어하고 담론의 무겁고 만만치 않은 물질성을 피하는 데 있다."[20]

그런데, 담론들이 일련의 내적 및 외적(곧, 역사적 및 사회적) 제약들에

---

16) "The Order of Discourse," p. 124.
17) *The Order of Things*, p. 328.
18) *Power/Knowledge*, pp. 114-115.
19) "The Order of Discourse," pp. 124-126.
20) Ibid., p. 109.

의해 통제되어 왔다는 사실 그 자체가 오히려 역으로 보여주고 있는 것은 바로 담론이 항상 사회적 갈등과 투쟁의 장(場) 안에 놓여있는 하나의 물질적 실천(a material practice)이라는 점이다. 이것이 의미하는 것은, 담론에는 끊임없는 통제 아래 놓여 있으면서도 동시에 항상 통제를 벗어나 있는 담론성, "무겁고 만만치 않은 물질성"이 내재한다는 점이다. 한편으로 담론에 대한 담론 내적 및 외적인 물질적 제약들은 단순한 기호론적 의미관계로 환원될 수 없는 체계적 질서를 담론에 부과하지만, 다른 한편 이렇게 과잉 결정된 담론성 또는 물질성으로 인해 담론은 동시에 담론의 경계를 넘어서 "항상 물질성의 수준에서 효과를 나타내며 결과를 가져온다." 바로 이런 의미에서, 앞에서 언급된 바와 같이, 푸코는 담론 개념을 '조직화된 체계'와 '산만한 또는 분산적 실천'의 이중적 의미로 사용하고 있으며, 그에게 있어서 담론성 또는 물질성은 담론이 근본적으로 가질 수밖에 없는 이러한 이중성—곧, '체계성'(systematicity)과 '분산성'(discursivity)—을 가리키기 위한 개념이다. 무엇보다도, 담론은 선험적 주체-객체 이분법의 인식론적 원리에 따라 말과 사물(또는 기표와 기의)들이 단순히 교차하는 중립적이고 균질적이며 투명한 공간이 아니며, "생각하고 알고 말하는 주체의 장엄한 발현"도 아니다. 담론은 오히려 하나의 조직화된 체계, "규칙의 지배를 받는 실천"(a rule-governed practice)으로서, 특정한 규칙들에 의거하여 대상(객체)들을 체계적으로 형성하고 서열 짓고, 또한 주체의 지위와 기능을 규정하고 규제한다. 곧, 담론은 "객체들의 영역을 제한하고, 지식의 주체를 위한 특정한 합법적 시각을 규정하고, 개념 및 이론의 형성을 위한 규범들을 설정한다."[21] 그러나, 다른 한편, 담론은 그것을 구성하고 있는 담론적 및 비담론적 요소들의 복수성, 이질성 및 물질성으로 인해 "항상 그 규칙성의 한계를 시험하고, 스스로 받아들이고 작동시키는 질서를 위반하고 전도시키는"[22] 분산적(곧, 담론적) 실천이기도 하다. 곧, 담론은 그 어떤 규칙으로도 완전히 다스릴 수 없는 기회와 불연속과 변형의 요소를 필연적으로 내포하고 있는 하나의 사건(an event)으로서의 성격을 갖는다. 따라서, 바로

---

21) *The Archaeology of Knowledge*, pp. 40-55.
22) "What Is an Author?", p. 116.

이러한 우발적 구성 요소들로 인해 담론의 공간은 항상 차이와 갈등과 변화—곧, 새로운 담론의 가능성—에 불완전하게 열려져 있을 수밖에 없다.

1967년에 발표된 「니체, 프로이트, 맑스」23) 라는 논문에서 이미 푸코는 맑스가 니체와 프로이트와 더불어 기독교의 성서 주석(commentary) 또는 주해(exegesis)에 의해 오랫동안 지배되어온 서양 해석학의 전통을 어떻게 극복하고 "근대 해석학"(modern hermeneutics)을 수립했으며, 이로써 해석—그리고 보다 넓은 의미에서의 담론—의 무한한 가능성이 열리게 되었는지를 논의한 바 있다. 전통적 해석학의 관점에서 보자면, 해석은 기본적으로 "아무런 의미도 갖지 못했던 사물들에게 새로운 의미를 부여하거나" 그 뒤에 깊이 숨겨져 있던 심오한(시원적) 의미를 밝혀내어 "기호들의 숫자를 배가시키는" 작업이다. 이에 비해, 니체, 프로이트, 맑스에게 있어서 해석의 문제는 단순히 기호론적 차원으로 결코 축소될 수 없다. 그들의 공헌은 해석을 통해 이루어지는 기호 작용에 우리들 자신이 항상 개입되어 있다는 것을 밝혀냄으로써 기호가 기호로 존재할 수 있는 해석의 공간 자체를 근본적으로 변화시켰다는 데 있다. "그들은 실제로 기호의 본성 자체를 변화시켰으며, 또한 기호가 일반적으로 해석될 수 있는 방식을 변경시켰다."24) 따라서, 그들은 해석은 끊임없이 자신에게 되돌아가 스스로를 해석하는 작업일 수밖에 없다는 근대 해석학의 원리를 확립시켰으며, 해석자로서의 우리들 자신을 해석하는 기술을 제시했다.

진리에 대한 순수한 내적 탐구로서의 "깊이"(depth)에 대한 비판과 해석의 절대점으로서의 "시원"(beginning)에 대한 거부로 나타난다. 항상 불완전하고 분열되어 있으며 열려져 있는 해석의 성격을 밝혀냄으로써 "기호에 대한 해석의 선차성"의 원칙을 수립했다. "만일 해석이 결코 완전할 수 없다면, 그것은 아주 단순하게도 해석할 것이 아무 것도 없기 때문이다. 해석보다 절대적으로 우선적인 것은 아무 것도 없다. 결국 모든 것은 이미 해석이며, 각각의 기호는 해석을 기다리는 그 어떤 것이 아니라 그 자체로 다른

---

23) "Nietzsche, Freud, Marx," *Critical Texts* 3, No. 2 (Winter 1986). Originally published in *Nietzsche*, Cahiers de Royaumont (Paris: Minuit, 1967), pp. 183-200.
24) Ibid., p. 2.

기호들에 관한 하나의 해석이다. "25) 푸코에게 있어, 기호들의 절대적, 시원적 존재를 믿는 전통적 의미의 해석은 곧 "해석의 죽음"을 뜻하는 반면, 니체, 프로이트, 맑스에 의해 창시된 해석 방법은 "단지 해석만 있을 뿐"이라고 믿는다는 점에서 "해석의 삶"을 뜻한다. 그들에 의해 비로소 해석의 새로운 가능성에로의 문이 활짝 열렸으며, "해석은 마침내 무한한 과제가 되었다."

그런데, 푸코가 말하는 "해석의 새로운 가능성"이나 "담론의 끝없는 가능성"은 언어나 논리의 제약들로부터 해방된 기호들의 무정부주의적인 발생이나 탈주 또는 자의적인 담론들의 자연발생적 폭발이나 범람을 뜻하는 것은 아니다. 푸코에게 있어 '가능성'(possibility)의 범주는 어떤 주어진 조건 아래 이미 현존하고 있는 가능성을 가리키며, 그것은 담론의 공간 안에 내재하면서 동시에 그것을 넘어서는 차이들(곧, 담론의 담론성 또는 물질성)로 인해 생겨난다. 이것은 맑스, 니체, 프로이트 이후, 해석 또는 담론의 공간이 순수하게 기호들만으로 이루어진 동질적이며 투명한 공간으로서의 성격을 상실하고, 해석의 주체이자 대상으로서 우리들 자신이 불가피하게 관여되어 있는 이질적이며 밀도 높고 불투명한 실천의 공간으로 바뀌게 되었다는 것을 의미한다. 그들 이후로, 기호는 표의(表意)하는 존재로서의 지위를 상실하고, 하나의 해석으로서의 스스로의 정체를 은폐하고 정당화하는 새로운 기능을 얻게 되었다. 해석은 더 이상 시원적 의미(기의)의 규명이나 사물의 본질과 이치에 대한 궁구(窮究)가 아니라, 이미 누군가에 의한 해석에 대한 해석이며 "결국 '누가' 그 해석을 제시했느냐"에 관한 해석일 수밖에 없다. 26) 「담론의 질서」에서 푸코는 이것을 다음과 같이 표현한다.

우리는 담론을 선험적으로 존재하는 의미작용의 놀이로 해소시키지 말아야 한다. 세계가 우리를 향해 읽기 쉬운 얼굴을 돌릴 것이며 따라서 우리는 단지 그것을 해독하기만 하면 될 것이라고 상상하지 말아야 한다. 세계는 우리 지식의 공범자가 아니다. 세계를 우리에게 유리하게 배치해 놓은 전(前) 담론적 섭리

---

25) Ibid., p. 3.
26) Ibid., p. 4.

란 없다. 우리는 담론을 우리가 사물들에게 가한 폭력으로, 또는 어떤 경우이
든 우리가 사물들에게 부과한 실천으로 이해해야 한다. 27)

따라서, 이제 해석은 결코 완결될 수 없는 과제로서 항상 자신에게 돌아
가 스스로를 해석할 수밖에 없다. 니체, 프로이트, 맑스가 서구 문명에 끼
친 "충격 효과"는, 우리 주위에 바로 이러한 자기반성적 해석의 거울들을 설
치하여 우리에게 결코 치유될 수 없는 "나르시스적 상처"를 입혔다는 데 있
다. 그 결과, 우리는 끊임없이 자기해석의 거울 앞에 되돌아와 스스로와 대
면하지 않을 수 없을 뿐만 아니라, 또한 프로이트, 니체, 맑스에게 되돌아
가 그들의 해석 기술을 사용하여 해석자로서의 바로 그들 자신을 해석하고
심문하는 "영속적인 거울놀이"를 되풀이할 수밖에 없다. 28)

요약하자면, 푸코에게 있어서 해석과 담론의 "끝없는 가능성"은, 한편으
로는 실천으로서의 해석과 담론의 본질(곧, 해석자로서의 우리 자신의 해
석에의 개입과 담론의 담론성과 물질성)에 의해, 그리고 다른 한편으로는,
근대적 해석과 담론실천의 창시자들과의 불가피한 순환적 관계(곧, 무한한
과제로서의 해석의 영속적인 반복과 차이)에 의해, 항상 제약되어 있는 반
복과 차이의 가능성을 의미한다. 지금까지의 논의를 푸코와 맑스간의 관계
로 좁혀보자면, 여기서 우리는 놀랍게도 맑스에게로의 '복귀'(return)를 언
급하는 푸코를 만나게 된다. 「저자란 무엇인가?」에서 푸코는 이것을 다음
과 같이 기술하고 있다. "담론실천의 창시자들은…이후의 텍스트에서…그
들 자신의 것 이외의 요소들을 끌어들일 수 있는 공간을 열었는데, 그럼에
도 불구하고 그 다른 요소들은 그들에 의해 창시된 담론의 장 안에 남아있
다…." 따라서, "담론의 실천자들이 '그 기원으로 되돌아가는 것'은 불가피
하며," 담론실천 창시자들에게로의 복귀는 바로 "그 담론 메커니즘의 일부"
이다. 29) 푸코는 특히 사물의 본질과 이치를 탐구하는 기호론적 담론의 대
표적 모델로서의 근대 과학과의 대조를 통해, 담론 창시자에게로의 복귀가

---

27) "The Order of Discourse," p. 127.
28) "Nietzsche, Freud, Marx," p. 2.
29) "What Is an Author?", p. 132, p. 134.

왜 "담론실천의 중요한 구성 요소"를 이루는지를 다음과 같이 설명한다.

담론의 창시는, 과학의 창립과는 달리, 그 이후의 발전과 변형들을 그 영향 아래 포괄하고 있으며 동시에 그것들로부터 필연적으로 유리되어 있다. 그 결과, 어떤 진술의 이론적 타당성은 그 담론 창시자의 저작과의 관계 속에서 규정되는 반면, 갈릴레오나 뉴턴의 경우 그것은 우주론이나 물리학에서 확립되어 있는 구조적인 고유한 규범들에 의거하여 규정된다. 도식적으로 말하자면, 담론 창시자들의 저작들이 어떤 특정 과학과의 관계나 과학에 의해 규정된 공간 안에 놓여 있는 것이 아니라, 오히려 바로 과학이나 담론실천이 담론 창시자들의 저작들을 일차적 준거점으로 삼아 관계를 맺는 것이다. [30]

그렇다면, 푸코의 '~으로의 복귀'(return to)라는 말은 구체적으로 무엇을 뜻하는가? 그것은 서양 사상사의 '주석'(註釋)의 전통을 떠받치고 있는 원전(canonical texts)에로의 복귀의 원칙과 어떻게 다른가? 그러한 '복귀'는 어떻게 차이와 변화의 가능성, 곧 해석과 담론의 끝없는 가능성을 열 수 있을까? 그리고, 푸코는 '맑스에게로의 복귀'를 통해 자신과 맑스와의 관계를 어떻게 설정하고 있는가? 결론부터 말하자면, 푸코는 담론 창시 행위의 중요성을 단지 그 창시자들의 저작에 씌어져 가시화된 말들보다는 그 말들 사이에 놓여있는 어떤 공백이나 누락 또는 결여에서도 찾고 있다. 담론실천의 창시자들에게 되돌아간다는 것은 "항상 텍스트 그 자체, 특히 꾸며지지 않은 일차적 텍스트로 되돌아가서 그 텍스트의 갈라진 틈과 간극 그리고 부재 안에 놓여있는 것들에 특별한 주의를 기울이는 것이다. 우리는 누락에 의해 감추어져 있거나 또는 거짓된 현혹적 풍부함 속에 숨겨져 있는 그러한 빈 공간들로 되돌아가는 것이다."[31]

여기서 우리는 푸코가 서양 사상사를 지배해온 주석의 전통에 반하여 '복귀'를 정의하고 있음을 볼 수 있다. 푸코에 의하면, 주석은 담론들을 분류하고 서열 짓고 배분함으로써 담론의 우연적 발생을 막는 담론 내적인 통제 절차의 주요 원리로서, 여기서 핵심적인 것은 일차적 텍스트와 이차적 텍스

---

30) Ibid., p. 132.
31) Ibid., p. 135.

트 사이의 구분과 위계이다. 이 원리는 일차적 텍스트에 영속적인 지배적 지위를 부여하면서, 항상 원전으로서의 텍스트 자체로 되돌아갈 것을 요구한다. 그러나, 엄밀한 의미에서, 주석은 텍스트 안에서 이미 "말해진 것"으로 돌아가는 것이 아니라 그 밑에 또는 뒤에 필연적으로 깊이 숨겨져 있는 전혀 "말해지지 않은 것," 곧 "텍스트 이외의 어떤 것"을 끊임없이 밝혀내야 하는 역설적인 작업이다. 곧, "주석은 이미 말해진 것을 최초로 말해야 하며, 또한 지금껏 한번도 말해지지 않은 것을 쉴새없이 반복해야 한다." 이런 점에서, 주석은 언어에 의해 불완전하게 표현될 수밖에 없는 사고의 정수이자 끝내 완전히 이해되지 않는 사고의 잔여로서의 기의의 과잉 또는 (기표에 대한) 기의의 선차성을 궁극적으로 전제하며, 이러한 원리를 통해 "담론의 기회 요소들"을 제한하고 통제한다. 그 결과, 서양사상사의 전통은 겉으로 드러난 기의의 과도한 풍부함과 그에 따른 "새로운 담론들의 끝없는 구성"에도 불구하고 오히려 "담론의 희박(rarefaction)"으로 특징지어진다. 결국, "주석의 지평에는 그 출발점에 있었던 것 이외에는 아무 것도 없으며," 여기서 복귀는 단지 "태초의 말씀(동시에 최후의 말씀)"의 계시, "단순한 암송," "위장된 반복의 꿈"—한 마디로, 반복과 동일성의 지루한 놀이에 지나지 않는다.[32] 이에 비해, 푸코가 말하는 "복귀"는 텍스트 속에 감추어져 있는 어떤 깊은 의미나 사고의 내부를 드러내기 위한 것이 아니다. 그것은 오히려 텍스트 그 자체 또는 "이미 말해진 것들"로 되돌아가서 "그 말들을 통해, 그 말들간의 관계 속에, 그리고 그 말들 사이의 간격 안에 표출되어 있는" 것—곧, 언어나 기호로 환원될 수 없는 담론의 담론성 및 물질성을 분석하는 것이다. 달리 말하자면, "우리는 담론으로부터 그 내부(interior)로, 사고의 핵심으로 향해 가는 것이 아니라…담론 자체를 기반으로 삼아 그 담론의 가능성의 외적 조건들"—담론의 역사적 존재 조건들, 규칙성 및 변형 조건들 등—로 향해, 곧 담론의 외부(exterior)로 향해 나아가는 것이다.[33]

따라서 푸코에게 있어서 "복귀"는 단순히 반복에 그치는 것이 아니라 차

---

32) "The Order of Discourse," p. 116; *The Birth of the Clinic: An Archaeology of Medical Perception*, tr. Alan Sheridan (New York: Vintage, 1973), pp. xvi-xvii.
33) "What Is an Author?", p. 135; "The Order of Discourse," p. 127.

이와 변화를 지향하는, 그 자체로 하나의 담론적 전략이다. 이런 의미에서, 푸코가 말하는 '맑스에게로의 복귀'는 맑스가 말하지 못했거나 말할 수 없었던 것 또는 그의 텍스트 안에서 지금껏 잠자고 있던 심오한 의미를 일깨우거나 밝혀내기 위한 것이 아니라, 맑스의 담론의 역사성 또는 역사적 조건들을 분석하고 그로 인해 오늘날 우리가 필연적으로 마주치게 되는 그의 담론의 한계와 공백들을 넘어서기 위한 것이다. 그 궁극적인 목적은, 바로 맑스에 의해 확립된 담론성의 원칙에 따라, 맑스에서 비롯된 담론실천 안에서 차이들을 만들고 그 담론실천 자체를 변형시키는 것이다. 푸코에 의하면, 맑스가 하나의 새로운 담론실천을 창시했다면, 그것은 그의 개인적 창의성이나 능력 때문이 아니라 그로 하여금 기존의 지배적 담론 바깥에 또는 그 경계에 설 수 있게 만든 어떤 역사적 변화—곧, 당시에 일어나고 있던 근대적 인식과 경험의 틀에 있어서의 단절—때문이다. 이와 마찬가지의 이유로, 맑스의 저작들에 존재하는 공백이나 누락 또는 결여는 맑스 개인의 무능력이나 이론적 오류 또는 실패 등과 같은 "어떤 우연이나 몰이해의 결과가 아니라" 그가 속해 있던 근대적 인식과 경험의 틀에 있어서의 역사적 파열(rupture)에서 기인한 것이다. 이런 의미에서, 푸코는 그것을 담론실천의 창시 행위에 필연적이며 중요한 한 요소로 간주하여 "기본적이며 구성적인 누락," "비우연적 누락," 또는 "본질적 결여"라고 부른다.[34]

이러한 창시적 누락이나 결여는 그 자체의 속성 때문에 불가피하게 맑스의 담론을 그 출발에서부터 온갖 왜곡과 오해와 희화화에 처하게 만들었을 뿐만 아니라 지금까지 맑스에게로의 복귀를 가로막는 가장 큰 장애물로 작용해왔다. 그러나, 맑스의 담론에 존재하는 공백, 누락 또는 결여는 다음과 같은 두 가지의 중요한 역사적 의미와 기능을 갖는다는 점에서 맑스의 텍스트 자체로의 복귀는 필수적이다. 첫째, 창시적 결여나 누락은 맑스로 하여금 당시의 지배적 담론들의 경계에 서서 새로운 담론실천을 출범시키는 데 중대한 역할을 했을 뿐만 아니라, 오늘날까지도 맑스의 담론이 기존의 담론 내적 및 외적 통제를 벗어나 그 지배적 담론 질서(그 안에 편입되어 있는

---

34) "What Is an Author?", p. 135.

대부분의 맑스주의담론까지 포함한) 안에 재포획되거나 완전히 동화되기 어렵게 만드는 장애물로서 중요한 기능을 수행해왔다. 그 이유는 다음의 두 번째 기능과도 관련된 것으로서, 특히 창시적 결여로 인해 맑스의 담론을 하나의 완결된 지식체계로 전유한다는 것은 불가능할 뿐만 아니라, 그에 의해 시작된 담론은 하나의 실천으로서 그 이후로 역사적 정세에 따라 끊임없이 변형되어 왔기 때문이다. 둘째로, 담론실천의 창시에 고유한 공백 또는 누락은 후대의 담론실천자들로 하여금 끊임없이 되돌아오지 않을 수 없게 만듦으로써, 차이들뿐만 아니라 궁극적으로 담론실천 그 자체의 변형—곧, 담론의 끝없는 가능성—을 가능케 한다. 창시적 누락 또는 공백은 "한편으로 창시 행위에로의 복귀를 가로막는 장애물로 작용하지만, 그것은 오로지 복귀에 의해서만 해소될 수 있다." 결국 "이러한 복귀는 담론적 메커니즘의 일부로서, 끊임없이 변화를 그 안에 끌어들이고…담론실천을 변형시키는 효과적이며 필수적인 방법이다." 이런 관점에서, 푸코는 다음과 같이 말하고 있다.

> 우리가 갈릴레오의 저작들을 연구하면 역학(力學)의 역사에 관한 지식을 바꿀 수 있을지 모르지만 역학이라는 과학에 대한 지식을 바꿀 수는 없을 것이다. 반면, 프로이트나 맑스의 책들에 대한 재검토는 정신분석학이나 맑스주의에 관한 우리의 이해를 변형시킬 수 있다. [35]

3

맑스와 푸코의 담론은 역사 운동 또는 변화를 끊임없이 추적하고 그 안에 스스로를 위치지으며 또한 그것을 모방하고 있다는 점에서 유물론적 특성을 공통적으로 드러낸다. 그런데, 그들의 담론의 이런 유물론적 성격은 한편으로 그들로 하여금 근대라는 하나의 역사적 시기를 그 경계에(그 바깥에서가 아니라) 서서 비판적으로 조망할 수 있게 하지만, 이와 동시에 그들의 담론이 서있는 이론적 지반을 매우 모호하고 불안정하게 만드는 결과를 초

---

35) Ibid., pp. 132-136.

래한다. 그 결과, 맑스와 푸코의 지적 편력은 일련의 끊임없는 관심 변화와 관점 변경, 그리고 그에 따른 입장 및 견해의 수정과 재정립으로 특징지어진다. 맑스는 새로운 역사적 상황이 전개되면 이론 작업을 "처음부터 다시 시작하는 것"을 항상 자신의 의무로 여겼다. 그는 많은 글들을 미완으로 남겼거나 발표하지 않았으며, 그 글들의 거의 대부분은 "출판을 위해서가 아니라 자기 해명을 위해서" 썼던 것임을 스스로 밝히고 있다. 36) 이러한 맑스의 이론에 대한 태도와 관련하여, "맑스는 스스로 출판하지 않기로 결정했던 글들로 사실상 명성을 얻은, 이론의 역사에서 유일한 주요 작가"37) 라는 셸던 월린의 평가는 한번쯤 재음미해 볼만한 가치가 있다. 푸코 역시 "끊임없이 움직이는 사람"으로 유명하다. 그는 자신의 담론의 불확실한 이론적 입지에 관해 다음과 같이 진술하고 있다. "나의 담론은 자신이 말하고 있는 지점을 확정짓기보다는 오히려 스스로 발 디딜 수 있는 기반을 회피하고 있다." 또한, 그는 "내가 그토록 불안정하고 그토록 불확실하다고 느끼는 담론 안에서 서서히 모양을 갖추고 있는…빈 공간"에 자신의 입지점이 놓여있음을 인정하고 있다. 38)

이런 점에서 볼 때, 맑스나 푸코의 입장과 견해가 정확히 무엇인지를 놓고 숱한 혼돈과 의심과 논란이 지금까지도 끊이지 않고 계속되고 있다는 사실은 전혀 놀라운 일이 아니다. 또한, 그들의 이러저러한 저작들로부터, 또는 그것들 사이에서, 온갖 이론적 모순, 비일관성, 모호성, 긴장, 동요, 공백, 오류 등등을 찾아내기란 오히려 너무 쉬운 일일 것이다. 더구나, 잠시도 멈추지 않는 이 두 사상가들을 서로 비교하여 어떤 지적인 계보를 밝혀낸다는 것은 거의 불가능에 가까우며, 그들 사이에는 어떤 공통점이나 연속성보다는 차이점이나 단절성이 압도적일 수밖에 없다는 것은 어쩌면 자명한 일일는지 모른다. 그러나, 우리가 지금까지 논의한 푸코의 담론실천 개념과 담론실천의 창시자로서의 맑스에 대한 그의 견해를 고려한다면, 그들

---

36) Karl Marx, *A Contribution to the Critique of Political Economy* (New York: International Publishers, 1970), p. 19, p. 23.
37) Sheldon S. Wolin, "On Reading Marx Politically," *Nomos,* 26 (1983), p. 85.
38) *The Archaeology of Knowledge,* p. 17, p. 205.

각각을 어떤 이론적 틀이나 지식체계 속에 끼워 맞춘다든지, 그들 각자의 견해나 관점들을 창의성이나 일관성 또는 통합성의 시각에서 파악한다든지, 또는 그들간의 관계를 단순한 지적(知的) 연속-단절의 이분법적 틀로 이해하려는 모든 시도는 무의미할 뿐만 아니라, 많은 경우 문제의 핵심을 밝혀내기보다는 오히려 흐리거나 은폐한다는 점이 명확해진다. 그들의 공통된 유물론적 입장은 단순히 그들의 담론의 내부와 사고의 깊이에 대한 천착만으로는 이해 불가능하며, 오히려 그들의 담론의 외적(곧, 역사적 및 사회적) 조건들에 눈을 돌릴 때 비로소 그 윤곽을 드러낸다. 이것은 그들의 유물론을 하나의 지식체계나 '이론' 또는 대안적 인식론이나 방법론으로 볼 수 없으며, 서양의 근대 관념론(또는 인간학anthropologism)에 대한 '역사적' 비판, 그리고 그것을 넘어서기 위한 담론(적) 실천으로 이해되어야 한다는 것을 의미한다. 맑스가 '실천'의 개념을 통해 그리고 푸코가 '담론실천'의 개념을 통해 서양 사상사의 전통(곧, 기호론적 및 변증법적)에 대해 던지고 있는 질문은, 한편으로 담론 또는 지식은 그 바깥으로부터 끊임없이 물질적 제약을 받으며 만들어지는 것이 아닌가, 그리고 다른 한편으로 담론은 동시에 항상 물질적 효과를 생산하는 것이 아닌가 하는 것이다. 이 두 가지 가능성은 역사적으로 특정한 담론이 항상 놓여있을 수밖에 없는 긴장과 갈등의 정치적 장을 구성하며, 따라서 담론은 항상 바깥으로(곧, 차이와 변화에) 열려져 있을 수밖에 없다는 것이 그들의 결론이다. 따라서, 맑스에게 있어서 담론의 역할은 "단지 세계를 다양한 방식으로 해석하는 것"이 아니라 "세계를 변화시키는 것"이다. 푸코에 의하면, "담론은 단지 욕망을 표출하는(또는 숨기는) 것이 아니라 욕망의 대상이기도 하다. 그리고, 역사가 우리에게 끊임없이 가르쳐주고 있듯이, 담론은 단순히 투쟁이나 지배체제를 해석하기만 하는 것이 아니라, 담론을 위해 또한 담론에 의해 투쟁이 존재한다." 담론은 "투쟁, 곧 정치적 투쟁의 대상"이자 도구인 것이다. 39)

　　결론적으로, 맑스와 푸코의 유물론적 담론에는 항상 스스로를 넘어서는 정치전략적 과잉이 존재하며, 따라서 그들간의 관계는 이론적 차원에서보

---

39) "The Order of Discourse," p. 110; *The Archaeology of Knowledge*, p. 120.

다는 역사적, 정치적 맥락에서 이해되어야 한다. 푸코는 순수한 지식의 문제로 환원될 수 없는 이러한 정치 전략적 과잉을 '담론실천'의 개념을 통해 밝혀내는 가운데 맑스와 자신 사이에 복합적인 관계를 설정하고 맑스에 의해 시작된 유물론적 담론을 변형시키고자 한다.

탈근대적 맑스주의의 새로운 계급논의

신조영(대진대, 경제학)

1. 맑스주의와 탈근대주의

맑스주의와 탈근대주의는 여러 면에서 서로 적대적 관계를 맺고 있다. 그러나 이 글에서는 맑스주의와 탈근대주의 사이의 이분법적 대립을 뛰어넘어 이들의 융합을 통한 제3의 대안을 제시하고자 하는 미국 앰허스트학파 (The Amherst School)의 탈근대적 맑스주의를 중심으로 논의를 전개하고자 한다.[1]

먼저 탈근대적 맑스주의는 "맑스주의는 기계적 계급론에 기초한 하나의 형이상학에 불과하며 이제는 역사적 유용성을 상실한 과거의 신화에 지나지 않는다"라는 탈근대주의의 주장을 단호히 배격한다. 동시에 "탈근대주의는 이름만 달리한 또 하나의 부르주아이데올로기에 불과하다"라는 전통적 맑스주의의 입장 역시 거부한다. 맑스주의는 실로 다양하고 풍부한 전통을 갖고 있다. 맑스주의가 하나의 신념과 하나의 행동강령으로 구성된 일사분란한 하나의 완결된(즉 닫혀진) 체계로 존재했던 적은 없다. 맑스주의는 과거에서 현재로 이어지는 동질적이고 평면적인 지식의 축적에 의한 거대 단일체가 아니라, 맑스주의 내부의 그리고 맑스주의와 비맑스주의 사이의 다양한 흐름과 갈래들이 빚어내는 역동적이고 열려있는 체계이다. 따라서 탈

---

1) 신조영, 「전통적 맑스주의 비판」, 김수행 편저, 『청년을 위한 경제학 강의』, 한겨레신문사, 1998, 273-291쪽.

근대주의는 근대주의 속의 결정론을 비판하는 과정에서 결정론적 맑스주의를 맑스주의 전통 전체와 동일시하는 바람에 맑스주의 전체를 내다버리는 잘못된 결과를 초래하게 되었다. 이와 같은 잘못된 확대 해석은 다양성을 그토록 중시하는 탈근대주의가 유독 맑스주의의 다양성에 대해서만은 전혀 주의를 기울이지 않았다는 심각한 자기모순인 것이다. 또한 전통적 맑스주의의 경우, 탈근대주의의 결정론에 대한 비판을 궁극적으로 반맑스주의로 받아들이는 바람에 탈근대주의가 주장하는 '거대담론의 해체'에 담겨 있는 '잠재적 폭발성'을 올바로 인식하지 못하고, 이를 '기존질서의 해체'와 연결시킬 수 있는 가능성을 스스로 닫아버렸다는 것이다.

탈근대적 맑스주의는 이러한 맑스주의와 탈근대주의 사이의 경직된 이분법을 해체하고 서로에 대한 소모적인 비판을 뛰어넘어 제3의 대안을 제시하고자 한다. 탈근대적 맑스주의에 의하면, 탈근대주의의 맑스주의에 대한 무차별적 매도 그리고 다양성에 대한 무조건적 찬양 속에 담겨 있는 정치적인 무기력 혹은 극단적인 보수성에도 불구하고, 거대담론에 대한 탈근대주의의 비판은 맑스주의의 입장에서 수용 발전시켜야 할 필요가 있다. 탈근대적 맑스주의는 탈근대주의의 형이상학의 해체가 갖고 있는 혁신적 통찰력을 맑스주의의 입장에서 비판적으로 받아들여 맑스주의 전통의 새로운 지평을 열고자 하는 시도이다.

2. 탈근대적 맑스주의의 과잉결정론과 계급

탈근대주적 맑스주의가 시도하는 맑스주의와 탈근대주의 사이의 창조적 융합은 알튀세르(L. Althusser)의 과잉결정론(overdetermination)에 기초하고 있다. 과잉결정론은 반본질론, 반결정론, 반환원론, 반절대론, 반이분론이라고 할 수 있다. 과잉결정론은 주어진 현상이 내재하는 본질의 발현이라는 모든 주장을 거부한다. 즉 복합성이 원인-결과의 단순성으로 설명될 수 있다는 모든 결정론, 본질론을 거부한다. 과잉결정론은 현상, 대상 속의 모든 구성 요소들은 그 현상, 그 대상을 구성하는데 각자 고유의 효과를 갖고 있다고 주장한다. 나아가, 주어진 대상 속의 구성 요소들 사이에 어떠한 서열 혹은 우선순위도 인정하지 않는다. 따라서 무엇이 본질적인지 비본질적인지 하는 서열이나 우선 순위가 없기 때문에 당연히 미리 주어진 본질 즉 궁극적 결정요소의 존재도 부인한다. 실상 총체 속의 모든 구성 요소는 그 총체의 원인인 동시에 결과이다. 즉 주어진 총체 속의 모든 요소는 그 총체 속의 다른 모든 요소를 구성하는 원인인 동시에 다른 모든 요소들에 의해 구성된 결과이다. 총체 속의 모든 구성요소는 자신의 내부에 그 총체 속의 모든 다른 구성요소들의 흔적을 자신의 존재조건으로 간직하고 있다. 결과적으로 총체는 그 속에 내재된 본질의 표출이 아니라 수많은 구성요소들이 뗄래야 뗄 수 없게 한데 얽히고 설킨 복잡한 과잉결정의 과정이다.2) 이와 같이, 탈근대적 맑스주의는 과잉결정론에 입각하여 경제결정론을 비롯한 모든 결정론으로부터 맑스주의를 해방시킴으로써 맑스주의와 탈근대주의의 융합을 위한 기틀을 마련하였다.

이와 같은 "반본질론적, 반결정론적 총체 즉 탈중심화된 총체 속에 계급을 어떻게 자리매김할 것인가" 하는 문제에 대해, 탈근대적 맑스주의는 일단 참여점(entry point)이라는 개념으로 접근한다. 참여점으로서의 계급이란 계급이 사회를 이해하고 설명하고자 하는 분석의 출발점이라는 뜻이다. 여기에서 꼭 강조되어야 될 점은 참여점으로서 갖는 중요성과 본질 혹은 궁극적 원인으로서 갖는 중요성은 완전히 다르다는 것이다.3) 탈근대적 맑스주의는 참여점으로서 계급이 갖는 중요성은 분석의 초점으로는 인정하지만 이론의 논리 속에서 특권적 위치는 부인한다. 탈근대적 맑스주의에서 계급은 사회 속의 다른 모든 비계급적 요소들과의 관계를 통하지 않고서는 의미가 없다. 다시 말해, 계급이 사회의 다른 비계급적 요소들에 대한 인과관계를 설명해줄 수 있는 본질은 아니라는 것이다. 즉 참여점으로서의 계급은 사회 속에서, 사회를 구성하는 계급과 비계급적 요소들 사이의 복잡한 상호작용을 부각시키려는 시도인 것이다.

---

2) Louis Althusser, *For Marx*, tr. B. Brewster (London/New York: Verso, 1990), p. 101.
3) S. Resnick and R. Wolff, "Radical Economics: A Tradition of Theoretical Differences," in B. Roberts and S. Feiner, eds., *Radical Economics* (Boston: Kluwer Academic Publishers, 1992), p. 36.

3. 탈근대적 맑스주의의 다양한 계급 논의

탈근대적 맑스주의는 계급에 대한 새로운 정의에 입각하여 다양한 계급 논의를 전개한다. 대부분의 다른 계급 개념들은 계급을 주로 재산 (property) 혹은 권력(power)에 입각하여 정의한다. 재산에 입각한 정의에서는, 사람들이 얼마나 많이 그리고 어떤 종류의 재산을 소유하는가 혹은 소유하지 않는가에 따라 계급이 나누어진다. 부유한 사람, 가난한 사람 그리고 가진 자, 가지지 못한 자 등이 이 분류에 속한다. 권력에 입각한 정의에서는, 누가 어떻게 권력을 행사하는가에 따라 계급이 나누어진다. 명령을 하는 사람, 명령을 받는 사람 즉 지배자, 피지배자 그리고 억압자, 피억압자 등이 이 분류에 속한다. 이와 대조적으로, 탈근대적 맑스주의는 잉여 (surplus)라는 개념에 기초한 계급이론을 내세운다. 탈근대적 맑스주의에 있어서, 계급은 사회가 어떻게 잉여의 생산(production), 전유(appropria-tion), 분배(distribution)를 조직화하느냐 하는 것이다.[4] 이 계급 정의는 모든 사회에서 일부분의 사람들이 자연과 상호 작용하여 일정량의 산출을 생산하는 것으로 추정한다. 총 산출량은 언제나 이 부분의 사람들(노동자)에게 그들의 소비와 재생산을 위해 주어지는 양을 초과한다. 이 초과분이 잉여이다. 두 번째 부분의 사람들은 즉각 이 잉여를 생산자들로부터 받는다. 끝으로 세 번째 부분의 사람들은 잉여 부분들에 대한 분배를 두 번째 부분의 사람들로부터 받는다. 사회의 계급구조라는 것은 그 사회가 구성원들을 잉여와 관련하여 잉여 생산자(producer), 잉여 전유자(appropriator) 혹은 분배자(distributor), 분배된 잉여의 수령자(recipient)로 어떻게 조직화하느냐 하는 것을 의미한다.

이와 같이 잉여의 생산과 분배를 둘러싼 과정에서, 직접적으로 잉여의 생산과 전유가 발생하는 과정을 기본 계급과정(fundamental class process), 그리고 2차적으로 이 잉여가 분배되는 과정을 부수 계급과정(subsumed class process)이라고 부른다. 따라서 각 계급과정에는 이 과정에서 차지하

---

4) S. Resnick and R. Wolff, *Class Theory and History: Capitalism and Communism in the USSR* (New York/London: Routledge, 2002), p. xi.

게 되는 역할 혹은 위치에 따라, 기본계급과정의 경우, 잉여의 생산자와 전유자, 부수계급과정의 경우, 잉여의 분배자와 수령자라는 각각의 계급 위치(class position)를 점하게 된다. 이와 같은 새로운 계급 개념에 입각하여, 탈근대적 맑스주의는 여러 다양한 계급 논의를 전개한다.

재산 혹은 권력에 입각한 전통적인 계급 개념 대신 잉여에 기초한 새로운 계급 개념에 입각한 탈근대적 맑스주의의 계급 분석은 사회적, 정치적 실천을 둘러싼 쟁점을 새롭게 부각시킨다. 단적인 예로, 탈근대적 맑스주의의 잉여에 기초한 새로운 계급 개념에 따르면, 옛 소련사회의 계급구조를 분석해본 결과, 알려진 바와 같이 사회주의 내지는 공산주의사회가 아니라 자본주의—자본주의 중에서도 국가자본주의—사회라는 결론에 도달하게 된다. 따라서 1917년과 그리고 70여년 후 옛 소련사회에서 펼쳐졌던 거대한 변동은 자본주의와 공산주의 사이의 변동이 아니라 종류를 달리하는 같은 자본주의 사이의 동요였다는 것이다. 즉 1917년 이후에는 자본주의에서 사회주의/공산주의로 이행이 이루어진 것이 아니라 민간자본주의(private capitalism)에서 국가자본주의(state capitalism)로 옮겨간 것이며, 마찬가지로 1980년대 말 이후로는 사회주의/공산주의에서 자본주의로가 아니라 국가자본주의에서 민간자본주의로 역이행이 이루어지고 있다는 것이다. 결과적으로 옛 소련사회의 계급구조는 자본주의, 공산주의 사이의 변동이 아니라 민간자본주의, 국가자본주의 사이의 동요라는 것이다.

일반적으로 공산주의사회는 시장경제에 반하는 계획경제 그리고 생산수단의 사적 소유에 반하는 공동 소유, 이 두 가지 특징으로 대표된다고 말할 수 있다. 따라서 이러한 공산주의사회에서는 시장 대신 국가가 자원과 산물의 분배를 관리하고, 생산 수단의 소유가 개인이 아니라 집단에 소속되도록 조직화되어 있다. 그러나 탈근대적 맑스주의의 잉여에 기초한 계급 분석은, 여기에 그치지 않고, 바로 여기에서, 그렇다면 그러한 형태의 계급구조에서 "잉여의 생산과 전유 그리고 분배가 어떻게 조직화되어 있는가?" 하는 의문을 제기하는 것이다. 왜냐하면, 잉여에 기초한 계급 개념에 입각해서 볼 때, 공산주의 계급구조는 반드시 잉여의 생산자가 전유자이어야 하며 또한 이 전유는 개인적이 아니라 집단적으로 행해져야 하기 때문이다.[5] 이런 관점에서 볼 때, 옛 소련사회는 경제를 시장논리에 맡기는 대신 국가가 관리하는 계획경제이었고 생산수단의 사적 소유가 공동소유로 대치된 사회라고 하더라도, 옛 소련사회의 계급구조는 여전히 공산주의가 아니라 국가 혹은 관리가 잉여를 전유하고 분배하는 국가자본주의사회라는 결론에 도달하게 된다.

또한 탈근대적 맑스주의의 새로운 계급분석은 사회의 모든 장(site)에 계급과정이 존재할 수 있다고 추정한다. 이는 물론 사회라는 복합체를 계급이라는 단 하나의 거대담론으로 포장해 버리려는 시도는 아니다. 다만 계급과정과 비계급과정들이 얽히고 설켜있는 사회의 장에서 충분히 인식되지 않은 계급의 측면을 부각시키고자 하는 시도이다. 또한 개인이 참여하는 계급과정은 하나가 아니라 다수이기 때문에 개인이 차지하는 계급위치도 하나가 아니라 여럿일 수 있다는 것이다. 이러한 맥락에서 미국의 한 대학 내 계급과정 분석은 주목할 만하다. 미국내 인문학 위주의 한 학부 중심 대학의 계급과정 분석에 국한되어 있지만, 잉여의 생산, 전유, 분배에 입각하여 대학사회를 바라봄으로써, 소위 '상아탑'이라는 명칭에 가려 잘 드러나지 않는 자본주의사회 교육기관의 한 단면을 살펴볼 수 있다.6) 이윤을 추구하는 자본주의 기업과 교육을 목표로 하는 교육기관을 동일선상에 놓고 비교하기는 어렵지만, 잉여의 생산, 전유, 분배라는 면에서는 본질적으로 다를 바가 없다. 즉 교육 상품의 생산, 판매를 통해 경쟁에서 살아남아야 한다는 현실 속에서, 학문노동자로서 교수의 대학내 계급위치는 노동자의 작업장 내 계급위치와 동일하다는 것이다. 즉 잉여의 생산자로서 이를 공동으로 전유하고 분배하지 못하고, 기본계급과정에서 생산자, 부수계급과정에서 수령자라는 계급위치를 점하고 있는 것은 노동자와 대학교수가, 여러 차이점들에도 불구하고, 본질적으로 마찬가지라는 것이다.

탈근대적 맑스주의의 새로운 계급분석은, 또한, 대부분의 계급 논의가

---

5) Ibid., pp. 13-15.
6) Fred Curtis, "Ivy-Covered Exploitation: Class, Education, and the Liberal Arts College," in J. K. Gibson-Graham, S. Resnick, and R. Wolff, eds., Re/presenting Class: Essays in Postmodern Marxism (Durham & London: Duke University Press, 2001), pp. 81-104.

가정을 제외하고 있다는 점에 주목한다. 참여 인원과 노동량만 놓고 보더라도 도저히 무시될 수 없는 엄연한 사회의 장(site)이 거의 존재하지 않는 듯 도외시되고 있다는 것이다. 여기에서 탈근대적 맑스주의가 가정내의 계급과정에 제기하는 여러 의문들 중 핵심적인 내용은, "가정내에 존재하는 계급과정의 형태는 과연 어떤 것인가?" 하는 점이다. 탈근대적 맑스주의의 답은 간단하지만 그 의의는 자못 크다고 할 수 있다.[7] 즉 사회의 한 장으로서 가정내에 계급과정이 분명히 존재하고 있고 이 계급과정의 형태는 봉건주의적 계급구조라는 것이다. 현대사회의 변천과 함께 다양한 가족형태의 변화가 나타나고 있지만, 일단, 생계를 책임지는 남편과 가사를 돌보는 아내라는 전통적인 부부의 가정내 계급과정을 분석해볼 때, 이는 자본주의 계급구조로 보기 어렵고 오히려 봉건주의 계급구조에 가깝다는 것이다. 즉, 남편이 임금을 주고 아내의 노동력을 사지 않으며, 부부 사이에 어떠한 상품교환도 발생하지 않으며, 그리고 남편이 아내의 가사노동에 의한 생산품을 시장에 판매하는 것도 아니기 때문에, 가정내 계급과정을 자본주의 계급구조로 보기 어렵다는 것이다. 잉여에 입각한 계급개념으로 비추어 볼 때, 오히려 봉건주의 계급구조로 보는 것이 더 정확하다는 것이다.

왜냐하면, 봉건영주와 봉건농노 사이의 계급과정이 남편과 아내 사이의 계급과정과 놀라울 정도로 흡사하다는 것이다. 즉 봉건농노와 봉건영주 사이에 임금, 이윤, 가격, 시장 등과 같은 자본주의적 중간매개가 존재하지 않는 것처럼, 가정내 아내도 임금, 이윤 등과 같은 자본주의적 중간매개 없이 직접적으로 자신의 노동을 남편에게 제공한다. 또한 종교, 전통, 충성, 복종, 의무 등 봉건주의적 이데올로기가 영주와 농노 사이를 이어주듯, 남편과 아내 사이에도 결혼서약, 전통, 종교, 사랑, 순결 등등 봉건주의적 이데올로기가 바탕이 되고 있다. 이러한 분석은 자본주의사회에 봉건주의 계급구조가 존재한다는 의미로 해석될 수 있으며, 이는 한 사회 속에 여러 다양한 계급구조가 존재할 수 있다는 탈근대적 맑스주의의 주장과도 일치한다. 또한 맞벌이 부부의 증가와 이에 따른 가사노동의 분담 등으로 가정내

---

7) H. Fraad, S. Resnick, and R. Wolff, *Bring It All Back Home: Class, Gender & Power in the Modern Household* (Boulder, Colorado: Pluto Press, 1994) 참조.

의 전통적인 봉건주의적 계급과정이 점차 공산주의적 계급과정으로 변화하고 있다는 분석은 결과적으로 자본주의의 치열한 경쟁이 가정내에서는 공산주의를 촉진하고 있다는 역설적인 주장도 가능하게 한다.

탈근대적 맑스주의는, 이러한 가정내 계급과정과 관련하여, 부모 자식간의 애정, 심리의 영역에까지도 계급분석의 가능성을 제시한다. 국가에 의해 폐지된 봉건제가 가정내에서는 강력하게 잔존하고 있으며 이러한 봉건제적 가정내에서 부모와 자녀 사이에도 봉건제적 계급과정이 존재한다는 것이다. 가정은 그 누구로부터도 침해받을 수 없는 개인의 신성한 사적 영역이라는 인식은 결과적으로 가정은 가장의 완벽한 관할권 아래에 있다는 신성불가침의 사적 권리를 가장에게 부여하였다. 이러한 봉건제적 가정내에서 자녀는 좁게는 가장, 넓게는 부모의 절대적인 보호하에 놓이게 된다. 자녀에게 직접적인 노동이 요구될 수도 있지만, 그렇지 않다고 하더라도 감정노동(emotional labor)은 필수적이다. 아이들은 자신에 대한 절대적 관할권을 갖고 있는 가장 혹은 부모의 요구에 따르고 그들의 마음에 들어야 하는 것이 생존 자체와 관련된 문제이기 때문에, 자녀는 부모가 원하는 대로 되기 위하여 노력하지 않을 수 없으며 부모의 바람을 충족시키기 위해서는 이러한 감정노동으로부터 벗어날 수 없다. 이러한 부모, 자식간의 관계는 봉건영주, 봉건영노와의 관계와 흡사하다. 영주와 농노는 서로에게 사랑으로 대하기로 맹세하고 농노는 영주에게 복종하고 충성하며 영주는 농노를 다른 영주의 위험으로부터 보호한다. 그러나 막상 농노는 자신의 영주에게서 비롯되는 위험에는 무방비 상태로 노출되어 있다. 마찬가지로, 부모는 자식에게 사랑과 복종을 요구하고 낯선이들의 위험으로부터 이들을 보호한다. 그러나 실상 자녀들은 있을지도 모를 부모로부터의 위험에는 아무런 실질적 도움도 받지 못한다. 이러한 봉건제적 감정노동의 모순을 극복하기 위해서, 가정은 사적 영역이라는 인식을 버리고 자녀는 부모의 관할권하에 있다는 봉건제적 인식을 뛰어넘어야 한다고 주장한다. [8]

---

8) Harriet Fraad, "Children as an Exploited Class," in A. Callari, S. Cullenberg, and C. Biewener, eds., *Marxism in the Postmodern Age* (New York: Guilford Press, 1995), pp. 375-384.

끝으로, 탈근대적 맑스주의는 자본주의가 인간의 사고 영역에서도 헤게모니를 행사하는 것을 지적한다. 즉 많은 사람들이 미국을 기독교국가 혹은 이성애국가로 지칭하는 데는 주저하지만, 미국을 자본주의국가라고 부르는 데 반대하는 사람은 없다는 사실에 주목한다. 성적 정체성 그리고 종교의 문제에 있어서, 수적인 면에서뿐 아니라 사회 세력면에서도 실질적 패권을 쥐고 있는 이성애 혹은 기독교가 미국사회를 기술하는 용어로서 선뜻 받아들여지지 못하는 반면, 자본주의라는 용어는 아무 거리낌없이 누구에게나 당연하게 받아들여진다는 것이다. 이는 자본주의가 스스로를 정의하고 설명하는 데 있어서 사람들의 인식 속에 헤게모니를 행사하고 있는 것으로 볼 수 있다. 자본주의가 내세우는 자본주의의 특성은 강고함, 최정상, 완벽함, 포괄성, 철저함, 중심성, 자생력, 유연성, 끈질김 등등, 궁극적으로는 자본주의 이외의 체제는 상상하기도 힘들 정도로, 스스로를 절대적 존재로 신비화하고 있다. 이에 맞서, 탈근대적 맑스주의는 파열성, 복합성, 부분성, 이질성 등 사회 총체의 다양성, 비균질성을 강조한다. 이는 자본주의사회의 분열, 균열, 틈새를 부각시킴으로써 통일성, 전체성, 단일성, 동질성 등과 같은 자본주의의 헤게모니적 논리에 맞서고자 하는 것이다. 9)

이제 결론을 대신하는 말로 글을 맺으려 한다.

이상 간략히 살펴본 바와 같이, 탈근대적 맑스주의의 다양한 계급 논의는 참신성과 함께 많은 논란의 소지를 안고 있다. 하지만 이 이론에 대한 찬/반을 떠나서 이 이론이 갖고 있는 혁신성은 충분히 음미해볼 필요가 있다고 생각한다.

---

9) J. K. Gibson-Graham, *The End of Capitalism (as we knew it)*: *A Feminist Critique of Political Economy* (Cambridge, Mass.: Blackwell, 1996), pp. 1-23.

페미니스트 입장이론에 대한 비판적 고찰

하수정(경북대, 영문학)

1.

최초의 소유형태는 처와 자식이 남편의 노예인 데서부터 출발했다는 맑스의 지적[1]이나 사유재산의 발생과 여성의 억압 사이의 밀접한 관련성을 주장한 엥겔스의 이론은 여성 억압과 계급 억압을 동시에 사유할 수 있게 하는 가능성을 던져주었다. 초기 급진주의 페미니즘이 빠졌던 비역사적, 비유물론적인 생물학주의의 오류를 시정하면서 초기 맑스주의 페미니즘은 계급관계를 전면에 부각시킨다. 그 이론에 의하면 더욱 강력한 물질적 기반을 지닌 남성은 부르주아에, 여성은 프롤레타리아에 해당되며, 이러한 관계는 자본주의사회의 가족내에서 강화되면서 존속된다는 것이다. 남성에 의한 여성의 지배는 자본에 의한 노동 지배의 부산물로서, 한 계급에 의한 다른 한 계급의 경제적 착취가 젠더 관계의 성격을 결정짓게 된다.

이러한 도식에는 여전히 풀리지 않는 의문들이 있다. 첫째, 사유재산의 소유가 어떻게 한 성이 다른 성을 통제하는 경향으로 나아갈 수 있는가? 둘째, 왜 하필 남성이 재산의 소유자가 되어야 하는가? 이러한 의문들은 자본주의의 발생 순간부터 미리 전제되어 있는 가부장적 젠더 권력 관계에 대해 더욱 세심한 주의를 기울일 것을 요한다. 그렇다고 해서 가부장제가 먼저냐

---

[1] 칼 마르크스, 프리드리히 엥겔스, 『독일 이데올로기』, 박재희 역, 청년사, 1988, 60쪽.

자본주의가 먼저냐 혹은 가부장제의 기원은 무엇이며, 그 의미는 무엇인가
라는 소모적 논쟁에 힘을 소진하는 것을 의미하지는 않는다. 그러므로 미셸
바렛의 가부장제에 관한 결론적 진술—가부장제 이데올로기에 대해 언급
하는 것은 어떤 맥락에서 인정할 만하지만, 명사로서의 가부장제라는 말은
극복할 수 없는 분석의 어려움을 가져다준다[2]—에 동의하면서, 가부장제
를 오히려 형용사적 의미로 사용해야 하지 않겠는가라는 생각이다. 그녀가
그런 결론에 도달한 이유는 우선 가부장제 개념이 자본주의와의 관계 속에
서 독립성을 획득하지 못한다는 것과 현재의 가부장제 개념이 아버지의 지
배로서의 가부장제와 남성에 의한 여성 지배로서의 가부장제 사이의 근본
적인 혼동을 보여준다는 데 있다. 실상 그동안의 가부장적 자본주의에 대한
페미니즘 이론들은 계급과 젠더간의 밀접한 연관성을 다양한 각도에서 밝
혀주었지만 자본주의가 발전하면서 '가부장제'라는 단일 개념으로서는 복잡
한 사회관계와 그 속에 얽혀 있는 다층의 권력관계들을 풀 수 없게 되었다.
오히려 그보다는 가부장'적' 원리가 어떻게 다양한 사회관계와 관련 맺고 있
는가를 분석하고 거기에 구체적으로 대항하는 방식이 무엇인가를 고민하고
실천하는 것이 현실적으로 더 유효할 것이다.

2.

낸시 하트삭(Nancy Hartsock)은 가부장적 자본주의하에서 성별노동분업
이 이루어지는 방식을 고찰한 다음, 그 속에서 여성의 노동이 지닌 긍정적
인 측면을 모색하고 그에 기반하여 구체적인 페미니즘적 인식틀을 마련하
고자 한다. 그녀의 페미니스트 입장이론은 맑스의 계급이론의 틈새에 개입
하여 맑스주의를 확장하는 동시에 페미니즘의 이론틀을 확고히 하고자 하
는 이러한 노력에서 비롯되었다. 여기서 입장이란 "앎의 방법, 권력 구조
들, 자원 분배에 의해 형성되고, 그 형성을 도와주는 사회내의 어떤 위치"[3]

---

2) Michèle Barrett, *Women´s oppression Today: Problems in Marxist Feminist Analysis*
(London: Verso, 1980), p. 19.
3) Rosemary Hennessy, *Materialist Feminism and the Politics of Discourse* (New York and

를 가리키는 것으로서, 모든 생물학적 여성에 즉각 적용될 수 없는, 사회적으로 생성된 위치이다. 이를 통한 세계의 이해는 여성의 삶—그들의 활동, 이해관계, 가치—에서 출발하여 그것을 개념화함으로써 이루어진다. 여성의 경험적 삶에서 출발하지만 그 개념화는 개별 여성의 비정치적인 삶의 나열이나, 그 나열의 총합이 아니라 일종의 계급 대표로서 위계질서적 젠더 권력관계에서 하위 범주를 차지하는 여성들의 억압적인 현실 삶에 관한 것이다. 그래서 입장이론가들은 '여성적' 인식과 '페미니즘적' 인식을 구분한다. 그들에게 페미니스트 입장은 단순히 여성이 된다는 것을 넘어서서 여러 사회적 관계들을 구성하는 물질적 조건뿐만 아니라 그 관계들과 여성이 관계 맺는 방식에 대한 이해까지도 포함한다.

이 이론의 선구자격이라고 할 수 있는 하트삭은 「페미니스트 입장: 특수하게 페미니즘적인 역사유물론의 토대를 발전시키기」라는 논문에서 페미니스트 입장이라는 개념 자체가 모든 형태의 지배를 이해하고 거기에 반대하는 중요한 인식론적 도구로서, 맑스의 이론에 기대고 있음을 밝히고 있다. 맑스 이론에서의 프롤레타리아의 삶과 마찬가지로 여성의 삶은 남성의 지배양식에 대해 특수하고 특권적인 이점을 가지게 해주는데, 그 삶은 자본주의적 가부장제 형태를 구성하는 남근중심적 제도와 이데올로기에 대한 강력한 비판을 수행하는 도구로서 작용한다. 프롤레타리아의 입장에서 세계를 분석함으로써 부르주아 이데올로기의 깊숙한 곳까지 이해할 수 있었던 것과 마찬가지로 페미니스트 입장을 취함으로써 전도된 가부장제 이데올로기와 제도들을 더 잘 이해하게 된다는 것이다. 하트삭의 일차적 고민은 소위 '-적' 페미니즘이라고 구분되는 수많은 페미니즘들에서 기존 담론에서 따온 수식어들을 떼어버리고 과학적인 페미니즘 고유의 인식틀을 마련하려는 데 있는 듯하다. 이렇게 함으로써 그녀는 인식론상의 우위를 점하거나 단순한 인식의 도구를 마련해보려는 것이 아니고, 대안 창조의 가능성을 위한 이론적 조건인 동시에 추상적인 철학적 기반이 아닌, "열망에 뿌리박은 실천적 기술"[4]을 찾고자 한다. 샌드라 하딩에 의하면, 이러한 페미니스트 입

London: Routledge, 1993), p. 67.
4) Nancy Hartsock, *The Feminist Standpoint Revisited* (Colorado: Westview Press, 1998),

장이론은 객관주의의 관점없음(point-of-viewlessness)과 해석의 상대주의를 동시에 거부하고 페미니스트의 입장에서 지배적인 남성중심적, 부르주아적 서구 학문을 탐구함으로써 그것이 지닌 편파성과 왜곡을 극복하고자 하는 과학적 이론5)이다.

이론적 비판의 근거가 인간과 자연에 대한 인간의 실천적 활동 속에서 찾아질 수 있다는 맑스의 논의를 따르면서 하트삭은 그러한 활동의 장이 되는 현실(reality)을 두 개의 층으로 구분한다. 그 하나는 지배계급의 편파적이고 그릇된 현실이고, 다른 하나는 피억압자의 진정하고 해방적 현실인데, 여기서 전자는 남권옹호주의자(masculinist)로, 후자는 페미니스트로 규정된다. 그런 다음 인간 조건의 진리는 지배계급 남성이 거주하는 추상적인 개념의 세계가 아니라 페미니스트가 살아가는 구체적인 현실 세계에 기반한다고 주장한다. 그녀는 맑스 이론의 주요한 지점인 물질적 삶의 활동, 즉 실천을 생산 중심의 남성노동에서가 아니라 여성의 삶의 활동으로 바꾸어 놓는다. 만약 인간 존재의 활동이 사회적 관계와 자연 세계와의 관계 둘 다와 연관되어야 한다면, 그 경우 생계유지자로서, 양육자로서 여성의 물질적 삶이 이러한 활동에 더 가깝다는 것이 하트삭의 생각이다.

여기서 하트삭은 최초의 노동분업이 성적 결합에 있어서의 노동분업이었고 정신적/육체적 노동의 구분이 가족내에서의 자연적 노동분업에 기반한다는 맑스의 논의를 언급하면서, 이 발언이야말로 사유재산과 더불어 가부장제가 발생한 것이 아니라 자본주의에 앞서 가부장제가 존재했음을 입증하는 급진적 예라고 주장한다. 여기서 잠시 성별(gender) 노동분업에 관한 기존의 논의를 살펴보자. 자본주의적 생산관계의 발달로 인해 공/사 영역이 분리되고, 임금노동을 할 처지가 아닌 노동계급 식구들과 아이들을 돌보는 문제가 제기되었을 때 자본주의는 이를 여성에게 부과시켜, 그녀의 동등한 임금노동 참가를 배제하면서 이 문제를 관습적으로 해결해왔고, 이로 인

---

p. 236.
5) Sandra Harding, "Feminism, Science, and the Anti-Enlightenment Critiques," in Linda J. Nicholson, ed., *Feminism/Postmodernism* (New York and London: Routledge, 1998), pp. 96-97.

해 사적 영역은 여성의 영역, 공적 영역은 남성의 영역으로 확립되게 되었던 것이다. 이 속에서 여성은 비창조적이며 소외된 노동인 가사노동을 전담하게 된다. 따라서 무보수이며 무가치한 가사노동으로부터 탈피하여 여성의 평등을 이루는 길은 여성의 공적 노동에로의 진입, 가사노동의 보수화라는 현실적 방식으로 나아가든가 아니면 정서적 공간으로서 사적 영역의 중요성을 강조하는 관념적 해결책 쪽으로 나아가든가 이 두 방향으로 진행되어 왔다. 어쨌든 이처럼 성별 노동 분업은 자본주의의 발생, 발전과 더불어 사회적, 역사적으로 구성되었다는 것이 맑스주의 페미니즘의 보편적 주장이었다.

본 논의로 돌아가서 하트삭은 맑스의 논의를 확장 적용시켜 '성적(sexual) 노동분업'이라는 용어를 사용한다. 그 용어로써 그녀는 남녀간의 노동분업이 순전히 사회적인 차원에서만 이루어지는 것이 아니라는 점과 노동이 지니는 육체적, 물질적 양상을 강조하고자 한다.[6] 또한 이 용어를 통해 그녀는 계급이나 인종별 여성간의 차이를 넘어서서 공통된 여성의 경험, 피억압자로서의 여성의 물질적 삶에 대한 이해의 토대를 마련하고자 한다. 하지만 여기서 출발한다고 해서 페미니스트 입장이 실제 존재하는 여성 개개인의 의식이나 경험과 관련된 것은 아니다. 그것은 프롤레타리아트의 입장이 개별 노동자들이 믿는 것에 관한 것이 아닌 것과 마찬가지이다. 다시 말해 "혁명을 일으키는 계급은, 그들이 다른 계급들에 대립한다는 이유만으로도 처음부터 하나의 계급으로서가 아니라 전사회의 대표자로서, 한 지배계급에 대항하는 모든 사회 대중으로서 자신을 표방한다."[7] 이런 전제를 가지고서 하트삭은 노동의 성적(sexual) 분업을 이야기한다. 제도화된 성적 노동분업 하에서 여성의 활동은 주로 생계유지와 출산 및 양육이라는 두 가지 양상으로 특징지어진다. 물론 프롤레타리아 남성과 여성은 공적 영역에서 서로 많은 공통점을 지니지만, 사적 영역에 들어서게 되면 여성의 경우 첫째, 한 집단으로서 남성보다 더 많은 일을 한다. 둘째, 여성노동 시간의 더 많은 부분이 사용가치의 생산에 바쳐진다. 셋째, 여성의 가사활동은 훨씬 더 반

6) Nancy Hartsock, op. cit., p. 112.
7) 칼 마르크스, 프리드리히 엥겔스, 『독일 이데올로기』, 84쪽.

복에 의해 구성되며, 공적 노동에 종사하는지의 여부와 상관없이 가정에서 당연하게 생계유지와 양육을 담당하게 된다. 그리고 이러한 활동의 가치가 지나치게 당연시되고 폄하되어 왔다는 데 하트삭의 불만이 놓여있다.[8] 어머니로서 여성은 아이의 성장을 위해 지나친 통제를 피하는 것의 중요성을 이해해야 하며, 그들의 변화와 성장의 과정에 일반적으로 더 깊이 개입되어 있고, 공적 영역에서 여성이 차지하는 많은 직업의 성격 또한 남성의 직업에 비해 더 관계적이고 상호인간적이다. 그녀는 여성의 이러한 물질적 삶이 사회관계를 구성하고 이해하는 데 더 나은 결과를 가져올 수 있다고 본다. 그녀의 이론은 이처럼 서구문명내에서 체계적으로 다른 남성과 여성의 삶의 활동 사이의 모순으로부터 출발하여 남성중심적 세계의 추상성을 드러내고, 가부장적, 남성중심주의적 원리하에서 비하된 자연과 육체에 새로운 해방적 의미를 부여하고자 한다.

3.

이러한 하트삭의 견해는 페미니즘 내부의 많은 논쟁과 비판을 촉발시켰는데, 『사인』(*Sign*)지에 실린 그 논쟁들은 맑스주의의 퇴조, 포스트주의의 등장과 더불어 거의 사장 위기에 처한 맑스주의 페미니즘에 새로운 활력소를 불어넣는 계기가 되었다. 그리하여 1983년의 첫 논문 이후 15년 후에 그녀는 다시금 「다시 살펴본 페미니스트 입장」이라는 논문을 발표한다. 여기서 하트삭이 자체의 검토와 비판을 거쳐 정리한 부분으로서, 첫 논문에 대해 주목할만한 비판의 내용은 첫째, 이론을 생물학에 기반함으로써 자연과 문명의 분리를 다시금 조장한다. 둘째, 여성의 '단일한 시각'이 존재한다는 식의 본질론에 빠져있다. 셋째, 단일한 억압적 주체를 상정한다. 넷째, 성 대립적 전략은 정치적 위험성을 지닌다. 마지막으로 이런 이유로서 볼 때 그녀의 이론에서는 맑스주의가 탈각되고 차라리 급진적 페미니스트이고 계

---

8) 이와 관련하여 하트삭이 "만약 엄마가 임금노동을 한다면, 가사경제는 어떻게 신경 쓸 것이며 누가 어린아이들을 돌볼 것이며, 식사를 준비하고 빨래와 수리를 할 것인가?"라는 자본론의 한 부분을 인용한 것은 흥미롭다.

몽적 본질론적 이론가의 면모를 보인다는 지적이다. 9)

대표적 비판의 예로 수잔 헤크먼은 그 이론에 영감을 준 맑스주의가 이론과 실천의 면에서 불신을 받아왔을 뿐 아니라 지난 10년간 지배적인 페미니즘의 논쟁거리였던 '차이'라는 이슈에 맞지 않는 것처럼 보이고, 또한 최근의 포스트모더니즘과 포스트구조주의라는 두 경향에 대립되는 것처럼 보인다는 점들로 인해 페미니스트 입장이론이 쇠퇴기를 맞이하게 되었다고 분석했다. 그녀는 페미니스트 입장이론을 단순한 인식론으로 본 다음, 모든 인식은 '편파적이고 왜곡되어 있다'는 푸코의 말을 빌어 과연 피역압자로서의 페미니스트의 인식이 진리인가라는 의문을 제기한다. 또한 현실 삶 자체가 담론으로 이루어져 있으므로, 여성의 물질적 활동 또한 개념적 추상성의 세계, 이데올로기의 세계를 벗어날 수 없으며, 남녀간의 경험의 차이를 중심으로 하는 이 이론에서 여성간의 차이와 여성 경험의 다양성을 이론화하기 어렵다는 점을 비판한다. 10)

로즈마리 헤네시 또한 페미니즘의 지식을 여성의 경험에 대한 어떤 투명한 호소에 기반하는 것은 '여성'을 보편적이고 명백한 범주로 동질화하여, 이 여성이 규정되는 많은 다른 사회적 범주들을 탈각시킨다고 하면서 그 위험성을 지적한다. 뿐만 아니라 더 중요하게도 여성의 경험에 호소함으로써 하트삭의 공언에도 불구하고 실상 페미니즘의 작업과 여성-중심적(women-centered) 작업 사이의 차별성이 희석화되었다는 점 또한 지적한다. 11) 과학적인 페미니즘 인식론과 실천의 틀을 마련해보고자 하는 시도에서 비롯되었음에도 불구하고 어디까지를 정치적으로 담론화한 페미니즘으로, 어디까지를 단순한 여성 경험으로 볼 것인가는 여전히 명백하지 않은 게 사실이다. 또한 헤크먼의 지적처럼 경험적 현실 자체가 이미 담론과 이데올로기에 의해 구성되어 있을 때 경험과 담론이 과연 그렇게 산뜻하게 구분될 수 있으며, 세계와 주체의 관계가 이데올로기의 개입이나 매개없이 직접적이고

---

9) Nancy Hartsock, "The Feminist Standpoint Revisited," pp. 233-234.
10) Susan Hekman, "Truth and Method: Feminist Standpoint Theory Revisited," *Signs: Journal of Women in Culture and Society*, Vol. 22, No. 21(1997), pp. 341-365.
11) Rosemary Hennessy, "Women's lives/Feminist Knowledge: Feminist Standpoint as Ideology Critique," 1995, http://www.cas.ilstu.edu, pp. 2-3.

구체적으로 이루어질 수 있는가에 대해서도 의문이다.

　이런 비판들에 대한 하트삭 자신의 대답을 먼저 들어보자. 그녀는 헤크먼이 세 가지 점에서 페미니스트 입장이론을 권력과 정의에 대해서가 아니라 지식과 인식에 대해 이야기하기를 더 선호하는 일종의 미국식 다원주의로 읽는다고 본다고 하면서 재반격을 가한다. 우선, 맑스의 기획을 이해하는 방식은 진리의 탐색이 아니라 권력관계를 이해하는 것이다. 그녀에 의하면 입장이론은 더 만족스러운 사회적 관계를 작동시키는 데 이용될 수 있는 사회의 해석을 가능하게 하는 기술적, 이론적 장치이다. 물론 이러한 전략이 여타의 권력관계를 모두 포함할 수 없다는 한계에 대해서는 하트삭 스스로도 인식하고 있는 바, 첫 논문이 성적 노동분업에 있어서의 인종적·계급적 차이를 위한 어떠한 이론적 공간도 남겨두지 않았다는 점에 대해 자기비판하면서 입장의 복수성을 부인하지 않는다. 그 때문에 그녀는 레즈비언이나 유색인종 여성의 경험을 무시하는 위험을 품고 있는 이 전략을 여전히 "약간의 거리낌을 가지고서" 받아들인다고 실토하고 있다. 그러나 특권적 지식은 인식론적이기보다는 정치적이고 윤리적이므로 결국 중요한 점은 어떻게 이론적 도구와 통찰을 정의와 사회 변화의 이론을 만드는 데 사용할 수 있는가이다. 푸코의 이론에 대한 헤크먼의 비판에 대해서는 맑스의 경우 권력관계의 편재성을 강조함으로써 변혁의 가능성을 다소간 쇠퇴시켜버린 푸코와 달리 다른 형태의 주체성을 발전시킬 가능성과 잠재력을 강조하는 데 있다고 반박한다.

　자신의 이론에서 맑스주의가 탈각되었다는 비판에 대해 하트삭은 인간활동의 본성에 관한 맑스의 이론으로서 방어한다. '인간은 자연적인 동시에 사회적'이라는 맑스의 명제를 상기시키면서 자신이 노동분업 앞에 젠더 대신 성적(sexual)이라는 말을 붙인 이유가 바로 문화와 자연의 상호작용을 강조하기 위한 것이라고 설명한다. 단일한 여성정체성과 젠더대립적 태도와 관련된 비판들에 관해서 그녀는 세계에 대한 더 나은 설명을 제공하는 이론적·기술적 장치로서의 입장의 의미를 강조하면서, 성대립적 구도, 이를 통한 단일한 여성의 정체성에 대한 지도그리기는 여성이 지금보다 더 나은 위치를 획득하는 데 필요한 단계임을 지적한다. "침묵당해 왔던 그 많은 우리들이 스스로를 이름 붙일 권리를 요구하고, 역사의 대상들이 아니라 주체로서 행동하기 시작하는 바로 이때, 왜 주체의 개념이 문제시되어야 하는가"12) 라는 그녀의 말은 젠더 구분에 기반한 여성 주체성을 마련하는 일이 여전히 정치적으로 유효함을 시사한다. 젠더의 구성이 여전히 오늘날에도 다양한 테크놀로지와 제도적 담론을 통해 지속되는 한 그러하다.

하트삭이 인정한 비판의 내용과 그 대응의 대부분을 수긍할 수 있지만 여성노동에 대한 하트삭의 개념화는 그것이 지닌 자연친화적·관계적 성격을 드러내어 여성 경험의 장점을 부각시키려는 취지에도 불구하고 위험스러운 부분이 있다는 생각이다. 하기 싫을 때조차 누군가가 하지 않으면 안되고, 그 누군가가 거의 대부분 가족 구성원 중 여성이 되는, 구조적으로 주변적이고 억압적인 노동이 거꾸로 가치있는 노동으로 인정받을 수 있는 방법에 대한 설명이 없다. 아울러 그 가치를 누가 어떻게 입증해줄 것인가 하는 문제가 단순하게 해결될 것 같지도 않다. 그것은 지배이데올로기의 전면적 수정이 요구되는 사항이 아니던가. 또한 이러한 주장은 결코 자발적이지만은 않은 가사노동, 양육, 재생산활동을 자유의지에 의거한 자발적 활동으로 그릇 형상화할 가능성이 크고, 이로 인해 노동의 성적 분업, 공/사 영역의 분업을 영속화시키는 오류를 범하기도 쉽다는 생각이 든다.

페미니스트 입장이론의 출발점으로서 여성의 억압이 지닌 인식론상의 이점에 기반한 지식은 특수한 시공간 속에 위치해 있다는 점에서 다양하게 변화하는 상황적 지식인 것이다. 사실 피지배계급이 된다는 것이 곧장 진리의 담지자가 된다는 의미는 아니다. 무엇보다 지배계급의 이데올로기에 오염되지 않은 순수한 피지배 주체는 불가능하다. 다만 타자, 즉 지배이데올로기의 시선을 통해 자기 자신을 바라보는 자신, 자신과 지배이데올로기와의 공모를 인식하는 순간 드러나게 되는 내적 모순성, 그 이중성이 주체의 변화를 유도한다. 벨 훅스의 말대로 '안의 밖'(the outside in)과 '밖의 안'(the inside out)에서 동시에 바라봄으로써 지배자들이 볼 수 없는 양식을 바라보게 되고 그것이 미약하나마 공통성을 제공한다는 것이 하트삭의 입장이다.

---

12) Nancy hartsock, "Foucault on Power," in Linda J. Nicholson, ed., *Feminism/ Postmodernism* (New York and London: Routledge, 1998), p. 163.

따라서 어떠한 지식도 권력관계의 변화를 향해야만 한다는 것이 그녀의 주장이다. 어떤 하나의 입장이 특수한 사회 상황 속의 단순한 존재에 의해 문제없이 생성될 수 있는 것이 아니라 체계적인 이론적 실천적 작업의 산물일 때 역사적 발전과정에 따른 변화가능성은 적극적으로 수용될 수 있다.

4.

하트삭이 꺼림칙하게 여겼던 부분, 즉 여성이 처한 다양한 권력관계간의 차이에 관한 부분은 여전히 페미니스트 입장이론을 커다란 곤경에 처하게 한다. 이러한 인식론적 지형의 변화에 포스트구조주의 이론이 끼친 영향을 무시할 수 없다. 바렛은 최근 몇 년간 서구 페미니즘이 '성-젠더 구별,' '가부장제' 분석 혹은 '남성적 시선'이라는 이전의 전제로부터 유동성과 우연성을 강조하는 새로운 '해체주의적' 경향으로 넘어가고 있다고 지적한다. 그녀는 가치의 위계질서, 기원 또는 인과성, 의미의 절대성에 대한 푸코, 데리다, 라캉 등의 비판이 페미니즘으로 하여금 서구 페미니즘의 이론적 보편주의를 의문시하게 했고, 데카르트적 주체 개념이 지닌 남성중심적 이성주의에 대해 비판해왔으며, 근대성이 지닌 계몽주의적 이분법을 거부하게 만들었다고 주장한다.[13]

권력적이고 위계질서적 이원론에 의해 여성 전체를 동일성에 의해 지배되는 하나의 집단으로 보는 젠더이데올로기는 각종 제도, 교육, 가정, 각종 문학·예술적 실천들, 대중매체들, 심지어 사이버공간 속에서까지 부단히 양산되어 오고 있으므로 실상 거기에서 벗어나는 것이 그리 쉬운 일은 아니다. 그리고 하트삭의 지적대로 젠더의 문제로부터 완전히 탈피하는 것이 반드시 정치적으로 옳은 일도 아니다. 더욱 복잡해진 후기자본주의사회에서 젠더 이데올로기가 어떻게 각종 테크놀로지에 의해 구체적인 일상에 침투해오고 있는가와 이에 대한 일상의 저항들을 들여다봄으로써 새로운 이론

---

13) Michèle Barrett and Anne Phillips, eds., *Destabilizing Theory* (Standford: Stanford UP, 1992), pp. 207-208.

화의 힘을 얻고, 그 속에서 계급, 인종, 연령을 가로지르는 제휴의 가능성을 모색하는 일이 페미니스트들에게 부여된 중요한 과제가 되었다.

페미니스트 입장이론이 진영내에서 이와 관련된 파격적이고 적극적인 탐색이 다너 해러웨이(Donna Haraway)에 의해 시도되었다. 그녀에게 이르면 공/사 영역의 구분에 의한 여성노동의 특성, 그 노동의 자연친화성, 관계성은 더 이상 발붙일 자리가 없다. 유물론적 페미니스트, 맑스주의 페미니스트, 포스트모던 페미니스트 등 다양한 이름으로도 불리우는 해러웨이는 페미니즘의 양대 산맥인 맑스주의 페미니즘과 급진주의 페미니즘이 단일하고 통합된 전체로서의 '여성들' 집단이라는 범주를 구성하려 한 나머지 인종 문제를 간과했다고 지적하면서, 인과성, 회귀, 위계질서를 지닌 '기원'이 아니라 다만 '출처로서의 모태'(matrix)를 지닌 사이보그를 인식의 출발점으로 삼는다. 그녀는 사이보그의 세계가 미래나 기술적 진보의 한 영역을 일컫는 말이 아니라 인간과 기계의 관계가 스스로도 의식하지 못할 만큼 친밀해진 현재 우리의 삶을 가리킨다고 본다. 각종 성형수술, 치아 교정기구, 인공 달팽이 관, 인공 각막뿐만 아니라 실제 우리의 삶은 품종 개량된 곡식들, 다이어트 식품과 약품, 자신의 기억의 한계를 보조해주는 컴퓨터 메모리, 휴대폰, 자동차, 전화기 등 무수한 기계에 의존한다. 사이보그 시대는 여기, 그리고 지금 우리 곁에 있는 것이다. 우리의 육체는 자신도 모르게 점차 기계화되어 가고 있으며, 기계와 친밀해져가고 있다.

이처럼 여성의 새로운 현실로 등장한 테크놀로지 사회가 페미니즘 혹은 여성주체에게 어떻게 다가오는가. 급진적 페미니즘의 선구자인 슐라미스 파이어스톤(Schulamith Firestonte)은 일찍이 성계급이 없어지기 위해서는 피지배계급인 여성의 '생식'조절 수단의 점유가 요구되며, 그 궁극적 목적이란 사회주의 혁명과 마찬가지로 성계급 구별 자체를 완전히 제거하는 것이라고 하였다. 그녀의 예측은 오늘날까지도 다소간 유효한 것 같다. 갖가지 생식조절 수단의 사용은 이제 보편화되었고 의사소통 테크놀로지와 바이오테크놀로지는 육체를 재형성하는 데 핵심적인 기능을 한다. 심지어 성적 재생산과 관련된 테크놀로지는 다른 많은 재생산 테크놀로지들 중의 하나에 불과한 것으로 인식되기에 이르렀다. 여기에 시뮬레이션의 토대가 되는 마이크로전자공학이 가세한다. 그것은 노동을 로봇공학(Robotics)과 워드 프로세싱으로, 섹스를 유전공학과 재생산 테크놀로지로, 정신을 인공지능(Artificial Intelligence)과 컴퓨터 처리과정으로 전환시키는 매개역할을 해왔다.[14]

이와 같이 고도로 발전한 과학기술로 인해 정신/육체, 상부구조/하부구조, 공/사 구분의 경계선은 흐려졌고, 자본주의는 자본의 신속한 이동과 국제적 노동분업, 다국적기업 등 새로운 국면을 맞이하게 된다. 이처럼 경계가 흐려진 상황에서 하트삭이 지적한 여성노동의 특성이나 재생산과 양육이 문제는 들어설 자리가 없다. 새로운 기술은 젠더와 재생산의 이데올로기를 넘어서 진행되고, 이 '새로운 산업혁명'(New Industrial Revolution), 급격히 전지구화된 자본주의사회관계 속에서 인종, 계급, 성은 새롭게 재배치된다. 고든(Richardon Gordon)은 이 새로운 상황을 '부업경제'(Homework Economy)라 일컫는다. 그의 정의에 의하면 '부업경제'란 과거에는 여성의 일이라고 여겨졌던 일의 재구조화로서, 이때 일이란 여성의 일뿐만 아니라 남녀에 상관없이 극도의 취약성과 착취가능성을 지닌 여성화된(feminized) 직업 모두를 가리킨다.[15]

이 부업경제는 공장, 가정, 시장 등이 새로운 차원으로 통합되는 것을 지칭하며, 이 과정에서 여성의 위치가 새롭게 부상하게 됨을 보여주는 동시에 더욱 빈곤해진 여성의 상황을 나타내기도 한다. 실상 수많은 여성들이 실리콘 밸리에서 노동자로서, 혹은 전문가로서 활동하는가 하면, 새로운 과학기술의 발전은 해러웨이에 의하면 전세계적인 구조적 실업, 가족수당의 상실, 복지국가의 해체, 여성의 이중부담 심화, 그리고 흑인 여성과 제3세계 여성의 가혹한 노동 착취의 드라마로 이어진다. 이제 분석의 틀은 다양한 상황에 처한 남녀 사이의 차이뿐만 아니라 여성들 사이의 차이로 이어져야 한다. 접합과 성장을 통한 재생과 관련된다는 점에서 사이보그는 포스트젠더 시대의 산물로서 젠더를 넘어서 여러 사회 관계들과의 제휴를 시도하는

---

14) Donna Haraway, "A Manifesto for Cyborgs: Science, Technology, and Socialist Feminism in the 1980's," in *Feminism/Postmodernism*, p. 207.
15) Ibid., p. 208.

페미니즘이 재구성될 수 있는 구체적 가능성이 될 수 있다. 현실과 접해 있으면서도 현실을 벗어나는 존재 그 자체가 바로 사이보그이기 때문이다. 이렇게 볼 때 사이보그야말로 해러웨이에게 있어서는 페미니즘적 인식의 출발점을 형성하는 틀이며 대안적 존재이다. 여성의 경험이라는 공통분모가 더 이상 전지구화된 자본주의내에서 인종, 계급, 성이 새롭게 재배치된 상황과 들어맞지 않는다는 사실을 인식하고 이렇게 재배치된 주체들을 한데 묶기 위한 하나의 개념적 은유가 사이보그인 것이다.

「사이보그를 위한 선언문: 1980년대의 과학, 기술, 그리고 사회주의 페미니즘」의 첫 문장은 "이 장은 페미니즘, 사회주의, 유물론에 충실한 아이러니컬한 정치적 신화를 수립하려는 하나의 노력이다"라는 말로써 시작된다. 아이러니는 분명한 경계선 긋기가 아니라 경계선간의 모순과 긴장을 그 자체로서 즐기는 일종의 놀이이다. 사이보그의 이미지가 곧 이러한 아이러니의 산물이다. 그것은 기계와 유기체의 잡종 교배로서, 상상력과 물질적 실재의 농축된 이미지이며, 대립적, 유토피아적이다. 사이보그는 결코 이성배우자와의 결합을 통해, 완전한 도시와 우주 속에서 완전성을 통해 자기를 구원해줄 아버지를 고대하지 않으며, 유기체적인 가족 모델에 기초한 공동체가 아니라 비오이디푸스적 공동체를 꿈꾼다.[16] 그렇다고 해서 사이보그를 "수척한 기계애호증적(technophilic) 행복감 혹은 인공두뇌학적인 모든 것에 대한 지나친 사랑으로 폄하시키지"[17] 말 것을 그녀는 당부한다.

"이분법과 서구의 지식이 기반을 둔 유기적, 총체적 비전을 재고하게 하는 원천이며, 후기자본주의의 포스트젠더적, 포스트모던적인 분쇄된 주체에 대한 은유"[18]로서, 사이보그는 여성들이 '우리'라고 부를 수 있는 정체성의 본질적 기반이 없다는 데 대한 고민에서 나온 것이다. 새로운 기술적, 경제적 혁명이 여성의 노동, 생활, 섹슈얼리티에 미치는 영향력으로 인해 여성의 삶이 중첩적인 그물망에 둘러싸여 있게 되었다고 지적하면서, 그녀

---

16) Ibid., pp. 192-193.
17) Donna Haraway, *How Like a Leaf: An Interview with Thyrza Nicholas* Goodeve (New York and London: Routledge, 2000), p. 129.
18) Rosemary Hennessy, op. cit., p. 72.

는 공통된 언어나 경험에 충실한 완벽한 명칭에 대한 페미니즘의 꿈이 전체주의적이고 제국주의적이라고 비판한다. 그것은 더 이상 여성으로서의 투명한 정체성이 페미니즘에 현실적으로 유용하지 않음을 시인하는 일이다. 자연=여성과 문명=기계=남성의 이분법에서 늘 지배받는 자연의 위치에 있어온 그 틀을 어떤 식으로든 또다시 반복하지 않기 위한 해러웨이의 고민 또한 여기에 들어 있는 것이다.

바로 이 지점을 놓고 테레사 에버트는 해러웨이의 이론이 실제하는 역사적, 유물론적 실천에 입각해 있기보다는 노동, 계급, 투쟁, 경제학의 은유들에 기반해 있는, 유토피아적이고 관념적인 이론이라고 비판한다. 19) 한편 수잔 보르도는 "포스트모던한 이질성과 불안정성에 의해 모더니티의 갈고리를 제거하기에는 너무 이르다"고 하면서, 사이보그는 혼돈된 경계의 파편화와 이미 해질대로 해진 자아 안에서 '기쁨을 취하도록' 우리를 초대하지만 자유자재로 형태를 변화시키는 신체에서 이미 물질성은 몰각되고, 그 결과 현실을 넘어 무한한 인식론적 환상에 빠져들 위험을 내포하고 있다고 지적한다. 20)

여성이 지배의 정보과학이라고 불리는 세계적인 생산/재생산과 의사소통 체계 속으로 총합/착취되는 현실 상황 속에 놓여 있을 때, 사회주의 페미니즘 정치학은 과학과 기술로 이루어진 사회관계에 말을 겲으로써 재구성된다는 인식 속에서 탄생한 이미지가 사이보그일 때, 그것으로부터 구체적이고 역사적이며 물질적인 페미니즘의 실천을 도출할 가능성은 없는가. 사이보그 이론을 통해 해러웨이가 궁극적으로 추구하는 것이 다양한 억압적 상황에 놓여 있는 주체들을 실질적으로 결합시켜 줄 정치적 형태를 실현하는 것이라는 점에서 그 가능성은 '위험스러울 수 있지만' 또한 필요한 정치적 탐구의 한 부분이다.

해러웨이는 현실적인 실천 대안으로서 우선, 유급노동 여성을 위한 집단

---

19) Teresa L. Ebert, "Ludic Feminism, the Body, Performance, and Labor: Bringing Materialism Back into Feminist Cultural Studeis," *Cultural Critique* (1993), p. 19.
20) Susan Bordo, "Feminism, Postmodernism, and Gender-scepticism," in *Feminism/ Postmodernism*, p. 153.

적 투쟁 형식을 개발하려는 노력을 제시하는데, 이러한 노력은 노동과정과 노동계급의 재편을 기술적으로 재구조화하는 것과 관련된다. 여기에는 백인남성 산업 노동조합에서는 가능하지 않았던 지역사회, 섹슈얼리티, 가족 문제가 포함된다. 다음으로 그녀는 현재의 패배보다는 충실한 미국 과학기술 관료들에 의해 산출된 정치학의 모순적 결과에 주목함으로써 희망의 근거를 찾아보기를 충고한다.

무엇보다도 이 논문은 사회주의/맑스주의 페미니즘이 백인 휴머니즘의 논리, 언어, 실천에 무비판적으로 참여하면서 혁명적 목소리를 확보하기 위해 유일 지배체제의 토대를 추구했던 것에 대한 심각한 반성으로부터 나온 것이라고 여겨진다. 왜냐하면 "그간의 실패를 의식함으로써 페미니즘이 무한한 차이 속으로 사라져버리거나 부분적이고 진정한 연결을 이루는 복잡한 과제를 포기할 위험에 처할 수도 있음"을 그녀 자신도 분명히 인식하고 있기 때문이다. 페미니즘이 하나의 정치학이 되기 위해서 그것은 총체성에 대한 신화를 간직해서도 안되고, 그렇다고 해서 무한한 차이의 놀음에 빠져들어서도 안된다는 것이 해러웨이가 당면한 과제이다.

5.

하트삭과 해러웨이의 이론은 지금까지 우리사회의 페미니즘 진영에서 크게 다루어오지 않았던 여성과 노동의 문제[21]를 맑스주의의 틀을 빌어 본격적으로 다루고 있다는 점에서 의의가 있다. 실상 성에 대해 무지하다는 이유로 맑스주의 페미니즘은 80년대 맑스주의의 부속 이론쯤으로 얼마간 거론되다가 곧 포스트주의와 탈식민주의의 거대한 물결에 밀려 거의 백과사전적 정의로만 존재해 왔다. 많은 페미니즘 이론이 계급과 성을 넘어서는

---

21) 감정 노동의 가치를 새롭게 평가한 정고미라의 「노동 개념 새로 보기: 감정 노동의 이해를 위한 시론」(『노동과 페미니즘』, 2000)과 김성민의 「계급모순인가 성적모순인가」(『철학의 눈으로 읽는 여성』, 2001), 고갑희의 「여성주의적 주체 생산을 위한 시론 1—성계급과 성의 정치학에 대하여」(『여/성이론』 창간호, 1998)에서 맑스주의와 페미니즘의 관계를 모색하고자 한 것을 제외하고 여기에 관심을 기울이는 페미니스트들은 드물다고 여겨진다.

'여성 간의 차이'의 문제를 거론하지만 정작 오늘날 남한사회내에서 여성 간의 차이를 발생시키는 가장 큰 원인은 계급의 차이가 아닌가 싶다. 롯데 백화점에서 쇼핑하는 여성과 동대문 시장에서 쇼핑하는 여성간의 차이는 임금노동에 종사하면서 세 끼의 식사를 꼬박꼬박 차려내고도 한 끼를 거르면 직무태만이라고 비난받는 여성과 한 끼 식사 분량의 설거지만 해도 지나치게 칭찬받는 남성 간의 차이만큼 크다. 여성은 실로 계급 구조와 '이중적인 관계'를 지닌다. 즉 노동계급 여성과 부르주아계급 여성은 자본의 소유 여부에 의해 계급적으로 구별되지만, 남성과의 관계에서는 둘 다 동일한 지위를 차지하는 것이다.

우리사회에서 조선족 처녀와 베트남 처녀에 대한 차별 또한 인종의 문제라기보다는 계급과 자본의 문제이고 그릇된 가부장적 이데올로기의 문제이다. 뿐만 아니라 소위 사회적 성공도—이는 곧 자본의 소유와 대부분 직결되는데—에 따른 등급별 결혼 정보회사와 상류층일수록 더 성공확률이 높은 우리사회의 현실은 무엇을 이야기해 주는가. 자본주의를 대변하는 교환가치가 결혼과 가족이라는 사적 영역에까지 노골적으로 침투해온 현실에서 더욱더 예리한 맑스주의와 페미니즘적 시각이 요구된다. 여성과 노동, 여성 주체의 의미, 자본주의와 여성의 관계를 중심으로 하트삭과 해러웨이의 페미니스트 입장이론을 살펴봄으로써 발견할 수 있는 것은 세상을 바라보는 렌즈로서 맑스주의와 페미니즘의 행복한 결합에 대한 가능성이다. 더구나 최근 미국의 패권주의에 드러난 자본주의, 군사주의, 인종차별주의, 그리고 남성적 힘의 논리에 대한 찬양, 그 속에 결정권과 저항의 능력마저 상실한 채 여성과 아이들이 가장 많은 희생자로 전락하는 현실을 보면서 페미니즘과 맑스주의가 지향하는 변혁의 의미가 더욱 절실해진다. 가부장적 자본주의의 전지구적 확장과 더불어 성모순이 계급모순과 이전과는 다른 모습으로, 그러나 더욱 은폐된 모습으로 서로 중첩되어 공존할 때 거기서 벗어나는 길은 하트삭의 말대로 관계와 공생의 원리, 친자연적이고 사용가치 중심의 여성노동의 개념을 부각시키는 일이 될 수도, 해러웨이처럼 모든 오염된 기원을 거부하는 불경죄를 저지르는 일이 될 수도 있다. 전자는 생물학적 본질론에, 후자는 차이의 무한한 유희 속에 빠져들 위험성을 가진다.

그 위험성에도 불구하고 두 이론가가 공통적으로 추구하는 지점은 페미니즘 이론의 구체화와 과학화이다. 그렇게 함으로써 페미니즘을 특별한 이론이 아니라 세계를 이해하는 또 하나의 입장이나 관점으로 만들 필요가 있다.

하트삭의 여성노동에 대한 강조는 자본에 대한 이익의 여부를 중심으로 이루어지는 노동개념, 공적 영역 중심의 노동개념에 대한 확장을 요구하며, 해러웨이의 은유와 아이러니의 정치학은 기존의 담론에 구체적으로 개입해 들어갈 새로운 저항적 담론을 형성할 필요성을 요구한다. 은유는 담론이 현실세계에 가지는 힘에 대한 또다른 표현 방식으로서 그것은 거꾸로 역사적 현실에 그 기반을 두고 있다. 담론이 전적으로 현실을 규정하지는 않지만 그렇다고 해서 현실에서 모든 담론이 생성되어 나오는 것도 아니다. 담론을 구성하는 지식은 현실사회에 대한 독법을 가능하게 해주는 이데올로기로부터 산출되는 동시에 이렇게 해서 산출된 지식이 또한 물질적 개념으로서의 이데올로기에 영향을 주기도 하기 때문이다.

특수한 사회적 상황의 요구에 따라 지속적인 자기비판을 거치면서 발전해온 페미니스트 입장이론은 이런 의미에서 실천적 담론의 역할을 톡톡히 해왔다. 맑스주의가 인식의 틀로서 여전히 유효한 시각을 제공하는 한 페미니스트 입장이론 또한 쉽게 폐기처분될 수는 없다. 무엇보다 이 이론이 여성 간의 차이를 담보하면서도 관점 없는 무한한 다원성에 빠지기를 거부하는 이유의 한 부분에는 '세계의 해석이 아닌 변화를 위한' 열망이 자리잡고 있다.

생태맑스주의로의 길

홍성태 (상지대, 사회학)

1. 자연의 한계와 생태위기

우리가 살아가는 지구는 하나의 생태계를 이루고 있다. 이 생태계는 우주적 차원에서는 보잘것없는 것이지만, 우리의 삶의 차원에서는 우주보다 더 큰 가치를 갖는다. 지구를 떠나서 우리가 살아갈 수 있는 곳은 없기 때문이다.[1] 이것은 다시 말해서 우리가 절대적 한계 속에서 살아가고 있다는 것을 뜻한다. 지구는 분명히 한계를 가지고 있기 때문이다. 그런데 우리는 이미 이 한계를 넘나들게 되었으며, 그 결과 우리의 생존 자체를 위협하게 되었다. 그러므로 이 한계를 올바로 깨닫고 그 안에서 우리의 삶이 이루어질 수 있도록 하는 것은 생존의 명령이라고 할 수 있다.

지구의 한계는 우리가 결코 완벽하게 이해할 수 없는 복잡한 연관을 통해 작동한다. 지구는 생물과 비생물이 조직적으로 얽혀서 이룬 하나의 생태계이며, 그 자체로는 분명히 유한하지만 그 연관은 사실상 무한하다. 이러한

---

[1] 많은 과학자들이 다른 '태양계'와 생명체가 있는 다른 '행성'을 찾고 있다. 이런 식의 노력은 곧잘 '우주 식민지'론으로 연결되기도 한다. '한계'에 이른 지구를 버리고 새로운 별을 찾아서 역사를 다시 시작하자는 것이다. 〈토탈 리콜〉은 '가상현실'과 관련된 대표적인 영화로 널리 알려져 있지만, 이런 류의 '우주 식민지'론을 꽤 재미있게 그려낸 영화이기도 하다. '우주 식민지'론은 특히 나사(NASA)와 관련된 사람들에게 중요한 밥벌이의 원천이다. 그러나 생태적으로 보자면, 그것은 현재의 문제를 호도하는 기술낙관론의 극치라고 할 만하다. 우리가 갈 수 있는 다른 별은 없다. 우리의 삶은 여기서 시작되었고 끝날 것이다.

지구생태계는 지구의 탄생과 함께 시작된 지구적 차원의 물질운동의 산물이다. 생물의 등장과 함께 이 운동은 생물과 비생물이 서로 영향을 미치고 변하는 '공진화'로 전개되었다. 우리를 포함한 지구 위의 모든 것은 이러한 공진화의 산물이다. 물론 이런 변화는 지금도 계속되고 있다. 현재에 매혹되거나 사로잡혀 살아가는 것은 변화가 오래 전에 끝난 것으로 여기고 살아가는 것과 같다. 아마도 이것이 우리가 살아가는 일반적인 모습일 것이다. 그러나 변화는 끝나지 않았다. 변하지 않는 것은 모든 것이 변한다는 사실 뿐이다.

지구의 한계는 종종 생태계의 위기로 나타난다. 그 원인은 자연적인 것과 인공적인 것으로 나누어 살펴볼 수 있는데, 근대 이전에는 주로 자연적 재앙이 그 주된 원인이었다면, 근대 이후에는 인간의 공업력이 가장 중요한 원인으로 나타났다. 물론 고대 메소포타미아 문명의 몰락에서 잘 볼 수 있듯이, 이미 문명의 여명기부터 인류는 자연을 심하게 착취했으며, 그 결과 스스로 몰락하는 운명을 맞기도 했다. 그러나 인류가 지구생태계에 심각한 영향을 미치기 시작한 것은 최근 250년 사이의 일이고, 나아가 지구생태계를 위기로까지 몰아넣은 것은 불과 지난 50년 사이의 일이다.[2] 인류는 너무 빠른 시간에 너무 많은 것을 이루었다. 이 자체로도 지구생태계와 그 안에서 살아가는 인류의 삶은 충분히 큰 혼란에 빠질 수 있다. 그런데 인류는 여기에 덧붙여 지구생태계에 대단히 해로운 방식으로 그런 성과를 이루었다. 자원의 고갈과 자연의 파괴로 말미암은 지구생태계의 위기는 이제 우리의 삶이 이루어지는 실존적 조건이 되고 말았다.

맑스와 엥겔스는 이러한 자연의 한계와 위기에 대해 알지 못했다.[3] 이

---

2) 코머너는 1970년대 초 미국의 환경위기를 '2차대전 이후에 일어난 생산기술의 급격한 변화'로 말미암은 것으로 보았다(Commoner(1972), 『원은 닫혀야 한다』, 송상용 옮김, 전파과학사, 1980, 177쪽). 냉전을 배경으로 지구적 차원으로 빠르게 퍼져간 '근대화'는 이러한 변화의 '지구화' 과정이었으며, 지구생태계의 위기는 그 중대한 결과라고 해야 할 것이다. 이와 관련된 최근의 연구로는 French(2000), 『세계화는 어떻게 지구환경을 파괴하는가』, 주요섭 옮김, 도요새, 2001을 참조.
3) 오늘날 우리가 겪고 있는 생태위기의 대표적인 예로는 흔히 지구온난화, 오존층 파괴, 생물종 다양성 감소를 든다. 맑스와 엥겔스는 물론이고 레닌과 스탈린도 이 '지구적 환경문제'에 대해 전혀 알지 못했다. 모두 그들이 죽은 뒤에 생겨난 문제들이기 때문이다.

점에서 그들이 '시대를 뛰어넘는 통찰력'을 보여주지 못했다는 것은 분명하다. 그렇다고 해서 이 때문에 맑스와 엥겔스를 단순히 '낡은 사상가'로 여길 필요는 없다. 그러나 또한 맑스와 엥겔스를 '만능 해결사'로 여기는 태도도 분명히 잘못된 것이다. 자연의 한계와 위기가 전면적으로 나타난 것은 20세기 중반을 지난 뒤의 일이고, 따라서 이에 대한 이론적 탐구가 본격적으로 이루어지기 시작한 것도 그 무렵부터의 일이다. 이런 사정을 염두에 두고 이 글에서는 맑스주의의 한계와 위기에 대해 생각해보고자 하며, 그 내용을 '생태맑스주의로의 길'이라는 방식으로 정리해보고자 한다.

2. 맑스주의와 자연

맑스는 자연을 그 자체로 다루지 않았으며, 항상 인간 및 사회와 연결시켜 다루었다. 그렇다고 해서 맑스가 자연의 '가치'를 무시했던 것은 아니다. 잘 알려져 있다시피 그는 「고타강령비판」(1875년)에서 자연의 중요성을 다음과 같이 지적했다.

> 노동은 모든 부의 원천이 아니다. 자연도 노동과 마찬가지로 사용가치의 원천이다. …노동 그 자체는 자연력의 하나인 인간 노동력의 발현에 불과하다…. 인간이 모든 노동수단과 노동대상의 첫 번째 원천인 자연에 대해 처음부터 그 소유자로서 관계를 맺는 한에서만, 즉 자연을 인간의 소유물로 취급하는 한에서만 인간의 노동은 사용가치의 원천이 되며, 따라서 부의 원천도 된다. [4]

자연은 '노동과 마찬가지로 사용가치의 원천'일 뿐만 아니라 '노동 그 자체'가 '자연력의 하나인 인간노동력의 발현'이다. 이런 관점에서 보자면, 인간을 자연보다 우위에 놓는 것은 물론이고 자연과 인간을 따로 떼어놓는 것도 잘못이 아닐 수 없다.

자연과 인간의 관계 및 자연의 중요성에 관한 더욱 자세한 설명은 엥겔스에게서 찾아볼 수 있다. 노년에 접어들던 1873년에서 1883년 사이에 쓴 『자

---

4) 김재기 편역, 『마르크스 · 엥겔스 저작선』, 거름, 1988, 166쪽.

연변증법』에 실린 유명한 「원숭이의 인간화에 있어서 노동의 역할」이라는 논문에서 엥겔스는 자연과 인간의 관계에 대해 이렇게 썼다.

인간은 그가 일으키는 변화를 통해 자연을 자신의 목적에 맞게 변형시키며, 자연을 지배한다. 이것이 인간과 다른 동물간의 최후의 본질적인 차이이며, 이 차이를 발생시키는 것은 다시 노동이다. 그러나 자연에 대한 우리 인간의 승리에 대해 너무 득의양양해 하지는 말자. 우리가 승리할 때마다 자연은 매번 우리에게 복수한다…. 우리가 한 걸음 한 걸음 내딛을 때마다 상기해야 할 것은 우리가 자연을, 마치 정복자가 타민족을 지배하듯이, 자연 바깥에 서있는 어떤 자처럼 지배하는 것이 아니라는 점이다. 오히려 우리는 살과 뼈, 머리까지 포함하여 전적으로 자연에 속하는 존재이며, 자연의 한가운데에 서있으며, 우리의 자연에 대한 지배의 본질이 모든 다른 피조물보다 우수하게 자연의 법칙을 인식하고 이를 올바로 사용할 줄 아는 데 있다는 것을 명심해야 할 것이다.[5]

'인간의 승리'에 대한 자연의 '복수'를 언급하고 있는 이 귀절은 특히 생태위기의 현실과 관련해서 널리 알려져 있다. 여기서 엥겔스는 자연을 '지배'할 힘을 가지고 있더라도 그 힘을 아주 조심스럽게 사용해야 한다고 주장한다.

이런 예들에서 볼 수 있듯이 맑스와 엥겔스는 자연의 중요성을 결코 무시하지 않았다.[6] 그러나 그들은 자연을 인간이라는 '주체'의 욕구와 욕망을 실현하기 위한 '대상'으로 보았을 뿐이다. 그들은 자연의 한계에 대해 알지 못했으며, 오로지 자연의 이용에 초점을 맞추었다. 맬더스에 대한 맑스의 신랄한 비판에서 잘 드러나듯이, 맑스와 엥겔스는 자연의 한계라는 것을 결코 받아들이지 않았으며, 자연의 이용을 혁명의 원인이자 결과로 파악하였다. 이 점에서 그들은 명백히 생산력주의자였다. 그들은 자연과학에 바탕을 두고 있는 새로운 생산력의 파괴성을 잘 알지 못했다.

무엇보다 현대의 군사력에서 잘 볼 수 있는 생산력의 파괴성을, 자연의

---

5) 엥겔스, 『자연변증법』, 윤영식 외 공역, 중원문화, 1989, 176-177쪽.
6) 맑스와 엥겔스가 자연과 인간의 관계에 관심을 가지고 있었던 것은 틀림없지만, 그렇더라도 자연에 대한 맑스주의의 체계적 관심은 훨씬 뒤에야 나타났다(Alfred Schmit, *The Concept of Nature in Marx* 〔NLB, 1973〕, p. 17).

'복수'에 대한 엥겔스의 훌륭한 설명에도 불구하고, 그들은 아직 경험하지 못했고 적절하게 예측하지도 못했다. 동시에 그들은 '자연에 대한 지배'에서 문제가 일어날 수 있다는 것은 알고 있었지만, 그런 문제가 궁극적으로 '자연의 한계'에서 비롯된다고는 생각하지 않았다. 환경문제의 역사성과 사회성을 보여준다는 점에서 그들은 옳았지만, 그 문제가 단순히 사회주의 혹은 공산주의로 '발전'하는 것만으로는 결코 해결될 수 없다는 것을 그들은 몰랐다. 예컨대 맑스는 청년기의 저작인 『경제철학수고』(1844년)에서 다음과 같이 썼다.

> …자연과학은 공업을 매개로 하여 인간의 삶에 더욱더 실천적으로 개입하였고, 인간의 삶을 더욱더 실천적으로 개조하였으며, 비록 공업이 직접적으로는 비인간화에 도달할 수밖에 없었다 할지라도 인간의 해방을 준비하였다. 공업인간은 인간에 대한 자연의 현실적인 역사적 관계이며, 따라서 자연과학의 현실적인 역사적 관계이다. …인간의 역사 안에서 생성되어가는 자연은 인간의 현실적 자연이다. 따라서 비록 소외된 형태라 할지라도 공업을 통하여 생성되는 자연은 진정한 인간학적 자연이다.[7]

> 사회주의적인 인간에게 이른바 세계사 전체는 인간의 노동에 의한 인간의 산출 곧 인간을 위한 자연의 생성에 다름 아니다. 따라서 사회주의적 인간은 자기자신에 의한 자신의 탄생 곧 자신의 생성과정을 직관적으로, 아무도 이에 거역할 수 없게끔 증명한다. …따라서 낯선 존재 곧 자연과 인간을 초월하는 존재에 대한 질문은 실천적으로 불가능하게 되었다.[8]

젊은 날의 맑스는 그 무렵의 대다수 사람들과 마찬가지로 공업력에 심취했던 것이 틀림없다. 그리고 그는 공업력을 어디까지나 생산력으로 받아들였으며, 자연을 파괴하고 위기를 낳는 살상력으로 여기지는 않았다. 이런 생각은 죽을 때까지 변하지 않았던 것으로 보인다. 그에게는 노동자계급의 해방을 통한 인간해방만이 역사적 과제였고, 자연과 공업력은 이 과제를 이

---

7) 칼 맑스, 『경제학 철학 수고』, 김태경 옮김, 이론과 실천, 1987, 92쪽.
8) 같은 책, 95쪽.

루기 위해 필요한 자원이고 생산력이었을 뿐이었다.

맑스와 엥겔스의 교조적 후예들이 "지나치게 인간중심적이고 (민족중심적이었고) 생산중심적이었으며 그래서 환경문제에 관한 고민이 전혀 없었다"[9]는 평가를 받게 된 데에는 이런 사정이 큰 영향을 미쳤을 것이다. 현대 생산력의 파괴성이나 자연의 한계에 따른 생태위기 등에 관해 맑스와 엥겔스로부터 직접적으로 배울 수 있는 것이 사실상 없기 때문이다. 교조적 후예들은 스승들이 말하지 않은 것은 아예 현실에 존재하지 않는 것으로 여기는 고약한 질병에 걸린 환자들이지 않은가? 낡아서 빼야 할 것은 빼고 새롭게 덧붙여야 할 것은 덧붙여야 스승의 가르침이 현실의 변화에 따라 오히려 더욱더 풍부해지는 법이다. 이 점에서 교조적 후예들은 스승의 이름으로 스승을 죽이는 잘못을 저질렀다고 할 수 있을 것이다. 그들은 오로지 '자연의 지배'에만 몰두했을 뿐이며, 그 결과 지구생태계를 엉망으로 파괴하는 한 주역이 되고 말았다.

맑스주의는 그 내부에 다양한 이론적 갈래들을 가지고 있다. 맑스 자신이 살아있다고 해도 누가 자신의 생각을 가장 잘 이어받고 있는가를 평가하기는 결코 쉽지 않을 것이다. 여기 두 극단이 있다. 하나는 '교조적 맑스주의자'로서 맑스와 엥겔스의 이론을 곧이곧대로 받아들이고 적용하려 하는 사람들이다. 이들에게 시대의 변화 따위는 하찮은 것일 뿐이다. 심지어 생태위기는 계급모순에서 눈을 돌리게 만들기 위한 자본가의 음모일 뿐이다. 다른 하나는 '맹목적 맑스주의자'로서 자기가 맑스의 이론을 어떻게 이어받고 있는가조차 잘 모르면서 무작정 자신은 '맑스주의자'라고 주장하는 사람들이다. 이들은 시대의 변화를 앞지르기 위해 여기저기 열심히 뛰어다니지만, 이들이 자신을 맑스주의자라고 생각하는 실제적인 근거는 교조적 맑스주의와 같기 때문에, 결국 시대의 변화를 앞지르기는커녕 뒤쫓는 것조차 제대로 못하고 만다.

시대의 변화를 올바로 좇아서 맑스주의를 살아있는 것으로 만들기 위해서는 우선 두 극단에서 벗어나야 한다. 그리고 자연의 한계와 위기라는 '객

---

9) 구승회, 『에코필로소피』, 새길, 1995, 171쪽.

관적 조건'의 실태가 '주체적 역량'에 미치는 규정력을 올바로 이해해야 할
것이다. 맑스주의는 무엇보다 '객관적 조건'에 대한 '과학적 이해'를 강조하
지 않는가?

3. 사회주의와 자연

맑스와 엥겔스의 사상은 아직 자연의 한계와 위기가 뚜렷하게 드러나지
않았던 반면에 물자의 부족과 분배의 불평등이 가장 중요한 사회문제로 여
겨지던 시대의 산물이다. 이러한 맑스와 엥겔스의 사상을 따르는 맑스주의
자들이 세운 새로운 국가들은 환경문제에 거의 무관심했다. '인류의 역사는
다름 아닌 생산의 발전의 역사이며, 생산력과 생산관계의 발전의 역사'[10]
라는 생산주의의 사고 속에서 자연의 한계와 위기에 대한 우려는 찾아볼 수
없었다. 대신에 소련의 사적 유물론 교과서는 다음과 같이 가르쳤다.

> 맑스주의에 의하면, 사회주의체제의 공업화조건 하에서는 노동자와 농민이 어
> 떻게 하면 경제를 발전시킬 수 있는가 하는 목적성에 기반하여 자연자원을 효
> 과적으로 이용하는 것이 가능하게 된다. (63)

> 인구문제를 성실히 연구하는 사람들은 결론지어 말하기를, "토지는 그것에 조
> 응하는 기술적·사회적 제조건에 따라서 그 생산성은 무한히 증대될 수 있는
> 능력을 포함한다'라고 하였다. (70)

> 자연의 제조건은 인류의 증가와 진보적 발전에 있어서 넘어설 수 없는 장해로
> 되지 않는다. 인류의 물질적 복지는 생식을 둘러싼 생물학적 법칙에 따르는 것
> 이 아니라, 사회생활의 체제에 의존한다. (71)

여기서 자연은 사실상 한계를 가지고 있지 않은 것으로 다루어지며, 오
직 그 효과적인 이용만이 실제적인 과제로 다루어진다. 요컨대 소련의 사적

---

10) 소련의 사적유물론 교과서를 번역한 『세계철학사 III』, 녹두출판사, 1985, 83쪽.
이후 이 책에서의 인용은 본문의 괄호 안에 쪽수를 명기한다.

유물론 교과서는 자연은 무한하므로 무한한 성장은 가능하다는 전제 위에서 사회주의의 필연성과 우월성을 주장하고 있는 것이다. 그러나 이런 전제야말로 '상상적인 것', 다시 말해서 '관념론'적인 것이다. 불행하게도 현실의 사회주의는 이렇게 비현실적인 것이었다.

그런데 자연의 효과적인 이용을 위해 소련에서 가장 강조했던 것은 중공업이었다. 사회주의는 공업이 '인간의 해방을 준비'했다는 맑스의 가르침을 철저히 받아들였다. 그 까닭은 물론 그것이 가장 발달한 생산력이기 때문이다. 그리고 이런 점에서 사회주의는 무엇보다 중공업의 중요성을 강조했다. 현대의 중공업은 오로지 '생산력의 증대'라는 관점에서 중시되었고, 그것이 자연에 미치는 파괴적인 영향은 완전히 무시되었다.[11]

생산력의 증대, 무엇보다도 우선 생산용구의 증가와 개선이 사회주의하에서 사회발전의 기초로 된다. 생산수단을 만들어내는 중공업은 전국민경제와 기술적 진보의 토대이며, 근로자의 풍족한 문화적 생활의 원천이다. 레닌이 말한 바대로, 공산주의란 소비에트 권력 더하기 전국의 고도산업화이다. (109)

물론 소련이 단순히 중공업만을 강조했던 것은 아니다. 소련은 자본주의가 개발한 '과학적 관리법'을 받아들여서 중공업을 발달시키고자 했다. 요컨대 "소련은 계급지향적인 노동 조직기법뿐만 아니라 서구에서 개발된 과학적 관리 또는 테일러주의 같은, 자본주의 세계에서 개발된 기술복합체에 처음부터 의존적이었다." 그런데 이러한 관리법은 인간을 포함한 자연의 효율적인 착취를 목표로 하는 것이기 때문에 "이 점 역시 소련 사회의 발전에 똑

---

11) 중공업 중심의 경제정책은 모든 사회주의국가의 공통적 특징이었으며, 따라서 모든 사회주의국가가 똑같은 문제를 안게 되었다. "중공업 중심의 성장 전략은 이들 사회내에서 자본주의사회보다 더욱 심각한 환경의 오염과 파괴를 초래하였다. 그 이유는 신기술의 개발 도입을 통해 생산의 경제적·생태적 효율화를 동반하는 내포적 생산으로 전환하지 못하고 단지 대량생산에 머물면서 자원의 대량적·비효율적 소비와 생태적 파괴의 확산을 수반하는 기계화만을 관철시켰기 때문이다. 따라서 구소련과 동구 사회주의국가들의 산업은 서구 자본주의국가의 산업보다 비교할 수 없이 적은 소비재를 산출하였음에도 불구하고 더 많은 물자와 에너지를 사용하였으며, 더욱 많은 산업 폐기물·폐기 가스·폐수를 양산하여 환경 파괴를 초래하였던 것이다"(손기웅, '북한의 환경 문제와 남북한 교류협력 전망', www.enn21.com/nkenv/nkdata/nkdata03.htm).

같이 파멸적이었다."12)

이처럼 자연의 한계를 무시하고 중공업과 과학적 관리법으로 무장해서 인민의 복지를 증진시키기 위해 공업화에 힘쓴 결과는 무엇이었는가? 정말로 소련은 인민의 복지를 증진시켰는가? 그렇다고 말하기는 어렵다. 소련은 만성적인 부족경제에서 벗어나지 못했을 뿐만 아니라, 다시 말해서 인민의 복지를 제대로 증진시키지도 못했을 뿐만 아니라, 인민의 생존을 지탱하는 자연적 기반 자체를 크게 망가뜨리고 말았다.

> 미국에서와 같이 소련에서도 기계화와 화학약품에 과도하게 의존한 결과, 토양이 보호되지 못했다. 1975년과 1990년 사이에 바람과 물의 힘으로 인해 1억 3,500만 에이커의 소련 농토에서 귀중한 표토가 유실되었다. …1988년에 GNP 당 이산화황 배출량은 미국의 2.5배였다. 1989년에 실시된 광범위한 음용수 검사에서 소련 과학자들은 채취한 샘플에서 19%의 화학적 오염물과 12%에 이르는 과도한 수준의 박테리아를 검출했다. …무엇보다 가장 나쁜 것은 환경의 방사능 오염 수준이었다. 1986년 4월 체르노빌에서의 핵재앙은 미국의 히로시마, 나가사키 원폭 투하시 누출되었던 것보다 훨씬 더 많은 방사능 물질을 대기에 쏟아냈다. 13)

인민의 복지를 증진시키기 위한 자연의 효과적인 이용이라는 구실로 자행된 공업력의 과다한 사용은 극심한 자연의 파괴로 이어졌던 것이다. 자연의 한계를 무시한 공업력의 과다한 사용은 체제의 차이를 떠나서 똑같은 문제를 낳았던 것이다. 소련의 사적유물론 교과서가 가르친 것과는 달리 사회체제가 달라진다고 해서 공업력이 엄청난 살상력이기도 하다는 사실이 달라지는 것은 아니다. 사회체제가 바뀐다고 독약이 꿀이 될 수는 없는 법이다.

이렇게 자연의 한계와 공업력의 파괴성을 무시한 결과는 끔찍했다. 소련은 생태위기와 관련된 두가지 최악의 사례를 낳았다. 첫째, '자연개조계획'으로 말미암은 '아랄해 축소사건'이다. 이 계획은 2차대전 전부터 시작되어

---

12) Foster(1999), 『환경과 경제의 작은 역사』, 김현구 옮김, 현실문화연구, 2001, 110쪽.
13) 같은 책, 114-115쪽.

지금까지 계속되고 있는데, 자연에 대한 과학적 인식을 통해 자연을 말 그대로 '개조'하는 것이 그 목표이고, 그 목적은 물론 인민의 복지를 증진시키는 것이다. 그러나 이것은 엄청난 '자연파괴계획'이기도 했다. 그 결과 아랄해는 돌이킬 수 없이 파괴되었고, 결국 평화롭게 살던 많은 인민이 엄청난 피해를 입게 되었다.

아랄해라는 이름은 '섬들의 바다'라는 뜻인 키르기스 아랄덴기스에서 유래되었는데, 실제로 면적 1헥타르 정도의 섬들이 1,000개 이상 호수에 흩어져 있다. 아랄해는 카자흐스탄과 우즈베키스탄 사이에 있는 대염호(大鹽湖)로서 카스피해(海) 동쪽의 기후가 매우 건조한 중앙아시아 중심부에 있다. 이전에는 세계에서 4번째로 큰 내해(內海)로서 1960년 기준으로 면적 6만 8000km², 깊이 20-25m였으나, 1987년에는 면적이 40%나 줄어든 4만 1000km²이고 수위도 12m 이상 내려갔다. 이러한 변화가 일어난 것은 관개를 위해 주요 수원(水源)인 시르다리야강과 아무다리야강의 물길을 돌렸기 때문이다. 1960년경부터 소련 정부는 아무다리야강, 시르다리야강의 물을 이용하여 우즈베키스탄, 카자흐스탄, 투르크메니스탄 등지의 광대한 땅을 관개농지로 바꾸었다.

…아랄해로 흘러드는 강물의 양이 대폭 줄어, 호수의 물은 염분과 광물질 함유량이 급속히 늘어나 음료수로 사용할 수 없게 되고, 예전에 풍부했던 철갑상어, 잉어, 유럽잉어 등의 어류가 멸종 위기에 놓여 연안어업은 폐업상태가 되었다. 또 아랄스크항과 무이나크항은 해안에서 멀리 떨어지게 되어 항구의 구실을 제대로 할 수 없게 되었다.

살충제와 비료의 남용에 따라 식수가 크게 오염됨에 따라 아랄해 근처에 살고 있는 카라칼팍인들의 건강은 악화되었다. 특히 후두암, 호흡장애, 안구 장애, 유아와 아동의 빈혈률이 극도로 증가했고, 유아 사망률이 구소련 중 최고 수준이다. 살충제와 비료는 식수를 오염시켰고, 수유모의 젖도 이것에 영향을 받고 있다.

…아랄해는 생태계 훼손이 심각할 뿐만 아니라 폐수의 유입 등으로 수질오염이 가속화하고 있다. 당장 세계적 차원의 대책을 서둘러야 할 곳은 카자흐스탄 영내의 보즈로즈데니에섬이다. 옛 소련시절부터 50여년 동안 생화학무기 비밀 실험장소로 이용돼 온 이곳은 페스트, 천연두, 탄저병 등 각종 세균으로 가득한 '독극물 시한 폭탄'으로 변해 인근 중앙아시아 국가에 전염병 확산, 생태계

파괴 등을 불러올 가능성이 있기 때문이다.

…아랄해의 환경문제가 처음으로 정치적 이슈로 대두된 것은 1989년 통일민주전선(Birick)에 의해 제기된 것으로 이 문제가 구소련의 우즈베키스탄에 대한 면화의 특화로 발생하였기 때문에 반러시아 감정을 유발시키는 요인이 되기도 했다. 1994년부터 중앙아시아 5개국의 25개의 대표단과 국제기구 등이 참여한 〈The Interstate Council for the Aral Sea〉를 구성하여 약 5억불의 자금을 투입하여 아랄해 문제의 해결을 시도하고 있다. 14)

아랄해가 맞은 비극적 운명은 도구적 이성의 무서운 파괴력을 생생하게 보여준다. '자연파괴'의 면에서는 사회주의의 조직력이 훨씬 더 무서운 힘을 발휘할 수 있음을 아랄해의 비극은 보여준다. 15)

둘째, 체르노빌 핵발전소 폭발사건이다. 소련의 사적유물론 교과서는, "원자력의 발견과 이용은 현대과학의 가장 뛰어난 달성이다. 이 성공이 에너지산업과 생산기술의 발전에 있어서 가장 위대한 전진을 입증하고 있다"(91)고 가르쳤으며, 또한 "주요한 지도적인 자본주의국가인 미국이 일본의 도시인 히로시마와 나가사키에 원자폭탄을 투하함으로써 최초의 원자병기를 사용하였으며, 사회주의 러시아가 세계 최초의 원자력 발전소의 시발국이었다는 것은 결코 우연이 아니다. 역사적인 법칙성이 이러한 점에 나타나고 있는 것이다"(97-98)고 가르쳤다. 그러나 이렇게 큰소리를 치고 있을 때, 소련의 체르노빌에서는 끔찍한 재앙의 싹이 자라고 있었다.

1986년 4월 26일, 소련 우크라이나 공화국의 체르노빌에 있는 레닌핵발전소 4호로(흑연감속 경수냉각비등수형: RBMK, 1000만kw)에서 발생한 사상 최악의 핵발전 사고. 핵 폭주에 의해 순식간에 폭발, 노심은 격납건물마다 터져올

---

14) uzbek. co. kr/htm/information3_10. asp
15) 이와는 반대로 엄청난 면적의 땅을 수몰시키는 사업이 중국에서 진행되고 있다. '삼협 댐'이 바로 그것이다. 이 댐으로 양쯔강 중상류 지역에 평균 너비 1.1km 길이 6백km에 이르는 거대한 인공호수가 만들어진다. 수많은 유적들이 파괴되고 물에 잠기는 것은 물론이고 집을 버리고 떠나야 하는 사람들의 수만 해도 100만명이 넘는다. 또한 국지적인 기후변화와 황해를 포함한 생태계의 급변까지 예상되고 있다. 1998년 2월에 북경에서 북경대학의 한 교수와 면담을 했는데, 그 교수는 '사회주의'이기 때문에 이런 거대사업이 가능하다고 말했다. 물론 그는 긍정적인 의미에서 이런 말을 했다.

라 엄청난 양의 방사성 물질을 방출하였다.

순식간에 화재가 발생하여 내부에 있던 대량의 '죽음의 재'가 고도 10킬로미터 상공까지 상승해 사방으로 퍼져갔다. 그 양은 과거에 행해졌던 핵실험에서 발생한 전체 '죽음의 재'만큼으로 히로시마 원폭의 500배 분량의 세슘이 방출되어 지상으로 쌓여 내렸다. 소련 정부가 체르노빌 핵발전 폭발사고를 처음으로 시인한 것은 사건발생 후 이틀이 지난 4월 28일이었다. 그때는 이미 스칸디나비아 반도에서 방사능이 검출된 상황이었다.

그런데도 소련 정부는 "체르노빌 발전소에서 작은 사고가 발생했으나 큰 사고는 아니니 주민들은 동요하지 말고 생업에 종사하라"며 은폐-축소에 급급한 지경이었다. 사고 원인은 "단순한 운전조작 실수"였으며, 사망자는 31명이라고 발표됐다. 소련 최고 권력자들은 발생 직후 키에프의 친지들에게 전화 또는 전보로 긴급 대피를 당부했던 것으로 밝혀졌다. 16)

소련 정부가 사고여파로 사망한 사람은 31명이라고 발표했음에도 불구하고, 우크라이나 정부는 (1996년) 현재 체르노빌 사고복구작업에 참가했던 젊은 노동자들 중 사망한 사람들만 8,000여명에 이르며 12,000명이 심각하게 방사능에 피폭되었다고 보고하고 있다.

…체르노빌 사고는 히로시마와 나가사키의 원폭 때보다 200배나 많은 방사능을 누출했으며, 광범위한 지역의 주민들이 고향을 떠나야 했다. UN에 따르면 인접한 세 개의 공화국에서 대략 375,000명의 사람들이 난민이 되었다. 뒤늦게야 소련 정부와 서방국기들은 체르노빌이 국민들에게 미친 건강상 후유증의 참상을 조사했다.

1995년 UN보고서에 따르면 벨라루스(사고핵발전소의 북쪽 50km지역내에 있는)에서의 갑상선암 발병률이 체르노빌 이전 수준보다 285배에 달하고 있으며, 전종류의 질병의 발병률에서 볼 때 우크라이나 공화국의 오염된 지역의 사람들은 다른 지역의 평균보다 30%이상 높게 나타나고 있다. …임신기간 중 방사능에 피폭된 모친으로부터 태어난 어린이들 사이에서 정신지체장애, 정신이상증상 역시 나타나고 있다.

…체르노빌은 지금도 계속되고 있는 경제적 재앙이다. 1986년에, 소련 관리들은 소련 전역에 걸쳐 30억달러에서 50억달러에 상당하는 손실을 본 것으로 추

---

16) http://www.antinukeulsan.or.kr/needless/cherno02.asp

산했다. 그러나 관리들은 사고 후 3년 동안의 방사능 제거작업에만 190억달러가 소요된 것으로 추산하고 있다. 1980년대 말 소련정부는 2000년까지 복구비용이 1,200억달러에 이르는 복구계획을 세웠다.

···소련 정부의 전력발전 연구개발부의 연구에 따르면 체르노빌 비용(사고충격으로 폐쇄된 발전소들로부터 손실된 전기생산량을 포함하여)은 3,580억달러에 이를 것으로 보고되었는데, 이것은 1987년 당시 소련 GNP의 15%에 해당하는 비용이다. 벨라루스와 우크라이나에서, 재앙은 엄청난 고통을 동반하여 계속되고 있다. 벨라루스는 체르노빌의 후유증을 경감시키는 데에 국가 전체수입의 25%를 지출하고 있다. 우크라이나는 연간 예산의 4%만을 지출하고 있지만, 만약 재원이 충분하다면 지도자들은 20%까지 지출해야만 한다고 주장한다.[17]

결코 일어나서는 안되는 파국적 재앙이 사회주의에서 일어났던 것이다. 핵발전에 대한 극찬에서 잘 볼 수 있듯이, 사회주의 소련이 추구했던 무모한 생산력주의가 체르노빌 핵발전소 폭발사건의 근본적인 원인이었다.

이러한 재앙적 사건들을 단순히 스탈린 시대의 문제로 돌리는 것은 잘못이다. 스탈린은, "소련에서의 사회주의적 생산은 과잉생산에 의한 주기적 공황이나 그에 수반되는 불합리는 모른다. 따라서 생산력은 가속도로 발전한다. 왜냐하면 그에 상응하는 생산관계가 그러한 발전의 여지를 충분히 제공해 주기 때문이다"고 자신만만하게 주장했다. 그런데 이런 주장은 자연과학의 성과에 힘입어 자연을 '지배'할 수 있게 된 인간의 능력에 대한 맑스와 엥겔스의 상찬에 뿌리를 두고 있는 것이다. 자연과학과 공업력을 최대로 이용해 인민의 복지를 증진하려 했다는 점에서 스탈린은 분명히 맑스와 엥겔스의 적자이지 사생아가 아니다. 스탈린 시대의 문제로 돌리느니 차라리 자연에 문제가 있었다고 하는 편이 나을 것이다.

4. 생태맑스주의의 등장

환경문제에 대한 본격적인 관심은 서구에서 가장 먼저 생겨났다. 그 시

---

17) http://www.antinukeulsan.or.kr/needless/cherno03.asp.

기는 대략 1950년대로 거슬러 올라간다. 그러나 환경문제가 대중적인 관심사로까지 퍼지면서 본격적인 논란을 불러일으킨 것은 1960년대 초부터의 일이다. 특히 1962년에 발표된 레이첼 카슨의『고요한 봄』이라는 책의 출간은 공업력의 파괴적 성격을 널리 알리는 중요한 계기가 되었다. 그러나 생태맑스주의가 나타나기까지는 그 뒤로도 거의 한 세대의 시간이 지나야 했다.

1960년대는 생태주의가 널리 퍼져나가기 시작한 시기로서 중요하지만, 그러나 이 시기를 주도한 것은 신맬더스주의의 반동적 생태주의였으며, 1970년대에 들어서면서 다시 심층생태론의 근본적 생태주의가 그 뒤를 잇게 되었다. 이런 변화와 함께 한스 엔젠스베르거처럼 맑스주의의 관점에서 생태주의를 비판적으로 받아들이려는 사람이 나타나는가 하면, 앙드레 고르처럼 맑스주의까지도 비판으로 대상으로 삼으면서 생태주의를 비판적으로 받아들이려는 사람도 나타났다.

생태맑스주의는 생태위기라는 엄중한 상황에 직면해서 맑스와 엥겔스의 이론이 갖는 본래적 한계를 보완해서 그 역사적이고 윤리적인 장점을 살려 내고자 한다. 여전히 제대로 인식되고 있는 것으로 보이지 않지만, 필자는 생태위기가 이른바 '맑스주의의 위기'와 밀접하게 연관되어 있다고 생각한다. 흔히 국가론의 문제가 '맑스주의의 위기'에서 핵심적인 것으로 다루어지지만, 필자는 환경문제에 대한 무관심과 무능력이 '맑스주의의 위기'에서 더 중요한 요소로 다루어져야 한다고 생각한다. 경제학은 물론이고 맑스주의가 오로지 생산활동에 초점을 맞췄다면, 생태학은 생산활동을 넘어서 그 활동이 펼쳐지는 생태계의 운동을 밝히는 과학이다. [18] 그러므로 맑스주의는 상수로 여겼던 자연을 변수로 받아들이고 생태적으로 변모해야 한다. 이런 점에서 '생태맑스주의'는 맑스주의의 역사에서 대단히 중요한 이론적 및 실천적 시도이다.

생태맑스주의는 어느날 갑자기 나타난 것이 아니라 1960년대부터 본격적으로 나타난 새로운 시대적 상황, 곧 지구적 공업화에 따른 지구적 생태위

---

18) Alain Lipietz, *Towards a New Economic Order—Postfordism, Ecology and Democracy* (Oxford Univ. Press, 1989) p. 48.

기의 대두, 석유위기로 드러난 자원고갈의 가능성 등에 대한 맑스주의의 대응으로 나타난 것이다. 1970년 4월의 '지구의 날' 행사에서 잘 드러났듯이, 환경운동이 새로운 대중적 사회운동으로 커져간 것도 역시 중요한 변화였다. 그리고 다시 1972년의 첫 번째 지구환경회의에서 선진국과 개발도상국이 첨예하게 대립한 것도 시대의 변화를 보여주는 중요한 사례였다. 이론적으로 그것은 두 가지 전제를 가지고 있다. 첫째, 맑스와 엥겔스의 연구는 기본적으로 생산력의 발전과 경제의 성장에 초점을 맞추고 있어서 환경문제를 다루는 데 어려움이 많다는 것이다. 둘째, 그럼에도 불구하고 맑스와 엥겔스의 연구는 현재의 생태위기를 이해하고 극복하는 데서도 우리가 반드시 고려해야 할 주장들을 담고 있다는 것이다. 이런 점에서 생태맑스주의는 생태위기를 배경으로 이루어진 맑스주의의 '해체적 재구성'이라고 할 수 있다.

생태위기에 대한 맑스주의의 대응 자체는 이미 1960년대부터 나타났지만, 이런 대응이 생태맑스주의라는 이름으로 새롭게 집약된 것은 1980년대 후반에 이르러서이다. 19) 여기에는 체르노빌 핵발전소 폭발사건이 영향을 미쳤을 것으로 보인다. 이 사건이 일어나기 전에 대다수 맑스주의자들이 생태위기에 대해 보였던 기본적인 태도는 사실상 소련의 그것과 다를 것이 없었다. 사회주의로 옮아가는 것으로 모든 문제가 해결될 수 있다고 보았던 것이다. 1970년대의 '맑스주의의 위기'에 관한 논란에서 볼 수 있듯이, 맑스주의의 핵심 논점은 어디까지나 사회주의로 옮아가기 위해서 어떻게 해야 하는가였다. 대체로 맑스주의자들은 자연의 한계와 생태위기에 대한 주장을 받아들이지 않았다. 그러나 체르노빌 핵발전소 폭발사건은 이런 고전적 믿음을 크게 약화시켰다. 무엇보다 맑스주의의 한 축인 현대의 자연과학에 대한 믿음이 무너져버렸다. 이런 상황에서 맑스주의 자체를 생태학의 눈으로 재해석할 필요가 나타났던 것이다. 요컨대 이전에는 맑스주의의 눈으로 생태학을 재해석하려는 시도가 주를 이루었다면, 생태맑스주의는 이런 시도를 넘어서 생태학의 눈으로 맑스주의의 한계를 찾아보고 보완하려고 하

---

19) 문순홍, 『생태위기와 녹색의 대안』, 나라사랑, 1992, 107-118쪽.

는 것이다.

생태맑스주의에 관한 논의의 물꼬를 튼 것은 미국의 제임스 오코너였다. 그는 1988년에 발표한 「자본주의, 자연, 사회주의─이론적 서설」이라는 글에서 생태맑스주의의 구성을 시도하였다.[20] 이 논문에서 오코너는 환경문제에 대한 맑스주의적 해석을 추구하는 동시에 환경문제를 통한 맑스주의의 재구성을 모색한다. 이를 위해 오코너는 맑스의 이론에서 주변에 있던 '생산조건'이라는 개념을 그 이론의 중심으로 옮겨 놓는다. 생산조건이란 자본주의적으로 생산될 수 없지만 자본주의적 상품으로 취급되는 것들을 의미하며, 맑스의 설명을 좇아서 오코너는 이것을 '외적 물리적 조건'으로서 자연요소와 '생산의 개인적 조건'으로서 노동력과 '사회적 생산의 공동적이고 일반적인 조건들'로 나눈다. 오코너는 사실상 자연적으로 주어지는 것들을 의미하는 이러한 생산조건에 주목하여, 자본주의의 자기파괴라는 관점에서 자본주의의 생산관계와 생산력이 이 생산조건을 훼손하고 파괴하는 방식에 대해 살펴본다. 이로부터 오코너는 생산력과 생산관계의 모순에서 비롯되는 위기뿐만 아니라, 생산력/생산관계와 생산조건의 모순에서 비롯되는 위기도 자본주의는 본래적으로 지니고 있다고 주장한다. 요컨대 자본주의는 노동착취와 자연착취에서 비롯되는 '이중적 위기'를 안고 있는 것이고, 따라서 자본주의를 넘어서지 않고 '이중적 위기'를 극복할 수는 없다는 것이 오코너의 결론이다.

또다른 맑스주의 정치경제학자인 독일의 엘마 알트파터는 1989년에 발표한 '정치경제학에 대한 생태학적 비판서설 11개 테제'에서 맑스주의 경제학의 생태학적 재구성을 모색하였다.[21] 그는 맑스주의 경제학이 생태학적인 설명력을 갖기 위해서는 가치이론과 열역학이론이 결합되어야 한다고 주장한다. 이때 재화는 낮은 엔트로피를 갖는 생산된 물질/에너지이지만, 그 소비과정은 엔트로피가 증가하는 과정이 된다.[22] 엔트로피가 증가한다는 것

20) James O'Conner(1988), 「자본주의, 자연, 사회주의」(이강원 역), 『공간과사회』 3호, 33-56쪽.
21) Elma Altvater(1989), 「정치경제학의 생태학적 비판 서론 11개 테제」, 경남대 극동문제연구소 엮음, 『전환기의 마르크스주의』, 공동체, 1991, 245-253쪽.
22) 물론 재화를 생산하는 과정에서도 엔트로피가 생성된다. 세상의 모든 것은 '가만히 있

은 우리가 사용할 수 있는 물질/에너지가 절대적으로 줄어든다는 것을 뜻한다. 맑스의 가치이론만으로는 열역학이론이 보여주는 이 세계의 근원적 한계와 그로부터 발생하는 생태위기라는 모순을 설명할 수 없다. 이런 관점에서 봤을 때, 포드주의 대량생산방식은 비생산적이며 비합리적인 다양성을 극복하기 위한 최상의 경제체제이지만, 이 과정에서 일어나는 엔트로피의 증가에 따른 생태학적 쇠퇴는 자연의 처리능력에 과도한 부담을 안겨줄 수 있다. 즉 자본주의하에서, 특히 포드주의에 의해, 생산의 가속화 경향과 자연계의 과적현상 사이의 모순이 발생한다. 그리고 그 결과는 궁극적으로 생태위기라는 파국을 낳게 될지도 모른다고 알트파터는 경고한다. 이로부터 알트파터는 생산력의 진보에 관한 맑스주의의 전통적 낙관론과는 다른, 엔트로피 증가의 최소화라는 진보의 새로운 기준에 입각한 사회의 구성을 주장한다.

생태맑스주의는 맑스주의의 한계와 사회주의의 문제에 대한 이론적 대응이다. 그러나 그것은 여전히 맑스의 이론에 뿌리를 두고 있으며, 사회주의로 옮아가는 것에 기대를 걸고 있다. 이런 점에서 생태맑스주의는 맑스주의이다. 그러나 오코너와 알트파터의 주장에서 볼 수 있듯이, 노동운동과 사회주의 변혁을 강조하는 쪽이 있고, 신사회운동과 다른 대안을 강조하는 쪽이 있다. 오코너 쪽이 좀더 전통 맑스주의에 가깝다면, 알트파터 쪽은 맑스로부터 상당히 멀리 떠난 것으로 보인다. 이런 차이가 어떤 결과를 낳을지는 아직 분명하지 않다. 그러나 맑스와 엥겔스의 이론적 한계나 사회주의의 현실적 문제들은 생태위기에 대해 맑스주의가 훨씬 열린 자세로 대응해야 한다는 것, 이런 점에서 알트파터처럼 좀더 근본적인 관점에서 대안을 찾으려고 노력해야 할 필요가 있다는 것을 보여준다.

5. 맺음말

생태맑스주의는 단순히 생태적으로 보완된 맑스주의가 아니다. 그것은

어도' 엔트로피가 생성되는 방향으로 변한다. 이것이 이른바 '열역학 제2법칙' 곧 '엔트로피의 법칙'이다.

생태위기라는 새로운 현실에 비추어 기존의 맑스주의를 비판적으로 해체하고 재구성하려는 이론적 시도이다. 이 시도는 두 관점에서 해석될 수 있다. 하나는 맑스주의의 타락이고, 다른 하나는 맑스주의의 확장이다. 그런데 자연의 한계와 위기를 무시하는 맑스주의는 이를테면 '성장주의의 함정에 빠진 맑스주의'이다. 함정에 빠져있다는 사실을 올바로 깨닫지 못할 때, 맑스주의의 한계 혹은 위기는 결국 맑스주의의 실패로 이어질 것이다. 우리는 이러한 사실을 사회주의에서 분명히 확인할 수 있다. 그러므로 생태위기의 현실을 진지하게 고민해서 기존의 맑스주의를 교정하려는 생태맑스주의는 맑스주의의 확장이면서 그 역사적 발전이다.

우리는 모두 자연 속에서 태어나서 살다가 죽는다. 우리는 어디까지나 자연의 한 부분일 뿐이다. 우리 밖의 자연을 우리 뜻대로 이용하는 것이 우리의 삶에서 대단히 중요하기는 하지만, 그러나 그것은 어디까지나 우리 자신을 포함한 자연의 한계 안에서 이루어져야 한다. 맑스와 엥겔스에게서 분명히 볼 수 있는 자연과학에 대한 맹신은 이 한계를 쉽사리 위기로, 나아가 파국으로 몰아갈 수 있다. 사회주의는 이 점을 입증해 보여주었다. 정말로 중요한 것은 자연과학 자체가 아니라 그것을 제대로 쓸 수 있는 슬기이며, 이런 슬기를 발휘할 수 있도록 사회적 성찰성을 키워가는 일이다. 한 사람의 시민으로서 우리는 우리가 쓰고 있는 생산력 자체에 대한 이해를 높이고 그 통제에 관심을 기울여야 한다.

'생태맑스주의로의 길'은 대단히 시급한 과제를 우리에게 제시한다. 이것은 맑스가 『자본』의 서문에서 쓴 다음의 주장과도 연관된다.

> 한 국가는 다른 국가로부터 배워야 하고 또 배울 수 있다. 한 사회가 그 운동의 자연법칙을 발견하였다 하더라도 그 사회는 자연적인 발전단계들을 뛰어넘을 수도 없고 그것을 법령으로 제거할 수도 없다. 다만 그 산고를 단축하고 완화할 수는 있다. [23)

맑스주의자들은 가장 앞서서 생태적 전환을 추구하고 있는 서구에서 배

---

23) K. 마르크스, 『자본』 I, 김수행 옮김, 비봉출판사, 1993, 16쪽.

울 수 있고 배워야 한다. 서구에서 자연의 한계와 위기에 대한 관심은 생태학자나 생태주의자에게만 국한되지 않는다. 살아있는 자연은 삶의 질을 높이기 위한 필수자원일 뿐만 아니라 생존 자체를 위한 필수조건으로 여겨진다. 이런 점에서 생태맑스주의는 단순히 맑스주의의 한 흐름이 아니라 맑스주의 자체의 생태적 전환으로 나아가는 이론적 시도라는 의미를 지닌다. 우리는 이 커다란 변화의 의미를 잘 깨닫고, 그리고 이 커다란 변화를 따라잡기 위해 애써야 한다.

'생태맑스주의로의 길', 곧 맑스주의의 생태적 전환은 이론적 차원을 넘어서는 시급한 실천적 과제이다. 그것은 무엇보다 여전히 가장 중요한 조직적 사회운동인 노동운동의 생태적 전환을 뜻한다. 이런 의미에서 '생태맑스주의로의 길'은 생산조건과 자연의 한계를 고려해서 생산방식을 바꾸는 것으로 시작될 수 있다. 우리에게 가장 중요한 과제는 발전방식을 바꾸는 것이다. 핵발전소와 송전탑으로 상징되는 우리의 발전방식은 거대한 생태적 파괴의 상징이자 현대의 과학기술이 낳은 극단적인 위험의 상징이기도 하다. 이런 발전방식을 그대로 두고 사회의 발전을 말할 수는 없다. 맑스주의의 고질병인 생산력주의를 생태적으로 교정하는 일은 무엇보다 핵발전의 폐지로부터 시작되어야 한다.

현대 사회의 생태적 전환을 이루기 위한 이런 과제를 구체적으로 추진해 가면서 생태맑스주의는 비로소 '사변'의 수준을 넘어서서 '생태위기 시대의 맑스주의'로 자리잡을 수 있을 것이다. 그 전제는 물론 생태학의 관점에서 맑스주의의 한계를 보완하고 잘못을 바로잡는 것이다.